国家社会科学基金重大项目(15ZDA057)

国家社科基金丛书
GUOJIA SHEKE JIJIN CONGSHU

引进外资与促进对外投资
两大开放战略的
协调机制与政策研究

Research on the Coordination Mechanism and Policies of China's
Twofold Open-up Strategies: Inducing Inward FDI and Promoting Outward FDI

冼国明　等著

人民出版社

策划编辑:郑海燕
责任编辑:郑海燕 张 燕 孟 雪 李甜甜 张 蕾
封面设计:石笑梦
版式设计:胡欣欣
责任校对:周晓东

图书在版编目(CIP)数据

引进外资与促进对外投资两大开放战略的协调机制与政策研究/冼国明 等 著. —
北京:人民出版社,2023.4
ISBN 978 - 7 - 01 - 025503 - 3

Ⅰ.①引… Ⅱ.①冼… Ⅲ.①外资引进-研究-中国②对外投资-研究-中国
Ⅳ.①F832.6

中国国家版本馆 CIP 数据核字(2023)第 041663 号

引进外资与促进对外投资两大开放战略的协调机制与政策研究
YINJIN WAIZI YU CUJIN DUIWAI TOUZI LIANG DA KAIFANG ZHANLÜE DE
XIETIAO JIZHI YU ZHENGCE YANJIU

冼国明 等 著

人民出版社 出版发行
(100706 北京市东城区隆福寺街 99 号)

中煤(北京)印务有限公司印刷 新华书店经销

2023 年 4 月第 1 版 2023 年 4 月北京第 1 次印刷
开本:710 毫米×1000 毫米 1/16 印张:34.5
字数:545 千字

ISBN 978 - 7 - 01 - 025503 - 3 定价:175.00 元

邮购地址 100706 北京市东城区隆福寺街 99 号
人民东方图书销售中心 电话 (010)65250042 65289539

前　言

呈现在大家面前的这本书是国家社会科学基金重大项目"引进外资与促进对外投资两大开放战略的协调机制与政策研究"的最终成果,也是南开大学跨国公司研究中心多位研究者的智慧结晶。

1978 年之后,中国拉开了对外开放与经济转型的序幕。时任国家最高领导人受亚洲"四小龙"经验的启发,在深圳、珠海、厦门和汕头创立四个经济特区,借助外商发展外向型经济。经济体制改革启动之后,国家相继开放了十四个沿海城市(1984 年)、海南全省(1988 年)和上海浦东新区(1990 年),通过设立经济技术开发区等方式吸引外商直接投资(FDI),积极融入世界经济与全球价值链。随着邓小平南方谈话的发表和市场经济体制改革目标的确立,中国的外资政策不断放宽,引资力度不断加强,并在加入世界贸易组织(World Trade Organization,WTO)之后步入制度化和规范化的阶段。与此同时,中国对外投资也开始起步。宏观上,在内外资多重因素的驱动下,中国经济快速增长,国内储蓄不断扩大,资本稀缺的状况逐步得到改观,为中国对外投资提供了资金支持。微观上,经过市场竞争的淬炼,国内企业也得到长足发展,部分企业的经济规模、生产效率和驾驭市场的能力得到显著提升,大胆走出国门,成为具有中国标签和全球品牌的跨国公司,其中不乏华为和阿里巴巴这样的明星企业。

引进外资("引进来")和对外投资("走出去")是中国经济在全球范围内配置资源的两种基本方式。目前,引进外资和对外投资战略已经具有较为完备的政策体系。如 1995 年原国家三个部委联合发布了《外商投资产业指导目录》和《指导外商投资方向暂行规定》,后根据产业发展、国际国内形势变化进行了多次调整,成为规范外商投资行为的指导性文件。类似地,为适应企业"走出去"的要求,2006 年国家发展改革委员会同其他六部门联合制定了《境外投资产业指导政策》及《境外投资产业指导目录》,对境外投资的行业进行系统规范,其他相关政策也正在不断补充完善之中。那么,一个核心问题就是,引进外资与对外投资战略如何协调一致,以服务于国家的整体发展定位与总体开放战略?从国家战略的角度,吸引外资("引进来")与对外投资("走出去")的共同目标是驱动中国的经济转型、产业结构优化以及更高水平和质量的经济全球化,但彼此分工并不相同。吸引外资的核心在于吸引更多的高端制造业和服务业,并通过溢出效应等促进我国企业成长;对外投资则旨在获取国外优质资源、研发资源和市场空间。这就需要各个决策部门统一行动,相互协调、相互配合,不仅要减少政策冲突,也要在行政上减少掣肘与部门间壁垒。

"引进来"与"走出去"不仅需要中国能够实现母国和东道国之间的自由切换,也需要厘清政府与市场的权责边界。经过多年探索,中国政府在吸引外资上的政策正越来越规范。随着国内循环与国外循环的相互"咬合",原有的隔绝内外循环的临时性政策如税收减免等优惠措施逐渐淡出,2008 年颁布的《中华人民共和国企业所得税法》统一了内外资企业所得税税率,将内外资企业置入公平竞争的环境;2013 年开始的自贸区建设强调通过负面清单管理外资准入,以减少不必要的审批并同时将监管后置,以打造符合国际通行规则的法治化的营商环境。相比之下,对外投资的战略和政策就没有那么简单了。政府除了需要在资金、信息等方面帮助企业"走出去",还要帮助企业应对复杂多变的国际关系,以及东道国监管政策带来的潜在风险。在许多时候,企业"走出去"背后的真实动机很难辨别,决策部门常有产业流失的担忧,这使市场与政府之间的尺度并不好把握。

近年来,我国国内经济运行和国际政治经济环境发生了深刻变化。从国内看,中国经济已减速为中高速的常态化增长,劳工、环境、土地等要素成本急剧上升,社会矛盾不断积累;从国际看,价值链竞争已经成为全球竞争的核心,国际投资规则不断变化,我国正面临着中低端制造业和高端制造同时向外转移的"双向挤压"。这些变化要求我们从机制和政策上协调好两大开放战略,让引进外资与对外投资更好地发挥"驱动轮"作用,为中国经济寻找新的增长源泉与国际竞争优势。正是在这一背景下,我组织了南开大学跨国公司研究中心的多位教授和多位博士生申请了国家社科基金重大项目,经过历时三年的潜心研究,形成本书。

　　本课题的子课题负责人是盛斌、蒋殿春、葛顺奇、严兵、阎大颖；课题组成员包括李磊、毛其淋、罗伟、张宇、黄玖立、倪志良、左海聪、苏莉、张禹、冷艳丽、明秀南。在结项材料的整理和书稿的修改出版过程中,我的博士生房帅、林涛、张慧敏、李喆、臧铖、林洋、郗艳萍等同学做了大量的修改、排版和校对工作,严兵教授和黄玖立教授付出了大量精力和心血,在此一并致谢。

冼国明
南开大学跨国公司研究中心

目　　录

第一篇│中国双向直接投资发展概况

第二篇│中国"引进来"的经济效应研究

第三篇 | 中国"走出去"的经济效应研究

第四篇｜双向直接投资的互动关系研究

第五篇｜引进外资与对外投资国内政策协调

第六篇　引进外资和对外投资的国际协调

绪　　论

第一节　研究目的与意义

　　国际直接投资是世界经济增长和经济全球化的重要推动力。改革开放以来,中国吸引和利用外资即"引进来"取得了长足的进步,对外直接投资(OFDI)即"走出去"的规模也不断扩大。一方面,中国是世界上吸引外资最多的发展中国家,也是继美国之后吸引外资最多的国家。规模庞大的国外资本和跨国公司,对我国的经济建设发挥了重要作用,对我国的经济增长、社会发展和全球化等诸多方面产生了重要影响。另一方面,随着中国经济的快速增长和中国企业的发展壮大,各类企业的对外直接投资也快速增长。中国的对外开放战略已进入由引进外资的"单轮驱动"到双向直接投资的"双轮驱动"转变的新阶段。

　　然而,近年来我国国内经济运行和国际政治经济环境发生了深刻的变化,这些变化要求我们从机制和政策上协调好两大开放战略,让引进外资与对外投资更好地发挥"驱动轮"作用,引领新时期中国经济发展的需要。(1)我国经济进入新常态,经济增速已经从过去的高速增长减速为中高速增长。经济下行的压力,要求我国加快转变对外经济发展方式,通过结构调整和体制创新来发掘新的经济增长动力。这要求我们加大引进外资和对外投资的力度,在全球范围内优化资源配置,为我国经济发展获得更多的发展机遇和更大的国际生存空间。(2)全球产业格局重大调整,中低端制造业转移至中低收入国家和高端制造业回流至发达国家同时发生,对我国形成"双向挤压"。一方面,随着劳动力、土地和环境等要素成本的不断上升,中国沿海制造业赖以生存的价格优势难以为继,中低端产业逐渐向越南、印度等东南亚国家转移。另一方面,随着发达国家"智能制造"等技术的进步和"再工业化"战略的实施,高端制造领域也出现向发达国家

"逆转移"的态势。这要求我们加快双向直接投资,不断进行产业和产品升级,拓展中国制造的价值空间和国际竞争新高地。(3)价值链竞争越来越成为全球竞争的核心,世界经济已全面进入全球价值链时代。包括苹果、中兴、华为在内的诸多案例表明,国际竞争不再是单个企业之间的竞争,而是整体供应链与价值链之间的竞争。国家竞争优势已经不再取决于规模和体量,而是在全球价值链中的位置和获取附加价值的能力:谁拥有全球资源最大整合平台与能力,谁就能在竞争中占得先机;谁占据了价值链的核心环节,谁就掌控了整个价值链的财富流向。通过双向直接投资,培育国际竞争新优势,已成为各国对外开放的新目标。(4)国际投资规则不断变化,其趋势是更高标准的市场准入和负面清单管理,同时纳入公平竞争、劳工标准、环境保护标准、知识产权、透明度等新内容。当前高标准的国际投资规则的发展,不仅体现了发达国家的利益诉求,而且在很大程度上也响应了经济全球化以及全球价值链深入发展和投资贸易自由化的需求。目前,国际投资规则对东道国政府行为的约束已不再局限于国际之间,而是日益深入各国内部、直接约束国内政策的制定和实施,从而要求了解并积极加入高标准的国际投资规则。

为了顺应国内外形势的变化,中央就对外开放和国际竞争做了战略部署,这些战略部署也要求我们从机制和政策上做好两大开放战略的协调。(1)中国自由贸易试验区建设,其核心内容涉及"引进来"如投资管理体制和便利化等诸多方面,也涉及"走出去"的若干方面。目前,各个自贸区按照功能定位正在进行全方面、多视角的对外开放探索,但两大开放战略之间缺乏明确的协调机制和政策措施。究其原因,除了地方和部门利益关系之外,就是理论支持明显不足。(2)"一带一路"倡议,包括政策沟通、设施联通、贸易畅通、资金融通、民心相通等重要方面,是党和政府站在历史发展的新高度作出的加强区域合作、谋划未来世界竞争格局的倡议。双向直接投资则是深化国际经济合作的重要途径。这需要我们从机制和政策上切实做好两大开放战略的协调,通过引进外资提升在全球价值链中的地位,并有条不紊地加强对沿线国家的直接投资、拓展新的市场机会和投资机会,实现固守亚洲、主动出击、周边突破。

变化中的国内和国际环境以及中央的战略部署要求我们做好引进外资与对外投资两大开放战略之间的协调,但现有研究或者不够深入或者不够具体,无法为我国的实践提供有效的理论和智力支持。通过梳理文献我们发现,随着双向直接投资的迅猛发展,相关的研究日趋丰富,但大多是针对其中之一的单独讨论,涉及一国外资流入与对外直接投资之间互动关系的研究并不多见。虽然英国经济学家约翰·邓宁(John H.Dunning)的"投资发展周期理论"就一国吸引外资和对外投资与经济发展阶段之间的关系进行了系统阐述,但后续研究发现,该理论的判断并不准确,不能作为预测的工具用来指导实践。事实上,由于"投资周期理论"具有显著的历史性和局限性,我们不能盲目地借鉴该理论进行分析。区别于美英等发达国家,我国当前对外投资能力的形成主要还是依托于资源禀赋、经济结构以及国家发展战略相关的本土优势;而这种本土优势又是在30年的渐进式开放、不断吸引外资的环境下形成的。那么,这些年来,对外开放、吸引外资对我国对外投资能力的形成是否起到了有效的促进作用? 其作用机制如何? 中国企业的"走出去"是否对我国更好地利用外资产生了积极的影响? 更进一步,在新的经济全球化背景下,如何利用二者之间的这种作用机制,使之有利于我国在全球价值链中地位的提升? 这一系列问题不仅是重大的理论问题,也是我国当前正在面对的、迫切需要解答的重大现实问题。鉴于此,我们需要在厘清引进外资和对外投资二者之间关系的基础上,认真梳理、分析和总结两大开放战略对我国经济的影响,研究如何构建新时期两大开放战略的协调机制和相应的政策原则和思路。

　　总之,我国经济正进入高质量发展阶段,对外开放处于新的历史机遇期,深入研究如何构建两大战略协调机制与政策对实现我国经济可持续增长、实现经济结构调整和增长方式转型,加快实现"对外发展方式"和"提升全球经济治理能力"的关键转型,实现国内外两个市场、两种要素的综合利用,提升我国在全球价值链中的地位,均具有重要的理论意义和现实意义。

第二节　本书的问题、思路、方法

一、　本书研究的关键问题

　　本书旨在分析当前全球价值链的发展及其与双向直接投资之间的关系,深入探讨引进外资和对外投资对我国技术创新、经济发展等的作用机制和效应,总结其他国家有关引进外资和对外投资的体制和政策,为分析研究我国两大开放战略的政策协调提供实证分析的基础。本书的最终目标是制定切实可行的引进外资和对外投资两大开放战略政策措施,使"引进来"和"走出去"良性互动,形成方向一致的合力,服务于我国新时期的全方位、深层次的对外开放战略目标。要实现这一目标,本书需要解决以下四个方面的关键问题。

第一,从理论与实证上厘清中国目前引进外资与对外投资两大开放战略中的利弊得失,明确各种政策措施的作用条件和作用机制。这包括厘清双向直接投资提升国际竞争力和国际分工地位的机制;在各国生产能力相互平衡和国内市场消费公平目标的前提下,分析我国参与全球价值链的水平和层次,诊断"引进来"和"走出去"对我国参与全球价值链的影响和效应。

第二,在两大开放战略协调一致的前提下构建引进外资的政策体系。这包括以精简机构、提高效率、改善环境、扩大开放为目标,讨论如何进一步理顺市场和政府的关系,重塑我国的外资管理流程;在保障国家经济安全的前提下,讨论如何精简和优化国内的外商直接投资管理政策。

第三,在两大开放战略协调一致的前提下构建鼓励和促进对外投资的政策体系。具体地,本书从中国对外投资所面临的主要问题入手,剖析制约中国企业"走出去"的因素,从"准出管理""便利化""激励""权益保障"线条政策分析,查漏补缺,修改、完善国内政策支撑体系,从国际、母国、企业三个视角指导对外投资企业的经营行为。

第四,在做好引进外资和对外投资国际协调前提下深入剖析国际投资体制。吸引外资和对外投资的政策存在明显的跨国差异;国内政策的选择空间逐渐受到国际统一规则的约束。本书根据未来国际投资规制的发展趋势(多边、区域、双边层面),制定符合我国双向开放战略利益的谈判策略,从谈判模式、谈判内容、标准制定上赢得主动权;在国际标准制定、内容选择上,做到提前预警、及早布局、积极参与、主动应对,以面对即将到来的国际投资协定谈判。

二、 本书的总体思路

本书以中国开放型经济和中国在全球价值链中地位的演化路径、发展趋势为主线,对吸引资和对外投资两大开放战略的互动关系和协调机制进行深入探讨,全面阐释"引进来"与"走出去"两大战略相互协调发展的内在逻辑。

通过对相关文献进行系统梳理与解析,确定具体研究目标与方案,按照"时代背景—凝练问题—深入分析—对策建议"的逻辑顺序依次展开研究。总体研究思路是:以理论分析和全球范围内的经验实证为先导,并以此作为比较基准,结合中国作为转型和新兴市场经济的现实,重点研究中国吸引外资和对外投资对我国企业国际竞争力和全球价值链地位的影响,并进一步探讨提升我国在全球价值链地位的过程中吸引外资与对外投资战略的相互促进与协调。为此,拟按照演绎与归纳相结合的科学逻辑研究范式展开,综合理论分析与实证检验,分别从国内和国际层面提出吸引外资与对外投资战略协调机制和政策建议。

　　两大开放战略的协调是本书的研究重点,多年以来,中国吸引外资与对外投资这两大开放战略,从认识上、管理部门和具体政策措施上,一直缺乏整体的战略思考和政策协调,从而导致我国有关吸引外资和对外投资的政策和投资促进措施缺乏有机的联系。在实践中往往导致重引进外资、轻对外投资的现象。随着我国对外直接投资的迅速增长,我国已成为全球吸引外资的大国和对外投资的大国,对外直接投资对我国经济的影响日益重要。在全球化日益发展的世界经济中,中国作为一个发展中国家,一方面通过吸引外资,加入跨国公司全球价值链并逐步提升其中的地位,同时促进国内企业的成长,另一方面又通过对外直接投资,构建中国企业的全球价值链,这对中国日益融入全球价值链的分工体系并获得经济发展和转型升级的资源和空间是十分重要的。这也从理论上和政策上提出如何构建协调两大战略机制和政策的需要。关于两大开放战略协调机制的构建,本书的具体思路包括以下三个方面。

　　第一,确立两大开放战略协调机制的目标。两大开放战略都是中国经济发展战略的重要组成部分,两大开放战略的协调应立足于并服务于中国经济发展的总体目标和战略部署。党的十九大报告指出,中国经济"已由高速增长阶段转向高质量发展阶段,正处在转变发展方式、优化经济结构、转换增长动力的攻关期,建设现代化经济体系是跨越关口的迫切要求和我国发展的战略目标"(习近平,2017)[①]。目前,中国经济尤其是中国的制造业迫切需要加强自主创新能力、提高要素生产率、提高资源能源利用效率、优化产业结构、加快发展数字经济、提升产业国际化程度等。两大开放战略协调的目标就在于,通过引进外资和

---

　　① 习近平:《决胜全面建成小康社会　夺取新时代中国特色社会主义伟大胜利——在中国共产党第十九次全国代表大会上的报告》,人民出版社2017年版,第40页。

对外直接投资,不断引进高端产业,同时在全球范围内优化资源配置,逐步摆脱由国外跨国公司主导的、以资源消耗为主要驱动力的、低附加值依附型的全球价值链分工地位,推动中国经济发展的质量变革、效率变革、动力变革,提高全要素生产率,加快产业体系建设和经济体制建设,不断增强中国经济发展的创新力和竞争力。因此,两大开放战略机制和政策的设计应以以上目标为依归。

第二,厘清两大开放战略协调的原则和主线。要实现上述总体目标,新时期中国引进外资与对外投资两大开放战略的协调机制应该符合“目标一致、政策统筹和激励兼容”的基本原则,协调机制的主线内容应包括以下几个方面。(1)“引进来”和“走出去”目标一致。“引进来”的核心在于吸引更多的高端制造业和服务业,并通过溢出效应等促进我国企业成长;“走出去”的目的是获取更多的国外优质自然资源、研发资源和市场空间,促进我国产业转移和结构优化,促进我国企业在全球范围内优化资源配置。二者共同的目标是推动中国的经济转型、产业结构优化,以及促进我国经济更大范围地融入经济全球化之中。(2)“东道国”和“母国”角色平衡。中国长期作为吸引外资的大国,其职责和政策设计的重点是从东道国的角度出发,设计和优化外资政策和创造更好的国内营商环境,以吸引更多的跨国公司和外商直接投资。现在中国已成为对外直接投资大国,因此中国政府应重视作为对外直接投资的母国,注重优化对外直接投资的政策体系,更加积极地参与双边和多边的经贸协定制定和国际经济秩序的重组,为我国企业国际化的发展提供更有利的国际政策和国际法空间。因此,两大开放战略协调应有助于将中国从一个吸引外资为主的发展中东道国逐渐转向同时作为“东道国”与“母国”的跨国投资大国,并做好二者的政策和职责平衡。(3)理顺“市场”与“政府”的关系。按照国际规则,充分发挥市场在资源配置中的决定性作用,引导微观企业主体的跨国投资行为,同时更好地发挥政府在基础设施建设、营商环境、信息中介等方面的积极作用。(4)“国内政策”与“国际规制”融合。随着经济全球化的发展,有关外资的国内政策的制定日益需要与国际规制相一致,核心是减少不必要的政府规制与准入式干预,加强与国际通行的经贸规则对接,建设国际一流的营商环境和对外投资环境。(5)把握国家经济安全的底线和主动权:对外开放与经济安全是一对矛盾,两大开放战略协调需要把握好二者之间的平衡,主动出击,不断提升中国企业的国际分工地位,维护中国经济发展的产业链安全、市场安全,降低市场不确定的负面影响。

第三,制定政策协调的目标和具体内容。要实现两大发展战略协调,需要相应的政策和措施予以落实和协调。在有关外资的诸多政策中,本书着重考虑产业政策与财税政策及其相互协调。产业政策协调围绕中国的产业升级转型,其中"引进来"为了引进国外高端制造业、高端研发和高端服务业,"走出去"旨在吸引国外优质创新资源、开拓国外市场和转移国内过剩产能。财税政策一方面继续通过系列财政支持政策、投资优惠和国际税收协定吸引优质外资,另一方面通过完善政府基金、财税补贴、政策性金融支持、差异化税收优惠和国际税收合作鼓励中国企业对外投资。政策协调的行为原则包括:认识统一、行为规范;部门整合、改革并行;内外兼顾、国际一致。(1)认识统一、行为规范。一方面,无论过去、现在还是将来,外资企业都是中国经济的重要组成部分,应该给予国民待遇,进行准入前负面清单管理和优质高效的事中事后监管,其跨国并购、撤资行为、第三国转移投资等,都是顺应中国经济结构调整的必然选择。另一方面,对"走出去"的中国跨国企业则应加强引导和培育,使其能够迅速融合于东道国经济发展,遵纪守法,加强环境保护、劳动保护和可持续发展,遵守跨国公司行为准则,自觉承担社会责任。(2)部门整合、改革并行。依据高效协作、统筹安排、精简机构、减少干预等原则,整合商务部、国家发展改革委、外汇管理局等中央部委以及地方政府中的相关职能部门,以更好地促进"引进来"和"走出去",减轻企业负担、减少部门纷争、提高行政效率,创造公平竞争的营商环境和对外投资环境。(3)内外兼顾、国际一致。一方面,按照国际通行规则,我国外资政策管理重点从前端向后端转移。前端采取"负面清单"管理模式,简化甚至取消"中端"的所有审批流程,弥补"后端"监管空白,实现真正国民待遇。另一方面,政府部门也要积极参与国际投资规则谈判和标准制定。目前,中国企业在准入限制、安全审查、征收、争端解决等方面经常受到东道国的各种歧视性待遇,这些非公平待遇只有通过多边规制才能从根本上解决。

第三节　研究框架与内容安排

一、　本书的研究设计和结构

本书共包含五个部分。第一部分是本书的现状梳理部分,为后续实证研究和政策研究提供了现实基础。第二部分考察双向直接投资对企业绩效和企业参与全球价值链的影响。基于理论和实证分析结果,第三部分和第四部分分别从国家层面和国际层面探讨了引进外资和对外投资两大开放战略的协调机制和政策。

表 1　本书的研究设计和结构

序号	各部分名称
第一部分	中国双向直接投资现状梳理
第二部分	中国"引进来"与"走出去"实践:机制与效应
第三部分	引进外资与对外投资:国内政策协调
第四部分	国际投资体制:引进外资和对外投资的国际协调

按照设计,第一部分从"引进来"和"走出去"两个方面入手,分别从总体发展和现有政策机制两方面梳理中国双向直接投资的现状,并对中国在双向直接投资发展过程中的利弊得失进行初步的总结。

第二部分以全球价值链主导的国际经济新格局为背景,对吸引外资和对外投资对中国经济的多层面影响作用进行深入的经验分析和实证考察,对双向直接投资协调机制的必要性和可能性进行深入探讨,为构建双向直接投资的协调机制提供决策依据。本书的研究将对完善"引进来"和"走出去"之间的协调机制,构建中国主导的全球价值链新格局提供客观和充实的实践证据与对策参考。

第三部分全面梳理了我国改革开放以来引进外资与对外投资的政策演变路径及其特征,剖析当前引进外资与对外投资存在的问题,在此基础上结合产业结构升级、技术创新、出口增长、国际竞争力提升、就业增长以及经济增长等经济社会发展目标,提出新时期我国引进外资与对外投资政策的协调措施。

第四部分集中对国际投资体制和我国的实践进行梳理、评估和总结,并据此提出应对上述挑战,充分发挥国际投资体制协调国际投资活动的路径和对策。

二、 本书的内容安排及章节关系

在本书研究框架的基础上,我们对研究内容进行了进一步调整、充实和完善,以增加研究的时效性和针对性。本书分六篇共 17 章(包括绪论在内)。

第一篇"中国双向直接投资发展概况",包括两章,分别从"中国双向直接投资的总体发展"(第一章)、"中国双向直接投资促进及平台建设"(第二章)两个不同维度介绍中国双向直接投资目前的发展概况以及投资促进措施和平台建设。第一篇为本书后续内容提供了翔实的背景资料。

第二篇"中国'引进来'的经济效应研究",从企业创新、企业绩效以及全球价值链嵌入三个方面考察吸引外资对本土企业的影响,其中对企业创新和企业绩效的影响主要从外资企业并购对目标公司的影响角度切入。本篇首先基于中国专利数据库、中国专利授权数据库和中国工业企业数据库匹配数据考察了外资并购对目标企业创新行为和绩效的影响(第三章)。其次,本篇进一步考察了外资入境并购与目标企业包括生产率、成本加成率在内的企业绩效之间的因果关系(第四章)。最后,本篇测算了出口的国内附加值率(DVAR),并考察了外资进入对本土企业的全球价值链参与的影响(第五章)。

第三篇"中国'走出去'的经济效应研究",从企业创新和企业绩效两个方面考察对外直接投资对本土企业(母公司)的影响。首先,本篇考察了对外直接投资对企业创新的影响及其作用机制(第六章)。其次,本篇基于上市公司的对外跨国并购事件考察了中国企业对外跨国并购对包括生产率和成本加成率在内的企业绩效的影响并讨论背后的作用机制(第七章)。

第四篇"双向直接投资的互动关系研究",考察"引进来"如何影响"走出去",以及双向直接投资是如何在互动中实现技术进步和产业升级的。本篇首先借助统计分析方法和回归估计方法考察了世界各国引进外资与对外投资之间的关系(第八章),即跨国层面双向直接投资的依存互动关系,其中也包括中国的"引进来"与"走出去"之间的关系。其次,本篇从中国企业层面考察吸引外资与对外投资之间的关系(第九章),主要关注"引进来"对"走出去"的促进作用。最后,本篇基于全球价值链的视角考察了双向直接投资对产业升级的影响(第十章)。第四篇系统阐述吸引外资与对外投资之间的关系,也厘清双向直接投资对中国制造业的关键影响,是后续进行政策分析的基础。

第五篇从协调框架、产业政策和财税政策三个方面讨论了如何进行国内政策协调,下设三章。首先,本篇从协调标准、管理体系与协调内容论述了国家政策的总体协调框架(第十一章)。其次,本篇考察了双向直接投资的产业政策协调(第十二章)。最后,本篇从财政支持、投资优惠、国际税收合作等角度讨论了双向直接投资的财税政策协调(第十三章)。

第六篇则从国际投资体制和法律规范两个角度讨论了国际政策协调,下设四章内容。首先,本篇从国际投资协定、市场准入、对外投资、东道国规制权、国民待遇、公正和公平待遇等角度系统概括了国际投资体制中的核心政策措施和制度安排(第十四章)。其次,本篇重点讨论了高标准国际投资协定对双向直接投资的促进作用(第十五章)。最后,本篇从世界贸易组织相关协议、双边自由贸易协议以及众多双边投资协定等角度阐述改革开放之后中国参与国际投资体制的历程,并讨论了中国参与当前国际投资体制构建的战略选择问题(第十六章)。

核心篇章之间的逻辑关系详见图1,其中数字为本书的章序号。

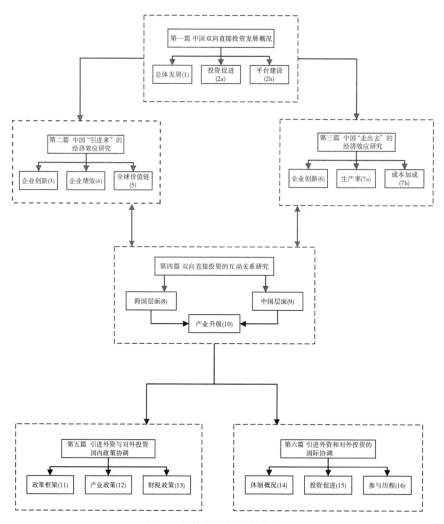

图1 各篇章之间的逻辑关系

第四节　本书的主要结论

一、　总体趋势和投资促进措施

1.总体趋势

我国是发展中国家中最大的投资对象国和位居世界前列的投资来源国；2015年之后，中国的对外投资流量便超过吸引外资流量，成为全球直接投资的净流出国；中国的双向直接投资具有明显的行业和空间特点。

投资总量上，外商直接投资已经成为我国经济社会发展的一支重要力量：截至2018年年底我国外商直接投资企业累计达95万家，实际利用外资累计超过2.1万亿美元。同时期对外直接投资流量和存量稳居全球前三，2018年对外直接投资存量达1.98万亿美元，流量1430.4亿美元。

空间分布上，双向直接投资在国内均呈现非均衡的分布特征，东部地区整体规模远超过西部地区、中部地区；中国对外直接投资流向区域分布显著不平衡，外商投资来源地趋于多元化；"一带一路"建设对双向直接投资显现促进作用。

产业分布上，外资准入政策的实施使外资覆盖产业范围更广，逐步从制造业过渡到信息传输、计算机服务和软件业等投资技术含量较高的行业。

然而，现阶段我国引进外资和对外投资仍存在一定的问题，具体表现为：流出流量对流入流量的比例偏低；引进外资质量偏低和对外投资不够理性，以及双向直接投资的结构不平衡、地区分布不均衡等问题。这意味着，中国的两大开放战略之间需要协调。

2.投资促进与平台建设

我国双向直接投资促进机构主要由政府主导的投资促进机构、通过社会力量组建的投资促进结构以及境外投资促进机构三方面构成。随着对外投资规模的迅速增长，投资促进机构的职能从促进"引进来"转向推动"引进来"和"走出去"并重。

传统的会展招商及项目招商依然是现阶段投资促进最主要的方式，各地投资促进机构也通过"产业链招商"的方式，培育优势支柱产业、拉长产业链条，增强产业及区域的综合竞争力。欧盟、美国、日本、韩国及新加坡等地区是投资促进的重点对象。同时,伴随着"一带一路"倡议的实施,沿线国家和地区成为投资促进机构关注的新对象。

总体上,中国对外直接投资由于发展时间较短,投资促进仍然以第一产业和第二产业中技术含量较高的行业为主,同时推动第三产业"走出去"的意愿也不断增强;促进"引进来"方面,引入高质量的外资企业已成为投资促进机构的重点工作内容。

面对当前国内外的新形势和新局面,构建我国引进外资与对外投资两大开放战略的协调机制与政策,需要在"引进来"与"走出去"两个方向进行体制机制改革。中国自由贸易试验区和境外经济贸易合作区作为实施两大开放战略的新平台和探索协调机制与政策的新试点,在深化改革和扩大开放等方面发挥了重要作用,在引进外资和对外投资方面取得了显著成效。

二、 外商直接投资的经济效应

1. 外资并购对企业创新的影响

外资并购影响着本土目标企业(被并购企业)的创新行为,但对创新投入和创新产出的影响并不一致。外资并购虽然对目标企业的研发投入没有促进作用,但却能够显著地提高目标企业的专利申请产出。这是由于跨国公司借助自身的研发优势,在母子公司之间进一步整合资源的结果。

分类看,外资并购对目标企业的发明专利申请、实用新型专利和外观专利的申请均具有显著且持续性的提升效应,其中对非发明专利(实用新型和外观专利)的提升效应最为明显。此外,外资并购之后,目标企业的发明专利授权数显著增加,从而并购后的创新质量持续提升。

2. 外资并购对企业绩效的影响

总体上,外资并购的确能够显著提高目标企业的绩效,其中外资并购能够持续促进目标企业的全要素生产率,但对成本加成的影响在并购两年后趋于消失。外资并购对目标企业生产率和成本加成的影响主要是通过提高目标企业的产能利用率和组织管理效率来实现的。

分地区和所有制类型看,外资并购的生产率效应主要存在于东部地区的私营企业和中西部地区的国有企业和集体企业。

　　分外资来源地看,来自发达国家的外资并购能够显著地提高目标企业的全
要素生产率且具有持续性,港澳台资并购对目标企业生产率的提升效应并不具
有持续性。

　　分行业看,在融资依赖程度较低与劳动力市场管制程度较低的行业,以及在
信息技术密集度高的行业,外资并购能够显著地提高这些行业内的目标企业的
生产率或成本加成。

　　3.外资并购对本土企业的全球价值链参与的影响

　　外资进入总体上有助于提升本土企业在全球价值链中的地位,其中外资进
入的水平溢出倾向于降低本土企业出口的国内附加值率,前、后向关联则有助于
提高本土企业出口的国内附加值率。外资进入对国内附加值率的影响主要是通
过成本加成率的提升与国内中间品种类的增加实现的。

　　分类看,来自发达国家的外资能够明显促进我国本土企业参与全球价值链,
来自港澳台地区的直接投资作用微弱;外资进入能够明显提高民营企业的出口
国内附加值率,但对国有企业的影响较弱;外资进入对我国本土企业出口国内附
加值率的提升也与地区的制度环境密切相关:制度越完善的地区提升作用越大。

三、 对外直接投资的经济效应

　　1.对外直接投资对母公司研发创新的影响

　　企业对外投资显著地提高了企业的创新产出,使企业的专利申请总数增长
了27%,其中发明专利增加较为明显且具有持续性,而对非发明专利申请的影
响不具有持续性。

　　同时进行绿地投资和海外并购投资的企业发明专利申请显著提升,对非发
明专利产出影响不显著。绿地投资企业的发明专利和非发明专利都显著提升;
仅进行海外并购投资的企业专利申请总数显著增加,但只是非发明专利显著
增加。

　　对外投资企业会进一步地通过提高企业内外的知识储备,即提高研发强度
和海外业务扩张两大渠道来影响创新产出。

　　2.跨国并购对母公司绩效的影响

　　对外跨国并购对生产率提升的作用虽有正向的少许作用,但效果还不明显,
分样本则各有特点。总的来看,对外跨国并购对企业生产率提升有积极作用,但

统计上不显著。不同行业的跨国并购对生产率的影响存在差异,商业行业的跨国并购事件显著促进了并购企业生产率进步,而其他行业促进作用并不显著;掌握控股权的并购企业能给企业带来显著的更高的生产率;虽然并购经验对企业生产率的提升作用不显著,但并购经验丰富的企业对生产率的促进作用还是微小地超过了单次并购的企业;对发达国家的海外并购有助于企业生产率的显著提升,而对发展中国家的海外并购生产率效应却存在微弱的负作用但不显著。

对外直接投资能够显著提高企业加成率但存在一年时滞,随着时间推移,这种加成促进作用不断递增。分类看,当目的国为高收入国家、对外投资为研发加工型和多样化型投资时,对外直接投资的加成促进作用更强。对外直接投资的加成促进作用在于促进了母公司的新产品创新,同时提高了企业的生产效率。

四、 双向直接投资的依存互动

1.跨国层面双向直接投资的依存关系

全球双边直接投资目前仍然以发达国家为主,但是近年来的流量数据表明中国等发展中国家以及部分避税岛国家在全球投资中的地位在逐渐提高,其中中国的双向直接投资正在逐渐从"引进来"向"走出去"转变。从全球范围来看,引进外资和对外投资存在显著的互动关系,且这种互动关系更多地体现在引进外资对对外投资的促进上。

2.中国企业双向直接投资间的依存关系

从企业层面看,"引进来"会通过包括水平溢出、前向溢出、后向溢出在内的多个维度促进中国企业"走出去"即进行对外直接投资:外资进入的溢出每增加1%,企业对外直接投资增长 0.435%(水平溢出)、0.225%(前向溢出)和0.359%(后向溢出)。外资进入的溢出效应只限于目的国为中等和高收入国家或地区的直接投资,对目的国为低收入国家或地区的直接投资并没有影响。"引进来"对"走出去"的促进影响在商贸服务型、研究开发型、垂直生产型三类投资中表现得更为明显。

3.双向直接投资依存互动与产业升级

对外直接投资显著地促进了我国的产业升级和比较优势获取,这种促进作用是通过优势发挥、优势获取、优势互补等过程实现的。控制了其他因素之后,外商直接投资对我国产业升级和比较优势获取的促进作用较弱,这是由于外商直接投资的影响正是通过外贸出口、资本形成等具体途径得以实现的。

五、 引进外资与对外投资国内政策协调

1. 协调框架

关于双向直接投资管理措施具体包括法律规定、国务院通知、各部委规制、地方法规、各项前置条件等,商务部和国家发展改革委是我国吸引外资和对外投资的主要管理部门。引进外资上的特点与不足包括:准入制度不断完善,但与《产业结构调整指导目录》以及《政府核准的投资项目目录》的衔接仍在进行中;统一的《中华人民共和国外商投资法》仍需具体的实施细则;监管方面的法律制度多数以部门规章为主,且各部委间权力交错重叠、缺乏统一有效的法律规定。对外投资上的特点与不足包括:相关法律法规主要集中在对主体的合规管理和审查,但相关法律文本较为笼统、分散,存在主管部门权责划分不明确的问题;对外投资促进方面则以纲领性、指导性法规政策为主,多数集中在制造业部门;在投资风险保障、境外避税、反洗钱以及规避滥用权力等方面缺乏较为明确的法律法规。

我国的双向直接投资还存在诸多不协调问题,引进外资方面主要表现为:来源地与外商直接投资输出大国不协调;投资与贸易不协调;地域分布、产业布局不协调;跨国并购水平太低,与我国的产能过剩转移、经济结构调整、增长方式转变不协调;效率导向型投资与中国提升全球价值链的参与水平和高度目标不协调;外资质量和水平难以提高。在对外投资方面主要表现为:区位集中,双向直接投资不平衡;产业分布不均衡;境外投资企业跨国指数较低;投资动机单一,缺乏全球价值链导向;绕道并购成为主要渠道;面临东道国非公平和歧视性待遇。

2. 双向直接投资的产业政策协调

新形势下,我国引进外资的具体目标为适时切入高端产业和新兴产业,补充传统产业链的短板,催生国内供应链体系与产业集群发展。对外投资的产业政策具体目标为引导落后与剩余产能转移,促进产业链的延伸与完善,扩张国际市场与影响力。

目前,引进外资方面,受认可的产业政策工具包括税收优惠、资金扶助、信息扶持与配套建设;在对外投资方面,产业政策工具包括提供税收豁免、金融与保险支持、汇兑与人员流动便利措施、信息支持与外交引导等。未来我国双向直接

投资的产业政策努力的主要方向为:引进外资方面,突出重点产业领域,鼓励高端价值链活动,打造公平的市场竞争体系,提供信息扶持;在对外投资方面,注重产业、区位与主体选择,探索以产业转移带动产业结构优化的具体措施,完善对外投资相关的支持体制,构建对外投资安全保障体系。

　　3.双向直接投资的财税政策协调

　　我国采取出台一系列财政支持政策、投资优惠政策、签署国际税收协定等措施,吸引外商投资企业来华投资;同时通过完善政府性基金政策、财政补贴政策、实施政策性金融支持、加强财政监督等途径,并立足于现有税种制定差异化的税收优惠政策,以加强国际税收合作,鼓励国内企业对外直接投资。

　　财税政策为两大战略的推进贡献着积极力量,但也暴露出诸多问题,可能制约政策的成效;国际税收竞争的加剧也为我国两大战略带来新的挑战,我国应该提升市场竞争力吸引外资流入,清理规范税收优惠政策,实现企业的公平竞争,深入税改研究,规划各类税收。针对美国税制改革带来的影响,中国应该优化营商环境,降低企业负担,清费立税以完善财税体制,大力推进"引进来"和"走出去"。

　　为了进一步通过财税政策推动我国"引进来"和"走出去"两大战略的协调实施,国家应该统筹增设协调部门以实现两大战略目标一致,通过制度筛选符合国情、地情的内外资企业,并实施有效激励,建立和完善促进对外直接投资的政策体系,加大鼓励地方企业"走出去"的财税政策支持力度,培养跨国经营管理的财税人才。

六、 引进外资和对外投资的国际协调

　　1.高标准国际投资协定对双向直接投资的促进作用

　　一方面,国际投资协定承诺长期的法律稳定性和可预测性,约束了东道国政府有损投资者合法期望的任意做法。另一方面,与多边体系相比,缔约方在国际投资协定的谈判与签署中拥有更大的缔约灵活性。现有关于国际投资协定对双向直接投资的促进作用包括承诺机制和信号机制。承诺机制是通过在协定中明确东道国政府的义务、加深母国政府的参与以及引入强约束力的实施机制,相当于缔约方政府向外国投资者作出有效保护其投资的承诺。在协定的约束下,东道国政府违反承诺的成本提高,投资者面临的风险降低,进而有助于促进外商直

接投资。信号机制则考虑到协定的溢出效应,即投资协定不仅仅是向缔约方投资者发出的信号,还向第三国投资者传递出本国政府将更重视投资者保护的信号,从而缔结协定不仅能够吸引缔约方投资者的投资,还能够促进来自第三国的直接投资。

2. 国际投资体制的概况

现有国际投资体制主要包括国民待遇、最惠国待遇、公正和公平待遇、资本自由转移、争端解决、市场准入等投资促进和保护条款的一系列国际投资规则体系,其中双边投资保护协定(BITs)、避免双重征税协议(DTTs)以及其他双边和区域间与投资相关的协议是国际投资体制的基础部分。

外国投资准入制度实体性规则是东道国允许外国投资进入本国市场的范围和程度的具体规定。由于经济发展水平、参与对外投资活动的程度等存在不同,目前各国政府制定的对外投资法律规范存在差异。新一代国际投资协定中的东道国规制权将可持续发展理念作为国际投资协定的宗旨和目标,设置多层次的例外功能条款,明确公平公正待遇的内容,通过缔约方联合解释机制强化国家规制权的措施使投资保护标准与国家规制权间的界限更加清晰。

国际投资协定实体条款的明确化、精细化,将有助于为仲裁庭对相关问题的解释提供依据和指引,能够纠正传统国际投资协定的原则性、模糊性所产生的利益保护失衡。现有的国际投资协议体系存在碎片化,复杂性、争端增多且难以有效解决、高风险、开放标准低等问题。仲裁机制、国内救济、替代性争端解决方法以及其他正在构建的争端解决机制将长期并存,政治手段和法治手段同时在争端解决中发挥作用。

最新的国际投资规则更强调高标准的投资自由化,其核心是要求签约方的市场以准入前国民待遇加负面清单管理模式实行开放,同时还纳入诸如公平竞争、劳工标准、环境保护标准、知识产权、透明度等新议题,其对政府行为的约束已不仅限于国际之间,而是日益深入各国内部并约束国内政策的制定和实施,防范国际投资协定(IIAs)所赋予的权利被滥用。

3. 中国参与国际投资体制的历程

中国参与的国际投资协议体系由三个方面构成。首先是作为世界贸易组织成员签署的与投资相关的协议,包括与贸易相关的投资措施(TRIMs)、与贸易相关的知识产权(TRIPs)、服务业贸易总协定(GATS)、补贴与反补贴措施协议

（ASCMs）。其次是与 22 个国家和地区签署的 11 个自由贸易协定,包括中国—东盟自贸区协定、中国—巴基斯坦自贸区协定、中国—新西兰自贸区协定、中国—新加坡自贸区协定、中国—瑞士自贸区协定等。最后是中国签署的众多双边投资协定。

就目前的情况看,中国签署国际投资协定的标准落后于中国引进外资和对外直接投资的客观需求。首先,中国现阶段的投资体制在区域投资协定和双边投资协定间失衡,对后者依赖过高。其次,中国签订的投资协定依旧采取准入后国民待遇加正面清单外资管理的模式,落后当前国际投资协定体系对新型投资自由化的强调。最后,签署的多数国际投资协定所使用的文本不精确,可能造成协定被滥用以及面临更高的国际被诉风险。

当前正在兴起新一轮的国际投资规则制定过程,中国应当根据国际投资规则的发展趋势以及自己的实力,确定自己在此过程中的战略选择。

当前高标准的国际投资规则的发展,不仅体现了发达国家的利益诉求,也在很大程度上响应了经济全球化以及全球价值链发展和投资贸易自由化的需求。我们所需要的是制定正确的战略选择,积极参与并用新一代的国际投资规则替代传统的国际投资规则,以便为我国两大开放战略的实施和协调创造更大的空间。从目前国际投资规则的发展趋势以及我国经济整体实力来看,这个战略应包含以下几方面:第一,支持国际投资体制改革。第二,推进双边投资协定更新。第三,展示知识产权合作决心。第四,打造国际经贸合作标杆。

第一篇

中国双向直接投资发展概况

1

改革开放伊始,中国从总体上仍是一个计划经济制度下的封闭运行经济体,经济发展水平相对落后。随着经济特区的设立,外商直接投资开始涌入中国,中国经济由此开始了融入世界市场的伟大历程。随着改革开放的深入,各种沉睡的要素资源被渐次激活,中国经济拉开了高速增长的序幕。历经多年积累,中国企业获得了长足进步,开始对外进行直接投资,在世界范围内主动配置资源,中国的对外开放也进入了一个全新的发展阶段。从根本上说,中国双向直接投资的发展既是中国经济不断融入全球经济的自然结果,也是各级政府共同努力和对外开放战略逐步规范化、制度化的结晶。本篇包括两个章节:第一章从总量发展、产业分布和地区分布三个角度分别介绍了中国双向直接投资的总体发展状况;第二章介绍了各级政府的直接投资促进机构及其工作内容,以及实施两大开放战略的新平台,即中国自由贸易试验区和促进境外经济贸易合作区。

第一章　中国双向直接投资的总体发展

第一节　中国双向直接投资的总量发展

一、　我国外商直接投资与对外直接投资的发展历程

改革开放以来,中国的外商直接投资规模不断扩大,发展路径大致可分为四个阶段:

第一阶段(1979—1991年):中国利用外资的起步阶段。该时期的外商直接投资主要集中在以经济特区为中心的沿海地区,外资主要来源于港澳台地区,规模较小,尚处于起步阶段。从数据来看,1983年我国实际使用外商直接投资仅为9.16亿美元,1985年增长到19.6亿美元,1988年突破30亿美元大关,到1991年超过40亿美元。

第二阶段(1992—2001年):中国利用外资的快速发展阶段。1992年邓小平同志南方谈话以及1994年汇率制度改革都为我国吸引外资提供了良好契机。这时期的外商直接投资主要集中在制造业领域,外资来源拓展到欧、美、日等发达国家,外资进入的地区也从沿海向内陆城市蔓延开来,外资规模增长迅速。从数据上看,1992年和1993年我国引入外资平均增幅达到150%,从1991年的43.7亿美元跃升至1993年的275.2亿美元,成为全球吸引外资规模第二大的国家。除了1999年受亚洲金融危机的影响外商直接投资额出现下滑外,其余年份的外商直接投资额都在持续增长。

第三阶段(2002—2008年):中国利用外资的稳定增长阶段。加入世贸组织加快了我国对外开放的步伐,吸引了更多的外资企业进入。从数据上看,吸引外资流量从2002年的527.4亿美元攀升至2008年的1083.1亿美元,增长了1

倍,年均增长率高达 13%。

第四阶段(2009 年至今):中国利用外资调整阶段。受国际金融危机的影响,流入中国的外资规模增速大幅放缓,2009 年引进外资流量为 940.65 美元,同比下降 13%。随着全球经济的缓慢复苏,流入中国的外资有所增加,但还是不可避免地在某些年份出现下降,比如 2012 年和 2016 年,中国外商直接投资分别下降了 2%和 1%。2019 年全国新设立外商投资企业 40910 家,同比下降 32.4%,但仍高于近年的平均水平;实际使用外资金额 1412.3 亿美元,同比增长 2.1%。截至 2019 年年底,我国外商直接投资企业累计超 100 万家,实际利用外资累计超过 2.2 万亿美元,外商直接投资已经成为我国经济社会发展的一支重要力量。

自 1978 年改革开放以来,中国对外直接投资从无到有,呈现星火燎原之势。2019 年年末,中国对外直接投资存量达 2.2 万亿美元,流量 1369.1 亿美元,对外直接投资流量和存量稳居全球前三。总体上看,我国对外直接投资也大致经历了四个阶段:

第一阶段(1979—1991 年):对外直接投资尝试阶段。该阶段对外投资主体主要为国有大型企业,对外直接投资的规模相对较小,1991 年我国对外直接投资规模仅为 9.1 亿美元。

第二阶段(1992—2001 年):对外直接投资逐步形成阶段。1992 年邓小平同志南方谈话以及 2000 年我国"走出去"战略的实施加快了我国对外直接投资的发展,但该阶段投资主要受政策驱使,波动比较明显。邓小平南方谈话后,1993 年中国对外投资额增长到 43 亿美元,但 1994 年对外投资额回落到 20 亿美元,"走出去"战略实施后,2001 年我国对外投资额又猛然增长到 68.9 亿美元。

第三阶段(2002—2008 年):对外直接投资快速发展阶段。党的十六大提出将"引进来"与"走出去"战略相结合,又相继颁布了《关于境外投资开办企业核准事项的规定》《财政部、商务部关于印发〈对外经济技术合作专项资金管理办法〉的通知》,大力支持境内企业"走出去"。该时期我国的对外直接投资主要以跨国并购为主,且投资规模呈现快速上涨态势。2002 年中国对外直接投资流量只有 25.2 亿美元,2005 年已经达到 122.6 亿美元,2008 年增至 559.1 亿美元。

第四阶段(2009 年至今):对外直接投资的新战略实施阶段。国际金融危机后,国际资本流动开始下滑,我国政府相继推出促进企业对外投资的相关措施,并将对外投资上升到国家战略高度,人民币的不断升值、外汇管理制度的放松、金融市场的不断完善都为企业对外投资活动提供了便利条件,我国对外投资规模突飞猛进。2013 年我国对外直接投资流量突破 1000 亿美元,2016 年对外投资规模接近 2000 亿美元,达到历史峰值,2017 年和 2018 年由于我国政府加强了对企业对外投资的真实性、合规性审查,我国对外投资流量出现负增长,对外投资逐步回归理性,但总体规模仍然超过 1000 亿美元。

二、 双向直接投资的规模对比

改革开放以来,中国双向直接投资表现出鲜明特征(见图 1-1),相比外商直接投资,中国的对外直接投资起步较晚,且发展速度缓慢。从投资规模上看,相比外商直接投资,我国的对外直接投资前期规模相对偏小,后期规模增速超过外商直接投资,近两年双向直接投资趋于平衡。1983 年中国的对外直接投资仅为 0.93 亿美元,大约为当年吸引外资流量的十分之一。1992 年后外商直接投资迅猛发展,逐渐拉开与对外直接投资的差距,1998 年双向直接投资缺口达到 428.3 亿美元,1999 年小幅回落后缺口又逐渐扩大,2005 年双向直接投资缺口达到峰值 601.5 亿美元,此后缺口逐渐缩小,2015 年中国对外直接投资规模首次超过外商直接投资,在 2016 年创造历史最高纪录后,2017—2019 年我国对外直接投资回归理性,规模连续下滑,双向直接投资缺口逐渐趋于平衡。2020—2021 年,我国对外直接投资规模在波动中恢复增长,外商直接投资则快速突破 1700 亿美元,再创历史新高。

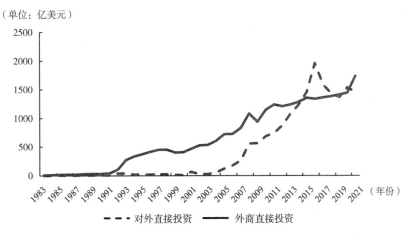

图 1-1　1983—2021 年中国对外直接投资和外商直接投资流量

注:2021 年外商直接投资数据不含银行、证券、保险领域。
资料来源:联合国贸易和发展会议数据库、历年《中国统计年鉴》和商务部统计数据。

我国引进外资无论从总量看还是人均水平看,都居于发展中国家第一位,然而对外投资虽然总量上居发展中国家第一位,但从人均流量看仅等同于印度等发展中国家。从对外投资相对规模来看,这一比例也偏低,2019 年我国对外直接投资流出量占国内生产总值(GDP)的比重仅为 0.95%,而法国和德国等发达国家这一比例均达到 2%左右。从双向直接投资比率来看(对外直接投资与外商直接投资流量之比),我国仍然远远落后于发达国家,近五年我国双向直接投资比率仅为 1.14,而法国和德国这一数值分别为 1.86 和 2.56,即使是在对外直接投资井喷的 2016 年,我国的双向直接投资比率也仅为 1.47,依然低于法国、德国两国的平均水平。

虽然我国外商直接投资与对外直接投资规模在不断趋于平衡,但二者缺乏有效互动,协调不足,在某种程度上与发达国家还存在一定的差距。从现实看,我国的引进外资与对外投资还存在结构不平衡、引进外资质量偏低、对外投资不够理性等问题,因此我国需要高度审慎资本的"引进来"和"走出去",充分利用国内外资源,努力促进二者均衡协调发展。

三、 双向直接投资的质量和数量协调

改革开放伊始,我国的双向直接投资更多地可以被两缺口理论(储蓄缺口和外汇缺口)所解释。但是,当双向直接投资作为国家基本战略布局后,纯粹数量意义上的资本流出与流入已经不再是主要的政策目标,其核心在于服务国家产业进步战略——资本的流动是为产业发展战略服务的。随着近年来我国一系列中长期产业发展战略规划,如"互联网+""数字化转型"的出台,双向直接投资政策转而以这些战略为基准,开始注重质量指标而非数量指标。换言之,外商直接投资和对外直接投资的根本目的在于发展,而发展的主要标志是产业结构升级、技术进步以及就业水平的增加。

目前,虽然我国已经是净资本输出国,但毫无疑问我国还是需要外资,尤其是高水平、高质量的外资。在我国经济结构调整的过程中,高水平、高质量外资带来的先进技术和管理经验,起到了很好的推动作用。2019 年修订并发布的《外商投资准入特别管理措施(负面清单)(2019 年版)》,大幅度缩减外商投资的准入限制,推动各领域进一步扩大开放,有利于外商来华投资。对对外直接投资而言,虽然 2017 年我国对外投资数据同比有所下降,但质量在提高、结构在优

化——对外投资向非理性"挥手作别"。近20年来,我国对外直接投资从资源寻求型转向技术、市场寻求型,投资领域从商贸服务扩展到一般制造、高端制造、新兴产业等多重领域,投资形式也出现多元化发展。由此可以看出,我国双向直接投资已经进入由量转质的阶段,高质量的双向直接投资是我国经济增长的关键因素,可以通过调整产业结构升级、技术进步、缓解就业难等问题,促使我国更好更快地发展。

1. 产业结构升级

"高水平引进来,大规模走出去"的战略方针指出了双向直接投资战略的产业发展取向:一是指出了双向直接投资战略处于不同发展阶段,"引进来"正在从数量型、规模型发展战略向选择型、质量型发展战略转变;二是高水平"引进来"明确指出了引进外资的重点是要有利于国内产业结构转型升级;三是大规模"走出去"意味着要将我国改革开放40多年来大规模引进外资条件下实现的价廉质优的制造能力、上下游产业配套完善等有利条件与我国资金优势有机结合,转化为对外投资的强大动力。

具体地说,在宏观视角下,外商直接投资可以通过影响东道国的需求结构和供给结构、产业关联效应、产业竞争优化效应和技术溢出效应促进国内产业在全球价值链中的功能升级,从而推动产业转型。对外直接投资可以通过产业转移效应、产业关联效应、产业竞争效应和逆向技术溢出效应形成全球价值链的新生力量,提升其在全球价值链的权重,进而促进本国产业升级。在微观视角下,外商直接投资企业基于资源寻求型、市场寻求型和效率寻求型三种不同动因促进东道国的产业结构升级。进一步地,外商直接投资带来的产业结构升级效应可以提升国内企业进行对外直接投资时所在的价值链位置、技术研发与创新能力,从而加快企业"走出去"的步伐。对外直接投资企业基于市场寻求型、效率寻求型、战略寻求型和资源寻求型四个不同的动因促进母国的产业结构升级。此外,对外直接投资所导致的产业结构升级不仅可以推进相关产业对外开放的步伐,而且能够提高吸引外资的层次,从而进一步提升产业结构的升级。

结合历年来我国产业结构变动趋势,图1-2展示了1983—2019年三大产业对国内生产总值的贡献率以及双向直接投资的变化情况,可以看出,我国的产业结构发生了巨大改变,1983—1990年属于我国双向直接投资初始阶段,第一产业呈现显著的下降趋势,第二产业和第三产业增长趋势相同,均出现先增长后下

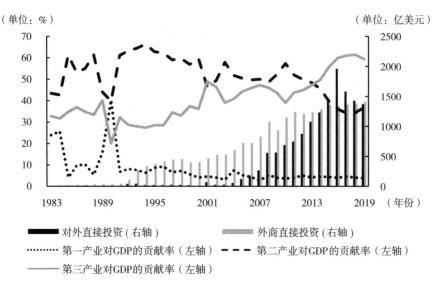

（单位：%）
（单位：亿美元）

图1-2　1983—2019年双向直接投资及三大产业对国内生产总值的贡献率

降的态势,但第二产业增长率显著高于第三产业。1991—2005年双向直接投资发展不平衡,伴随着外商直接投资的显著增长,对外直接投资仍然保持缓慢的增速。值得注意的是,在双向直接投资发展不平衡的前期,即1991—1994年,第二产业与第三产业的国内生产总值贡献率差距逐渐拉大,第二产业迅速增长,而第三产业却呈现相反态势,第二产业对国内生产总值的贡献率达到历史最高水平66.3%。但随着对外直接投资的缓慢增加,1995—2005年,第二产业与第三产业差距开始逐渐缩小,2001年第三产业国内生产总值贡献率首次超过第二产业,占比高达49%。因此,在双向直接投资发展不平衡阶段,外商直接投资主要影响我国产业结构调整,而缓慢增长的对外直接投资起到调节作用。2006年至今,双向直接投资差距逐渐缩小,对外直接投资超过外商直接投资,使我国成为净资本输出国家。在此阶段,第二产业与第三产业呈现此消彼长的增长态势,2014年第三产业实现第二次超越第二产业,并持续拉大与第二产业的差距。总结上述分析可得:双向直接投资对我国产业结构调整产生影响,在双向直接投资的初始阶段,第二、第三产业增长趋势相同;在双向直接投资发展不平衡阶段,外商直接投资和对外直接投资的数量影响产业结构,外商直接投资在产业结构变化中起主导作用,对外直接投资发挥调节作用;在双向直接投资发展差距缩小阶段,由数量调节逐渐转变为质量调节,外商直接投资和对外直接投资共同作用于产业结构调整,其中对外直接投资在拉动产业结构调整中占主导地位,第三产业对国内生产总值贡献率超过第二产业且差距逐渐拉大。

产生上述现象的原因在于:一方面,在双向直接投资起步阶段,我国实行外资准入政策以及"超国民待遇",外资进入东道国市场更多是为了国内廉价劳动力以及丰富资源,外商直接投资虽然可以通过企业间的外溢效应、关联效应和竞争效应影响东道国的产业结构升级,但考虑到外资进入的性质,其作用效果更多地体现在劳动密集型产业中;另一方面,在双向直接投资差距逐渐缩小阶段,劳动密集型产业已经失去优势,随着双向直接投资的共同发展,高质量外商直接投资开始走进国内,我国对外直接投资也从资源寻求型转向技术、市场寻求型,逐渐"由量转质"的双向直接投资更有利于我国产业结构调整,促进产业结构升级。

2.技术进步

2020年我国成功应对新冠肺炎疫情带来的不利影响,双向直接投资取得良好成绩,呈现创新发展、协调发展、高质量发展、共享发展四大特点,切实践行了创新、协调、绿色、开放、共享的新发展理念。我国双向直接投资领域创新力度空前:一是制度创新实现重大突破,深入推进外资领域"放管服"改革,不断创新监管模式,促进了吸引外资规模稳定增长。二是创新对外投资方式,紧紧围绕"一带一路"建设,以投资带动产业发展,推动我国从对外投资大国向对外投资强国迈进。三是突破传统观念,创新开放领域,实现高端制造、职业教育、银行保险证券、文化教育、旅游、娱乐等多领域对外开放。吸引外资方面,2020年1—9月,服务业实际使用外资5596.8亿元人民币,同比增长15%;高技术服务业同比增长26.4%。对外投资方面,2020年1—9月,投资主要流向租赁和商务服务业、制造业、批发和零售业等领域。其中,租赁和商务服务业对外投资309.3亿美元,同比增长18.6%;批发和零售业对外投资120.1亿美元,同比增长41.1%。可以看出,双向直接投资创新力度的增加为我国"走出去"和"引进来"提供了机遇和保障,高质量双向直接投资的逐渐增加不仅可以带动我国产业结构升级,同时还可以提升我国技术水平,使我国更快地立足于国际分工体系中,促进我国经济增长。

双向直接投资对我国技术进步的具体途径主要包括:外商直接投资从多方面直接或间接地促进东道国企业的技术进步。首先,外商直接投资的技术溢出效应直接作用于东道国企业的技术进步,企业通过模仿、学习等环节提升其生产技术。其次,外资进入东道国市场,可以提高当地居民的生活水平,增加其购物能力,并刺激市场消费,这些消费需求为本土企业带来盈利,可用于产品与技术创新,进而促进技术进步。随着企业技术水平的提高,我国的产业特点从劳动密集型向资本密集型、知识技术密集型演进,传统产业逐渐转换为传统产业与新兴产业的结合,再进而向新兴产业转换,产业结构的调整拉动经济增长,进而促使东道国生产力水平提高,资本不断累积,本土企业拥有资本或生产技术等竞争优势,为了获得更大的收益和更广阔的市场,东道国加快了对外直接投资的步伐,在全球投资市场中的地位逐渐从东道国转变为母国。进一步地,发展中国家可以向发达国家投资,通过技术获取和逆向技术溢出效应,"反哺"母国本土企业的研发和创新能力,进而实现企业的技术进步;或者通过向其他新兴国家实现产业转移和结构调整,从而提升我国在已有国际分工环节的价值链创造水平。

由此可见,双向直接投资是我国引进和吸收技术的重要途径,我们必须抓住机遇充分发挥双向直接投资的技术进步效应,以技术进步推动经济增长,实现我国新时期的经济目标。我们看到,一方面,随着双向直接投资差距的逐渐缩小,外商直接投资和对外直接投资数量仍然保持在较高水平,大量的外资进入以及我国企业"走出去",促进了国内企业的技术进步;另一方面,随着我国外商直接投资和对外直接投资的质量逐渐提升,高技术含量外资对我国市场的技术溢出效果更加显著,对外直接投资也从资源寻求型逐渐转变为技术、市场寻求型,双向直接投资相互协调,共同促进我国技术水平提升。

3. 就业水平

就业难问题一直是制约我国经济发展、社会稳定的主要问题之一,就业问题的解决关乎整个国计民生。当前我国就业问题表现在多个方面,总体上劳动力供给过剩、结构上就业分布失衡、质量上就业层次较低等都增加了我国就业问题的复杂性,对我国的就业政策提出了更高的要求。2018 年以来,就业工作面临一些新的挑战,中美经贸摩擦给我国经济带来直接和间接影响,从而波及就业领域。双向直接投资不仅能促进我国经济的发展,提升我国人民的生活水平,还能对我国的就业产生重要的影响。双向直接投资不仅增加就业机会,还有利于优化我国的就业结构,提升我国的就业质量,是解决我国就业难问题的重要手段和途径,对解决我国就业问题发挥着重要作用。

外商直接投资对就业的影响主要分为替代影响和互补影响两个方面。对互补影响而言,外资进入我国市场,从事生产研发、销售以及售后等各个环节会增加对劳动力的需求,从而有利于我国增加就业。对替代影响而言,随着我国经济发展,外商直接投资不再仅仅局限于利用我国廉价劳动力,进而转向我国市场和技术,对技术密集型外商直接投资来说,其劳动力需求量相对较小。在经济发展初期,外商直接投资会直接增加对劳动力的需求,促进就业。随着经济的进一步发展,外商直接投资由于技术和产品的优势,也可能对国内投资产生"挤出效应",造成垄断,从而不利于增加就业。

关于对外直接投资对就业的影响可以根据对外直接投资不同类型进行分析。首先,水平型对外直接投资对我国就业的影响存在不确定性,一方面,跨国公司为开拓国际市场,在东道国设厂并进行可替代国内产品的生产活动,转移母国就业;另一方面,随着对外直接投资生产规模增大,母国中间产品需求增加所带来的劳动力需求则会越多。其次,垂直型对外直接投资的海外生产只是嵌于整个生产链之中的一环,产品生产的互补性可能会对就业产生"互补效应",因而促进就业增长。最后,商贸服务型对外直接投资为外贸企业提供进出口和咨询服务,由此带来的"规模效应"降低了企业生产的平均成本,实现规模经济,从而促进就业。

第二节　中国双向直接投资的产业结构分布

改革开放以来,我国双向直接投资政策由最初的以规模为主,逐步转向以质量为主,在充分考虑资源、环境、技术和安全等要素的基础上,提高资源配置效率和优化产业结构。为了适应中国经济发展的需要、转变经济发展方式以及优化产业结构,纵观整个开放过程,我国的双向直接投资政策一直与产业政策紧密联系,我国的双向资本流动是为产业发展战略服务的。因此,有必要结合我国双向直接投资的产业引导政策分阶段梳理我国的双向直接投资产业分布。

一、外商投资产业分布

我国外商投资产业分布的调整过程主要经历了五个阶段,即无政策引导开放的鼓励阶段、政策引导开放的探索阶段、政策引导开放的初级阶段、政策引导开放的履约阶段和政策引导开放的成熟阶段。在这五个阶段中,我国外商直接投资的产业分布分别经历了以第二、第三产业为主——第二产业为主,第三产业受限——第二、第三产业为主的变迁过程。具体地说,外资流入的主要行业集中在制造业、房地产业、租赁和商务服务业以及批发和零售业四个行业,金融业和信息传输、计算机服务和软件业逐渐崛起。

1. 无政策引导开放的鼓励阶段(1978—1982 年)

改革开放初期,在不了解外商直接投资的产业趋向以及没有管理外资产业流向经验的情形下,我国外资产业政策主要以积极鼓励为主:首先,我国对外商直接投资没有制定正式的产业政策引导,除了敏感性行业以外,所有工业和大部分第三产业都向外资企业开放;其次,对开放的第三产业,几乎没有政策性限制要求。在这一阶段,我国外商直接投资的行业分布没有一定的规律,但主要还是以制造业和第三产业为主。

2. 政策引导开放的探索阶段(1983—1995 年)

鼓励阶段的引导政策实践在一定程度上丰富了我国对外资产业趋向上的认识、填补了我国在管理外资产业流向经验上的空缺。但是,该实践也暴露了无政策引导的弊端——在近乎全面宽松的政策下,大量低技术和劳动密集型资本流入,甚至存在重复引进的情况,造成了环境污染以及产能过剩的现象。为了改变这种政策特征,我国开始探索政策引导开放,并先后于 1983 年、1986 年对第二产业中的"生产性项目"①和"两种项目"②给予特别鼓励。更是在 1987 年首次制订《指导吸收外商投资方向暂行规定及其目录》,对外资产业流向进行政策引导。在该阶段的前期,我国外资政策的主要目标在于利用外资企业的溢出效应,促进产业结构的高度化,此时第三产业基本被列入限制范围。

然而,随着经济发展,我国对第三产业的相对需求逐渐上升。因此,1992 年我国颁布了《关于加快发展第三产业的决定》,以各种形式对第三产业开放进行试点,第三产业的限制政策开始减弱。在该阶段的后期,我国外资政策的目标除了继续促进产业结构的高度化以外,开始逐渐注重产业结构的合理化。

---

① "生产性项目"中的第二产业种类包括:(1)能源开发、建筑材料工业、化学工业、冶金工业;(2)机械制造工业、仪器仪表工业、海上石油开采设备的制造业;(3)电子工业、计算机工业、通信设备的制造业;(4)轻工业、纺织工业、食品工业、医药和医疗器械工业、包装工业。
② "两种项目"指先进技术项目和产品出口项目。

3. 政策引导开放的初级阶段(1995—2001 年)

经过 20 世纪 80 年代和 90 年代初的探索,我国绝大部分产业都有外资涉足。而且,经过近 20 年的开放,我国对外资的产业流向也有了深刻的认识。通过探索阶段的大规模引资,我国经济取得较快发展,却仍存在一系列主要问题:农业基础依然薄弱;工业生产发展很快,但产品结构不够合理,未能适应市场需求的变化等。因此,我国亟须制定规范化的外商投资产业引导政策,以合理引导外资流入,进而促进我国产业结构升级与转型。继 1995 年《政府工作报告》中指出我国需制定明确的产业政策引导外资投向,把引进外资同调整产业结构和产品结构、提高技术水平和管理水平更好地结合起来,提高使用效益引资的产业形势之后,我国在规范外商投资方面可操作性最强的一部法规《外商投资产业指导目录》正式问世。之后为抵消亚洲金融危机对我国经济的不利影响,我国于 1997 年对外商投资产业指导目录进行了第一次修订,发布《外商投资产业指导目录(1997 年修订)》,对外资企业执行更优惠的税收政策。

总体而言,该阶段我国外商直接投资产业政策主要以积极引导为主,对涉及国家安全以及国家稀缺资源的行业采用严格禁止外商投资的政策,对部分涉及国家技术、工业生产、交通运输等行业采用限制政策,其余产业则采用积极鼓励的政策态度。

4. 政策引导开放的履约阶段(2002—2014 年)

2001 年,加入世界贸易组织标志着我国对外开放进入一个新阶段。我国在争取加入世界贸易组织的过程中,承诺"中国将根据国民经济发展的需要和加入世界贸易组织所作出的对外承诺,继续扩大对外开放领域,有步骤地开放金融、保险、电信、外贸、商业、旅游以及会计师事务所、律师事务所等,允许在这些领域根据中国的有关规定设立中外合资、合作或外商独资企业,扩大开放地域、数量和经营范围"。因此,在这一阶段,我国在保持对第二产业"3 种项目"鼓励的同时,逐步取消第三产业原有的限制性政策,全面开放所有产业成了必然的趋势。这一趋势从该阶段历年的《外商投资产业指导目录》(包括 2002 年、2004年、2007 年、2011 年修订版)中可见一斑。在全面开放的背景下,2014 年,我国吸收外资规模达 1196 亿美元,外资流入量超过美国,首次成为全球第一。此外,外商投资产业引导向高端制造业、战略性新兴产业、现代服务业转移。

5.政策引导开放的战略阶段(2015年至今)

2015年是我国全面深化改革的关键之年,我国吸收外商直接投资规模再创历史新高,实际使用外资金额达到1356亿美元。但是,我国经济也进入新常态,经济增速放缓,新常态下的中国经济进入转型期。《中共中央关于全面深化改革若干重大问题的决定》指出,构建开放型经济新体制,放宽投资准入,促进国际国内要素有序自由流动、资源高效配置。因此,在这一阶段,我国在借助"中国制造"等传统产业改革继续发力的同时,更要重视"高端制造业、互联网+"等新兴战略产业的推进,以此为经济发展注入新动能。我国于2015年提出的创新驱动发展战略,为中国制造业的未来设计顶层规划和路线图,通过加快科技体制机制改革创新,构建以企业为主体、市场为导向、产学研相结合的技术创新体系,激发自主创新的强大动力,提高自主创新能力,助力中国迈入制造强国行列。总体而言,在这一阶段,我国的外商投资产业引导注重促进引资、引技与引智相结合的策略,外商投资产业分布是一个由量转为质的过程。

图1-3主要呈现了2005—2020年我国外商直接投资细分行业的增长趋势,可以看出,外资流入的行业主要集中在制造业、房地产业、租赁和商务服务业以及批发和零售业四个行业,而金融业和信息传输、计算机服务和软件业开始逐渐崛起。具体地,制造业仍然是外资投入最多的行业,但已经呈现出下降趋势。除2008年、2010年、2011年和2018年外资流入制造业出现回涨,其他年份均出现不同程度的下降。基于我国外资准入政策的逐渐放开以及积极鼓励第三产业的政策导向,房地产市场逐渐活跃,大量外资不断涌入我国房地产行业,房地产业已经成为外商投资的第二大行业。房地产业增长迅速,并与制造业呈现出此消彼长的增长态势,两者差距逐渐缩小,于2014年达到最小值。此外,除房地产行业,租赁和商务服务业以及批发和零售业成为外资流入的主要行业,2005—2011年两大行业无论是增长速度还是外资流入数量都较为相近,2011年之后,逐渐呈现出相反的增长态势。值得关注的是,2014年之前,金融业和信息传输、计算机服务和软件业增长平缓,但在2014年之后呈现出迅猛的增长趋势,金融业于2015年首次超过租赁和商务服务业以及批发和零售业,成为外资流入的第三大产业后又出现不同幅度的下降。计算机服务和软件业在2017年不仅超过了金融业、租赁和商务服务业以及批发和零售业,同时还超过了房地产业,成为2017年外资流入的第二大行业,随后两年有所下降,2020年又出现快速增长。

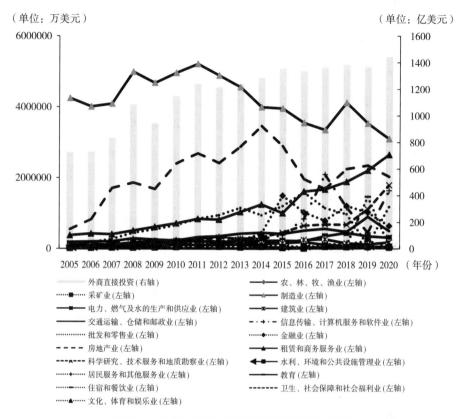

（单位：万美元）　　　　　　　　　　　　　　　　　　　　　　（单位：亿美元）

图 1-3　2005—2020 年外商直接投资行业分布

以上事实表明,我国外资准入政策在一定程度上调整了外资产业分布问题,从一开始外资过度集中于制造业,逐渐转向投资于第三产业,并慢慢过渡到投资技术含量较高的计算机服务和软件业,这不仅代表着外资产业分布的逐渐优化,也意味着外资质量逐渐提升,对我国经济发展产生不可忽视的重大影响。

二、　对外投资产业分布

1979 年 8 月,国务院提出"出国办企业",第一次把对外直接投资作为一项政策确定下来,就此拉开了中国企业对外直接投资的序幕。然而,初始阶段的我国对外投资发展缓慢,到 2000 年以后,我国才开始大力实施"走出去"战略(首次提出实施"走出去"战略是在 2000 年党的十五届五中全会通过的《中共中央关于制定国民经济和社会发展第十个五年计划的建议》中)。此外,相较于"引进来"的产业引导政策而言,我国"走出去"的产业引导政策起步较晚,直到2004年,比较正式的"走出去"产业引导政策——《对外投资国别产业导向目录(一)》才问世,且分别于2005年和2007年对其进行了更新、调整与补充,目前为止总共只有3个版本。

1. 对外投资的探索阶段(1979—1991年)

改革开放初期,我国对外开放的重点是扩大出口和利用外资,对外投资并不多见。在该阶段,国内只有少数的中央和地方国有外贸专业公司、省市国际经济合作公司、大中型生产企业以及综合金融企业进行对外投资,如中国国际信托投资公司、首都钢铁公司等。而且它们只是在国外设立窗口企业,主要目的是促进外贸发展和对外经济交流。投资领域主要集中在贸易、航运、建筑工程承包、资源开发、制造加工、交通运输等行业。

2. 对外投资的调整阶段(1992—2000年)

随着我国经济的快速发展和对外开放的不断扩大,我国对外直接投资规模进一步扩大,1992年我国对外直接投资增至40亿元。然而,自1993年开始,我国国内经济表现过热,国有大中型企业经营效率低下,境外投资效益普遍不理想;基于此,我国出台了一系列抑制经济过热的宏观调控政策以及外汇管理体制改革措施,并着手对境外投资进行清理整顿、严格审批手续等,借以调整和完善国内经济结构,由此,我国对外投资步伐减缓。此外,加之1997年东南亚金融危机的影响,我国对外直接投资增速明显放缓。

在这一阶段,对外直接投资主体中多了一些经营良好的民营企业,如万向集团等企业开始尝试海外跨国经营。并且我国对外投资领域逐步从贸易窗口型投资向资源开发、生产制造等领域延伸,对生产领域的投资比重逐步增加。

3. 对外投资的深化阶段(2001—2009年)

2001年加入世界贸易组织标志着我国对外开放进入一个全新的阶段。2002年党的十六大报告又进一步强调和明确了"走出去"总体发展战略思路,对外开放进入"引进来"与"走出去"并重的阶段。在这一阶段,我国外汇储备在2002年后迅速增加,为实施境外投资提供较为充裕的外汇储备基础,同时,我国对资本项下外汇流动的严格控制也在逐步放松。在此政策与环境背景下,我国对外直接投资发展开始提速,对外投资多样化趋势明显。

然而,受国际生产周期影响,中国油气、钢铁、铝、铜等能源和基础性原材料市场在 2003 年供应紧张,价格全面上涨,作为基础生产材料的国际市场,石油价格居高不下。在这一影响下,我国政府积极实施能源、资源安全和经济外交等战略,因此,中国企业面向海外能源和资源类开发的投资活动逐渐活跃。在这一阶段我国对外投资的主体更趋多元化,投资行业分布更广泛,制造业、批发和零售业、商务服务业聚集度较高,这标志着我国对外直接投资迈入全新阶段。

4. 对外投资的增速阶段(2010 年至今)

自 2010 年开始,我国对外直接投资规模稳步增加,我国对外投资大国地位逐步确立。2015 年我国对外直接投资流出量为 1456.7 亿美元,同比增长 18.3%,对外直接投资首次位列全球第二;2015 年我国对外直接投资和我国实际使用外资金额分别为 1456.7 亿美元和 1356 亿美元,对外直接投资自改革开放以来首次超过同期吸引外资水平,并首次成为资本净输出国。2016 年我国对外直接投资为 1831 亿美元,蝉联全球第二大对外投资国,比吸引外资多 36%。同时,2016 年我国非金融类对外直接投资 1701.1 亿美元,同比增长 44.1%,也超过了我国吸引外资的规模,我国国际直接投资净投资国地位得以确立。

图 1-4 展示了 2007—2020 年我国对外直接投资的行业分布情况,可以看出,我国进行对外直接投资的行业主要集中在租赁和商务服务业、金融业、采矿业、批发和零售业、制造业以及房地产行业。其中,租赁和商务服务业是我国对外直接投资的第一大行业,整体呈现上升的趋势。随后为批发和零售业,2007—2017 年,我国批发和零售业对外直接投资稳步上升,2018 年出现较大幅度下降,2019 年和 2020 年有所恢复。2013 年以来,采矿业对外直接投资迅速下降,2017 年一度出现大幅的负增长,2018 年后有小幅的恢复。截至 2020 年年末,中国对外直接投资覆盖了国民经济所有行业类别。对外直接投资存量规模上千亿美元的行业有 6 个。租赁和商务服务业以 8316.4 亿美元高居榜首,占中国对外直接投资存量的 32.2%。其次依次是批发和零售业的 3453.2 亿美元,信息传输、软件和信息技术服务业的 2979.1 亿美元,制造业的 2778.7 亿美元,金融业的 2700.6 亿美元以及采矿业的 1758.8 亿美元。以上六个行业累计存量为 21986.8 亿美元,占中国对外直接投资存量的 85.2%。

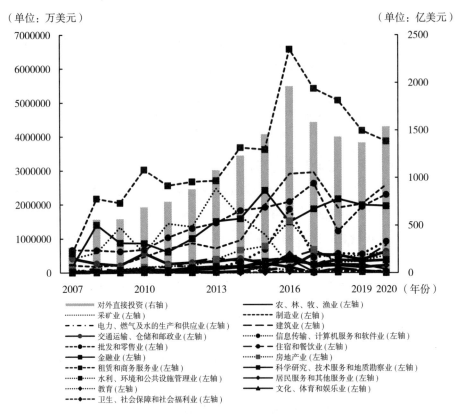

（单位：万美元）　　　　　　　　　　　　　　　　　（单位：亿美元）

图 1-4　2007—2020 年对外直接投资行业分布

　　总体上看,我国的对外投资分布涉及的行业较广,对软件和信息技术、金融、房地产等服务业的投资比重不断增加,说明我国企业的对外投资能力不断提升。但同时也应注意到,有少数几个行业拥有较大比重的投资,投资的行业分布呈现不均衡的特点。

三、　双向直接投资产业结构协调

　　我国的外商直接投资主要呈现以下特征:首先,外商直接投资引进规模稳定,增速放缓。随着我国产业结构的深入调整和产业转型升级进程的开展,在这个过程中对外资的要求也不断提高。国际金融危机后世界经济始终复苏乏力,新兴市场国家普遍面临经济增速趋缓、经济结构调整的结构性问题;其次,外商直接投资质量不断提升,结构调整效果日趋显著。我国服务业不断扩大开放,积极引进全球高端要素,加速承接全球服务业转移,我国服务业外商直接投资持续上升,并在 2011 年首次超过制造业外商直接投资;最后,制造业外商直接投资规模下降但结构优化。制造业外商直接投资规模的下降与我国几年来处理产能过剩、调整产业结构密切相关。随着我国关闭高排放、高耗能企业利用外资的大门,淘汰传统制造业中技术过时的外资投资企业,同时扩大信息传输、交通运输设备等高新技术产业的引进力度。

与之相对应,我国对外直接投资的发展趋势主要呈现为:第一,对外直接投资规模快速稳定增长。近年来,我国对外直接投资规模保持了快速增长,我国对外直接投资流量已实现连续 13 年增长。2012 年,我国首次成为世界第三大对外投资国,而后于 2016 年在《世界投资报告》中首次成为全球第二大投资国。第二,对外直接投资行业结构不断优化。目前,我国对外直接投资的行业分布呈现多元化的发展趋势。截至 2014 年年底,我国对外直接投资已经覆盖了国民经济的全部行业。租赁和商务服务业对外直接投资比重的大幅度提升和采矿业对外直接投资比重的下降,体现了我国对外直接投资行业结构的优化,对能源的依赖减轻。但我国在全球价值链中具有高附加值的行业领域投资比重仍然偏低。

由此可见,我国双向直接投资战略在一定程度上对产业结构进行协调,具体表现在:首先,从增长速度来看,我国外商直接投资增长趋势放缓,而对外直接投资迅速增加。一方面,外资进入我国市场步伐放缓的原因可能在于,我国外资准入政策的逐渐放开在一定程度上对跨国企业造成竞争,是我国引入高质量外资的体现。另一方面,对外直接投资的增加可以通过逆向技术溢出等途径弥补外资数量减少而减少的溢出效应。双向直接投资产生的技术溢出有利于促进我国企业研发创新,从而实现产业结构升级。其次,从产业分布来看,外商直接投资相较于对外直接投资而言开始时间较早且数量较多。在改革开放初期至今,外商直接投资变现以制造业为主,逐渐转向第三产业的流动趋势,由此造成我国产业结构不合理。而对外直接投资虽然起步较晚,但已经逐渐赶超外商直接投资,且其投资行业较为全面,对外直接投资的行业发展在一定程度上可以带动外商直接投资的行业流动。同时,由于我国对外直接投资呈现出高附加值的行业领域投资比重偏低的特点,外资流入可以激发国内企业研发创新以及提高生产率,促使更多企业从事于高附加值行业的对外投资中,从而进一步调整产业结构。最后,从双向直接投资的相关关系来看,对外直接投资可以通过跨国并购、设立境外研发机构等方式,充分利用全球的研发资源,如更有效地利用当地先进的技术、组织、人力等,进而逐渐缩小与先进国家的经济、技术差距,并为扩大引进外资和在引进外资中更好地吸收先进技术创造了条件。对外商直接投资而言,外资进入我国市场可以为本土企业自主创新提供丰厚的外部资金支持,同时,外资在东道国又可以通过多种渠道带动企业的创新,如通过示范或模仿、竞争、人力资本流动等途径产生溢出效应和转移效应,被企业消化、吸收和创新,从而促进企业对外直接投资。由此可知,我国双向直接投资在一定程度上可以相互补充、相互促进,促进我国产业结构升级。

第三节　中国双向直接投资的地区分布

一、　双向直接投资国内地区分布

近年来,中国积极提升中西部地区和东北老工业基地的开放水平,鼓励外资向中西部地区和东北老工业基地转移,我国的双向直接投资区域布局不断协调和优化。

1.各地区对外直接投资

从投资流量上看,各个地区的对外直接投资规模相差较大,参差不一(见图1-5)。整体上看,东部地区的对外直接投资规模遥遥领先,中部地区和西部地区的对外投资规模大体相同。东部地区 2011—2016 年对外投资几乎呈现指数级增长,直到 2017 年才出现大幅度回落。2019 年,东部地区对外直接投资715.6 亿美元,占地方投资流量的 79.7%,同比下降 5.6%。

西部地区对外投资整体规模较小,但在波动中呈现上升态势。2013 年,西部地区对外投资出现较大幅度回落,从 2012 年的 54.7 亿美元降至 36.4 亿美元,之后西部地区对外投资连续四年大幅上涨,特别是在全国对外直接投资整体下滑的 2017 年,西部地区仍然保持了 7.8% 的增速,从 2016 年的 114.7 亿美元上升至 123.6 亿美元;2019 年,西部地区对外直接投资下滑至 78.1 亿美元,较上年下降 22.4%。另外,西部地区内部发展不平衡,各省(自治区、直辖市)波动都比较明显。例如,2014 年,四川省和云南省同时进入全国对外投资流量

（单位：万美元）

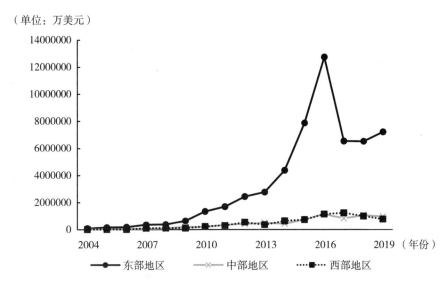

图 1-5　2004—2019 年中国各地区非金融类对外直接投资流量情况

注：1. 东部地区包括北京、天津、河北、辽宁、上海、江苏、浙江、福建、山东、广东和海南。
　　2. 中部地区包括山西、吉林、黑龙江、安徽、江西、河南、湖北和湖南。
　　3. 西部地区包括内蒙古、广西、四川、重庆、贵州、云南、陕西、甘肃、青海、宁夏、新疆和西藏。
资料来源：根据商务部历年《中国对外直接投资统计公报》计算得到。

的前 10 位，而 2015 年、2016 年西部地区省（自治区、直辖市）没有进入前 10 名，2017 年也只有重庆市跻身全国对外投资流量前 10 位，2019 年西部省份没有进入前 10 名。

中部地区对外投资规模较小，在波动中缓慢增长，仅在 2017 年出现大幅度回落。中部地区表现抢眼的是安徽省和河南省，二者分别在 2015 年和 2016 年跻身全国对外投资流量前 10 位。

从投资存量上看，东部地区、中部地区、西部地区分布极不均衡，东部地区是我国对外投资的绝对主力（见图 1-6）。截至 2019 年年末，东部地区对外直接投资存量 6549.3 亿美元，占地方存量的 83.4%；其次是西部地区，存量 669.1 亿美元，占地方存量的 8.5%；最后是中部地区，存量 637.1 亿美元，占地方存量的 8.1%。跻身地方对外直接投资存量前 10 位的省（直辖市、自治区）几乎全部来自东部地区，包括广东省、上海市、北京市、浙江省、山东省、江苏省、天津市、福建省和海南省，中部地区的河南排在第 10 位。

（单位：万美元）

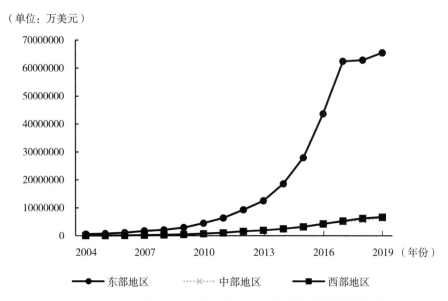

图 1-6　2004—2019 年中国各地区非金融类对外直接投资存量情况

注：东部地区、中部地区、西部地区分类同图 1-5。
资料来源：根据商务部历年《中国对外直接投资统计公报》计算得到。

西部地区对外直接投资存量增长快于中部地区。2017 年西部地区对外直接投资大规模增加，达到 530.8 亿美元，比中部地区超出 34.7 亿美元，其后一直保持对中部地区的优势。西部地区各省（自治区、直辖市）中近年来只有云南省2013 年、2014 年连续两年进入地方对外直接投资前 10 位。中部地区的湖南省对外直接投资存量增长最快，存量从 2004 年的 0.072 亿美元增长到 2019 年的119.3 亿美元，增长了约 1656 倍；2008—2016 年连续 9 年进入地方对外直接投资前 10 位；中部地区的河南省则在 2018 年超过湖南省成为中部地区对外直接投资第一位的省份。

2. 各地区吸引外商直接投资

长期以来中国吸引外商直接投资的区域分布呈现非均衡性特征（见表1-1），整体上表现为东部地区外商直接投资高度集聚，中西部地区外商直接投资存量较低且增长缓慢。截至 2019 年年末，东部地区外商投资企业数量850965 家，占全国的 85.0%；累计实际使用外资金额 18574.75 亿美元，占全国的 81.09%。东部地区的广东省、上海市、江苏省、山东省和浙江省是外商来华设立企业累计数量全国排名前五位的省份，合计占比高达 60%。沿江开放带动了中部崛起,特别是在国家中部崛起战略实施后,中部地区的投资环境进一步得到改善,吸引的外商投资企业数量显著增加。截至 2019 年年末,中部地区外商投资企业数量 95027 家,占全国的 9.5%;累计实际使用外资 1688.22 亿美元,占全国的 7.37%。由于西部地区经济基础较为薄弱,吸引的外资量长期落后于中东部地区。在西部大开发战略以及"一带一路"倡议下,近年来西部地区外商投资企业逐年增加,成为西部地区新旧动能转换的助推器。截至 2019 年年末,西部地区外商投资企业数量 55385 家,占全国的 5.5%;实际使用外资 1461.44 亿美元,占全国的 6.39%。

表 1-1　外商直接投资在我国各地区的具体情况(截至 2019 年年末)

地区	企业家数(个)	占全国比重(%)	实际使用外资金额(亿美元)	占全国比重(%)
总计	1001635	100	22904.47	100
东部地区	850965	85.0	18574.75	81.09
中部地区	95027	9.5	1688.22	7.37
西部地区	55385	5.5	1461.44	6.39
有关部门	258	0.0	1180.06	5.15

注:有关部门项下包含银行、证券、保险行业吸收外商直接投资数据。东部地区、中部地区、西部地区分类同图 1-5。
资料来源:根据商务部《中国外资统计公报 2017》和其后的历年《中国外资统计公报》计算得到。

　　尽管投资于东部地区的企业数量在全国占绝对地位并且在不断增加,但投资规模增长缓慢。2019 年,中国东部地区实际使用外资金额 1191.1 亿美元,较 2018 年仅增长 3.2%。投资于中部地区的外资企业数量和投资规模在经历了 2017 年和 2018 年的上涨后趋于稳定。2019 年,西部地区实际使用外资金额 92.9 亿美元,同比下降 5.1%;新增外商投资企业 2137 家,同比增长 13.5%,是全国新增外商企业数量增长率最高的地区。这说明西部地区吸引外资前景良好,外商企业开始尝试向西部地区追加投资。从动态角度看,我国东部地区引领带动作用逐渐增强,中西部地区开始承接东部地区的产业转移。

表1-2　2019年中国东部地区、中部地区、西部地区外资分布统计

地区	新设立企业数			实际使用外资金额		
	数量（家）	同比增长（%）	比重（%）	金额（亿美元）	同比增长（%）	比重（%）
东部地区	36613	-35.2	89.5	1191.1	3.2	84.3
中部地区	2138	0.6	5.2	97.3	-0.7	6.9
西部地区	2137	13.5	5.2	92.9	-5.1	6.6
有关部门	22	-0.19	0.1	30.9	-0.07	2.2
总计	40910	-32.4	100.0	1412.2	2.1	100.0

注：东部地区、中部地区、西部地区分类同上表。有关部门项下包含银行、证券、保险行业吸收外商直接投资数据。

资料来源：《中国外资统计公报2019》和《中国外资统计公报2020》。

二、 双向直接投资来源地与目的地

截至2019年年底，中国累计设立外商投资企业超过100万家，国内2.75万家境内投资者在全球188个国家（地区）累计设立对外直接投资企业4.4万家，中国的双向直接投资分布在全球80%以上国家（地区），投资区域布局在不断协调和优化。

1. 对外直接投资的目的地分布

总体上看，中国对外直接投资的区域分布显著不平衡（见图1-7）。从存量上看，亚洲是中国对外直接投资最主要的流向目的地，其余依次是拉丁美洲、欧洲、北美洲、非洲和大洋洲。中国对亚洲和拉丁美洲的投资存量占比常年超过八成，主要流向开曼群岛和英属维尔京群岛等低税率地区。截至2019年年末，中国在亚洲的投资存量为14602.2亿美元，在全球存量中占比66.4%。中国对拉丁美洲的投资存量近年来上升较快，2019年年末，存量为4360.5亿美元，同比增长7.2%，占全球的19.8%；其中对开曼群岛和英属维尔京群岛累计投资存量3897.2亿美元，占对拉美地区投资存量的95.8%。其余各洲的投资存量占比较低，截至2019年年末，中国对欧洲、北美洲、非洲和大洋洲的对外直接投资存量分别为1143.8亿美元、1002.3亿美元、443.9亿美元和436.1亿美元，占全球比重分别为5.6%、4.2%、2%和2%。从投资的经济体来看，中国对外直接投资存量的九成分布在发展中经济体，2019年年末，中国在发展中经济体

的投资存量为 19206 亿美元,占存量总额的 87.3%。同时期中国对发达经济体投资存量为 2494.6 亿美元,占存量总额的 11.4%,发达经济体投资存量前三位的是欧盟、美国和澳大利亚,占所有发达经济体存量的比重分别为 37.6%、31.2% 和 15.3%。

（单位：亿美元）

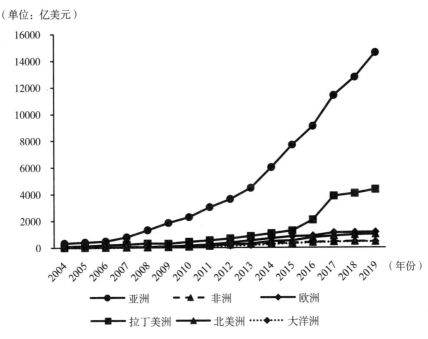

图 1-7　2004—2019 年中国对外直接投资存量地区分布情况

资料来源:历年《中国对外直接投资统计公报》。

从流量上看,亚洲依然是中国对外直接投资最主要的流向目的地(见图 1-8)。中国对亚洲的投资除了 2009 年、2017 年和 2018 年有所下降外,其余年份一直在上升,特别是 2011—2016 年中国对亚洲投资迅速增加,年均增幅达到 20.1%。2019 年流向亚洲投资 1108.4 亿美元,同比上升 5.1%,占当年中国对外直接投资流量的 80.9%。中国对拉丁美洲的投资波动比较明显,整体呈上升趋势。2019 年中国对拉丁美洲投资 63.9 亿美元,同比下降 56.3%,占当年中国对外直接投资流量的 4.7%,主要流向英属维尔京群岛、巴西、委内瑞拉、阿根廷等国家(地区)。中国对欧洲的投资近年来增速较快,2019 年流向欧洲的投资为 105.2 亿美元,同比增长 59.6%,接近前期高值,主要流向瑞士、德国、英国、俄罗斯、卢森堡、瑞典等国家。中国对北美洲的投资在 2009—2016 年一直持续快速增长,年均增长率高达84.5%;2017年投资骤然下滑,同比下降62.1%;虽然在2018年有所恢复,但2019年投资规模继续快速下滑。其中对美国投资38亿美元,同比下降49.2%;对加拿大投资4.7亿美元,同比下降69.9%。中国对非洲的投资波动较大,在2008年对非洲投资达到峰值54.9亿美元,2009年骤降至14.4亿美元,此后慢慢平稳在30亿美元左右。2019年,中国流向非洲的投资为27亿美元,同比下降50%,占当年对外直接投资流量的2%,主要流向刚果(金)、安哥拉、埃塞俄比亚、南非等国家。中国对大洋洲的投资呈现爬行式增长,2019年流向大洋洲20.8亿美元,同比下降6.3%,占当年对外直接投资流量的1.6%,绝大多数投资流向澳大利亚。

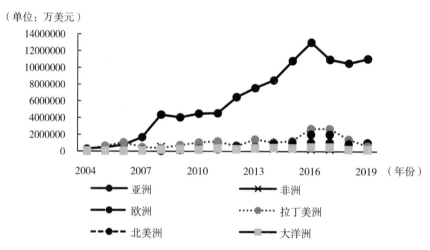

图1-8 2004—2019年中国对外直接投资流量地区分布情况

资料来源:历年《中国对外直接投资统计公报》。

2.外商直接投资来源地区域分布

随着中国对外开放水平的提高和投资环境的改善,我国外商直接投资来源地越来越趋于多元化。改革开放初期,中国大陆吸引外商投资企业来源地以港澳台地区为主,随后欧美日等发达国家来华投资企业数量逐渐增多。改革开放以来,来华累计设立外商投资企业数量最多的地区是中国香港,企业数量达到47.4万家,占全球来华投资企业总数的47.4%。中国台湾地区、美国、韩国、日本位列第二到第五位,在华累计设立外商投资企业占比分别为11.2%、7.2%、6.7%和5.3%。整体来说,亚洲地区是中国吸引外资的主要来源地,其次是欧盟地区、北美地区和部分自由港。2019 年亚洲十国/地区①对华新设企业数占比 71.8%,实际投入外资金额占比 82.6%。其中,在华新设立外商投资企业数量排在前五位的亚洲国家(地区)分别是中国香港、中国台湾地区、韩国、美国和新加坡,实际投资金额排在前五位的分别是中国香港、新加坡、韩国、英属维尔京和日本。其中,中国香港对华投资占到了我国吸引外资的半壁江山,2019 年中国香港在华新设企业 17837 家,同比下降 55.2%,占当年全部新设企业数的 43.7%;实际投入金额 963 亿美元,同比增加 7.1%,占当年全部实际投入外资金额的 68.2%。欧盟对华投资受 2008 年国际金融危机的影响近些年有所下降。2019 年,欧盟对华新设立外商投资企业 2804 家,同比增加 15.6%,占当年全部新设立企业数的 6.9%;实际投入外资金额 73.1 亿美元,同比下降 29.9%,占当年全部实际投入外资金额的 5.2%。北美地区对华投资稳定增长,2019 年北美地区在华新设立外商投资企业 2318 家,同比增长 1%,占当年全部新设企业数的 5.6%;实际投资金额 29.2 亿美元,同比增长 8.6%,占当年全部实际投入外资金额的 2.1%。其中,美国在所有对华投资的国家(地区)中排名第六位,2019 年美国对华新设立外商投资企业 1733 家,同比减少 1%,占当年全部新设企业数的 4.2%;实际投入外资金额 26.9 亿美元,与 2018 年基本持平,占当年全部实际投入外资金额的 1.9%(见表 1-3)。部分自由港地区②对华投资比重相对较小,2019 年对华新设企业数占比 1.6%,实际投入外资金额占比 6.4%。

表 1-3　2019 年主要对华投资国家/地区投资情况

国家/地区	新设立企业数			实际投入外资金额		
	数量(家)	同比增长(%)	比重(%)	金额(亿美元)	同比增长(%)	比重(%)
中国香港地区	17873	-55.2	43.7	963	7.1	68.2
中国台湾地区	5252	6.9	12.8	15.9	14.1	1.1
日本	1000	20.8	2.4	37.2	-2	2.6

① 亚洲十国/地区指:中国香港地区、印度尼西亚、日本、中国澳门地区、马来西亚、菲律宾、新加坡、韩国、泰国、中国台湾地区。

② 部分自由港地区主要指:毛里求斯、巴巴多斯、开曼群岛、英属维尔京群岛、百慕大、萨摩亚。

国家/地区	新设立企业数			实际投入外资金额		
	数量（家）	同比增长（%）	比重（%）	金额（亿美元）	同比增长（%）	比重（%）
新加坡	1242	24.4	3.0	75.9	45.7	5.4
韩国	2108	12.0	5.2	55.4	18.7	3.9
美国	1733	-1.0	4.2	26.9	-0.1	1.9
欧盟	2804	15.6	6.9	73.1	-29.9	5.2
东盟	2148	25.7	5.3	78.8	37.7	5.6
金砖国家	1047	54.4	1.6	0.9	-51.4	0.1

资料来源：根据《中国外资统计公报2019》整理得到。

三、"一带一路"沿线国家和地区在我国双向直接投资中的地位

"一带一路"是我国加强区域经济合作，固守亚洲、主动出击、周边突破的重要倡议，倡议提出以来，中国始终秉持和平合作、开放包容、互学互鉴、互利共赢，坚持共商、共建、共享原则，推进与"一带一路"沿线国家和地区的投资合作。在中国政府积极推进"一带一路"建设过程中，我国沿线国家和地区的双向直接投资取得了一定成绩，呈现出鲜明的新特征。

中国对"一带一路"沿线国家和地区的对外投资快速增长，但投资存量在中国对外直接投资总额中所占的比例仍然较低。2019年年末，中国对"一带一路"沿线国家和地区的直接投资存量为1794.7亿美元，仅占中国对外直接投资存量的8.2%。其中，存量位列前三的国家分别是：新加坡、印度尼西亚和俄罗斯。2013—2019年中国对沿线国家和地区直接投资额除了2016年和2018年有所下降外其余年份都在增长，7年间累计直接投资1173.1亿美元（见图1-9）。2019年，中国对外直接投资同比下降4.3%，但中国对"一带一路"相关国家和地区直接投资不降反增，投资流量达到186.9亿美元，同比增长4.5%。在境外投资模式的选择上，相较绿地投资，境内投资者对沿线国家和地区的并购活动近年来比较活跃，项目金额大幅增加。2017年和2018年，中国境内投资者共对"一带一路"沿线国家和地区的并购金额均在100亿美元以上，2019年出现了一定的调整，并购金额下滑到29.4亿美元。

（单位：亿美元）

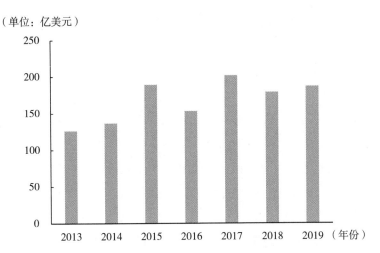

图 1-9　2013—2019 年中国对"一带一路"沿线国家和地区投资情况

资料来源：《2019 年度中国对外直接投资统计公报》。

中国对"一带一路"沿线国家和地区的投资在空间上呈现明显的不均衡特征，主要表现为国别（地区）覆盖广，重点地区投资高度集中。2019 年，中国境内投资者共对"一带一路"沿线国家和地区的 63 个国家投资 186.9 亿美元，主要涉及东南亚、中亚、东北亚、南亚、西亚及中东、中东欧地区。从图 1-10 中可以看出，中国对"一带一路"国家的投资主要集中在东南亚和西亚及中东地区，对这两个地区的投资占到中国对所有沿线国家和地区投资总额的 85.1%。

（单位：万美元）

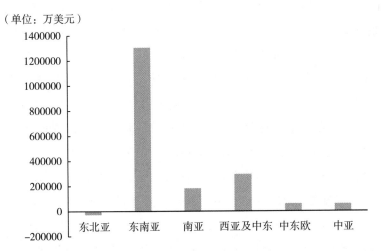

图 1-10　2019 年我国对"一带一路"沿线国家和地区对外直接投资情况

资料来源：根据《2019 年度中国对外直接投资统计公报》整理得到。

中国对东南亚地区的投资主要集中在东盟十国,2019 年中国对东盟的投资流量为 130.07 亿美元,同比小幅下降 4.9%,占流量总额的 9.5%。从流向的主要国家看,新加坡位居首位,流量达 48.26 亿美元,同比下降 1/4 左右,占对东盟投资流量的 37.1%,在中国所有对外直接投资国家中排列第三位;其次为印度尼西亚,为 22.23 亿美元,占对东盟投资流量的 17.1%;越南位列第三,投资金额为 16.49 亿美元,占对东盟投资流量的 12.7%。

中国对西亚地区及中东地区的投资在经历了一段时间的下滑后在 2019 年迅速提高,2019 年中国对西亚地区及中东地区的投资主要集中在阿拉伯联合酋长国、伊拉克以及沙特阿拉伯。中国对中亚地区五国的投资额经历了较快增长后在 2018 年和 2019 年出现快速下滑,2019 年中国对中亚地区的投资流量达到 5.3 亿美元,较上年同期下降 21%。其中,投资主要流向哈萨克斯坦,流量达 7.8 亿美元,是上年同期的 6.5 倍,在中国所有对外直接投资国家中排第十九位。中国对东北亚地区的投资主要指对蒙古国和俄罗斯的投资,2019 年对东北亚投资流量为负,为 -2.5 亿美元。其中,对俄罗斯投资的流量为负是最主要的原因,2019 年中国对俄罗斯的投资流量为 -3.8 亿美元。

近年来,中国对南亚地区的直接投资扭转下滑趋势,并开始逐渐增长,2019 年对南亚地区投资 17.8 亿美元,同比 2018 年增长 192%。其中,对巴基斯坦的投资居于首位,流量达 5.6 亿美元,占对南亚地区投资流量的 31.6%。中国对中东欧地区的投资规模较小,不过投资增速较快,从 2016 年的 2.5 亿美元增长到 2019 年的 5.5 亿美元,增长了 120%,其中对匈牙利的投资居中东欧国家首位,流量为 1.2 亿美元,占对中东欧投资总量的 21.8%。

"一带一路"倡议提出以来,沿线国家和地区对华设立投资企业数量在持续增加,但投资的整体规模仍然较小(见表 1-4)。2019 年,"一带一路"沿线国家和地区在华新设立外商投资企业 5570 家,同比增加 25.2%,占当年全部新设企业数的 13.6%,比重较 2013 年提高了 6.3 个百分点。"一带一路"沿线国家和地区对华实际投入外资额波动比较明显,在 2014 年、2016 年和 2017 年分别同比下降 23.8%、16.7% 和 19.9%,占全国吸引外资的比重更是从 2013 的 7% 下降到 2017 年的 4%。其后两年,来自"一带一路"沿线国家和地区的投资迅速提高,2019 年达到 81.2 亿美元,占全国吸引外资的比重也提高到 5.7%。

表1-4　2013—2019年"一带一路"沿线国家和地区在华投资情况

年度	企业数（家）			实际投入外资金额（亿美元）		
	"一带一路"沿线国家和地区	全国	比重（%）	"一带一路"沿线国家和地区	全国	比重（%）
2013	1661	22819	7.3	86.6	1239.1	7.0
2014	1808	23794	7.6	66.0	1285.0	5.1
2015	2154	26584	8.1	82.5	1355.8	6.1
2016	2886	27908	10.3	67.9	1337.1	5.1
2017	3827	35662	10.7	54.3	1363.2	4.0
2018	4450	60560	7.3	60.8	1383.1	4.4
2019	5570	40910	13.6	81.2	1412.3	5.7

资料来源:《中国外资统计公报2020》。

　　"一带一路"沿线国家和地区对华投资来源地空间分布不均衡,主要集聚在东南亚地区。根据《中国外商投资报告2019》,2018年东南亚国家是"一带一路"沿线国家和地区在华投资的主力军,其中新加坡、马来西亚和越南是"一带一路"沿线国家和地区对华投资最多的三个来源国。中东欧国家对华投资规模仍然较小,2018年,中东欧国家对华实际投资金额0.5亿美元,同比增长15.2%,其中斯洛伐克对华投资居中东欧国家首位且增速最快,2018年斯洛伐克在华实际投资0.3亿美元,同比增长6438.6%。东北亚地区对华投资的主要来源地是俄罗斯,2018年俄罗斯是"一带一路"沿线国家和地区对华投资的第五大来源国。2018年俄罗斯在华新设立外商投资企业269家,同比上升27.5%,占"一带一路"沿线国家和地区的6%;实际投资金额0.6亿美元,同比增长138.1%,占"一带一路"沿线国家和地区的0.9%。

　　我国是发展中国家中最大的国际直接投资目的国,也是位居世界前列的国际直接投资来源国;我国双向直接投资的行业分布日益多元化,空间上较为集中:

　　(1)总量上,外商直接投资已经成为我国经济社会发展的一支重要力量:截至2019年年底我国外商直接投资企业累计超过100万家,实际利用外资累计超过2.2万亿美元。同时期对外直接投资流量和存量稳居全球前三,2019年对外直接投资存量超过2万亿美元,流量为1369.1亿美元。

2015 年之后除 2019 年,中国是全球直接投资的净流出国。

（2）产业上,外资准入政策的实施使外资覆盖产业范围更广,逐步从制造业过渡到信息传输、计算机服务和软件业等投资技术含量较高的行业。

（3）空间上,双向直接投资在国内均呈现非均衡的分布特征,东部地区整体规模远超过西部地区、中部地区;中国对外直接投资流向区域分布显著不平衡,外商投资来源地趋于多元化;"一带一路"建设对双向直接投资显现促进作用。

然而,现阶段我国引进外资和对外投资仍存在一定的问题,具体表现为:流出流量对流入流量的比例偏低、引进外资质量偏低和对外投资不够理性、结构不平衡、地区分布不均衡等问题。这意味着中国的两大开放战略之间需要协调。

第二章 中国双向直接投资促进及平台建设

根据《世界投资报告 2021》显示,2020 年流入发展中经济体的外商直接投资占全球投资总额的三分之二。其中,中国吸收外资创历史新高,达 1490 亿美元,占全球吸收外资总量的近 14.9%,全球排名仅次于美国。外商直接投资依然是各个经济体特别是发展中国家经济发展的主要驱动力,在国际资本复苏的阶段,各国都加大了投资促进的力度,吸引外商直接投资的竞争日益激烈。相较于早期放松管制、提供激励和营销区位优势,现阶段我国更加关注区域优先发展和优势资源有效配置,以期通过多元化的手段在对接资本市场、塑造复合型产业链、搭建国际化的平台中作出重要贡献。

中国经济正处于高质量发展的结构性改革进程中,坚持"引进来"和"走出去"的协调发展,通过推动全面开放的新格局,加快培育竞争新优势成为转变发展方式、优化经济结构、转换增长动力的重要举措。投资促进通过搭建跨境双向直接投资平台,塑造和宣传本地区的投资环境,提供更具针对性和实效性的信息及专业化服务,帮助投资者消除投资活动的信息壁垒,帮助中国企业嵌入全球产业链、价值链、创新链。本章主要从投资促进体系建设、投资促进工作内容及投资平台建设三个方面进行分析。

第一节 中国双向直接投资促进体系建设

改革开放之后的很长一段时间,中国重点通过"引进来"进行对外开放,20世纪 80 年代后期到 90 年代,最早建立的少数投资促进机构的主要职能在于引进外资。到 2001 年中国正式加入世界贸易组织后,中国的对外开放进入蓬勃发展的阶段,国家开始实施"走出去"倡议。大量的投资促进机构也陆续建立起来,其职能也从促进"引进来"转向推动"引进来"和"走出去"并重。2009年公布了《投资管理办法》首次系统性地规范和管理境外投资活动,同年国家发展改革委利用外资司更名为利用外资和境外合作司,标志着"引进来"和"走出去"上升到国家战略高度。

现阶段,我国投资促进体系已初具规模,对中国"走出去"和"引进来"战略实施的推动作用已初见成果。这一体系主要是由政府主导的投资促进机构、通过社会力量组建的投资促进机构以及境外投资促进机构三方面构成。

第一个方面为政府主导的投资机构,主要分为四个层次:以商务部投资促进事务局为代表的国家层次,以及各省级、地市级和区县级政府在其领导下设立的地方投资促进机构。根据商务部投资促进事务局撰写的《2017投资促进机构调研报告》显示,受访机构中正厅级、副厅级和正处级的比例分别为28.13%、23.33%和42.42%,其中72.7%和27.3%的主管单位为当地商务部门和政府(见表2-1)。

表2-1 部分地方投资促进机构成立时间与单位性质

机构名称	成立时间(年)	单位性质
北京市投资促进局	2002	参公管理事业
河北省商务厅投资促进一处	2012	政府部门
山西省投资促进局	2006	全额拨款事业
内蒙古自治区外商投资促进中心	1997	全额拨款事业
吉林省投资促进中心	2009	全额拨款事业
黑龙江省外商投资服务中心	2016	政府部门
上海市外国投资促进中心	1999	全额拨款事业
江苏省国际投资促进中心	1988	自收自支事业
浙江省国际投资促进中心	2002	差额拨款事业
安徽省外商投资促进事务局	2006	参公管理事业
福建省国际投资促进中心	1991	自收自支事业
江西省投资促进局	2003	全额拨款事业
山东省国际投资促进中心	2006	全额拨款事业
河南省投资促进局	2015	全额拨款事业
湖北省商务厅投资促进处	2000	政府部门

续表

机构名称	成立时间（年）	单位性质
湖南省商务厅投资促进事务局	2015	参公管理事业
广东省投资促进局	2000	参公管理事业
广西壮族自治区投资促进局	2004	参公管理事业
海南省商务厅	2008	政府部门
重庆市外商投资促进中心	1996	自收自支事业
四川省投资促进局	2012	参公管理事业
贵州省投资促进局	2011	参公管理事业
云南省招商合作局	2009	参公管理事业
陕西省商务厅	2008	政府部门
甘肃省经济合作局	2002	参公管理事业
宁夏回族自治区商务厅（宁夏回族自治区经济技术合作局）	2003	政府部门
沈阳市对外贸易经济合作局	2006	政府部门
大连投资促进中心	2004	全额拨款事业
宁波市国际投资促进局	2013	全额拨款事业
厦门市商务局招商中心	2001	全额拨款事业
青岛市国际投资合作促进局	2000	全额拨款事业
广州市国际投资促进中心	2002	参公管理事业
深圳市投资推广署	2011	全额拨款事业

资料来源：商务部投资促进事务局《2017投资促进机构调研报告》。

第二个方面为通过社会力量组建的投资促进机构，以中国国际投资促进会为代表。中国投促会是由全国各地投资促进机构、开发区招商部门、企业、金融机构、投资机构、专业服务机构、相关事业单位和社会团体、研究机构和专家、学者等组成，经国务院批准，于2006年在民政部注册登记成立的全国性的投资促进平台。现阶段，其下设机构主要包括投资促进机构工作委员会、中国—巴西企业家委员会、中国—智利企业家委员会、服务外包工作委员会、投融资工作委员会、电商工作委员会等，并且在广东、新疆、东北、上海和长三角地区设有联络处，会员数量发展到约400家，成为促进中国国际投资活动发展的重要推动力量。

第三个方面为境外国际投资促进机构。主要为商务部投资促进局主管的驻韩国办事处、欧洲代表处、中国国际投资促进中心（欧洲）、商务部投资促进局、浙江省商务厅、江西省商务厅、天津武清经济技术开发区、烟台经济技术开发区、石家庄高新技术开发区和江苏省太仓市人民政府共建的中国国际投资促进中心(德国),以及地方政府组建的投资促进机构在美国、德国、新加坡、英国及日韩等国家设置的海外分支机构。这些境外投资促进机构为双边投资提供合作信息,推动了我国双向直接投资活动的发展。此外,我国还与51个国家和地区的91家投资促进机构建立战略合作伙伴关系(MOU),与200多个驻外使领馆经商参处(室)建立了密切的联系,建成了普及全国、辐射全球的投资促进网络。

第二节　中国双向直接投资促进工作内容

本节将从双向直接投资促进职能、业务内容以及重点国家和重点行业投资促进的工作内容进行分析。

在职能方面,各层次的投资促进机构提供了多种服务,降低了企业投资运营成本。具体如图2-1所示,多数投资促进机构均具备投资促进战略规划制定、投资环境推介、政策和信息宣传、境内外客商接洽、项目对接、具体活动承办、专题调研、专业培训、投资咨询服务等职能,少数机构具有项目审批备案和受理外商投资企业投诉的职能。"引进来"是所有投资促进机构的基本职能,约半数的投促机构兼有帮助中国企业"走出去"的职能。其中,中西部地区投资促进机构的主要任务仍然是引进外资。

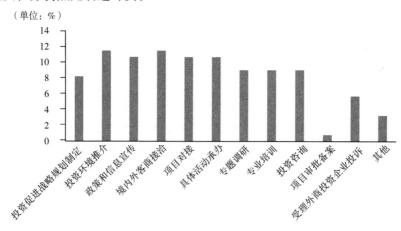

图 2-1　地方促进机构基本职能

资料来源:商务部投资促进事务局《2017投资促进机构调研报告》。

业务内容方面,招商引资仍是大部分地方投资促进机构的主要任务,具体如图 2-2 所示。传统的会展招商及项目招商依然是现阶段投资促进最主要的方式。如商务部投资促进事务局打造的国家级高端投资类展会及论坛有:中国国际投资贸易洽谈会、中国中部投资贸易博览会、中国兰州投资贸易洽谈会、中国廊坊国际经济贸易洽谈会、中国—亚欧经济发展合作论坛、中国—中东欧国家投资合作洽谈会和东盟博览会、产业园区招商大会等。紧随其后的是以商招商,通过企业主动参与各部门招商引资工作,降低了招商引资的成本,成为重要的引资方法之一。另外,各地投资促进机构也通过"产业链招商"的方式,集聚上下游产品、降低综合配套成本、拉长产业链条、培育优势支柱产业,增强产品、企业、产业及区域的综合竞争力。

（单位：%）

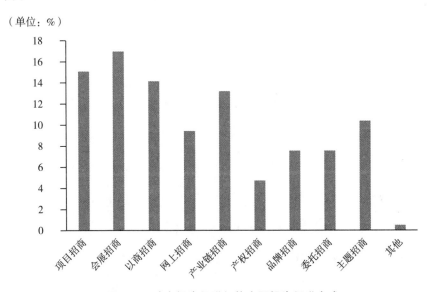

图 2-2 地方投资促进机构主要投资促进方式

资料来源:商务部投资促进事务局《2017 投资促进机构调研报告》。

促进"引进来"和"走出去"的重点国家既有共性,又有个性。各地区投资促进机构招商引资的来源地重合度较高,根据《2017 投资促进机构调研报告》显示,72%以上的受访机构将中国香港、中国台湾、北美、欧洲(以德国、法国为主)作为重点"引进来"的对象,58%和 33%的受访投促机构将日韩和东南亚(以新加坡为主)作为重点的引资地区。同时,不同地区的投资促进机构会结合当地的禀赋优势、产业优势和区域优势,有针对性地选择引资的来源地,有助于提升引进外资企业的质量。

投资促进机构"走出去"的重点区域与招商引资来源地类似,欧、美、日、韩及新加坡等地区是对外投资的重点对象。同时,伴随着"一带一路"倡议的实施,沿线国家和地区成为投资促进机构关注的新对象。投资促进机构有效地协助本地企业走出国门,积极拓展国际市场,充分利用国外技术、人才和市场优势,参与全球价值链分工,提升在全球价值链中的地位。

重点产业方面,根据《2017 投资促进机构调研报告》显示,投资促进机构引导外商投资的行业分布较为广泛,但总体上已经从开放初期的低附加值、低端技术产业向高附加值、高端技术产业转变。如图 2-3 所示,金融保险、现代物流和文化产业是引资的重点行业,金融保险行业的比例最高;高端制造业是重点引进对象,包含电子信息、生物医药、智能制造、装备制造、节能环保以及汽车及零部件等。各地区结合市场发展需要,通过引进高端外商投资,促进本地产业升级,加快转变经济发展的方式。

（单位：%）

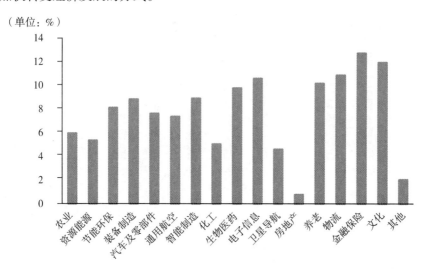

图 2-3　招商引资的重点行业

资料来源:商务部投资促进事务局《2017 投资促进机构调研报告》。

"走出去"促进的重点行业主要为实体经济和新兴产业,行业总体结构逐步优化。如图 2-4 所示,最受关注的行业为农业、资源能源行业,较为受关注的行业为现代物流、生物医药、节能环保、房地产、文化、化工、装备制造产业。通过促进企业进行非金融类境外投资这一手段,能获取国外先进技术,有助于提升本国行业的技术,并且将低端产业转移到国外,优化本土的产业结构。伴随着"一带一路"倡议的推进,我国在国外基础设施方面的投资得到了促进,有效地推动了发展中国家工业化的发展。

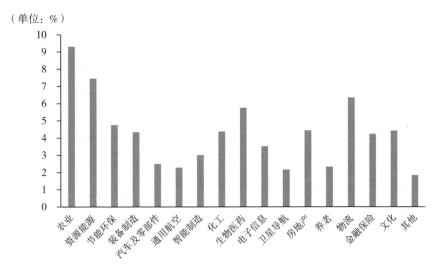

图 2-4 对外投资促进重点行业

资料来源:商务部投资促进事务局《2017 投资促进机构调研报告》。

总体上,中国对外直接投资由于发展时间较短,仍然以第一产业和第二产业中技术含量较高的行业为主,同时推动第三产业"走出去"的意愿也不断增强;促进引进外商投资方面,已转向高新技术制造业和服务业,引入高质量的企业已成为投资促进机构的重点工作内容。

第三节 中国双向直接投资平台建设

近年来,随着全球产业格局的重大调整、各国价值链布局的激烈竞争、国际投资规则的快速升级以及我国经济发展进入新常态,我国对外开放也进入了新阶段。面对当前国内外的新形势和新局面,构建我国引进外资与对外投资两大开放战略的协调机制与政策,需要在"引进来"与"走出去"两个方向进行体制机制改革。中国自由贸易试验区和境外经济贸易合作区作为实施两大开放战略的新平台和探索协调机制与政策的新试点,在深化改革和扩大开放等方面发挥了重要作用。

一、 中国自由贸易试验区

中国自由贸易试验区(以下简称"自贸试验区")是当今我国全面深化改革的试验田,也是推进形成全面开放新格局的示范区,肩负着我国在新时期加快政府职能转变、探索管理模式创新、促进贸易和投资便利化、推进科技创新、为全面深化改革和扩大开放探索新途径、积累新经验的重要使命,是国家战略需要。

1. 自由贸易试验区建设历程

自 2013 年 9 月上海自贸试验区开园建设以来,经过积极探索、稳健筹划、快速推进,我国分别在 2015 年、2017 年、2018 年、2019 年和 2020 年对自贸试验区进行了增设,累计参与建设的省级行政区域数量已超过全国总量的 50%,初步形成了"1+3+7+1+6+3"覆盖东西南北中的基本布局,完善了陆海内外联动、东西双向互济的全面开放新格局(见表 2-2)。

表 2-2　中国自由贸易试验区设立情况

批次	名　称	规划范围	设立时间*
第一批	中国(上海)自贸试验区	120.72 平方千米†	2013 年 9 月 27 日
	上海临港新片区	119.50 平方千米	2019 年 8 月 6 日
第二批	中国(广东)自贸试验区	116.20 平方千米	2015 年 4 月 20 日
	中国(天津)自贸试验区	119.90 平方千米	
	中国(福建)自贸试验区	118.04 平方千米	
第三批	中国(辽宁)自贸试验区	119.89 平方千米	2017 年 3 月 31 日
	中国(湖北)自贸试验区	119.96 平方千米	
	中国(重庆)自贸试验区	119.98 平方千米	
	中国(陕西)自贸试验区	119.95 平方千米	
	中国(四川)自贸试验区	119.99 平方千米	
	中国(浙江)自贸试验区	119.95 平方千米	
	中国(河南)自贸试验区	119.77 平方千米	
第四批	中国(海南)自贸试验区	海南岛全岛	2018 年 10 月 16 日
第五批	中国(山东)自贸试验区	119.98 平方千米	2019 年 8 月 26 日
	中国(江苏)自贸试验区	119.97 平方千米	
	中国(广西)自贸试验区	119.99 平方千米	
	中国(河北)自贸试验区	119.97 平方千米	
	中国(云南)自贸试验区	119.86 平方千米	
	中国(黑龙江)自贸试验区	119.85 平方千米	

续表

批次	名　称	规划范围	设立时间 *
第六批	中国(北京)自由贸易试验区	119.68 平方千米	2020 年 9 月 21 日
	中国(湖南)自由贸易试验区	119.76 平方千米	
	中国(安徽)自由贸易试验区	119.86 平方千米	

注:* 设立时间采用国务院发布自贸试验区总体方案的时间。

†2013 年初始规划范围为 28.78 平方千米,2014 年 12 月 28 日拓展至 120.72 平方千米。

资料来源:各自由贸易试验区总体方案。

2. 自由贸易试验区改革措施

(1)核心改革措施

对标国际先进规则、形成更多有国际竞争力的制度创新成果是自贸试验区的发展目标之一。为了建成贸易投资便利、高端产业集聚、金融服务完善、监管安全高效、辐射带动作用突出的高标准高质量自由贸易园区,各自贸试验区在加快政府职能转变、深化投资领域改革、推动贸易转型升级、深化金融领域开放创新等方面制定了具有系统性、集成性的核心改革措施。

第一,加快政府职能转变,在深化行政管理体制改革的基础上,打造国际一流的营商环境。各自贸试验区进一步优化行政管理职能与流程,深化商事制度改革,推进"证照分离"改革,提高行政管理效能;进一步创新事中、事后监管体制机制,建立健全以信用监管为核心、与负面清单管理方式相适应的事中、事后监管体系。

第二,深化投资领域改革,在扩大投资领域开放的基础上,提高境外投资水平,统筹双向直接投资合作。各自贸试验区进一步推进投资自由化便利化,全面落实外商投资准入前国民待遇加负面清单管理制度;进一步完善投资促进和保护机制,不仅要建立健全外商投资服务体系,完善外商投资促进、项目跟踪服务和投诉工作机制,而且要完善中国企业"走出去"服务体系,将自贸试验区建设成为企业"走出去"的窗口和综合服务平台。

第三,推动贸易转型升级,在转变贸易发展方式的基础上,持续优化贸易结构。各自贸试验区进一步提升贸易便利化水平,加快建设具有国际先进水平的国际贸易"单一窗口",扩大第三方检验结果采信商品和机构范围,创新出口货物专利纠纷担保放行方式;进一步培育贸易新业态、新模式,推进跨境电子商务发展,推动服务贸易创新发展,支持开展国际大宗商品贸易。

第四,深化金融领域开放创新,在完善金融风险防控体系的基础上,加快金融制度创新。各自贸试验区进一步扩大金融领域对外开放,在机构设立、业务拓展等方面放宽限制;进一步促进跨境投融资便利化,深化外汇管理体制改革,推动跨境人民币业务,增强金融服务功能。

各自贸试验区在加快政府职能转变、深化投资领域改革、推动贸易转型升级、深化金融领域开放创新等方面的核心改革措施是满足"目标一致、政策统筹、激励兼容"的协调机制构建原则,从制度层面、顶层设计入手,在法律法规、机构设置和管理措施等方面创新了引进外资与对外投资的政策体系,推动了我国引进外资与对外投资两大开放战略的协调机制与政策的构建。

(2)特色改革措施

主动服务和融入国家重大战略、更好服务对外开放总体战略布局是自贸试验区的指导思想之一。各自贸试验区根据自身的区位优势和本省的发展路径,针对不同的国家战略和开放重点制定了各具特色的改革措施。

在主动服务和融入国家重大战略方面,天津自贸试验区、河北自贸试验区和北京自贸试验区着重推动实施京津冀协同发展战略;湖北自贸试验区、重庆自贸试验区、江苏自贸试验区、湖南自贸试验区和安徽自贸试验区着重促进长江经济带发展;重庆自贸试验区和陕西自贸试验区着重推进西部大开发;辽宁自贸试验区和黑龙江自贸试验区着重加快振兴东北地区等老工业基地;湖北自贸试验区着重推进中部地区崛起;山东自贸试验区着重建设海洋强国。另外,湖北自贸试验区、四川自贸试验区、山东自贸试验区、江苏自贸试验区和广西自贸试验区、北京自贸试验区、湖南自贸试验区和安徽自贸试验区明确提出了深入实施创新驱动发展战略(见表2-3)。

表2-3 自由贸易试验区服务国家战略的特色改革措施

名　　称	国家战略	改革措施
中国(天津)自贸试验区	京津冀协同发展	推动实施京津冀协同发展战略:
		增强口岸服务辐射功能
		促进区域产业转型升级
		推动区域金融市场一体化
		构筑服务区域发展的科技创新和人才高地

续表

名　　称	国家战略	改革措施
中国（辽宁）自贸试验区	振兴东北地区等老工业基地	加快老工业基地结构调整：
		深化国资国企改革
		促进产业转型升级
		发展生产性服务业
		构筑科技创新和人才高地
		推进东北一体化协同发展
中国（湖北）自贸试验区	创新驱动发展	推动创新驱动发展：
		深化科技体制改革
		健全知识产权保护运用机制
		集聚和利用国际创新要素
		构建人才支撑系统
	促进中部地区崛起长江经济带发展	促进中部地区和长江经济带产业转型升级：
		加快建设长江中游航运中心
		构建国际物流枢纽
		促进区域产业转型升级和绿色发展
		打造区域发展综合服务平台
中国（重庆）自贸试验区	促进长江经济带发展推进西部大开发	推进"一带一路"和长江经济带联动发展：
		构建多式联运国际物流体系
		探索建立"一带一路"政策支持体系
		推动长江经济带和成渝城市群协同发展：
		探索建立区域联动发展机制
		促进区域产业转型升级
		增强口岸服务辐射功能
中国（陕西）自贸试验区	推进西部大开发	推动西部大开发战略深入实施：
		带动区域开放型经济发展
		推动区域创新发展
		促进区域产业转型升级
		构建服务区域发展的人才高地
中国（四川）自贸试验区	创新驱动发展	激活创新创业要素：
		优化创新创业制度环境
		创新科技金融服务机制
		整合全球创新创业要素
中国（山东）自贸试验区	创新驱动发展	推动创新驱动发展：
		加强创新能力建设
		推进医疗医药行业发展
		健全知识产权保护和运用体系
		优化外籍及港澳台人才发展环境

名　称	国家战略	改革措施
中国（山东）自贸试验区	海洋强国	高质量发展海洋经济：
		加快发展海洋特色产业
		提升海洋国际合作水平
		提升航运服务能力
中国（江苏）自贸试验区	创新驱动发展	推动创新驱动发展：
		支持制造业创新发展
		推动现代服务业集聚发展
		构建开放创新载体
		完善知识产权保护和运用体系
		优化创新要素市场配置机制
	长三角区域一体化长江经济带发展	积极服务国家战略：
		推动"一带一路"交汇点建设
		推动长江经济带和长江三角洲区域一体化发展
中国（广西）自贸试验区	创新驱动发展	推动创新驱动发展：
		强化科技创新支撑引领
		推进人力资源领域改革
中国（河北）自贸试验区	京津冀协同发展	引领雄安新区高质量发展：
		建设金融创新先行区
		建设数字商务发展示范区
		推进生命科学与生物技术创新发展
		推动京津冀协同发展
		推动区域产业协同创新
		促进要素跨区域流动
中国（黑龙江）自贸试验区	振兴东北地区等老工业基地	培育东北振兴发展新动能：
		加快实体经济转型升级
		推进创新驱动发展
中国（北京）自贸试验区	创新驱动发展	推动创新驱动发展：
		优化人才全流程服务体系
		强化知识产权运用保护
		营造国际一流创新创业生态
	发展数字经济	创新数字经济发展环境：
		增强数字贸易国际竞争力
		鼓励发展数字经济新业态新模式
		探索建设国际信息产业和数字贸易港

名　称	国家战略	改革措施
中国（北京）自贸试验区	高质量发展	高质量发展优势产业：
		满足高品质文化消费需求
		创新发展全球领先的医疗健康产业
		优化发展航空服务
	京津冀协同发展	探索京津冀协同发展新路径：
		助力高标准建设城市副中心
		深化产业链协同发展
		推动形成统一开放市场
中国（湖南）自贸试验区	长江经济带发展粤港澳大湾区建设	积极服务国家战略：
		深入对接长江经济带发展战略
		实现湘粤港澳服务业联动发展
		畅通国际化发展通道
		优化承接产业转移布局
	高质量发展	支持先进制造业高质量发展：
		打造高端装备制造业基地
		支持企业参与"一带一路"建设
		推动创新驱动发展
		强化知识产权保护和运用
中国（安徽）自贸试验区	创新驱动发展	推动创新驱动发展：
		建设科技创新策源地
		促进科技成果转移转化
		深化国际科技交流合作
		激发人才创新创业活力
	高质量发展	推动产业优化升级：
		支持高端制造业发展
		培育布局未来产业
	长三角区域一体化长江经济带发展	积极服务国家战略：
		推动长三角区域一体化高质量发展
		推动长江经济带发展，促进中部崛起

资料来源：各自由贸易试验区总体方案。

在更好服务对外开放总体战略布局方面，广东自贸试验区重点推进粤港澳深度合作；福建自贸试验区重点深化两岸经济合作；辽宁自贸试验区重点加强东北亚区域开放合作；山东自贸试验区重点深化中、日、韩三国区域经济合作；广西自贸试验区重点发展对东盟的开放合作；云南自贸试验区加快建设成为我国面向南亚、东南亚的辐射中心；黑龙江自贸试验区加快建设成为以俄罗斯及东北亚为重点的开放合作高地;北京自贸试验区重点助力北京建设成为国际交往中心。湖南自贸区积极探索中非经贸合作新路径新机制;四川自贸试验区重点实施内陆与沿海沿边沿江协同开放战略;浙江自贸试验区重点推动油品全产业链投资便利化和贸易自由化。另外,重庆自贸试验区、陕西自贸试验区、河南自贸试验区、海南自贸试验区、江苏自贸试验区、广西自贸试验区、云南自贸试验区和安徽自贸试验区明确提出了加快建设"一带一路"倡议(见表2-4)。

表2-4　自由贸易试验区服务对外开放的特色改革措施

名　称	对外开放重点	改革措施
中国(广东)自贸试验区	香港、澳门	深入推进粤港澳服务贸易自由化:
		进一步扩大对港澳服务业开放
		促进服务要素便捷流动
中国(福建)自贸试验区	台湾	率先推进与台湾地区投资贸易自由:
		探索闽台产业合作新模式
		扩大对台服务贸易开放
		推动对台货物贸易自由
		促进两岸往来更加便利
中国(辽宁)自贸试验区	东北亚	加强东北亚区域开放合作:
		推进与东北亚全方位经济合作
		加快构建双向直接投资促进合作新机制
		构建连接亚欧的海陆空大通道
		建设现代物流体系和国际航运中心
中国(重庆)自贸试验区	"一带一路"倡议	推进"一带一路"和长江经济带联动发展:
		构建多式联运国际物流体系
		探索建立"一带一路"政策支持体系
中国(陕西)自贸试验区	"一带一路"倡议	扩大与"一带一路"沿线国家和地区经济合作:
		创新互联互通合作机制
		创新国际产能合作模式
		创新现代农业交流合作机制
		创新与"一带一路"沿线国家和地区人文交流:
		创新科技合作机制
		创新教育合作机制
		创新文化交流合作机制
		创新旅游合作机制
		创新医疗卫生合作机制

名　称	对外开放重点	改革措施
中国（四川）自贸试验区	内陆与沿海沿边沿江协同开放	实施内陆与沿海沿边沿江协同开放战略：
		增强产业辐射带动能力
		畅通国际开放通道
		打造沿江开放口岸
中国（浙江）自贸试验区	油品全产业链	推动油品全产业链投资便利化和贸易自由化：
		建设国际海事服务基地
		建设国际油品储运基地
		建设国际石化基地
		建设国际油品交易中心
		加快石油石化科技研发和人才集聚
中国（河南）自贸试验区	"一带一路"倡议	增强服务"一带一路"的交通物流枢纽功能：
		畅通国际交通物流通道
		完善国内陆空集疏网络
		开展多式联运先行示范
		扩大航空服务对外开放
		推进内陆口岸经济创新发展
		促进国际医疗旅游产业融合发展
		培育"一带一路"合作交流新优势
中国（海南）自贸试验区	"一带一路"倡议	加强"一带一路"国际合作
中国（山东）自贸试验区	中、日、韩	深化中日韩区域经济合作：
		探索三国地方经济合作
		推进区域合作交流便利化
中国（江苏）自贸试验区	"一带一路"倡议	积极服务国家战略：
		推动"一带一路"交汇点建设
		推动长江经济带和长江三角洲区域一体化发展
中国（广西）自贸试验区	东盟	构建面向东盟的国际陆海贸易新通道：
		畅通国际大通道
		创新多式联运服务
		打造对东盟合作先行先试示范区
	"一带一路"倡议	形成"一带一路"有机衔接的重要门户：
		打造西部陆海联通门户港
		建设中国—中南半岛陆路门户
中国（云南）自贸试验区	"一带一路"倡议	创新沿边经济社会发展新模式：
		创新沿边跨境经济合作模式
		探索推进边境地区人员往来便利化
		加大科技领域国际合作力度

名　称	对外开放重点	改革措施
中国(云南)自贸试验区	南亚、东南亚	加快建设我国面向南亚东南亚辐射中心:
		构建连接南亚东南亚的国际开放大通道
		打造区域跨境物流中心
		建设沿边资源储备基地
		全力打造世界一流的健康生活目的地
中国(黑龙江)自贸试验区	俄罗斯、东北亚	建设对俄罗斯及东北亚为重点的开放合作高地:
		建设面向俄罗斯及东北亚的交通物流枢纽
		提升沿边地区开放水平
		畅通交往渠道
中国(北京)自贸试验区	国际交往中心	助力国际交往中心建设:
		提升重大国事活动服务保障能力
		鼓励国际组织集聚
		开展本外币合一跨境资金池试点
		功能完善的组团式会展综合体
		提升中国国际服务贸易交易会规格和能级
中国(湖南)自贸试验区	非洲	探索中非经贸合作新路径新机制:
		建设中非经贸深度合作先行区
		拓展中非地方合作
中国(安徽)自贸试验区	"一带一路"倡议	积极服务"一带一路"建设:
		共建科技创新共同体,参与沿线国家基础设施建设
		为企业开展国际产能和装备制造合作提供便利
		提升中欧班列(合肥)功能和覆盖范围

资料来源:各自由贸易试验区总体方案。

　　各自贸试验区主动服务和融入国家重大战略、更好服务对外开放总体战略布局的特色改革措施同样满足"目标一致、政策统筹、激励兼容"的协调机制构建原则,从功能层面、具体目标入手,在制造业升级、服务业发展、产业结构优化、技术水平和自主创新能力提升、区域协调发展等方面对接国家总体战略目标,推动了我国引进外资与对外投资两大开放战略的协调机制与政策的构建。

(3)改革措施复制推广

　　自贸试验区在六年的探索和发展中一直紧紧围绕制度创新这一核心,形成了一批可复制、可推广的经验和案例。截至 2020 年 7 月,在中央层面,累计有260 项制度创新成果得以复制推广,获得了丰硕的改革成果。其中,以国务院发函等方式集中复制推广的自贸试验区改革试点经验共 6 批,合计 143 项;由国务院自由贸易试验区工作部际联席会议办公室总结印发供各地借鉴的"最佳实践案例"共 3 批,合计 43 项;各部门自行复制推广的改革试点经验 74 项。

在 143 项集中复制推广的自贸试验区改革试点经验中,有 48 项涉及贸易便利化、36 项涉及事中事后监管、35 项涉及投资管理、10 项涉及服务业开放、9 项涉及金融创新、5 项涉及人力资源领域(见表 2-5);有 120 项推广至全国、14 项推广至全国海关特殊监管区域、4 项推广至自贸试验区、1 项推广至实行通关一体化的海关特殊监管区域、1 项推广至全国海关特殊监管区域及保税物流中心(B 型)、1 项推广至保税监管场所、1 项推广至二手车出口业务试点地区、1 项推广至成都铁路局局管范围内;等等。涉及的部门包括①:海关总署(45 项)、质检总局(18 项)、交通运输部(18 项)、税务总局(11 项)、商务部(11 项)、市场监督管理总局(8 项)、外汇局(4 项)、司法部(5 项)、中国人民银行(5 项)、银保监会(5 项)、公安部(4 项)、自然资源部(4 项)、工商总局(3 项)、移民局(3 项)、发展改革委(2 项)、最高人民法院(2 项)、中国国家铁路集团有限公司(2 项)、外交部(2 项)、人力资源和社会保障部(2 项)、住房和城乡建设部(2 项)、中国民航局(2 项)、国家林草局(2 项)、环境保护部(1 项)、文化部(1 项)、中国贸促会(1 项)、中央宣传部(1 项)、工业和信息化部(1 项)、中央台办(1 项)、科技部(1 项)、国务院港澳办(1 项)、国家药监局(1 项)、国家知识产权局(1 项)、证监会(1 项)、国家版权局(1 项)。可以发现,自贸试验区改革试点经验的集中复制推广体现出涉及领域全、推广范围大、参与部门多的特点。

表 2-5 143 项集中复制推广的自由贸易试验区改革试点经验分布领域

(单位:项)

批次	领 域						合计
	投资管理	贸易便利化	服务业开放	金融创新	事中事后监管	人力资源领域	
第一批	9	8	5	4	8	0	34
第二批	3	10	0	0	6	0	19
第三批	0	3	0	1	1	0	5
第四批	6	10	5	0	9	0	30

---

① 由于部分改革试点经验涉及多个部门,所以各部门项目总和大于 143。

续表

批次	领域						合计
	投资管理	贸易便利化	服务业开放	金融创新	事中事后监管	人力资源领域	
第五批	6	6	0	0	6	0	18
第六批	11	11	0	4	6	5	37
合计	35	48	10	9	36	5	143

资料来源:商务部网站。

在43项供各地借鉴的"最佳实践案例"中,广东自贸试验区和福建自贸试验区提供数量最多,各有6项,各占13.95%。第三批设立的7个自贸试验区提供了22项"最佳实践案例",占比51.2%,成为提供主力(见表2-6)。

表2-6 43项供各地借鉴的"最佳实践案例"来源情况　　(单位:项)

名　称	提供数量	占比
中国(上海)自贸试验区	4	9.30%
中国(广东)自贸试验区	6	13.95%
中国(天津)自贸试验区	5	11.63%
中国(福建)自贸试验区	6	13.95%
中国(辽宁)自贸试验区	3	6.98%
中国(湖北)自贸试验区	4	9.30%
中国(重庆)自贸试验区	3	6.98%
中国(陕西)自贸试验区	3	6.98%
中国(四川)自贸试验区	3	6.98%
中国(浙江)自贸试验区	4	9.30%
中国(河南)自贸试验区	2	4.65%

资料来源:商务部网站。

在74项各部门自行复制推广的改革试点经验中,有31项涉及投资管理、15项涉及贸易便利化、15项涉及金融创新、12项涉及人员流动便利、1项涉及事中事后监管;有58项推广至全国。与集中复制推广的自贸试验区改革试点经验相比,每一项各部门自行复制推广的改革试点经验都有具体文件进行说明,并且规定了具体推广时间。

自贸试验区制度创新成果的复制推广推动了贸易、投资、金融等领域体制机制的优化和开放水平的提升,带动了全国范围内政府治理理念和方式的转变以及营商环境市场化和法治化的进步,体现了为全面深化改革和扩大开放探索新途径、积累新经验的使命要求。

3. 自由贸易试验区建设成效

截至 2018 年年底,11 个自贸试验区(不包括海南及新设的 6 个自贸试验区)累计新设立企业 61 万家,其中外资企业 3.4 万家,以约万分之二的国土面积,创造了新设外资企业数、实际使用外资、进出口总额占全国比重分别为15.54%、12.12%和12.25%的可喜成绩。2020 年,前 18 家自贸试验区实际使用外资 1763.8 亿元,实现进出口总额 4.7 万亿元,实现了占全国 17.6%的外商投资和14.7%的进出口。

中国(上海)自贸试验区是我国首个自由贸易试验区,成立以来,先后推进实施了三个总体方案,按照"三区一堡"的目标要求,大力推动投资、贸易、金融和事中事后监管等领域的制度创新,着力营造法治化、国际化、便利化的营商环境,以改革促发展、促转型,区域经济发展总量规模稳步提升,区域经济转型发展步伐不断加快(见表 2-7)。

表 2-7 2016—2019 年上海自贸试验区主要经济指标

年份	2016	2017	2018	2019
税收总额(亿元)	—	—	2680.20	2350.60
一般公共预算收入(亿元)	559.38	578.48	648.16	588.60
外商直接投资实际到位金额(亿美元)	61.79	70.15	67.70	79.63
全社会固定资产投资总额(亿元)	607.93	680.31	638.07	725.68
规模以上工业总产值(亿元)	4312.84	4924.95	4965.00	4652.35
社会消费品零售额(亿元)	1396.76	1494.62	1515.67	1602.90
商品销售总额(亿元)	33609.23	37042.67	40874.86	43008.39
服务业营业收入(亿元)	4167.59	5157.74	5723.97	5787.3
外贸进出口总额(亿元)	7836.80	13500.00	14600.00	14841.80
出口额(亿元)	2315.85	4053.10	4542.50	4493.50
期末监管类金融机构数(个)	815	849	887	921

资料来源:历年《上海统计年鉴》。

其他的自贸区在吸引外资方面也是成绩斐然。截至 2018 年年末,广东自贸试验区累计新注册企业 25 万余家,实际利用外资 186 亿美元,实际利用外资年均增长 28.3%,70 家世界 500 强企业在区内投资设立了 309 家企业,吸引了 79 家总部型企业。截至 2019 年 6 月,天津自贸试验区累计新注册企业 5.9 万家,注册资本 1.93 万亿元人民币,其中外资企业 2453 家,注册资本 4431 亿元。天津自贸试验区用占全市 1% 的面积创造了占全市约 12% 的地区生产总值、近 10% 的一般预算收入、三分之一的外贸进出口额、四分之一的实际利用外资额。截至 2019 年 5 月,福建自贸试验区累计新注册企业 7.9 万家,为挂牌前历年总和的 5.1 倍,注册资本 1.8 万亿元人民币,为挂牌前历年总和的 8 倍;新注册外资企业 3891 家,合同利用外资 273.4 亿美元,其中台资企业 2323 家,合同台资 62.6 亿美元。

二、 境外经济贸易合作区

境外经济贸易合作区(以下简称"境外经贸合作区")是推进"一带一路"建设和国际产能合作的重要载体,也是我国企业"走出去"的新平台。在二十余年的建设发展中,境外经贸合作区把我国经济园区的发展实践同东道国的发展需求相结合,不仅推动了我国对外投资体制机制的改革,促进了我国对外投资合作的发展,而且有助于东道国的产业升级、经济增长和社会发展,发挥着促进我国和东道国互联互通、互利共赢的重要作用。

1.境外经贸合作区建设历程

中国建设境外经贸合作区的实践肇始于企业为拓展海外业务而建立的境外园区。自 1999 年海尔集团在美国南卡罗来纳州建立工业园以来,历经数年的企业自主探索,2006 年 6 月,以商务部出台《境外中国经济贸易合作区的基本要求和申办程序》为标志,我国正式启动了政府招标和企业实施相结合的境外经贸合作区建设工作,并首次批准设立了 8 家国家级境外经贸合作区;2007 年,商务部再次批准设立了 11 家国家级境外经贸合作区;2008 年,国务院颁发《关于同意推进境外经济贸易合作区建设意见的批复》,标志着通过境外经贸合作区建设促进中国企业"走出去"上升为国家战略。

2012 年,我国不再以招标方式建设境外经贸合作区,而是以企业为主体,以商业运作为基础,以促进互利共赢为目的,主要由投资主体根据市场情况、东道国投资环境和引资政策等多方面因素进行决策,先行建设园区,之后再由商务部、财政部进行确认考核和年度考核;2013 年,为了积极稳妥地推进境外经贸合作区建设,改进和完善对合作区的管理工作,促进合作区健康有序发展,商务部、财政部制定了《境外经济贸易合作区确认考核和年度考核管理办法》;2015 年,商务部、财政部对相关政策进行修订完善,形成了《境外经济贸易合作区考核办法》,将境外经贸合作区明确划分为加工制造型、资源利用型、农业产业型、商贸物流型、科技研发型五个类型,并分别制定了确认考核和年度考核的具体要求;2016 年,商务部公布了通过确认考核的 20 家境外经贸合作区名录(见表 2-8);2018 年 11 月 15 日,中国境外经贸合作区投促办公室发布了纳入统计范围的境外经贸合作区名录,其中包含了分布在全球 44 个国家的 103 家合作区。

表 2-8　通过确认考核的 20 家境外经贸合作区

序号	名　称	境内实施企业
1	柬埔寨西哈克努港经济特区	江苏太湖柬埔寨国际经济合作区投资有限公司
2	泰国泰中罗勇工业园	华立产业集团有限公司
3	越南龙江工业园	前江投资管理有限责任公司
4	巴基斯坦海尔—鲁巴经济区	海尔集团电器产业有限公司
5	赞比亚中国经济贸易合作区	中国有色矿业集团有限公司
6	埃及苏伊士经贸合作区	中非泰达投资股份有限公司
7	尼日利亚莱基自由贸易区	中非莱基投资有限公司
8	俄罗斯乌苏里斯克经贸合作区	康吉国际投资有限公司
9	俄罗斯中俄托木斯克木材工贸合作区	中航林业有限公司
10	埃塞俄比亚东方工业园	江苏永元投资有限公司
11	中俄(滨海边疆区)农业产业合作区	黑龙江东宁华信经济贸易有限责任公司
12	俄罗斯龙跃林业经贸合作区	黑龙江省牡丹江龙跃经贸有限公司
13	匈牙利中欧商贸物流园	山东帝豪国际投资有限公司
14	吉尔吉斯斯坦亚洲之星农业产业合作区	河南贵友事业集团有限公司
15	老挝万象赛色塔综合开发区	云南省海外投资有限公司
16	乌兹别克斯坦"鹏盛"工业园	温州市金盛贸易有限公司
17	中匈宝思德经贸合作区	烟台新益投资有限公司
18	中国·印度尼西亚经贸合作区	广西农垦集团有限责任公司

序号	名　称	境内实施企业
19	中国·印度尼西亚综合产业园区青山园区	上海鼎信投资(集团)有限公司
20	中国·印度尼西亚聚龙农业合作区	天津聚龙集团

资料来源:境外产业园区信息服务平台 https://oip.ccpit.org/ent/parkNew/137。

截至 2019 年 11 月,境外经贸合作区累计投资超过 410 亿美元,入区企业近 5400 家,上缴东道国税费超过 43 亿美元,为当地创造就业接近 37 万个。境外经贸合作区在推动我国改革对外投资体制机制、促进我国开展对外投资合作的同时,有力地推动了东道国的产业升级、经济增长和社会发展。

2.境外经贸合作区服务措施

作为我国企业"走出去"的重要平台和有力抓手,境外经贸合作区参考借鉴了我国开发经营的各类国内经济区,包括经济特区、经济技术开发区、高新技术产业开发区、保税区、出口加工区、物流园区和工业园区的丰富经验,不断开放式发展,在信息咨询、运营管理、物业管理、应急服务等方面为进入合作区的企业(简称入区企业)提供了综合性的服务措施。

第一,信息咨询服务。在政策咨询方面,境外经贸合作区为入区企业搭建与东道国政府部门和有关机构沟通、协调的平台,提供包括投资、贸易、金融、产业等相关政策咨询服务。在法律服务方面,境外经贸合作区为入区企业提供东道国与投资相关的法律咨询服务,帮助入区企业了解东道国基本法律,熟悉投资环境,寻找和委托相应的法律服务中介机构。在产品推介方面,境外经贸合作区协助入区企业参加东道国举办的展览会、行业产品对接会、贸易洽谈会等,为企业搭建合作平台,推介入区企业生产的产品。

第二,运营管理服务。在企业注册方面,境外经贸合作区建立与东道国外资管理部门或投资促进机构的沟通和联系机制,为入区企业提供在东道国注册登记的相关咨询服务,协助入区企业办理注册登记、投资项目环境影响评估和规划设计审批等相关手续。在财税事务方面,境外经贸合作区为入区企业提供东道国相关财务和税收方面的政策咨询,并协助入区企业在财务管理、商标注册、税收申报和缴纳等方面的工作。在海关申报方面,境外经贸合作区为入区企业提供东道国关于海关申报、进口设备清关、仓储运输、进出口手续、原产地证明及关税申报等相关咨询服务。在人力资源方面,境外经贸合作区为入区企业提供东道国关于员工管理、人员签证等政策咨询服务,并协助入区企业举办员工培训、人员招聘、人才交流等人力资源方面的事务。在金融服务方面,境外经贸合作区为入区企业提供投融资、保险等金融咨询服务,协助企业办理相关金融手续,建立入区企业和国内外金融机构联系的渠道。在物流服务方面,境外经贸合作区可根据入区企业的要求,为其提供必要的物流服务,包括运输、存储、装卸、搬运、配送、信息处理等。

第三,物业管理服务。在租赁服务方面,境外经贸合作区根据入区企业的要求,为其提供标准厂房、写字楼、仓库、展示厅、堆场等设施的租赁服务。在厂房建造方面,境外经贸合作区可在入区企业新建厂房时,提供必要的支持,协助其办理包括设计、施工招投标、申请厂房建筑许可证、厂房开工证以及验收执照等在内的相关手续。在生产配套方面,境外经贸合作区为入区企业提供生产配套便利和服务,包括供电、供水、供暖、通信、通气、安保、废水处理、垃圾处理、有毒废料处理等。在生活配套方面,境外经贸合作区可为入区企业提供员工宿舍、高级公寓、运动健身、文化娱乐以及各式餐饮等生活配套设施服务。在维修服务方面,境外经贸合作区可为入区企业提供专业、高效的维修服务,帮助入区企业解决生产、生活中遇到的维修困难。在医疗服务方面,境外经贸合作区可为入区企业有关人员提供简易医疗救治服务,并与合作区所在地医院建立畅通的紧急救治通道等。

第四,应急服务。境外经贸合作区负责做好突发事件应急预案,有效预防和应对火灾、水灾、罢工、破坏活动等突发事件的处理救援工作,保障园区及入区企业在经营活动中的人身财产安全。

境外经贸合作区在信息咨询、运营管理、物业管理、应急服务等方面为入区企业提供的综合性服务措施搭建了我国企业与东道国当地政府之间沟通合作的平台,统筹协调了我国经济园区的发展经验和东道国政府的优惠政策,是对引进外资与对外投资两大开放战略的协调机制与政策的积极探索,一方面有利于我国企业在东道国扎根立足,增强商业可行性和发展持续性,另一方面有利于东道国在自身比较优势和要素禀赋的基础上积极灵活地运用产业政策鼓励产业集聚、促进经济发展。

3. 境外经贸合作区建设成效

截至 2019 年年底,我国企业共在境外经贸合作区累计投资 419 亿美元,入驻企业数千家。其中,在"一带一路"沿线国家和地区建设的境外经贸合作区累计投资 350 亿美元,上缴东道国税费 30 亿美元,为当地创造就业岗位 32 万个。

作为我国实施引进外资与对外投资两大开放战略的新平台和探索协调机制与政策的新试点,境外经贸合作区建设逐渐成为我国与相关国家开展经贸合作的重要载体。在经济意义上,境外经贸合作区不仅显著促进了我国的对外投资,而且为广大发展中国家提供了长期稳定的引资平台,有力地推动了东道国产业发展升级和工业化进程,同时为当地创造了就业和税收,改善了当地的收入水平;在社会意义上,境外经贸合作区及入区企业积极履行社会责任,促进了我国和东道国的"民心相通",从而有助于实现更加包容的互利共赢。境外经贸合作区在全球范围内获得了越来越多的认可,已然发展成为一种新的国际经济合作模式。

我国双向直接投资促进机构主要由政府主导的投资促进机构、通过社会力量组建的投资促进结构以及境外投资促进机构三方面构成。随着对外投资规模的迅速增长,投资促进机构的职能从促进"引进来"转向推动"引进来"和"走出去"并重。传统的会展招商及项目招商依然是现阶段投资促进最主要的方式,另外,各地投资促进机构也通过"产业链招商"的方式,培育优势支柱产业、拉长产业链条,增强产业及区域的综合竞争力。

欧、美、日、韩及新加坡等地区是投资促进的重点对象。同时,伴随着"一带一路"倡议的实施,沿线国家和地区成为投促机构关注的新对象。总体上,中国对外直接投资由于发展时间较短,投资促进仍然以第一产业和第二产业中技术含量较高的行业为主,同时推动第三产业"走出去"的意愿也不断增强;促进"引进来"方面,引入高质量的外资企业已成为投资促进机构的重点工作内容。

面对当前国内外的新形势和新局面,构建我国引进外资与对外投资两大开放战略的协调机制与政策,需要在"引进来"与"走出去"两个方向进行体制机制改革。中国自由贸易试验区和境外经济贸易合作区作为实施两大开放战略的新平台和探索协调机制与政策的新试点,在深化改革和扩大开放等方面发挥了重要作用,在引进外资和对外投资方面取得了显著成效。

第二篇

中国『引进来』的经济效应研究

自 1978 年改革开放以来,我国外商直接投资不断扩张,制造业终得以摆脱桎梏,竞争力不断增强。在开放的背景下,中国经济经历了持续 40 年的高速增长,尤其是《外商直接投资产业目录》颁布以来,我国对外资管理的政策呈显著的自由化趋势,大量遭到限制与禁止的行业中,外资企业开始获准进入,截至 2018 年年底,我国实际使用外商直接投资 21492 亿美元。外资自由化加速全球资本在中国的流动,深刻影响着中国制造业企业的要素禀赋、技术升级模式和市场竞争结构(Harding 和 Javorcik,2012[1];Du 等,2014[2]),对中国制造向科技、创新和高端转型("制造业 2025"计划)具有重要作用。本篇在已有研究基础之上,主要从企业创新、企业绩效(包括生产率和成本加成)以及全球价值链嵌入三个方面来考察中国"引进来"[3]的经济效应,不但肯定了引资战略对中国经济社会发展的促进作用,而且对我国从"引进来"角度进一步深化对外开放具有重要的借鉴意义。

---

　　[1]　Harding T., B. S. Javorcik, "Foreign Direct Investment and Export Upgrading", *Review of Economics and Statistics*, Vol.94, No.4, 2012, pp.964-980.

　　[2]　Du L., A.Harrison, G.Jefferson, "FDI Spillovers and Industrial Policy:the Role of Tariffs and Tax Holidays", *World Development*, Vol.64, 2014, pp.366-383.

　　[3]　本篇"引进来"的说法主要包括外资并购、跨国公司进入、外资进入以及外商直接投资等。

第三章 外资并购与目标企业创新

本章的主要目的是从企业创新视角来分析外资进入的经济效应。

第一节 外资并购对目标企业创新
影响的研究背景

创新是经济持续增长的引擎。党的十八大明确提出实施创新驱动发展战略，强调科技创新是提高社会生产力和综合国力的战略支撑，必须摆在国家发展全局的核心位置。我国也出台了一系列促进企业研发投资的政策，并取得了突出成绩，研发投入强度达到经济合作与发展组织（Organization for Economic Co-operation and Development,OECD）国家的平均水平，专利申请量已连续多年排名全球第一位[①]。另外，引入多元化市场主体，打破国有企业垄断的市场化改革被认为是改革开放后三十多年中国经济高速增长的重要经验。自20世纪90年代以来，我国已成为外商直接投资流入的重要国家之一，外资进入对中国经济增长的重要贡献已是不争的事实（冼国明和严兵，2004[②]）。但现有关于外资并购与目标企业技术创新的研究大多是以发达国家的企业或上市公司进行分析的，已有的研究也未得到一致的结论。这些国家的企业本身也进行大量的创新活动，东道国的创新资源（如人力资本、技术积累等）较为丰富，相比之下，中国企业的研发投入相对不足且创新效率较低。而被外资并购的企业，跨国公司则有可能会向子公司转移技术、知识

[①] 2016年，全国共投入研发经费15676.7亿元，强度达到2.11%，虽然低于经济合作与发展组织国家2.40%的平均水平，但已经超过欧盟15国2.08%的平均水平。2016年中国国家知识产权局受理的专利申请数量达到了130万件，专利申请量世界第一。

[②] 冼国明、严兵：《FDI对中国创新能力的溢出效应》，《世界经济》2005年第10期。

等无形资产。在我国市场规模的不断扩张和外资并购迅速增加的背景下,考察中国的外资并购对目标企业技术创新的影响尤为重要。

本章利用 1998—2007 年中国工业企业数据库和 1998—2007 年中国专利数据库,考察了外资并购对目标企业研发投入和创新产出的影响,同时还检验了外资并购与目标企业创新质量的关系,以深入检验外资所有权身份是否会给目标企业带来创新效应。与现有的文献相比,本章在以下几个方面有所拓展:一是运用中国工业企业数据库与中国专利数据库进行匹配,获得了企业层面的专利申请数以及发明专利的授权数,从而较为全面地考察了外资并购对目标企业技术创新的影响,这有助于理解中国企业混合所有制的改革、产品竞争力和结构转型。二是利用中国企业数据考察了外资并购对目标企业技术创新的影响,既丰富了现有关于外资并购与目标企业绩效等相关领域的研究,同时也有助于理解跨国公司的全球生产与创新的分工,以及总部服务与子公司生产、技术创新之间的关系。

第二节　指标、数据与实证计量方法

一、 技术创新指标与数据

本章主要考察外资并购对目标企业技术创新的影响,并从研发投入和专利申请两个角度进行分析。核心被解释变量为企业的研发投入和专利申请产出,这两个指标也是衡量企业创新的重要指标(Hall 等,2007[①];Stiebale,2016[②])。

1. 研发投入

中国工业企业数据库中,企业的研发投入仅在 2001—2007 年有统计,1998—2000 年均没有统计研发投入指标,且 2004 年的企业研发投入是由 2004 年第一次全国经济普查获得,但 2004 年的研发投入强度均要低于其他年份。2004 年研发投入的企业有 9.7 万家,平均的研发投入为 45.7 万元,在其余年份中,2001 年的 1.9 万家增长至 2007 年的 3.5 万家,平均的研发投入也由 129 万

---

① Hall B.H., G.Thoma, S.Torrisi, "The Market Value of Patents and R&D: Evidence from European Firms", *Academy of Management Proceedings*, Vol.2007, No.1, 2007, pp.1-6.

② Stiebale J., "Cross - Border M&As and Innovative Activity of Acquiring and Target Firms", *Journal of International Economics*, Vol.99, 2016, pp.1-15.

元增长至 2007 年的 482 万元。表 3-1 报告了中国工业企业数据库历年的研发投入企业数和研发投入均值。

表 3-1　2001—2007 年研发投入企业个数与研发投入额　（单位：千元）

年份	2001	2002	2003	2004	2005	2006	2007
研发企业数	19199	22018	25247	97352	25289	29288	34604
平均研发投入额	1285.534	1442.444	1728.78	456.5125	3600.207	4246.374	4818.404

2.专利申请

本章主要考察外资并购对目标企业研发投入与创新产出的影响,其中创新产出使用企业的专利申请数来衡量。本章利用 1998—2007 年中国专利数据库、中国专利授权数据库和中国工业企业数据库进行匹配合并,得到企业层面上的历年发明专利申请数、发明专利授权数、实用新型专利申请数和外观设计专利申请数,其中中国专利数据库、中国专利授权数据库来自国家知识产权局,中国工业企业数据库来自国家统计局。由于中国专利数据库并没有提供企业的组织机构代码,因而在与中国工业企业数据库进行匹配时只能采用企业的名称进行匹配(Wei 等,2017)①。在数据库的匹配质量上,本章运用 2008 年中国工业企业数据库与中国专利数据库匹配能够匹配到 1.68 万家企业申请了专利,国家知识产权局规划发展司的《2008 年我国规模以上工业企业专利活动与经济效益状况报告》中指出,2008 年有 1.79 万家企业申请了专利,表明本章通过企业的名称匹配到的数据质量较高。表 3-2 报告了两大数据库匹配合并后的历年申请专利的企业数。

表 3-2　1998—2007 年专利申请企业数　（单位：项）

年份	1998	1999	2000	2001	2002	2003	2004	2005	2006	2007
专利申请企业数	2737	3206	3830	4340	5233	6131	7837	8503	10532	12589

从表 3-1 和表 3-2 来看,中国工业企业的历年研发投入持续性快速增长,尤其是在中国加入世界贸易组织后,无论是研发企业还是专利申请企业数都明显增加。大量企业都意识到创新的重要性,以及知识产权保护的重要性,在

---

① Wei S.J., Z.Xie, X.Zhang, "From 'Made in China' to 'Innovated in China': Necessity, Prospect, and Challenges", *Journal of Economic Perspectives*, Vol.31, No.1, 2017, pp.49-70.

2001—2007 年,进行研发投入的企业增加了近 1 倍,研发投入额增加了近 3 倍,专利申请企业增加了近 2 倍。但总体而言,中国企业的创新效率(用专利申请数/研发投入)却有所下降,这主要是由于国有企业进行了大量的研发投入,但其专利申请产出却相对较低,即研发资源存在错配(König 等,2016)[1]。

图 3-1 绘制的是外资并购目标企业与其他私营企业在并购交易三年后的专利申请数核密度图,可以清晰地看到,被外资收购目标企业样本的专利申请数分布位于右边,即被外资并购目标企业在外资并购三年后的专利申请数仍高于其他私营企业样本。

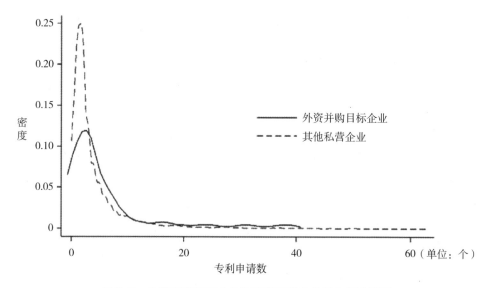

图 3-1 外资并购目标企业与其他私营企业的专利申请数

注:实心线为外资并购目标企业样本的专利申请数;短划线为其他私营企业样本的专利申请数,描绘的是在并购投资发生后三年的特征。需要注意的是,在绘制专利申请数的核密度图时进行了截尾处理,删除了专利申请数在 99% 分位以上的企业样本,但并不影响结果。

二、 实证计量方法

实证研究部分是为了考察外资并购与目标企业研发投入与创新产出之间的因果关系,如果简单对比分析则有可能会受到内生性问题和样本选择问题的影

① König M. D., J. Lorenz, F. Zilibotti, "Innovation vs. Imitation and the Evolution of Productivity Distributions", *Theoretical Economics*, Vol.11, No.3, 2016, pp.1053-1102.

响,从而导致估计结果的偏差。我们可以将外资并购行为看作一项自然实验,采用双重差分法(Difference in Difference,DID)来准确估计外资并购带来的效应,以克服可能存在的内生性问题。但采用双重差分法来估计仍面临着两大挑战:一是对照组样本的选择问题,现有较多文献直接将没有参与并购活动的国内企业视为对照组(Guadalupe 等,2012)[1],但这样比较分析仍无法区分目标企业技术创新的变化是由国内并购还是外资并购引起的。本章实证研究的样本来自中国工业企业数据库,按企业的所有制变化的特征,可以将样本区分为外资并购的目标企业、私营企业、国有企业和集体企业。我们借鉴陈(Chen,2011)[2]和王健和王潇(Wang 和 Wang,2015)[3]的做法,分别将民营化的企业和未参与并购活动的私营企业分别作为对照组进行比较分析。二是样本选择偏差问题,一般而言,外资企业倾向于收购那些行业内生产率、研发投入以及专利申请最高的企业。为此,我们将采用倾向得分匹配(Propensity Score Matching,PSM)法从对照组样本(私营企业或民营化企业)中为处理组找到适宜的对照组企业样本,使处理组企业与对照组企业在外资并购行为发生之前的特征是相似的。基于可忽略性假设,两者可能被外资企业收购的概率相近,具有可比性。采用倾向得分匹配法可以满足双重差分估计的平行趋势的前提假设,进而可以准确地评估外资并购与目标企业研发投入和创新产出之间的因果关系。

按以上思路,我们将研究样本区分为处理组(被外资并购的企业)和对照组(私营企业或民营化企业)。记 $dcma_{i,t}=1$ 表示 t 时期被外资收购的处理组企业样本, $dcma_{i,t}=0$ 为 t 时期对照组企业样本, $dt_{i,t}=1$ 分别为外资并购行为发生当年及以后年份, $y_{i,t+u}^1$ 外资收购的目标企业在 u ($u \geq 0$)时期的研发投入或创新产出。Z 为影响外资并购的匹配变量,倾向得分 $p(Z)=\mathrm{Pr}(dcma=1 \mid Z)$, $p*=\mathrm{Pr}(dcma=1)$ 为企业被收购的概率;匹配变量为企业劳动生产率、实际工资、年龄、规模、资本密集度、出口行为、负债率、利润率及流动比率等。

外资并购的平均处理效应可以表述为:

① Guadalupe M. ,O.Kuzmina,C.Thomas,"Innovation and Foreign Ownership",*American Economic Review*,Vol.102,No.7,2012,pp.3594-3627.

② Chen W. ,"The Effect of Investor Origin on Firm Performance:Domestic and Foreign Direct Investment in the United States",*Journal of international economics*,Vol.83,No.2,2011,pp.219-228.

③ Wang J. ,X.Wang,"Benefits of Foreign Ownership:Evidence from Foreign Direct Investment in China",*Journal of International Economics*,Vol.97,No.2,2015,pp.325-338.

$$ATT = E\left[y_{i,t+u}^{1} - y_{i,t+u}^{0} \mid dcma = 1 \right]$$

$$= E\left\{ E\left[y_{i,t+u}^{1} \mid Z, dcma = 1 \right] - E\left[y_{i,t+u}^{0} \mid Z, dcma = 0 \right] \mid dcma = 1 \right\} \quad (3-1)$$

如果外资并购的目标企业与对照组企业的研发投入或创新产出在外资并购后存在系统性的差异,说明外资并购导致了目标企业研发投入或创新产出的变化。在满足条件独立性假设和共同支持条件下,能够保证处理组企业样本通过倾向得分匹配到与其相似的对照组样本。构建的双重差分估计模型为:

$$\beta_{DID} = E\left[y_{i,t+u}^{1} - y_{i,t-1}^{0} \mid Z_{t-1}, dcma_{t} = 1 \right] - E\left[y_{i,t+u}^{0} - y_{i,t-1}^{0} \mid Z_{t-1}, dcma_{t} = 0 \right]$$

$$(3-2)$$

通过逻辑单位模型(Logit Model)估计得到外资并购的倾向得分,并依此采用近邻匹配法为外资并购目标企业样本匹配到合适的对照组企业。

根据不同的对照组进行匹配后,本章还进行了匹配平衡性条件检验,结果报告见表3-3,从 T 检验的结果来看,发现外资并购的目标企业与对照组企业在是否研发投入、是否专利申请以及专利申请数等指标上没有显著性的差异,两组样本的 t 统计量都较小且不显著。

表3-3　倾向得分匹配样本的平衡性条件检验

指标	处理组	对照组	均值差	t 统计量
研发投入企业	0.135	0.131	0.004	0.4716
专利申请企业	0.058	0.059	−0.001	−0.2337
专利申请数	8.469	6.995	1.474	0.5657

第三节　外资并购与目标企业技术创新

众所周知,技术创新也是外资并购后对企业绩效影响的一个重要渠道,但被外资并购后,企业的研发投入和创新产出会显著增加还是会下降,现有的理论与实证研究未得到一致的结论。本小节考察外资并购对目标企业研发投入与创新产出的影响。

一、　外资并购与目标企业研发投入

在倾向得分匹配结果的基础上,运用双重差分模型来考察外资并购与企业创新之间的因果关系,本章利用双重差分模型(3-2)对此进行检验,外资并购对目标企业研发投入的估计结果见表3-4。

表3-4报告的是外资并购对企业研发投入的估计结果,从结果来看,交互项系数均不显著,说明相对于对照组私营企业,企业被外资方收购后,其研发投入并没有受到很大的影响。无论是外资并购对企业研发投入影响的平均效应还是滞后效应,均不显著。列(7)是剔除了2004年样本后的估计结果,根据本章所获得的企业研发投入指标的数据,2004年的研发投入要远远低于其他年份,有可能是一个"异常值",为此,本章剔除2004年的样本后重新进行估计,从列(7)的结果来看,其结论并没有改变。列(8)是仅包括2005—2007年的样本,此处仅仅是对杜威剑和李梦洁(2016)[1]的研究进行验证,他们发现,外资并购后企业的研发投入有所增加,而本章的估计进一步地发现,外资并购后企业的研发投入并没有显著性的变化。这一结论与葛顺奇和罗伟(2015)[2]的研究结论相类似,即外资进入不利于企业的研发投入,外资企业的研发投入要低于内资企业。跨国公司的垂直一体化与跨国生产行为能够解释母公司的研发对子公司绩效的影响。比利尔和莫拉莱斯(Bilir和Morales,2020)[3]以及凯勒和耶普尔(Keller和Yeaple,2013)[4]运用美国跨国公司和境外子公司的数据发现,母公司的研发投入能够显著地提高境外所有子公司的产出绩效,即母公司的总部研发是最重要的,而子公司的研发投入仅对子公司的产出绩效有影响,但并不存在溢出效应。阿塔莱等(Atalay等,2014)[5]的研究指出,企业的垂直一体化行为主要是为了转移无形资产,进而提高子公司的生产效率和产品质量(Ramondo等,2013、2016[6][7])。

① 杜威剑、李梦洁:《外资进入、外资并购与企业的研发创新——基于微观层面的实证研究》,《世界经济研究》2016年第6期。

② 葛顺奇、罗伟:《跨国公司进入与中国制造业产业结构——基于全球价值链视角的研究》,《经济研究》2015年第11期。

③ Bilir L.K., E.Morales, "Innovation in the Global Firm", *Journal of Political Economy*, Vol.128, No.4, 2020, pp.1566-1625.

④ Keller W., S.R.Yeaple, "The Gravity of Knowledge", *American Economic Review*, Vol.103, No.4, 2013, pp.1414-1444.

⑤ Atalay E., A.Hortaçsu, C.Syverson, "Vertical Integration and Input Flows", *American Economic Review*, Vol.104, No.4, 2014, pp.1120-1148.

⑥ Ramondo N., A. Rodríguez-Clare, "Trade, Multinational Production, and the Gains from Openness", *Journal of Political Economy*, Vol.121, No.2, 2013, pp.273-322.

⑦ Ramondo N., V. Rappoport, K J. Ruhl, "Intrafirm Trade and Vertical Fragmentation in US Multinational Corporations", *Journal of International Economics*, Vol.98, 2016, pp.51-59.

表 3-4　外资并购与目标企业研发投入

变量	（1）平均效应	（2）当年	（3）滞后一年	（4）滞后二年	（5）滞后三年	（6）滞后四年	（7）无 2004 年	（8）2005—2007 年
dd	-0.00940 (0.0091)	-0.00184 (0.0122)	-0.00170 (0.0135)	0.000465 (0.0143)	-0.0128 (0.0159)	-0.0281 (0.0214)	-0.00573 (0.0106)	-0.0129 (0.0232)
dt	0.00514 (0.0070)	0.00589 (0.0065)	0.00531 (0.0065)	0.00569 (0.0065)	0.00540 (0.0065)	0.00589 (0.0063)	0.00195 (0.0082)	0.0154 (0.0210)
dyear	-0.00881 (0.0070)	-0.0125 (0.0095)	-0.0121 (0.0104)	-0.0206 * (0.0111)	-0.00291 (0.0132)	-0.00108 (0.0165)	-0.0152 * (0.0082)	-0.0171 (0.0171)
N	35927	20627	19319	18798	17857	16465	30237	13795
R^2	0.073	0.070	0.072	0.067	0.068	0.066	0.078	0.086

注:被解释变量为企业的研发投入的对数值,采用普通最小二乘法进行估计,列(1)—列(6)样本期间为 2001—2007 年,列(7)则去除 2004 年的样本,列(8)则仅包括 2005—2007 年的三年样本。所有估计均未报告省份固定效应、行业固定效应和年份固定效应。

二、 外资并购与目标企业专利产出

接下来进一步考察外资并购对目标企业创新产出的影响,本章使用企业的专利申请数来衡量企业的创新产出。根据专利申请的类型,将企业的专利申请区分为发明专利、实用新型专利和外观设计专利,在以上三类专利中,发明专利是指对产品、方法或其改进所提出的新的技术方案,体现了当前的创新内容与新技术,一般需要通过 18—36 个月的两轮严格审查,尤其是对其中的新颖性、创造性和实用性的审查;实用新型是指对产品的形状、构造或者其结合所提出的适于实用的新的技术方案,体现在对新技术上的新应用与方法,一般需要 3—6 个月的审查;外观设计是指对产品的形状、图案或者其结合以及色彩与形状、图案的结合所作出的富有美感并适于工业应用的新设计。

本章利用双重差分模型(3-2)对此进行检验,并将企业的专利申请区分为发明专利、实用新型专利和外观专利,外资并购对目标企业专利申请产出的估计结果见表 3-5。

表3-5　外资并购对目标企业专利申请的影响

变量	总专利数						发明专利					
	(1) 平均效应	(2) 当年	(3) 滞后一年	(4) 滞后二年	(5) 滞后三年	(6) 滞后四年	(7) 平均效应	(8) 当年	(9) 滞后一年	(10) 滞后二年	(11) 滞后三年	(12) 滞后四年
dd	0.597*** (0.0241)	0.149*** (0.0358)	0.785*** (0.0393)	0.681*** (0.0450)	0.442*** (0.0473)	1.097*** (0.0590)	0.243*** (0.0696)	0.886*** (0.0978)	0.921*** (0.1060)	0.272** (0.1152)	0.398*** (0.1193)	1.150*** (0.1229)
dt	-0.401*** (0.0180)	-0.401*** (0.0180)	-0.401*** (0.0180)	-0.401*** (0.0180)	-0.401*** (0.0180)	-0.401*** (0.0180)	-0.256*** (0.0597)	-0.256*** (0.0597)	-0.256*** (0.0597)	-0.256*** (0.0597)	-0.256*** (0.0597)	-0.256*** (0.0597)
dyear	-0.115*** (0.0167)	0.0446* (0.0239)	-0.222*** (0.0296)	-0.298*** (0.0335)	-0.0632* (0.0337)	-0.300*** (0.0474)	0.836*** (0.0477)	1.265*** (0.0561)	0.313*** (0.0823)	0.551*** (0.0814)	0.644*** (0.0864)	0.819*** (0.0991)
N	49286	31107	29404	28359	27398	25973	49286	31107	29404	28359	27398	25973

变量	实用新型						外观设计					
	(13) 平均效应	(14) 当年	(15) 滞后一年	(16) 滞后二年	(17) 滞后三年	(18) 滞后四年	(19) 平均效应	(20) 当年	(21) 滞后一年	(22) 滞后二年	(23) 滞后三年	(24) 滞后四年
df0	0.385*** (0.0453)	0.0452 (0.0649)	0.298*** (0.0722)	0.464*** (0.0780)	0.217** (0.0864)	1.031*** (0.1288)	0.789*** (0.0320)	-0.541*** (0.0503)	0.963*** (0.0532)	0.892*** (0.0640)	0.524*** (0.0650)	1.033*** (0.0817)
dt	-0.194*** (0.0348)	-0.194*** (0.0348)	-0.194*** (0.0348)	-0.194*** (0.0348)	-0.194*** (0.0348)	-0.194*** (0.0348)	-0.507*** (0.0227)	-0.507*** (0.0227)	-0.507*** (0.0227)	-0.507*** (0.0227)	-0.507*** (0.0227)	-0.507*** (0.0227)
dyear	0.119*** (0.0322)	0.277*** (0.0448)	0.135** (0.0522)	0.0770 (0.0582)	0.188*** (0.0617)	-0.500*** (0.1064)	-0.460*** (0.0224)	-0.451*** (0.0355)	-0.497*** (0.0406)	-0.696*** (0.0487)	-0.324*** (0.0461)	-0.514*** (0.0639)
N	49286	31107	29404	28359	27398	25973	49286	31107	29404	28359	27398	25973

注：以上被解释变量分别为企业的发明专利、实用新型专利和外观设计专利,估计方法均采用泊松回归。所有估计均未报告省份固定效应和年份固定效应、行业固定效应、固定效应。

表 3-5 的列(1)—列(6)报告的是外资并购对企业创新产出(专利申请总数)的估计结果,从检验的结果来看,列(1)—列(6)中的交互项系数在 1% 的统计水平上显著为正,即外资并购提高了企业的创新产出,专利申请数在外资并购后显著增加了。具体来看,列(1)的交互项系数为 0.597,在非线性双重差分模型设定下,这一系数并不能直接解释为跨国并购带来的处理效应(Ai 和 Norton,2003[①];Puhani,2012[②])。根据温克尔曼(Winkelmann,2008)[③]模型计算得到跨国并购对企业创新的效应为 0.817[④],这说明外资并购对企业专利产出的提升效应达到 82%,对企业专利产出增长的贡献度达到 24%。从滞后效应来看,交互项系数均显著为正,表明外资并购对企业创新产出的提升效应具有持续性。这一结论与瓜达卢普等(Guadalupe 等,2012)[⑤]关于西班牙企业和斯蒂巴莱(Stiebale,2016)[⑥]对欧洲 33 个国家的实证研究得到的结果较为一致,即外资并购能够提高目标企业的创新产出。

表 3-5 的列(7)—列(24)是外资并购对企业不同类型专利的影响,列(7)、列(13)和列(19)的交互项系数均在 1% 的统计水平上为正,平均而言,外资并购对企业发明专利、实用新型专利和外观专利都具有提升效应。具体而言,列(7)交互项系数为 0.243,相对于对照组私营企业,外资并购企业的发明专利增长了 27.5%,从滞后效应来看,表 3-5 中的列(9)—列(12)交互项系数为正,表明外资并购对发明专利的提升效应具有持续性。

表 3-5 中列(13)系数为 0.385,说明相对于对照组私营企业,外资并购企业的实用新型专利增长了 47%。从滞后效应的估计结果来看,列(14)的交互项系数不显著,即相对于对照组私营企业,外资并购的当年,实用新型专利的申请与对照组私营企业并无差异,列(15)—列(18)交互项系数显著为正,即在外资并

---

① Ai C.,E.C.Norton,"Interaction Terms in Logit and Probit Models",*Economics Letters*,Vol.80,No.1,2003,pp.123-129.

② Puhani P.A.,"The Treatment Effect,the Cross Difference,and the Interaction Term in Nonlinear 'Difference-in-Differences' Models",*Economics Letters*,Vol.115,No.1,2012,pp.85-87.

③ Winkelmann R.,*Econometric Analysis of Count Data*,Springer Science & Business Media,2008.

④ 此处计数模型的 DID 边际效应近似为 $exp(\beta) - 1$,其中 β 为 DID 模型交互项的系数。

⑤ Guadalupe M.,O.Kuzmina,C.Thomas,"Innovation and Foreign Ownership",*American Economic Review*,Vol.102,No.7,2012,pp.3594-3627.

⑥ Stiebale J.,"Cross-Border M&As and Innovative Activity of Acquiring and Target Firms",*Journal of International Economics*,Vol.99,2016,pp.1-15.

购的一年后,实用新型专利申请高于对照组私营企业。表3-5中列(19)的系数为0.789,这一系数表明,平均而言,相对于对照组私营企业,外资并购企业的外观专利申请增加了1倍。从滞后效应的估计结果来看,列(20)交互项系数在1%的统计水平上显著为负,即外资并购的当年,企业的外观专利的申请下降了,而在并购的一年后,外资并购企业的外观专利才显著增加。

从以上区分专利类型的估计结果来看,外资并购对非发明专利申请的提升效应要高于发明专利。以上研究发现,目标企业的研发投入并没有显著性地增加,甚至还有可能会下降,这一结论与斯蒂巴莱和雷泽(Stiebale 和 Reize,2011)[①]的研究结论相似,即外资并购后企业的研发投入有所下降,而企业的创新产出却没有受到外资并购的影响,外资并购的目标企业创新效率显著提高了。

第四节　外资并购与目标创新质量

发明专利也是衡量专利质量的一个重要维度(龙小宁和王俊,2015[②]),本章除了用企业的发明专利申请数衡量企业的专利质量,还匹配了企业的发明专利授权数,用于衡量企业的发明专利质量。本部分利用双重差分模型(3-2)对外资并购与目标企业创新产出质量之间的关系进行检验,实证估计结果见表3-6。

表3-6　外资并购与目标企业创新质量

变量	(1) 平均效应	(2) 当年	(3) 滞后一年	(4) 滞后二年	(5) 滞后三年	(6) 滞后四年
dd	0.319*** (0.1051)	0.592*** (0.1464)	0.722*** (0.1566)	0.266 (0.1752)	0.501*** (0.1749)	1.083*** (0.1673)
dt	0.105 (0.0909)	0.105 (0.0909)	0.105 (0.0909)	0.105 (0.0909)	0.105 (0.0909)	0.105 (0.0909)
dyear	0.895*** (0.0789)	1.056*** (0.0987)	0.533*** (0.1265)	0.579*** (0.1342)	0.744*** (0.1386)	1.227*** (0.1402)
N	49286	31107	29404	28359	27398	25973

注:被解释变量为企业的发明专利授权数,估计方法仍采用Poisson回归。其余与表3-5一致。

---

① Stiebale J.,F.Reize,"The Impact of FDI Through Mergers and Acquisitions on Innovation in Target Firms",*International Journal of Industrial Organization*,Vol.29,No.2,2011,pp.155-167.

② 龙小宁、王俊:《中国专利激增的动因及其质量效应》,《世界经济》2015年第6期。

从表3-6估计结果来看,除了列(4)的交互项系数不显著外,其余列的交互项系数均显著为正,说明外资并购后企业的发明专利授权显著提升了。具体而言,列(1)交互项系数为0.319,说明平均而言,相对于对照组私营企业,外资并购企业的发明专利授权数增加了37%。进一步从外资并购对目标企业创新质量的滞后效应来看,列(3)与列(5)、列(6)的交互项系数均显著为正,说明从长远来看,外资并购能够提高目标企业的创新质量。从以上结果可以看出,外资并购后,目标企业的专利质量有所提高。

本章利用1998—2007年中国工业企业数据库和中国专利数据库考察了外资并购与目标企业研发投入与创新产出之间的因果关系。首先通过两大数据库进行匹配合并,计算出企业层面的研发投入、发明专利申请数、实用新型专利申请数和外观专利申请数,同时还与中国发明专利授权数匹配获得企业的发明专利授权数。在逻辑单位模型的基础上,采用近邻匹配法为外资并购的目标企业匹配到与其具有相似特征的对照组样本,进一步地采用双重差分模型进行实证研究。归纳而言,本章得到的基本结论为:

(1)外资并购对目标企业的研发投入没有显著影响,且从长期来看,外资并购的目标企业与对照组企业也没有显著差异,甚至还有可能会有所下降。说明企业在被外资并购后,技术研发等总部服务有可能会集中于跨国公司的总部,子公司仅承担少数部分研发,这与当前跨国公司的全球创新与生产分工的结论一致(Bilir 和 Morales,2020①)。

(2)外资并购能够显著地提高目标企业的专利申请产出,即企业在被外资并购后其创新产出却增加了,且从长远来看,外资并购能够持续性地提高企业的专利申请产出,进一步地验证了外资企业的创新效率要高于内资企业。

(3)从企业的专利类型来看,外资并购对目标企业的发明专利申请、实用新型专利和外观专利的申请均具有显著且持续性的提升效应,而从平均效应来看,外资并购对非发明专利(实用新型和外观专利)的提升效应更加

---

① Bilir L.K.,E.Morales,"Innovation in the Global Firm",*Journal of Political Economy*,Vol.128,No.4,2020,pp.1566-1625.

明显,即外资并购企业会更加注重于技术方法的运用,这主要是由于母公司向子公司转移了大量的先进生产技术和新产品,从而使子公司的非发明专利申请增长迅速。

(4)从外资并购对目标企业的创新质量的估计结果来看,外资并购后,目标企业的发明专利授权数显著增加了,且随着年份的增加,外资并购对目标企业的创新质量的提升具有持续性。

从本章的研究结论来看,外资并购的目标企业与当前的垂直型跨国公司及其全球生产与创新分工的特征相一致,跨国公司总部会进行更多的研发投入,且在跨国公司内部进行无形资产的转移等,相应的技术与方法也能够在东道国通过申请专利进行保护(Atalay 等,2014[①];Bilir 和 Morales,2020[②])。霍姆斯等(Holmes 等,2015)[③]在考察中国以市场换技术时发现,合资企业会在中国国家专利局递交专利申请来保护企业的技术,但在国外专利局(如美国专利局和欧洲专利局)中申请的专利则仅以外资方进行申请并不包括中方,即外资向中方企业转移了生产技术。此外,本章的研究也不同于瓜达卢普等[④]对西班牙的研究,其中主要的原因在于中国是发展中国家,跨国公司在我国的研发投入相对较低;而发达国家,如瑞典等国家创新能力和人力资本等相对更高,企业被跨国公司收购后,仍会继续保留其研发机构以此来保持其竞争优势。

本章为理解外资并购与目标企业的研发投入与创新产出之间的因果关系提供了一个更加深入的实证研究经验证据,也客观地评估了外资并购对目标创新绩效的增长效应,进而为我国外资并购政策的制定与实施提供了一个微观企业层面的经验证据。

---

① Atalay E., A. Hortaçsu, C. Syverson, "Vertical Integration and Input Flows", *American Economic Review*, Vol.104, No.4, 2014, pp.1120−1148.

② Bilir L.K., E. Morales, "Innovation in the Global Firm", *Journal of Political Economy*, Vol.128, No.4, 2020, pp.1566−1625.

③ Holmes T.J., E R. McGrattan, E.C. Prescott, "Quid Pro Quo: Technology Capital Transfers for Market Access in China", *The Review of Economic Studies*, Vol.82, No.3, 2015, pp.1154−1193.

④ Guadalupe M., O. Kuzmin, C. Thomas, "Innovation and Foreign Ownership", *American Economic Review*, Vol.102, No.7, 2012, pp.3594−3627.

第四章 外资并购与目标企业绩效

本章的主要目的是从企业生产率和成本加成角度来考察中国"引进来"对企业绩效的影响。

第一节 外资并购对目标企业绩效影响的研究背景

从全球外商直接投资流入数据可以看出,跨国并购已成为跨国公司进入东道国市场的重要方式,相对绿地投资而言,跨国并购投资的规模和单位金额要远远高于跨国公司绿地投资的单位投资规模。现有的异质性企业理论与大量的实证研究发现,跨国公司通常都是行业内生产率最高的企业,即行业的"龙头企业",这些企业以并购方式进入东道国市场,通常是收购东道国生产率高的目标企业(Guadalupe等,2012①),这势必有会导致东道国市场结构发生变化并对东道国社会福利产生深远的影响。各国政府、学者、媒体对跨国公司的入境并购行为都给予了高度关注,各国政府制定了一系列相关的政策进行指导或干预。但随着全球化的日益推进,全球的公司治理结构也发生了很大的变化(Caliendo等,2018②),企业的股权结构也不再局限于欧洲大陆及日本等股权集中的公司

---

① Guadalupe M. , O. Kuzmina, C. Thomas, "Innovation and Foreign Ownership", *American Economic Review*, Vol.102, No.7, 2012, pp.3594-3627.

② Caliendo L. , F. Parro, E. Rossi – Hansberg, et al. , "The Impact of Regional and Sectoral Productivity Changes on the US Economy", *The Review of Economic Studies*, Vol. 85, No. 4, 2018, pp.2042-2096.

治理模式,相反,大量企业正在转向盎格鲁－撒克逊股东资本主义模式（Anglo-Saxon Shareholder Capitalism）,股东越来越分散且全球化（Aggarwal 等,2009①,2011②）,这一趋势势不可当。

在此背景下,外资并购将对东道国目标产出绩效带来怎样的影响? 本章利用中国制造业企业层面的数据,重点考察了外资并购对目标企业生产率和成本加成的作用。由于未能直接获得产品价格与产量的数据,本章估计的生产率为收入法生产率,单独地进行比较企业间的生产率水平值并无多大意义。为考察外资并购带来的福利效应,本章采用倾向得分匹配和双重差分方法来进行实证研究,检验的是企业生产率和成本加成的增量协同变化。

第二节　指标与实证计量方法

一、 生产率与成本加成

本章主要考察外资并购对目标企业生产率与成本加成的影响,以进一步分析外资并购带来的福利效应。核心的被解释变量是企业的全要素生产率（TFP）,估计出微观层面的企业全要素生产率,无论是对研究国家间的生产效率差异,还是资源配置效率等都十分重要（Bartelsman 等,2013③; Syverson,2011④）。自 20 世纪 90 年代末期以来,随着企业生产率异质性理论的完善和微观企业层面数据的可获得性,产业组织理论和计量经济学者不断完善了企业层面的生产函数估计,主要包括普通最小二乘法（Ordinary Least Square,OLS）、面板数据固定效应法（Fixed Effects,FE）、动态面板数据模型系统广义矩估计

①　Aggarwal R.,I.Erel,R.Stulz,et al.,"Differences in Governance Practices Between U.S. and Foreign Firms:Measurement,Causes,and Consequences",*The Review of Financial Studies*,Vol.22,No.8,2009,pp.3131-3169.

②　Aggarwal R.,I.Erel,M.Ferreira,et al.,"Does Governance Travel Around the World? Evidence from Institutional Investors",*Journal of Financial Economics*,Vol.100,No.1,2011,pp.154-181.

③　Bartelsman E.,J.Haltiwanger,S.Scarpetta,"Cross-Country Differences in Productivity:The Role of Allocation and Selection",*American Economic Review*,Vol.103,No.1,2013,pp.305-334.

④　Syverson C.,"What Determines Productivity?",*Journal of Economic Literature*,Vol.49,No.2,2011,pp.326-365.

（Generalized Method of Moments, GMM）、奥利和帕克斯（Olley 和 Pakes, 1996[①]）、莱文森和彼得林（Levinsohn 和 Petrin, 2003[②]）、阿克伯格等（Ackerberg 等, 2015[③]）等方法。

估计企业的生产率水平,首先是假设企业的生产函数满足柯布-道格拉斯（Cobb-Douglas, CD）的函数形式,这也是大多数估计企业全要素生产率的最常用的函数形式,虽然还包括较为灵活的超越对数生产函数（Trans-log）,但在估计过程中难以提供更多有用的信息,且不如柯布-道格拉斯生产函数简便。柯布道格拉斯函数假设如下:

$$Y_{it} = A_{it}L_{it}^{\alpha}K_{it}^{\beta}M_{it}^{\delta} \tag{4-1}$$

其中, Y_{it} 为企业的产出, L_{it} 为企业的劳动力投入, K_{it} 为企业的资本投入, M_{it} 为企业的中间品投入, A_{it} 为企业的生产率水平,反映的是企业投入劳动力、资本及中间品的产出效率。对模型（4-1）对数化后转换为:

$$y_{it} = \alpha l_{it} + \beta k_{it} + \delta m_{it} + \mu_{it} \tag{4-2}$$

在模型（4-2）中, y_{it} 、 l_{it} 、 k_{it} 、 μ_{it} 分别为产出、劳动力、资本和中间品的对数形式,误差 μ_{it} 包括企业的生产率水平 ω_{it} 和随机误差项 ε_{it} 。早期对生产率的估计大多采用普通最小二乘法和固定效应方法,但这两种估计方法由于生产率与投入变量高度相关而会导致企业生产率估计结果的偏误。从 20 世纪 90 年代末期开始,有学者提出采用动态面板数据模型（系统广义矩估计）来解决企业生产函数估计过程中的内生性问题,即利用被解释变量的滞后值作为工具变量,其内在假定是与企业当期的技术冲击无关。但这一方法与固定效应法一样,仍难以完全克服一些长期性因素的影响,且在实际操作过程中,系统广义矩估计估计需要一个较长跨度的面板数据,有可能会损失大量的信息和存在弱工具变量问题,在实际运用过程中受到一些限制（鲁晓东和连玉君,2012[④]）,难以准确地识

① Olley G. S., A. Pakes, "The Dynamics of Productivity in the Telecommunications Equipment Industry", *Econometrica*, Vol.64, No.6, 1996, pp.1263-1297.

② Levinsohn J., A.Petrin, "Estimating Production Functions Using Inputs to Control for Unobservables", *The Review of Economic Studies*, Vol.70, No.2, 2003, pp.317-341.

③ Ackerberg D. A., K. Caves, G. Frazer, "Identification Properties of Recent Production Function Estimators", *Econometrica*, Vol.83, No.6, 2015, 2411-2451.

④ 鲁晓东、连玉君:《中国工业企业全要素生产率估计:1999—2007》,《经济学（季刊）》2012年第 11 期。

别出企业的生产函数方程。

此外,在企业生产函数的估计中,还可能会使用非平衡面板数据,即某些企业样本缺失,而且缺失的样本通常是由于一些非随机性因素导致企业退出市场,那么企业会面临一个生存概率。奥利和帕克斯[1]提出了一种半参数的结构模型来解决样本选择问题,利用企业的投资变量作为全要素生产率的代理变量和一个低阶多项式来识别生产函数方程,奥利和帕克斯方法既能够控制估计过程中的内生性问题,同时也能够解决样本的选择性问题,是当前最为常用的半参数估计方法。但莱文森和彼得林[2]指出,奥利和帕克斯方法过度依赖于企业投资为正和投资与生产率正单调性的假设,有可能会导致奥利和帕克斯方法估计的结果存在非一致性偏差。在实际操作过程中,这一较强的假设通常难以满足,大量企业的投资为零,导致在估计过程中会损失大量的企业样本(Ackerberg 等,2007[3])。莱文森和彼得林[4]提出的结构模型是用企业的中间投入作为生产率的代理变量,由于企业在生产投资过程中需要利用中间品,且企业在面临外部需求或技术冲击时也较易于调整中间品,相对企业的沉没投资而言,中间品投入对生产率的冲击反应更加灵敏。莱文森和彼得林方法与奥利和帕克斯方法一样,在生产函数的估计中都包括两个阶段。但阿克伯格等[5]指出,奥利和帕克斯方法、莱文森和彼得林估计方法的第一阶段存在着共线性问题,导致无法精确估计劳动投入变量系数(β_l)。相较于奥利和帕克斯法、莱文森和彼得林法,阿克伯格法在第一阶段估计中,仅仅是分开残差项与生产率,并不估计投入变量的系数,所有的投入变量的系数均在第二阶段进行估计,同时将劳动引入到中间投入需求函数中,放松了投入变量充分调整的假设。因而阿克伯格法能够较好地解

① Olley G. S., A. Pakes, "The Dynamics of Productivity in the Telecommunications Equipment Industry", *Econometrica*, Vol.64, No.6, 1996, pp.1263−1297.

② Levinsohn J., A.Petrin, "Estimating Production Functions Using Inputs to Control for Unobservables", *The Review of Economic Studies*, Vol.70, No.2, 2003, pp.317−341.

③ Ackerberg D., C. L. Benkard, S. Berry, et al., *Econometric Tools for Analyzing Market Outcomes*, Handbook of Econometrics, Amsterdam and Boston: Elsevier, North−Holland, 2007, pp.4171−4276.

④ Levinsohn J., A.Petrin, "Estimating Production Functions Using Inputs to Control for Unobservables", *The Review of Economic Studies*, Vol.70, No.2, 2003, pp.317−341.

⑤ Ackerberg D. A., K. Caves, G. Frazer, "Identification Properties of Recent Production Function Estimators", *Econometrica*, Vol.83, No.6, 2015, pp.2411−2451.

决内生性问题和共线性问题(Ackerberg 等,2015①)。并且采用企业的增加值作为被解释变量估计生产函数方程时,可以忽略中间投入品及原材料,而仅需识别出劳动投入的系数即可(Olley 和 Pakes,1996②;Petrin 等,2012③)。并且阿克伯格法是一种较为接近指数法的结构模型估计方法,即便企业的生产技术具有异质性,也能够得到生产率的一致精确估计。此外,有些学者指出,企业生产率还会受到研发活动、出口于中学等因素的影响(De Loecker,2013④;Brandt等,2017⑤)。奥利和帕克斯、莱文森和彼得林和阿克伯格都属于半参数的结构模型估计法,这些半参数估计方法主要是利用企业层面可以观测到的企业投入变量(投资或中间投入)作为全要素生产率的代理变量。而对以上半参数结构模型估计方法,伍德里奇(Wooldridge,2009)⑥认为生产函数的估计方法的第一、第二阶段都应该同时进行以提高效率。考虑到在样本期间内,缺乏企业的产品价格信息,那么需要对企业无法观测的异质性是单一维度进行假设以得到生产函数的一致性估计(Ackerberg 等,2007⑦),在此假设条件下,控制函数则能够吸收企业不可观测的生产率异质性带来的影响,还能控制投入与产品价格之间的内生性问题(De Loecker 等,2016⑧)。在本章中,我们分别采用奥利和帕克斯、莱文森和彼得林、阿克伯格三种方法来估计企业的生产率,图4-1 绘制了按企业所有制区分的阿克伯格法计算的全要素生产率年份趋势。

① Ackerberg D. A. , K. Caves, G. Frazer, "Identification Properties of Recent Production Function Estimators", *Econometrica*, Vol.83, No.6, 2015, pp.2411-2451.

② Olley G. S. , A. Pakes, "The Dynamics of Productivity in the Telecommunications Equipment Industry", *Econometrica*, Vol.64, No.6, 1996, pp.1263-1297.

③ Petrin A. , J.Levinsohn, "Measuring Aggregate Productivity Growth Using Plant - Level Data", *The Rand Journal of Economics*, Vol.43, No.4, 2012, pp.705-725.

④ De Loecker J. , "Detecting Learning By Exporting", *American Economic Journal:Microeconomics*, Vol.5, No.3, 2013, pp.1-21.

⑤ Brandt L. , J. Van Biesebroeck, L. Wang, et al. , "WTO Accession and Performance of Chinese Manufacturing Firms", *American Economic Review*, Vol.107, No.9, 2017, pp.2784-2820.

⑥ Wooldridge J.M. , "On Estimating Firm-Level Production Functions Using Proxy Variables to Control for Unobservables", *Economics Letters*, Vol.104, No.3, 2009, pp.112-114.

⑦ Ackerberg D. , C.L.Benkard, S.Berry, et al. , *Econometric Tools for Analyzing Market Outcomes*, Handbook of Econometrics, Amsterdam and Boston:Elsevier, North-Holland, 2007, pp.4171-4276.

⑧ De Loecker J. , P.K.Goldberg, A.K.Khandelwal, et al. , "Prices, Markups, and Trade Reform", *Econometrica*, Vol.84, No.2, 2016, pp.445-510.

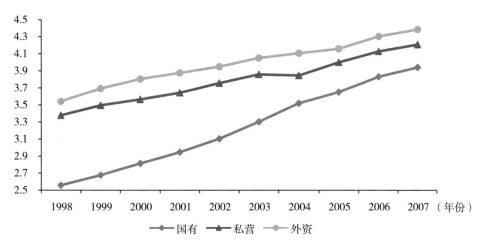

**图 4-1 1998—2007 年企业阿克伯格法计算的全要素生产率
与所有制差异年度趋势**

图 4-1 描绘了不同所有制类型的企业全要素生产率增长趋势,企业全要素生产率是未加权的平均值,图 4-2 为不同所有制企业的全要素生产率核密度图。从图 4-1 和图 4-2 的结果可以得到以下结论。首先,外资企业的全要素生产率要显著地高于私营企业和国有企业,而私营企业也稍高于国有企业,这与杨汝岱(2015)①用奥利和帕克斯方法估算的全要素生产率较为类似,外资企业的全要素生产率最高,其次是私营企业,最低的是国有企业,但内资企业的生产率正在向外资企业趋同,生产率上的差距正在逐年缩小。从核密度图也可以进一步地看出,外资企业的生产率波峰在右侧,私营企业居中,而国有企业则位于左侧,也进一步地证实外资企业的生产率要高于内资企业。其次,国有企业的生产率增长最快,这与国有企业的改革、公司治理改善和行政放权有关;另外,"抓大放小"的国有企业改革也使大量的低效率国有企业退出,而保留了高效率的规模更大的国有企业,即存在选择效应。最后,外资企业的生产率要高于内资企业,如果资源能够从低效率的国有企业向私营企业或外资企业进行再配置,则会提高行业整体的生产率水平。

---

① 杨汝岱:《中国制造业企业全要素生产率研究》,《经济研究》2015 年第 2 期。

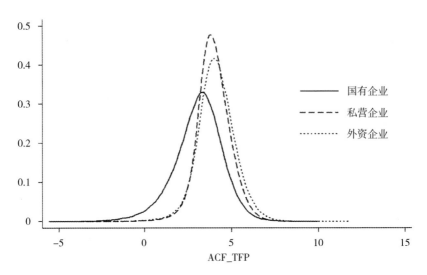

图4-2 企业阿克伯格法计算的全要素生产率的核密度

为考察外资并购对企业成本加成的影响,本章借鉴德洛克和瓦尔津斯基(De Loecker 和 Warzynski,2012)[①]的估计方法估算出企业的成本加成:

$$\mu_{it} = \left(\frac{P^Q}{MC}\right)_{it} = \left(\frac{P_{it}Q_{it}}{P_{it}^m M_{it}}\right) \frac{\partial Q_{it}(\cdot)}{\partial M_{it}} \frac{M_{it}}{Q_{it}} = \frac{\beta_m}{S_{it}^m} \qquad (4-3)$$

根据式(4-3)可以计算出每个企业的成本加成,即为可变投入要素的产出弹性 β_m 与该要素相应的支出份额 S_{it}^m 之比,采用德洛克和瓦尔津斯基方法估算企业层面的成本加成最大的优点在于不过度依赖于需求函数的设定。其中,P_{it} 为企业的产品价格,Q_{it} 为企业的总产出,P_{it}^m 为中间投入品的价格,M_{it} 为中间品投入,β_m 为中间投入的产出弹性,S_{it}^m 为中间投入的支出份额。鉴于中间投入品的调整相对资本与劳动的调整更加灵活,且任何一家企业都有中间品投入,为避免测量上的误差,本章采用中间品作为企业的可变要素投入来衡量企业的成本加成。

同时考虑到对企业的生产率和成本加成的影响,可以分析两者之间的协同变化(Brandt 等,2017[②]),其本身的水平值并无多大意义,而是考察生产率与成

---

① De Loecker J., F. Warzynski, "Markups and Firm-Level Export Status", *American Economic Review*, Vol.102, No.6, 2012, pp.2437-2471.

② Brandt L., J. Van Biesebroeck, L. Wang, et al., "WTO Accession and Performance of Chinese Manufacturing Firms", *American Economic Review*, Vol.107, No.9, 2017, pp.2784-2820.

本加成在被外资并购后的增量。在考察外资并购对企业生产率与成本加成的影响时,仍存在一些因素会影响到推断结果:一是行业最终品的价格指数能够正确反映样本中所有最终产品的平均价格。二是中间品价格指数能够反映出行业内企业所面临的要素价格,那么基于勃兰特等(Brandt 等,2012)[1]计算出来的中间品投入价格指数仅在行业的平均层面上有意义。三是投入要素如果在短期内不可调整,而产量的波动会直接影响边际成本,也会影响生产率与成本加成之间的差异。借鉴德洛克和瓦尔津斯基方法估计的企业成本加成,与勃兰特等(Brandt 等,2017)[2]对中国工业企业的成本加成估算结果较为一致,均值为 1.26。

　　图 4-3 为不同所有制企业的成本加成核密度,从图 4-3 可以看出,外资企业的成本加成高于私营企业和国有企业。

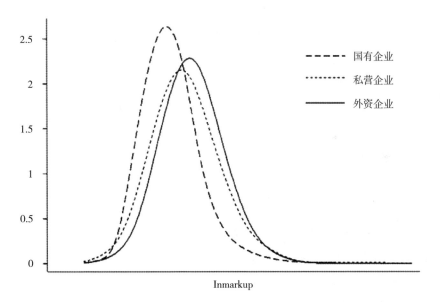

图 4-3　企业成本加成的核密度

　　① Brandt L., J. Van Biesebroeck, Y. Zhang, "Creative Accounting or Creative Destruction? Firm-Level Productivity Growth in Chinese Manufacturing", *Journal of Development Economics*, Vol.97, No.2, 2012, pp.339-351.

　　② Brandt L., J. Van Biesebroeck, L. Wang, et al., "WTO Accession and Performance of Chinese Manufacturing Firms", *American Economic Review*, Vol.107, No.9, 2017, pp.2784-2820.

二、 实证计量方法

本章是为了检验外资入境并购与目标企业生产率和成本加成之间的因果关系,如果简单对比并购行为发生前后企业绩效的变化,则会受到外部短期趋势波动及内生性问题的影响。我们可以将外资并购行为看作一项自然实验,采用双重差分法来准确估计外资并购带来的效应,以克服可能存在的内生性问题。但采用双重差分估计面临着两大挑战:一是对照组样本的选择问题,现有较多文献直接将没有参与并购活动的国内企业视为对照组(Guadalupe 等,2012[①];盛丹,2013[②]),但这种方法的缺陷是无法区分目标企业绩效的变化是由国内并购还是外资并购引起的。我们借鉴陈[③]、王健和王潇[④]的做法,分别将民营化的企业和未参与并购活动的私营企业分别作为对照组进行比较分析。二是样本选择偏差问题,外资企业倾向于收购那些行业内生产率最高的企业。为此,我们将采用倾向得分匹配法从对照组样本(私营企业或民营化企业)为处理组找到适宜的对照组企业样本,并使处理组企业与对照组企业在外资并购行为发生之前的特征是相似的。基于可忽略性假设,两者可能被外资企业收购的概率相近,具有可比性。采用倾向得分匹配方法可以满足双重差分估计的平行趋势的前提假设,进而可以准确地评估外资并购与目标企业生产率和成本加成之间的因果关系。

按以上思路,我们将研究样本区分为处理组(被外资并购企业)和对照组(私营企业或民营化企业)。记 $dcma_{i,t} = 1$ 表示 t 时期被外资收购的处理组企业样本,$dcma_{i,t} = 0$ 为 t 时期对照组企业样本,$dt_{i,t} = 1$ 为外资并购行为发生当年及以后年份,$y_{i,t+u}^1$ 为外资收购的目标企业在 μ ($\mu > 0$)时期的生产率与成本加成。Z 为影响外资并购的匹配变量,倾向得分 $p(Z) = \Pr(dcma = 1 \mid Z)$,$p* = \Pr(dcma = 1)$ 为企业被收购的概率。

外资并购的平均处理效应可表述为:

---

① Guadalupe M. , O.Kuzmina, C.Thomas, "Innovation and Foreign Ownership", *American Economic Review* , Vol.102 , No.7 , 2012 , pp.3594-3627.

② 盛丹:《外资进入是否提高了劳动者的讨价还价能力》,《世界经济》2013 年第 10 期。

③ Chen W. , "The Effect of Investor Origin on Firm Performance: Domestic and Foreign Direct Investment in the United States" , *Journal of International Economics* , Vol.83 , No.2 , 2011 , pp.219-228.

④ Wang J. , X.Wang, "Benefits of Foreign Ownership: Evidence from Foreign Direct Investment in China" , *Journal of International Economics* , Vol.97 , No.2 , 2015 , pp.325-338.

$$ATT = E\left[y_{i,t+u}^1 - y_{i,t+u}^0 \,|\, dcma = 1 \right]$$

$$= E\left\{ E\left[y_{i,t+u}^1 \,|\, Z, dcma = 1 \right] - E\left[y_{i,t+u}^0 \,|\, Z, dcma = 0 \right] \,|\, dcma = 1 \right\}$$

$$(4-4)$$

如果外资并购的目标企业与对照组企业的生产率、成本加成在外资并购后存在系统性的差异,说明外资并购导致了目标企业绩效的变化。在满足独立性假设和共同支持条件下,能够保证处理组企业样本能够通过倾向得分匹配到与其相似的对照组样本。构建的双重差分估计模型为:

$$\beta_{DID} = E\left[y_{i,t+u}^1 - y_{i,t-1}^0 \,|\, Z_{t-1}, dcma_t = 1 \right] - E\left[y_{i,t+u}^0 - y_{i,t-1}^0 \,|\, Z_{t-1}, dcma_t = 0 \right]$$

$$(4-5)$$

通过逻辑单位模型估计得到外资并购的倾向得分,并依此我们采用近邻匹配法为外资并购目标企业样本匹配到合适的对照组企业。正如前文所提及的,外资并购国有和集体企业与外资并购私营企业仍有可能存在一些差异,如私营企业的委托代理问题在国有和集体企业较为明显而在私营企业却较少。不同于王健和王潇[①]选取的以内资企业间的并购作为对照组,本章将外资并购私营企业的对照组选择为私营企业,而外资并购国有企业和集体企业的对照组选择为民营化企业。根据不同的对照组进行匹配后,本章还进行了匹配平衡性条件和霍特林(Hotelling)检验,结果报告见表4-1。从T检验的结果来看,外资并购的目标企业与对照组企业在劳动生产率、实际工资、年龄、企业规模、资本密集度、出口行为、负债率、利润率及流动比率上没有显著性的差异,两组样本的 T 统计量都较小且不显著,说明本章采用近邻匹配法得到了较好的效果,同时也表明本章匹配到的对照组企业能够控制样本的自选择效应。

表 4-1 倾向得分匹配样本的平衡性条件检验

变量	外资并购私营企业				外资并购国有企业和集体企业			
	处理组	对照组	均值差	T 统计量	处理组	对照组	均值差	T 统计量
劳动生产率	5.323	5.35	0.028	1.0557	5.08	5.091	0.011	0.2462
实际工资	2.441	2.426	-0.015	-1.0127	2.215	2.216	0.001	0.0188
年龄	7.667	7.539	-0.128	-0.5135	12.995	12.875	-0.121	-0.2126

① Wang J., X.Wang, "Benefits of Foreign Ownership: Evidence from Foreign Direct Investment in China", *Journal of International Economics*, Vol.97, No.2, 2015, pp.325-338.

续表

变量	外资并购私营企业				外资并购国有企业和集体企业			
	处理组	对照组	均值差	T 统计量	处理组	对照组	均值差	T 统计量
企业规模	5.175	5.136	-0.04	-1.3364	5.435	5.431	-0.004	-0.0695
资本密集度	3.554	3.568	0.014	0.4	3.766	3.716	-0.049	-0.9038
出口行为	0.487	0.494	0.007	0.4744	0.448	0.46	0.012	0.543
负债率	0.587	0.581	-0.006	-0.8105	0.612	0.61	-0.002	-0.1458
利润率	0.044	0.043	-0.001	-0.3618	0.026	0.026	-0.001	-0.1045
流动比率	0.062	0.062	0.001	0.1065	0.046	0.041	-0.004	-0.3292
霍特林检验	T 平方	6.73	F 统计量	0.7466	T 平方	2.63	F 统计量	0.2914

在近邻匹配法的基础上,运用核估计法绘制了外资并购目标企业与对照组企业的倾向匹配得分的核密度(见图 4-4A),以及两组样本全要素生产率与成本加成在并购投资前后的趋势变化(见图 4-4B)。发现两组样本的倾向匹配得分核密度图基本一致,并无显著性的差异。此外,从处理组与对照组样本的趋势图来看,在并购投资前两组样本的全要素生产率与成本加成也无显著性的差异,再次验证了近邻匹配法得到了较好的效果。

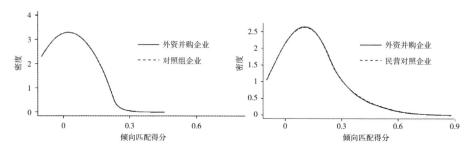

图 4-4A　外资并购目标企业与对照组企业的倾向匹配得分核密度

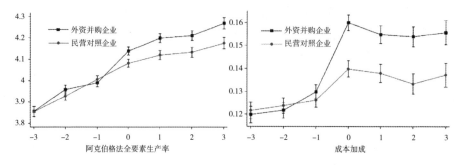

图 4-4B　外资并购目标企业与对照组企业的全要素生产率、成本加成趋势

第三节　外资并购与目标企业绩效

一、　普通最小二乘法的估计结果

在利用倾向得分匹配与双重差分方法进行检验外资并购与目标企业产出绩效之前,本部分首先采用普通最小二乘法对以下模型进行初步检验:

$$y_{it+s} = \beta fma_{it} + \varphi_j + \nu_t + \zeta_k + \mu_{sit} \tag{4-6}$$

其中,i、j、k、t 分别代表企业、省份、行业与年份,φ_j、ζ_k 与 ν_t 为省份固定效应、行业固定效应和年份固定效应,μ_{sit} 为误差项;s 为并购投资样本的滞后期数,用于考察外资并购后带来的滞后效应。y_{it+s} 为本章所关注的企业绩效变量,包括采用阿克伯格方法估计的全要素生产率(ACF_TFP)、莱文森和彼得林法估计的全要素生产率(LP_TFP)以及奥利和帕克斯法估计的全要素生产率(OP_TFP)、企业总产出、成本加成、产能利用率、规模、工资以及企业的融资条件等变量。

表 4-2 报告的是采用普通最小二乘方法对式(4-6)进行估计的结果,列(1)—列(4)为外资并购私营企业样本的估计结果,列(5)—列(8)为外资并购国有企业和集体企业样本的估计结果。企业的产出绩效采用企业的总产出对数值、全要素生产率(阿克伯格、奥利和帕克斯、莱文森和彼得林三种方法估算)、劳动生产率、产能利用率和成本加成等。从表 4-2 报告的结果来看,总产出、生产率与成本加成指标均在 1% 的统计水平上显著为正,表明私营企业被外资并购后,其产出与生产效率得到了显著提升,且在并购投资后 1 年、滞后 2 年和滞后 3 年,系数依然显著为正,表明外资并购能够带来持续性促进作用,这与贾沃尔奇克和波尔赫克(Javorcik 和 Poelhekke,2017)[①]结果较为一致,说明在成为跨国公司的子公司后,跨国公司带来的所有权优势是具有可持续性的。成本加成也在外资并购后得到了显著性的提升,说明成为外资企业有可能会通过提升生产率带来生产成本的下降或产品议价能力的提高,使其

---

① Javorcik B., S. Poelhekke, "Former Foreign Affiliates: Cast Out and Outperformed?", *Journal of the European Economic Association*, Vol.15, No.3, 2017, pp.501-539.

成本加成在外资收购后有所上升,但是否带来消费者福利效应的损失仍需进一步检验。

表4-2 普通最小二乘法初步估计结果

变量	外资并购私营企业				外资并购国有企业和集体企业			
	（1）	（2）	（3）	（4）	（5）	（6）	（7）	（8）
	平均效应	滞后一期	滞后二期	滞后三期	平均效应	滞后一期	滞后二期	滞后三期
总产出	0.734 *** (0.0111)	0.768 *** (0.0229)	0.741 *** (0.026)	0.741 *** (0.026)	0.462 *** (0.0164)	0.481 *** (0.0368)	0.480 *** (0.0394)	0.485 *** (0.0437)
ACF_TFP	0.184 *** (0.0093)	0.207 *** (0.0193)	0.174 *** (0.0219)	0.174 *** (0.0219)	0.110 *** (0.0128)	0.115 *** (0.0288)	0.128 *** (0.0308)	0.0625 * (0.0342)
OP_TFP	0.148 *** (0.0083)	0.171 *** (0.0171)	0.145 *** (0.0194)	0.145 *** (0.0194)	0.139 *** (0.0117)	0.169 *** (0.0261)	0.154 *** (0.0279)	0.0999 *** (0.031)
LP_TFP	0.259 *** (0.0047)	0.272 *** (0.0098)	0.259 *** (0.0111)	0.259 *** (0.0111)	0.174 *** (0.0068)	0.181 *** (0.0152)	0.176 *** (0.0162)	0.177 *** (0.018)
劳动生产率	0.0744 *** (0.0101)	0.108 *** (0.0209)	0.0695 *** (0.0237)	0.0695 *** (0.0237)	0.125 *** (0.0136)	0.137 *** (0.0304)	0.160 *** (0.0325)	0.0934 *** (0.0361)
产能利用率	0.0172 *** (0.0011)	0.0204 *** (0.0023)	0.0184 *** (0.0026)	0.0184 *** (0.0026)	0.0126 *** (0.0017)	0.0163 *** (0.0038)	0.0141 *** (0.0041)	0.00903 ** (0.0045)
成本加成	0.0166 *** (0.0010)	0.0162 *** (0.0021)	0.0144 *** (0.0024)	0.0144 *** (0.0027)	0.0219 *** (0.0015)	0.0211 *** (0.0034)	0.0197 *** (0.0037)	0.0218 *** (0.0041)
企业规模	0.691 *** (0.0099)	0.694 *** (0.0205)	0.703 *** (0.0233)	0.703 *** (0.0233)	0.351 *** (0.0145)	0.342 *** (0.0325)	0.348 *** (0.0348)	0.400 *** (0.0386)
工资	0.133 *** (0.0046)	0.139 *** (0.0095)	0.129 *** (0.0108)	0.129 *** (0.0108)	0.109 *** (0.0064)	0.119 *** (0.0144)	0.119 *** (0.0154)	0.107 *** (0.0171)
国内销售比率	-0.193 *** (0.003)	-0.174 *** (0.0062)	-0.188 *** (0.0071)	-0.188 *** (0.0071)	-0.171 *** (0.0033)	-0.165 *** (0.0074)	-0.174 *** (0.0079)	-0.185 *** (0.0087)
流动比率	0.0470 *** (0.0032)	0.0545 *** (0.0067)	0.0510 *** (0.0076)	0.0510 *** (0.0076)	0.0196 *** (0.0059)	0.00825 (0.0125)	-0.00157 (0.0134)	0.0292 ** (0.0143)
负债率	-0.0329 *** (0.003)	-0.0408 *** (0.0061)	-0.0367 *** (0.007)	-0.0367 *** (0.007)	-0.0259 *** (0.0059)	-0.0159 (0.0124)	-0.00628 (0.0133)	-0.0430 *** (0.0143)

续表

变量	外资并购私营企业				外资并购国有企业和集体企业			
	(1)	(2)	(3)	(4)	(5)	(6)	(7)	(8)
	平均效应	滞后一期	滞后二期	滞后三期	平均效应	滞后一期	滞后二期	滞后三期
固定效应	是	是	是	是	是	是	是	是
样本量	435044—529796				208864—213537			

注:括号内为标准误差,*、**和***分别表示10%、5%和1%的显著性水平。采用的估计方法为普通最小二乘回归,二位行业固定效应、年份固定效应、省份固定效应均没有报告,以上结果均未报告估计结果的常数项及 R^2 和 F 统计量等。列(1)—列(4)中为控制行业、省份与年份固定效应时,外资并购私营企业样本的估计结果,样本量为 529004—536330;列(5)—列(8)控制行业、省份与年份固定效应后,外资并购国有企业和集体企业样本的估计结果,样本量为 208864—213537。

产能利用率可以将其认为是一个衡量生产管理能力的指标,即通过对企业资源的更有效利用来实现生产效能的转变。本章中,产能利用率指标的系数为正,且在1%的统计水平上显著,表明企业的所有权更替后,通过改变企业的公司治理结构和资产管理使资产能够得到更好的利用,进而提高企业的生产率水平(Braguinsky 等,2015)[1]。

企业的就业人员规模和平均工资水平两个变量的系数均为正,在1%的统计水平上显著,说明外资并购后,并没有大量解雇企业的员工,反而会继续招聘并支付更高的工资水平,说明外资企业更加注重于人力资本方面的投资。在融资条件方面,发现企业的债务率或杠杆率指标为负,且在1%的统计水平上显著;流动比率指标则是在1%的统计水平上显著为正,说明企业被外资收购后,其融资条件得到了改善,流动比率和债务都能够显著地下降,这一结论与王健和王潇[2]的结论较为一致,即外资身份改善了企业的融资条件与财务状况。

---

[1] Braguinsky S., A. Ohyama, T. Okazaki, et al., "Acquisitions, Productivity, and Profitability: Evidence from the Japanese Cotton Spinning Industry", *American Economic Review*, Vol.105, No.7, 2015, pp.2086-2119.

[2] Wang J., X. Wang, "Benefits of Foreign Ownership: Evidence from Foreign Direct Investment in China", *Journal of International Economics*, Vol.97, No.2, 2015, pp.325-338.

二、 外资并购私营企业估计结果

根据前文的分析,外资并购可能通过多种渠道影响目标企业的生产率和成本加成,且在初步的估计结果(见表4-2)也证实了外资并购能够提高目标企业的产出绩效。本节运用倾向得分匹配和双重差分法识别其中的因果关系,通过企业的实收资本与登记注册类型识别外资并购投资行为,同时采用阿克伯格法来估计企业的生产函数以得到企业层面的生产率水平以及成本加成。在企业绩效上,本章同时考察了外资并购对企业生产率和成本加成的影响,通过比较分析外资并购带来的福利效应。首先,外资并购通过促进先进生产技术的转移来提高目标企业的生产效率,降低企业的生产成本。其次,外资并购实现了资源的重新配置,配置效率的提高也能够降低企业的生产成本。最后,外资并购后,通过使用更高质量和更多种类的中间品等来实现产品质量的提升,外资企业在产品上会索要更高的价格(Stiebale和Vencappa,2018①)。外资并购的福利效应取决于三者的权衡,如果成本节约效应大于价格效应,即成本加成在外资并购后不变或有所下降,外资并购能够提升消费者福利效应,即生产成本的降低能够向消费者进行转移。如果成本节约效应小于价格效应,成本加成将上升,外资并购的福利效应为负,即存在消费者福利效应损失。为控制某些在样本期间内未变化的因素影响,我们在估计时控制了行业固定效应、年份固定效应和省份固定效应。此外,还引入了行业固定效应与年份固定效应的交互项以及省份固定效应与年份固定效应交互项。考察外资并购对目标企业的生产率与成本加成的回归结果见表4-3。

---

① Stiebale J., D.Vencappa, "Acquisitions, Markups, Efficiency, and Product Quality:Evidence from India", *Journal of International Economics*, Vol.112, 2018, pp.70-87.

表4-3　外资并购私营企业对其要素全要素生产率、成本加成

变量	TFP						成本加成					
	(1)	(2)	(3)	(4)	(5)	(6)	(7)	(8)	(9)	(10)	(11)	(12)
dd	0.0901*** (0.0199)	0.0869*** (0.0188)	0.0842*** (0.019)	0.0615*** (0.016)	0.0547*** (0.016)	0.0504*** (0.019)	0.0200*** (0.003)	0.0181*** (0.002)	0.0190*** (0.002)	0.0201*** (0.002)	0.0205*** (0.002)	0.0196*** (0.002)
dma	-0.0186 (0.0138)	-0.0110 (0.0131)	-0.00856 (0.0130)	0.2003 (1.107)	0.2357 (1.107)	-0.00961 (0.0129)	-0.0016 (0.002)	0.0010 (0.001)	0.0010 (0.001)	-1.302 (1.106)	1.701 (1.406)	0.0007 (0.001)
dt	0.235*** (0.0144)	-0.0331** (0.0152)	-0.0388** (0.0153)			-0.0229 (0.0150)	0.0212*** (0.002)	-0.0000 (0.002)	0.0009 (0.001)			-0.0002 (0.002)
年龄					-0.0011 (-0.0001)	-0.0073*** (0.0005)					-0.0001 (0.000)	0.0003*** (0.000)
企业规模					0.0710*** (0.009)	0.0754*** (0.0049)					0.0042*** (0.001)	0.0066*** (0.001)
出口行为					0.0797*** (0.013)	0.0053** (0.0024)					0.0080*** (0.001)	0.0137*** (0.001)
资本密集度					0.0998*** (0.007)	0.0314*** (0.0043)					0.0045*** (0.001)	0.0001 (0.001)
资产负债率					-0.0312** (0.014)	-0.0821*** (0.0146)					-0.0063*** (0.001)	-0.0045** (0.002)
流动比率					0.0059*** (0.002)	0.0135*** (0.0018)					0.0003* (0.000)	0.0002 (0.000)

续表

变量	(1)	(2)	(3)	(4)	(5)	(6)	(7)	(8)	(9)	(10)	(11)	(12)
	TFP						成本加成					
专利					0.0928*** (0.019)	0.400*** (0.0194)					0.0010 (0.002)	0.0265*** (0.002)
企业固定效应	否			是	是					是	是	
行业固定效应	否	是		是	是	是	否	是		是	是	是
年份固定效应	否	是		是	是	是	否	是		是	是	是
省份固定效应	否	是				是	否	是				是
行业与年份			是						是			
省份与年份			是						是			
N	33170	33170	33170	33146	33146	33170	33069	33069	33059	32811	32811	33069
R^2	0.024	0.137	0.161	0.617	0.621	0.165	0.012	0.616	0.760	0.841	0.841	0.620
F	276.5	77.54	10.66	6	31	87.25	132	67	121	55	25	57

注：在本章中，通过登记注册类型和实收资本识别出外资收资本识别出外资并购型私营企业样本为2648个，即外资参股或控股了2648家私营企业。采用倾向得分匹配得到的在共同取值范围内的有2630个样本，占比99.3%；通过倾向得分匹配法匹配到对照组样本为2591个。括号内为标准差，*、**和***分别表示10%、5%和1%的显著性水平。主要采用的估计方法为普通最小二乘回归，故解释变量分别为衡量企业绩效的生产率和成本加成，二位行业固定效应，年份固定效应，省份固定效应与年份固定效应交互项，行业固定效应与年份固定效应交互项，省份固定效应与年份固定效应交互项没有报告。

　　表4-3报告了外资并购对企业全要素生产率与成本加成的估计结果,运用最近邻倾向匹配得分法为2630家处理组企业匹配到2591家对照组企业样本,构建的非平衡面板数据库的总样本量为33170个。列(1)—列(6)为外资并购对生产率估计结果,列(7)—列(12)为外资并购对成本加成的估计结果。以企业全要素生产率作为被解释变量,交互项(dd)系数为0.09,在1%的统计水平上显著为正,表明私营企业被外资收购后,相对对照组私营企业,其全要素生产率得到了显著提升;在控制企业、行业、年份与省份固定效应以及企业的特征变量后,交互项(dd)仍显著为正,外资并购企业相对于所有权未变化的企业生产率提升了5%—9%,说明在样本期间内,平均而言外资并购对全要素生产率增长的贡献达到了19%—33%。列(7)—列(12)考察的是外资并购对目标企业成本加成的影响,结果显示企业成本加成的交互项(dd)系数为0.02,在1%的统计水平上显著为正,表明被外资收购的私营企业,相对于对照组私营企业,成本加成显著提高;在控制企业、行业、年份与省份固定效应以及企业的特征变量后,成本加成的交互项(dd)系数符号未发生变化,在1%的统计水平上显著。但对外资并购是否会带来正向的福利效应仍取决于外资并购带来的生产率效应与反竞争效应之间的权衡。正如布洛尼根和皮尔斯(Blonigen 和 Pierce,2016)[1]、勃兰特等[2]所强调的,本章主要关注外资并购对成本加成的变化特征而非其水平值。从外资并购对企业的生产率和成本加成变化的影响来看,外资并购会提高目标企业的生产率水平和成本加成,说明外资并购会显著地提高目标企业的生产效率进而降低其生产成本。如果企业生产效率的提升带来的成本下降并未完全转移至消费者,即便企业没有降低其产品的出厂价格,边际生产成本的下降也会使成本加成上升。另外,也有可能是外资收购了国内这一行业内生产率最高的企业,正如前文验证的外资并购的选择效应,收购了较高生产率的企业可以影响行业内的市场结构,进而有可能对企业的市场定价行为产生影响,制定更高的出厂品价格,进而导致成本加成上升。从生产率和成本加成的估计系数来看,生产率的增长效应要稍微高于成本加成的增长效应,说明外资并购促使企业生产效率提升带来的成本下降可能要大于其产品提价,从这一结果来看,外资并购的企业能够带来福利效应。

　　表4-3还引入了企业的特征变量并报告了控制变量的估计结果,发现年龄对企

---

　　① Blonigen B. A., J. R. Pierce, "Evidence for the Effects of Mergers on Market Power and Efficiency", *NBER Working Papers*, No.w22750, 2016.

　　② Brandt L., J. Van Biesebroeck, L. Wang, et al., "WTO Accession and Performance of Chinese Manufacturing Firms", *American Economic Review*, Vol.107, No.9, 2017, pp.2784-2820.

业的绩效影响始终为负,即年龄越大的企业,其生产率水平和成本加成都更低,原因在于年龄较大的企业往往在技术创新方面缺乏优势,还有可能存在人浮于事和老资格倾向于过"平静生活"的状况(Bertrand 和 Mullainathan,2003①),导致其绩效低下。企业规模的系数始终为正,且在 1% 的统计水平上显著,说明规模越大的企业其生产率水平越高,大规模企业会进行更多的创新以及员工之间的技术理念等交流都能够提高生产率水平(Jones 和 Romer,2010②;王永进等,2017③)。出口企业的生产率和成本加成相对更高,这与现有的研究结论一致(De Loecker 等,2016④)。资本密集度变量的系数显著为正,即资本密集度越高的企业其绩效也更高,主要是外资企业也更倾向于扩张其资本性的支出投资。企业的负债率系数在 1% 的统计水平上显著为负,说明负债率越高的企业其绩效增长越慢。流动比率的系数显著为正,流动比率越高的企业其产出绩效也增长越快,企业负债率较低和流动比率越高,说明企业的资金周转较为灵活,易于变现资产也有利于提高企业的产出。企业的专利申请系数在 1% 的统计水平上始终为正,说明创新型企业的产出绩效要高于非创新型企业,支持了熊彼特增长理论和现有的实证研究结论(Grossman 和 Helpman,1991⑤;刘啟仁和黄建忠,2015⑥)。

三、 外资并购国有企业和集体企业的估计结果

20 世纪 90 年代末期,中国进行了大规模的国有和集体企业的私有化改革,各级政府在招商引资的政绩考核下,都积极地引进外资企业参与当地国有和集体企业的改制。与王健和王潇⑦不同的是,本章以国有企业和集体企业为对照组,考察外资私有化对目标企业绩效的影响,估计结果见表4-4。

---

① Bertrand M., S. Mullainathan,"Enjoying the Quiet Life? Corporate Governance and Managerial Preferences",*Journal of Political Economy*,Vol.111,No.5,2003,pp.1043−1075.

② Jones C.I., P.M. Romer,"The New Kaldor Facts:Ideas, Institutions, Population, and Human Capital",*American Economic Journal:Macroeconomics*,Vol.2,No.1,2010,pp.224−245.

③ 王永进、盛丹、李坤望:《中国企业成长中的规模分布——基于大企业的研究》,《中国社会科学》2017 年第 3 期。

④ De Loecker J., P.K. Goldberg, A.K. Khandelwal, et al.,"Prices, Markups, and Trade Reform",*Econometrica*,Vol.84,No.2,2016,pp.445−510.

⑤ Grossman G.M., E. Helpman,"Trade, Knowledge Spillovers, and Growth",*European Economic Review*,Vol.35,No.2−3,1991,pp.517−526.

⑥ 刘啟仁、黄建忠:《异质出口倾向、学习效应与低加成率陷阱》,《经济研究》2015 年第 12 期。

⑦ Wang J., X.Wang,"Benefits of Foreign Ownership:Evidence from Foreign Direct Investment in China",*Journal of International Economics*,Vol.97,No.2,2015,pp.325−338.

表4-4　外资并购国有和集体企业及其对全要素生产率、成本加成的影响

变量	(1)	(2)	(3)	(4)	(5)	(6)	(7)	(8)	(9)	(10)	(11)	(12)
dd	0.0988*** (0.0319)	0.0971*** (0.0303)	0.0892*** (0.0304)	0.0731*** (0.025)	0.0630** (0.025)	0.0654** (0.0298)	0.0081** (0.004)	0.0188*** (0.005)	0.0098*** (0.003)	0.0175*** (0.003)	0.0173*** (0.003)	0.0088** (0.004)
dma	-0.0244 (0.0243)	-0.0247 (0.0232)	-0.0203 (0.0232)			-0.0387 (0.0227)	0.0096*** (0.003)	0.0039 (0.004)	0.0073*** (0.002)			0.0091*** (0.003)
dt	0.290*** (0.0227)	-0.0204 (0.0249)	-0.0138 (0.0254)	-0.0066 (0.022)	-0.0018 (0.023)	-0.0251 (0.0246)	0.0220*** (0.003)	0.0431*** (0.004)	0.0207*** (0.003)	0.0264*** (0.002)	0.0254*** (0.003)	0.0238*** (0.003)
年龄					-0.0033*** (0.001)	-0.00896*** (0.0006)					-0.0004*** (0.000)	0.0001 (0.000)
企业规模					0.0114 (0.015)	0.0539*** (0.0073)					0.0029* (0.002)	0.0077*** (0.001)
出口行为					0.0549*** (0.021)	0.000792 (0.0169)					0.0035* (0.002)	0.0066*** (0.002)
资本密集度					0.0852*** (0.012)	0.0216*** (0.0069)					0.0049*** (0.001)	0.0014 (0.001)
资产负债率					-0.1524*** (0.031)	-0.355*** (0.0278)					-0.0082** (0.003)	0.0010 (0.004)
流动比率					0.0026** (0.001)	0.0100*** (0.0028)					0.0002* (0.000)	0.0006** (0.000)

续表

变量	(1)	(2)	(3)	(4)	(5)	(6)	(7)	(8)	(9)	(10)	(11)	(12)
专利					0.0474** (0.020)	0.371*** (0.0324)					0.0057* (0.003)	0.0269*** (0.004)
企业固定效应	否	是		是	是					是	是	是
行业固定效应	否	是		是	是	是	否	是		是	是	是
年份固定效应	否	是		是	是	是	否	是		是	是	是
省份固定效应	否	是		是	是	是	否	是				是
行业与年份			是						是			
省份与年份			是						是			
N	16116	16116	16116	15695	15411	16116	16116	16116	16116	15372	15098	16116
R^2	0.028	0.001	0.132	0.623	0.626	0.166	0.093	0.074	0.013	0.764	0.767	0.056
F	155.5	7.003	36.51	4	12	5.170	9.891	127.9	21.25	113	38	15.33

注：在本章中，通过登记注册类型和实收资本识别出的外资并购国有企业的样本为1249起，即外资参股或控股了1249家国有企业和集体企业。采用倾向匹配得分匹配法匹配范围内取得到在共同取值范围到的有1072个样本，占比86%；通过倾向得分匹配法分配到配得到对照组对照样本为1039个。其余与表4-3相同。

表4-4报告的是外资并购国有企业和集体企业后对其绩效影响的估计结果,运用最近邻倾向匹配得分法为1072家处理组企业匹配到1039家对照组企业样本,构建的非平衡面板数据库的总样本量为16116个。

表4-4中列(1)—列(5)为外资并购对生产率估计结果,列(6)—列(10)为外资并购对成本加成的估计结果。列(1)交互项(dd)系数为0.0988,在1%的统计水平上显著为正,说明外资私有化相对于民营化企业,其生产率水平得到了显著提升,这一结论在控制行业固定效应、年份固定效应与省份固定效应以及企业的特征变量后,结果依然不变。通过系数来看,外资并购的企业相对于民营化的企业,其生产率增长了7%—10%,说明在样本期间内,平均而言外资并购对全要素生产率增长的贡献达到了23%—34.2%。列(2)中,成本加成的交互项系数显著为正,但在控制行业固定效应与年份固定效应的交互项以及省份固定效应与年份固定效应交互项后,结果依然不变。

从以上估计结果来看,外资并购能够提高目标企业的生产率与成本加成,这与王健和王潇[1]的不同之处,在于本章区分了外资并购私营企业样本,以及外资并购国有和集体企业样本,这样有助于更好地理解外资所有权优势。其中主要的原因在于企业所有制的差异会影响到企业的经营绩效,尤其是国有企业的委托代理问题有别于私营企业。因而本章在考察外资并购对目标企业生产率和成本的影响时,并购前为国有和集体企业的样本,是以国有和集体企业民营化的样本作为对照组,而不是以存疑的国有企业和集体企业作为对照组。本章研究发现,外资并购能够显著地提高企业的产出绩效,与现有的理论模型结论和经验研究结论较为一致(Arnold和Javorcik,2009[2];Guadalupe等,2012[3])。在双重差分模型交互项(dd)估计结果验证了外资所有权优势。

四、 外资并购对目标企业全要素生产率、成本加成滞后效应的影响

政府在招商引资时更有可能考虑的是外资进入能否持续性地带动当地经济

---

① Wang J., X.Wang, "Benefits of Foreign Ownership: Evidence from Foreign Direct Investment in China", *Journal of International Economics*, Vol.97, No.2, 2015, pp.325-338.

② Arnold J.M., B.S.Javorcik, "Gifted Kids or Pushy Parents? Foreign Direct Investment and Plant Productivity in Indonesia", *Journal of International Economics*, Vol.79, No.1, 2009, pp.42-53.

③ Guadalupe M., O.Kuzmina, C.Thomas, "Innovation and Foreign Ownership", *American Economic Review*, Vol.102, No.7, 2012, pp.3594-3627.

的发展,即跨国公司能否通过促进前沿生产技术、资本、组织管理实践经验等转移,来实现企业的长期性增长。上一小节采用双重差分模型估计得到外资并购也确实能够显著地提高企业的产出绩效,而这种绩效的增长效应仅仅是平均意义上的,本章更加关注的是被外资收购后,目标企业的绩效增长效应是否具有可持续性,为此构建双重差分滞后模型以考察外资并购带来的持续性影响。同样,按目标企业的所有制不同,将分别报告外资并购私营企业,以及外资并购国有和集体企业样本的滞后效应估计结果,表4-5和表4-6分别报告了滞后效应的估计结果。

表 4-5 外资并购私营企业对其绩效的滞后效应

变量	ACF_TFP					成本加成				
	(1)	(2)	(3)	(4)	(5)	(6)	(7)	(8)	(9)	(10)
	当期	滞后1年	滞后2年	滞后3年	滞后4年	当期	滞后1年	滞后2年	滞后3年	滞后4年
dd	0.0507** (0.021)	0.0653*** (0.024)	0.0676** (0.029)	0.0793** (0.033)	0.1142** (0.047)	0.0199*** (0.002)	0.0188*** (0.003)	0.0215*** (0.003)	0.0206*** (0.003)	0.0193*** (0.005)
dyear	−0.0196 (0.017)	−0.0419** (0.021)	−0.0756*** (0.026)	−0.1297*** (0.033)	−0.2029*** (0.044)	−0.0062*** (0.002)	−0.0129*** (0.002)	−0.0223*** (0.003)	−0.0251*** (0.003)	−0.0242*** (0.004)
行业固定效应	是	是	是	是	是	是	是	是	是	是
年份固定效应	是	是	是	是	是	是	是	是	是	是
企业固定效应	是	是	是	是	是	是	是	是	是	是
N	22212	20846	20011	18997	17527	22016	20661	19828	18823	17380
R^2	0.653	0.660	0.655	0.654	0.657	0.860	0.850	0.842	0.831	0.840
F	2	2	3	5	7	35	20	26	20	10

注:在本章中,通过登记注册类型和实收资本识别出外资并购私营企业样本为2648个,即外资参股或控股了2648家私营企业。但由于本章构建的是一个非平衡面板数据,在样本期间内有大量的企业进入与退出,且每年被外资收购的企业数都不一样,因而样本是随着年份而递减,从并购当年的22256个样本下降至18266个样本。括号内为标准误差,*、** 和 *** 分别表示10%、5%和1%的显著性水平。主要采用的估计方法为普通最小二乘回归,被解释变量分别为衡量企业绩效特征变化的生产率和成本加成,二位行业固定效应、年份固定效应、省份固定效应没有报告。

表 4-6　外资并购国有和集体企业对其绩效的滞后影响

分表 A	ACF_TFP					成本加成				
	(1)	(2)	(3)	(4)	(5)	(6)	(7)	(8)	(9)	(10)
	当期	滞后1年	滞后2年	滞后3年	滞后4年	当期	滞后1年	滞后2年	滞后3年	滞后4年
dd	0.0336	0.0593	0.0609	0.0833 *	0.1495 ***	0.0158 ***	0.0155 ***	0.0147 ***	0.0198 ***	0.0237 ***
	(0.032)	(0.036)	(0.038)	(0.044)	(0.050)	(0.003)	(0.004)	(0.004)	(0.005)	(0.006)
dyear	−0.0277	−0.0964 ***	−0.0860 **	−0.1747 ***	−0.2451 ***	0.0260 ***	0.0240 ***	0.0192 ***	0.0210 ***	0.0175 ***
	(0.026)	(0.031)	(0.034)	(0.042)	(0.050)	(0.003)	(0.003)	(0.004)	(0.005)	(0.006)
行业固定效应	是	是	是	是	是	是	是	是	是	是
年份固定效应	是	是	是	是	是	是	是	是	是	是
企业固定效应	是	是	是	是	是	是	是	是	是	是
N	8851	8496	8297	8021	7706	8802	8450	8254	7971	7663
R^2	0.114	0.114	0.123	0.122	0.123	0.322	0.321	0.332	0.321	0.314
F	0.737	0.652	1.283	1.638	3.691	43	29	18	14	13

注:在本章中,通过登记注册类型和实收资本识别出外资并购私营企业样本为 2648 个,即外资参股或控
　　股了 2648 家私营企业。但由于本章构建的是一个非平衡面板数据,在样本期间内有大量的企业进入
　　与退出,且每年被外资收购的企业数都不一样,因而样本是随着年份而递减,从并购当年的 22256 个
　　样本下降至 18266 个样本。其余与表 4-5 相同。

　　从表 4-5 的外资并购私营企业的滞后效应估计结果来看,列(1)—列(5)报
告的是外资并购对企业全要素生产率滞后影响,发现从当前到滞后 4 年交互项
的系数均为正,在 5% 的统计水平上显著,相对于对照组私营企业,外资并购对
目标企业的全要素生产率提升效应具有持续性,系数不断增大说明外资并购对
目标企业全要素生产率的积极影响随着年份呈上升态势,"外资身份"对企业的
生产率影响不断增强。在滞后 4 年,外资并购的企业全要素生产率相对于对照
组私营企业增长了 11.4%,这一结论与阿诺德和贾沃尔奇克(Arnold 和 Javorcik,
2009)[①]研究结论相似,他们实证研究发现,在被外资并购的三年后,其全要素生产
率仍增长 13.5%。从前文的图 4-4B 趋势图来看,在外资并购投资前三年,外资并

　　① Arnold J.M.,B.S.Javorcik,"Gifted Kids or Pushy Parents? Foreign Direct Investment and Plant
Productivity in Indonesia", *Journal of International Economics*,Vol.79,No.1,2009,pp.42-53.

购企业和对照组企业样本具有相近的平行增长趋势,但在并购后,处理组与对照组企业的全要素生产率则分化明显,虽然保持了相同的增长趋势,但被外资收购的企业其生产率增长要显著高于对照组私营企业。这种对目标企业全要素生产率持续性的增长,其中可能的原因在于外资企业对目标企业进行重组并实现跨国公司内部的资源重新配置,改善了企业的公司治理,同时也能够获得来自母公司的前沿生产技术、管理经验的转移,而这些无形资产的转移在跨国公司内部才更有效率(Atalay 等,2014①;Bilir 和 Morales,2020②),从而获得持续性的生产率优势。

列(6)—列(10)报告的是外资并购对企业成本加成的影响,交互项(dd)的系数在当年及滞后的 4 年均显著,且在 1% 的统计水平上显著。相对于对照组私营企业样本,外资并购对企业成本加成的影响具有持续性,在滞后 4 年,外资并购的企业成本加成相对于对照组私营企业增加了 1.9%。这一结论与贾沃尔奇克和波尔赫克③的结论相似,即外资并购对成本加成的影响具有持续性。

本章进一步以国有企业和集体企业改制为民营化的企业样本作为对照组,考察了外资并购对目标企业绩效变化的影响。与表 4-5 中的结果有所不同,在表 4-6 列(1)—列(5)中,交互项的系数为正,在被外资收购的当年至第三年,系数并不显著,说明外资私有化企业与民营化的企业在并购交易发生的当年至第三年,生产率上并无显著性的差异,仅在并购投资的三年后,交互项的系数才显著为正。列(5)交互项系数为 0.15,在 1% 的统计水平上显著,说明在并购投资的 4 年后,外资并购相对于民营化的企业其生产率要高出 15%,外资所有权优势在收购后才持续性存在。相对于民营化的企业,外资并购对企业绩效的影响呈现滞后的显著效应,本章的解释:一方面,在 20 世纪 90 年代末期的国有企业改革阶段,国有企业与集体企业更倾向于被民营企业私有化,根据前文的数据可以看出,民营化是外资并购的 10 倍左右,王健和王潇④的初步检验也证实了这一

---

① Atalay E.,A.Hortaçsu,C.Syverson,"Vertical Integration and Input Flows",*American Economic Review*,Vol.104,No.4,2014,pp.1120-1148.

② Bilir L.K.,E.Morales,"Innovation in the Global Firm",*Journal of Political Economy*,Vol.128,No.4,2020,pp.1566-1625.

③ Javorcik B.,S.Poelhekke,"Former Foreign Affiliates:Cast Out and Outperformed?",*Journal of the European Economic Association*,Vol.15,No.3,2017,pp.501-539.

④ Wang J.,X.Wang,"Benefits of Foreign Ownership:Evidence from Foreign Direct Investment in China",*Journal of International Economics*,Vol.97,No.2,2015,pp.325-338.

点。另一方面,外资企业相对于国内私营企业,在资源的协调、重组以及产业链的参与早期都有可能弱于国内的私营企业,经过一段时间的磨合期后,外资方对企业的组织结构调整,更加合理高效的管理、使用更多的先进技术与新设备、扩张企业的产品终端销售市场以及为企业提供更多的融资渠道等都能够提高目标企业的生产率(Yasar 和 Morrison Paul,2008[1])。

列(6)—列(10)报告的是外资并购对目标企业成本加成的估计结果,发现仅列(6)—列(10)的交互项系数显著为正,这一结论表明,外资并购国有企业和集体企业样本,相对于民营化的对照组企业,更能够持续性地提高目标企业的成本加成。这一结论与科宁等(Konings 等,2005)[2]对保加利亚的国有企业私有化研究不同,他们研究发现,私有化会提高企业的生产效率从而降低出厂品的价格,即生产效率的提高带来的边际成本下降会全部转移至消费者,私有化不能显著地提高成本加成。

从表4-5和表4-6的滞后效应估计结果来看,外资并购后能够显著地提高企业的生产率,且随着年份的推进,外资并购目标企业的全要素生产率增长要显著高于对照组企业样本,验证了外资所有权优势的结论(Guadalupe 等,2012[3])。这种效率提升效应主要来自以下四个方面:一是外资企业通常是收购国内规模相对更大的企业,通过资源的重新有效配置实现了规模经济与范围经济效应(Braguinsky 等,2015[4])。二是外资企业会寻求一些在技术或资源上互补的目标企业,在并购后通过转移先进的生产技术与组织管理方法等来提升企业的生产率(Nocke 和 Yeaple,2007[5]),同时降低了企业的生产成本。三是在被外资方

①　Yasar M.,C.J.Morrison Paul,"Foreign Technology Transfer and Productivity:Evidence from A Matched Sample",*Journal of Business & Economic Statistics*,Vol.26,No.1,2008,pp.105–112.

②　Konings J.,P.V.Cayseele,F.Warzynski,"The Effects of Privatization and Competitive Pressure on Firms' Price–Cost Margins:Micro Evidence from Emerging Economies",*Review of Economics and Statistics*,Vol.87,No.1,2005,pp.124–134.

③　Guadalupe M.,O.Kuzmina,C.Thomas,"Innovation and Foreign Ownership",*American Economic Review*,Vol.102,No.7,2012,pp.3594–3627.

④　Braguinsky S.,A.Ohyama,T.Okazaki,et al.,"Acquisitions, Productivity, and Profitability:Evidence from the Japanese Cotton Spinning Industry",*American Economic Review*,Vol.105,No.7,2015,pp.2086–2119.

⑤　Nocke V.,S.Yeaple,"Cross–Border Mergers and Acquisitions Vs.Greenfield Foreign Direct Investment:the Role of Firm Heterogeneity",*Journal of International Economics*,Vol.72,No.2,2007,pp.336–365.

收购后,出口促进带来的市场规模扩张也会促进企业进行产品质量的升级、研发新的生产技术和开发新产品,同时也会利用跨国公司的全球生产与营销网络获得更多的中间投入品进而提高企业的生产率。四是被外资收购后,跨国公司内部的资本市场能够提高资金的配置效率,同时也能够为目标企业提供融资担保从而获得东道国金融机构的信贷融资实现生产率的提升(Wang 和 Wang,2015)①。五是外资并购相对于民营化的企业,能够改善企业的公司治理结构,减少了委托代理对企业绩效的影响。

从本章的估计结果来看,虽然外资并购提高了企业的全要素生产率和成本加成,但外资并购对目标企业全要素生产率影响的绝对值更大。说明外资并购促进企业生产效率提升带来的成本下降会以较低的价格转移到消费者手中,而企业则保留了较少的剩余收益,由此而言,外资并购在长期能够提升消费者福利水平。

第四节　稳健性检验

一、 区分东部地区与中西部地区的样本

以上研究发现,内资企业被外资企业并购后,目标企业的生产率与成本加成都显著提升,验证了外资所有权优势。根据中国外资的区位选择来看,大部分外资企业都选择在东部沿海地区投资,沿海地区的崛起也得益于市场的力量(韦倩等,2014)②。东部地区的制度软环境要优于内陆省份,市场化程度更高且拥有优良的深海港口和交通基础设施,这些优势能够提高市场的交易效率,降低企业的交易成本,能够吸引更多的外资并转移先进的技术(Branstetter 等,2011③)。樊等(Fan 等,2017)④利用上市公司数据和中国工业企业数据库考察了产权保护、私有化与企业创新之间的因果关系,发现在产权保护较好的省份,私有化企业的创

---

① Wang J.,X.Wang,"Benefits of Foreign Ownership:Evidence from Foreign Direct Investment in China",*Journal of International Economics*,Vol.97,No.2,2015,pp.325-338.

② 韦倩、王安、王杰:《中国沿海地区的崛起:市场的力量》,《经济研究》2014 年第 8 期。

③ Branstetter L.,R.Fisman,C.F.Foley,et al.,"Does Intellectual Property Rights Reform Spur Industrial Development?",*Journal of International Economics*,Vol.83,No.1,2011,pp.27-36.

④ Fan H.,Y.A.Li,S.R.Yeaple,"Trade Liberalization,Quality,and Export Prices",*Review of Economics and Statistics*,Vol.97,No.5,2015,pp.1033-1051.

新产出显著增加。李文贵和余明桂(2015)①的研究则指出,在产权保护较弱的地区民营企业倾向国有化,即引入地方国资股东,寻求政府的产权保护而有力地规避政府的"掠夺之手",而国有企业的民营化及其绩效的增长仍依赖于政府的产权保护和政府较少的干预。从以上研究可以看出,制度环境越好的地区,越能够吸引外商投资。从世界银行的营商环境调查报告可以看出,中国东部及沿海省份的营商环境要优于内陆地区。那么外资企业收购东部省份的企业后,能够受到政府的产权保护和较少的干预,外资企业则会将更多的前沿生产技术转移到子公司,从而提升企业的绩效。如果收购的子公司位于内陆地区,知识产权保护相对较弱,由于担忧企业的技术被窃取,外资子公司将不会选择更加先进的技术。为此,本部分根据被并购企业的所在地将样本区分为东部沿海省份样本与内陆省份样本,进一步比较不同地区外资并购企业的绩效差异。具体而言,将匹配后的企业样本区分为东部地区样本和内陆省份样本,其中东部地区包括北京、天津、山东、上海、江苏、浙江、福建、广东和海南,外资并购私营企业分样本后的估计结果见表4-7。

表4-7　外资并购私营企业

分表 A	东部地区					中西部地区				
	ACF_TFP					ACF_TFP				
	(1)	(2)	(3)	(4)	(5)	(6)	(7)	(8)	(9)	(10)
	当期	滞后1年	滞后2年	滞后3年	滞后4年	当期	滞后1年	滞后2年	滞后3年	滞后4年
dd	0.0809 *** (0.0302)	0.0961 *** (0.0337)	0.0913 ** (0.0372)	0.0909 ** (0.0418)	0.112 * (0.0583)	0.0501 (0.0648)	0.0469 (0.0734)	0.0968 (0.0850)	0.2290 ** (0.1002)	0.1511 (0.1393)
N	17720	16646	15998	15469	14543	4589	4312	4108	3951	3767
分表 B	成本加成					成本加成				
	(11)	(12)	(13)	(14)	(15)	(16)	(17)	(18)	(19)	(20)
	当期	滞后1年	滞后2年	滞后3年	滞后4年	当期	滞后1年	滞后2年	滞后3年	滞后4年
dd	0.0181 *** (0.003)	0.0142 *** (0.004)	0.0183 *** (0.004)	0.0163 *** (0.005)	0.0165 ** (0.007)	0.0276 *** (0.007)	0.0279 *** (0.008)	0.0252 *** (0.010)	0.0210 (0.015)	0.0073 (0.016)
N	17678	16614	15966	15440	14518	4515	4245	4047	3890	3707

注:东部省份的样本为2116个,内陆省份的样本为514个。括号内为标准误差,*、** 和 *** 分别表示10%、5%和1%的显著性水平。主要采用的估计方法为普通最小二乘回归,被解释变量分别为衡量企业绩效特征变化的生产率和成本加成,二位行业固定效应、年份固定效应、省份固定效应没有报告。表4-7和表4-8分别报告的是东部省份和内陆省份的企业样本,估计结果中列(1)—列(10)的被解释变量为企业的全要素生产率,列(11)—列(20)的被解释变量为企业的成本加成。

---

①　李文贵、余明桂:《民营化企业的股权结构与企业创新》,《管理世界》2015年第4期。

从表4-7报告的结果来看,位于东部省份的私营企业被外资收购后,企业的产出绩效显著增加,具体来看,列(1)—列(5)报告的是外资并购对东部省份的目标企业生产率滞后效应,在被外资收购的当年以及滞后的4年,交互项的系数均在10%的统计水平上显著为正,相对于所有权未更替的私营企业,外资并购对企业的生产率提升效应具有持续性,系数也不断增大说明外资所有权对企业生产率的影响不断增强。列(6)—列(10)为目标企业中西部省份的估计结果,发现仅列(9)的系数是显著的,其余均不显著,对内陆省份的目标企业样本而言,外资所有权优势并不明显。

分表B是外资并购对企业成本加成的影响,列(11)—列(15)中交互项的系数仅在并购的当年以及滞后的4年均在5%的统计水平上显著为正;列(16)—列(20)中交互项的系数大多不显著,即在内陆省份,外资并购对企业成本加成的影响并不具有持续性。从以上区分为东部与内陆省份的企业样本回归结果来看,被外资收购的东部省份企业样本的绩效要显著优于中西部地区,说明被外资收购的私营企业绩效的增长不仅取决于外资所有权,还依赖于地区的制度环境,在制度环境较好的东部地区,被外资收购的私营企业其绩效更好。

除了外资并购私营企业外,还有一部分是外资私有化样本,表4-8报告了外资并购国有企业和集体企业的分样本估计结果。

表4-8 外资私有化与生产率、成本加成

分表 A	东部地区					中西部地区				
	ACF_TFP					ACF_TFP				
	(1)	(2)	(3)	(4)	(5)	(6)	(7)	(8)	(9)	(10)
	当期	滞后1年	滞后2年	滞后3年	滞后4年	当期	滞后1年	滞后2年	滞后3年	滞后4年
dd	0.00907 (0.056)	0.0335 (0.0584)	0.0237 (0.0612)	0.0384 (0.0682)	0.130 (0.0761)	0.157 * (0.0876)	0.16 (0.0986)	0.288 *** (0.1023)	0.291 *** (0.1114)	0.411 *** (0.1253)
N	6012	5797	5661	5448	5227	2855	2715	2651	2587	2493
分表 B	成本加成					成本加成				
	(11)	(12)	(13)	(14)	(15)	(16)	(17)	(18)	(19)	(20)
	当期	滞后1年	滞后2年	滞后3年	滞后4年	当期	滞后1年	滞后2年	滞后3年	滞后4年
dd	0.0145 ** (0.007)	0.0040 (0.007)	0.0123 (0.008)	0.0102 (0.008)	0.0117 (0.009)	0.0191 * (0.011)	0.0188 * (0.010)	-0.0008 (0.013)	-0.0068 (0.014)	-0.0181 (0.015)
N	5982	5767	5635	5415	5201	2820	2682	2618	2556	2462

注:外资并购国有企业与集体企业样本中,东部省份的样本为754个,内陆省份的样本为318个。其余与表4-7一样。

表4-8 报告的是外资私有化后的分样本估计结果,发现外资私有化对目标企业生产率与成本加成的影响恰与表4-7 的结果相反,外资收购中西部地区的国有企业和集体企业其生产率效应具有持续性。在外资并购国有和集体企业样本中,中西部地区的国有企业和集体企业被外资私有化后的绩效增长要优于东部地区。以上差异主要是由于国有企业和集体企业相较于私营企业更倾向于与政府建立政治关联关系,这种政治关联关系有助于企业获得更多的政府订单和银行的贷款以及政府的贷款担保背书,尤其是在这些制度环境差的地区,企业有动机寻求"有实力的靠山"(李文贵和余明桂,2015①)。通过以上结论进一步可以得出,外资并购对企业绩效的影响还取决于所收购的目标企业所有制类型(私营企业或国有企业和集体企业),以及目标企业所在省份的制度环境。

二、 区分外资来源地

在中国的外商直接投资构成中,有大量是港澳台资企业,根据商务部外商投资管理司《2015 中国外资统计报告》,1998—2013 年中国成立的外资企业和实际利用外资金额中的港澳台资分别占51%和46%。同样,在外资并购的样本中也具有类似的特征,根据 2015 年中国外资报告,按并购交易额计算,2004 年来自中国香港企业的并购交易额占全年并购交易总额的 34.3%,2015 年这一比例达到了 71.9%。如此大规模的港澳台资也是中国利用外资发展过程中的一大特色。一些学者研究发现,来自港澳台地区的外资在绩效上有别于其他企业,港澳台资企业的生产率及资产回报率要低于外商企业,主要原因在于港澳台资企业人力资本、技术开发等长期性投资缺乏。杨汝岱(2015)②发现港澳台资企业与外商企业之间的生产率存在显著性的差异,外商投资企业的生产率要高于港澳台资企业。利用本章样本,图4-5 描绘的是港澳台资企业与外商投资企业生产率,发现外商投资企业的生产率要高于港澳台资企业。

为进一步考察港澳台资企业与外商投资企业之间的差异,本章将样本进行区分,具体地,根据企业的登记注册类型和实收资本占比识别外资来源地。由于中国工业企业数据库所提供的企业登记注册类型和股权结构(实收资本)的信息限制,

① 李文贵、余明桂:《民营化企业的股权结构与企业创新》,《管理世界》2015 年第 4 期。
② 杨汝岱:《中国制造业企业全要素生产率研究》,《经济研究》2015 年第 2 期。

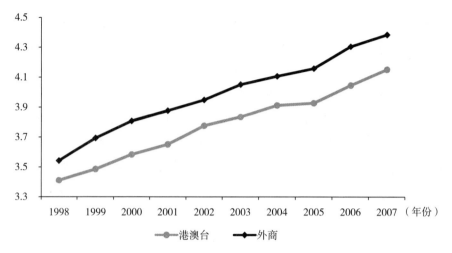

图 4-5　1998—2007 年港澳台资企业与外商企业全要素生产率

我们通过与商务部《外商投资企业制度投资经营信息联合报告》结合来区分外资来源地。在本章样本中,除了港澳台资企业外,外资并购的来源地主要是发达国家,在排名前 20 的国家中,发展中国家仅包括印度尼西亚、阿拉伯联合酋长国、罗马尼亚、菲律宾和俄罗斯等国。在所有的样本中,去除以上来自发展中国家的跨国公司样本,进而将区分外资来源地样本后的估计结果报告见表 4-9。

表 4-9　区分外资来源地

分表 A	外商					港澳台				
	ACF_TFP					ACF_TFP				
	(1)	(2)	(3)	(4)	(5)	(6)	(7)	(8)	(9)	(10)
	当期	滞后 1 年	滞后 2 年	滞后 3 年	滞后 4 年	当期	滞后 1 年	滞后 2 年	滞后 3 年	滞后 4 年
dd	0.0701 *	0.0784 *	0.144 ***	0.145 ***	0.122 *	0.0817 **	0.0986 **	0.0355	0.0810	0.093
	(0.0372)	(0.0420)	(0.0471)	(0.0540)	(0.0733)	(0.0403)	(0.0448)	(0.0494)	(0.0552)	(0.0792)
N	12431	11671	11194	10799	10261	9892	9302	8930	8638	8062
分表 B	成本加成					成本加成				
	(11)	(12)	(13)	(14)	(15)	(16)	(17)	(18)	(19)	(20)
	当期	滞后 1 年	滞后 2 年	滞后 3 年	滞后 4 年	当期	滞后 1 年	滞后 2 年	滞后 3 年	滞后 4 年
dd	0.0297 ***	0.0264 ***	0.0249 ***	0.0256 ***	0.0219 **	0.0118 ***	0.0077	0.0040	0.0100	0.0084
	(0.005)	(0.005)	(0.006)	(0.007)	(0.009)	(0.004)	(0.005)	(0.005)	(0.006)	(0.009)
N	10440	9811	9430	9095	8641	11262	10596	10152	9818	9181

注:根据企业的登记注册类型和实收资本占比来识别外资来源地,去除来自印度尼西亚、阿拉伯联合酋长国、罗马尼亚、菲律宾和俄罗斯等发展中国家的 50 家跨国公司。括号内为标准误差, * 、 ** 和 *** 分别表示 10%、5% 和 1% 的显著性水平。主要采用的估计方法为普通最小二乘回归,被解释变量分别为衡量企业绩效特征变化

的生产率和成本加成,二位行业固定效应、年份固定效应、省份固定效应没有报告。分表 A 和分表 B 分别报告的是外资并购对企业全要素生产率和成本加成的估计结果,列(1)—列(5)和列(11)—列(15)为外商企业样本的估计结果,列(6)—列(10)和列(16)—列(20)是港澳台资企业样本的估计结果。

　　外资并购私营企业样本中,外商企业为 1427 家,高于港澳台资企业的 1203 家,而在国有企业和集体企业外资私有化样本中,外商企业则低于港澳台资企业。说明私营企业更倾向于被外商企业并购,国有企业和集体私有化样本中,则港澳台资企业并购要高于外商企业,主要是港澳台资企业更加了解内陆地区国企改革政策。无论是外资并购私营企业,还是外资对国有企业和集体企业的私有化,结论都较为一致。从表 4-9 的估计结果来看,列(1)—列(5)交互项(dd)系数始终为正,且在 10% 的统计水平上显著,说明外商企业并购能够提高企业的全要素生产率,且这种正向提升效应具有持续性,但列(6)—列(10)交互项系数在滞后 2 年后不显著,即港澳台资企业并购并不能显著地持续性提高企业的全要素生产率。

　　分表 B 报告了按外资来源地区分了外商投资企业与港澳台资企业后,外资并购对成本加成影响的估计结果,列(11)—列(15)的交互项系数均为正,且在 5% 的统计水平上显著。港澳台资企业样本中,仅列(16)交互项系数显著,其余均不显著,即外资并购对企业成本加成的影响可能仅在并购当年具有显著的正向影响,但都不具有持续性。

　　另外,在本章中,来自英属维尔京群岛、百慕大、开曼群岛、塞舌尔等避税天堂的跨国公司仅有 19 家,在所有样本中占比较低,可以认为跨国公司并购并出于避税目的样本较少(Ge 等,2015)[①]。

三、 行业特征的影响

　　已有研究指出,并购对企业绩效的影响还有可能取决于行业的特征,为此,本部分借鉴拉詹和津盖尔斯(Rajan 和 Zingales,1998)[②][③]的双重差分模型[④]检验

[①]　Ge Y., H. Lai, S C. Zhu, " Multinational Price Premium", Journal of *Development Economics*, No.115,2015,pp.181-199.

[②]　拉詹和津盖尔斯(Rajan 和 Zingales,1998)研究发现外部融资依赖程度较高的行业在金融市场较完善的国家增长越快。

[③]　Rajan R., L.Zingales, "Financial Development and Growth", *American Economic Review*, Vol.88, No.3,1998,pp.559-586.

[④]　以下简称 RZ 模型。

不同行业特征对目标企业绩效的影响。

1. 行业融资依赖

外资并购国内企业时,外资有可能有助于国内子公司消除"身份歧视"(Brandt 和 Li,2003[①]),获得更多的银行贷款和政府政策上的支持(Wang 和 Wang,2015[②])。一些行业其融资依赖于外部资本市场,即需要企业外部融资来为其投资提供资金支持;对一些融资依赖程度较低的行业,则倾向于企业内部融资。为此,本章借鉴布克利等(Boucly 等,2011)[③]、RZ 模型,建立以下实证计量模型来检验行业特征如何影响外资并购的绩效:

$$Y_{ijt} = \alpha_0 + \alpha_1 dt + \alpha_2 dyear + \alpha_3 dd + \alpha_4 dt \times fd_j$$
$$+ \alpha_5 dyear \times fd + \beta dd \times fd + \delta_j + \delta_t + \delta_p + \varepsilon_{ijt} \qquad (4-7)$$

模型(4-7)中,Y_{ijt} 为企业的绩效,在本部分中,主要是考察全要素生产率和成本加成,i、j、p、t 分别为企业、行业、省份与年份,δ_j、δ_p、δ_t 分别控制行业、年份与省份固定效应,ε_{ijt} 为误差项。系数 β 是本章估计的关键,如果 $\beta < 0$,表明行业特征密集度高的行业外资并购带来的绩效越低。fd 为行业特征,即行业融资依赖、人力资本密集度、信息技术密集度和劳动力市场管制(工会)程度。行业的外部融资依赖借鉴黄玖立和冼国明(2010)[④]的处理方法,采用国民经济行业城镇投资资金来源中国内贷款和债券融资的占比来表示。

2. 行业劳动力市场管制

行业劳动力市场管制程度则是借鉴布克利等[⑤],本章运用世界银行 2002 年中国企业调查,计算出各行业的临时工人占比来衡量劳动力市场管制程度。劳动力市场管制也是影响外资并购的一个重要因素,由于企业间并购有可能会出于降低成本的目的,解雇收购企业的员工,而如果在劳动力市场管制较为严格的国家,则解雇员工相对较为困难,就有可能会使员工陷入"平静生活"而降低

① Brandt L., H. Li, "Bank Discrimination in Transition Economies: Ideology, Information, or Incentives?", *Journal of Comparative Economics*, Vol.31, No.3, 2003, pp.387–413.

② Wang J., X.Wang, "Benefits of Foreign Ownership: Evidence from Foreign Direct Investment in China", *Journal of International Economics*, Vol.97, No.2, 2015, pp.325–338.

③ Boucly Q., D.Sraer, D.Thesmar, "Growth LBOs", *Journal of Financial Economics*, Vol.102, No.2, 2011, pp.432–453.

④ 黄玖立、冼国明:《金融发展、FDI 与中国地区的制造业出口》,《管理世界》2010 年第 7 期。

⑤ Boucly Q., D.Sraer, D.Thesmar, "Growth LBOs", *Journal of Financial Economics*, Vol.102, No.2, 2011, pp.432–453.

员工的积极性。为检验外资并购对企业绩效的影响是否取决于行业的劳动力管制程度,本部分将运用模型(4-7)进行检验。

3. 行业信息技术密集度

行业信息技术密集度借鉴福特(Fort,2017)[①],利用 2004 年的经济普查数据,用行业的人均计算机数来衡量行业的信息技术密集度。前文研究发现,外资并购对企业绩效的影响还因行业的技术密集度而有所差异。布卢姆等(Bloom等,2013)[②]在考察美国跨国公司所有权优势时发现,美国跨国公司的生产率要高于英国等欧洲其他国家的跨国公司,其中一个重要原因是美国跨国公司倾向于更加密集地利用信息技术来获得搜集、处理市场信息,提高了企业应对市场的反应能力。在当前信息技术和大数据应用高速发展的时代下,数字化转型也是企业进行产品结构升级和转型的重要战略,跨国公司代表全球生产率最高的企业群体,其数字化程度也远远高于其他企业,更加密集地使用信息技术能够使其从中获得更多的收益,如降低成本和风险管控等。由此而言,外资并购对企业绩效的影响也有可能取决于行业的信息技术密集度。

4. 行业技能密集度

行业技能密集度借鉴奥尔登斯基(Oldenski,2012)[③]方法计算得到美国各行业的技术密集度。行业的技能成熟度也是影响跨国公司是否进行对外投资的重要因素(Costinot 等,2011[④];Oldenski,2012[⑤]),跨国公司的对外投资符合产品的生命周期理论,即新产品和新技术通常是先应用于跨国公司总部,等技术较为成熟后则转移至境外的子公司(Antràs,2005[⑥])。在产品的生产工序外包方面,跨国

---

① Fort T.C., "Technology and Production Fragmentation: Domestic Versus Foreign Sourcing", *The Review of Economic Studies*, Vol.84, No.2, 2017, pp.650-687.

② Bloom N., B.Eifert, A.Mahajan, et al., "Does Management Matter? Evidence from India", *The Quarterly Journal of Economics*, Vol.128, No.1, 2013, pp.1-51.

③ Oldenski L., "Export Versus FDI and the Communication of Complex Information", *Journal of International Economics*, Vol.87, No.2, 2012, pp.312-322.

④ Costinot A., L.Oldenski, J.Rauch, "Adaptation and the Boundary of Multinational Firms", *The Review of Economics and Statistics*, Vol.93, No.1, 2011, 298-308.

⑤ Oldenski L., "Export Versus FDI and the Communication of Complex Information", *Journal of International Economics*, Vol.87, No.2, 2012, pp.312-322.

⑥ Antràs P., "Incomplete Contracts and the Product Cycle", *American Economic Review*, Vol.95, No.4, 2005, pp.1054-1073.

公司也会将复杂生产工艺或高技术的中间投入品在母公司进行生产并使用更多的技术工人,待产品技术较为成熟后转移至境外(Bilir 和 Morales,2020[①])。因而外资并购对企业绩效的影响还有可能会取决于行业的技能密集度。

表4-10 报告了外资并购私营企业样本后的估计结果,列(1)—列(2)、列(3)—列(4)、列(5)—列(6)、列(7)—列(8)分别报告的是外资并购对企业全要素生产率和成本加成的影响是否取决于行业的外部融资依赖程度、信息技术密集度、劳动力市场管制程度、行业技能密集度的估计结果;其中奇数列报告的是外资并购对企业全要素生产率影响的估计结果,交互项($dd \times$ 融资依赖)显著,说明外资并购对企业全要素生产率的影响取决于行业的外部融资依赖程度、信息技术密集度、劳动力市场管制程度、行业人力资本密集度、行业技能密集度。具体来看,列(1)中交互项($dd \times$ 融资依赖)系数为-1.150,在5%的统计水平上显著为负,表明在外部融资依赖程度较低的行业样本中,企业的全要素生产率反而增长越快,即低融资依赖行业的企业样本能够解释大部分外资并购对企业全要素生产率的影响结果。交互项($dd \times$ 融资依赖)系数的经济学含义:表4-10中列(1)中交互项($dd \times$ 融资依赖)系数为-1.150,行业融资依赖程度位于25%的值为0.06,行业融资依赖程度位于75%的值为0.13,因而外部融资依赖程度较高的行业与外部融资依赖程度较低的行业,在外资并购后的全要素生产率增长差异大约为8.1%,而外资并购对企业全要素生产率大约增加了8.69%,因此,外部融资依赖程度较低的行业的企业样本在更大程度上解释了外资并购对企业全要素生产率的影响结果。

表4-10 外资并购、行业特征与企业绩效:外资并购私营企业样本

变量	(1) 全要素生产率	(2) 成本加成	(3) 全要素生产率	(4) 成本加成	(5) 全要素生产率	(6) 成本加成	(7) 全要素生产率	(8) 成本加成
dd	0.187*** (0.0481)	0.0043 (0.0045)	0.0243 (0.0361)	0.0029 (0.0102)	0.1540*** (0.0362)	0.0280*** (0.0034)	-0.219** (0.1111)	0.0086 (0.0104)
dd×融资依赖	-1.150** (0.5081)	-0.1951*** (0.0476)						

① Bilir L.K., E.Morales, "Innovation in the Global Firm", *Journal of Political Economy*, Vol.128, No.4, 2020, pp.1566-1625.

变量	(1)	(2)	(3)	(4)	(5)	(6)	(7)	(8)
	全要素生产率	成本加成	全要素生产率	成本加成	全要素生产率	成本加成	全要素生产率	成本加成
dd×信息技术			1.327** (0.6532)	0.290* (0.1509)				
dd×临时工					-0.0061** (0.0027)	-0.0006** (0.0003)		
dd×技能							0.0624*** (0.0223)	0.0025 (0.0021)
N	33170	33069	33170	33069	33170	33069	33170	33069

注:括号内为标准误差,*、**和***分别表示10%、5%和1%的显著性水平。主要采用的估计方法为普通最小二乘回归,被解释变量分别为衡量企业绩效特征变化的全要素生产率和成本加成,二位行业固定效应、年份固定效应、省份固定效应没有报告。在对模型(4-7)的估计过程中,引入了行业固定效应将与行业特征(外部融资依赖程度、信息技术密集度、劳动力市场管制程度、行业技能密集度)存在共线性而未能报告。

表4-10列(3)(dd×信息技术)系数为1.327,在5%的统计水平上显著为正,表明在信息技术密集型行业的样本中,企业的全要素生产率增长越快,信息技术密集型行业的企业样本能够解释大部分外资并购对企业全要素生产率的影响结果,这一点与布卢姆等[1]结果较为相似,即美国跨国公司的生产率优势主要是由于其本身投资于信息技术,更有利于企业的数字化转型。交互项(dd×信息技术)系数为1.327,行业信息技术密集度位于25%的值为0.03,行业信息技术密集度位于75%的值为0.065,因而信息技术密集度较高的行业与信息技术密集度较低的行业,在外资并购后的全要素生产率增长差异大约为4.6%,而外资并购对企业全要素生产率大约增加了8.69%,因此,信息技术密集度较高的行业中的企业样本在更大程度上解释了外资并购对企业全要素生产率的影响结果。

表4-10列(5)(dd×临时工)系数为-0.0061,在5%的统计水平上显著为负,表明在劳动力市场管制较低或劳动力市场较为灵活行业的样本中,企业的全要素生产率增长越快,换言之,劳动力市场较为灵活行业的企业样本能够解释大部分外资并购对企业全要素生产率的影响结果。列(5)交互项(dd×临时工)

①　Bloom N.,B.Eifert,A.Mahajan,et al.,"Does Management Matter? Evidence from India",*The Quarterly Journal of Economics*,Vol.128,No.1,2013,pp.1—51.

系数的经济学含义：系数为-0.0061，行业内工会员工比例位于25%的值为5，行业内工会员工比例位于75%的值为19，因而劳动力市场较为灵活的行业与劳动力市场相对摩擦的行业，在外资并购后的全要素生产率增长差异大约为8.54%，而外资并购对企业全要素生产率大约增加了8.69%，因此，劳动力市场较为灵活的行业中的企业样本在更大程度上解释了外资并购对企业全要素生产率的影响结果。

表4-10列(7)(dd × 技能)系数为0.0624，在1%的统计水平上显著为正，表明在技能密集型行业的样本中，企业的全要素生产率增长较快，换言之，技能密集型行业的企业样本能够解释大部分外资并购对企业全要素生产率的影响结果。交互项(dd × 技能)系数的经济学含义：系数为0.0624，行业技能密集度位于25%的值为4.065，行业内技能密集度位于75%的值为5.3，因而技能密集型行业与技术密集度低的行业，在外资并购后的全要素生产率增长差异大约为7.7%，而外资并购对企业全要素生产率大约增加了8.69%，因此，技能密集型行业中的企业样本在更大程度上解释了外资并购对企业全要素生产率的影响结果。

表4-10中，外资并购对企业成本加成的影响估计结果中，交互项(dd × fd)仅在列(8)不显著，其余均显著，结合外资并购对企业全要素生产率的影响估计结果，说明在外部融资依赖程度低的行业、信息技术密集度高的行业、劳动力市场较为灵活的行业，外资并购带来的福利效应较高。

四、 其他产出变量

本部分所选用的其他产出变量主要包括企业的总产出、利润率、负债率与流动比率、就业或企业规模、平均工资、国内销售比率、资产回报率和增加值率。外资并购后除了会引进更先进的生产技术外，还有可能会招聘更多具有经验和技术的工人，扩大生产规模，支付更高的工资来吸引人才(Girma 和 Görg，2007[1])。布卢姆等[2]发现，美国跨国公司的所有权优势除了投资于信息技术与数字化转型外，还通过强化企业人力资本方面的管理来提高企业的经营效率。在发展中

[1] Girma S., H. Görg, "Evaluating the Foreign Ownership Wage Premium Using ADifference-In-Differences Matching Approach", *Journal of International Economics*, Vol.72, No.1, 2007, pp.97-112.

[2] Bloom N., B.Eifert, A.Mahajan, et al., "Does Management Matter? Evidence from India", *The Quarterly Journal of Economics*, Vol.128, No.1, 2013, pp.1-51.

国家,另一个影响企业成长和全要素生产率的重要因素是融资约束,外资身份能够使企业避免受到银行在信贷方面的歧视,且跨国公司能够获得更多的贷款;此外跨国公司内部的资本市场也有利于境外子公司获得更高的流动性,带来运营资本(Antràs 和 Hansberg,2009①)。

国内市场的销售率衡量的是企业对国内市场的重视程度,如果国内销售比率越高,说明企业较为重视国内市场。根据跨国公司的林德假说(Linder Hypothesis),随着一国销售收入的增加,会吸引更多的跨国公司进入并生产更多种类和更高质量的产品(Linder,1961②;Fajgelbaum,2011③)。而从并购私营企业的案例研究来看,外资并购能够提高目标企业的经营绩效,同时目标企业的国内销售网络也有利于外资方快速地渗透中国市场(范黎波等,2016④),这也说明外资为抢占中国市场,会通过收购中国企业来利用中方企业的本土销售网络。但并购交易案例的样本相对较少,而大多数外资并购的实证研究都发现,外资并购后,子公司会利用跨国公司的全球销售网络进入国际市场,积极参与全球价值链(Arnold 和 Javorcik,2009⑤),更多的产品出口可能会导致企业国内销售比率的下降。增加值率是衡量企业绩效的一个重要指标,大量实证产业组织文献用于考察企业的垂直一体化,增加值率越高的企业,说明企业能够更多利用企业自身生产的中间投入品或进行更多的垂直一体化活动。产业组织理论指出,并购是企业实施垂直一体化的重要战略,使子公司能够利用跨国公司总部的服务来提高企业的经营效率(Keller 和 Yeaple,2013⑥)。另外,跨国公司的垂直一体化还与离岸外包相关,这种离岸外包方式主要是企业内外包,即跨国公司有可能将部分工序转移至境外的子公司中。替换企业的其余产出变量后的估计结果报告见表4-11。

---

①　Antràs P.,E.Rossi-Hansberg,"Organizations and Trade",*Annual Review of Economics*,Vol.1,No.1,2009,pp.43-64.

②　Linder S.B.,*An Essay on Trade and Transformation*,Stockholm:Almqvist & Wiksell,1961,p.98.

③　Fajgelbaum P.,G.M.Grossman,E.Helpman,"Income Distribution,Product Quality,and International Trade",*Journal of Political Economy*,Vol.119,No.4,2011,pp.721-765.

④　范黎波、马聪聪、周英超:《中国企业跨国并购学习效应的实证研究——经验学习和替代学习的视角》,《财贸经济》2016 年第 10 期。

⑤　Arnold J.M.,B.S.Javorcik,"Gifted Kids or Pushy Parents? Foreign Direct Investment and Plant Productivity in Indonesia",*Journal of International Economics*,Vol.79,No.1,2009,pp.42-53.

⑥　Keller W.,S.R.Yeaple,"The Gravity of Knowledge",*American Economic Review*,Vol.103,No.4,2013,pp.1414-1444.

表4-11 其余产出变量

外资并购私营企业

变量	(1) OP_TFP	(2) LP_TFP	(3) 劳动生产率	(4) 总产出	(5) 利润率	(6) 负债率	(7) 流动比率	(8) 就业	(9) 工资	(10) 国内销售	(11) 资产回报率	(12) 增加值率
dd	0.0721*** (0.0169)	0.0721*** (0.0169)	0.107*** (0.0220)	0.106*** (0.0262)	0.00867*** (0.0019)	-0.0532*** (0.0073)	0.273*** (0.0592)	0.0680*** (0.0226)	0.0394*** (0.0098)	-0.0465*** (0.0076)	0.00813** (0.0039)	0.00238 (0.0026)
N	33170	33170	33170	33170	33170	33170	33170	33170	33170	33170	33170	33170

外资并购国有企业和集体企业

变量	(1)	(2)	(3)	(4)	(5)	(6)	(7)	(8)	(9)	(10)	(11)	(12)
dd	0.0929*** (0.0280)	0.0929*** (0.0280)	0.136*** (0.0368)	0.165*** (0.0416)	0.00722** (0.0034)	-0.0282*** (0.0091)	0.241*** (0.0916)	0.0916*** (0.0355)	0.0641*** (0.0159)	-0.0521*** (0.0104)	0.0133** (0.0060)	0.114 (0.0951)
N	16116	16116	16116	16116	16116	16113	16116	16116	16116	16116	16116	16116

从表4-11报告的企业其余产出变量的估计结果中,无论是外资并购私营企业还是外资并购国有企业和集体企业,得到的结论基本一致。从列(1)—列(4)中,被解释变量为企业奥利和帕克斯法全要素生产率、莱文森和彼得林法全要素生产率、劳动生产率和总产出,发现交互项(dd)系数在1%的统计水平上显著为正,相对于对照组企业,外资并购的目标企业生产率与总产出得到提升,样本期间内目标企业的总产出和劳动生产率增加至少在10%以上。列(5)考察的是外资并购对目标企业利润率的影响,结果显示利润率的交互项(dd)系数为0.009和0.007,在1%的统计水平上显著为正,表明外资收购的目标企业,相对于对照组样本,利润率水平有所提高,利润率能够增加1%左右。

表4-11列(6)中被解释变量为负债率,交互项系数在1%的统计水平上显著为负,表明外资并购后企业的负债率显著下降,样本期间内企业的负债率下降了5%。列(7)中被解释变量为企业的流动比率,交互项系数显著为正,即外资并购提高了企业的流动比率,企业偿还债务的能力也越高,有利于企业获得更多的贷款,进而提高企业的经营效率。在表4-2中,企业的负债率系数显著为负,负债率下降能够提高企业的全要素生产率;流动比率系数显著为正,即流动比率越高的企业全要素生产率也越高,说明外资并购有可能通过改善目标企业的融资条件,进而来提高企业的生产率(罗长远和陈琳,2011[①])。

列(8)和列(9)为外资并购对目标企业就业和工资的影响,发现交互项系数在1%的统计水平上显著为正,即外资并购后,目标企业的规模和工资水平显著增加。表明企业被外资收购后,会扩大就业规模,尤其是增加技术员工或有经验员工的就业,进而提高了企业的平均工资,也说明外资企业更加重视人力资本的投资。同样在表4-2中,企业的就业规模与工资水平能够显著地提高企业的生产率,因而外资并购有可能会通过增加就业和工资水平来提高企业的生产率。

列(10)为外资并购对企业国内销售率的影响,交互项系数在1%的统计水平上显著为负,即目标企业国内的销售有所下降,说明外资并购后,能够将子公司加入跨国公司的全球生产或销售网络来扩大出口(Guadalupe等,2012[②])。列

---

① 罗长远、陈琳:《FDI是否能够缓解中国企业的融资约束》,《世界经济》2011年第4期。

② Guadalupe M., O.Kuzmina, C.Thomas, "Innovation and Foreign Ownership", *American Economic Review*, Vol.102, No.7, 2012, pp.3594-3627.

(11)为外资并购对企业资产回报率的影响,交互项系数在1%的统计水平上显著为正,表明企业在被外资并购后,其资产回报率显著地上升。列(12)为外资并购对企业增加值率的影响,交互项系数虽然为正但不显著,外资并购不能显著地提高目标企业的增加值率。此外,增加值率通常被学者们认为是垂直一体化的重要衡量指标(Li 等,2017)①,从本章的估计结果来看,外资并购并没有显著地提高企业的垂直一体化,这与阿塔莱等②的结论并不一致。

五、 中介效应估计结果

前文的实证检验发现,外资并购能够显著地提高企业的全要素生产率和成本加成,尤其是对企业的全要素生产率增长较为明显,即存在外资的所有权优势。进一步地,外资并购是通过何种渠道来影响企业的生产率,本部分构建中介效应模型对其中的传导关系进行检验。关于中介效应模型,尤其是因果关系的中介效应(如双重差分模型等),将不同于普通的中介效应模型,为识别其中的因果关系,需要两组非混淆性假设来限定两者之间的关系,具体而言,本章将参考伊迈和拉特科维奇(Imai 和 Ratkovic,2014)③的中介效应模型,通过一个非参数的估计方法,即通过双重差分模型来预测中介变量的值,再将估计出来的中介变量引入双重差分模型中,才能够得到平均中介因果效应(Average Causal Mediation Effect,ACME),具体如以下模型:

$$m_{it} = \alpha_0 + \alpha_1 dt + \alpha_2 dyear + \beta dd + \varepsilon_{it} \tag{4-8}$$

对模型(4-8)采用普通最小二乘估计可以得到 α_0、α_1、α_2 和 β 的估计值 $\hat{\alpha_0}$、$\hat{\alpha_1}$、$\hat{\alpha_2}$ 和 $\hat{\beta}$,进一步地预测 m_{it} 的值,即 $\hat{m_{it}}$,将预测值引入双重差分模型(4-9):

$$y_{it} = \alpha_0 + \alpha_1 dt + \alpha_2 dyear + \beta dd + \delta \hat{m_{it}} + v_{it} \tag{4-9}$$

对模型(4-9)进行估计即可得到中介因果关系。在中介变量的选取上,本

① Li,H.C.,W.C.Lee,B.T.Ko,"What Determines Misallocation in Innovation? A Study of Regional Innovation in China",*Journal of Macroeconomics*,Vol.52,2017,pp.221-237.

② Atalay E.,A.Hortaçsu,C.Syverson,"Vertical Integration and Input Flows",*American Economic Review*,Vol.104,No.4,2014,pp.1120-1148.

③ Imai K.,M.Ratkovic,"Covariate Balancing Propensity Score",*Journal of the Royal Statistical Society*:*Series B*(*Statistical Methodology*),Vol.76,No.1,2014,pp.243-263.

章选取管理费用和产能利用率作为中介变量。在被外资并购后,跨国公司在组织管理效应和生产协调方面更具有实践性经验,如降低企业的管理费用,削减不必要的开支等来提高企业的组织管理效率,布卢姆等(Bloom 等,2015)[1]发现被收购的企业其组织管理实践显著提高,本德等(Bender 等,2018)[2]对印度企业的随机选择的管理实践的试验,研究发现,企业的组织管理实践对企业的生产运营、人力资本管理和绩效均具有持续性的影响。而且,在被外资并购后,跨国公司引入新的组织管理经验和生产工艺,来避免生产过程中的浪费,并使投入要素得到更好的利用,即提高了企业的产能利用率进而提高企业的全要素生产率。中介效应模型估计的结果见表 4-12。

表 4-12　中介效应模型估计结果

变量	外资并购私营企业				外资并购国有企业和集体企业			
	(1)	(2)	(3)	(4)	(5)	(6)	(7)	(8)
	ACF_TFP	管理费用	ACF_TFP	产能利用率	ACF_TFP	管理费用	ACF_TFP	产能利用率
dd	0.0728 *** (0.0182)	-0.00372 *** (0.0013)	0.0338 *** (0.0121)	0.00820 *** (0.0022)	0.0703 ** (0.0293)	-0.0126 *** (0.0044)	0.0305 (0.0187)	0.0112 *** (0.0040)
adm_ex	-3.722 *** (0.0767)				-1.649 *** (0.0529)			
cu			6.477 *** (0.0297)				5.942 *** (0.0368)	
N	33170	33170	33170	33170	16116	16116	16116	16116

注:括号内为标准误差,*、** 和 *** 分别表示 10%、5% 和 1% 的显著性水平。主要采用的估计方法为普通最小二乘回归,被解释变量分别为衡量企业绩效特征变化的生产率和成本加成,中介变量和其他产出变量,二位行业固定效应、年份固定效应、省份固定效应没有报告。列(1)—列(4)和列(5)—列(8)分别报告的是外资并购私营企业,以及外资并购国有企业和集体企业的估计结果。

从表 4-12 的中介效应模型估计来看,列(1)和列(5)中,交互项(dd)系数在 1% 的统计水平上显著为正,即外资并购能够提高企业的全要素生产率,管理费用(adm_ex)系数在 1% 的统计水平上显著为负,即企业管理费用的下降能够提高企业的全要素生产率。列(2)和列(6)中,以企业管理费用作为被解释变

①　Bloom N., C. Propper, S. Seiler, et al., "The Impact of Competition on Management Quality: Evidence from Public Hospitals", *The Review of Economic Studies*, Vol.82, No.2, 2015, pp.457-489.

②　Bender S., N. Bloom, D. Card, et al., "Management Practices, Workforce Selection, and Productivity", *Journal of Labor Economics*, Vol.36, No.S1, 2018, pp.S371-S409.

量,交互项系数显著为负,即外资并购后,企业的管理费用显著下降,因而外资并购后,能够通过影响企业的组织管理进而来影响企业的全要素生产率,即外资并购通过降低企业的管理支出,提高管理效应来实现全要素生产率的上升,这一结论与布卢姆等①的结果一致。列(3)中引入了企业的产能利用率,交互项(dd)系数在1%的统计水平上显著为正,且产能利用率(cu)系数在1%的统计水平上显著为正,即产能利用率越高的企业,其全要素生产率也越高,列(4)中,交互项(dd)系数在1%的统计水平上显著为正,即外资并购后能够提高企业的产能利用率,进而提高企业的全要素生产率。

六、 委托代理问题

外资并购提高了资产的配置效率,通过资源的重新优化配置来提高生产率,而且,并购也有可能会改变企业的公司治理和企业控制权的更替,如替换高层管理人员,母公司会向子公司派遣具有经验的管理人员(Braguinsky 等,2015)②。现有的文献从组织经济学角度探讨了管理者技能,企业人力资本管理对企业绩效的影响,如本德等③对德国企业与员工的研究和布卢姆等④考察印度企业均发现,高层管理人员是影响企业绩效的重要因素,而发展中国家与发达国家之间的生产率差异,其中也有一部分是由管理实践差异来解释。前文的影响机制模型验证了外资并购后,会通过提高企业的组织管理效率来提高企业的全要素生产率。此外,还有一个重要方面即外资并购后的委托代理问题,外资并购后经理人的激励与努力都有可能发生变化(Bloom 等,2015④)。在私营企业上,委托代理问题可能并不明显,经理人的激励机制相对较为完善,为获得更高的报酬与股权,会努力工作。而在国有或集体企业中,存在着较为明显的代理问题或经理人

① Bloom N., B.Eifert, A.Mahajan, et al., "Does Management Matter? Evidence from India", *The Quarterly Journal of Economics*, Vol.128, No.1, 2013, pp.1-51.

② Braguinsky S., A. Ohyama, T. Okazaki, et al., "Acquisitions, Productivity, and Profitability: Evidence from the Japanese Cotton Spinning Industry", *American Economic Review*, Vol.105, No.7, 2015, pp.2086-2119.

③ Bender S., N.Bloom, D.Card, et al., "Management Practices, Workforce Selection, and Productivity", *Journal of Labor Economics*, Vol.36, No.S1, 2018, pp.S371-S409.

④ Bloom N., B.Eifert, A.Mahajan, et al., "Does Management Matter? Evidence from India", *The Quarterly Journal of Economics*, Vol.128, No.1, 2013, pp.1-51.

的激励问题(Brandt等,2017①)。本部分借鉴勃兰特等②和阿加沃尔等(Aggarwal等,2011)③的处理方法考察外资并购、委托代理与企业绩效。在中国工业企业数据库中,企业的法人代表大多为企业的总经理等高层管理人员,本部分利用这一信息来考察外资并购是否会影响管理层的更替,进而影响企业的绩效。本部分预期国有、集体企业面临着更加严重的委托代理问题,外资并购对企业绩效、管理层更替的影响估计结果见表4-13。

表 4-13　外资并购对企业绩效、管理层更替的影响

变量	外资并购私营企业			外资并购国有企业和集体企业		
	(1)	(2)	(3)	(4)	(5)	(6)
	ACF_TFP	成本加成	管理层更替	ACF_TFP	成本加成	管理层更替
dd	0.0861 *** (0.0189)	0.0168 *** (0.0053)	0.116 (0.1626)	0.0954 *** (0.0303)	0.0150 *** (0.003)	0.167 ** (0.0658)
dt	−0.0121 (0.0134)	−0.00300 (0.0037)	3.522 *** (0.1291)	−0.0278 (0.0232)	0.0086 *** (0.002)	0.290 *** (0.0510)
dyear	−0.0333 ** (0.0152)	−0.0213 *** (0.0043)	0.647 *** (0.1588)	−0.0271 (0.0251)	0.0161 *** (0.002)	0.361 *** (0.0476)
CEO	0.00558 (0.0145)	−0.000357 (0.0033)		0.0425 *** (0.0156)	0.0041 *** (0.001)	
N	33170	33170	33170	16116	15796	16116

注:外资并购私营企业样本中,管理层更替的样本有771家,占比26%;外资并购国有企业和集体企业样本中,有502家企业的管理人员更换,占比42%。列(3)和列(6)的被解释变量为管理层更替虚拟变量,估计模型为二值逻辑单位回归模型。括号内为标准误差,*、** 和 *** 分别表示10%、5%和1%的显著性水平。

　　表4-13的列(1)—列(2)中,交互项(dd)系数显著为正,即外资并购能够提高企业的全要素生产率与成本加成,但管理层更替虚拟变量(CEO)系数不显著,即在外资并购私营企业样本中,管理层更替并不能显著地提高企业的全要素生产率与成本加成。列(3)中,交互项系数不显著,外资并购后并不会改变企业的管理层。在列(4)—列(6)交互项(dd)系数在5%的统计水平上显著为正,说

　　① Brandt L., J. Van Biesebroeck, L. Wang, et al., "WTO Accession and Performance of Chinese Manufacturing Firms", *American Economic Review*, Vol.107, No.9, 2017, pp.2784−2820.

　　② Brandt L., J. Van Biesebroeck, L. Wang, et al., "WTO Accession and Performance of Chinese Manufacturing Firms", *American Economic Review*, Vol.107, No.9, 2017, pp.2784−2820.

　　③ Aggarwal R., I. Erel, M. Ferreira, et al., "Does Governance Travel Around the World? Evidence from Institutional Investors", *Journal of Financial Economics*, Vol.100, No.1, 2011, pp.154−181.

明外资并购国有和集体企业样本后,企业的全要素生产率和成本加成有所上升,且更为重要的是列(6)中,外资并购后,相对于民营化企业,外资私有化企业的管理层将会更替,而管理层更换能够提高企业的全要素生产率,同时会提高企业的成本加成。这一结论说明,外资私有化后,会加强对企业的直接监督管理,调整管理层的激励体系,并更换不努力工作的管理人员。本部分的估计结果表明,外资私有化后,存在严重的委托代理问题的企业,会有较为完善的激励机制来敦促管理人员努力工作。

本章利用 1998—2007 年中国工业企业数据库考察了外资并购与目标企业产出绩效(包括生产率、成本加成)之间的因果关系。采用阿克伯格法估计了企业的生产率以及成本加成,简单比较发现外资企业的生产率要高于内资企业,而成本加成的差异并不明显。在第四章逻辑单位模型的基础上,采用近邻匹配法为外资并购的目标企业匹配到与其具有相似特征的对照组样本,进一步地采用双重差分模型进行实证研究。归纳而言,本章得到的基本结论如下:

(1)外资并购能够显著地提高目标企业的生产率与成本加成,从滞后效应的结果来看,外资并购对目标企业的全要素生产率具有持续性的促进作用,但对目标企业成本加成的影响仅在并购的当年与第二年具有正向作用,并购两年后则与对照组企业样本相似。从这一结论来看,外资并购后生产率的提升带来的成本下降有可能以较低的价格转移至消费者手中,企业则保留了较少的剩余收益,外资以并购方式有可能提升消费者福利水平。

(2)在区分东部与中西部目标企业样本后,外资并购东部私营企业能够显著地提高其全要素生产率,而对中西部地区的私营企业并购其全要素生产率则没有显著增加;但外资并购国有企业和集体企业时却发现,收购东部地区的国有企业和集体企业其生产率增长较为缓慢,而外资并购中西部地区的企业样本能够显著增进其全要素生产率。这就说明,在东部地区,国有和集体企业的改革无论是引进外资私有化还是进行内资民营化,都没有显著性的差异,而中西部地区的国有和集体企业改革则应该引入外资企业以获得更好的技术与组织管理经验。

(3)区分外资来源地后,发现来自经济合作与发展组织发达国家的外资并购能够显著地提高目标企业的全要素生产率,且这种影响也具有持续性,而港澳台资并购对目标企业全要素生产率的提升效应并不具有持续性。

(4)在引入行业的融资依赖程度、信息技术密集度、劳动力市场管制程度、技能密集度后,发现在融资依赖程度较低与劳动力市场管制程度低的行业,以及在信息技术密集度和技术密集度更多的行业,外资并购能够显著地提高这些行业内目标企业的生产率。在融资依赖程度较低,劳动力市场管制程度低以及信息技术密集度更高的行业,外资并购能显著地提高这些行业内目标企业的成本加成。

(5)本章主要是从企业的组织管理与委托代理两个角度来考察外资并购对目标企业全要素生产率、成本加成的影响机理,发现外资并购后能够通过提高目标企业的产能利用率和组织管理效率来实现生产率的增长;在代理问题上,外资并购国有企业和集体企业后,会通过更换目标企业的管理人员来实现更有效的激励机制。

本章为理解外资并购与目标企业的生产率、成本加成之间的因果关系提供了一个更加深入的实证研究经验证据,客观地评估了外资并购对目标企业的产出绩效效应,为我国外资并购政策的制定与实施提供一个微观企业层面的经验证据。本章的结论,在某种程度上验证了中国当前的外商投资政策的自由化和促进外资并购政策能够带来正向效应,可以通过降低外商投资的行业限制和促进外资并购来提高企业的生产率。

第五章　外资进入如何影响本土企业全球价值链嵌入

本章的主要目的从出口国内附加值层面来分析外资进入对本土企业全球价值链嵌入的影响。①

第一节　外资进入对本土企业全球价值链嵌入影响的研究背景

20世纪90年代以来,国际分工形式发生了巨大的变化,逐步形成了"产品内分工"。随着国际分工的深化,产品生产的增值环节(包括设计、研发、制造、组装以及营销等)在全球范围内进行切割与布局,价值链向全球延伸,世界经济也由此开始步入全球价值链时代(魏军波和黎峰,2017②)。在现阶段,全球价值链由跨国公司主导,根据联合国贸易和发展会议(UNCTAD)资料的统计,全球贸易将近80%是通过跨国公司实现的。在某种意义上可认为,跨国公司开展的国际投资形成了全球价值链的主动脉,直接决定了全球价值链的广度与深度(白光裕和庄芮,2015③)。近三十年尤其是加入世界贸易组织以来,我国凭借快速的经济增长和日益开放的引资环境,吸引了大量跨国公司进驻我国开展国际直

---

① 本章部分内容作为前期成果(阶段性成果)公开发表于:毛其淋和许家云:《外资进入如何影响了本土企业出口国内附加值?》,《经济学(季刊)》2018年第4期。
② 魏军波、黎峰:《全球价值链分工下的属权出口产品质量——基于增加值的视角》,《世界经济与政治论坛》2017年第5期。
③ 白光裕、庄芮:《全球价值链与国际投资关系研究——中国的视角》,《国际贸易》2015年第6期。

接投资活动。根据联合国贸发组织发布的《2010—2012世界投资前景调查报告》①,在世界前15个最具吸引力的投资目的地名单中,中国位居榜首;截至2015年,我国累计实际利用外资1.6万亿美元,约占同期全球总量的8%,是继美国之后吸引外资第二多的国家。

如此大规模的外资进入极大地推动了我国出口贸易的增长(黄玖立和冼国明,2010②;刘修岩等,2011③),在一定程度上成就了中国"出口增长奇迹"。然而,也有一些研究认为,外资进入在促进中国出口快速增长的同时,却可能会导致出口贸易陷入低品质"粗放型"增长的陷阱(Bin和Jiangyong,2009④;李坤望等,2014⑤)。克拉默(Cramer,1999)⑥进一步指出,发展中国家由于受自身比较优势的限制,在国际生产分工中往往被迫嵌入全球价值链的低端生产环节,而这些低端生产环节容易受发达国家跨国公司行为所钳制,进而会被长期"低端锁定",难以获取相应的附加值。在全球价值链分工的背景下,单纯的出口规模显然已无法准确地反映一国(地区)的出口竞争优势和贸易收益,更为重要的是看其从出口中获取产品附加价值的能力与大小。也正因为如此,我国"十二五"规划纲要就明确指出"要提高中国出口产品的技术含量和附加值,加快转变外贸发展方式,引导产业向价值链高端延伸"。那么,过去数十年迅猛的外资进入究竟对中国本土企业出口国内附加值产生了怎样的影响,背后的作用机制是什么,以及什么类型外资所产生的作用更大?遗憾的是,当前鲜有文献就此进行专文研究。而对这一系列问题的深入探讨,不仅有助于更全面、准确地揭示外资进入与我国出口贸易发展的关系,而且对理解我国本土企业出口所处全球价值链的分工地位,以及对如何通过利用外资政策来增强我国本土企业俘获产品附加值能力,进而谋求全球分工地位升级具有重要的理论价值和现实意义。

① 其调查对象包括236家全球最大的跨国公司和116个国家的投资促进机构。

② 黄玖立、冼国明:《金融发展、FDI与中国地区的制造业出口》,《管理世界》2010年第7期。

③ 刘修岩、易博杰、邵军:《示范还是挤出?FDI对中国本土制造业企业出口溢出的实证研究》,《世界经济文汇》2011年第5期。

④ Bin Xu,Jiangyong,Lu.,"Foreign Direct Investment,Processing Trade,and the Sophistication of China's Exports",*China Economic Review*,Vol.20,No.3,2009,pp.425–439.

⑤ 李坤望、蒋为、宋立刚:《中国出口产品品质变动之谜:基于市场进入的微观解释》,《中国社会科学》2014年第3期。

⑥ Cramer C.,"Can Africa Industrialize By Processing Primary Commodities? The Case of Mozambican Cashew Nuts",*World Development*,Vol.27,No.7,1999,pp.1247–1266.

鉴于此,本章旨在以中国加入世界贸易组织之后大幅度的外资自由化为背景,深入考察外资进入对我国本土企业嵌入全球价值链的微观影响及其作用机制。相比于已有的相关研究,本章可能在以下几个方面有所贡献:第一,本章或许是国内首篇利用 2000—2007 年中国工业企业数据与海关贸易数据通过测算企业在全球价值链嵌入程度——出口国内附加值率[①]来从微观层面系统研究外资进入是否以及如何影响本土企业出口国内附加值率的文献。研究发现,外资进入的水平溢出渠道降低了本土企业出口国内附加值率,但通过前、后向关联渠道显著提高了本土企业出口国内附加值率,外资进入总体上促进了本土企业的出口升级。第二,本章将对外引进外资与内部制度环境因素纳入统一的分析框架,发现在制度越完善的地区,外资进入对我国本土企业出口国内附加值率的提升作用就越大。由此得到的一个重要启示是,我国在出台政策加大引进外资力度的同时,还应当不断完善国内制度环境,即通过全面深化改革(包括对外和对内)来促使本土企业突破全球价值链"低端锁定"困境和提升出口竞争力。第三,本章还以 2002 年我国政府对《外商投资产业指导目录》的修订而引致的大幅度外资自由化作为准自然实验,首次采用双重差分法研究外资进入对我国本土企业出口国内附加值率的动态影响,并通过构建中介效应模型检验了其微观作用机制,进而深化了对外资进入与本土企业出口升级关系的理解。

第二节　指标测度与典型化事实

一、　企业出口国内附加值率的测度

与已有的基于宏观层面的投入产出表方法(Koopman 等,2012[②])测算出口国内附加值率不同,本章借鉴厄普沃德等(Upward 等,2013)[③]、基和唐(Kee 和

---

①　本章将在第二节介绍该指标的测算方法。

②　Koopman R.,Z.Wang,S.J.Wei,"Estimating Domestic Content in Exports When Processing Trade is Pervasive",*Journal of Development Economics*,Vol.99,No.1,2012,pp.178-189.

③　Upward R.,Z.Wang,J.Zheng,"Weighing China's Export Basket:the Domestic Content and Technology Intensity of Chinese Exports",*Journal of Comparative Economics*,Vol.41,No.2,2013,pp.527-543.

Tang,2016)①以及张杰等(2013)②的思路,利用中国工业企业数据库与海关贸易数据库,从微观层面测算企业出口国内附加值率,将其表示为:

$$dvar_{ijt} = (EX_{ijt}^{O} + EX_{ijt}^{P}) - \left(\frac{EX_{ijt}^{O} + EX_{ijt}^{P}}{Y_{ijt}}\right) \cdot (IM_{ijt}^{IO} + IM_{ijt}^{IP}) \qquad (5-1)$$

其中,下标 i 、j 和 t 分别表示为企业、行业和年份;EX_{ijt}^{O} 与 EX_{ijt}^{P} 分别表示一般出口产品额与加工出口产品额,二者相加得到企业出口总额(即 $EX_{ijt} = EX_{ijt}^{O} + EX_{ijt}^{P}$),它们可从海关贸易数据库直接统计得到;IM_{ijt}^{IO} 与 IM_{ijt}^{IP} 分别为一般进口中间品与加工进口中间品,二者相加得到进口中间品总额(即 $IM_{ijt}^{I} = IM_{ijt}^{IO} + IM_{ijt}^{IP}$);Y_{ijt} 为企业产出(用企业总产值来表示),可通过中国工业企业数据库直接获得。但对企业中间品进口额信息的获得则相对间接,为了准确起见,首先需要处理以下几类问题。

第一,处理贸易代理商问题。我们首先根据安等(Ahn 等,2011)③的做法,将海关贸易数据库中的企业名称中包含"进出口""经贸""贸易""科贸""外经"等字样的企业归属为贸易代理商;然后计算各二位码制造业行业 j 中通过贸易代理商方式进口额占行业总进口的比重,得到 $share_{jt}$;最后根据公式 $IM_{ijt}^{adj} = IM_{ijt}/(1 - share_{jt})$ 计算企业实际进口额,其中 IM_{ijt} 为海关贸易数据库中记录的企业进口额,相应地,调整后的一般贸易进口额与加工贸易进口额分别为 $IM_{ijt}^{adj\_O}$ 与 $IM_{ijt}^{adj\_P}$ 。

第二,识别企业进口中间品。对加工贸易企业而言,其所进口的产品均被用于出口品生产的中间投入(Upward 等,2013④),因此,它们的中间品进口额可表示为 $IM_{ijt}^{IP} = IM_{ijt}^{adj\_P}$ 。对一般贸易企业,我们需要通过将广义经济分类标准(Broad Economic Categories,BEC)与海关贸易数据库中HS6位码产品进行关联,

①　Kee H.L.,H.Tang,"Domestic Value Added in Exports:Theory and Firm Evidence from China", *American Economic Review*,Vol.106,No.6,2016,pp.1402-1436.

②　张杰、陈志远、刘元春:《中国出口国内附加值的测算与变化机制》,《经济研究》2013 年第 1 期。

③　Ahn J.,A.K.Khandelwal,S.J.Wei,"The Role of Intermediaries in Facilitating Trade",*Journal of International Economics*,Vol.84,No.1,2011,pp.73-85.

④　Upward R.,Z.Wang,J.Zheng,"Weighing China's Export Basket:the Domestic Content and Technology Intensity of Chinese Exports",*Journal of Comparative Economics*,Vol. 41,No. 2,2013,pp.527-543.

来识别企业所进口的产品究竟是属于中间品、资本品还是消费品。在完成识别之后,我们可将一般贸易企业的中间品进口额表示为 $IM_{ijt}^{IO} = IM_{ijt}^{adj\_O}|_{BEC}$。

第三,考虑到在现实中,一些企业所使用的国内原材料部分含有国外产品元素。① 库普曼等(Koopman 等,2012)②研究发现,中国加工贸易企业使用的国内原材料含有的国外产品份额介于5%至10%之间。为了准确地测算企业出口国内附加值率,我们需要将这部分国外产品元素加以剔除。在基本测算过程中,我们设定国内原材料含有的国外产品份额为5%③,那么企业使用的国内原材料含有的国外产品元素可表示为:$IM_{ijt}^{F} = 0.05 \times \left(ITM_{ijt} - \left(\dfrac{EX_{ijt}^{O} + EX_{ijt}^{P}}{Y_{ijt}} \right) \cdot (IM_{ijt}^{IO} + IM_{ijt}^{IP}) \right)$,

其中 ITM_{ijt} 表示企业的中间品投入额。除此之外,我们还参照基和唐④以及张杰等(2013)⑤所建议的方法进一步处理了企业过度进口(excessive importers)⑥问题。

在进行上述处理之后并结合企业贸易方式的差异,我们可将企业出口国内附加值率进一步表示为⑦:

$$
dvar_{ijt}^{C} = \begin{cases} 1 - \dfrac{IM_{ijt}^{adj\_O}|_{BEC} + IM_{ijt}^{F}}{Y_{ijt}}, C = O \\[3mm] 1 - \dfrac{IM_{ijt}^{adj\_P} + IM_{ijt}^{F}}{Y_{ijt}}, C = P \\[3mm] \varphi_O \cdot \left(1 - \dfrac{IM_{ijt}^{adj\_O}|_{BEC} + IM_{ijt}^{F}}{Y_{ijt}} \right) + \varphi_P \cdot \left(1 - \dfrac{IM_{ijt}^{adj\_P} + IM_{ijt}^{F}}{Y_{ijt}} \right), C = M \end{cases} \tag{5-2}
$$

---

① 导致这一现象的原因可能有两个方面:其一是企业可能通过向其他一般进口企业购买原材料,从而实现间接进口;其二是国内原材料中包含国外附加值成分。

② Koopman R.,Z.Wang,S.J.Wei,"Estimating Domestic Content in Exports When Processing Trade is Pervasive",*Journal of Development Economics*,Vol.99,No.1,2012,pp.178−189.

③ 需要说明的是,在下文的实证研究中,我们还尝试将国内原材料含有的国外产品份额设定为10%进行重新测算,以考察结果的稳健性。

④ Kee H.L.,H.Tang,"Domestic Value Added in Exports:Theory and Firm Evidence from China",*American Economic Review*,Vol.106,No.6,2016,pp.1402−1436.

⑤ 张杰、陈志远、刘元春:《中国出口国内附加值的测算与变化机制》,《经济研究》2013 年第 1 期。

⑥ 所谓过度进口是指一些企业的中间品进口额大于企业总体的中间品投入额,若不对该问题加以处理,则会导致对企业出口国内附加值的低估。

⑦ 在测算一般贸易企业出口国内附加值率时假定它们在生产本地销售产品与出口产品时使用的投入品结构相同。

在式(5-2)中,O、P 和 M 分别表示纯一般贸易企业、纯加工贸易企业和混合贸易企业;φ_O 和 φ_P 分别表示混合贸易企业以一般贸易方式和加工贸易方式进行出口的比例。

二、 外资进入的测度

我们借鉴贾沃尔奇克(Javorcik,2004)[①]的做法,从行业内水平溢出、行业间前向关联和后向关联三个维度来综合刻画外资进入程度。其中,水平溢出指数(FDI^{Horiz})可表示为:

$$FDI_{jt}^{Horiz} = \sum_{i \in \Delta_j} \left(FS_{it} \cdot Y_{it} / \sum_{i \in \Delta_j} Y_{it} \right) \tag{5-3}$$

在式(5-3)中,Δ_j 表示行业 j 内的企业集合;FS_{it} 为企业 i 的外资比例,用企业 i 中外资资本(包括港澳台资本和外商资本)占总实收资本的份额来衡量;Y_{it} 表示企业 i 在第 t 年的总产出。由式(5-3)可知,水平溢出指数为行业 j 内企业外资比例的加权平均值,其中权重为行业内各企业的产出份额。

第二类指标为前向关联指数,它是度量位于上游行业的外资企业通过向 j 行业提供中间投入品而发生的前向溢出效应。根据贾沃尔奇克[②]的研究,只有在国内市场销售的中间品才与前向关联效应相关,外资企业所生产的用于出口的产品应当从前向关联指数中剔除,其具体构造方法如下:

$$FDI_{jt}^{Forw} = \sum_{m \neq j} \Phi_{jmt} \cdot \left[\sum_{i \in \Delta_m} FS_{it} \cdot \frac{(Y_{it} - EX_{it})}{\sum_{i \in \Delta_m}(Y_{it} - EX_{it})} \right] \tag{5-4}$$

这里 m 为行业 j 的上游行业;Φ_{jmt} 为 j 行业从 m 行业中购买的投入品的比重,具体可根据中国 2002 年投入产出表测算得到[③];EX_{it} 表示企业 i 在 t 年的出

① Javorcik B.S., "Does Foreign Direct Investment Increase the Productivity of Domestic Firms? in Search of Spillovers Through Backward Linkages", *American Economic Review*, Vol. 94, No. 3, 2004, pp.605-627.

② Javorcik B.S., "Does Foreign Direct Investment Increase the Productivity of Domestic Firms? in Search of Spillovers Through Backward Linkages", *American Economic Review*, Vol. 94, No. 3, 2004, pp.605-627.

③ 2002 年的投入产出表包含 135 个细分部门,这里我们根据"投入产出表部门分类与国民经济行业分类的对应表"可获得三位码行业的投入产出系数。此外,考虑到投入产出系数可能随年份变化,我们还尝试利用 2002 年投入产出表来测算 2000—2004 年的前向关联指标,利用 2007 年投入产出表来测算 2005—2007 年的前向关联指标,发现核心结论没有发生实质性变化。

引进外资与促进对外投资两大开放战略的协调机制与政策研究

口额。第三类指标为后向关联指数,它反映的是位于下游行业的外资企业通过向 j 行业购买投入品进而对 j 行业产生的后向溢出效应,与贾沃尔奇克[1]类似,我们构造如下式子进行测算:

$$FDI_{jt}^{Back} = \sum_{k \neq j} \Psi_{jkt} \cdot FDI_{kt}^{Horiz} \tag{5-5}$$

其中,k 为行业 j 的下游行业;权重 Ψ_{jkt} 表示行业 j 的产出投入到下游行业 k 的比例,具体可由中国 2002 年投入产出表测算得到[2];FDI_{kt}^{Horiz} 为下游行业 k 在 t 年的外资水平。由式(5-5)可知,后向关联指数 FDI_{jt}^{Back} 由行业 j 的所有下游行业的外资比例进行加权平均得到。

三、 典型事实分析

利用式(5-2)并结合中国工业企业数据库与海关贸易数据库的合并样本[3],可以计算得到 2000—2007 年我国本土企业出口国内附加值率,我们将该测算结果绘制在图 5-1 中。[4] 从中可以看到,我国本土企业出口国内附加值率在样本期内呈现逐年上升的趋势,由 2000 年的 60.5% 上升至 2007 年的 70.1%,8 年间增长了 9.6 个百分点,年均增长率为 2.1%。这说明在样本期内特别是中国加入世界贸易组织以来,本土企业出口竞争力和贸易收益不断提高,其在全球价值链上的地位有所提升。另外,图 5-1 还进一步描绘了不同贸易方式的本土企业出口国内附加值率的变化趋势,从中我们不难发现:第一,从事一般贸易的本土企业出口国内附加值率最高,其次是从事混合贸易,而进行加工贸易的本土企业出口国内附加值率最低;第二,从变动趋势上看,

---

① Javorcik B.S., "Does Foreign Direct Investment Increase the Productivity of Domestic Firms? in Search of Spillovers Through Backward Linkages", *American Economic Review*, Vol. 94, No. 3, 2004, pp.605-627.

② 同样地,我们也尝试利用 2002 年、2007 年投入产出表来分别测算 2000—2004 年、2005—2007 年的后向关联指标,发现核心结论没有实质性变化。

③ 本章第三部分将介绍对两套数据库的合并方法。

④ 需要说明的是,我们首先以企业占所在行业的出口份额为权重,将企业出口国内附加值率加权至行业层面,即 $DVAR_{jt} = \sum_{i \in \Omega_j} \dfrac{EXP_{it}}{\sum_{i \in \Omega_j} EXP_{it}} DVAR_{it}$;然后以行业的出口份额为权重,将行业出口国内附加值率加权至总体层面,即 $DVAR_t = \sum_j \dfrac{EXP_{jt}}{\sum_j EXP_{jt}} DVAR_{jt} = \sum_j \sum_{i \in \Omega_j} \dfrac{EXP_{it}}{\sum_j \sum_{i \in \Omega_j} EXP_{it}} DVAR_{it}$;最后以总体层面的加权平均国内附加值率为基础绘制变化趋势图。

从事混合贸易和加工贸易的本土企业出口国内附加值率在样本期内增长幅度较大,8年间分别增长了13.3个百分点和12.4个百分点,而一般贸易本土企业的出口国内附加值率在样本期内仅增长了7.8个百分点,这意味着,混合贸易和加工贸易对推动中国本土企业出口国内附加值率的提升起到了举足轻重的作用。

很显然,不论从事何种贸易方式,本土企业出口国内附加值率自中国加入世界贸易组织以来均得到了不同幅度的提升,另一个不容忽视的事实是,在此期间外资大规模地进入我国各个行业中(见图5-2)。我们发现,外资进入的三类外溢指数在大小上均呈现波动上升的变化趋势,这说明跨国公司与本土企业不仅在行业内水平联系越来越强,而且二者在行业间垂直联系也越发紧密。我们更为感兴趣的问题是,我国本土企业出口国内附加值率的动态变化与外资进入之间究竟存在怎样的内在关系? 为了初步回答这一问题,我们根据本土企业所在行业的三类外资进入溢出指数的中位数为临界点,将本土企业样本划分为“高外资进入组”与“低外资进入组”两部分,然后对两个组别的本土企业出口国内附加值率进行均值检验,结果报告见表5-1。从中可以看出,对处在行业内外资进入程度较高的本土企业而言,其出口国内附加值率的均值显著低于处在行业内外资进入程度较低的本土企业;而位于前向关联(或后向关联)程度较高的行业中的本土企业,其出口国内附加值率也相对较大。这初步说明,行业内的外资竞争倾向于降低本土企业出口国内附加值率,而外资进入通过前向、后向产业关联有利于提高本土企业出口国内附加值率。

表5-1　均值检验结果

变量	低外资进入组的企业出口国内附加值率均值	差异值	t值
水平溢出指数	0.672	-0.005***	(-6.24)
前向关联指数	0.666	0.006***	(8.01)
后向关联指数	0.666	0.007***	(9.12)

注:( )内数值为t统计量;*** 表示1%的显著性水平。

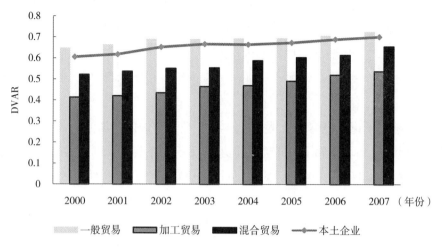

图 5-1　2000—2007 年本土企业出口国内附加值率的变化趋势

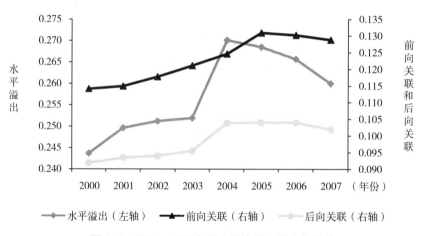

图 5-2　2000—2007 年行业外资进入的变化趋势

第三节　估计模型与数据

一、估计模型的设定

本章关注的核心问题在于考察大规模的外资进入是否会影响中国本土企业出口国内附加值率，以及通过何种渠道对其产生影响。为此，我们将外资进入三类外溢指数（行业内水平溢出、行业间前向关联与后向关联）纳入本土企业出口

国内附加值率的影响因素模型,具体设定如下:

$$dvar_{it}^{d} = \alpha_0 + \alpha_1 FDI_{jt}^{Horiz} + \alpha_2 FDI_{jt}^{Forw} + \alpha_3 FDI_{jt}^{Back} + \gamma X + \varpi_j + \varpi_r + \varpi_t + \varepsilon_{it} \quad (5-6)$$

其中,下标 i、j、r 和 t 分别表示企业、行业(三位码)、地区(31 个省份)和年份。$dvar_{it}^{d}$ 为本土企业出口国内附加值率,反映了企业出口竞争力和企业进行贸易的真实利益。FDI^{Horiz}、FDI^{Forw} 和 FDI^{Back} 为本章核心解释变量,分别表示水平溢出指数、前向关联指数和后向关联指数,它们的测算方法如第二节所示。在估计模型(5-6)中,可通过回归参数 $\alpha_1 - \alpha_3$ 来识别外资进入的不同溢出渠道对本土企业出口国内附加值率影响的差异性。X 表示其他影响本土企业出口国内附加值率的控制变量,如企业规模($Size$)、企业年龄(Age)、国有企业虚拟变量($Statedum$)、加工贸易出口占比($Proexpshare$)、行业赫芬达尔指数(HHI)等。此外,为了降低计量回归中因遗漏重要解释变量而给估计结果带来的偏差,我们在计量模型中控制了样本所属行业(ϖ_j)、地区(ϖ_r)和年份(ϖ_t)固定效应;ε_{it} 为随机扰动项。

进一步地,我们对控制变量的设定说明如下:企业规模($Size$),采用企业就业人员数的对数值来衡量;企业年龄(Age),采用当年年份与企业开业年份的差来衡量;国有企业虚拟变量($Statedum$),如果企业的所有制类型是国有企业,则 $Statedum$ 取值为 1,否则为 0;加工贸易出口占比($Proexpshare$),采用企业加工出口额占企业总出口的比重来衡量,若该比值越大,则表明企业从事加工贸易的程度越高;行业赫芬达尔指数(HHI),该变量可用来衡量市场竞争程度,其计算方法为:$HHI_{jt} = \sum_{i \in \Delta_j} (sale_{it}/sale_{jt})^2 = \sum_{i \in \Delta_j} S_{it}^2$,其中,$sale_{it}$ 为企业 i 在 t 年的销售额,$sale_{jt}$ 为行业 j 在 t 年的总销售额,S_{it} 表示企业 i 在 t 年的市场占有率。若该指数越小,表明市场竞争程度越高;反之则表明市场的垄断程度越高。

二、　数据

本章主要使用 2000—2007 年中国工业企业数据与中国海关贸易数据的合并数据,由于工业企业数据与海关贸易数据中所载的企业代码的编码体系完全不同,我们借鉴余(Yu,2015)[①]的方法对这两套数据库进行合并。与现有的国

---

① Yu M., "Processing Trade, Tariff Reductions and Firm Productivity: Evidence from Chinese Firms", *The Economic Journal*, Vol.125, No.585, 2015, pp.943-988.

内外文献保持一致,我们选取制造业进行研究,并根据勃兰特等①对中国工业行业分类(CIC)四位码进行了调整。另外,我们将海关贸易数据库中的企业名称中包含"进出口""经贸""贸易""科贸""外经"等字样的企业归属为贸易中间商(Ahn 等,2011②),并将其从本章的样本中剔除。此外,我们还进一步参照芬斯特拉等(Feenstra 等,2014)③、余④的做法,对异常样本进行了删除。最后,考虑到上述样本中有一部分企业报告的实收资本小于或等于 0,同时有些企业报告的外商资本小于 0,结合本章的研究目的,我们也将这些企业视为异常样本点,进而对它们进行了删除。

第四节 基本估计结果

一、 基准回归

表 5-2 报告了外资进入对本土企业出口国内附加值率的基准回归结果,我们采用 White 方法对异方差问题进行了纠正(下同)。其中列(1)只加入可观测的控制变量但未控制其他非观测固定效应,列(2)进一步控制了行业固定效应,列(3)和列(4)在此基础上进一步控制了地区与年份固定效应。我们发现,核心解释变量(外资进入的三类外溢指数)的系数符号和显著性水平没有发生根本性变化,说明回归结果具有较好的稳定性。从列(4)完整的回归结果可以看出,水平溢出变量(FDI^{Horiz})的估计系数显著为负,表明行业内外资的进入会明显降低本土企业出口国内附加值率。导致这一结果的可能原因是,行业内外资的大规模进入会挤占本土企业的市场份额;另外,行业内外资进入对本土企业带来的

① Brandt L., J. Van Biesebroeck, Y. Zhang, "Creative Accounting or Creative Destruction? Firm-Level Productivity Growth in Chinese Manufacturing", *Journal of Development Economics*, Vol.97, No.2,2012,pp.339-351.

② Ahn J., A.K.Khandelwal, S.J.Wei, "The Role of Intermediaries in Facilitating Trade", *Journal of International Economics*, Vol.84, No.1,2011,pp.73-85.

③ Feenstra R.C., Z.Li, M.Yu, "Exports and Credit Constraints Under Incomplete Information: Theory and Evidence from China", *Review of Economics and Statistics*, Vol.96, No.4,2014,pp.729-744.

④ Yu M., "Processing Trade, Tariff Reductions and Firm Productivity: Evidence from Chinese Firms", *The Economic Journal*, Vol.125, No.585,2015,pp.943-988.

负向竞争效应大于正向的示范效应(包群等,2015①),不利于本土企业生产率的提升②,进而抑制了本土企业的出口升级。前向关联变量(FDI^{Forw})为正且在1%的水平上显著,表明外资进入通过前向关联渠道提升了本土企业出口国内附加值率,这似乎与直觉不符,因为随着上游外资进入的增加,下游本土企业会更多地采购上游的外资中间品,进而使其出口国内附加值率下降;但是与此同时,位于上游行业的外资进入可以为下游本土企业带来更多种类和高品质的中间投入品,有利于提升本土企业的生产效率与实现产品质量升级(Halpern 等,2015③;Kugler 和 Verhoogen,2012④),进而下游本土企业能够以较少的投入生产与之前等量的产出,或者以相同的投入生产更多的产出,而这有利于提高其出口国内附加值率。如果后者占据主导,那么前向关联渠道会倾向于提高本土企业出口国内附加值率,而我们的回归结果恰好印证了这一点。实际上在既有文献中,德赖斯和思文(Dries 和 Swinnen,2004)⑤对波兰、利列娃(Lileeva,2010)⑥对加拿大的研究也都发现外资进入会通过前向关联对本土企业生产率产生促进作用,而生产效率越高的企业其俘获产品附加值的能力往往越强。此外,我们还注意到,后向关联变量(FDI^{Back})的估计系数也显著为正,这表明,位于上游行业的本土企业将原材料或零部件等中间品销售给外资企业时,能够获得显著为正的后向关联效应,进而反过来提高了自身的出口国内附加值率。对此可能的解释是,一方面,位于下游行业的外资大规模进入增加了对其上游本土企业的中间品需求,本

---

① 包群、叶宁华、王艳灵:《外资竞争、产业关联与中国本土企业的市场存活》,《经济研究》2015 年第 7 期。

② 需要说明的是,我们分别以企业生产率和企业国内销售额为因变量,对外资进入变量进行回归后发现,水平溢出变量($FDIHoriz$)的估计系数均显著为负,这表明外资进入的水平溢出渠道一方面未能提升本土企业生产率,另一方面会挤出本土企业的市场份额。其中,企业生产率采用奥利和帕克斯的半参数方法测算得到,企业国内销售额采用企业销售额与出口额的差值取对数来衡量。限于篇幅,这里没有报告具体的回归结果。

③ Halpern L.,M.Koren,A.Szeidl,"Imported Inputs and Productivity",*American Economic Review*,Vol.105,No.12,2015,pp.3660-3703.

④ Kugler,Maurice,Eric Verhoogen,"Prices,Plant Size,and Product Quality",*The Review of Economic Studies*,Vol.79,No.1,2012,pp.307-339.

⑤ Dries L.,J F.Swinnen,"Foreign Direct Investment,Vertical Integration,and Local Suppliers:Evidence from the Polish Dairy Sector",*World Development*,Vol.32,No.9,2004,pp.1525-1544.

⑥ Lileeva A.,"Global Links:The Benefits to Domestically-Controlled Plants from Inward Direct Investment-the Role of Vertical Linkages",*Canadian Journal of Economics*,Vol.43,2010,pp.574-655.

土企业的产品定价能力和利润率因此提高;另一方面,跨国公司还可能对其上游本土供应商在原材料以及中间品生产、采购方面提供技术和管理上的支持,提高了本土企业的生产效率(Blomström 和 Kokko,1998①),由此进一步增强了其出口升级能力。

不难发现,外资进入的水平溢出渠道降低了本土企业出口国内附加值率,而通过前向关联与后向关联渠道显著提高了本土企业出口国内附加值率。因此,在考察外资进入与本土企业出口国内附加值率的关系时,综合考虑外资进入的不同溢出渠道是非常有必要的,而基和唐②以及张杰等(2013)③的研究在某种程度上低估了外资进入对企业出口国内附加值率的作用。④ 我们还比较感兴趣的一个问题是,外资进入对本土企业出口国内附加值率的综合效应如何? 根据表 5-2 列(4)的回归结果,当所有行业的外资比例每提高 1 个百分点时,外资进入将使本土企业出口国内附加值率提高 0.0164(即-0.0175+0.0101+0.0238)。在样本期内,行业的外资比例平均提高了 1.63 个百分点,我们可得到外资进入对本土企业出口国内附加值率增长的贡献度为 26.7%。⑤ 由此可见,尽管外资进入的水平溢出渠道降低了本土企业出口国内附加值率,但由于行业间关联效应产生了正向的促进作用且在影响程度上明显大于前者,因此,外资进入在总体上提高了本土企业出口国内附加值率,有利于本土企业改善国际分工地位,实现价值链由低端向高端攀升。

表 5-2　基准回归结果

变量	（1）$dvar^d$	（2）$dvar^d$	（3）$dvar^d$	（4）$dvar^d$
FDI^{Horiz}	-0.0192*** (-4.87)	-0.0194*** (-3.16)	-0.0205*** (-3.30)	-0.0175*** (-2.88)

① Blomström M., A. Kokko, "Multinational Corporations and Spillovers", *Journal of Economic Surveys*, Vol.12, No.3, 1998, pp.247-277.
② Kee H.L., H.Tang, "Domestic Value Added in Exports: Theory and Firm Evidence from China", *American Economic Review*, Vol.106, No.6, 2016, pp.1402-1436.
③ 张杰、陈志远、刘元春:《中国出口国内附加值的测算与变化机制》,《经济研究》2013 年第 1 期。
④ 如前所述,这两篇文章均将外资进入作为一个整体变量,而未区分外资进入的不同层面溢出渠道的影响。
⑤ 计算方法为(0.0164×1.63)/0.1×100%,其中 0.1 为本土企业出口国内附加值率的变动幅度。

变量	(1)	(2)	(3)	(4)
	$dvar^d$	$dvar^d$	$dvar^d$	$dvar^d$
FDI^{Forw}	0.0085 *** (3.98)	0.0081 *** (2.68)	0.0081 *** (2.67)	0.0101 *** (3.37)
FDI^{Back}	0.0354 *** (8.04)	0.0205 *** (2.86)	0.0236 *** (3.26)	0.0238 *** (3.34)
$Size$	0.0038 *** (11.63)	0.0038 *** (11.32)	0.0038 *** (11.18)	0.0022 *** (6.42)
Age	-0.0001 *** (-3.27)	-0.0001 *** (-4.37)	-0.0001 *** (-4.12)	-0.0000 (-0.79)
$Statedum$	-0.0101 *** (-5.07)	-0.0096 *** (-4.80)	-0.0097 *** (-4.82)	-0.0012 (-0.61)
$Proexpshare$	-0.4609 *** (-101.52)	-0.4587 *** (-100.78)	-0.4573 *** (-100.21)	-0.4541 *** (-99.68)
HHI	-0.0799 *** (-7.56)	-0.0790 *** (-6.89)	-0.0791 *** (-6.83)	-0.0296 *** (-2.83)
常数项	0.8305 *** (444.63)	0.8250 *** (365.15)	0.8207 *** (235.22)	0.7505 *** (194.20)
行业固定效应	否	是	是	是
地区固定效应	否	否	是	是
年份固定效应	否	否	否	是
观测值	98122	98122	98122	98122
R^2	0.53	0.54	0.54	0.56

注：( )内数值为纠正了异方差后的 t 统计量；*** 、** 和 * 分别表示 1%、5% 和 10% 的显著性水平。

利用表 5-2 列(4)的回归结果，我们还可以进一步比较分析外资进入对不同行业中本土企业出口国内附加值率影响的差异性，测算结果如表 5-3 所示。表 5-3 显示，受到外资进入负向冲击最大的前五个行业分别是其他仪器仪表的制造及修理(行业代码 419)，化工、非金属加工专用设备制造(行业代码 362)，光学仪器及眼镜制造(行业代码 414)，通信设备制造(行业代码 401)，植物油加工(行业代码 133)；而从外资进入中获益最大的前五个行业分别为电子元件制造(行业代码 406)、铁合金冶炼(行业代码 324)、有色金属压延加工(行业代码 335)、玻璃及玻璃制品制造(行业代码 314)、泡沫塑料制造(行业代码 304)。通过分析不难发现，受到外资进入负向冲击较大的行业主要是由于该行业内外资比例较高,进而引致了剧烈的行业内负向竞争效应,而同时这些行业与上、下游跨国公司的行业间垂直关联效应较弱;与此不同的是,从外资进入中获益较大的行业通常具有较强的行业间关联效应,尤其是后向关联起到了重要的作用。

表5-3 外资进入对本土企业出口国内附加值率的综合效应

(单位:%)

受冲击行业	行业名称	水平溢出	前向关联	后向关联	综合效应
负向冲击最大的前五个行业	419(其他仪器仪表的制造及修理)	−4.825	0.059	0.252	−4.515
	362(化工、非金属加工专用设备制造)	−4.142	0.086	0.194	−3.862
	414(光学仪器及眼镜制造)	−3.649	0.059	0.252	−3.339
	401(通信设备制造)	−2.734	0.037	0.132	−2.565
	133(植物油加工)	−2.592	0.041	0.034	−2.516
正向冲击最大的前五个行业	406(电子元件制造)	−2.064	1.745	1.863	1.544
	324(铁合金冶炼)	0.196	0.057	1.051	1.304
	335(有色金属压延加工)	−0.064	0.351	0.883	1.170
	314(玻璃及玻璃制品制造)	−0.307	0.260	1.154	1.107
	304(泡沫塑料制造)	−0.209	0.579	0.583	0.954

最后从控制变量的回归结果可以看到,规模对本土企业出口国内附加值率具有正向的影响,这可能是因为规模越大的企业越有可能发挥规模经济优势,进而可以以较少的进口中间品生产既定的出口产品或以既定的进口中间品生产更多的出口产品;加工贸易出口占比越高的本土企业,其出口国内附加值率越低,这反映了加工贸易企业具有较低出口国内附加值率的事实(见图5-1);赫芬达尔指数的估计系数显著为负,表明相对于垄断性市场而言,竞争性的市场结构更有利于提高本土企业出口国内附加值率,可能的原因是,总体市场的竞争性有利于提高企业生产效率[1](Amiti 和 Konings,2007[2]),进而促进了出口国内附加值率的提高。此外,没有明显的证据表明经营年限和所有制是影响本土企业出口国内附加值率的重要因素。

[1] 需要说明的是,在以企业生产率为因变量的回归中,赫芬达尔指数的估计系数为负且通过了1%水平的显著性检验,这表明竞争性的市场结构有利于提高企业生产率。

[2] Amiti M.,J.Konings,"Trade Liberalization,Intermediate Inputs,and Productivity:Evidence from Indonesia",*American Economic Review*,Vol.97,No.5,2007,pp.1611-1638.

二、 区分外资来源地的差异

这一部分,我们重点关注的问题是,外资进入与本土企业出口国内附加值率的关系是否与外资的来源地有关。为此,我们将外资按照来源地分为两类:第一类是来自中国港澳台地区的外商投资(记为 $HMT\text{-}FDI$),第二类是来自经济合作与发展组织国家的外商投资①(记为 $OECD\text{-}FDI$)。在具体指标的测算上,我们用 $HMT\text{-}FDI$ 和 $OECD\text{-}FDI$ 占总实收资本的比重分别衡量 FS,并结合式(5-3)、式(5-4)和式(5-5)可计算得到中国港澳台外资的水平溢出、前向关联和后向关联指数(分别为 $HMT\text{-}FDI^{Hori}$、$HMT\text{-}FDI^{Forw}$、$HMT\text{-}FDI^{Back}$),以及经济合作与发展组织外资的水平溢出、前向关联和后向关联指数(分别为 $OECD\text{-}FDI^{Hori}$、$OECD\text{-}FDI^{Forw}$、$OECD\text{-}FDI^{Back}$)。

表5-4列(1)区分了港澳台外资与经济合作与发展组织外资水平溢出对本土企业出口国内附加值率的影响。我们发现,变量 $HMT\text{-}FDI^{Hori}$ 的估计系数显著为负,而变量 $OECD\text{-}FDI^{Hori}$ 的估计系数为正但不显著,这表明,港澳台外资的水平溢出明显降低了本土企业出口国内附加值率,但经济合作与发展组织外资的水平溢出对本土企业出口国内附加值率具有微弱的促进作用。导致上述结果的可能原因在于:一方面,来自港澳台地区的跨国公司与中国本土企业在语言、文化、习俗等方面较为接近,其经营的产品与中国本土企业之间存在更为强烈的竞争关系,由此引致的负向竞争效应较大;另一方面,与来自经济合作与发展组织国家的跨国公司相比,来自港澳台地区跨国公司所拥有的技术和管理经验处于劣势,进而对中国本土企业产生的正向示范效应较弱。表5-4列(2)区分了港澳台外资与经济合作与发展组织外资前向关联对本土企业出口国内附加值率的影响。回归结果显示,变量 $OECD\text{-}FDI^{Forw}$ 的估计系数显著为正,但变量 $HMT\text{-}FDI^{Forw}$ 未能通过显著性检验,这意味着,前文所发现的外资进入的前向关联对本土企业出口国内附加值率的提升作用主要来自经济合作与发展组织国家的跨国公司。我们还在表5-4列(3)中区分了港澳台外资与经济合作与发展组

---

① 由于中国工业企业数据库没有对非港澳台资本作进一步分类,故我们在当前的数据条件下无法将经济合作与发展组织国家外资从非港澳台资本中识别出来。这里将非港澳台地区的外商投资近似于经济合作与发展组织国家的外商投资。当然,这种识别与界定方法是粗略的,在数据更为完善的情况下,如何更为准确地识别经济合作与发展组织国家外资是未来进一步研究的方向。

织外资后向关联对本土企业出口国内附加值率的影响,发现二者之间也存在显著的差异,其中经济合作与发展组织外资的后向关联显著提高了本土企业出口国内附加值率,但是港澳台外资的后向关联的作用并不明显。对此可能的解释是:一方面,来自港澳台地区的跨国公司绝大多数从事出口加工贸易活动,进而与上下游本土企业业务联系的紧密性相对弱于经济合作与发展组织国家的跨国公司(Lin 等,2009[1];杨红丽和陈钊,2015[2]);另一方面,与来自港澳台地区跨国公司相比,来自经济合作与发展组织国家的跨国公司拥有更为先进的生产技术和管理经验,进而可以为下游本土企业提供更高质量的中间投入品,或者为上游本土供应商在原材料以及中间品生产、采购等提供更为先进的技术与管理方面的扶持。表 5-4 列(4)还同时区分了两个来源地外资进入的三类外溢指数对本土企业出口国内附加值率的影响,回归结果与前 3 列相比没有发生实质性的变化,具有较好的稳定性。总体而言,外资进入能否提升本土企业出口国内附加值率与外资来源地密切相关,即来自经济合作与发展组织国家的外资进入可以明显提高本土企业出口国内附加值率,而来自港澳台地区的外资进入产生的作用较弱。

表 5-4　外资进入与本土企业出口国内附加值率:区分外资来源地以及企业所有制

变量	(1) $dvar^d$	(2) $dvar^d$	(3) $dvar^d$	(4) $dvar^d$	(5) 国有企业 $dvar^d$	(6) 民营企业 $dvar^d$
FDI^{Horiz}		-0.0174^{***} (-2.85)	-0.0178^{***} (-2.93)		-0.0166^{***} (-2.70)	-0.0244^{***} (-2.92)
FDI^{Forw}	0.0113^{***} (3.76)		0.0193^{***} (5.60)		0.0048 (0.92)	0.0257^{***} (4.17)
FDI^{Back}	0.0236^{***} (3.32)	0.0255^{***} (3.43)			0.0106^{*} (1.74)	0.0903^{***} (4.27)
$HMT\text{-}FDI^{Hori}$	-0.0718^{***} (-10.49)			-0.0703^{***} (-10.26)		

---

① Lin P., Z. Liu, Y. Zhang, "Do Chinese Domestic Firms Benefit from FDI Inflow?: Evidence of Horizontaland Vertical Spillovers", *China Economic Review*, Vol.20, No.4, 2009, pp.677-691.

② 杨红丽、陈钊:《外商直接投资水平溢出的间接机制:基于上游供应商的研究》,《世界经济》2015 年第 3 期。

续表

变量	（1） $dvar^d$	（2） $dvar^d$	（3） $dvar^d$	（4） $dvar^d$	（5） 国有企业 $dvar^d$	（6） 民营企业 $dvar^d$
$OECD\text{-}FDI^{Hori}$	0.0006 (0.11)			0.0032 (0.75)		
$HMT\text{-}FDI^{Forw}$		−0.0032 (−1.35)		−0.0002 (−0.09)		
$OECD\text{-}FDI^{Forw}$		0.0154*** (3.94)		0.0220*** (4.37)		
$HMT\text{-}FDI^{Back}$			0.0097 (0.98)	0.0094 (0.91)		
$OECD\text{-}FDI^{Back}$			0.0475*** (6.47)	0.0479*** (6.61)		
控制固定变量	是	是	是	是	是	是
行业固定效应	是	是	是	是	是	是
地区固定效应	是	是	是	是	是	是
年份固定效应	是	是	是	是	是	是
观测值	98122	98122	98122	98122	8732	89390
R^2	0.56	0.56	0.56	0.56	0.55	0.61

注：( )内数值为纠正了异方差后的 t 统计量；***、** 和 * 分别表示 1%、5%和 10%的显著性水平；限于篇幅，表中没有报告各个控制变量与常数项的回归结果，下同。

三、 考虑企业所有制的差异

在前文分析中，我们均没有区分本土企业的所有制特征，因此，估计得到的是外资进入对总体本土企业出口国内附加值率的平均影响效应。然而，中国作为一个经济转型国家，不同所有制企业在生产经营环境方面存在显著的差异，例如国有企业在政府政策扶持、银行信贷支持等方面享有民营企业无法与之比拟的优惠待遇，但同时它本身又存在因体制因素而导致的竞争能力不足与经营困境等问题（包群等，2015[①]）。那么，很自然的我们会进一步考虑，外资进入对不同所有制本土企业出口国内附加值率的影响是否存在差异性？为了考察这一问

---

① 包群、叶宁华、王艳灵：《外资竞争、产业关联与中国本土企业的市场存活》，《经济研究》2015 年第 7 期。

题,我们将本土企业划分为国有企业与民营企业两类子样本,对这两类子样本的回归结果分别报告在表5-4列(5)与列(6)。回归结果显示,不论是国有企业还是民营企业子样本,变量 FDI^{Horiz} 的估计系数均显著为负,说明行业内外资的大量进入会显著降低两类所有制本土企业出口国内附加值率,不过民营企业受到行业内外资进入的负面冲击略大些。更有趣的是,外资进入通过前向关联与后向关联渠道均显著提高了民营企业出口国内附加值率,但对国有企业的影响十分微弱甚至是不显著的。我们认为存在这种差异的可能原因是,与国有企业相比,民营企业面临更为严重的融资约束问题,同时由于其政治联系弱于国有企业,进而在生产过程中难以获得一些关键性要素或者可获得的要素数量低于最优水平,据此,民营企业能够通过外资进入所带来的行业间关联效应,特别是从上游跨国公司购买低成本和高质量的中间投入品,极大地缓解了所面临的融资约束问题,进而可以明显提高其俘获产品出口附加值的能力;而与此相反,国有企业由于长期受到体制庇护,也就没有足够的利益驱动其与跨国公司建立业务联系(Hale 和 Long,2006①),进而难以获得跨国公司进入所可能带来的行业间垂直关联溢出效应。

四、 更多的稳健性检验

1. 本土企业出口国内附加值率的其他衡量

在以上分析中,我们所用的本土企业出口国内附加值率指标在测算时假定国内原材料含有的国外产品份额为5%。库普曼等②的研究指出,中国加工贸易企业使用的国内原材料含有的国外产品份额介于5%至10%之间。为了稳健起见,这里我们将国内原材料含有的国外产品份额设定为10%以重新测算本土企业出口国内附加值率,得到 $dvar10p_{it}^{d}$。以 $dvar10p_{it}^{d}$ 为因变量的回归结果报告在表5-5列(1),从中可以看到,它和前文的基准回归结果类似,即外资进入通过行业内水平溢出渠道降低了本土企业出口国内附加值率,但通过行业间垂直关联渠道显著提高了本土企业出口国内附加值率。此外,作为一项稳健性检验,我

---

① Hale G.,C.Long,*Firm Ownership and FDI Spillovers in China*,Stanford Center for International Development,2006.

② Koopman R.,Z.Wang,S J.Wei,"Estimating Domestic Content in Exports When Processing Trade is Pervasive",*Journal of Development Economics*,Vol.99,No.1,2012,pp.178-189.

们还尝试假定国内原材料中不包含国外产品成分,在此情形下测算本土企业出口的国内附加值率 $dvar0p_{it}^{d}$,以此作为因变量的回归结果如表 5-5 列(2)所示,发现文章的核心结论仍然成立。

2. 外资后向关联指标的其他衡量

前文分析所用的外资后向关联指标主要是采用贾沃尔奇克[①]的方法进行测算的,由于投入产出表的局限性,导致我们无法在计算权重时剔除从国外进口的那部分中间品,如果下游外资企业从国外进口中间品的比例很大,则可能会对后向关联指标的测算准确性产生影响。为了稳健起见,这里我们借鉴达米安等(Damijan 等,2003)[②]的方法对外资后向关联指标进行修正,修正后的外资后向关联指标可表示为:

$$FDI_{jt}^{Back\_adj} = \sum_{k \neq j} \left(\Psi_{jkt} \cdot FDI_{kt}^{Horiz} \cdot \left(1 - \sum_{i \in k} \frac{IM_{it}}{MC_{it}} \right) \right) \tag{5-7}$$

其中 IM_{it} 和 MC_{it} 分别表示外资企业 i 的中间品进口额和中间品投入总额;权重 $\left(1 - \sum_{i \in k} \frac{IM_{it}}{MC_{it}} \right)$ 表示行业 k 对国内中间品的使用比例。表 5-5 列(3)报告了采用修正后的外资后向关联指标 FDI^{Back_adj} 进行估计的结果。我们发现 FDI^{Back_adj} 的系数大小和显著性水平与基准回归相比没有发生根本性变化,即再次表明外资进入通过后向关联渠道显著提高了本土企业出口国内附加值率;另外我们也注意到水平溢出指标与后向关联指标的回归系数符号和显著性水平与基准回归相比也都没有发生实质性变化,说明本章的核心结论具有较好的稳健性。

3. 外资进入的内生性问题

本章旨在研究外资进入对本土企业出口国内附加值率的影响,因变量的维度是企业层面,而外资进入的三类外溢指数则是行业层面,因此,由逆向因果关系导致内生性问题的可能性较低,这也是大多数微观企业层面的研究文

---

① Javorcik B.S., "Does Foreign Direct Investment Increase the Productivity of Domestic Firms? in Search of Spillovers Through Backward Linkages", *American Economic Review*, Vol. 94, No. 3, 2004, pp.605-627.

② Damijan J.P., M.Knell, B.Majcen, et al., *Technology Transfer Through FDI in Top-10 Transition Countries:How Important Are Direct Effects, Horizontal and Vertical Spillovers?*, William Davidson Institute at the University of Michigan, No.549, 2003.

献(如 Javorcik,2004[1];陈琳和林珏,2009[2])将外资进入变量视为外生的原因。不过为了保持研究的完整性和出于稳健性的考虑,在这里我们放松行业层面外资进入是外生变量这一假定,进而采用二阶段最小二乘法(Two Stage Least Square,2SLS)来处理内生性问题。然而,要为行业层面的外资进入寻找合适的工具变量是一项富有挑战性的工作。这里我们借鉴阿米蒂和康宁斯(Amiti 和 Konings,2007)[3]和樊等(Fan 等,2015)[4]的做法,首先对基准计量模型式(5-6)进行一阶差分,然后选取初始年份的外资进入外溢指数($FDI_{j,initial}^{Horiz}$ 、 $FDI_{j,initial}^{Forw}$ 、 $FDI_{j,initial}^{Back}$)作为差分后外资进入外溢指数(ΔFDI_{jt}^{Horiz} 、 ΔFDI_{jt}^{Forw} 、 ΔFDI_{jt}^{Back})的工具变量。[5] 表 5-5 列(4)报告了二阶段最小二乘法估计结果。在处理了内生性之后,我们仍然发现,外资进入通过行业内水平溢出降低了本土企业出口国内附加值率,而通过前向关联与后向关联渠道显著提高了本土企业出口国内附加值率。另外,我们还采用多种检验来确保工具变量的有效性:首先,采用克莱伯根和帕普(Kleibergen 和 Paap,2006)[6]的 LM 统计量来检验未被包括的工具变量是否与内生变量相关,结果在 1% 的显著性水平上拒绝了"工具变量识别不足"的原假设;其次,Kleibergen 和 PaapWald rk F 统计量也在较高水平上拒绝了"工具变量是弱识别"的原假设。

---

① Javorcik B.S., "Does Foreign Direct Investment Increase the Productivity of Domestic Firms? in Search of Spillovers Through Backward Linkages", *American Economic Review*, Vol. 94, No. 3, 2004, pp.605-627.

② 陈琳、林珏:《外商直接投资对中国制造业企业的溢出效应:基于企业所有制结构的视角》,《管理世界》2009 年第 9 期。

③ Amiti M., J.Konings, "Trade Liberalization, Intermediate Inputs, and Productivity: Evidence from Indonesia", *American Economic Review*, Vol.97, No.5, 2007, pp.1611-1638.

④ Fan H., Y. A. Li, S. R. Yeaple, "Trade Liberalization, Quality, and Export Prices", *Review of Economics and Statistics*, Vol.97, No.5, 2015, pp.1033-1051.

⑤ 进行这样处理的好处在于:一方面,与水平方程相比,差分后的计量模型更容易寻找工具变量(Amiti & Konings,2007);另一方面,可以较好地避免因序列相关性问题而给估计结果带来的偏差。

⑥ Kleibergen F., R.Paap, "Generalized Reduced Rank Tests Using the Singular Value Decomposition", *Journal of Econometrics*, Vol.133, No.1, 2006, pp.97-126.

表 5-5　稳健性检验结果

变量	(1) $dvar10p^d$	(2) $dvar0p^d$	(3) 修正的后向关联指标	(4) 二阶段最小二乘法	(5) 贸易自由化	(6) 汇率政策	(7) 控制企业创新	(8) 控制企业创新
FDI^{Horiz}	-0.0176*** (-3.00)	-0.0117** (-2.04)	-0.0174*** (-2.60)	-0.0221*** (-2.63)	-0.0175*** (-2.87)	-0.0249*** (-2.46)	-0.0134*** (-5.56)	-0.0169*** (-7.70)
FDI^{Forw}	0.0115*** (4.07)	0.0002 (0.06)	0.0100*** (3.35)	0.0159*** (3.07)	0.0099*** (3.32)	0.0025 (0.47)	0.0140*** (4.04)	0.0110*** (3.39)
FDI^{Back}	0.0176** (2.56)	0.0263*** (3.91)		0.0359*** (3.52)	0.0239*** (3.35)	0.0357*** (3.10)	0.0150* (1.71)	0.0206*** (2.63)
FDI^{Back_adj}			0.0262*** (3.03)					
τ^{output}					0.0005 (1.51)			
τ^{input}					-0.0020*** (-3.02)			
$Innovation\_1$							0.0287 (1.37)	
$Innovation\_2$								0.0045* (1.77)
Kleibergen - Paap rk LM 统计量				92.166***				
Kleibergen - PaapWald rk F 统计量				31.763***				
控制变量	是	是	是	是	是	是	是	是
行业固定效应	是	是	是	是	是	是	是	是
地区固定效应	是	是	是	是	是	是	是	是
年份固定效应	是	是	是	是	是	是	是	是
观测值	98122	98122	98122	49058	98122	40338	63519	83163
R^2	0.64	0.43	0.56	0.31	0.56	0.60	0.53	0.56

注:( )内数值为纠正了异方差后的 t 统计量;***、** 和 * 分别表示 1%、5% 和 10% 的显著性水平;表 5-5
列(3)为一阶差分模型,除了国有企业虚拟变量(Statedum)之外,其余变量均为差分变量。

4. 控制其他政策变动的影响

在我们研究的样本期内,有两项重要的政策变动值得关注:其中之一是中国
在 2001 年年底正式加入了世界贸易组织,随后贸易自由化进程进一步加快;另

外一个是中国在 2005 年实行了人民汇率制度改革,此后人民币汇率不断升值。这两项政策变动均有可能对本土企业出口国内附加值率产生影响。为了稳健起见,这一部分我们进行了如下两个估计。第一,我们在基准模型中进一步控制行业最终品关税(τ^{output})和行业中间品关税(τ^{input})。借鉴阿米蒂和康宁斯[①]的做法,将两个贸易自由化指标的测算式表示为:$\tau_{jt}^{output} = \sum_{k \in \Delta_{wt}} n_{kt} \tau_{kt} / \sum_{k \in \Delta_{wt}} n_{kt}$,$\tau_{jt}^{input} = \sum_{w \in \Delta_j} \theta_{wt} \cdot \tau_{wt}^{output}$ 。其中,下标 j、k、w、t 分别表示行业、产品、投入要素和时间;τ_{kt} 表示产品 k 在第 t 年的进口关税率;n_{kt} 表示产品 k 在第 t 年的税目数;θ_{wt} 表示要素 w 的投入权重,用投入要素 w 的成本占行业 j 总投入要素成本的比重来衡量。[②] 表 5-5 列(5)展示了控制贸易自由化因素之后的回归结果,不难发现,在进一步考虑了贸易自由化因素之后,文章的核心结论仍然成立。第二,试图排除人民汇率制度改革的影响,具体的做法是剔除 2005 年及其之后年份的样本,即只对 2005 年之前的样本进行回归,结果如表 5-5 列(6)所示。可以看到,在剔除人民币汇率改革的影响之后,外资进入通过水平溢出渠道降低了本土企业出口国内附加值率,而通过后向关联渠道显著提高了本土企业出口国内附加值率;尽管前向关联变量的估计系数不显著,但符号依然为正。因此总体而言,我们的核心结论受贸易自由化和人民币汇改这两项政策变化的潜在干扰程度较小,具有较好的稳健性。

　　5. 将企业创新作为控制变量

　　最后,考虑到企业创新能力也有可能对企业出口国内附加值率产生影响,为了稳健起见,这里我们进一步将企业创新作为一个控制变量引入计量模型进行估计。具体地,我们从创新投入和创新产出两个角度来刻画企业创新能力,其中,创新投入(记为 Innovation_1)用研发支出额占企业总销售额的比重来衡量,创新产出(记为 Innovation_2)用新产品销售额占企业总销售额的比重来衡量。需要说明的是,由于中国工业企业数据库对企业研发支出与新产品销售额的统计均存在缺失问题,我们将 Innovation_1 纳入控制变量进行回归时所用的样本

---

　　① Amiti M.,J.Konings,"Trade Liberalization,Intermediate Inputs,and Productivity:Evidence from Indonesia",*American Economic Review*,Vol.97,No.5,2007,pp.1611-1638.

　　② 鉴于数据的可获得性,这里的投入权重根据 2002 年中国投入产出表计算得到。此外,考虑到投入权重可能随时间变化,在计算 2000—2004 年和 2005—2007 年时间段的投入权重时分别使用了 2002 年和 2007 年的中国投入产出表,计算结果非常相似。

是 2001 年、2005—2007 年［如表 5-5 列(7)所示］；在将 *Innovation_2* 纳入控制变量进行回归时所用的样本是 2000—2003 年以及 2005—2007 年［如表 5-5 列(8)所示］。从表 5-5 最后两列可以看到,在控制了企业创新因素之后,外资进入的三类溢出变量的回归系数符号和显著性水平与基准回归相比均没有发生根本性变化,说明本章的核心结论具有较好的稳健性,即再次表明,外资进入通过行业内水平溢出降低了本土企业出口国内附加值率,而通过前向关联与后向关联渠道显著提高了本土企业出口国内附加值率。

第五节　外资进入、制度环境与本土企业
出口国内附加值率

前文基准模型的回归结果发现,外资进入通过行业内水平溢出渠道降低了本土企业出口国内附加值率,而前向关联与后向关联渠道倾向于提高本土企业出口国内附加值率。但前述研究没有考虑企业所在地区制度环境的差异。然而经过三十多年的转型,中国各地区在经济、社会与法律制度方面都发生了巨大的变迁,另外由于各地区在地理、历史以及政策等方面均有所不同,进而在制度环境方面也存在明显的差异。那么,由此引出的一个重要问题是,外资进入对本土企业出口国内附加值率的影响效应是否与其所在地区的制度环境有关?为了考察这一问题,本节在基准模型的基础上引入地区制度环境变量(*ISQ*)以及它与外资进入三类外溢指数的交叉项,得到如下拓展模型:

$$dvar_{it}^d = \alpha_0 + \alpha_1 FDI_{jt}^{Horiz} + \alpha_2 FDI_{jt}^{Forw} + \alpha_3 FDI_{jt}^{Back} + \alpha_4 FDI_{jt}^{Horiz} \times ISQ_{rt}$$
$$+ \alpha_5 FDI_{jt}^{Forw} \times ISQ_{rt} + \alpha_6 FDI_{jt}^{Back} \times ISQ_{rt} + \alpha_7 ISQ_{rt} + \gamma X$$
$$+ \varpi_j + \varpi_r + \varpi_t + \varepsilon_{it} \tag{5-8}$$

其中,ISQ_{rt} 表示地区 *r* 的制度环境指数,我们借鉴张杰等(2010)[1]的做法,将其表示为 $ISQ_{rt} = MKP_{rt} \cdot (1 - SEGM_{rt})$ 进行刻画,其中 *MKP* 为市场化指数,数据来自樊纲等(2010)[2]编制的中国市场化指数报告;*SEGM* 为市场分割

---

① 张杰、张培丽、黄泰岩:《市场分割推动了中国企业出口吗?》,《经济研究》2010 年第 8 期。
② 樊纲、王小鲁、朱恒鹏:《中国市场化指数:各地区市场化相对进程 2009 年报告》,经济科学出版社 2010 年版,第 259 页。

指数,与陆铭和陈钊(2009)①类似,这里也采用价格指数法来衡量地区的市场分割程度。在式(5-8)中,交叉项的估计系数 $\alpha_4 - \alpha_6$ 是我们最为关注的,它们刻画了外资进入与地区制度环境对本土企业出口国内附加值率的交互作用。

表5-6给出了考虑地区制度环境之后的回归结果。为了考察结果的稳定性,我们在表5-6前3列中分别加入外资进入的水平溢出、前向关联、后向关联指数与地区制度环境指数的交叉项,在列(4)中同时加入这三个交叉项,我们发现,各个交叉项的系数符号和显著性水平没有发生实质性变化,表明回归结果具有较好的稳定性。从列(1)和列(4)可以看到,交叉项 $FDI^{Hori} \times ISQ$ 的回归系数显著为正,这表明在制度越完善的地区,外资进入的行业内水平溢出对本土企业出口国内附加值率的抑制作用越小(或促进作用越大);此外,从表5-6列(1)我们还发现,变量 FDI^{Horiz} 的绝对值较基准回归结果相比有所提高,这意味着,在制度环境较差的地区,外资进入的行业内水平溢出对本土企业出口国内附加值率的抑制作用越强。为了进一步验证这一点,利用表5-6列(4)的回归结果和样本实际数据,我们测算了在地区制度环境指数的不同分位点上,外资进入对本土企业出口国内附加值率的边际弹性,结果见表5-7。其中表5-7列(1)为地区制度环境指数,列(2)为对应的百分位点,列(3)展示了地区制度环境指数不同分位点所对应的边际弹性。从中可以看到,在制度环境指数较低的地区(如5%分位点),行业内水平溢出对本土企业出口国内附加值率的边际弹性为-0.021;在制度环境指数居中的地区(如50%分位点),行业内水平溢出对本土企业出口国内附加值率的边际弹性为-0.014;而在制度环境指数较高的地区(如95%分位点),行业内水平溢出对本土企业出口国内附加值率的边际弹性变为-0.009。为了更直观起见,我们还模拟了外资进入的水平溢出渠道对本土企业出口国内附加值率的边际效应(见图5-3A)。模拟结果显示,边际效应的预测线向右上方倾斜,即当地区的制度环境指数较低时,行业内水平溢出对本土企业出口国内附加值率的负向作用较大;随着地区制度环境指数的逐步提高,行业内水平溢出的抑制作用趋于减弱。对此可能的解释是,一方

---

① 陆铭、陈钊:《分割市场的经济增长——为什么经济开放可能加剧地方保护?》,《经济研究》2009年第3期。

面在制度环境较差的地区,技术的市场价值被低估,跨国公司母公司没有激励将先进的生产技术和管理技能转移至东道国(蒋殿春和张宇,2008①),故而在制度环境较差的地区,相对较难发生正向的示范效应;另一方面,较差的制度环境还有可能催生相当数量的技术落后外资或"假外资"进入,进而引致强烈的负向竞争效应。

表 5-6　外资进入、制度环境与本土企业出口国内附加值率

变量	（1）	（2）	（3）	（4）
FDI^{Horiz}	-0.0282*** (-3.05)	-0.0175*** (-2.86)	-0.0177*** (-2.88)	-0.0295*** (-3.48)
FDI^{Forw}	0.0100*** (3.36)	-0.0015 (-0.63)	0.0102*** (3.42)	-0.0014 (-0.61)
FDI^{Back}	0.0231*** (3.24)	0.0228*** (3.20)	0.0019 (0.32)	0.0048 (0.78)
$FDI^{Hori} \times ISQ$	0.0015** (2.42)			0.0018*** (2.96)
$FDI^{Forw} \times ISQ$		0.0014** (2.14)		0.0016** (2.28)
$FDI^{Back} \times ISQ$			0.0029*** (3.51)	0.0024*** (3.34)
ISQ	0.0016** (2.13)	0.0017** (2.18)	0.0010* (1.72)	0.0020*** (2.97)
控制变量	是	是	是	是
行业固定效应	是	是	是	是
地区固定效应	是	是	是	是
年份固定效应	是	是	是	是
观测值	97121	97121	97121	98122
R^2	0.56	0.56	0.56	0.57

注:( )内数值为纠正了异方差后的 t 统计量;***、** 和 * 分别表示 1%、5%和 10%的显著性水平。

① 蒋殿春、张宇:《经济转型与外商直接投资技术溢出效应》,《经济研究》2008 年第 7 期。

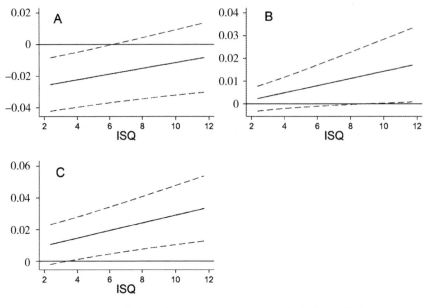

图 5-3 外资进入对本土企业出口国内附加值率的边际效应

从表 5-6 列(2)和列(4)的回归结果可以看到,交叉项 $FDI^{Forw} \times ISQ$ 的回归系数显著为正,表明外资进入的前向关联对本土企业出口国内附加值率的影响与所在地区制度环境有关,即随着地区制度环境的改善,前向关联对本土企业出口国内附加值率的提升作用也越大。类似地,我们测算了在地区制度环境指数的不同分位点上,外资进入对本土企业出口国内附加值率的边际弹性[如表 5-7 列(4)所示],并模拟了外资进入的前向关联渠道对本土企业出口国内附加值率的边际效应(见图 5-3B)。结果显示,边际效应的预测线向右上方倾斜,特别是当地区的制度环境指数较低时,边际效应趋近于零轴,说明前向关联未能明显提升处于较差制度环境地区的本土企业出口国内附加值率;而随着地区制度环境指数的提高,前向关联的边际效应逐渐提高,即在制度环境越好的地区,外资进入的前向关联对本土企业出口国内附加值率的提升作用越大。表 5-6 列(3)和列(4)的回归结果显示,我们最为关注的交叉项 $FDI^{Back} \times ISQ$ 的估计系数显著为正,表明外资进入的后向关联渠道对本土企业出口国内附加值率的影响也与地区制度环境密切相关。另外,从表 5-7 列(5)的边际弹性的测算结果以及图 5-3C 的边际效应模拟结果可以清晰地看出,当地区的制度环境指数较低时,外资进入的后向关联渠道对本土企业出口国内附加值率的提升作用较弱,不过随着地区制度环境的改善,后向关联对本土企业出口国内附加值率的促进作用也越来越大。由以上分析可知,在制度环境较好的地区,外资进入的行业间关联效应对本土企业出口国内附加值率的促进作用较大。导致上述结果可能的原因是,通常而言,跨国公司对东道国当地的环境相对不熟悉,其进入之后面临的不确定性的程度较大,但在制度环境较好的地区,由于经济交往中的机会主义行为减少、行为结果的可预见性较高,因此跨国公司更愿意融入东道国经济体系中(陈丰龙和徐康宁,2014[①]),进而产生了较强的前、后向关联效应。

除此之外,表5-7列(6)还进一步测算了在地区制度环境指数的不同分位点上,外资进入对本土企业出口国内附加值率的综合效应。不难发现,当地区的制度环境指数较低时(如5%分位点),外资进入对本土企业出口国内附加值率的综合效应较弱(仅为0.002);当地区的制度环境指数提升到中位点时,外资进入对本土企业出口国内附加值率的综合效应上升至0.025;而当地区的制度环境指数较大时(如95%分位点),外资进入对本土企业出口国内附加值率的综合效应进一步上升至0.04。由此可见,地区的制度环境确实强化了外资进入对本土企业出口国内附加值率的提升作用。这一发现提示我们,在加大力度引进外资时还需致力于不断完善国内制度环境,这样才能更有效地借助利用外资来促进本土企业突破全球价值链"低端锁定"困境与提升出口竞争力。

表5-7　外资进入的国内附加值率边际弹性的测算结果

ISQ	percentile	水平溢出	前向关联	后向关联	综合效应
（1）	（2）	（3）	（4）	（5）	（6）
4.928	5	−0.021	0.006	0.017	0.002
5.657	10	−0.019	0.008	0.018	0.007
7.259	25	−0.016	0.010	0.022	0.016
8.807	50	−0.014	0.013	0.026	0.025
10.218	75	−0.011	0.015	0.029	0.033
11.037	90	−0.010	0.016	0.031	0.038
11.388	95	−0.009	0.017	0.032	0.040

---

①　陈丰龙、徐康宁:《经济转型是否促进 FDI 技术溢出:来自 23 个国家的证据》,《世界经济》2014 年第 3 期。

第六节　进一步研究:双重差分估计及影响机制分析

上述研究的核心结论是,外资进入总体上显著提高了本土企业出口国内附加值率,并且良好的地区制度环境强化了这一促进效应。为了进一步考察该结果的可靠性,在本节中,我们将2002年我国政府对《外商投资产业指导目录》的修订而引致的大幅度外资自由化作为准自然实验,采用双重差分计量方法进行实证估计,并在此基础上进一步揭示潜在的作用机制。

一、基于准自然实验的双重差分估计

自1995年首次颁布《外商投资产业指导目录》以来,我国政府曾五次对其进行修订(分别为1997年、2002年、2004年、2007年和2011年),其中2002年是历次修订中幅度最大、涉及范围最广的(Lu等,2017[①]),它将之前大多数受到限制或禁止的行业(或产品)调整为鼓励或允许的行业,进而为跨国公司进入我国市场提供了更加透明、宽松的政策环境。据此,我们可以把2002年我国政府对《外商投资产业指导目录》的修订视为一次准自然实验。在双重差分研究框架中,需要构造分组虚拟变量(Treatment)与时间虚拟变量(Post02)。对分组虚拟变量,我们按如下几步进行构造:首先,《外商投资产业指导目录》将国民经济中的产品划分为四类:鼓励型(记为P^1)、允许型(记为P^2)、限制型(记为P^3)与禁止型(记为P^4)。[②] 我们通过比照《外商投资产业指导目录(1997版)》与《外商投资产业指导目录(2002版)》,可以识别出每种产品在中国加入世界贸易组织之后外资管制程度的变化情况,包括三种情形:①外资管制程

[①]　Lu Y.,Z.Tao,L.Zhu,"Identifying FDI Spillovers",*Journal of International Economics*,Vol.107,2017,pp.75-90.

[②]　其中,鼓励型产品是指我国政府鼓励外资企业生产经营的产品;允许型产品是指那些没有在目录中列示的产品,我国政府对外资企业可否生产经营这些产品既不鼓励也不加以限制;限制型产品是指我国政府对外资企业能否进行生产经营加以严格的认定与筛选;禁止型产品是指我国政府明令禁止外资企业生产经营的产品。

度放松的产品(记为 P^L)①;②外资管制程度加剧的产品(记为 P^H)②;③外资管制程度不变的产品(记为 P^N)。其次,我们采用手动匹配的方式,将目录中的产品信息与我国四位码国民经济行业分类(CIC)进行对接,结合上一步识别得到的产品分类,可将行业分为四种类型:①外资管制程度放松的行业,是指包含 P^L 型与 P^N 型产品或均为 P^L 型产品的行业;②外资管制程度加剧的行业,是指包含 P^H 型与 P^N 型产品或均为 P^H 型产品的行业;③外资管制程度不变的行业,是产品均为 P^N 型的行业;④混杂型行业,是指同时包含 P^L 型与 P^H 型产品的行业。③ 最后,我们将外资管制程度放松的行业作为处理组(即 $Treatment=1$),将外资管制程度不变的行业作为对照组(即 $Treatment=0$)。另外,时间虚拟变量的构造则相对简单,即若是 2002 年及其之后的年份,我们将 $Post02$ 设定为 1,否则取值为 0。

在对上述样本进行界定之后,我们将基准双重差分模型设定为:

$$dvar_{it}^d = \eta_i + \eta_t + \beta Treatment_i \times Post\,02_t + \gamma X + \varepsilon_{it} \qquad (5\text{-}9)$$

其中,$dvar_{it}^d$ 为本土企业出口国内附加值率;η_i 为企业固定效应,用于控制不随时间变化的企业特征因素;η_t 为时间固定效应,用于控制对企业而言共同的宏观经济因素对本土企业出口国内附加值率的影响;此外我们还控制了其他影响因素(X)。交叉项 $Treatment_i \times Post\,02_t$ 是我们最为感兴趣的,若估计参数 β 显著为正,表明外资进入(或外资自由化)提高了本土企业出口国内附加值率;反之则表明外资进入降低了本土企业出口国内附加值率。

表 5-8 前两列报告了对基准双重差分模型的估计结果④,其中列(1)没有控制其他影响因素,以此作为比较的基础,列(2)在此基础上加入了各个控制变量。我们发现,交叉项 $Treatment \times Post02$ 的系数符号和显著性水平没有发生实

---

① 是指产品类型由 P^2 变为 P^1,由 P^3 变为 P^1 或 P^2,由 P^4 变为 P^1、P^2 或 P^3。

② 是指产品类型由 P^1 变为 P^2、P^3 或 P^4,由 P^2 变为 P^3 或 P^4,由 P^3 变为 P^4。

③ 在四位码制造业行业中,有 115 个是外资管制程度放松的行业,296 个是外资管制程度不变的行业,8 个是外资管制程度加剧的行业,6 个是混杂型行业。根据研究的需要,我们将外资管制程度加剧的行业与混杂型行业从样本中剔除。

④ 需要说明的是,双重差分估计的有效性还取决于同趋势性假设是否成立,即要求在没有外来政策干预的情况下,处理组与对照组的结果变量应沿着相同的轨迹变动。据此,本章利用 2000—2001 年的样本对同趋势性假设进行了检验,结果表明同趋势性假设是成立的。

表5-8　双重差分估计结果

变量	（1）	（2）	（3）	（4）
$Treatment×Post02$	0.0082*** （2.67）	0.0044** （1.99）		−0.0036* （−1.80）
$Treatment×Post02×YR^{2002}$			−0.0007 （−0.28）	
$Treatment×Post02×YR^{2003}$			0.0035* （1.78）	
$Treatment×Post02×YR^{2004}$			0.0063** （2.44）	
$Treatment×Post02×YR^{2005}$			0.0091*** （3.58）	
$Treatment×Post02×YR^{2006}$			0.0116*** （4.45）	
$Treatment×Post02×YR^{2007}$			0.0146*** （5.40）	
$Treatment×Post02×ISQ$				0.0010*** （2.82）
ISQ				0.0026*** （3.54）
控制变量	是	是	是	是
企业固定效应	是	是	是	是
年份固定效应	是	是	是	是
观测值	91527	91508	91508	90548
R^2	0.79	0.88	0.88	0.89

注:( )内数值为纠正了异方差后的t统计量;***、**和*分别表示1%、5%和10%的显著性水平。

质性变化,说明回归结果具有较好的稳定性。从列(2)完整的回归结果可以看到,在控制了其他影响因素之后,外资进入显著提高了本土企业出口国内附加值率,具体而言,外资进入可使本土企业出口国内附加值率提升0.004个单位。另外,我们也对外资进入对本土企业出口国内附加值率的影响效应是否存在时滞以及外资进入对本土企业出口国内附加值率的提升作用是否具有持续性特征等问题感兴趣。为此,我们将时间虚拟变量$Post02$拆分为2002—2007年各年,即将基准双重差分模型中的交叉项替换为$Treatment × Post02 × YR^{\delta}$($\delta$ = 2002—2007),它们的估计系数刻画了在第δ年,外资进入对本土企业出口国内附加值率的动态效应。回归结果如表5-8列(3)所示,为了直观起见,我们将该结果绘制在图5-4上。从中可以清晰地看到,外资进入对本土企业出口国内附加值率的提升效应呈现逐年递增的趋势。在外资放松管制的第一年(即2002年),外资进入对本土企业出口国内附加值率的影响不明显,这可能是因为在外资放松管制初期,外商投资者可能需要一段时间来了解和熟悉我国的外资开放政策,而后决定是否进行大幅度投资;在外资放松管制后的第二年(即2003年),外资进入对我国本土企业出口国内附加值率产生了积极的影响,随后时期的影响程度不断增加。

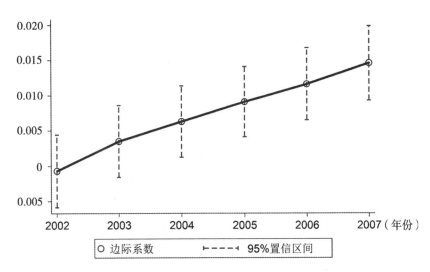

图 5-4 2002—2007 年外资进入对本土企业出口国内附加值率的动态效应

除此之外,我们也想考察地区制度环境在外资进入影响本土企业出口国内附加值率中所起的作用,为此,我们在基准双重差分模型的基础上引入地区制度环境指数(ISQ_{rt})以及三重交叉项($Treatment_i \times Post\,02_t \times ISQ_{rt}$),得到扩展后的双重差分模型为:

$$dvar_{it}^d = \eta_i + \eta_t + \beta_1 Treatment_i \times Post02_t + \beta_2 Treatment_i \times Post02_t \times ISQ_{rt}$$
$$+ \beta_3 ISQ_{rt} + \gamma X + \varepsilon_{it} \tag{5-10}$$

在式(5-10)中,如果三重交叉项的估计系数 $\beta_2 > 0$ 且显著,说明外资进入与制度环境在影响本土企业出口国内附加值率方面存在互补性,即在制度越完善的地区,外资进入对本土企业出口国内附加值率的提升作用就越大,也即制度环境强化了外资进入对企业出口国内附加值率的提升作用。而交叉项 $Treatment_i \times Post\,02_t$ 的估计系数则可以解释为,外资进入对制度环境较差地区的本土企业出口国内附加值率的边际效应。

对式(5-10)的估计结果报告在表 5-8 列(4)。结果显示,三重交叉项($Treatment \times Post02 \times ISQ$)的估计系数显著为正,这表明,地区的制度环境强化了外资进入对本土企业出口国内附加值率的提升作用。同时我们也注意到,在引入地区制度环境指数以及三重交叉项之后,交叉项 $Treatment \times Post02$ 的估计系数变为显著为负,这意味着,在制度环境较差的地区,外资进入倾向于降低本土企业出口国内附加值率。由此可见,双重差分估计结果基本上进一步验证了前面章节的主要发现。

二、 外资进入影响本土企业出口国内附加值率的机制分析

本章研究的一个主要发现是,外资进入显著提升了我国本土企业出口国内附加值率,很自然的我们会进一步考虑,外资进入是通过何种机制对此产生影响的? 借鉴基和唐[1],我们可以从理论上推导得到本土企业出口国内附加值率的数学表达式[2]:

$$DVAR_{it}^d = 1 - \frac{\alpha_M}{\Omega_{it}\,[\,1 + (P_t^I/P_t^D)^{\,\sigma-1}\,]} \qquad (5-11)$$

其中, α_M 表示中间投入品的产出弹性; Ω_{it} 表示企业 i 在 t 期的成本加成率; P_t^I 与 P_t^D 分别表示进口中间品与本国中间品的平均价格; σ 表示本国中间品与进口中间品的替代弹性且满足 $\sigma > 1$ 。由式(5-11)可知,在中间投入品的产出弹性给定的条件下,驱动本土企业出口国内附加值率变化的因素主要包括成本加成率(Ω_{it})和进口中间品相对价格(P_t^I/P_t^D),并且有: $\frac{\partial DVAR_{it}^d}{\partial \Omega_{it}} > 0$,

$\frac{\partial DVAR_{it}^d}{\partial (P_t^I/P_t^D)} > 0$,即表明,成本加成率和进口中间品相对价格的提高均有利于提升本土企业出口国内附加值率。其背后的经济学逻辑是:若本土企业的成本加成提高,表现为扩大了企业总产值与总投入的比值,有利于提升利润率进而提高了本土企业出口的国内附加值率;另外,若进口中间品与国内中间品的相对价格

---

[1] Kee H.L.,H.Tang,"Domestic Value Added in Exports:Theory and Firm Evidence from China", *American Economic Review*,Vol.106,No.6,2016,pp.1402-1436.

[2] 限于篇幅,这里没有给出企业出口国内附加值率的数理推导。

P_t^I/P_t^D 提高,根据成本最小化原则,本土企业会相应地减少进口中间品的使用,而更多地使用国内中间品,因此也提高了其出口国内附加值率。

据此,我们可选取企业成本加成率与进口中间品相对价格作为中介变量,通过估计中介效应模型来对潜在的影响机制进行检验。企业成本加成可借鉴德洛克和瓦尔津斯基[①]的方法进行测算,表示为 $MKP_{it}^d = \vartheta_{it}^{Xv}(\gamma_{it}^{Xv})^{-1}$。其中 ϑ_{it}^{Xv} 代表可变要素(如劳动力)的产出弹性,我们采用莱文森和彼得林[②]的半参数法对生产函数进行估计后得到[③];γ_{it}^{Xv} 表示可变要素的支出占企业总销售收入的比重,该比值可直接由中国工业企业数据库求得。这里的一个难点在于无法获得进口中间品相对价格的信息,因此,我们退而求其次,采用本土企业生产的中间品种类数(VAT^d)来间接地刻画,其主要依据是,国内市场生产提供的中间品种类越多,进口中间品的相对价格就越高(Kee 和 Tang,2016)[④],即二者之间存在密切的联系。本章完整的中介效应模型由如下四个方程组构成:

$$dvar_{it}^d = \eta_i + \eta_t + a_1 Treatment_i \times Post\,02_t + \gamma X + \varepsilon_{it} \tag{5-12}$$

$$MKP_{it}^d = \eta_i + \eta_t + b_1 Treatment_i \times Post\,02_t + \gamma X + \varepsilon_{it} \tag{5-13}$$

$$VAT_{it}^d = \eta_i + \eta_t + c_1 Treatment_i \times Post\,02_t + \gamma X + \varepsilon_{it} \tag{5-14}$$

$$dvar_{it}^d = \eta_i + \eta_t + d_1 Treatment_i \times Post\,02_t + \varphi \cdot MKP_{it}^d + \lambda \cdot VAT_{it}^d + \gamma X + \varepsilon_{it} \tag{5-15}$$

其中,下标 i 和 t 分别表示企业和年份;η_i 和 η_t 分别为企业固定效应和时间固定效应;与前文类似,交叉项 $Treatment_i \times Post\,02_t$ 是我们最为感兴趣的,它刻画了外资进入的影响效应。

表5-9报告了影响机制检验结果。其中表5-9列(1)是对基准双重差分模型式(5-12)的估计结果,与前文类似,交叉项 $Treatment \times Post02$ 的估计系数显著

---

① De Loecker J., F. Warzynski, "Markups and Firm-Level Export Status", *American Economic Review*, Vol.102, No.6, 2012, pp.2437-2471.

② Levinsohn J., A.Petrin, "Estimating Production Functions Using Inputs to Control for Unobservables", *The Review of Economic Studies*, Vol.70, No.2, 2003, pp.317-341.

③ 其主要特点是使用企业的中间投入变量作为企业受到生产率冲击时的调整变量,此外,我们也尝试用奥利和帕克斯的方法估计产出弹性,发现回归结果没有太大的差异。

④ Kee H.L., H.Tang, "Domestic Value Added in Exports:Theory and Firm Evidence from China", *American Economic Review*, Vol.106, No.6, 2016, pp.1402-1436.

为正,再次表明外资进入显著提高了本土企业出口国内附加值率。表5-9列(2)以本土企业成本加成率MKP^d为因变量,回归结果显示,交叉项$Treatment \times Post02$的估计系数为正且通过5%水平的显著性检验,这说明,外资进入可以显著提高本土企业的成本加成率。实际上,亚历山德罗和西奥蒂斯(Alessandro 和 Siotis,2008)[1]对西班牙企业层面的研究也发现了外资进入有利于提高企业加成率的证据。表5-9列(3)报告了以中间品种类(VAT^d)为因变量的估计结果,我们发现,交叉项$Treatment \times Post02$的估计系数也显著为正,这意味着在控制了其他影响因素之后,外资进入显著增加了国内市场的中间品种类数。基(Kee,2015)[2]认为,一个行业的外资进入增加了对国内市场(即东道国市场)原材料的需求,进而会引致上游行业生产与提供更多种类的国内中间品,本章利用中国企业数据进一步验证了这一观点。表5-9列(4)—列(6)还报告了因变量对基本自变量和中介变量回归的结果。可以看到,中介变量MKP^d的估计系数显著为正,这说明成本加成率的提升可以明显提高本土企业出口国内附加值率;中介变量VAT^d的估计系数也显著为正,这意味着,国内中间品种类增加也是有利于提高本土企业出口国内附加值率。这主要是因为,国内中间品种类增多提高了进口中间品的相对价格(Kee 和 Tang,2016)[3],进一步结合式(5-11)也就不难得出,本土企业出口国内附加值率随之提高。

表5-9　影响机制

变量	（1）	（2）	（3）	（4）	（5）	（6）
	$dvar^d$	MKP^d	VAT^d	$dvar^d$	$dvar^d$	$dvar^d$
$Treatment \times Post02$	0.0044 ** (1.99)	0.0441 ** (2.50)	0.0345 ** (1.97)	0.0030 * (1.73)	0.0033 * (1.78)	0.0022 (1.23)
MKP^d				0.0010 ** (2.01)		0.0011 ** (2.43)
VAT^d					0.0052 *** (6.94)	0.0053 *** (6.99)

　　① Sembenelli Alessandro. , G.Siotis, "Foreign Direct Investment and Mark-Up Dynamics: Evidence from Spanish Firms", *Journal of International Economics*, Vol.76, No.1, 2008, pp.107-115.

　　② Kee H. L. , "Local Intermediate Inputs and the Shared Supplier Spillovers of Foreign Direct Investment", *Journal of Development Economics*, Vol.112, 2015, pp.56-71.

　　③ Kee H.L. , H.Tang, "Domestic Value Added in Exports: Theory and Firm Evidence from China", *American Economic Review*, Vol.106, No.6, 2016, pp.1402-1436.

续表

变量	（1）	（2）	（3）	（4）	（5）	（6）
	$dvar^d$	MKP^d	VAT^d	$dvar^d$	$dvar^d$	$dvar^d$
控制变量	是	是	是	是	是	是
企业固定效应	是	是	是	是	是	是
年份固定效应	是	是	是	是	是	是
观测值	91508	91466	91508	91466	91508	91466
R^2	0.88	0.98	0.84	0.88	0.88	0.89

注：（）内数值为纠正了异方差后的 t 统计量；*** 、** 和 * 分别表示 1%、5%和10%的显著性水平。

　　除此之外，我们还发现，与表5-9列（1）基准回归结果相比，在分别加入中介变量 MKP^d［列（4）］和 VAT^d［列（5）］之后，交叉项 $Treatment×Post02$ 的估计系数值和显著性水平（t 值）均出现一定幅度的下降，这初步显示"成本加成"和"国内中间品种类"中介效应的存在；进一步，在同时加入中介变量 MKP^d 和 VAT^d［表5-9列（6）］之后，交叉项 $Treatment×Post02$ 的估计系数值进一步下降了，并且此时未能通过10%水平的显著性检验。这进一步说明企业成本加成提升与国内中间品种类增加是外资进入提高本土企业出口国内附加值率的重要途径。最后，为了严谨起见，我们还参照索贝尔（Sobel, 1987）[1]的方法，检验经过中介变量路径上的回归系数的乘积项是否显著，也即检验 $H_0:\varphi b_1 = 0$ 和 $H_0:\lambda c_1 = 0$。如果原假设被拒绝，表明中介效应显著，否则不显著。具体地，借鉴索贝尔[1]的方法计算乘积项 φb_1 和 λc_1 的标准差：$s_{\varphi b_1} = \sqrt{\hat{\varphi}^2 s_{b_1}^2 + \hat{b}_1^2 s_\varphi^2}$，$s_{\lambda c_1} = \sqrt{\hat{\lambda}^2 s_{c_1}^2 + \hat{c}_1^2 s_\lambda^2}$，其中 s 表示相应估计系数的标准差。结合表5-9的估计结果，可以计算得到乘积项 φb_1 和 λc_1 的标准差分别为 0.00002784 和 0.00009643，在此基础上不难计算得到 $Z_{\varphi b_1} = 1.74$ 和 $Z_{\lambda c_1} = 1.90$，均在10%水平上显著。这就进一步验证了"成本加成"和"国内中间品种类"中介效应的存在性。[2]

---

　　① Sobel M.E., "Direct and Indirect Effects in Linear Structural Equation Models", *Sociological Methods & Research*, Vol.16, No.1, 1987, pp.155-176.

　　② 此外，我们还尝试将 $MKPd$ 和 $VATd$ 分别与 $Treatment×Post02$ 相乘构造的三重交叉项引入到基准 DID 模型（5-10）进行估计，发现三重交叉项 $Treatment×Post02×MKPd$ 与 $Treatment×Post02×VATd$ 的估计系数均显著为正，这也表明外资进入通过企业成本加成与国内中间品种类两个渠道提高了本土企业出口国内附加值率。限于篇幅，这里没有给出相应的回归结果。

随着经济全球化的加快与国际分工的深化,一国(地区)出口竞争优势已不再取决于规模和体量,而是在全球价值链中的位置和获取产品附加价值的能力(Koopman 等,2012[①])。本章以中国加入世界贸易组织相伴随的外资管制放松为背景,深入研究了外资进入对我国本土企业出口国内附加值率的微观效应。我们得到如下结论:第一,外资进入的水平溢出渠道降低了本土企业出口国内附加值率,但前向关联与后向关联渠道显著提高了本土企业出口国内附加值率,并且外资进入在总体上有助于本土企业的出口升级。第二,在区分外资来源地的差异之后,我们发现,来自经济合作与发展组织国家的外资可以明显提高我国本土企业出口国内附加值率,而中国港澳台地区外资的作用则十分微弱;另外,我们发现外资进入对本土企业出口国内附加值率的影响还与企业所有制密切相关,具体而言,外资进入能够明显提高民营企业出口国内附加值率,但对国有企业的影响较弱。第三,我们尤其强调了地区制度环境的重要性,发现在制度越完善的地区,外资进入对我国本土企业出口国内附加值率的提升作用越大。第四,进一步,我们以2002 年我国政府对《外商投资产业指导目录》的修订而引致的大幅度外资自由化作为准自然实验,采用双重差分方法进行估计后发现,外资进入显著地提高了本土企业出口国内附加值率,并且这一促进效应具有持续性。最后,我们还进一步考察了外资进入影响本土企业出口国内附加值率的内在机制,发现成本加成提升与国内中间品种类增加是外资进入提高我国本土企业出口国内附加值率的重要途径。

[①] Koopman R.,Z.Wang,S.J.Wei,"Estimating Domestic Content in Exports When Processing Trade is Pervasive",*Journal of Development Economics*,Vol.99,No.1,2012,pp.178-189.

第三篇

中国『走出去』的经济效应研究

3

本篇主要通过企业创新、生产率、加成率及员工收入和结构多个维度研究"走出去"的经济效应,分析现阶段对外直接投资的特点,丰富了企业国际化的经验证据,为中国企业走出国门提供理论借鉴,同时对下一步如何更好地实施"走出去"战略具有重要的政策启示意义。

第六章 对外直接投资对企业创新的影响

本章主要考察对外直接投资对企业创新的影响及其作用机制。

第一节 对外直接投资对企业创新影响的研究背景

随着我国"走出去"战略的不断推进,对外投资的规模和企业数量迅速增长。根据《2020 年度中国对外直接投资统计公报》统计数据来看,中国对外投资流量与存量达到 1537.1 亿美元和 2.58 万亿美元,截至 2020 年年底已有 2.5 万家企业参与了对外投资,除了进行生产投资、贸易外,在海外设立研发机构进行技能密集型创新活动的企业也连年攀升。与快速增长的对外投资相类似的是,近年来我国在一系列促进企业研发投资的有利政策下,科技创新取得了突出成绩,专利申请量已连续多年排名全球第一位。但从规模以上制造业企业的数据来看,中国企业的研发强度还不及 1%,远远低于发达国家 2.5%—4.1%的水平,且在开展研发活动的企业中,申请发明专利的企业比例也明显偏低,自主创新能力不强,使我国在核心技术方面对外依存度较高,某些行业的关键零部件需要从发达国家进口。面对技术上的困境,有些学者认为企业可以借国家"走出去"的发展战略,积极参与全球创新投资。日益增长的对外投资也引起人们的担忧,即企业海外投资是否会降低国内相应的一些投资活动,尤其是具有外溢性的创新活动是否会转移至海外。

从理论上看,企业对外投资有可能从以下两大方面对技术创新产生影响:一方面,可以直接运用东道国的资源要素和中间品,甚至是海外的技术进行生产,这就有可能会对国内总部的技术创新产生替代效应,降低母公司的研发激励。另一方面,企业在对外投资后,能够与更多的消费者、全球供应商、科研机构等进行交流与学习,不断地更新企业的知识库(Griliches,1979)[1],市场竞争会激励企业增进研发投资并与外部知识形成优势互补,同时提高对外投资的吸收能力与学习效应(De Loecker,2013)[2]。企业的创新能力既来自企业自身的知识积累,还包括外部知识获取,如知识交流、溢出等(Criscuolo 等,2010)[3]。

为考察中国企业对外投资对企业创新的影响,本节将中国上市公司财务数据与专利数据,与商务部《境外投资企业(机构)名录》进行匹配合并来检验企业对外投资带来的创新效应。同时为控制海外并购的自选择效应和内生性问题,实证部分采用了倾向得分匹配法(Propensity Score Matching,PSM)和双重差分法(Difference in Difference,DID)。研究结果发现企业的对外投资促进了创新,总体上,相对于未对外投资企业,对外投资后企业的创新产出提升了 26.5%,对企业专利产出增长的贡献达到了 18%—26%,这种正向的提升效应具有明显的持续性但却呈倒"U"型的动态变化特征。区分不同的专利类型来看,发现对外投资对企业的发明专利产出具有正向的持续性提升作用,对非发明专利(实用新型专利和外观设计专利)产出仅具有短期的提升作用;企业对外投资对发明专利的提升效应贡献最大,说明企业在对外投资后的创新更加注重"质量"而非"数量",有利于优化企业内部的创新资源配置,促使更多的创新资源用于攻克核心技术上。此外,我们还发现企业的对外投资模式、所有权特征、东道国和行业技术密集度也会影响到对外投资的创新效应。在当前我国经济结构转型和对外投资快速增长的背景下,本节的研究不仅有助于客观评估中国企业对外投资的创新绩效,而且能够为进一步地实施"走出去"战略提供有益的政策启示。

本节基于中国企业对外投资规模日益增长和技术升级与结构转型的背景,考察对外投资对企业创新的影响。与已有研究相比,本节的贡献可能体现在以

---

[1] Griliches Z., "Issues in Assessing the Contribution of Research and Development to Productivity Growth", *Bell Journal of Economics*, Vol.10, No.1, 1979, pp.92-116.

[2] De Loecker J., "Detecting Learning by Exporting", *American Economic Journal Microeconomics*, Vol.5, No.3, 2013, pp.1-21.

[3] Criscuolo C., J.E.Haskel, M.J.Slaughter, "Global Engagement and the Innovation Activities of Firms", *International Journal of Industrial Organization*, Vol.28, No.2, 2010, pp.191-202.

下三个方面:一是在已有模型(Desai 等,2009①)的基础上引入了企业的知识生产函数,从理论上探讨了企业海外并购投资与创新之间的关系,丰富了企业对外投资与绩效的相关文献(蒋冠宏和蒋殿春,2014②)。二是克服数据上的局限性,我们构建了 2008 年国际金融危机后上市公司对外投资数据库来检验中国企业对外投资与创新之间的关系,也避免了企业指标衡量上的不足(毛其淋和许家云,2014③)。不仅提供了新的经验研究证据,同时还构建了中介效应模型考察了对外投资对企业创新的内在影响机理,有助于我们理解企业对外投资带来的学习效应和知识逆向溢出效应。三是本节采用企业国内三类专利(发明专利、实用新型专利和外观设计专利)申请的数据作为创新的衡量指标,可以进一步地考察对外投资对企业内部创新资源配置的影响,是追求创新数量还是质量?分别检验对外投资与不同专利的产出关系以评估对外投资企业创新活动的结构性变化,同时也丰富了企业全球化行为与技术升级等领域的研究。

第二节　文 献 回 顾

跨国公司的创新与技术转移一直是国际经济学领域研究的热点话题,跨国公司总部多为资本密集型,使用熟练劳动,技术、组织管理经验等总部服务从母国向东道国单向转移(Helpman,1984④)。知识和技术等无形资产可以在企业内以较低的成本转移至海外子公司,且在对外投资后,跨国公司将提高其技术创新投资以强化其所有权优势。母公司的研发投入显著地提高了境外子公司的经营绩效,与子公司的研发投入呈互补性的关系(Bilir 和 Morales,2016⑤),跨国公司内转移技术等无形资产是其显著特征(Ramondo 等,2016⑥)。

---

①　Desai M. A., C. F. Foley, J. R. Hines, "Domestic Effects of the Foreign Activities of US Multinationals", *American Economic Journal:Economic Policy*, Vol.1, No.1, 2009, pp.181−203.

②　蒋冠宏、蒋殿春:《中国工业企业对外直接投资与企业生产率进步》,《世界经济》2014 年第 9 期。

③　毛其淋、许家云:《中国企业对外直接投资是否促进了企业创新》,《世界经济》2014 年第 8 期。

④　Helpman E., "A Simple Theory of International Trade with Multinational Corporations", *Journal of Political Economy*, Vol.92, No.3, 1984, pp.451−471.

⑤　Bilir K., E.Morales, "Innovation in the Global Firm", *NBER Working Papers*, No.22160, 2016.

⑥　Ramondo N., V. Rappoport, K. JRuhl, "Intrafirm Trade and Vertical Fragmentation in US Multinational Corporations", *Journal of International Economics*, Vol.98, 2016, pp.51−59.

实证研究方面,利用台湾制造业企业的数据,采用倾向匹配得分法研究发现,对外投资可以提高企业的创新效率(Yang 等,2013①)、创新绩效(Piperopoulos 等,2018②)。随着中国企业对外投资规模的迅速增长,已有不少文献考察了中国企业对外投资行为及其对绩效的影响,毛其淋和许家云(2014)③利用工业企业的新产品销售数据,实证研究发现对外投资显著地提高了企业研发积极性和创新存续期。蒋冠宏和蒋殿春(2014)④同样采用工业企业数据却发现技术研发型外向投资不一定显著提升企业生产率,主要原因在于这些企业的学习效应较低,对海外技术的吸收能力仍不足。

早期的研究大多集中于考察对外投资与企业生产率之间的关系,或采用少数部分样本,均未能深入考察企业对外投资对企业创新产出的影响。理论上的分析则是将企业创新活动视为总部密集型服务,企业对外投资后会进一步地提高研发投入以增强企业的所有权优势。但正如前文所提及的是当前中国在诸多领域的技术创新水平弱于发达国家同行,越来越多的企业在发达国家设立了研发机构,以开发东道国的研发资源。由于知识的外溢性和非竞用性特征,在同一个跨国公司内的不同地域研发机构之间的技术交流成本相对较低。对对外投资企业而言,既可以选择投资于替代国内技术创新活动,也可以选择一些互补性的投资,因而对此问题的考察有助于理解中国企业的全球化战略与创新。

此外,跨国公司按进入模式的不同可以区分为绿地投资与跨国并购,而不同的进入模式对母公司的技术特征和所有权优势的要求也存在差异。跨国并购和绿地投资的企业在生产、技术升级方面存在着较为显著的异质性,海外并购企业倾向于收购那些具有技术优势或互补性的东道国目标企业, 绿地投资更多地旨

---

① Yang S. F., K. M. Chen, T. H. Huang, " Outward Foreign Direct Investment and Technical Efficiency:Evidence from Taiwan's Manufacturing Firms", *Journal of International Economics*, Vol. 27, No.27,2013,pp.7-17.

② Piperopoulos P., J.Wu, C.Wang, "Outward FDI, Location Choices and Innovation Performance of Emerging Market Enterprises", *Research Policy*, Vol.47, No.1, 2018, pp.232-240.

③ 毛其淋、许家云:《中国企业对外直接投资是否促进了企业创新》,《世界经济》2014 年第 8 期。

④ 蒋冠宏、蒋殿春:《中国工业企业对外直接投资与企业生产率进步》,《世界经济》2014 年第 9 期。

在降低运输成本、生产成本和避免关税（Nocke 和 Yeaple，2007[①]；Nocke 和 Yeaple，2008[②]）。前者是技术合作式或互补式的，而后者则是技术输出式，那么企业选择不同的投资进入模式就有可能影响到企业的技术选择和创新投资（周茂等，2015[③]）。

第三节　理论分析

本部分借鉴已有理论模型（Desai 等，2009[④]）来考察企业对外投资对母公司创新产出的影响，这篇研究发现美国企业对外投资能够带动母公司投资，同时也显著增加了研发等总部服务，两者存在互补性的关系。相较于以往关注于生产率、就业等方面的研究，本节突出的是对外投资企业的技术动机与学习效应，引入了企业的知识生产函数方程（Griliches，1979[⑤]）。对外投资企业相对于其他企业能够更大程度地参与全球市场竞争，在面临更大的市场和更加开放的市场竞争环境中，知识的积累将主要来自两个方面：一是市场竞争会激励企业增进研发投资来提高核心竞争力；二是能够与更多的消费者、全球供应商、科研机构等进行交流与学习，不断地更新企业的知识库（Criscuolo 等，2010[⑥]）。虽然出口企业一样存在"干中学"效应，但对外投资企业能够利用东道国的生产性资源和技术，由此带来的学习效应要比出口企业更明显（蒋冠宏和蒋殿春，2014[⑦]）。照

---

① Nocke V., S. Yeaple, "Cross Border Mergers and Acquisitions Greenfield Foreign Direct Investment: The Role of Firm Heterogeneity", *Journal of International Economics*, Vol. 72, No. 2, 2007, pp.336-365.

② Nocke V., S.Yeaple, "An Assignment Theory of Foreign Direct Investment", *Review of Economic Studies*, Vol.75, No.2, 2008, pp.529-557.

③ 周茂、陆毅、陈丽丽：《企业生产率与企业对外直接投资进入模式选择———来自中国企业的证据》，《管理世界》2015 年第 11 期。

④ Desai M.A., C.F.Foley, J.R.Hines, "Domestic Effects of the Foreign Activities of US Multinationals", *American Economic Journal: Economic Policy*, Vol.1, No.1, 2009, pp.181-203.

⑤ Griliches Z., "Issues in Assessing the Contribution of Research and Development to Productivity Growth", *Bell Journal of Economics*, Vol.10, No.1, 1979, pp.92-116.

⑥ Criscuolo C., J.E.Haskel, M.J.Slaughter , "Global Engagement and the Innovation Activities of Firms", *International Journal of Industrial Organization*, Vol.28, No.2, 2010, pp.191-202.

⑦ 蒋冠宏、蒋殿春：《中国工业企业对外直接投资与企业生产率进步》，《世界经济》2014 年第 9 期。

此思路,对外投资企业的知识、技术积累 $K(I_h, I_f)$ 包括国内的创新投资 (I_h) 和境外学习交流等获得的知识积累 (I_f) 两部分,创新投资的成本为 $C(I_h, I_f)$,其中 $\partial K/\partial I_h > 0$, $\partial^2 K/\partial I_h^2 < 0$, $\partial K/\partial I_f > 0$, $\partial^2 K/\partial I_f^2 < 0$。$R(K, y)$ 为企业的收益函数,y 为影响企业技术投资的一些外部因素,如市场规模等,由此企业的利润函数为 $R(K, y) - C(H_h, I_f)$,任一时期企业利润最大化的一阶条件:

$$\frac{\partial R}{\partial K}\frac{\partial K}{\partial I_h} = \frac{\partial C}{\partial I_h} \text{ 和 } \frac{\partial R}{\partial K}\frac{\partial K}{\partial I_f} = \frac{\partial C}{\partial I_f}。$$

给定国内创新成本,境外知识积累会引起企业海外业务投资的变化,进而有可能影响母公司的创新,即:

$$dI_h = \frac{\left[\frac{\partial R}{\partial K}\frac{\partial^2 K}{\partial I_h \partial I_f} + \frac{\partial^2 R}{\partial K^2}\frac{\partial K}{\partial I_f}\frac{\partial K}{\partial I_h}\right]dI_f + \frac{\partial K}{\partial I_h}\frac{\partial^2 R}{\partial K \partial y}dy}{-\left[\frac{\partial R}{\partial K}\frac{\partial^2 K}{\partial I_h^2} + \frac{\partial^2 R}{\partial K^2}\left(\frac{\partial K}{\partial I_h}\right)^2\right]} \tag{6-1}$$

在前文的假设条件下,式 (6-1) 的分母为正;分子中第一项 $\partial^2 K/\partial I_h \partial I_f > 0$ 衡量的是国内创新投资与海外技术的互补性程度,第二项根据收益递减规律可以得到此项为负,第三项中企业的外部需求 y 越高,相应的对产品的质量和技术水平也有更高的要求,故 $\partial^2 R/\partial K \partial y > 0$。如果要使整体为正,这就要求企业在国内的创新投入 (I_h) 和海外获取的知识积累 (I_f) 具有互补性,换句话说,只有当国内外知识技术的互补程度足够大时才能够抵消边际收益递减。

综上而言,对外投资对企业创新的影响渠道主要是通过"内""外"两个方面:一是提高企业的研发投入,二是通过与海外消费者、供应商、科研机构等交流来获得知识。跨国并购企业倾向于收购那些具有技术优势或互补性的东道国目标企业,能够从子公司中直接获取国外前沿技术,一方面有可能会导致企业在战略上短视行为和研发投入的惰性,企业仅仅是获得了海外的技术 (I_f),资源整合的成本也往往较高,技术的互补性将不足以抵消边际收益递减和资源整合成本,有可能导致并购投资的失败也不利于企业自主创新(Lerner 等,2011[①]);但

---

① Lerner J., M. Sorensen, P. Strömberg, "Private Equity and Long-Run Investment: The Case of Innovation", *Journal of Finance*, Vol.66, No.2, 2011, pp.445–477.

也有可能会不断地加强研发投入以吸收和学习海外的前沿技术来提高企业整体的自主创新水平(Bena 和 Li,2014①)。另一方面,企业进行绿地投资的动机主要是为了降低运输成本、生产成本和避免关税,在生产方面则是通过企业内中间品贸易或技术指导等方式向子公司进行技术输出,企业技术、营销、组织管理等总部服务直接影响到海外子公司的企业经营绩效(Bilir 和 Morales,2016②)。除了企业内部的研发投入外,对外投资企业的积累还来自当地消费者、供应商接触交流时会不断地对产品、技术进行反馈,促使企业增加总部的研发投入来实现技术升级和产品竞争力。从以上不难看出,跨国公司不同的进入模式带来的技术创新效应是异质性的,长期来看,绿地投资更有可能促进母公司的技术升级,而跨国并购对母公司技术创新的影响可能是不确定的。

第四节　数据与计量方法

一、　数据搜集的相关说明

本节实证部分所使用的数据来源主要有三个:一是万德(WIND)上市公司财务数据库与企业并购交易数据库③,时间跨度为 2008—2015 年;二是中国专利数据库和佰腾专利检索;三是商务部《境外投资企业(机构)名录》。现有关于中国企业对外投资绩效等的研究,主要是通过中国工业企业数据库与商务部《境外投资企业(机构)名录》匹配合并获得,受限于样本数据,大多数研究都未能分析 2008 年国际金融危机后中国企业大规模进行对外投资的特征以及评估对外投资带来的创新效应。首先,本节根据企业名称将国内上市公司与《境外投资企业(机构)名录》进行匹配,其中《境外投资企业(机构)名录》包括了企业在境外的所有子公司及其投资项目,收录的对外投资企业较为全面,进行匹配后能够获得一个初步的 2009—2015 年上市公司对外投资数据库。其次,我们进一

---

① Bena J., K. Li, "Corporate Innovations and Mergers and Acquisitions", *Journal of Finance*, Vol.69, No.5, 2014, pp.1923-1960.

② Bilir K., E.Morales, "Innovation in the Global Firm", *NBER Working Papers*, No.22160, 2016.

③ 关于中国企业跨国并购交易的数据,有些学者运用 Zephyr、Thomson Reuter 等并购数据库中收录中国企业并购交易的数据,笔者通过比对各大数据库发现,WIND 并购数据库收录上市公司海外并购交易数据较为全面。

步地通过上市公司年报、网站等渠道并结合 WIND 企业并购交易数据库,确认对外投资企业进入模式等信息,获得一个较为全面的上市公司对外投资数据库。该数据库包括上市公司证券代码、名称、是否海外并购和绿地投资及其交易完成年份、投资东道国、行业等信息。相较于以往的实证研究样本,本节运用上市公司对外投资样本的信息更加丰富,能够区分对外投资企业的不同进入模式,以及不同类型的专利产出,可以进一步地丰富对外投资与绩效方面的研究。

在 2009—2015 年,有 627 家企业进行了对外投资,在境外设立了 1566 个子公司和分支机构,平均每家企业进行了 2.5 次对外投资,超过国内企业的平均水平。① 其中,仅进行绿地投资占 80%,仅进行海外并购的企业占 5.8%,同时进行了绿地投资和境外并购的企业占 14.2%。从东道主的分布来看,大多是流向中国香港、美国、澳大利亚、新加坡、德国、日本等高收入国家和地区,占比超过 67%。从企业所有制类型来看,民营企业占比达 71%,国有企业占 29%,近年来国有企业的对外投资金额较高,但也逐渐地让位于民营企业。

为保证样本数据的一致性。删除了金融业、ST 股、借壳上市企业样本、营业收入等关键变量缺失的样本,最后保留了连续经营 4 年以上的制造业企业样本,用于分析的有 1462 家上市公司共 10040 个样本。需要注意的是,有些企业在样本期间内,进行过多次对外投资,借鉴已有处理方式,将样本期间内首次进行对外投资的年份来考察企业的对外投资行为(蒋冠宏和蒋殿春,2014②)。即便企业有多次对外投资行为,后期的投资可能是一个"干中学"经验累加的过程,自选择效应可能并不明显。

企业创新数据则是来源于中国专利数据库和佰腾专利检索,由于当前我国企业在国外申请的专利比例较低,本节仅限于企业向中国专利局申请的国内专利而没有收集企业在境外申请的专利,即仅考察对外投资对母公司的创新产出的影响。在专利数据的获取上,首先是利用上市公司名称与中国专利数据库进行匹配;同时也通过佰腾专利检索来获得企业历年的专利申请数③进行验证。

---

① 资料来源:《2016 年度中国对外直接投资统计公报》。

② 蒋冠宏、蒋殿春:《中国工业企业对外直接投资与企业生产率进步》,《世界经济》2014 年第 9 期。

③ 通过上市公司的企业名称字段与国家知识产权局中国专利数据库名称进行匹配时发现,企业由于更名等有可能会导致匹配结果的差异,本节也通过佰腾专利检索(http://www.baiten.cn/Product/Search)获得企业的专利申请数。

通过以上两种方式获得了上市公司历年发明专利、实用新型和外观设计三种专利申请的数据。

二、 实证方法

实证研究部分是为了评估中国企业对外投资对创新产出的影响,已有文献研究指出,企业对外投资并非是随机性的,仅有那些具有更高生产率和特定优势的企业才能够进行对外投资,企业对外投资存在自选择效应(Yeaple,2009[1]),如果直接采用普通最小二乘法(Ordinary Least Square,OLS)就有可能导致估计结果的偏差。本节借鉴蒋冠宏和蒋殿春(2013)[2]及蒋冠宏等(2014)[3],将企业的对外投资看作是一次准自然实验,采用倾向得分匹配法匹配得到反事实的对照组样本(Rosenbaum 和 Rubin,1983[4]),同时结合 DID 来检验企业对外投资与创新之间的因果关系。倾向匹配法的基本思路是从未进行对外投资的企业中,匹配找出与对外投资企业在进行对外投资前具有相似特征的样本作为对照组,为获得这一合适的对照组,我们将采用最近邻匹配方法匹配。

在制造业样本企业中,有 627 家企业进行了对外投资,我们将这些企业作为处理组,以 $dofdi_i = \{0,1\}$ 表示企业是否进行对外投资,$dofdi_i = 1$ 为对外投资企业,$dofdi_i = 0$ 为非对外投资企业;$dt_i = 0$ 和 $dt_i = 1$ 分别为企业对外投资的前、后年份,对样本期间内如果有超过一次的对外投资活动,本节仅以首次对外投资的年份来界定 dt。将 y_{it} 表示为第 i 家企业从事对外投资前后的创新产出,那么,处理组企业的平均处理效应(ATT),即对外投资带来的创新效应可以表示为:

$$ATT = E\{y_{it}^1 - y_{it}^0 \mid dofdi_i = 1\}$$
$$= E\{E(y_{it}^1 - y_{it}^0 \mid dofdi_i = 1, p(z_{it-1}))\}$$
$$= E\{E(y_{it}^1 \mid dofdi_i = 1, p(z_{it-1})) - E(y_{it}^0 \mid ofdi_i = 1, p(z_{it-1}))\} \quad (6\text{-}2)$$

① Yeaple S. R., "Firm Heterogeneity and Structure of U. S. Multinational Activity", *Journal of International Economics*, Vol.78, No.2, 2009, pp.206-215.

② 蒋冠宏、蒋殿春:《中国工业企业对外直接投资与企业生产率进步》,《世界经济》2014 年第 9 期。

③ 蒋冠宏、蒋殿春、蒋昕桐:《我国技术研发型外向 FDI 的"生产率效应"——来自工业企业的证据》,《管理世界》2013 年第 9 期。

④ Rosenbaum P.R., D.B.Rubin, "The Central Role of the Propensity Score in Observational Studies for Causal Effects", *Biometrika*, Vol.70, No.1, 1983, pp.41-55.

其中 $E(y_{it}^{1} \mid dofdi_i = 1)$ 为企业对外投资后的创新产出,而 $(y_{it}^{0} \mid ofdi_i = 1)$ 表示对外投资企业在未进行对外投资情况下的创新,但此状态下的企业创新产出是无法观测到的一种"反事实"。我们将运用最近邻匹配法从非对外投资企业样本中获得与对外投资企业境外投资前相似特征的样本,基于条件独立性假设,可利用匹配后的样本近似替代对外投资企业在 $dofdi_i = 0$ 下的状态,即 $E(y_{it}^{0} \mid dofdi_i = 1) = E(\hat{y}_{it}^{0} \mid dofdi_i = 0)$。$p(z_{it-1})$ 为倾向匹配得分,是通过企业并购投资前一期的匹配变量 z_{it-1} 来估算跨国并购投资的概率。由于各企业对外投资的年份不同,我们对样本进行逐年匹配。

进一步地结合 DID 方法,以控制那些不随时间变化的不可观测的因素对企业创新的影响,构建的 DID 估计模型如下:

$$y_{it} = \alpha_0 + \alpha_1 dofdi + \alpha_2 dt + \lambda \, dofdi * dt + \delta z_{it} + \nu_j + \nu_k + \varepsilon_{it} \qquad (6\text{-}3)$$

$$y_{it} = \alpha_0 + \alpha_1 dofdi + \alpha_2 dt + \lambda \, dofdi * dt + \delta z_{it} + \nu_j + \nu_k + \varepsilon_{it} \qquad (6\text{-}4)$$

被解释变量 y_{it} 为企业创新产出,用企业当年发明专利、实用新型和外观设计三类专利的申请数来衡量,本节将实用新型和外观设计专利归为非发明专利。如果企业在对外投资后,发明专利的申请显著增加,则说明对外投资企业在技术创新上更加注重创新的质量而非数量。式(6-4)为对外投资对企业创新的动态效应计量模型,其中 dt 企业对外投资后的年度虚拟变量,即对外投资后第 t 年,dt 取值为 1,否则取值为 0。此外,被解释变量专利申请数是非负整数,式(6-3)和式(6-4)为非线性的 DID 模型,若直接用 OLS 方法或经过自然对数变换后线性估计有可能导致结果的偏误,本节借鉴已有方法(Stiebale,2016①),采用泊松极大似然法对模型(6-3)、模型(6-4)进行估计,系数 λ 能够捕捉到对外投资与创新之间的因果效应,采用泊松回归得到的处理效应可以写为:

$$TE = \frac{E(y \mid dofdi_i = 1, dt = 1)}{E(y \mid dofdi_i = 1, dt = 0)} \bigg/ \frac{E(y \mid dofdi_i = 0, dt = 1)}{E(y \mid dofdi_i = 0, dt = 0)} - 1 = \exp(\lambda) - 1$$

$$(6\text{-}5)$$

因而,当被解释变量为非负整数时,采用泊松极大似然法对非线性 DID 模型估计得到的企业对外投资的创新效应为 $\exp(\lambda) - 1$。

---

① Stiebale J., "Cross‐Border M&As and Innovative Activity of Acquiring and Target Firms", *Journal of International Economics*, Vol.99, 2016, pp.1‐15.

此外,运用 PSM 和 DID 估计的关键步骤是如何选取匹配变量 z_{it},要满足条件独立性假设,匹配变量应该是能够同时影响项目参与和结果变量,即能够同时影响企业的对外投资行为和创新(Smith 和 Todd,2005[①])。借鉴已有的文献及企业异质性理论(Stiebale,2016[②]),选择如下匹配变量 z_{it}:

企业劳动生产率(lp),由企业营业收入除以员工数的对数值计算得到,对外投资需要克服东道国市场的投资壁垒,以及收购方与目标企业之间的信息不对称等问题,只有生产率较高的企业能够承担较高的进入成本。资本密集度($capital$),用人均资本即固定资产除以企业员工数作为资本密集度衡量指标。企业规模($size$),用员工总人数的对数值来表示,企业规模越大的企业有可能会通过海外扩张来提高竞争实力。企业年龄(age),用样本当年减去企业的成立年份得到,年龄较小的企业在对外投资进入模式的选择上较为灵活,而年龄较大的企业有可能会形成组织管理上的固化,反而不利于企业对外投资和创新。是否研发(rd),研发支出大于 0 记为 1,没有研发支出记为 0,研发既是知识生产函数的重要要素投入(Griliches,1979[③]),也是衡量企业吸收能力的关键指标;研发投入的企业在对外投资后也能够更好地利用和吸收产品、技术等方面的信息,有助于提升创新绩效。海外业务收入($oversea$),海外业务收入大于 0 记为 1,仅在国内销售记为 0,前期具有海外业务的企业[④]能够积累更多的有利于市场、消费偏好等有利信息,这些信息有助于降低企业对外投资过程中的信息不对称等问题;此外出口也是影响企业创新投资的一个关键因素(Bustos,2011[⑤])。国企($state$),根据企业最终控制权属性区分为国有企业,取值为 1 和非国有企业取值为 0,国有企业对外投资具有政策上的优势,并有可能承担着与利润最大化目标相冲突的国家战略性投资,这就有可能导致其与民营企业在对外投资决策和绩效上存

---

①　Smith J. A., P. E. Todd,"Does Matching Overcome LaLonde's Critique of Non experimental Estimators?",*Journal of econometrics*,Vol.125,No.1-2,2005,pp.305-353.

②　Stiebale J.,"Cross-Border M&A and Innovative Activity of Acquiring and Target Firms",*Journal of International Economics*,Vol.99,2016,pp.1-15.

③　Griliches Z.,"Issues in Assessing the Contribution of Research and Development to Productivity Growth",*Bell Journal of Economics*,Vol.10,No.1,1979,pp.92-116.

④　非对外投资企业的海外业务主要是指出口,对外投资企业则包括出口与海外子公司的销售。

⑤　Bustos P.,"Trade Liberalization,Exports,and Technology Upgrading:Evidence on the Impact of MERCOSUR on Argentinian Firms",*Economics Working Papers*,Vol.101,No.1,2011,pp.304-340.

在着差异。最后在 Logit 模型中引入行业、年份和省份固定效应。表6-1报告了采用 PSM 后的平衡性条件检验。

表6-1 PSM 匹配样本的平衡性条件检验

变 量		对照组	处理组	均值差	t 统计量	P 值
劳动生产率	*lp*	4.25	4.23	0.02	0.38	0.70
企业规模	*size*	7.57	7.58	-0.01	-0.09	0.93
海外业务	*oversea*	0.78	0.79	-0.01	-0.25	0.80
国有企业	*state*	0.31	0.30	0.01	0.13	0.90
年龄	*age*	12.11	12.22	-0.11	-0.29	0.77
资本密集度	*capital*	12.37	12.33	0.04	0.73	0.47
是否研发 Hotelling 检验	*rd*	0.87	0.88	-0.01	-0.44	0.66
	T 平方	2.36	F 统计量	0.34	P 值	0.94

通过 Logit 模型估计得到企业对外投资的倾向得分,并依此我们将采用近邻匹配法为处理组(对外投资)企业样本匹配到合适的对照组企业。匹配平衡性条件和 Hotelling 检验结果报告于表6-1,从 T 检验的结果来看,处理组企业与对照组样本在匹配后均无显著差异,近邻匹配法得到了较好的效果,说明我们匹配到的对照组企业能够控制样本的自选择效应。

第五节 实证结果及分析

一、 对外投资对企业创新影响的初步检验

我们在 PSM 获得处理组与对照组的基础上,进一步地采用 DID 方法来考察对外投资与企业创新之间的因果关系,揭示企业并购投资的事后处理效应。同时还检验了对外投资对企业创新的动态效应,以检验对外投资对企业创新的影响是否具有可持续性,或者从长期来看,企业的研发资源是否能够在企业内得到合理的配置与利用。对式(6-3)估计的具体结果见表6-2。

表6-2是利用制造业企业样本 DID 的回归结果,为进行比较,同时在列(1)中报告了 OLS-DID 的估计结果,列(2)—列(7)则采用 Poisson-DID。从回归结果来看,采用 OLS 和泊松最大似然法的估计结果较为相似,交互项 dd 的系数显

著为均在1%的统计水平上显著为正,在引入控制变量和行业、地区、年份固定效应后结论依然稳健,表明企业在对外投资后带来的创新提升效应要高于非对外投资企业。列(2)—列(4)中交互项的系数 0.235、0.273 和 0.194,对外投资企业的专利申请总数、发明专利和非发明专利分别增加了 26.5%、31.5% 和21%,在样本期间内,专利申请总数增长了 1.48 倍,意味着企业对外投资能够解释 18%—26%的专利产出的增长。

表 6-2　对外投资与企业创新的初步检验

变量	（1）	（2）	（3）	（4）	（5）	（6）	（7）
	专利	专利	发明专利	非发明专利	专利	发明专利	非发明专利
dd	12.92 *** (3.62)	0.235 *** (0.01)	0.273 *** (0.02)	0.194 *** (0.02)			
dt	0.694 (3.06)	−0.115 *** (0.01)	−0.184 *** (0.02)	−0.055 *** (0.01)	−0.131 *** (0.02)	−0.165 *** (0.03)	0.121 *** (0.01)
$dofdi$	2.501 (2.65)	−0.021 ** (0.01)	0.009 (0.02)	−0.043 *** (0.01)	0.005 (0.01)	0.005 (0.02)	−0.048 *** (0.02)
lp		0.402 *** (0.01)	0.316 *** (0.01)	0.442 *** (0.01)	0.346 *** (0.01)	0.189 *** (0.01)	0.452 *** (0.01)
$size$		0.692 *** (0.01)	0.502 *** (0.01)	0.812 *** (0.01)	0.713 *** (0.01)	0.509 *** (0.01)	0.838 *** (0.01)
$oversea$		0.488 *** (0.01)	0.432 *** (0.01)	0.520 *** (0.01)	1.001 *** (0.01)	0.372 *** (0.02)	0.997 *** (0.01)
$state$		0.034 *** (0.01)	0.123 *** (0.01)	−0.020 ** (0.01)	0.072 *** (0.01)	0.284 *** (0.01)	−0.074 *** (0.01)
age		−0.022 *** (0.00)	−0.026 *** (0.00)	−0.019 *** (0.00)	−0.014 *** (0.00)	−0.035 *** (0.00)	−0.006 *** (0.00)
$capital$		0.011 (0.01)	0.268 *** (0.01)	0.151 *** (0.01)	0.023 ** (0.01)	0.295 *** (0.01)	0.165 *** (0.01)
rd		0.388 *** (0.01)	0.506 *** (0.02)	0.318 *** (0.01)	0.551 *** (0.01)	0.520 *** (0.02)	0.565 *** (0.02)
$dd0$					0.221 *** (0.02)	0.251 *** (0.03)	0.0526 *** (0.02)
$dd1$					0.267 *** (0.01)	0.277 *** (0.02)	0.143 *** (0.02)
$dd2$					0.231 *** (0.01)	0.258 *** (0.02)	0.020 (0.02)

续表

变量	（1）专利	（2）专利	（3）发明专利	（4）非发明专利	（5）专利	（6）发明专利	（7）非发明专利
dd3					0.138***（0.01）	0.176***（0.02）	0.012（0.02）
常数项	4.900（7.99）	−5.805***（0.05）	−8.773***（0.09）	−5.133***（0.06）	−4.987***（0.05）	−9.463***（0.13）	−4.887***（0.06）
行业固定效应	是	是	是	是	是	是	是
年份固定效应	是	是	是	是	是	是	是
地区固定效应	是	是	是	是	是	是	是
N	6237	6237	6237	6237	3219	3219	3219
R^2或伪R^2	0.094	0.517	0.509	0.475	0.418	0.493	0.371
对数似然比	−35398.3	−101049.9	−48751.6	−72789.3	−65962.9	−25733.3	−48866.8

注：*、** 和 *** 分别表示10%、5%和1%的显著性水平。列（1）—列（4）为制造业企业样本分别用历年专利申请总数、发明专利、非发明专利（实用新型加上外观设计）申请数作为被解释变量的估计结果，列（5）—列（7）为企业对外直接投资对专利申请总数、发明专利、非发明专利的动态影响。括号内的值为标准误差，下表同。

列（5）—列（7）分别报告的是对外投资对企业专利产出的动态效应，从列（5）、列（6）采用专利申请总数与发明专利数作为被解释变量的估计结果来看，交互项（dd0-dd3）系数均在1%的统计水平上显著为正，表明对外投资对企业的专利申请总数和发明专利产出具有持续性的正向促进作用，进一步比较来看，在企业对外投资的第二年，对创新的提升作用影响最大，专利申请总数和发明专利提升了30%和32%，但这一正向效应在第三、第四年有所降低，对外投资带来的正向影响呈现倒"U"型的特征。列（7）是利用非发明专利作为被解释变量估计得到的结果，从结果来看，交互项系数在企业对外投资当年和第二年显著为正，而到了第三年和第四年交互项系数为正却不显著，即对外投资对企业的非发明专利产出并不具有持续性。从企业对外投资带来的动态效应结果来看，对外投资企业的发明专利产出显著增加且具有持续性，说明对外投资能够促进企业内部创新资源的优化配置，将更多的创新资源用于攻克核心技术上以强化企业的核心竞争力。这与贸易自由化对多产品企业的影响相似,随着市场竞争日趋激烈,多产品出口企业会将更多的资源用于高利润的核心产品上,促进资源在企业内重新配置(Mayer 等,2014①)。对此可能的解释,一是降低无效率,企业在"走出去"后,面临更加激烈的市场竞争,将促使企业提高组织管理效率和企业内部的资源优化配置;二是产品的反馈效应,企业对外投资能够与更多的消费者、全球供应商、科研机构等进行交流与学习,不断地更新企业的知识库(Criscuolo 等,2010②);三是对外投资企业会强化自主创新能力,会不断地提高研发投入用于攻克核心技术上,以提高企业在国际市场上竞争力。综上结果来看,企业对外投资能够显著地提升专利产出水平,说明企业对外投资能够带来自主创新效应;此外,本节采用 PSM 和 DID 方法,系数的结果较为稳健,进一步地表明对外投资与企业创新之间存在正向的因果关系。

二、 绿地投资、跨国并购对企业创新影响的检验分析

本节的理论部分分析表明,跨国公司进入东道的不同模式会影响到境外子公司的组织管理方式和技术选择。绿地投资企业在面临激烈的市场竞争和获得产品反馈效应后会提高其研发投入来强化其所有权优势;而跨国并购能否提升母公司的自主创新水平则取决于技术上的互补性和组织管理效率。袁东等(2015)③利用中国工业企业数据实证研究发现绿地投资能够显著地提高母公司的生产率,而跨国并购却会给企业带来管理、文化融合上的挑战,短期内并不能提高企业的生产率水平。上市公司是中国对外投资最具有活力的企业,尤其是在跨国并购投资,在本节的样本中,有近 14% 企业在样本期间内同时进行了绿地投资和海外并购投资。为此,本节将样本区分为仅进行绿地投资、跨国并购,以及同时进行绿地投资和跨国并购投资的企业样本,估计结果如表6-3 所示。

① Mayer T., M. J. Melitz, G. I. Ottaviano, "Market Size, Competition, and the Product Mix of Exporters", *American Economic Review*, Vol.104, No.2, 2014, pp.495-536.

② Criscuolo C., J.E.Haskel, M.J.Slaughter, "Global Engagement and the Innovation Activities of Firms", *International Journal of Industrial Organization*, Vol.28, No.2, 2010, pp.191-202.

③ 袁东、李霖洁、余淼杰:《外向型对外直接投资与母公司生产率——对母公司特征和子公司进入策略的考察》,《南开经济研究》2015 年第 3 期。

表 6-3 不同进入模式对企业创新的影响

变量	绿地投资—海外并购			仅绿地投资			仅海外并购		
	（1）	（2）	（3）	（4）	（5）	（6）	（7）	（8）	（9）
	专利	发明专利	非发明专利	专利	发明专利	非发明专利	专利	发明专利	非发明专利
dd	0.126 ***	0.271 ***	0.009	0.109 ***	0.190 ***	0.0510 ***	0.720 ***	0.093	0.983 ***
	（0.03）	（0.05）	（0.04）	（0.01）	（0.02）	（0.02）	（0.06）	（0.10）	（0.07）
dt	-0.0386 *	0.159 ***	-0.133 ***	0.392 ***	0.447 ***	0.364 ***	0.487 ***	0.620 ***	0.503 ***
	（0.02）	（0.04）	（0.03）	（0.01）	（0.02）	（0.01）	（0.05）	（0.09）	（0.07）
dofdi	-0.147 ***	-0.499 ***	0.080 **	-0.0764 ***	-0.163 ***	-0.016	-0.233 ***	0.188 **	-0.422 ***
	（0.02）	（0.04）	（0.03）	（0.01）	（0.02）	（0.02）	（0.05）	（0.09）	（0.06）
lp	0.070 ***	0.190 ***	0.048 *	0.277 ***	0.320 ***	0.251 ***	-0.513 ***	0.477 ***	0.659 ***
	（0.02）	（0.03）	（0.03）	（0.010）	（0.01）	（0.01）	（0.04）	（0.07）	（0.05）
size	0.717 ***	0.752 ***	0.659 ***	0.591 ***	0.501 ***	0.647 ***	0.0697	-0.201 ***	0.166 ***
	（0.02）	（0.03）	（0.03）	（0.010）	（0.01）	（0.01）	（0.05）	（0.07）	（0.05）
oversea	1.166 ***	1.066 ***	1.256 ***	0.659 ***	0.592 ***	0.705 ***	0.0497	0.271 ***	0.178 **
	（0.03）	（0.06）	（0.04）	（0.01）	（0.01）	（0.01）	（0.05）	（0.08）	（0.07）
state	0.459 ***	0.569 ***	0.383 ***	0.152 ***	0.373 ***	0.007	-0.671 ***	-0.193 **	-0.997 ***
	（0.02）	（0.03）	（0.03）	（0.01）	（0.01）	（0.01）	（0.05）	（0.08）	（0.07）
age	-0.066 ***	-0.081 ***	-0.054 ***	-0.014 ***	-0.019 ***	-0.010 ***	-0.030 ***	-0.004	-0.041 ***
	（0.00）	（0.00）	（0.00）	（0.00）	（0.00）	（0.00）	（0.00）	（0.01）	（0.01）
capital	0.376 ***	0.408 ***	0.398 ***	0.029 ***	0.065 ***	0.092 ***	0.493 ***	0.495 ***	0.563 ***
	（0.02）	（0.04）	（0.03）	（0.01）	（0.01）	（0.01）	（0.05）	（0.08）	（0.07）
rd	0.119 ***	0.140 ***	0.119 ***	0.436 ***	0.452 ***	0.425 ***	0.948 ***	0.595 ***	1.208 ***
	（0.03）	（0.05）	（0.03）	（0.01）	（0.02）	（0.02）	（0.09）	（0.14）	（0.12）
常数项	-9.556 ***	-11.48 ***	-9.665 ***	-3.370 ***	-5.372 ***	-3.190 ***	-2.270 ***	-3.977 ***	-2.901 ***
	（0.12）	（0.19）	（0.16）	（0.05）	（0.07）	（0.06）	（0.32）	（0.57）	（0.40）
行业固定效应	是	是	是	是	是	是	是	是	是
年份固定效应	是	是	是	是	是	是	是	是	是
地区固定效应	是	是	是	是	是	是	是	是	是
N	808	808	808	4982	4982	4982	385	385	385
伪 R^2	0.750	0.759	0.700	0.328	0.323	0.282	0.601	0.395	0.659
对数似然比	-13764	-5731.9	-10526.3	-95556.0	-47613.0	-68355.2	-2776.9	-1545.9	-1975.1

注：*、** 和 *** 分别表示 10%、5% 和 1% 的显著性水平。列（1）—列（3）中，绿地投资—海外并购是指在样本期间内既进行了绿地投资也有海外并购投资行为的企业，并分别用历年专利申请总数、发明专利、非发明专利（实用新型加上外观设计）申请数作为被解释变量的估计结果。列（4）—列（6）中，仅绿地投资是指仅进行绿地投资的企业。列（7）—列（9）中，仅海外并购是指仅进行海外并购投资的企业。

从表6-3的估计结果来看,用企业申请的专利总数作为被解释变量时[列(1)、列(4)、列(7)],交互项系数(dd)显著为正,跨国并购和绿地投资均能够显著地提高母公司总的专利申请数,但对不同的专利类型,不同进入模式带来的创新效应存在着差异。具体而言,列(1)—列(3)报告的是既有海外并购和绿地投资的企业样本估计结果,发现这类企业在对外投资后专利申请总数显著增加,其中发明专利的申请显著增加,对非发明专利申请的影响则不显著,说明这类企业在对外投资后更加注重创新的质量,而非数量。这可能的解释在于,这些企业创新能力和生产率水平比其他对外投资企业更高;此外,这些企业在对外投资后会降低 RD 资源管理的无效率,优化 RD 资源配置,并应用于提升竞争优势的战略性领域的技术升级。列(4)—列(6)是采用绿地投资样本估计得到的结果,发现交互项系数(dd)均显著为正,绿地投资对发明专利和非发明专利的申请都具有显著的提升作用。

列(7)—列(9)是运用海外并购投资的企业样本进行回归的结果,在回归样本中,有近 1/3 的上市公司直接进行了海外并购投资。估计结果显示,专利申请总数和非发明专利申请显著提高,但对发明专利申请的影响却不显著,专利申请的增量主要来自非发明专利的申请。此外,我们还发现仅进行海外并购的企业其研发投入并没有显著提高,这些企业的内部知识积累(I_f)不足,难以与海外收购的子公司形成技术上的互补,仅寄希望于通过海外并购方式获得海外前沿技术反而不利于企业自主创新能力的提升。

三、 分样本检验

1.企业所有制特征

已有的研究表明国有企业在创新投资方面的效率更低(Wei 等,2017[①]),国有企业对外投资具有政策上的优势,并有可能承担着与利润最大化目标相冲突的国家战略性投资(Shleifer 和 Vishny,1988[②]),这就有可能导致国有企业与民营企业在对外投资决策和绩效上存在着差异。为进一步考察不同所有制企业对外投资对企业创新的异质性影响,我们根据企业最终控制权属性将样本区分为

① Wei S., Z.Xie, X.Zhang, "' Made in China ' to ' Innovated in China ': Necessity, Prospect, and Challenges", *Journal of Economic Perspectives*, Vol.31, No.1, 2017, pp.49-70.

② Shleifer A., R. W. Vishny, " Value Maximization and the Acquisition Process ", *Journal of Economic Perspectives*, Vol.2, No.1, 1988, pp.7-20.

国有企业和非国有企业两大子样本进行匹配后估计。

2. 东道国技术水平差异

在企业对外投资活动中,区位选择是最先考虑的因素,并直接影响到投资的成败。不同的国家在市场竞争环境、技术创新理念、资源和创新要素都存在迥异,会直接影响到企业在投资后的创新决策和投资的"干中学"效应,有些企业到发达国家投资不仅仅是为了增进市场份额,更有可能是技术外包获得发达国家企业间的技术外溢(Griliches 等,2006①)。本部分按世界经济论坛发布的《2010—2011 年全球竞争力报告》中的创新指标排名将东道国区分技术前沿国家和其余国家。

3. 投资动机

企业对外投资按动机可以区分为商贸服务类、当地生产、技术研发和资源寻求等类型,不同的投资动机会对就业、生产率的影响产生差异(蒋冠宏和蒋殿春,2014②;李磊等,2016③)。对外投资企业的不同投资动机通常是根据东道国的要素禀赋和企业技术、产品特征所作出的理性选择,将可能影响到企业的创新决策。本节将借鉴蒋冠宏和蒋殿春(2014)④的处理方法,按企业的对外投资动机划分为商贸服务类、当地生产和技术研发三类⑤。

根据企业所有制、东道国和投资动机分组重新进行检验得到的结果如表6-4 所示。

从表6-4列(1)、列(2)按企业所有制区分样本后的估计结果来看,交互项(dd)系数在1%的统计水平上显著为正,而列(2)中交互项系数则不显著。说明民营企业对外投资对创新具有显著的促进作用,国有企业的对外投资行为对其创新活动的影响则不明显,甚至有可能会带来负向效应。国有企业的对外投资

① Griliches Z.,"Issues in Assessing the Contribution of Research and Development to Productivity Growth",*Bell Journal of Economics*,Vol.10,No.1,1979,pp.92-116.

② 蒋冠宏、蒋殿春:《中国工业企业对外直接投资与企业生产率进步》,《世界经济》2014 年第9 期。

③ 李磊、白道欢、冼国明:《对外直接投资如何影响了母国就业?——基于中国微观企业数据的研究》,《经济研究》2016 年第8 期。

④ 蒋冠宏、蒋殿春:《中国工业企业对外直接投资与企业生产率进步》,《世界经济》2014 年第9 期。

⑤ 本节仅使用上市公司制造业样本,资源寻求型企业在本节样本中较少,没有单独进行检验。

表 6-4　分样本检验

变量	所有制		东道国		投资动机		
	（1）	（2）	（3）	（4）	（5）	（6）	（7）
	民营企业	国有企业	其他国家	技术前沿	商贸服务	当地生产	技术研发
dd	0.220 *** (0.01)	−0.032 (0.02)	0.208 *** (0.01)	0.240 *** (0.02)	0.199 *** (0.01)	0.240 *** (0.02)	0.0657 *** (0.02)
dt	0.0206 * (0.01)	0.298 *** (0.02)	0.005 (0.01)	0.136 *** (0.02)	0.186 *** (0.01)	−0.126 *** (0.01)	0.506 *** (0.02)
dofdi	−0.321 *** (0.01)	0.358 *** (0.02)	0.0116 (0.01)	−0.242 *** (0.02)	0.0454 *** (0.01)	−0.216 *** (0.01)	−0.228 *** (0.02)
lp	0.207 *** (0.01)	0.509 *** (0.01)	0.542 *** (0.01)	0.355 *** (0.02)	0.467 *** (0.01)	0.388 *** (0.02)	0.555 *** (0.01)
size	0.610 *** (0.01)	0.616 *** (0.01)	0.766 *** (0.01)	0.644 *** (0.01)	0.712 *** (0.01)	0.628 *** (0.01)	0.667 *** (0.01)
oversea	0.402 *** (0.01)	0.565 *** (0.01)	0.450 *** (0.01)	0.250 *** (0.02)	0.455 *** (0.01)	0.290 *** (0.01)	0.343 *** (0.01)
state			0.078 *** (0.01)	−0.206 *** (0.02)	0.120 *** (0.01)	−0.0239 ** (0.01)	0.823 *** (0.01)
age	−0.028 *** (0.00)	0.002 (0.01)	−0.0270 *** (0.00)	−0.028 *** (0.00)	−0.02 *** (0.00)	−0.035 *** (0.00)	−0.021 *** (0.00)
capital	0.178 *** (0.01)	0.007 (0.01)	0.145 *** (0.01)	0.225 *** (0.02)	0.042 *** (0.01)	0.013 (0.01)	0.048 *** (0.01)
rd	0.568 *** (0.02)	0.0830 *** (0.01)	0.279 *** (0.01)	0.361 *** (0.02)	0.398 *** (0.016)	0.251 *** (0.01)	0.140 *** (0.02)
常数项	−6.271 *** (0.08)	−5.441 *** (0.08)	−5.242 *** (0.06)	−5.979 *** (0.10)	−5.673 *** (0.06)	−5.022 *** (0.08)	0.700 *** (0.08)
行业固定效应	是	是	是	是	是	是	是
年份固定效应	是	是	是	是	是	是	是
地区固定效应	是	是	是	是	是	是	是
N	4169	2036	4259	1908	4486	3015	1948
伪 R^2	0.448	0.657	0.476	0.734	0.498	0.561	0.470
对数似然比	−52577.3	−36767.8	−71517.7	−18736.7	−68609.5	−48882.5	−33030.0

注：*、** 和 *** 分别表示 10%、5% 和 1% 的显著性水平。被解释变量均为历年专利申请总数。列（1）、列（2）是民营企业和国有企业样本的估计结果；列（3）、列（4）是按东道国创新能力排名区分技术前沿国家和其他国家样本后的估计结果；列（5）、列（6）是根据投资动机区分样本后的估计结果。

有可能是为了完成政府的战略性投资目标,并非根据自身的比较优势"走出去",企业也缺乏技术创新的动力;此外,国有企业拥有大量研发资源和人才储备,但创新投资效率不高且不注重技术创新质量(Wei 等,2017[1])。民营企业在进入国际市场后,面临激烈的市场竞争会持续性推动技术创新来提升竞争优势,并更加注重创新资源在企业内的重新配置来提升技术创新的质量。

表6-4列(3)、列(4)是按东道国的创新能力排名区分样本后的估计结果,发现交互项(dd)系数均在1%的统计水平上显著为正,表明东道国的技术创新水平并没有影响到企业对外投资带来的创新效应,无论是到创新能力高的国家还是其他国家,对外投资企业均能够获得投资的"学习效应"并显著地提高企业的创新产出。

从表6-4列(5)—列(7)的结果发现,交互项(dd)系数均显著为正,表明商贸服务、当地生产和技术研发企业都有利于母公司的创新产出,但从影响程度上看,前两类投资动机带来的专利产出效应相对更高,在企业对外投资后带来的创新效应达到22%和27%,技术研发类对外投资带来的创新提升效应相对较低,仅为6.7%,这有可能与当前我国企业海外研发起步较晚和企业自身的吸收能力有关。

4.影响机制分析及检验

上文研究结论表明,企业对外投资对创新产出具有正向的促进作用,即企业在对外投资后其创新能力得到了显著提升,且更加注重于创新的质量上。那么对外投资行为是通过哪一种机制来影响到企业创新活动呢? 从本节第二部分的理论模型分析来看,企业知识的积累将主要来自"内"(I_h)"外"(I_f)两个方面(Criscuolo 等,2010[2]),对内是增加企业的研发投入来提高自身的知识积累和对前沿技术的吸收能力;对外是通过与更多的消费者、全球供应商、科研机构等进行交流与学习。为此,本部分将构建中介效应模型对以上两大影响机制进行检验,表6-5报告了对外投资对企业创新活动的影响机制检验结果。

---

[1] Wei S.,Z.Xie,X.Zhang,"'Made in China' to 'Innovated in China': Necessity, Prospect, and Challenges",*Journal of Economic Perspectives*,Vol.31,No.1,2017,pp.49-70.

[2] Criscuolo C.,J E.Haskel,M.J.Slaughter,"Global Engagement and the Innovation Activities of Firms",*International Journal of Industrial Organization*,Vol.28,No.2,2010,pp.191-202.

表 6-5　影响机制检验

变量	（1） 研发强度	（2） 海外业务收入	（3） 专利	（4） 发明专利
dd	0.270** (0.12)	0.599*** (0.20)	0.182*** (0.01)	0.213*** (0.02)
dt	−0.004 (0.09)	0.679*** (0.15)	−0.007 (0.01)	0.027* (0.02)
$dofdi$	−0.282*** (0.10)	0.418** (0.17)	−0.0526*** (0.01)	−0.117*** (0.02)
lp	1.277*** (0.07)	0.273** (0.11)	0.572*** (0.01)	0.552*** (0.01)
$size$	1.218*** (0.07)	1.011*** (0.11)	0.838*** (0.01)	0.714*** (0.01)
$oversea$	0.321*** (0.08)			
$lnoversea$			0.042*** (0.00)	0.038*** (0.00)
$state$	−0.001 (0.08)	0.910*** (0.13)	−0.018*** (0.00)	−0.019*** (0.00)
age	−0.090*** (0.01)	0.017 (0.01)	0.052*** (0.01)	0.134*** (0.01)
$capital$	0.812*** (0.07)	0.284** (0.12)	0.159*** (0.01)	0.042*** (0.01)
rd		0.687*** (0.17)		
$rd\_intensive$			0.100*** (0.00)	0.120*** (0.00)
常数项	5.08*** (0.51)	−1.703** (0.85)	−5.376*** (0.05)	−8.449*** (0.09)
行业固定效应	是	是	是	是
年份固定效应	是	是	是	是
地区固定效应	是	是	是	是
N	6237	6237	6237	6237
R^2 或伪 R^2	0.4075	0.2486	0.538	0.539
F	60.59	29.14		
对数似然比			−96668.7	−45760.3

注：*、** 和 *** 分别表示 10%、5% 和 1% 的显著性水平。列（1）、列（2）分别是用企业研发投入和海外业务收入两个中介变量作为被解释变量进行估计的结果；列（3）、列（4）分别是用专利申请总数和发明专利作为被解释变量进行估计得到的结果。

表6-5中列(1)、列(2)分别是用企业研发投入和海外业务收入两个中介变量作为被解释变量进行估计的结果,从列(1)的回归结果来看,交互项(dd)系数显著为正,说明对外投资会进一步地增加企业的研发投入来提高内部的知识水平(I_h),这主要是企业进入国际市场后,面临更大的市场竞争,进而迫使其进行技术升级以避免落入低利润水平的竞争(Bustos,2011①)。列(2)的估计结果显示,交互项(dd)系数显著为正,表明对外投资会进一步地强化企业的海外业务能力(蒋冠宏和蒋殿春,2014②),通过与海外市场的接触来获得外部知识(I_f)。列(3)、列(4)分别用专利申请总数和发明专利作为被解释变量进行估计得到的结果,发现交互项(dd)依然显著为正,而中介变量海外业务收入($lnoversea$)和研发强度($rd\_intensive$)在1%的显著水平上显著为正,这就说明企业在对外投资后会通过强化研发投入和海外业务扩张两大渠道来影响企业创新产出。

自"走出去"战略实施以来,中国企业对外投资高速增长,在此背景下,本节考察了对外投资对母公司创新的影响。首先构建一个简化的理论模型来分析对外投资对企业技术创新效应,并进一步地区分跨国公司不同的进入模式对创新的影响机制。接下来,本节运用中国上市公司专利、财务数据和《中国境外投资企业(机构)名录》来考察对外投资对企业创新产出的影响,为克服样本选择和内生性问题,本节采用了倾向匹配得分法和双重差分法进行实证检验,得到的结果如下:(1)企业对外投资显著地提高了企业的创新产出,使企业的专利申请总数增长了27%,其中发明专利增加较为明显且具有持续性,而对非发明专利申请的影响不具有持续性。在企业对外投资后,会更加重视技术创新的质量,并在企业内合理地配置创新资源并用于战略性技术创新上。(2)根据跨国公司进入模式的不同,在样本期间内,将对外投资企业区分为绿地投资、海外并购和同时进行两种投资的企业样本,实证结果发现,同时进行绿地投资和海外并购投资的企业发明专利申请显著提升,对非发明专利产出影响不显著;绿地投资企业的发明专利和非发

① Bustos P., "Trade Liberalization, Exports, and Technology Upgrading: Evidence on the Impact of MERCOSUR on Argentinian Firms", *Economics Working Papers*, Vol.101, No.1, 2011, pp.304-340.

② 蒋冠宏、蒋殿春:《中国工业企业对外直接投资与企业生产率进步》,《世界经济》2014年第9期。

明专利都显著提升;仅进行海外并购投资的企业专利申请总数显著增加,但只是非发明专利显著增加。(3)按企业所有制、东道国和投资动机区分样本后,得到的结论与上文一致,即对外投资能够显著地提高企业的创新水平。(4)本节通过构建中介效应模型来考察对外投资对企业创新的影响机制,发现对外投资企业会进一步地提高研发强度和海外业务扩张两大渠道来影响创新产出,即通过提高企业内外的知识储备。

本节的研究为对外投资与企业创新之间的因果关系提供了经验证据,同时也具有十分重要的政策启示。首先,从企业技术创新与战略转型的角度来看,应该继续推动"走出去"战略,鼓励并支持企业对外投资,以获得更多的外部知识积累。其次,本节研究发现对外投资带来的创新效应会因进入模式的不同而存在差异,那些规模较小、国际化经验和研发投入不足的海外并购投资企业其发明专利申请并没有显著增加,难以获得实质性的创新突破。对这些企业,政府应该鼓励对外投资企业加强对前沿技术的研发,"勤修内功"来提高自身的知识吸引能力和自主创新能力,才能够在跨国并购中实现技术上的互补性,以更大程度地从对外投资中获益,实现企业的技术升级与战略转型。

第七章 中国企业对外直接投资与目标企业绩效

本章的主要目的是从企业生产率和企业加成率角度来考察中国企业对外直接投资的目标企业绩效问题。①

第一节 中国企业对外直接投资对目标企业绩效影响的研究背景

中国政府在 2001 年提出了实施"走出去"战略,并将其写入《中华人民共和国国民经济和社会发展第十个五年计划纲要》。在"走出去"战略的引导下,越来越多的中国企业走出国门,在海外市场寻找商机,积极参与国际竞争和融入全球经济。对外直接投资流量从 2002 年的 27 亿美元增长至 2020 年的 1537.1 亿美元;对外直接投资存量由 2002 年的 299 亿美元上升至 2020 年的 25806.6 亿美元,短短 19 年的时间增长了约 86.3 倍;截至 2020 年年末,中国已有 12.8 万家境内投资者在境外设立 4.5 万家分支机构,它们分布在全球 189 个国家(或地区),覆盖率高达 80%。这表明,自"走出去"战略实施以来,中国企业的对外直接投资取得了瞩目的成绩。本章正是在此背景下研究中国对外直接投资对企业加成率的微观影响和作用机制。2004—2014 年中国企业绿地投资与跨国并购直接投资额如图 7-1 所示。根据图 7-1 可知,与绿地投资不同的是,中国企业的跨境并购在 2011 年后一直处于轻微浮动状态,并没有像绿地投资呈现逐年向

① 本章部分内容作为前期成果(阶段性成果)公开发表于:苏莉、冼国明,《中国企业跨国并购促进生产率进步了吗?》,《中国经济问题》2017 年第 1 期;毛其淋、许家云:《中国对外直接投资如何影响了企业加成率:事实与机制》,《世界经济》2016 年第 6 期。

上的趋势,由此,波动起伏的中国跨国并购走势引起了我们的关注,自2008年开始中国企业跨国并购迈上了一个新台阶,但是随后几年跨国并购的整体表现虽然能保持在一个稳定的水平,但并没有呈现逐年上升的理想态势,这让我们陷入了深入的思考:是否跨国并购并未给企业带来期待的价值,从而在一定程度上阻碍了中国企业下一步的跨国并购步伐?

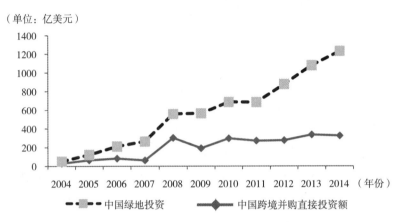

图7-1　2004—2014年中国绿地投资与中国跨境并购直接投资额走势图
资料来源:根据历年《中国对外直接投资公报》整理绘制。

　　本章通过研究对外直接投资与企业加成率以及企业生产率之间的关系分析中国企业对外直接投资与目标企业绩效问题,可以回答诸如对外直接投资是否提升了企业竞争能力,反映企业的发展状态,还关系着国家的经济发展速度、产业结构的转型升级、人民的生活质量等。这不仅有助于客观评估中国对外直接投资的成效,而且还能为下一步如何更好地实施"走出去"战略提供有益的政策启示。因此,本章研究不仅具有理论价值,同时也具有较强的现实意义。

第二节　中国企业跨国并购如何影响企业生产率

一、文献回顾

　　从现有文献来看,与本章相关的文献主要有三类:第一类文献是关于对新兴市场国家对外直接投资现象的解释。一国的经济发展水平决定了国际直接投资地位,从宏观和动态角度解释发展中国家对外直接投资现象。尽管发达国家的企业拥有垄断优势,但是发展中国家有其独特的竞争优势可利于在其他类似国家开展对外直接投资。随后有大量的文献研究新兴市场国家对外直接投资的原因,认为新兴市场国家受自身经济发展条件的限制,必须向海外寻求资源、无形资产和市场才能突破限制、寻求发展(Davis 和 Cobb,2010①),从而进一步丰富了对新兴市场国家海外直接投资现象的解释。

第二类文献是关于中国对外直接投资逆向溢出效应的研究。英国的行业数据显示技术寻求型和效率寻求型的海外直接投资都对母国有显著的生产率促进作用(Driffield 和 Love,2006②)。然而,经济合作与发展组织国家产业层面数据检验结果显示,对外直接投资的逆向溢出效应并不明显,非七国集团(G7)国家的对外直接投资对国内生产率还有显著的负效应(Bitzer 和 Kerekes,2008③)。国内文献方面,鲁万波等(2016)④的研究显示,中国的对外直接投资有利于中国的技术进步,对中国的生产率增长有促进作用。微观层面上,蒋冠宏和蒋殿春(2014)⑤从企业层面研究了中国企业对外直接投资对母公司的生产率效应,结果表明对外直接投资显著提升了企业的生产率。韩剑(2015)⑥认为对外直接投资根据水平与垂直投资方式的不同存在不同的生产率门槛效应。然而,王英和刘思峰(2008)⑦的研究却表明,中国的对外直接投资对本国的技术进步有一定阻碍作用。

与以往研究相比,本节研究的特色之处在于:(1)以往的研究有大量关于对外直接投资对生产率影响的探讨,然而,跨国并购和绿地投资是对外直接投资的

---

① Davis G.F.,J.A.Cobb ,"Resource Dependence Theory:Past and Future",*Stanford's Organization Theory Renaissance*,Vol.28,2010,pp.21-42.

② Driffield N.L.,J.H.Love,"Does The Motivation for Foreign Direct Investment Affect Productivity Spillovers to the Domestic Sector?",*Applied Economics Quarterly*,Vol.52,No.1,2006,pp.3-27.

③ Bitzer J.,M.Kerekes,"Does Foreign Direct Investment Transfer Technology across Borders? New Evidence",*Economics Letters*,Vol.100,No.3,2008,pp.355-358.

④ 鲁万波、常永瑞、王叶涛:《中国对外直接投资、研发技术溢出与技术进步》,《科研管理》2015年第3期。

⑤ 蒋冠宏、蒋殿春:《中国工业企业对外直接投资与企业生产率进步》,《世界经济》2014年第9期。

⑥ 韩剑:《垂直型和水平型对外直接投资的生产率门槛——基于中国企业层面微观数据的研究》,《中国经济问题》2015年第3期。

⑦ 王英、刘思峰:《国际技术外溢渠道的实证研究》,《数量经济技术经济研究》2008年第4期。

两种不同方式,跨国并购与绿地投资有着不同的特点,其对企业生产率的影响可能是不同的,因而研究对外直接投资整体对生产率的影响并不能准确反映跨国并购这种投资方式对企业生产率提升的作用,我们需要单独对跨国并购这种方式的生产率效应进行细致的研究,以期更准确把握跨国并购这种方式的特征。

(2)我们关注的核心是企业生产率,主要研究跨国并购对企业技术进步、人力资本提升等的影响。企业生产率反映了企业的技术进步,而技术进步是企业竞争力的重要来源,也是一国经济增长的源泉,而绩效是一个比较宽泛的概念,不仅反映企业技术进步,也可能反映企业在经营管理其他方面所付出的努力和投入。另外,生产率是一个非常重要的经济学研究的概念,我们试图从经济学角度来研究跨国并购的经济效应,因而选择从生产率而不是绩效角度研究会更有针对性。

(3)双重差分法和匹配法的研究方法,在一定程度上可以避免自选择造成的偏差。本节收集了中国企业在 2008 年后跨国并购的数据,试图在微观层面上研究中国企业跨国并购对企业生产率的影响,以期合理评估中国企业跨国并购的效果,这项研究可以说是具有一定创新性的。

二、 模型与数据

1. 模型

根据双重差分法原理,我们将对外跨国并购的企业视为处理组,将从未对外跨国并购的企业视为对照组。因此,我们构造了两个二元虚拟变量 du 和 dt。du 表示企业是否对外跨国并购,如果 $du = 1$ 表示企业有对外跨国并购,如果 $du = 0$ 表示企业从未对外跨国并购。dt 为时间二元虚拟变量,如果 $dt = 1$ 表示企业对外跨国并购后的时期,如果 $dt = 0$ 表示企业对外跨国并购前的时期。令 TFP_{it} 表示企业 i 在 t 时期的生产率,ΔTFP_i 表示企业 i 对外跨国并购前后的生产率变化。若企业进行了对外跨国并购则将其两个时期的生产率记为 ΔTFP_i^1;若企业从未对外跨国并购则将其两个时期的生产率变化记为 ΔTFP_i^0。因此,企业对外跨国并购后对企业生产率的实际影响 g 为:

$$g = E(g_i \mid du_i = 1) = E(\Delta TFP_i^1 \mid du_i = 1) - E(\Delta TFP_i^0 \mid du_i = 1)$$

$$(7-1)$$

式(7-1)中 $E(\Delta TFP_i^0 \mid du_i = 1)$ 实际是不可观察的,因为企业对外跨国并购后其非对外跨国并购的生产率变化是不能测度的,因此,我们需要利用匹配法在从未进行对外跨国并购的企业中找到最为相近的企业的生产率变化来替代企业跨国并购后的非并购状态的生产率变化,即 $E(\Delta TFP_i^0 \mid du_i = 1) = E(\Delta TFP_i^0 \mid du_i = 0)$。则式(7-1)转变为:

$$g = E(g_i \mid du_i = 1) = E(\Delta TFP_i^1 \mid du_i = 1) - E(\Delta TFP_i^0 \mid du_i = 0)$$

$$(7-2)$$

根据双重差分法将对外跨国并购的企业视为处理组,从未对外跨国并购的企业作为对照组,比较处理组和对照组企业在对外跨国并购前后生产率的变化,如果处理组企业在对外跨国并购以后生产率增加显著高于对照组企业,那么我们有理由认为企业的对外跨国并购促进了生产率提升。因此,本章最终用于估计的双重差分模型为:

$$TFP_{it} = a_0 + a_1 du + a_2 dt + g(du \times dt) + \sum \theta_n CV_{itn} + \lambda_{it} + \varepsilon_{it} \quad (7-3)$$

式(7-3)中 du 和 dt 的含义与前文一致;TFP_{it} 表示第 i 家企业在时期 t 的生产率,ε_{it} 表示模型的误差项,且 $E(\varepsilon_{it}) = 0$。见式(7-3)中处理组企业在对外跨国并购前后的生产率分别为 $a_0 + a_1$ 和 $a_0 + a_1 + a_2 + g$,因此处理组企业的生产率变化为 $E(\Delta TFP_i^1 \mid du_i = 1) = a_2 + g$。同样,对照组企业在对外跨国并购后的生产率分别为 a_0 和 $a_0 + a_2$,因此,对照组企业的生产率变化为 $E(\Delta TFP_i^0 \mid du_i = 0) = a_2$。根据式(7-2)可得:

$$g = E(g_i \mid du_i = 1) = E(\Delta TFP_i^1 \mid du_i = 1) - E(\Delta TFP_i^0 \mid du_i = 0)$$

$$= a_2 + g - a_2 = g \qquad\qquad (7-4)$$

由式(7-4)可知,检验模型(7-3)的交互项 $du \times dt$ 的系数 g 为企业对外跨国并购后其生产率变化的实际影响。如果 $g > 0$ 表示对外跨国并购前后处理组企业的生产率增加大于对照组企业,则表明企业对外跨国并购促进了企业生产率提升。模型(7-3)中还包含了控制变量 CV_{it},包括公司规模、现金流量、资本密集度、资产收益率、营业收入;加入了 λ_{it},控制年份、地区及行业特征。

2. 变量设定

全要素生产率(TFP)。我们选用上市公司作为考察对象,由于上市公司数据没有公布企业增加值和中间投入,所以我们采用固定效应面板数据的索罗余值法来计算全要素生产率。各企业产出变量以样本企业的主营业务收入表示,并使用生产价格指数将其平减为 2008 年不变价格的实际主营业务收入;劳动投入使用各企业员工人数表示;固定资本存量选用各企业固定资产净额表示,并以固定资产价格指数计算出以 2008 年为基期的实际值。

其他变量(CV)。企业资本密集度用企业实际固定资产净额与员工人数之比表示;企业规模用企业员工人数表示;现金流量用企业经营活动所产生的现金流净额与总资产之比表示;资产收益率用企业净利润与总资产之比表示;营业收入用营业收入与总资产的比例来表示。

3. 数据来源

本节的跨国并购是指中国境内的企业与国外企业发生并购与被并购关系的行为,是一种广义的并购,包括兼并、收购、合并和接管等企业买卖、划拨资产和股权转让等所有的企业间重组行为。为了考察中国企业海外并购直接投资的最终流向,数据样本的东道国不包括如百慕大群岛等避税天堂。样本中所有跨国并购事件是指已完成的交易,交易信息源于国泰安(CSMAR)沪深上市的 A 股上市公司数据及上市公司年报。2008 年全球经济经历了金融危机,世界上很多国家减少了对外直接投资,但我国对外直接投资逆流而上,对外直接投资速度不降反升,尤其是在 2008 年出现了对外跨国并购浪潮。因此,鉴于中国对外跨国并购的阶段发展背景,我们选择了 2009—2013 年开始对外跨国并购的非金融类企业作为考察对象,研究这些跨国并购企业是否促进了企业生产率的进步。根据 CSMAR 数据信息及上市公司年报,我们获得了 2009—2013 年 149 家对外跨国并购的企业,并将这些数据与财务数据匹配,得到 2009—2013 年 149 家对外跨国并购公司的所有相关数据,即处理组样本。为了考察企业在并购前所具有的特征我们引入 2008 年的数据信息,同时,为了计算时滞效应我们还纳入了这些企业 2014 年的数据特征。另外,我们根据 CSMAR 数据也找到 2008—2014 年从未进行对外跨国并购的 1335 家企业作为对照组。所有数据我们都根据会计基本准则进行了清洁处理。

三、 经验检验与结果分析

1. 马氏距离配对及配对结果

在进行式(7-3)的双重差分估计之前,我们采用马氏距离匹配。我们选择企业生产率、企业规模、营业收入及企业行业属性作为匹配变量,以期找到与处理组最相近的企业作为对照组。为了使结果更加准确,我们运用并购前一年的数据进行匹配,即2008—2012年进行分年匹配,匹配后处理组与对照组的数量如表7-1所示。处理组与对照组都能通过平衡性检验。[①]

表7-1　处理组和对照组企业筛选结果

事　件	企业数量
2009年跨国并购企业(处理组)	33家
2010年跨国并购企业(处理组)	39家
2011年跨国并购企业(处理组)	32家
2012年跨国并购企业(处理组)	23家
2013年跨国并购企业(处理组)	22家
2008—2014年持续没有跨国并购的企业(对照组)	1322家
样本合计	1471家

　　2.对外跨国并购对企业生产率影响的初始估计

　　在得到配对结果之后,我们根据式(7-3)的模型进行了初始检验,估计结果如表7-2所示,我们考察的核心变量为 $du \times dt$。表7-2列(1)我们不控制任何其他因素进行检验,列(2)单独加入企业特征变量,列(3)在列(2)基础上控制年份效应,列(4)在列(3)基础上控制地区特征,列(5)在列(4)基础上再控制行业特征。R-Square的值逐渐增大,模型估计效果越来越好。从表7-2的列(1)—列(5)结果来看, $du \times dt$ 系数的显著性不稳定,当不控制行业因素时, $du \times dt$ 系数显著为正,但加入行业特征后,估计系数变得不显著。这说明在不考虑行业差异的情况下,总的来看企业的对外跨国并购显著地促进了生产率的提高,但不同行业有其自身的特点,同行业企业才具有可比性,因此,在考虑了行业特征之后,企业对外跨国并购对企业的生产率并没有带来显著的提高,只能带来些微的正增长。之所以产生这样不显著的结果,我们认为可能是因为跨国并购是一项比绿地投资更复杂的对外直接投资行为,它需要整合两个市场、两个企业的资源。两个企业在文化制度、消费习惯、经营管理方式、语言、风俗、法律等方面的差异都是企业内化能否成功的重要因素,跨国并购是一项非常复杂的工程,企业很难在当年就获取整合的成功,因此,整体上来看,企业要在即时的跨国并购中获得显

　　[①]　由于受篇幅所限,未列出平衡性检验结果,若感兴趣,可向笔者索取。

著的生产率进步显得十分困难。

表 7-2　初始估计结果

变量	（1）	（2）	（3）	（4）	（5）
du	0.0643 (0.0579)	0.0417 (0.0472)	0.0874 * (0.0469)	0.0922 * (0.0445)	0.132 *** (0.0453)
dt	0.0888 *** (0.0219)	0.146 *** (0.0195)	-0.0595 ** (0.0283)	-0.085 *** (0.0233)	-0.0472 * (0.0274)
$du \times dt$	0.102 (0.0709)	0.128 ** (0.0602)	0.118 ** (0.0599)	0.0997 * (0.0584)	0.0838 (0.0578)
企业规模		0.0903 *** (0.00894)	0.0858 *** (0.00895)	0.799 *** (0.00879)	0.0999 *** (0.00864)
营业收入		0.0155 ** (0.00632)	0.0151 ** (0.00623)	0.0148 ** (0.00582)	0.0134 ** (0.00563)
现金流量		-0.101 ** (0.0453)	-0.0991 ** (0.0447)	-0.0902 ** (0.0424)	-0.0865 ** (0.0396)
资产收益率		0.0398 * (0.0224)	0.0390 * (0.0221)	0.0365 * (0.0203)	0.0341 * (0.0195)
资本密集度		0.389 *** (0.0135)	0.390 *** (0.0133)	0.368 *** (0.0136)	0.357 *** (0.0141)
控制年份	否	否	是	是	是
控制行业	否	否	否	否	是
控制地区	否	否	否	是	是
Constant	11.79 *** (0.0152)	5.632 *** (0.231)	5.500 *** (0.228)	5.622 *** (0.229)	5.560 *** (0.231)
Observations	10,297	10,285	10,285	10,285	10,285
R^2	0.004	0.208	0.218	0.269	0.273

注:括号内为稳健标准误差,***、** 和 * 分别表示 1%、5% 和 10% 的显著性水平。下表同。

du 考察了处理组和对照组的生产率差异,从完整的列(5)估计结果来看,处理组的生产率高于对照组,即对外跨国并购的企业比从未进行对外跨国并购的企业的生产率更高。dt 表示企业对外跨国并购前后的二元时间虚拟变量,dt 的系数显得不太稳定,我们从完整的列(5)模型可以看出,对外跨国并购的企业和从未进行跨国并购的企业随着时间的推移,其生产率并没有得到显著性的提高。

从企业特征变量来看,企业的员工人数、资本密集度、营业收入、资产收益率都显著为正,说明大规模、资本密集型、高营业收入以及较高的利润都对企业的生产率有积极的促进作用。经营活动的现金流系数显著为负,表明现金流低的企业仍然能促进生产率提高,这可能是因为我们的考察对象是上市公司的缘故。一方面,如果企业没有遇到较好的投资项目,企业的内部资金就会被分配给股东,对提高生产率就会起到消极作用;另一方面,上市公司的现金流不充足,它可以通过股市筹集资金,或通过银行贷款筹资来促进企业的进步,因此,企业内部资金并不是也不可能是促进企业发展的唯一途径。

3. 滞后效应检验

企业对外跨国并购对生产率的作用可能存在滞后效应。例如企业通过并购,学习到了国外企业的先进技术或管理经验后,中间有一段吸收消化的时间才能对企业生产率产生影响。因此,对外跨国并购生产率效应的充分发挥可能存在一定的时滞。基于此分析,我们对 2009—2013 年的海外并购企业做了分年滞后效应检验,估计结果如表 7-3 所示。从表 7-3 中发现,跨国并购对中国企业生产率的作用仍然只是微弱的作用,统计上不显著。从滞后变量的系数值来看,2009 年大体呈逐年递增趋势,而 2010—2013 年并购事件的生产率滞后反应都表现为逐年递减趋势。这可能是因为 2009 年全球经济处于危机时期,国外资产大幅贬值,受整体经济的影响,国外企业迫于经济形势不得不变卖一些优质项目,而中国企业在此时掌握了适当的并购时机,所以,即使在某些年并购企业会陷入一定的困难,但对后续的生产率提升起到了一定的正面作用。而其他年份表现出的递减趋势可能是因为跨国并购本身的复杂性所致,跨国并购是一项系统的工程,由于投资及管理范围增加,致使平均成本上升,相关构成的比例失调,致使效率在随后的年份下降。另外,中国企业吸收消化国外目标企业的先进技术,以及两个公司间的整合协调可能也需要一段时间才能发挥作用,因此,仅在短期的三五年之内跨国并购的生产率提升效应可能无法明显体现出来。

表 7-3　分年滞后效应检验①

变量	2009 年	2010 年	2011 年	2012 年	2013 年
du	0.427** (0.174)	0.116 (0.105)	0.0269 (0.0796)	0.0858 (0.0938)	0.153* (0.0782)
dt	-0.0425 (0.0288)	-0.0465 (0.0285)	-0.0427 (0.0288)	-0.0442 (0.0287)	-0.0437 (0.0287)
$du×dt\_year10$	-0.0275 (0.196)				
$du×dt\_year11$	0.0326 (0.185)	0.00185 (0.207)			
$du×dt\_year12$	-0.0177 (0.200)	0.0253 (0.199)	0.120 (0.192)		
$du×dt\_year13$	0.0205 (0.192)	-0.0749 (0.208)	-0.0599 (0.191)	0.0414 (0.297)	
$du×dt\_year14$	0.0527 (0.202)	-0.0865 (0.191)	-0.00492 (0.186)	-0.122 (0.278)	-0.125 (0.293)
Constant	5.177*** (0.207)	5.904*** (0.244)	5.129*** (0.209)	5.194*** (0.209)	6.382*** (0.227)
企业特征变量、年份固定效应、行业固定效应、地区固定效应	是	是	是	是	是
Observations	9475	9517	9468	9405	9396
R^2	0.295	0.272	0.294	0.292	0.294

4. 对不同行业的检验

初始估计结果显示加入了行业效应后,$du×dt$ 的系数就不显著了,这说明企业的行业特征影响到了我们对生产率效果的评估,企业的生产率存在行业差异。因此,我们接下来对总样本企业进行分行业检验。行业分类依据源于上市公司2009 年版行业分类,一共分为六大类行业,分别是金融、公用事业、房地产、综合、工业和商业。由于我们考察的对象不包括金融类企业的跨国并购,因此,本章的样本数据只有后五类行业。公用事业包括生态环境及保护、道路运输、公共设施管理等;房地产指房地产开发经营;工业涉及各种制造加工企业,如金属

---

① 表 7-3 至表 7-5 特征变量的估计系数与表 7-2 的初始估计结果较为一致,由于受篇幅所限,特征变量系数的具体数值和标准误差未一一列明,若感兴趣,可向笔者索取。

冶炼、医药制造、食品加工、电子设备制造、电气机械制造等;商业包括批发、零售、住宿等;综合指前面几类未涉及的类别①。

表7-4　行业差异检验

变量	（1）公用事业	（2）房地产	（3）综合	（4）工业	（5）商业
du	0.236* (0.123)	0.520*** (0.153)	0.276 (0.168)	0.0682 (0.0530)	−0.0642 (0.137)
dt	−0.249*** (0.0807)	−0.263*** (0.0974)	0.228** (0.106)	0.0701** (0.0313)	−0.158* (0.0939)
$du×dt$	0.105 (0.167)	−0.0446 (0.192)	0.0349 (0.266)	0.0239 (0.0658)	0.465** (0.195)
企业特征变量	是	是	是	是	是
控制年份、地区	是	是	是	是	是
Constant	6.136*** (0.391)	6.798*** (0.811)	2.089* (1.074)	6.315*** (0.229)	−1.305 (0.843)
Observations	1146	1056	371	6845	867
R^2	0.370	0.184	0.486	0.161	0.449

不同行业分类检验的估计结果如表7-4所示。从核心解释变量来看,$du×dt$的系数除了房地产类别为负以外,其余行业的系数均为正。商业行业的系数显著为正,说明商业类企业的对外跨国并购显著提高了企业的生产率。公用事业、综合类以及工业的对外跨国并购虽然也取得了生产率提高,但幅度还相当微小,结果并不显著;房地产业的对外跨国并购反而微弱地降低了企业生产率。可见,由于企业自身所属的行业特点,其对外跨国并购后的生产率效应是不同的。商业企业的对外跨国并购显著提高了生产率,这可能是因为这类企业海外并购后面临更广阔的销售市场,销量的增加促进了单位成本降低;同时,销售份额的增加使企业原有的生产要素利用得更加充分,资源得到了更加合理的配置,有助于效率的改进,从而促进企业生产率的提升。公用事业、工业、房地产和综合类企业对生产率的作用不显著,这可能是因为,这几类行业大多涉及规模比较庞大、资金需求比较高的大型生产制造类企业,企业要耗费大量的资金去收购目标企业;而且,并购之后母公司与标的企业的协调也会耗掉母公司大量的管理资源;

---

① 具体内容参见中国证监会(CSRC)(1999年版)《上市公司行业分类指引》。

再者,如工业行业,其核心技术不太容易获取,在短时期内很难学到对方企业的关键信息,并购的利益可能不会在短暂的几年内显现。当然,对外跨国并购或多或少地能给企业带来一些新鲜动力,当这些正反面作用相当时,对外跨国并购对企业生产率的影响就比较小,但从整体估计结果来看,对外跨国并购的生产率积极作用还是存在的,只是效果比较微弱。

5. 对是否掌握控股权的检验

表 7-5 控股权转移、并购经验及东道国发展程度的分类检验①

变量	（1） 控股	（2） 不控股	（3） 单次	（4） 多次	（5） 发达国家	（6） 发展中国家
du	0.0333 *** (0.0101)	0.0046 (0.0083)	0.114 ** (0.0504)	0.165 * (0.0874)	-0.0472 * (0.0278)	-0.0438 (0.0283)
dt	0.0046 (0.0045)	0.0037 (0.0045)	-0.0443 (0.0280)	-0.0460 (0.0282)	0.100 * (0.0603)	0.145 ** (0.0618)
$du \times dt$	0.0249 * (0.0135)	0.0077 (0.0106)	0.0648 (0.0647)	0.109 (0.106)	0.223 *** (0.0755)	-0.0393 (0.0783)
企业特征变量	是	是	是	是	是	是
控制行业、年份、地区	是	是	是	是	是	是
Constant	0.0459 (0.0394)	0.0351 (0.0416)	6.518 *** (0.221)	6.394 *** (0.249)	6.531 *** (0.245)	5.545 *** (0.215)
Observations	9753	9796	9984	9545	9742	9794
R^2	0.879	0.879	0.297	0.271	0.269	0.299

企业跨国并购后对目标企业的股权控制程度直接影响母公司的经营决策权力,这直接关系到企业对外跨国并购的效果,从而直接反映在企业的生产率上。母公司对标的企业控制权越高,整合能力越强,母公司从目标企业吸收的内容更加直接容易,更能掌握目标企业优秀的关键资源,对公司的积极作用也越大。而少数控股并购的母公司基本不参与目标企业的管理,较难接近目标企业先进的核心技术,因而对生产率的提高作用并不大。基于以上分析,我们对海外并购是否产生控股权转移进行了分类检验,估计结果如表7-5列(1)、列(2)所示。根据

---

① 为了节约篇幅,我们把控股权转移、并购经验及东道国发展程度的分类检验结果归于一张表显示。

表7-5列(1),核心解释变量 $du \times dt$ 的系数在10%的水平上显著为正,说明掌握控股权的跨国并购能使企业获取显著的生产率进步。列(2)$du \times dt$ 系数为正,但不显著,说明少数控股的母公司通过并购只能获得些微的正效应。由此可见,掌握控股权的对外跨国并购对并购企业的生产率促进作用更大。实证结果印证了我们对控股权如何影响企业生产率的分析,从而也给中国企业的跨国并购带来了启示:我们应该尽可能掌握目标企业的控股权,以便更容易接近企业的关键资源、核心技术,并为两个企业的整合成功创造有利的条件,使企业从内化中获取更多的收益。

6. 对跨国并购次数的检验

中国企业"走出去"将面临陌生的环境,风险性较大。由于被并购企业所在地制度法规、经营习惯、意识形态与国内存在差异,因而有跨国并购经验的企业可能更能掌握并购时机、应对企业整合或协调的困难、更容易从中获得并购的好处。因此,拥有跨国经验丰富的企业,对外跨国并购对企业生产率的影响可能会更大。基于以上分析,我们把样本企业的处理组分为两组分别进行检验,一组为在2009—2013年只进行一次跨国并购的企业,另一组为在此期间发生两次及以上跨国并购的企业,检验结果如表7-5列(3)、列(4)所示。结果显示,$du \times dt$ 系数为正但不显著,这表明样本企业不管是单次对外跨国并购还是多次对外跨国并购,并购事件并没有大幅度提升企业的生产率,只是有着微弱的促进作用,两组企业没有显著区别。然而,从两组 $du \times dt$ 系数的比较来看,多次并购企业确实要比单次并购企业的生产率促进作用大过少许。表7-5列(3)、列(4)对并购经验的检验结果意味着目前中国企业对外并购的经验作用还未充分发挥,可能还处于"交学费"阶段。

7. 对东道国类别的检验

西方发达国家市场经济体制成熟完善、教育科技事业发达、员工素质高、资金实力雄厚,统领着世界先进技术,承担着附加值高的创新型产品的生产与研发,而发展中国家由于市场经济体制发展缓慢、营商环境落后、高素质人才稀缺、资本实力较弱,通常生产着附加值低的劳动密集型产品及成熟的标准化产品。中国企业到发达国家进行并购投资,能快速接近先进的技术、高质量的产品、科学合理的销售渠道及供应链、优秀的品牌建设等,为企业的生产率提升创造了很大的空间。因此,东道国因素对中国企业海外并购的生产率提升有着非常重要的意义,基于此分析,本章根据东道国所属的发达国家与发展中国家特征进行分类检验,以考察中国企业海外并购向不同类型的东道国并购投资所产生的生产率回报,检验结果如表7-5列(5)、列(6)所示。表7-5列(5)是对东道国为发达国家的样本进行的检验,$du×dt$ 的系数为正,并且在1%水平上显著;表7-5列(6)是对发展中国家并购投资的样本进行的检验,$du×dt$ 的系数为负但不显著。检验结果表明,中国企业对发达国家的海外并购能有效地促进企业生产率的显著提升,而对发展中国家的并购投资并不对生产率效应有显著影响,甚至还有微弱的负向作用。这意味着中国企业到发达国家并购投资有助于缩小中国企业与发达国家优秀企业的距离,从中获取技术溢出及学习效应,从而提升自己的优势,促进生产率提升;而对发展中国家的企业,它们基本是发达国家先进技术的追随者,中国企业对发展中国家的并购投资,并不能获得最新的创造发明、先进的技术和科学合理的管理经验,甚至还可能因为发展中国家市场经济体制相对落后,在一定程度上增加了并购企业的管理负担,对企业产生微弱的消极作用。

四、 稳健性检验

1.更换匹配方法的再估计

由于配对会因匹配变量太多而产生匹配变量诅咒,即难以达到理想的匹配结果,但匹配变量太少又会影响匹配质量,因此,我们在稳健性检验时采用了倾向得分匹配法来筛选最相近的控制组,倾向得分匹配法的思想是根据概率值的相似度来进行匹配。最后的结果显示,基于倾向评分法的双重差分法与马氏距离匹配后的双重差分法的初始结果一致,都表明对外跨国并购对企业的生产率有积极的促进作用,但统计上不显著。

2.更换生产率计算方法的再估计

由于考虑到固定效应面板数据的索罗余值法计算全要素生产率可能存在某些缺陷,我们更换了原有计算全要素生产率方法:第一,采用 GMM 方法代替面板数据固定效应的 OLS 方法,以控制投入要素与生产率的内生性问题;第二,通过数据包络分析(DEA)非参数估计方法计算 Malmquist 指数,从而得到全要素生产率;另外,我们也采用劳动生产率(营业收入与员工人数的比例)的方法来计算生产率。通过更换生产率计算方法后重新进行匹配并估计,估计结果仍然保持一致,说明结果较为稳健。[1]

---

[1]　限于篇幅,估计结果未展示,若感兴趣,可向笔者索取。

五、 结论

本节根据 2009—2013 年上市公司的对外跨国并购事件检验了中国企业对外跨国并购的生产率效应。通过检验发现:第一,对外跨国并购对企业生产率提升有积极作用,但统计上不显著;第二,不同行业的跨国并购对生产率的影响存在差异,商业行业的跨国并购事件显著促进了并购企业生产率进步,而其他行业促进作用并不显著;第三,掌握控股权的并购企业能给企业带来显著的更高的生产率;第四,并购经验对企业生产率的提升作用不显著,但并购经验丰富的企业对生产率的促进作用还是微小地超过了单次并购的企业;第五,东道国类型检验结果表明,对发达国家的海外并购有助于企业生产率的显著提升,而对发展中国家的海外并购生产率效应却存在微弱的负作用但不显著。总的来说,对外跨国并购对生产率提升的作用虽有正向的少许作用,但效果还不明显,分样本存在各自的特点。

结论表明中国企业跨国并购的生产率效应不明显,可能是由于并购时机没把握好、对目标企业未做充分地调研、对目标国的法律缺乏了解、实施过程受阻、抑或是整合两个企业资源的能力有限等。因此,对外跨国并购行为非常复杂,其面临的风险也相当高。面临两种资源、两个市场,跨国并购企业如何将目标企业的优势资源吸收转化,促进生产率的大幅度提升需要一个学习过程。

第三节　对外直接投资如何影响
企业加成率

一、 文献回顾与研究假说

1. 相关文献回顾

本章旨在研究对外直接投资与企业加成率之间的关系。在理论方面,基于异质性企业的垄断竞争模型,将企业加成率进行内生化,表明企业加成率与出口强度正相关,并且生产率越高的企业也越能够收取更高的加成率(Melitz 和 Ottaviano,2008[①])。将生产要素和产品质量的选择内生化,并将其融入异质性

---

① Melitz M.J.,G.I.Ottaviano,"Market Size,Trade,and Productivity",*Review of Economic Studies*,Vol.75,No.1,2008,pp.295-316.

企业贸易模型,理论分析认为,由于出口商往往生产高品质的产品,在其他条件相同的情况下,出口产品的加成率也相对较高。相比之下,更多的研究是从实证的角度考察企业加成率的影响因素(Kugler 和 Verhoogen,2012①)。其中,利用保加利亚和罗马尼亚企业层面数据,考察了私有化和市场竞争对企业加成率的影响,可以发现,私有化促进了企业加成率的提高,并且行业的竞争性会强化这种促进效应(Konings 等,2005②)。利用法国企业层面数据的实证检验发现,与非出口企业相比,出口企业的加成率更高,而且企业加成率与生产率正相关(Bellone 等,2008③)。利用 1994—2000 年斯洛文尼亚企业数据研究出口状态与企业加成率之间的关系,发现出口企业具有更高的加成率,而且企业加成率会随其进入出口市场而提高,随其退出出口市场而降低(De Loecker 和 Warzynski,2012④)。但与上述文献不同的是,盛丹和王永进(2012)⑤对中国的一项实证研究则发现,中国出口企业的加成率明显低于非出口企业,他们认为出口退税、补贴政策和出口企业行业内部的过度竞争是导致这一"悖论"的重要原因。另外,学者们在研究企业加成率的决定因素时还分别考虑了反倾销保护(Konings 和 Vandenbussche,2005⑥)、汇率波动(Caselli 等,2017⑦)以及自由贸易协定(Lamorgese等,2014⑧)。

---

① Kugler M., E. Verhoogen, "Prices, Plant Size, and Product Quality", *The Review of Economic Studies*, Vol.79, No.1, 2012, pp.307-339.

② Konings J., P.V.Cayseele, F.Warzynski, "The Effects of Privatization and Competitive Pressure on Firms' Price-Cost Margins: Micro Evidence from Emerging Economies", *Review of Economics and Statistics*, Vol.87, No.1, 2005, pp.124-134.

③ Bellone F., P.Musso, L.Nesta, et al., "Endogenous Markups, Firm Productivity and International Trade: Testing Some Micro-Level Implications of the Melitz-Ottaviano Model", *Working Paper*, 2008.

④ De Loecker J., F. Warzynski, "Markups and Firm-Level Export Status", *American Economic Review*, Vol.102, No.6, 2012, pp.2437-2471.

⑤ 盛丹、王永进:《中国企业低价出口之谜——基于企业加成率的视角》,《管理世界》2012 年第 5 期。

⑥ Konings J., H. Vandenbussche, "Antidumping Protection and Markups of Domestic Firms", *Journal of International Economics*, Vol.65, No.1, 2005, pp.151-165.

⑦ Caselli M., A. Chatterjee, A. Woodland, "Multi-Product Exporters, Variable Markups and Exchange Rate Fluctuations", *Canadian Journal of Economics/Revue canadienne d'économique*, Vol.50, No.4, 2017, pp.1130-1160.

⑧ Lamorgese A. R., A. Linarello, P. Warzynski, "Free Trade Agreements and Firm—Product Markups in Chilean Manufacturing", *Working Papers*, 2014.

纵观已有的研究文献不难看到,尽管目前已有不少学者考察了企业对外直接投资的经济效果以及企业加成率的影响因素,但仍未有文献直接研究企业对外直接投资与企业加成率之间的关系。有鉴于此,本节基于中国企业对外直接投资与日俱增这一现实背景,采用 PSM-DID 方法首次深入考察了对外直接投资对企业加成率的微观影响与作用机制。一方面,从研究视角上丰富了企业国际化与加成率之间关系的研究;另一方面,本章的研究也丰富了有关评估中国企业对外直接投资成效的文献,即从企业加成率(或企业竞争力)这一更新颖的视角为全面深入地评估中国对外直接投资的经济效果拓宽了思路,对下一步如何更好地实施"走出去"战略具有重要的政策启示意义。

2. 研究假说

企业加成率反映了产品价格对边际成本的偏离程度,表示为产品价格与边际生产成本之比。任何改变产品价格和边际生产成本的因素至少会在短期内对加成率产生作用(孙辉煌和韩振国,2010)。[①] 因此,如果企业对外直接投资能够影响产品定价和边际生产成本,那么也就会自然而然地影响到企业加成率。

作为企业国际化的重要模式,对外直接投资会通过多种途径对母国企业的新产品创新能力和生产效率产生影响。首先,对外直接投资企业的海外分支机构可以通过并购方式来掌握东道国先进知识和吸收东道国优秀人才等研发要素,进而获得最新的技术。其次,对外直接投资企业的海外分支机构会通过企业内部渠道将其所掌握的研发成果、信息技术逆向转移到母公司,进而提高了母公司的新产品创新能力与技术水平。实际上,跨国公司海外分支机构的研发活动不仅对母公司具有技术反馈效应,而且对同一公司其他分支机构的技术也有溢出效应(赵伟等,2006[②]),例如某些研究指出对外直接投资对母国企业具有显著的正向技术溢出作用(Branstetter,2006[③];Pradhan 和 Singh,2009[④])。再次,海外

---

① 孙辉煌、韩振国:《不完全竞争、R&D 投入与成本加成变动——基于中国工业行业的实证研究》,《科学学研究》2010 年第 7 期。

② 赵伟、古广东、何元庆:《外向 FDI 与中国技术进步:机理分析与尝试性实证》,《管理世界》2006 年第 7 期。

③ Branstetter L.,"Is Foreign Direct Investment a Channel of Knowledge Spillovers? Evidence from Japan's FDI in the United States",*Journal of International Economics*,Vol.68,No.2,2006,pp.325-344.

④ Pradhan J.P.,N.Singh,"Outward FDI and Knowledge Flows:A Study of the Indian Automotive Sector",*Institutions and Economies*,2009,pp.156-187.

分支机构还可以通过与东道国开展高技术研发人才合作、学习交流等途径培养自己的研发人员,而这些研发人员在跨国公司内部的流动也可以提高母公司的新产品创新能力和生产效率(陈菲琼等,2013①)。最后,对外直接投资还能够通过"研发费用分摊"机制提高母国企业的生产效率和新产品创新能力。众所周知,新产品创新和技术研发需要购买相关的设备、引进高技术研发人员等,因此企业需要为此投入巨额的资金,同时也面临很大的风险与不确定性(Hall,2002②)。而通过海外投资,与东道国企业联合组建研发机构从事技术研发活动,共同创造并共享研发成果,这不仅可以分摊部分研发费用而且还能降低新产品创新风险,因此也是有利于企业提高新产品创新的积极性和提升生产效率的。

　　以上分析表明,对外直接投资会通过逆向技术溢出、学习效应、人员流动、研发费用分摊等途径将无形的技术知识或有形的技术设备传递给母公司,而母公司则将重要的技术知识内部化为企业的一部分,且将其与原先已有技术进行整合进而研制出新的产品,并最终也提高了企业的生产效率。而新产品创新行为可以使企业生产的产品与市场中既有的产品存有差异性,可以降低新产品的需求弹性和增强自身的垄断势力,进而能够制定相对较高的价格水平。黄枫和吴纯杰(2013)③对中国化学药品制造业的研究认为,有新产品的化学制剂制造企业的垄断势力的确要明显高于无新产品的企业。此外,生产效率通常会影响企业的边际生产成本(Bernard 等,2003④;Melitz 和 Ottaviano,2008⑤),即生产效率越高的企业,其边际生产成本越低,进而具有较高的加成率。

　　基于以上分析,我们提出如下两个待检验的研究假说:

　　假说1:在其他条件不变的情况下,对外直接投资对企业加成率具有正向的影响。

---

①　陈菲琼、钟芳芳、陈珧:《中国对外直接投资与技术创新研究》,《浙江大学学报(人文社会科学版)》2013 年第 4 期。

②　Hall B.H.,"The Financing of Research and Development",*Oxford Review of Economic Policy*,Vol.18,No.1,2002,pp.35-51.

③　黄枫、吴纯杰:《市场势力测度与影响因素分析——基于我国化学药品制造业研究》,《经济学(季刊)》2013 年第 2 期。

④　Bernard A.B.,J.Eaton,J.B.Jensen,et al.,"Plants and Productivity in International Trade",*American Economic Review*,Vol.93,No.4,2003,pp.1268-1290.

⑤　Melitz M.J.,G.I.Ottaviano,"Market Size,Trade,and Productivity",*Review of Economic Studies*,Vol.75,No.1,2008,pp.295-316.

假说 2:对外直接投资可能通过促进企业进行新产品创新和生产效率提升的渠道来影响企业加成率。

投资不同目的地的对外直接投资对企业加成率的影响可能是不均匀的。其中,高收入的发达国家拥有雄厚的研发资金、技术存量和人力资本,往往是全球技术创新的发源地。对这些目的地进行海外投资的企业会有更多的机会获得最先进的技术和知识,有利于整合全球优势资源,利用当地人力资本、技术条件和创新环境等优势进行技术研发和产品创新(蒋冠宏等,2013①)。另外,由于欧美等发达国家企业的技术水平要远远高于我国,因此通过跨国并购这些东道国的企业,能够直接获得研发资源和先进技术,这不仅可以迅速地提升对外直接投资企业的创新能力和生产效率,而且还有助于缩小与发达国家企业之间的技术差距。除此之外,我国对外直接投资的典型特征是,在高收入的发达国家进行对外直接投资的动机主要是出于寻求效率、市场和资产,但在发展中国家则主要是为了寻求资源(Milelli 和 Sindzingre,2013②),这也意味着在发达国家投资的企业更有可能从逆向溢出效应中获利。因此,相对于那些投资中低收入国家的企业而言,投资高收入国家对外直接投资可以在更大程度上提高母国企业的新产品创新能力和生产效率,进而对企业加成率的提升作用相对更大。根据上述分析,我们得到本章的第三个研究假说为:

假说 3:就投资目的地而言,投资高收入国家对外直接投资对企业加成率的提升作用相对更大。

此外,对外直接投资对企业加成率的影响程度还可能与企业经营类型有关。根据商务部统计以及葛顺奇和罗伟(2013)③的分类,可把我国企业对外直接投资划分为非经营型、贸易销售型、研发加工型和多样化型四种类型。在这当中,研发加工型对外直接投资主要在海外从事产品研发、加工、制造等活动,具有很强的技术寻求特征。这些海外分支机构最有可能利用东道国的技术资源优势形成自身的新技术,并将其逆向反馈给母公司。贸易销售型对外直接投资主要

---

① 蒋冠宏、蒋殿春、蒋昕桐:《我国技术研发型外向 FDI 的"生产率效应"——来自工业企业的证据》,《管理世界》2013 年第 9 期。

② Milelli C., A. Sindzingre, "Chinese Outward Foreign Direct Investment in Developed and Developing Countries:Converging Characteristics", *Working Papers*, 2013.

③ 葛顺奇、罗伟:《中国制造业企业对外直接投资和母公司竞争优势》,《管理世界》2013 年第 6 期。

是在海外从事贸易和产品销售活动,这些海外分支机构有可能出于满足东道国消费者对产品高品质的需求而不断改进产品设计,或者通过贸易渠道获得技术溢出,因此也可能在一定程度上提高母公司的技术创新水平。多样化型对外直接投资则是同时拥有"贸易销售型"和"研发加工型"两种企业性质的境外投资企业。而与此不同的是,非经营型对外直接投资主要从事售后服务以及对外联络等业务,进而对母公司技术反馈的作用也就相对较弱。据此我们推测,相对于非经营型和贸易销售型对外直接投资而言,研发加工型和多样化型对外直接投资对企业新产品创新能力和生产效率的促进作用更大,进而对企业加成率的影响程度也相对较大。综合上述分析,我们提出本章第4个待检验的研究假说:

假说4:就投资类型而言,研发加工型和多样化型对外直接投资对企业加成率的影响程度相对更大。

二、 中国企业加成率演变的典型事实

1.企业加成率测算的理论框架

在早期学术界对加成率的测算主要采用会计法,如已有研究利用该方法计算了美国制造业行业层面的加成率,并在此基础上研究了商业周期与行业加成率之间的关系(Domowitz 等,1988[1])。根据已有研究的思路(Domowitz 等,1988[2]),加成率表示为企业价格与边际成本的比值,具有以下的表达式:

$$\frac{price_{it} - cost_{it}}{price_{it}} = 1 - \frac{1}{mkp_{it}} = \frac{valuead_{it} - payroll_{it}}{valuead_{it} + netcostmaterial_{it}} \tag{7-5}$$

其中,下标 i 和 t 分别表示企业和年份,mkp_{it} 表示企业 i 在 t 年的加成率,$price_{it}$ 和 $cost_{it}$ 分别表示企业的产品价格和边际成本;$valuead_{it}$ 为企业的工业增加值,$payroll_{it}$ 为企业 i 在 t 年支付的工资额,$netcostmaterial_{it}$ 表示净中间投入要素成本。以上的会计法用于测算企业加成率具有简便的优势,但是会计变量与经济变量在具体指标意义上往往存在差异,同时会计利润也经常被人为调整。与此不同的是,新近发展起来的新产业组织实证方法则是在市场均衡分析的框

①　Domowitz I.,R.G.Hubbard,B.C.Petersen,"Market Structure and Cyclical Fluctuations in U.S. Manufacturing",*The Review of Economics and Statistics*,Vol.70,No.1,1988,pp.55-66.

②　Domowitz I.,R.G.Hubbard,B.C.Petersen,"Market Structure and Cyclical Fluctuations in U.S. Manufacturing",*The Review of Economics and Statistics*,Vol.70,No.1,1988,pp.55-66.

架下,通过估计生产函数和产出弹性的方式来测算企业加成率,进而突破了先前研究主要依赖会计数据的局限性。除此之外,该方法的优势还体现在,它放松了规模报酬不变的假设以及无须使用生产者的资本成本数据。

考虑企业 i 在 t 期的生产函数为:

$$Q_{it} = F(X_{it}^1, \cdots, X_{it}^V, K_{it}, \omega_{it}) \qquad (7-6)$$

其中,Q_{it} 表示企业 i 在 t 时的实际产量;X_{it}^V 表示可变要素的投入(如劳动力、原材料等);K_{it} 表示资本投入;生产函数 $F(\cdot)$ 为二阶连续可微。企业追求利润最大化,即在产量既定的情况下实现成本最小化,因此可构建以下拉格朗日函数:

$$L(X_{it}^1, \cdots, X_{it}^V, K_{it}, \lambda_{it}) = \sum_{v=1}^{V} P_{it}^{Xv} X_{it}^v + r_{it} K_{it} + \lambda_{it} [Q_{it} - F(\cdot)] \qquad (7-7)$$

其中 P_{it}^{Xv} 和 r_{it} 分别表示可变投入要素和资本投入的价格。对可变投入要素进行一阶求导可得:

$$\frac{\partial L_{it}}{\partial X_{it}^v} = P_{it}^{Xv} - \lambda_{it} \frac{\partial F(\cdot)}{\partial X_{it}^v} = 0 \qquad (7-8)$$

在上式中,$\lambda_{it} = \partial L_{it} / \partial Q_{it}$ 为给定产出水平下的边际成本。对式(7-8)两边同时乘以 X_{it}/Q_{it} 并经整理可得:

$$\frac{\partial F(\cdot)}{\partial X_{it}^v} \frac{X_{it}^v}{Q_{it}} = \frac{1}{\lambda_{it}} \frac{P_{it}^{Xv} X_{it}^v}{Q_{it}} \qquad (7-9)$$

成本最小化原理意味着,最优的投入要素需求应当满足:可变要素投入的产出弹性($\frac{\partial F(\cdot)}{\partial X_{it}^v} \frac{X_{it}^v}{Q_{it}}$)等于该要素在生产成本中所占的份额($\frac{1}{\lambda_{it}} \frac{P_{it}^{Xv} X_{it}^v}{Q_{it}}$)。

接下来定义企业的加成率为 $\varphi_{it} = P_{it} / \lambda_{it}$,将其代入式(7-9)可得:

$$\vartheta_{it}^{Xv} = \varphi_{it} \frac{P_{it}^{Xv} X_{it}^v}{P_{it} Q_{it}} \qquad (7-10)$$

其中 ϑ_{it}^{Xv} 为可变要素 X^v 的产出弹性。由式(7-10)可进一步推导得到加成率的表达式:

$$\varphi_{it} = \vartheta_{it}^{Xv} (\gamma_{it}^{Xv})^{-1} \qquad (7-11)$$

在式(7-11)中,γ_{it}^{Xv} 表示可变要素的支出($P_{it}^{Xv} X_{it}^v$)占企业总销售额($P_{it} Q_{it}$)的比重。由式(7-11)可以看出,若要计算企业层面的加成率,我们首先需要求得投入要素的产出弹性和该要素支出占销售额的比重。为了得到要素投入的产出弹性,我们需要估计企业的生产函数。与已有研究(De Loecker 和 Warzynski,2012①)类似,我们假设企业具有相同的技术参数且为希克斯中性(Hicks-neutral),则生产函数表达式为:

$$Q_{it} = F(X_{it}^1, \cdots\cdots, X_{it}^V, K_{it}; \beta) \exp(\omega_{it}) \qquad (7-12)$$

其中,β 为技术参数,可以反映将投入转化为产出的数量的高低,ω_{it} 为企业生产率。然而,如果采用传统 OLS 方法估计生产函数式(7-12)将会产生同时性偏差问题(simultaneity bias),这是因为要素投入与不可观测的生产率冲击之间可能存在相关性。这里我们借鉴已有研究(De Loecker 和 Warzynski,2012②)的做法,采用半参数法(Levinsohn 和 Petrin,2003③)对生产函数进行估计④,可以得到可变要素的产出弹性 $\hat{\vartheta}_{it}^{X^v}$。为了利用式(7-11)测算企业加成率,我们还需要知道要素的支出份额 $\gamma_{it}^{X^v}$,但是事实上我们无法直接获得企业真实的实际产量 Q_{it} 而只能得到其观测到的企业产量 $\hat{Q}_{it}$,二者满足 $\hat{Q}_{it} = Q_{it}\exp(\varepsilon_{it})$ ⑤,其中 ε_{it} 为误差项⑥,由此可计算得到 $Q_{it} = \hat{Q}_{it}/\exp(\varepsilon_{it})$。因此,可进一步将要素的支出份额 $\gamma_{it}^{X^v}$ 表述为:

$$\hat{\gamma}_{it}^{X^v} = \frac{P_{it}^{X^v} X_{it}^v}{P_{it}\hat{Q}_{it}/\exp(\hat{\varepsilon}_{it})} \qquad (7-13)$$

据此,企业 i 在 t 期的加成率可通过以下式子进行测算:

---

① De Loecker J., F. Warzynski, "Markups and Firm-Level Export Status", *American Economic Review*, Vol.102, No.6, 2012, pp.2437-2471.

② De Loecker J., F. Warzynski, "Markups and Firm-Level Export Status", *American Economic Review*, Vol.102, No.6, 2012, pp.2437-2471.

③ Levinsohn J., A. Petrin, "Estimating Production Functions Using Inputs to Control for Unobservables", *Review of Economic Studies*, Vol.70, No.2, 2003, pp.317-341.

④ 其主要特点是使用企业的中间投入变量作为企业受到生产率冲击时的调整变量,此外,在后文的稳健性分析部分,我们还将采用奥利和帕克斯(Olley and Pakes,1996)方法进行估计。限于篇幅,这里没有给出莱文森和彼得林(Levinsohn and Petrin,2003)半参数法的具体估计步骤。

⑤ 与德·洛克尔和沃兹斯基(De Loecker and Warzynski,2012)类似,假定企业生产过程存在不可预期的冲击以及对产出的统计存在测量误差,数据库中观测到的企业产出 $\hat{Q}_{it}$ 与企业真实的实际产出 Q_{it} 之间存在复合误差项 ε_{it},即 $K(I_h, I_f)$。

⑥ 莱文森和彼得林(Levinsohn and Petrin,2003)的半参数法可以提供误差项 $\ln\hat{Q}_{it} = \ln Q_{it} + \varepsilon_{it}$ 的估计值。

$$\hat{\varphi}_{it} = \hat{\vartheta}_{it}^{Xv} (\hat{\gamma}_{it}^{Xv})^{-1} \tag{7-14}$$

2. 典型事实分析

利用式(7-5)和式(7-14)并结合中国工业企业微观数据库①,可分别计算得到会计法下的企业加成率(mkp^{dhp})和生产函数法下的企业加成率(mkp^{dlw})。我们测算了2004—2007年的会计法下的企业加成率和生产函数法下的企业加成率,并发现由会计法测算得到的企业加成率略大于生产函数法得到的企业加成率,不过二者随着时间的推移均呈现不断上升的趋势,这表明自2004年以来,中国制造业企业的成本加成定价能力在逐步增强。

为了更深入地考察企业加成率的演变趋势,我们进一步分析了各二位码制造业行业内的企业加成率在2004—2007年的变化情况。我们得到,企业平均加成率最高的三个行业分别是烟草制品业(代码为16)、医药制造业(代码为27)、石油加工、炼焦及核燃料加工业(代码为25),它们的平均加成率分别是2.99、2.56和2.28,这反映了垄断性行业通常具有更高的加成定价能力的事实。企业平均加成率最低的三个行业分别为皮革、毛皮、羽毛及其制品业(代码为19)、文教体育用品制造业(代码为24)、纺织服装、鞋、帽制造业(代码为18),它们的平均加成率分别只有0.57、0.83和0.86,这些行业基本上属于劳动密集型行业。我们还可以得到,除了通信设备及电子设备制造业之外,其余各制造业行业的加成率在2004—2007年均出现不同幅度的上升,这表明近年来企业成本加成定价能力的提高现象是普遍存在的。进一步,在企业加成率提高的行业中,提高幅度最大的是石油加工、炼焦及核燃料加工业(代码为25),其平均加成率比2004年提高了0.31;其次是医药制造业(代码为27),提升幅度为0.24;此外,有色金属冶炼及压延加工业(代码为33)、化学纤维制造业(代码为28)等行业平均加成率的升幅也都超过了0.2。

上文对中国制造业企业加成率的变化趋势进行事实描述,不过我们更为感兴趣的问题是,与非对外直接投资企业相比,对外直接投资企业在成本加成定价能力方面是否存在差异? 为此,我们需要对两类企业在加成率上的差异进行初步检验,结果报告见表7-6。从中可以看出,非对外直接投资企业的mkp^{dhp}均值

① 为了准确起见,我们在测算之前先对《中国工业企业数据库》进行相应的处理,具体参见文章第四部分。

为 1.26,而对外直接投资企业的 mkp^{dhp} 均值高达 1.43,后者比前者高出 0.17,并且这一差异值在 1% 水平上显著;从表 7-1 右半部分也可以看出,对外直接投资企业的 mkp^{dlw} 均值高达 1.43,比非对外直接投资企业高出 0.2,这一差异值也在 1% 的水平上显著。此外,表 7-6 其余部分还报告了细分对外直接投资类型企业与非对外直接投资企业加成率(包含 mkp^{dhp} 和 mkp^{dlw})的均值检验结果,可以看到,不论按投资目的地①划分还是按企业的经营类型②划分,各细分对外直接投资类型企业的加成率均值都高于非对外直接投资企业,其差异值也基本上通过了常规显著性水平检验。这再次表明对外直接投资企业具有相对更高的成本加成定价能力。当然,上述结论只是初步的,因为除了对外直接投资之外,企业加成率还受其他诸多因素的影响。接下来本章将采用基于倾向得分匹配的双重差分法(PSM-DID)进行严谨的计量分析,以揭示对外直接投资对企业加成率的因果影响效应。

表 7-6　企业加成率的均值检验结果

变量	会计法下的企业加成率			生产函数法下的企业加成率		
	均值	差异值	t 值	均值	差异值	t 值
非 OFDI	1.2626	—	—	1.2290	—	—
OFDI	1.4316	−0.1690***	(−29.81)	1.4295	−0.2005***	(−5.91)
OFDI_H	1.4751	−0.2125***	(−31.89)	1.4601	−0.2311***	(−5.79)
OFDI_L	1.3181	−0.0555***	(−6.16)	1.3495	−0.1204*	(−1.87)
OFDI_FY	1.3484	−0.0859***	(−11.75)	1.2594	−0.0304	(−0.46)
OFDI_TR	1.4565	−0.1939***	(−19.09)	1.3058	−0.0768	(−0.72)
OFDI_RD	1.4176	−0.1550***	(−10.33)	1.4170	−0.1879**	(−2.55)
OFDI_ZH	1.5735	−0.3109***	(−27.47)	1.5709	−0.3419***	(−6.56)

注:表中数据的单位为千元,差异值均是与非对外直接投资企业的均值进行比较的结果;*** 、** 和 * 分别表示 1%、5% 和 10% 的显著性水平。

---

① 这里是按照世界银行 2008 年收入分组标准,将人均国民总收入高于 11906 美元的划分为高收入国家,其余为中低收入国家。若企业向高收入国家进行对外直接投资,记为 *OFDI_H*,否则记为 *OFDI_L*。

② 与葛顺奇和罗伟(2013)类似,非经营型(*OFDI_FY*)是指仅在海外拥有非经营类境外投资企业,贸易销售型(*OFDI_TR*)是指仅在海外拥有从事贸易和产品销售的境外投资企业,研发加工型(*OFDI_RD*)是指仅在海外拥有从事产品研发、加工、制造等活动的境外投资企业,另外,多样化型(*OFDI_ZH*)是指同时拥有"贸易销售型"和"研发加工型"两种企业性质的境外投资企业。

三、 估计模型、方法与数据

1. 估计模型和方法

为了有效地考察对外直接投资对企业加成率的因果效应,我们采用倾向得分匹配方法[①]进行估计。其基本思想是:构建一个与对外直接投资企业(即处理组)在其进行对外直接投资之前的主要特征尽可能相似的非对外直接投资企业组(即对照组),然后将处理组中企业与对照组中企业进行匹配,使匹配后的两个样本组的配对企业之间仅在是否进行对外直接投资决策方面有所不同,而其他方面相同或十分相似,接下来就可以用匹配后的对照组来近似替代处理组的"反事实",最后再比较在处理组企业进行对外直接投资后两组企业之间加成率水平的差异,由此来确定对外直接投资与企业加成率变动之间的因果关系。

首先,我们将样本分为两组,一组是对外直接投资企业(记为处理组),另一组是从未进行对外直接投资的企业(记为对照组)。为了简单起见,我们构造一个二元虚拟变量 $ODI_i = \{0,1\}$,当企业 i 为对外直接投资企业时, ODI_i 取 1,否则取值为 0;另外我们还构造二元虚拟变量 $After_t = \{0,1\}$,其中 $After_t = 0$ 和 $After_t = 1$ 分别表示企业进行对外直接投资前、后时期。定义 mkp_{it} 为企业 i 在 t 期的加成率水平,是我们关注的结果变量。进一步地,令 Δmkp_{it} 表示企业 i 的加成率在 $After_t = 0$ 和 $After_t = 1$ 两个时期的变化量,为了清晰起见,我们将对外直接投资企业在两个时期的加成率变化量表示为 Δmkp_{it}^1 ,而将非对外直接投资企业在两个时期的加成率变化量表示为 Δmkp_{it}^0 。据此,企业 i 在进行对外直接投资和如果没有进行对外直接投资两种状态下的加成率差异,即处理组企业的平均处理效应(AverageTreatment Effect on the Treated, ATT)可用如下式表示:

$$\sigma = E(\sigma_i \mid ODI_i = 1) = E(\Delta mkp_{it}^1 \mid ODI_i = 1) - E(\Delta mkp_{it}^0 \mid ODI_i = 1)$$

$$(7-15)$$

但在上式中, $E(\Delta mkp_{it}^0 \mid ODI_i = 1)$ 表示对外直接投资企业 i 在没有进行对外直接投资情况下的加成率水平,由上文可知,这是一种"反事实"。为了实现

---

① 倾向得分匹配方法由赫克曼等(Heckman 等,1997)提出。Heckman J.J., H. Ichimura, P.E. Todd, "Matching as an Econometric Evaluation Estimator: Evidence from Evaluating a Job Training Programme", *Review of Economic Studies*, Vol.64, No.4, 1997, pp.605-654.

对式(7-15)的估计,本章采用最近邻倾向得分匹配为处理组(即对外直接投资企业)寻找相近的对照组(即非对外直接投资企业)。假定经过匹配之后,得到的与处理组企业相配对的对照组企业集合为 $\Lambda(i)$,它们的加成率水平的变化量 $E(\Delta mkp_{it}^0 | ODI_i = 0, i \in \Lambda(i))$ 可作为 $E(\Delta mkp_{it}^0 | ODI_i = 1)$ 的较好的替代。因此,式(7-15)转化为:

$$\sigma = E(\sigma_i | ODI_i = 1) = E(\Delta mkp_{it}^1 | ODI_i = 1) - E(\Delta mkp_{it}^0 | ODI_i = 0, i \in \Lambda(i))$$

$$(7-16)$$

更进一步地,式(7-16)的一个等价性的可用于实证检验的表述为:①

$$mkp_{it} = \alpha_0 + \alpha_1 ODI_{it} + \alpha_2 After_{it} + \alpha_3 ODI_{it} \times After_{it} + \varepsilon_{it} \qquad (7-17)$$

在式(7-17)中,二元虚拟变量 ODI 取 1 时表示对外直接投资企业,即处理组;取 0 时表示与处理组相配对的非对外直接投资企业,即配对后的对照组。下标 i 和 t 分别表示企业和年份,mkp 表示企业加成率水平,ε_{it} 表示随机扰动项。交叉项 $ODI \times After$ 的估计系数 α_3 刻画了对外直接投资对企业加成率的因果影响。如果估计得到 $\alpha_3 > 0$,则意味着在进行对外直接投资前后,处理组企业的加成率水平的提升幅度大于对照组企业,也即对外直接投资提高了企业加成率。

需要指出的是,计量模型(7-17)的双重差分法估计结果可能会受遗漏变量的干扰,为了稳健起见,我们还在式(7-17)的基础上进一步引入影响结果变量 mkp 的其他控制变量集合 X_{it} 。根据既有的理论与经验研究文献,控制变量集合具体包括企业规模($size$)、企业年龄(age)、资本密集度(klr)、企业负债率($debt$)、出口密集度($expint$)、国有企业虚拟变量($state$)和外资企业虚拟变量($foreign$)。其中,企业规模采用企业销售额取对数来衡量,这里企业销售额采用了以 2004 年为基期的工业品出厂价格指数进行平减;企业年龄用当年年份与企业开业年份的差来衡量;资本密集度用固定资产与从业人员数的比值取对数来表示,其中固定资产使用以 2004 年为基期的固定资产投资价格指数进行平减处理;企业负债率采用企业总负债与企业总资产的比值表示;出口密集度用出口交货值与企业销售额的比值来表示。此外,我们还控制了非观测的行业特征 v_j 和非观测的地区特征 v_k 。因此,本章将最终用于估计的双重差分法模型设定为:

---

① 实际上式(7-17)中的参数 α_3 刻画了对外直接投资对企业加成率的实际影响,也即式(7-16)中的 σ 。限于篇幅,这里没有给出相应的证明过程。

$$mkp_{it} = \alpha_0 + \alpha_1 ODI_{it} + \alpha_2 After_{it} + \alpha_3 ODI_{it} \times After_{it} + \beta X_{it} + v_j + v_k + \varepsilon_{it}$$

$$(7-18)$$

2. 数据

本章研究主要使用了两组微观企业数据。一个是国家统计局的《中国工业企业数据库》,本章选取的时间跨度为2004—2007年,其统计调查的对象涵盖了全部国有工业企业以及"规模以上"(主营业务收入大于500万元)非国有工业法人企业。《中国工业企业数据库》包含了丰富的企业层面的信息,例如企业名称、法人代码、四位数行业类别、企业开业时间、应付工资、应付福利费、从业人员数、出口交货值、固定资产总额、营业利润等上百个指标,可以说,它是目前国内可获得的最为大型的微观企业样本数据。但不足的是,该数据库中并未提供企业是否进行对外直接投资的任何信息,不过我们可利用样本数据的另一个来源——商务部的关于中国对外直接投资企业统计数据库①进行综合分析。中国对外直接投资企业统计数据库提供了"证书号""境内投资主体"名称、"境外投资企业(机构)"名称、"对外直接投资的国家或地区"名称、"核准日期""经营范围""境内投资主体所在省市"等方面的信息,但是没有任何财务方面的信息。本章利用《中国工业企业数据库》中的企业名称与中国对外直接投资企业统计数据库中的"境内投资主体"名称进行合并,进而弥补了《中国工业企业数据库》未报告企业对外直接投资的缺陷。

与现有的国内外文献保持一致,我们选取制造业进行研究,即在原始样本中删除采矿业、电力、燃气及水的生产和供应业数据。在本章中,处理组的选择标准为,企业在2004年没有进行对外直接投资,而在2005—2007年开始进行对外直接投资;对照组的选择标准为,企业在2004—2007年始终未进行对外直接投资。之所以选取2005年及之后年份进行对外直接投资的企业作为处理组,是因为在2005年之前中国企业还未进行大规模对外直接投资。② 经过合并之后,我们共得到在2005—2007年新对外直接投资企业1760家。以上将《中国工业企业数据库》与中国对外直接投资企业统计数据库进行合并后所得的综合性数据

---

① 即由商务部统计的《境外投资企业(机构)名录》,具体可参见 http://wszw.hzs.mofcom.gov.cn/fecp/fem/corp/fem_cert_stat_view_list.jsp。

② 例如在2005年之前年份的对外直接投资流量均不足55亿美元,2005年突破100亿美元,2006年进一步增至211.6亿美元,2007年之后均超过500亿美元。

集是本章研究的基础数据,但由于各种原因,一些企业提供的信息不够准确或尚未提供部分信息,结果导致原始数据中存在异常样本。为了使后文的分析结论更加准确和可信,我们在合并数据的基础上做了以下筛选和处理:(1)删除应付工资、应付福利费存在缺漏值或负值的企业样本;(2)删除雇员人数小于 10 的企业样本;(3)删除出口交货值存在缺漏值或负值的企业样本;(4)删除营业利润在缺漏值的企业样本;(5)删除工业总产值、企业销售额、固定资产以及从业人员年平均人数中任何一项存在缺漏值、零值或负值的企业样本;(6)删除 1949年之前成立的企业样本,同时删除企业年龄小于 0 的企业样本。

四、 估计结果与分析

1.倾向得分匹配与基准估计结果

首先采用倾向得分匹配法进行匹配,即为处理组(对外直接投资企业)寻找合适的对照组(非对外直接投资企业)。与通常的做法一致,我们采用倾向得分匹配方法(Rosenbaum 和 Rubin,1985[①])进行匹配,将企业进行对外直接投资的概率表示为:

$$P = \Pr\{ODI_{it} = 1\} = \Phi\{X_{it-1}\} \tag{7-19}$$

其中,X_{it-1} 表示影响企业对外直接投资的因素,即匹配变量或共同影响因素。我们主要选取了企业规模(size)、企业年龄(age)、企业生产率(tfp)[②]、资本密集度(klr)、企业负债率(debt)、出口密集度(expint)、企业利润率(profit)[③]、市场竞争程度(HHI)[④]、国有企业虚拟变量(state)和外资企业虚拟变量(foreign)作为匹配变量。此外,为了确保处理组和对照组企业在初始的加成定价能力上没

① Rosenbaum P. R., D. B. Rubin,"Constructing a Control Group Using Multivariate Matched Sampling Methods that Incorporate the Propensity Score",*The American Statistician*,Vol.39,No.1,1985, pp.33-38.

② 本章采用 Levinsohn and Petrin(2003)的方法估算得到,其主要特点是使用中间品投入作为企业受到生产率冲击时的调整变量。

③ 用营业利润与企业销售额的比值来衡量。

④ 与盛丹(2013)类似,这里采用赫芬达尔指数来衡量市场竞争程度。赫芬达尔指数的计算方法为:$HHI_{jt} = \sum_{i \in I_j}(sale_{it}/sale_{jt})^2 = \sum_{i \in I_j} S_{it}^2$,其中 $sale_{it}$ 为企业 i 在 t 年的销售额,$sale_{jt}$ 为行业 j 在 t 年的总销售额,S_{it} 表示企业 i 在 t 年的市场占有率。HHI 指数反映了市场的集中程度,若该指数越小则表明市场竞争程度越高。

有系统性的差异,我们还在匹配变量向量中进一步放入上一期的企业加成率(mkp)。根据方程式(7-19),我们可以计算得到每个企业进行对外直接投资的预测概率值,倾向得分匹配则是将预测概率值$\hat{P}$相近的企业进行配对。在本章中,我们具体采用最近邻匹配(nearest neighbor matching)方法为每个处理组企业配对得到唯一最相近的对照组企业,其匹配原则可用下式表示:

$$\Lambda(i) = \min_j \parallel \hat{P}_i - \hat{P}_j \parallel , j \in (ODI = 0) \qquad (7\text{-}20)$$

在式(7-20)中,$\hat{P}_i$和$\hat{P}_j$分别表示处理组和对照组的概率预测值(或倾向得分),$\Lambda(i)$表示与处理组企业相对应的来自对照组企业的匹配集合,并且对每个处理组i,仅有唯一的对照组j落入集合$\Lambda(i)$。

为了确保匹配结果的可靠性,我们还进行了匹配平衡性检验,匹配平衡性条件要求满足:$ODI_i \perp X_i | P(X_i)$,即如果在给定企业进行对外直接投资概率$P(X_i)$的情况下,企业是否实际进行对外直接投资与其特征向量之间是相互独立的。检验结果发现[1],在进行匹配之后,处理组企业与对照组企业在匹配变量上没有显著的差异,并且匹配后各匹配变量的标准偏差的绝对值均不到15%。总体而言,匹配满足了平衡性假设,即本章对匹配变量和匹配方法的选取是恰当的。

在进行倾向得分匹配之后,我们对式(7-18)的基准模型进行估计,结果报告在表7-7,其中前4列以生产函数法测算的企业加成率mkp^{dlw}为被解释变量,后4列以会计法测算的企业加成率mkp^{dhp}为被解释变量。首先来分析mkp^{dlw}为被解释变量的估计结果。列(1)没有加入企业层面控制变量和其他固定效应,以此作为比较基础;列(2)加入了企业层面控制变量但未控制其他固定效应;列(3)在此基础上控制了行业固定效应;列(4)则进一步控制了地区固定效应。我们发现,对本章重点关注的双重差分法估计量$ODI \times After$,它在各个回归中的系数符号和显著性水平没有发生根本性变化,说明本章的回归结果具有较好的稳定性。从第(4)列完整的回归结果可以看到,双重差分法估计量$ODI \times After$的系数符号为正且在1%的水平上显著,这表明在控制其他影响因素之后,对外直接投资显著地提高了企业的成本加成定价能力,具体而言,对外直接投资使企业加成

---

① 限于篇幅,这里没有报告具体的平衡性检验结果,感兴趣的读者可向笔者索取。

率提高了 0.261。这初步支持了研究假设 1。表 7-7 后 4 列进一步报告了以 mkp^{dhp} 为被解释变量的估计结果。从中可以看到，双重差分法估计量 $ODI \times After$ 的估计系数依然显著为正，表明对外直接投资显著提高了企业加成率，这再次支持了研究假说 1。此外，控制变量的显著性水平与前 4 列结果相比略有下降，但系数符号没有变化，说明回归结果具有较好的稳健性。由于使用生产函数法测算得到的企业加成率比传统会计法测算的加成率更有优势(De Loecker 和 Warzynski,2012①)，同时也是出于篇幅的考虑，本章在下面的分析中，我们主要以 mkp^{dlw} 作为企业加成率的衡量指标。

表 7-7　基准估计结果

变量	以会计法下的企业加成率为被解释变量				以生产函数法下的企业加成率为被解释变量			
	(1)	(2)	(3)	(4)	(5)	(6)	(7)	(8)
ODI	0.0296 (0.79)	0.0102 (0.28)	0.0181 (0.51)	0.0390 (1.02)	0.0367 * (1.71)	0.0230 (1.10)	0.0109 (0.47)	-0.0282 (-1.10)
After	0.0075 (0.19)	-0.0126 (-0.33)	-0.0342 (-0.92)	-0.0290 (-0.78)	-0.0559 *** (-2.70)	-0.0546 *** (-2.69)	-0.0616 ** (-2.52)	-0.0367 (-1.55)
ODI×After	0.2994 *** (3.48)	0.2802 *** (3.51)	0.2760 *** (3.57)	0.2610 *** (3.43)	0.2108 ** (2.11)	0.2016 ** (2.02)	0.2126 ** (1.98)	0.1934 * (1.94)
size		0.1908 *** (17.44)	0.1867 *** (16.19)	0.1856 *** (16.20)		0.0075 (0.94)	0.0085 (1.09)	0.0083 (1.04)
age		-0.0194 *** (-8.89)	-0.0162 *** (-7.89)	-0.0154 *** (-7.92)		-0.0015 ** (-2.14)	-0.0017 * (-1.79)	-0.0021 ** (-2.26)
klr		0.1751 *** (4.82)	0.2088 *** (4.90)	0.2090 *** (4.85)		0.0469 *** (3.85)	0.0194 (1.44)	0.0220 (1.55)
debt		-0.0626 (-0.51)	-0.1069 (-1.01)	-0.1059 (-0.93)		0.0094 (0.06)	-0.0002 (-0.00)	0.0354 (0.25)
expint		-0.2082 *** (-4.15)	-0.3863 *** (-6.78)	-0.3322 *** (-6.10)		-0.1769 *** (-2.82)	-0.1214 *** (-2.66)	-0.0650 (-1.47)
state		-0.5246 *** (-5.48)	-0.4977 *** (-5.63)	-0.5658 *** (-4.95)		-0.0962 (-1.64)	-0.1114 (-1.40)	-0.0819 (-1.17)

① De Loecker J., F. Warzynski, "Markups and Firm-Level Export Status", *American Economic Review*, Vol.102, No.6, 2012, pp.2437-2471.

续表

变量	以会计法下的企业加成率为被解释变量				以生产函数法下的企业加成率为被解释变量			
	（1）	（2）	（3）	（4）	（5）	（6）	（7）	（8）
foreign		0.1952*** (3.87)	0.1952*** (3.32)	0.1621*** (2.58)		0.0079 (0.32)	0.0115 (0.44)	0.0158 (0.50)
常数项	1.2013*** (43.59)	−1.2464*** (−7.58)	−3.1203*** (−9.31)	−2.8435*** (−3.88)	1.3261*** (70.02)	1.1762*** (18.86)	1.2367*** (11.32)	1.1144*** (4.38)
R^2	0.0059	0.0861	0.1489	0.1658	0.0012	0.0041	0.015	0.0208
行业固定效应	否	否	是	是	否	否	是	是
地区固定效应	否	否	否	是	否	否	否	是
观测值	5732	5732	5732	5732	5732	5732	5732	5732

注:( )内数值为纠正了异方差后的 t 统计量;***、** 和 * 分别表示 1%、5%和 10%的显著性水平。

2. 对外直接投资对企业加成率的动态效应检验

表 7-7 的基准回归结果揭示了对外直接投资对企业加成率具有显著的提升作用,但这种影响只是平均意义上的。因此也就无法显示对外直接投资对企业加成率的影响效应是否存在时滞以及对外直接投资对企业加成率的提升作用是否具有持续性特征,而这也是我们感兴趣的研究问题。为了检验对外直接投资对企业加成率的动态影响,我们将基准计量模型(7-18)扩展为:

$$mkp_{it} = \alpha_0 + \alpha_1 ODI + \alpha_2 After_{it} + \sum_{\tau=0}^{2} \lambda_\tau ODI_{it} \times After_{it} \times D\_\tau year$$
$$+ \beta X_{it} + v_j + v_k + \varepsilon_{it} \qquad (7-21)$$

其中,$D\_\tau year$ 为企业对外直接投资年度虚拟变量,当企业处于对外直接投资后的第 τ 期($\tau = 0,1,2$)时[①],$D\_\tau year$ 取值为 1,否则为 0。在扩展模型 (7-21)中,估计系数 λ_τ 刻画了企业对外直接投资后第 τ 年对企业加成率的动态影响。

对外直接投资对企业加成率的动态效应检验结果报告见表 7-8。为了稳健起见,我们没有在列(1)放入企业层面控制变量和控制其他固定效应,列(2)加

---

① 需要说明的是,由于本节的时间跨度为 2004—2007 年,并且处理组的识别是从 2005 年开始,因此,动态效应检验的最长滞后期为 2 期。

入了企业层面控制变量但未控制其他固定效应,列(3)在此基础上控制了行业固定效应,列(4)则进一步控制了地区固定效应。通过逐步回归发现,双重差分法估计量 $ODI \times After \times D\_\tau year$ 的系数符号和显著性均没有发生实质性变化,具有较好的稳定性。下面以列(4)最为完整的回归结果为例进行分析。可以看到,交叉项 $ODI \times After \times D\_0year$ 的估计系数为正,但未能通过常规水平的显著性检验,表明对外直接投资在即期对企业加成率没有明显的影响;交叉项 $ODI \times After \times D\_1year$ 和 $ODI \times After \times D\_2year$ 均显著为正,且后者的系数大小和显著性水平都大于前者。这表明,对外直接投资对企业加成率的影响可能存在 1 年的时滞,随后它对企业加成率的提高具有显著的促进作用,并且影响程度具有递增的趋势。对此可能的解释是,企业通过海外投资接触到先进技术知识和管理经验之后,需要不断学习和吸收才能将其内部化为企业的一部分,也即海外子公司对母公司的逆向技术溢出的发挥需要一段时间,然后才能明显提高企业的新产品创新能力和生产效率,并最终提高企业的成本加成定价能力。

表 7-8　对外直接投资对企业加成率的动态效应检验

变量	(1)	(2)	(3)	(4)
ODI	0.0572 (1.55)	0.0759 ** (2.18)	0.0685 ** (1.97)	0.0854 ** (2.27)
After	−0.0243 (−0.61)	−0.0368 (−1.00)	−0.0176 (−0.48)	−0.0060 (−0.16)
ODI×After×D_0year	0.1436 (1.24)	0.1610 (1.45)	0.1317 (1.23)	0.1040 (0.97)
ODI×After×D_1year	0.3323 ** (2.00)	0.3136 ** (1.98)	0.2890 * (1.85)	0.2700 * (1.82)
ODI×After×D_2year	0.3795 *** (3.79)	0.3424 *** (3.63)	0.3071 *** (3.46)	0.2902 *** (3.33)
R^2	0.0064	0.0864	0.1413	0.1550
控制变量	否	是	是	是
行业固定效应	否	否	是	是
地区固定效应	否	否	否	是
观测值	5732	5732	5732	5732

注:(　)内数值为纠正了异方差后的 t 统计量;*** 、** 和 * 分别表示 1%、5%和10%的显著性水平;限于篇幅,表中未详细列出各控制变量以及常数项的回归结果,下同。

3. 对外直接投资与企业加成率:投资目的地与经营类型重要吗?

根据中国对外直接投资企业统计数据库中给出的"对外直接投资的国家或地区"名称以及"经营范围"信息,可以将企业对外直接投资划分为多种类型,前文表7-6的加成率均值检验结果显示,不同类型对外直接投资企业在加成定价能力方面也存在显著的差异。那么随之而来的一个问题是,投资目的地和经营类型的差异会影响对外直接投资对企业加成率的微观效应吗? 为了更深入地揭示对外直接投资与企业加成率的关系,我们依照"投资目的地"与"经营类型"将对外直接投资划分为不同的类型,进而比较研究不同类型对外直接投资对企业加成率影响的差异性。为此,我们构建如下的二重差分模型:

$$mkp_{it} = \alpha_0 + \alpha_1 ODI + \alpha_2 After_{it} + \sum_{\tau=1}^{6} \lambda_\tau ODI_{it} \times After_{it} \times Dtype\_\vartheta + \beta X_{it} + v_j + v_k + \varepsilon_{it}$$

$$(7-22)$$

在式(7-22)中,$Dtype\_\vartheta$($\vartheta = 1,2,\cdots,6$)表示企业对外直接投资类型虚拟变量。具体而言,根据"投资目的地"将企业对外直接投资划分为投资高收入国家($Dtype\_1$)和投资中低收入国家($Dtype\_2$)两类;根据企业的"经营类型"将企业对外直接投资划分为非经营型($Dtype\_3$)、贸易销售型($Dtype\_4$)、研发加工型($Dtype\_5$)和多样化型($Dtype\_6$)四种类型。

表7-9报告了不同类型对外直接投资对企业加成率的异质性影响。[①] 其中前2列是按投资目的地分类的估计结果[②],后2列则是按经营类型分类的估计结果。首先分析投资不同目的地对外直接投资对企业加成率影响的差异性。在列(1)中没有加入企业层面的控制变量,结果显示,交叉项 $ODI \times After \times Dtype\_1$ 和 $ODI \times After \times Dtype\_2$ 的估计系数均显著为正,表明投资不同目的地对外直接投资都明显地提高了企业成本加成定价能力。通过进一步比较发现,交叉项 $ODI \times After \times Dtype\_1$ 的回归系数大小要明显大于 $ODI \times After \times Dtype\_2$,这意味

---

① 由于式(7-22)中,基准组是从未进行对外直接投资的企业,因此,可以直接通过比较交叉项的回归系数大小来识别不同类型对外直接投资对企业加成率的影响的差异性。

② 需要说明的是,对外直接投资企业可能同时投资于多个不同类型的国家或地区(即投资目的国既包含高收入国家,也包含中低收入国家),这里我们将该情形的对外直接投资视为投资高收入国家对外直接投资。此外,我们也尝试将同时投资于多个不同类型的国家或地区的企业样本进行删除,即处理组只包含"仅向高收入国家投资的企业和仅向中低收入国家投资的企业",估计结果较为相似。

着与投资中低收入国家相比,投资高收入国家对外直接投资对企业加成率的提升作用更大,初步支持了研究假说3。列(2)在此基础上进一步控制了企业层面的影响因素,发现两个核心解释变量的系数符号和显著性水平没有发生明显的变化,并且交叉项 $ODI×After×Dtype\_1$ 的系数相对较大,这再次表明投资高收入国家对外直接投资对企业加成率的提升作用要明显大于那些投资中低收入国家的对外直接投资,这便进一步支持了研究假说3。对此可能的解释是,高收入国家拥有雄厚的研发资金、技术存量和人力资本,往往是全球技术创新的发祥地,对这类国家进行海外投资可使对外直接投资企业有更多的机会获得最先进的技术和知识;另外也与我国企业对外直接投资的典型特征有关,即中国企业在高收入国家进行对外直接投资的动机主要是出于寻求效率、市场和资产,但在发展中国家则主要是为了寻求资源(Milelli 和 Sindzingre,2013[①])。在列(3)和列(4)中,我们还考察了不同经营类型对外直接投资对企业加成率影响的差异性。结果显示,交叉项 $ODI×After×Dtype\_5$ 和 $ODI×After×Dtype\_6$ 的估计系数均显著为正,表明研发加工型和多样化型对外直接投资显著地提高了企业成本加成定价能力。具体而言,在控制其他影响因素之后,研发加工型和多样化型对外直接投资可使企业加成率分别提高 0.37 和 0.31。此外,没有证据表明非经营型和贸易销售型对外直接投资对企业加成率有明显的影响。这较好地印证了研究假说4。之所以存在上述差异,其可能的原因正如前文所述,研发加工型对外直接投资主要在海外从事产品研发、加工、制造等活动,具有很强的技术寻求特征,因此最有可能利用东道国的技术资源优势形成自身的新技术,并将其逆向反馈给母公司;贸易销售型对外直接投资主要是在海外从事贸易和产品销售活动,通过贸易渠道对母公司的逆向技术效应相对较弱,而非经营型对外直接投资则主要从事售后服务以及对外联络等业务,因此这类海外投资也就难以对母公司带来有效的逆向技术溢出。

---

① Milelli C., A. Sindzingre, " Chinese Outward Foreign Direct Investment in Developed and Developing Countries:Converging Characteristics", *Working Paper*, 2013.

表 7-9　不同类型对外直接投资对企业加成率的影响

变量	按投资目的地划分		按经营类型划分	
	（1）	（2）	（3）	（4）
ODI	0.0654 * （1.66）	0.0861 ** （2.28）	0.0686 * （1.77）	0.0834 ** （2.24）
After	0.0242 （0.62）	−0.0035 （−0.09）	0.0183 （0.47）	−0.0058 （−0.16）
ODI×After×Dtype_1	0.4302 *** （4.60）	0.4039 *** （4.49）		
ODI×After×Dtype_2	0.1597 ** （1.98）	0.1359 * （1.79）		
ODI×After×Dtype_3			0.0792 （1.10）	0.0856 （1.26）
ODI×After×Dtype_4			0.2245 * （1.85）	0.1621 （1.38）
ODI×After×Dtype_5			0.3264 * （1.89）	0.3674 ** （2.27）
ODI×After×Dtype_6			0.3605 *** （2.69）	0.3097 ** （2.43）
R^2	0.0907	0.1430	0.0899	0.1542
控制变量	否	是	否	是
行业固定效应	是	是	是	是
地区固定效应	是	是	是	是
观测值	5732	5732	5732	5732

注:（　）内数值为纠正了异方差后的 t 统计量;*** 、** 和 * 分别表示 1%、5%和 10%的显著性水平。

4.稳健性分析[1]

上述分析得到的核心结论是,对外直接投资显著提高了企业加成率。为了保证这一结果的可靠性,我们从多个方面进行了稳健性检验:第一,利用奥利和帕克斯(1996)[2]方法(以下简称 OP 法)[3]估计生产函数,将得到的可变要素产出弹性代入式(7-14)计算新的企业加成率指标;第二,采用马氏距离匹配法(Mahalanobis

---

① 限于篇幅,这里没有报告稳健性检验的结果,感兴趣的读者可向笔者索取。

② Olley G.S., A.Pakes, "The Dynamics of Productivity in the Telecommunications Equipment", *Econometrica*, Vol.64, No.6, 1996, pp.1263-1297.

③ 其主要特点是使用投资作为企业受到生产率冲击时的调整变量。

Matching)进行样本配对;第三,采用由胡伯尔(Huber,1964)[1]发展得到的 M 估计量(M-estimators)[2]对式(7-18)进行估计。通过以上检验后均发现,对外直接投资仍然可以显著提高企业加成率。

此外,我们还考察了对外直接投资对企业加成率的影响是否也会因所处行业竞争程度的差异而不同。为此,我们首先计算了行业的竞争程度,在计算得到各二位码行业在 2005—2007 年的 HHI 指数之后,我们进一步计算在考察期内各行业 HHI 指数的均值(表示为 $\overline{HHI_j}$)以及中位数值(表示为 $\overline{HHI^M}$),最后我们把 $\overline{HHI_j} \leqslant \overline{HHI^M}$ 的行业划分为高竞争程度样本,而把其余行业划入低竞争程度样本。通过回归发现,不论是在高度竞争行业还是在低度竞争的行业,对外直接投资都是有利于提高企业的成本加成定价能力,不过对外直接投资对位于低度竞争行业的企业加成率具有更大的提升作用。导致这一差异的可能原因在于:在高度竞争的行业中,企业往往是价格的接受者,因而对外直接投资只能通过影响企业的生产效率进而影响边际成本的途径作用于企业的加成率;与此不同的是,在低度竞争的行业,企业不再是价格的接受者,对外直接投资可通过促使企业进行新产品创新而获得一定的垄断势力,进而制定更高的价格。[3] 即在低度竞争的行业,对外直接投资除了影响生产效率途径之外,还可以通过影响产品价格的渠道作用于企业加成率,因此也就不难理解为何对外直接投资对低度竞争行业的企业加成率具有更大的促进作用。

五、 对外直接投资影响企业加成率的机制分析

1.中介效应模型的设定[4]

通过前文分析,我们得到的重要结论是,对外直接投资对企业加成率具有正向的促进作用,即企业在参与对外直接投资之后,其成本加成定价能力得到了显著的提高。对此我们需要进一步探讨的问题是,为何对外直接投资倾向于提高

---

① Huber P.J.,"Robust Estimation of a Location Parameter", *Annals of Mathematical Statistics*, 1964,pp.73-101.

② 限于篇幅,这里没有给出 M 估计量的具体构造方法,感兴趣的读者可向笔者索取。

③ 在本章第六部分,我们将对对外直接投资影响企业加成率的机制做进一步检验。

④ 需要说明的是,本章对中介效应模型的设定及检验与任曙明和张静(2013)、尹志锋等(2013)类似。此外,温忠麟等(2004)对中介效应模型的检验程序与应用进行了详细论述。

企业加成率？接下来我们将通过构建中介效应模型对其可能的传导机制进行检验。对这一问题进行深入的研究，不仅可以深化我们对对外直接投资与企业加成率之间关系的认识，同时也有利于更好地评估企业对外直接投资的经济绩效。结合本章第二部分的理论分析，我们通过引入新产品创新（*newinnov*）和生产效率（*efficiency*）这两个中介变量来构造中介效应模型，以此来考察对外直接投资影响企业加成率的可能传导机制。

中介效应模型的基本程序分三步进行：首先，将因变量对基本自变量进行回归；其次，将中介变量（新产品创新和生产效率）对基本自变量进行回归；最后，将因变量同时对基本自变量和中介变量进行回归。本章完整的中介效应模型由如下方程组构成：

$$mkp_{it} = a_0 + a_1 ODI_{it} + a_2 After_{it} + a_3 ODI_{it} \times After_{it} + \beta X_{it} + v_j + v_k + \varepsilon_{it}$$

$$(7-23)$$

$$newinnov_{it} = b_0 + b_1 ODI_{it} + b_2 After_{it} + b_3 ODI_{it} \times After_{it} + \beta X_{it} + v_j + v_k + \varepsilon_{it}$$

$$(7-24)$$

$$efficiebcy_{it} = c_0 + c_1 ODI_{it} + c_2 After_{it} + c_3 ODI_{it} \times After_{it} + \beta X_{it} + v_j + v_k + \varepsilon_{it}$$

$$(7-25)$$

$$mkp_{it} = d_0 + d_1 ODI_{it} + d_2 After_{it} + d_3 ODI_{it} \times After_{it} + \varphi \cdot newinnov_{it}$$
$$+ \gamma \cdot efficiebcy_{it} + \beta X_{it} + v_j + v_k + \varepsilon_{it} \qquad (7-26)$$

其中，新产品创新（*newinnov*）用新产品销售额与企业销售额的比值来表示，生产效率（*efficiency*）用 LP 法测算得到的企业全要素生产率来表示①。

2. 估计结果与检验

式（7-23）即为基准双重差分法模型（7-18），因此我们将表7-7列（4）的回归结果直接复制到表7-9列（1）中。表7-10列（2）和列（3）是分别对模型（7-24）和（7-25）进行估计的结果。此外，为了稳健起见，我们将中介变量 *newinnov* 和 *efficiency* 分别加入式（7-23）中进行估计，结果分别列于表7-10列（4）和列（5）。最后，表7-10列（6）进一步报告了同时加入中介变量 *newinnov* 和 *efficiency* 即模型（7-26）的估计结果。

---

① 此外，我们也尝试用 OP 法测算得到的企业全要素生产率来衡量生产效率，发现本章的检验结果十分相似。

表 7-10 对外直接投资与企业加成率:影响机制检验 I

变量	企业加成率	新产品创新	生产效率	企业加成率		
	(1)	(2)	(3)	(4)	(5)	(6)
ODI	0.0852** (2.27)	0.0105 (1.64)	−0.0099 (−0.42)	0.0834** (2.23)	0.0809** (2.14)	0.0784** (2.08)
After	−0.0055 (−0.15)	0.0205*** (3.30)	0.0234 (1.01)	−0.0023 (−0.06)	−0.0122 (−0.33)	−0.0082 (−0.22)
ODI×After	0.2576*** (3.58)	0.0300*** (2.95)	0.0667** (2.21)	0.2167*** (2.81)	0.1955*** (2.63)	0.1608* (1.69)
newinnov				0.1485** (2.24)		0.1911** (2.34)
efficiency					0.2559*** (6.05)	0.2609*** (6.12)
R²	0.1546	0.1796	0.7850	0.1550	0.1615	0.1621
控制变量	是	是	是	是	是	是
行业固定效应	是	是	是	是	是	是
地区固定效应	是	是	是	是	是	是
观测值	5732	5732	5732	5732	5732	5732

注:圆括号内数值为纠正了异方差后的 t 统计量;***、** 和 * 分别表示 1%、5% 和 10% 的显著性水平。

从表 7-10 列(2)可以看出,双重差分法估计量 ODI×After 的估计系数为正并通过 1% 水平的显著性检验,这表明对外直接投资显著促进了企业进行新产品创新,进一步来看,对外直接投资可使企业的新产品创新密集度提高 0.03。对外直接投资之所以可以提高母国企业新产品创新能力,其主要的原因在于:对外直接投资企业的海外分支机构可以通过吸纳东道国人才等研发要素,进而获得最新的技术;另一方面,海外分支机构会通过企业内部渠道将其所掌握的研发成果、信息技术逆向转移至母公司,提高了母公司的新产品创新能力。除此之外,海外分支机构还可以通过与东道国开展高技术研发人才合作、学习交流等途径培养自己的研发人员,而这些研发人员在跨国公司内部的流动也可以提高母公司的新产品创新水平。表 7-10 列(3)报告了以企业生产效率为因变量的双重差分法模型回归结果,可以看到,双重差分法估计量 ODI×After 的估计系数也显著为正,表明对外直接投资提高了企业的生产效率,这与蒋冠宏等(2013)①的

---

① 蒋冠宏、蒋殿春、蒋昕桐:《我国技术研发型外向 FDI 的"生产率效应"——来自工业企业的证据》,《管理世界》2013 年第 9 期。

研究结论具有相似之处,即对外直接投资可通过"逆向技术溢出"效应提升母国企业的生产效率。

表 7-10 列(4)—列(6)还报告了因变量对基本自变量和中介变量回归的结果,可以看到,变量 newinnov 的估计系数显著为正,说明新产品创新可以明显提高企业的成本加成定价能力。这主要是因为,企业通过新产品创新使其所生产的产品与现有市场中的产品存在差异化,这样可以降低新产品的需求弹性,进而可以将价格维持在相对较高的水平上。变量 efficiency 的估计系数也显著为正,表明生产效率对企业加成率具有正向的影响,即生产效率越高的企业具有相对较高的成本加成定价能力。这其实不难理解,因为企业生产效率的提高有利于降低单位产品的生产成本,进而提高了企业加成率。此外我们还发现,与列(1)基准的回归结果相比,在分别加入中介变量 newinnov[第(4)列]和 efficiency[列(5)]之后,双重差分法估计量 ODI×After 的估计系数值和显著性水平(t 值)均出现了下降,这初步表明"新产品创新"和"生产效率"中介效应的存在;进一步,在同时加入中介变量 newinnov 和 efficiency[表 7-10列(6)]之后发现,双重差分法估计量 ODI×After 的估计系数值和显著性水平也进一步下降了。这便进一步表明,"新产品创新"和"生产效率"的提升是对外直接投资提高企业成本加成定价能力的两个可能的渠道,即研究假说 2 在此得到了验证。

为了进一步确认"新产品创新"和"生产效率"的提升是否是对外直接投资影响企业加成率的中介变量,我们有必要对此进行更严格的检验。首先,通过检验 $H_0:b_3=0$, $H_0:c_3=0$, $H_0:\varphi=0$ 和 $H_0:\gamma=0$,如果均受到拒绝,则说明中介效应显著,否则不显著。从表 7-10 列(2)—列(6)的回归结果可以看到,newinnov 和 efficiency 作为中介变量是显著的。另外,我们还进行了 Sobel 检验(Sobel,1987)[1]与 Freedman 检验(Freedman 等,1992)[2][3],得到统计量的相伴随概率均小于 0.1,即至少在 10% 的水平上显著。这就进一步验证了"新产品创新"和"生

---

[1] Sobel M.E., "Direct and Indirect Effects in Linear Structural Equation Models?", *Sociological Methods and Research*, Vol.16, No.1, 1987, pp.155-176.

[2] Freedman L.S., B.I.Graubard, A.Schatzkin, "Statistical Validation of Intermediate Endpoints for Chronic Diseases", *Statistics in Medicine*, Vol.11, No.2, 1992, pp.167-178.

[3] 限于篇幅,这里没有给出 Sobel 检验与 Freedman 检验的具体步骤,感兴趣的读者可向笔者索取。

产效率"中介效应的存在性,即"新产品创新"和"生产效率"的提升是对外直接投资提高企业成本加成定价能力的重要渠道。

3. 基于企业生产与贸易合并数据的进一步研究

我们采用的是《中国工业企业数据库》与中国对外直接投资企业统计数据库进行分析,并且通过中介效应模型的检验发现,"新产品创新"和"生产效率"的提升是对外直接投资提高企业加成率的重要渠道。但由于《中国工业企业数据库》与中国对外直接投资企业统计数据库中均没有提供有关产品价格和生产成本的信息,所以我们依然不能对对外直接投资如何影响企业加成率的机制进行最为直接的检验。在这一部分,我们把《中国工业企业数据库》与《中国海关贸易数据库》以及中国对外直接投资企业统计数据库进行合并,在此基础上就对外直接投资影响企业加成率的机制进行更为直接和深入的检验。

我们首先将 2004—2007 年的《中国工业企业数据库》与《中国海关贸易数据库》进行合并,借鉴已有研究(Yu,2015①)的思路分三步进行:第一步,根据企业的中文名称和年份进行匹配,由于企业在所在地工商管理部门登记注册时不允许重复使用已有名称,因此如果两套数据库中的企业在同一年份拥有相同的企业名称,那么这两家企业实为同一家企业。第二步,在原样本中剔除已经匹配成功的样本,剩余的样本进一步按照企业所在地的邮政编码和企业电话号码的最后 7 位来识别两套数据库中是否存在相同的企业。第三步,继续在原样本中剔除已经匹配成功的样本,剩余的样本再按照企业所在地的邮政编码和企业联系人信息来进一步识别两套数据库中相同的企业。接下来根据本章第四部分介绍的方法将它们进一步与中国对外直接投资企业统计数据库进行合并。利用以上合并数据进行影响机制分析的好处体现在,一方面,将样本范围聚焦在贸易企业上以及利用新增出口品产值刻画新产品创新,进而可视为对上文影响机制检验的一个稳健性分析;更为重要的是,我们可以充分利用合并数据的丰富信息对对外直接投资影响企业加成率的机制进行更为直接和深入的检验。

表 7-11 列(1)报告了基于合并样本的对外直接投资对企业加成率影响的

---

① Yu M., "Processing Trade, Tariff Reductions and Firm Productivity: Evidence from Chinese Firms", *The Economic Journal*, Vol.125, No.585, 2015, pp.943-988.

估计结果,结果显示,双重差分法估计量 $ODI \times After$ 的估计系数显著为正,再次表明对外直接投资显著提高了企业的成本加成定价能力,此外,其余变量的系数符号和显著性水平与表7-7的基准结果也较为相似,即本章的回归结果具有很好的稳健性。接下来,我们借鉴田巍和余淼杰(2014)[①]的做法,从企业新增出口品的角度衡量企业新产品创新,并进一步用新增出口品产值与企业总出口的比重来刻画企业的新产品创新程度(newpro),以此为因变量的回归结果报告在表7-11列(2)。从中可以看出,双重差分法估计量 $ODI \times After$ 为正且通过5%水平的显著性检验,表明对外直接投资确实促进了企业进行新产品创新。与前文类似,表7-11列(3)以企业生产效率(efficiency)为因变量,估计结果也表明,对外直接投资提高了企业的生产效率。进一步,表7-11列(4)—列(6)报告了完整的中介效应模型估计结果,检验结果再次表明,"新产品创新"和"生产效率"的提升是对外直接投资提高企业加成率的两个重要渠道[②],这便再次支持了研究假说2。

我们更为感兴趣的问题是,新产品创新和生产效率又是通过何种渠道影响企业加成率的,也即对外直接投资影响加成率更为直接的作用机制是怎样的?结合本章第二部分的理论分析,新产品创新行为能够使创新企业生产的产品与市场中既有的产品存有差异性,可以降低新产品的需求弹性,进而能够制定相对较高的价格水平;而生产效率通常会影响企业的边际生产成本(Bernard 等,2003[③];Melitz 和 Ottaviano,2008[④]),即生产效率越高的企业,其边际生产成本越低。据此我们可以推测,新产品创新和生产效率可能分别通过影响企业定价和边际生产成本的渠道进而影响企业加成率。下面我们将对此进行更深入的检验。

[①]　田巍、余淼杰:《中间品贸易自由化和企业研发:基于中国数据的经验分析》,《世界经济》2014年第6期。

[②]　此外,我们还采用索贝尔(Sobel,1987)和费里德曼(Freedman 等,1992)的方法进行进一步检验,结果表明"新产品创新"和"生产效率"存在显著的中介效应。

[③]　Bernard A.B., J. Eaton, J. B. Jensen, et al., "Plants and Productivity in International Trade", *American Economic Review*, Vol.93, No.4, 2003, pp.1268-1290.

[④]　Melitz M.J., G.I.Ottaviano, "Market Size, Trade, and Productivity", *Review of Economic Studies*, Vol.75, No.1, 2008, pp.295-316.

表7-11 对外直接投资与企业加成率：影响机制检验Ⅱ

变量	企业加成率 (1)	新产品创新 (2)	生产效率 (3)	企业加成率 (4)	企业加成率 (5)	企业加成率 (6)	企业价格 (7)	企业价格 (8)	企业边际成本 (9)	企业边际成本 (10)
ODI	0.1102** (2.27)	0.1203 (0.48)	-0.0186 (-0.56)	0.1101** (2.27)	0.1091** (2.28)	0.1090** (2.28)	-0.0482 (-1.44)	-0.0481 (-1.44)	-0.0696 (-0.36)	-0.0700 (-0.37)
$After$	-0.1286*** (-2.64)	-0.9445*** (-3.73)	0.0163 (0.51)	-0.1220** (-2.50)	-0.1359*** (-2.82)	-0.1298*** (-2.69)	0.0442 (1.35)	0.0505 (1.52)	0.1666 (1.38)	0.1764 (1.35)
$ODI \times After$	0.1738** (2.30)	0.6988** (1.98)	0.0762* (1.85)	0.1341** (2.08)	0.1145* (1.95)	0.1013* (1.94)	0.1001** (2.11)	0.0724* (1.78)	-0.0440* (-1.81)	-0.0256 (-1.30)
$newpro$				0.0627* (1.89)		0.0579* (1.83)		0.0618* (1.74)		
$efficiency$					0.2410*** (5.66)	0.2406*** (5.66)		0.0959** (1.97)		
$ODI \times After \times newpro$										
$ODI \times After \times efficiency$										-0.0332*** (-3.62)
R^2	0.2552	0.1538	0.7541	0.2555	0.2668	0.2670	0.3190	0.3203	0.4257	0.4282
控制变量	是	是	是	是	是	是	是	是	是	是
行业固定效应	是	是	是	是	是	是	是	是	是	是
地区固定效应	是	是	是	是	是	是	是	是	是	是
观测值	3074	3074	3074	3074	3074	3074	3074	3074	3074	3074

注：( )内数值为纠正了异方差后的 t 统计量；***、** 和 * 分别表示1%、5%和10%的显著性水平。

由于《中国海关贸易数据库》提供了企业—产品（HS8 位码）层面的价格指标 p_{iht} ，我们采用以下式子计算企业层面的价格（Bas 和 Strauss-Kahn，2012[①]；Fan 等，2015[②]）：

$$price_{it} = \sum_{h \in \Theta_i} s_{iht} \cdot p_{iht} \qquad (7-27)$$

其中，下标 i 表示企业，h 表示 HS8 位码产品，t 表示年份；Θ_i 表示企业 i 所出口的产品集合；s_{iht} 表示产品 h 的出口占企业 i 总出口的份额。在得到企业的价格之后，我们可以结合企业加成率的定义式，将企业的边际成本表示为：

$$cost_{it} = \frac{price_{it}}{mkp_{it}} \qquad (7-28)$$

表 7-11 最后 4 列报告了以企业价格和企业边际成本为因变量的回归结果。为了使回归系数可以更清晰地展示和解释，我们对式（7-27）和式（7-28）测算所得的变量取对数，分别得到 lnprice 和 lncost。由表 7-11 列（7）可以看到，双重差分法估计量 ODI×After 的估计系数为 0.1001，并且在 5% 的水平上显著，这表明对外直接投资显著提高了企业的价格，在控制其他影响因素之后，对外直接投资可使企业的定价水平提高大约 10%。为了检验新产品创新是否是对外直接投资影响企业价格的渠道，我们在列（7）回归的基础上加入新产品创新程度（newpro）以及它与双重差分法估计量的交叉项（ODI×After×newpro），回归结果报告在表 7-11 列（8）。估计结果显示，交叉项（ODI×After×newpro）的估计系数显著为正，说明新产品创新程度越高的企业对外直接投资对其价格的提升作用越大，这就意味着对外直接投资的确是通过提升企业新产品创新的途径作用于企业定价水平的。变量 newpro 的估计系数显著为正，表明新产品创新与企业定价之间存在正相关关系，这与通常的预期是相符的，因为新产品创新可以提高产品的差异化程度，降低需求弹性，进而有利于企业制定相对较高的价格。此外，我们还注意到，在加入变量 newpro 之后，双重差分法估计量 ODI×After 的系数大小和显著性水平较列（7）出现明显的下降，这也进一步表明对外直接投资确实是通过新产

[①] Bas M.，V.Strauss-Kahn，"Trade Liberalization and Export Prices：The Case of China"，*Working Paper*，2012.

[②] Fan H.，Y.A.Li，S.R.Yeaple，"Trade Liberalization，Quality，and Export Prices"，*Review of Economics and Statistics*，Vol.97，No.5，2015，pp.1033-1051.

品创新的渠道进而提高企业定价的。

进一步,对外直接投资是如何影响企业边际成本呢? 从表 7-11 列(9)可以看到,双重差分法估计量 $ODI×After$ 的估计系数显著为负,表明对外直接投资倾向于降低企业的边际生产成本,在控制了其他因素之后,对外直接投资使企业的边际成本降低了 4.4%。最后,表 7-11 列(10)在此基础上加入了企业生产效率($efficiency$)以及它与双重差分法估计量的交叉项($ODI×After×efficiency$)。从回归结果不难得到以下结论:①变量 $efficiency$ 的估计系数显著为负,说明生产效率的提高有利于降低企业的边际成本,这印证了已有研究的理论观点(Bernard 等,2003[1];Melitz 和 Ottaviano,2008[2])。②交叉项($ODI×After×efficiency$)的估计系数也显著为负,表明生产效率越高的企业对外直接投资对其边际成本的降低作用就越大,即对外直接投资确实是通过提升企业生产效率的渠道进而降低边际生产成本的。③双重差分法估计量 $ODI×After$ 的估计系数不再显著,这也进一步表明生产效率是对外直接投资降低企业边际成本的重要渠道。

综合以上分析,对外直接投资影响企业加成率的作用机制可以概括为:一方面,对外直接投资促进了企业进行新产品创新,而新产品创新降低了需求弹性,进而有利于企业制定更高的价格;另一方面,对外直接投资提高了企业的生产效率,而生产效率的提升倾向于降低企业的边际生产成本。在上述两种机制的综合作用下,对外直接投资最终显著提高了企业的成本加成定价能力。

六、 结论

企业加成率反映了产品价格对企业边际成本的偏离程度,其大小通常用来表征企业的绩效和市场竞争能力。对外直接投资作为企业国际化的一种方式,它与企业加成率之间的关系却尚未得到学者们的足够重视。中国自从实施"走出去"战略以来,对外直接投资实现了持续快速的增长,在全球的地位与日提升,这为我们研究对外直接投资与企业加成率的关系提供了难得的"自然实验"的机会。本章首次深入地考察了中国对外直接投资对企业加成率的微观影响,

① Bernard A.B., J. Eaton, J. B. Jensen, et al., "Plants and Productivity in International Trade", *American Economic Review*, Vol.93, No.4, 2003, pp.1268-1290.

② Melitz M.J., G.I.Ottaviano, "Market Size, Trade, and Productivity", *Review of Economic Studies*, Vol.75, No.1, 2008, pp.295-316.

并同时揭示了背后可能的作用机制。本节得到的主要结论有:第一,对外直接投资显著提高了企业加成率,在改变企业加成率的测算方法、改变样本的配对方法、改变估计方法和考虑行业竞争程度的差异性之后,这一结论依然稳健。第二,对外直接投资对企业加成率的影响可能存在1年的时滞,随后它对企业加成率的提高具有显著的促进作用并且随着时间的推移呈递增的趋势。第三,投资高收入国家对外直接投资对企业加成率的提升作用要明显大于那些投资中低收入国家的对外直接投资,另外,研发加工型和多样化型对外直接投资对企业加成率的影响程度也相对较大。第四,影响机制检验结果表明,对外直接投资一方面促进了企业进行新产品创新,而新产品创新降低了需求弹性,进而有利于企业制定更高的价格;另一方面,对外直接投资提高了企业的生产效率,而生产效率的提升倾向于降低企业的边际生产成本。正是在这两种机制的综合作用下,对外直接投资最终对企业的成本加成定价能力产生显著的促进作用。

本章在一定程度上丰富了有关企业国际化与加成率之间关系的研究,在文献中首次使用企业层面微观数据考察了对外直接投资对企业成本加成定价能力的因果效应,并揭示了背后的作用机制,这对事后深入评估中国对外直接投资的经济效果也具有一定的贡献。

中国企业对外直接投资对目标企业绩效有重要作用,本章通过中国企业对外直接投资对企业生产率、加成率的研究分析对目标企业绩效的影响,并根据第二节和第三节的结论我们可以从以下方面提出政策建议。

关于中国企业跨国并购的生产率效应。首先,要明确并购的目标。每次、每阶段对外跨国并购要达到什么目的,要选择什么行业的目标企业最为合适、相应的法律政策有什么鼓励或限制,采取何种并购方式,以及什么时机并购成功的可能性最大,并购企业都要做好充分的考虑。本章分行业和东道国类别检验的结果显示,商业行业的跨国并购以及对发达国家企业的跨国并购都显著提升了企业生产率,这在一定程度上给企业进行海外并购的行业及目的地决策时,提供了重要的参考价值。

其次,实证结果显示并购次数不显著,这意味着企业在跨国并购的掌控方面还很欠缺。建议企业在并购的实施阶段,要对目标企业进行全面的综合调查,彻底了解目标企业的真实情况,采用科学的评估方法进行价值评估,设计好跨国并购方案,并配备专业的团队实施并购,多方面保障跨国并购顺利进行。

最后,也是最重要的,就是涉及并购后的资源整合。整合的成功与否直接关系到并购企业的生产率效应,关联着并购企业的未来与发展。整合涉及企业的文化、制度、管理、人员和业务等方面的协调与进一步升华。从本章的研究结论来看,掌握控股权的并购企业能显著地促进生产率提高,因为控股并购企业相对于非控股企业的并购更容易吸收到目标企业关键的内在的优质资源;同时,由于控股能力更大,并购企业能更多地参与到目标企业的管理组织中,从而对整合两个企业的资源有更大的实施空间,更容易获取整合的收益。因此,并购企业的控股能力对并购企业生产率的提升至关重要。中国企业的对外并购应逐渐向控制优质目标企业的股权努力,掌控目标企业。

对外跨国并购倒逼企业改革,中国企业应根据国际化要求完善企业制度、治理结构、绩效考核等多方面内容,以适应"走出去"要求,吸收目标企业的先进技术、优秀资源,有效整合国内国际资源,以达到逐步提升中国企业生产率,促进竞争力提升的目的。政府部门多为中国企业海外并购提供便利化和公共服务,当企业遇到问题时,给予企业更多的决策依据,引导企业顺利开展跨国并购工作,并给予"走出去"的企业更多的海外金融支持,以及系统的产业体系配套服务。中国企业"走出去"开弓了就没有回头箭,"走出去"是大势所趋,这既是释放国内相对过剩产能的需要,也是拓展海外市场的需要。只是面对企业对外跨国并购整体的微弱生产率效应,中国企业应从中总结经验,唯有如此,才能推动下一轮更多高效率的跨国并购活动。

关于对外直接投资对企业加成率的提升效应。我国政府应当进一步加大力度鼓励和引导企业"走出去"对外直接投资,通过融入全球生产网络、整合全球经济资源来进一步提升我国企业的经营绩效和市场竞争力。具体而言,我国应当陆续出台、完善相关政策以加大对外直接投资的力度。例如,现阶段管理对外投资的部门存在审批环节多、政策稳定性不足等问题,因此要大力改革对外投资的审批管理体制,彻底跳出项目核准和备案的传统管理思路,通过下放权力、简化程序来提高效率和降低企业"走出去"的准入门槛,为真正的投资者开辟"绿色通道"。本章研究还发现,不同投资目的地与经营类型的对外直接投资对企业加成率的影响具有明显的异质性,为了更好地发挥对外直接投资对企业加成率的促进作用,一方面从投资目的地选择来看,要积极引导更多有条件的企业向发达国家或地区进行对外直接投资,以充分吸收和获得世界最先进的技术和知识;另一方面要特别重视鼓励和引导企业进行技术寻求型对外直接投资,这类对外直接投资在技术创新上能够掌握主导权,可以有效利用全球研发资源来获取先进技术,并通过逆向技术溢出来促进母国企业进行新产品创新和提升生产效率,进而在更大程度上提高自身的成本加成定价水平和实现动态竞争能力的提升。为此,我国需要加快制定和出台独立的鼓励企业对外投资的税收政策,同时考虑对一些重要地区和领域的对外投资给予税收优惠。例如,通过税收优惠形式鼓励和支持国内企业向发达经济体开展对外投资活动,以提升逆向技术吸收能力;通过税收优惠来引导和鼓励企业将资金投向技术水平和附加值较高的高科技领域,通过与国外先进企业联合开展研发投资,借助逆向技术溢出效应来提升我国企业的市场竞争力和在全球价值链中的地位。

第四篇

双向直接投资的互动关系研究

4

随着中国融入经济全球化步伐加快，以及参与贸易投资一体化程度加深，中国吸引的外商直接投资和国内企业的对外直接投资呈并行增长的趋势。一方面，中国吸引的外商直接投资规模稳步上升，外资质量逐步升级；另一方面，中国企业的对外直接投资持续快速增长①，投资范围日趋广泛。2014年中国对外直接投资金额为1231.2亿美元，实际利用外商直接投资金额为1195.6亿美元，均创下历史新高，同时中国企业的对外直接投资规模首次超过中国吸引的外商直接投资规模，成为净对外直接投资国家。

　　中国的开放型经济已经进入了引进外资和对外投资协同布局的新阶段，在这样的背景下，迫切需要建立"引进来"与"走出去"相互融合、互为补充的战略体系，促进中国的开放型经济从"全球价值链参与"向"全球价值链主导"的转型（裴长洪和郑文，2014②）。如何适应和引领资本大规模流入和流出的新常态，提升在全球配置资源的能力？如何从重构全球价值链、产业链体系的大局观统筹运用国内外两个市场、两种资本？这些是当前中国开放战略值得深入思考和研究的重要命题，也是本篇研究的出发点和意义所在。本篇将综合运用多种研究方法，实证分析引进外资和对外投资在促进开放型经济发展过程中相互联系、相互融合的多层面影响效应，为深入理解"引进来"与"走出去"战略协调发展的客观规律丰富经验依据，为建立和完善"目标一致""政策协调""激励相容"的外资政策体系提供对策参考。

---

① 2002—2016年的年平均增长速度高达22.7%。

② 裴长洪、郑文：《中国开放型经济新体制的基本目标和主要特征》，《经济学动态》2014年第4期。

第八章　跨国双向直接投资的依存 互动关系研究

在开放经济和全球化背景之下,每一个国家都身处全球化的网络之中,考察任何一个国家的引进外资与对外投资的关系就必须将其置于全球投资网络中,从而将双边投资以外的第三国效应纳入分析框架,使估计结果更加准确和一致。因此,本章主要采用网络分析法,利用可视化的方法衡量全球投资网络,并从网络中心性、网络同配系数等多个维度对其特征进行刻画;在此基础上,进一步考察和测算中国以及其他代表性国家近年来在全球投资网络中的地位。

第一节　网络分析法的研究现状、数据来源 及方法介绍

一、网络分析法文献综述

社会网络分析方法(Social Network Analysis)最早出现在 1930 年的心理学研究中,主要思想是借助拓扑学、图论、复杂网络等数学工具,研究一个群体或一个社区内部的所有行动者之间的行为联系。该方法主要关注不同个体之间的关系、关系的模式以及关系变化的趋势,研究对象可以是多样化的,例如根据不同的研究内容,研究对象可能是个人、企业、行业、城市、国家等。近年来,网络分析性法开始成为研究全球各国的经济网络的全新工具。

目前,国内外已经开始有部分学者利用网络分析法进行研究,但目前研究领域主要集中在贸易领域,即研究对象主要是全球的贸易网络(World Trade Web,

WTW)。李翔等(Li 等,2003)[1]采用 1975—2000 年的 21 个发达国家的贸易数据验证了全球贸易网络的无标度性,并发现其中有 18 个国家的贸易网络分布与美国的经济周期存在强烈的相互作用机制。法焦洛等(Fagiolo 等,2010)[2]使用 1981—2000 年的共 159 个国家的双边贸易流量构成的贸易网络,利用加权有向图的方法分析了 20 年来全球贸易网络的统计特征及其动态变化,其结果表明全球整体的贸易联系程度较低,尽管部分国家之间的贸易关联很强,但是大多数国家之间的贸易关联非常弱;与此同时,全球整体的贸易格局为贸易参与度较高的国家更多的会与贸易参与度低的国家建立贸易关系,国内经济发展程度好的国家贸易程度高,且集聚水平较高。阿克曼和塞姆(Akerman 和 Seim,2014)[3]以及阿米吉尼和戈尔戈尼(Amighini 和 Gorgoni,2014)[4]则将研究深入行业层面,分别关注军工贸易和汽车贸易的网络情况。

部分国内学者近年来也做了类似的研究,如段文奇等(2008)[5]用复杂网络分析方法分析了 1950—2000 年的国际贸易网络的结构特征,认为贸易全球化的趋势正在不断加强。胡平等(2012)[6]通过构建网络演化模型,用数值推导的方法模拟了国际贸易网络近年来的变化情况。马述忠等(2016)[7]同样用网络分析法对 1996—2013 年的农产品贸易数据从多角度进行了刻画,其结果表明网络中心性等指标对价值链分工有着显著的影响。

综上所述,目前已有的研究仍然仅集中在贸易领域,在笔者所能涉及的文献范围内,还没有对全球的跨国双向直接投资领域运用网络分析法来进行研究的

① Li X.,Y.Y.Jin,G.Chen,"Complexity and Synchronization of the World Trade Web",*Physica A: Statistical Mechanics and its Applications*,Vol.328,No.1,2003,pp.287-296.

② Fagiolo G.,J.Reyes,S.Schiavo,"The Evolution of the World Trade Web:AWeighted-network Analysis",*Journal of Evolutionary Economics*,Vol.20,No.4,2010,pp.479-514.

③ Akerman A.,A.L.Seim,"The Global Arms Trade Network 1950-2007",*Journal of Comparative Economics*,Vol.42,No.3,2014,pp.535-551.

④ Amighini A.,S.Gorgoni,"The International Reorganisation of Auto Production",*The World Economy*,Vol.37,No.7,2014,pp.923-952.

⑤ 段文奇、刘宝全、季建华:《国际贸易网络拓扑结构的演化》,《系统工程理论与实践》2008 年第 10 期。

⑥ 胡平、刘志华、王炳清:《贸易网络综合演化模型的研究》,《复杂系统与复杂性科学》2012 年第 9 期。

⑦ 马述忠、任婉婉、吴国杰:《一国农产品贸易网络特征及其对全球价值链分工的影响——基于社会网络分析视角》,《管理世界》2016 年第 3 期。

文献,采用网络分析法分析跨国双向直接投资的依存互动关系可能是未来的新兴研究方向。因此,本章主要采用网络分析法,利用可视化的方法衡量全球投资网络,并从网络中心性、网络同配系数等多个维度对其特征进行刻画;在此基础上,进一步考察和测算中国以及其他代表性国家近年来在全球投资网络中的地位,着力分析中国引进外资和对外投资的动态变化情况,并试图从中分析其互动机制。

二、 数据来源及处理

本章所使用的双向直接投资统计数据来源于联合国贸易和发展会议网站①,该网站提供了从 2001—2012 年的 206 个经济体的外商投资流量(Inflow)、对外投资流量(Outflow)以及外商投资存量(Instock)和对外投资存量(Outstock)的数据,其数据主要来源于世界各国政府、统计部门、中央银行以及世界其他组织发布的统计报告,并在此基础上对部分缺失的样本采取去伙伴国镜像的方式进行了补充和完善。

本章使用 Python3.5 作为主要的编程软件来进行实现。② 具体而言,本章使用 NetworkX(Version1.11)库进行相关指标的计算以及可视化分析。Python 的 NetworkX 库是一个用 Python 语言开发的用于网络分析、图论以及复杂网络建模的工具,该库内置了常用的图与复杂网络分析算法,便于进行复杂网络分析、网络可视化以及仿真建模等工作。相比较 Ucinet、NodeXL 等软件,Python 更加灵活,兼容性更强,作图和分析功能更为强大,因此更加适合本章所研究的问题。

三、 网络分析法模型

本章将进行国际直接投资的主体定义为节点,各国之间的双边投资关系定义为连接节点的边,则全球的投资网络可以表示为一个数组:

$$G = \{C, E, F\} \tag{8-1}$$

① 该资料来源于联合国贸易和发展会议于 2014 年出版的 *Bilateral FDI Statistics* 2014,具体的下载网址为 http://unctad.org/en/Pages/DIAE/FDI%20Statistics/FDI-Statistics-Bilateral.aspx。

② Python 是一种近年来较为流行且被各类学术研究所广泛运用的一种语言,其丰富的扩展类库和开源属性使其深受广大研究人员的好评。此外,Python 可以很便捷地将其他语言的程序轻松地联结在一起。自从 1991 年推出第一个正式版本,因其使用方便,Python 社区迅速发展,越来越多的程序员开始使用 Python 编写程序并贡献了各种功能强大的类库。

其中,C = {c1,c2,c3,…,cn} 为节点集,其元素 ci 代表参与全球直接投资的主体,即世界上的各个国家。E = {eij} 为关系集合,其组成元素为边,表示全球各国作为投资主体之间的资金流动,即每个关系 eij 是连接节点 ci 和 cj 的投资关系。F 代表各条边之间的权重,表明节点之间联系的重要性,本章中用双边的投资流量或存量来表征。各国之间的有向投资关系即构成了一个有向图。由于各国发布的数据在统计口径上有一定的差异,且一国的流量数据与存量数据之间也存在一定的误差,因此一对伙伴国之间的双边投资数据在该数据集中可能会出现不一致的情形。为了减小统计误差,本章参考法焦洛等[1]的思路,在计算一对伙伴国的双边数据时同时考虑了各国的对外直接投资的数据流量、外商直接投资流量以及双向直接投资的存量差异计算的流量数值,并取不同口径计算的平均数作为进行网络分析的基础数据,进行全文的分析和讨论。在数据处理过程中,由于联合国国际贸发会议数据包含了全球 206 个国家和经济体的双边投资数据,但是大量经济体量较小的国家之间的双向直接投资较少,在全球中的整体地位也较低。考虑数据的可得性,同时尽可能全面地考察双向直接投资网络的动态演进情况,本章首先根据全球双边投资的数据将研究的目标国缩减至 52 个主要经济体,之后进行整体的网络分析。

第二节　全球双边投资网络可视化分析

为了更为直观地考察全球各国家之间的双边投资网络,本节采用 Python 软件绘制复杂网络的结构图[2]。在网络图中,两个国家之间存在连线,表明这两个国家之间的投资额超过了前文定义的门槛值。网络中节点的大小反映一国整体的双向直接投资的存量,节点越大代表这个国家在全球双边投资网络中的投资存量越高;节点的颜色反映该节点在网络中的中心度,颜色的亮度越高表明其网络中心度越高。[3] 且连线的粗细与国家双向直接投资网络的网络联系强度成正

---

① Fagiolo G., J. Reyes, S. Schiavo, "The Evolution of the World Trade Web: A Weighted-network Analysis", *Journal of Evolutionary Economics*, Vol.20, No.4, 2010, pp.479–514.

② 限于篇幅和打印效果,我们没有展示具体结构图,有需要的读者可以向笔者索取。

③ 打印版中的颜色区分度可能不甚明显,读者可以从各节点在图中的位置获取其中心度信息,本节根据网络布局算法——FR 算法(Fruchterman-Reingold force-directed 算法)计算中心度,中心越高的节点越会分布在图的中央位置。

比,连线越粗代表两国之间的投资额就越大。网络分析图中的英文字母为各国的三位国家代码,如 CHN 代表中国,USA 代表美国,GBR 代表英国。① 接下来本节首先通过全球各国的双边投资关系进行整体的分析,之后通过各年的双边投资流量数据进行更加详细的验证。

一、 全球投资的存量网络

本节首先利用各国的双边存量数据,详细计算了 2002 年、2007 年和 2012 年的包含全球 52 个主要经济体的双边投资存量网络。②

从 2002 年、2007 年和 2012 年双边投资存量网络可以分析得出以下特征事实:

(1)全球双边直接投资的存量仍然以发达国家为主。发达国家在全球投资中有着举足轻重的地位,这其中又以美国、英国、德国、法国等经济体量较大的国家为主,这表明发达国家的双边直接投资的金额和网络的中心度均较高,在网络分析图中处于中心的地位。发展中国家和部分经济体量较小的发达国家的整体存量以及中心度较低,在网络分析图中位于网络边缘的位置。从双边连线的宽窄和数量上看,各国之间的关联性仍然主要体现在发达国家与发达国家之间的联系以及发达国家与发展中国家之间的联系,而发展中国家之间的联系相对较弱。各国之间的中心度与其投资存量之间整体呈现较强的正向相关关系,但是也存在投资存量少而中心度较高的案例。从全球 2002 年至 2012 年的变化来看,各国之间的投资关系更加紧密,这不仅体现各经济体节点之间的连线的密度上,还体现在连线的宽度上。这表明伴随着全球化的加深,各国之间的经济联系更加紧密,这种联系不仅仅体现在传统研究主要的贸易领域,在投资领域也是如此(Garlaschelli 和 Loffredo,2005③) 。

(2)中国在全球投资网络中的地位日益突出。从全球网络分析中追踪中国的投资总量及其中心度指标,可以发现中国在全球的投资网络中所占有的地位

---

① 参见世界银行发布的全球发展指标数据库(World Development Indicators,WDI) 中全球各国家的三位英文字母的代码。

② 限于篇幅,我们没有列示全部年度的双边投资数据以及可视化分析图,有需要的读者可以向笔者索要。

③ Garlaschelli D.,M.I.Loffredo,"Structure and Evolution of the World Trade Network",*Physica A: Statistical Mechanics and its Applications*,Vol.355,No.1,2005,pp.138-144.

越来越高。在 2002 年的存量网络中,中国的中心度和存量大约与德国、法国等国家相当。而在 2012 年,中国的重要性几乎仅次于美国和英国。随着中国改革开放的日益加深和经济的高速增长,中国在全球化布局中的地位也在逐渐提高,一方面中国拥有世界上最多的人口和最广阔的市场空间,拥有巨大的消费潜力,吸引着全球各国企业在中国进行投资;另一方面随着我国"走出去"战略的实施和中国企业国际竞争力的不断增强,中国企业也逐渐具备了走出国门和参与全球化竞争的实力,中国企业对外直接投资在全球中的地位也逐渐增加。尽管由于数据有限本节仅能分析至 2012 年的全球投资网络数据,但从十多年来的趋势可以得出中国未来在全球投资中的地位仍然将不断增强。

(3)流入离岸金融中枢、避税岛的投资从 2002 年到 2012 年呈现显著的增长态势。自 2000 年以来,以英属维尔京群岛、开曼群岛和中国香港为代表的离岸金融中心蓬勃发展,并对全球的投资格局产生了显著影响。这一现象在 2002 年的存量中即初步有所体现,中国香港(HKG)、维尔京群岛(VGB)等地区的投资存量已初具规模;在 2012 年的投资网络分析图中则表现得更为显著,除中国香港和维尔京群岛以外,百慕大群岛(BMU)以及卢森堡(LUX)的存量以及重要性也在增强。此外,各个避税港之间的关联性也在逐渐提高,从 2012 年的存量数据来看,几个避税港之间的投资资金往来构成了全球各地之间互动的最主要部分,特别是中国香港和维尔京群岛之间的互动关系尤为活跃。以中国的视角来看,近年来与中国内地投资关系最为紧密的即中国香港地区,而中国与全球其他各国的双向直接投资也主要通过中国香港地区、维尔京群岛和百慕大群岛传递。离岸金融中心使企业的收入创造地与注册投资地分离,对各国的金融监管造成了巨大困难,并且各国与离岸金融中枢之间的巨额资本流动会对东道国国际形象乃至经济金融的正常运转存在潜在的冲击。根据本节的网络分析,离岸金融中枢在全球投资网络中的地位逐年升高,各国的监管机构以及国际组织应当对流入离岸避税岛国家的投资进行更加合理、有效、审慎的监管,预防全球性的金融风险的发生。

二、 全球投资的流量网络

本节进一步利用各国的双边流量数据计算了 2002 年、2007 年和 2012 年的包含全球 52 个主要经济体的双边投资流量网络,并对前文基于存量数据的分析进行验证和补充。①

根据双边投资流量网络图,我们也能够得到与存量网络图类似的结论:

根据 2002 年全球投资流量网络,2002 年的全球投资流量主要分布在发达国家之间,西班牙、法国、英国、荷兰等国家在投资网络中占据了中心的地位,且这些国家之间的双边投资流量都相对较高。尽管中国在 2002 年的投资总量和中心度指标均不高,处在较为边缘的位置,但已经与日本、新加坡等国家有了一定程度的网络联系,这表明中国的国际投资促进政策自加入世界贸易组织以来已经初见成效。

根据 2007 年和 2012 年的全球投资流量网络可以发现,相较于 2002 年,2007 年的全球双边投资网络出现了较为明显的变化。中国在 2007 年以来在全球网络中的地位明显上升。2012 年,全球的双向直接投资更加紧密,各节点之间的关联性也在不断加强。

本节进一步计算了全球 2002—2012 年的网络同配性(Assortativity)。复杂网络的同配性指标主要反映了这一网络中的重要性接近的指标之间的相互关联性,考察度值相近的节点是否倾向于互相连接。② 根据计算,反映全球度值指标是否互相连接的指标均为负数,表明从全球来看,总体上中心度大的节点更加倾向于连接中心度小的节点。但是从近年来的变化趋势来看,该指标逐渐增加,表明中心度大的节点全球的投资趋势可能在发生转变,未来的全球直接投资可能更多在投资大国之间开展。

本节从全球的视角出发,对 2002 年以来的国际双边投资进行了初步的描述和刻画。在下一节中我们将从中国的角度出发对这些指标进行描述。

第三节　中国双向直接投资的中心度及趋势分析

本节将视角聚焦中国,主要考察中国的投资在全球网络中的中心度及其变

---

① 限于篇幅,我们没有列示全部年度的双边投资数据以及可视化分析图,有需要的读者可以向笔者索要。

② 同配系数(Assortativity Coefficient)主要用来衡量相连节点对的关系,该系数可以视作一种特殊的皮尔森相关系数。如果系数 k 大于 0,则表明度值接近的指标之间具有良好的协同性,如果系数 k 小于 0 则表明度值差异较大之间的节点间有某种联系。通常系数-1<k<1。

化趋势。网络中心性是网络分析方法的一个重点研究领域,中心性指标也是衡量一个节点在网络中的重要程度的核心。一般而言,网络中心性用来考察网络的参与主体在网络的中枢程度以及对资源获取与控制的程度,直接反映了节点在网络中的控制能力及其中心地位。在中心度的测量方面,根据不同的加权方法以及研究问题的不同,学者们往往采用度数中心度、中间中心度、接近中心度、流度中心度等指标,这些指标都在一定程度上反映了节点在社会网络中所起的作用以及所处的地位,据此,本节分别计算了这些指标,以期望对中国在全球直接投资网络中的地位建立直观的印象。

一、 中国的双向直接投资中心度指标

表 8-1 至表 8-4 分别列示了 2002—2012 年基于全球流量或存量计算的中国中心度指标及其在全球的排名情况。从表中可以看出我国的中心度指标在近年来稳定上升,尽管各年之间的指数可能存在波动,但是总体来看仍然呈现上升趋势。观察中国各种中心度指标的排名,我们可以发现中国在全球投资网络中的排名已经从 2002 年第 10 到 20 名上升至 2012 年的前 10 名甚至是前 5 名范围之内。虽然各种指标的计算方法略有差异,但是不同的指标均能得到中国的投资在全球网络中的地位不断上升这一结论。特别地,观察中国历年来的佩奇排名(PageRank)①,我们可以发现该指标并没有随中心度指标逐年增加,部分年份反而还呈现出下降的趋势。由于该指标反映的是结合了双边投资国地位权重的中心度信息,这一指标的下降表明中国的双向直接投资更多地流向了全球投资网络中相对不重要的国家,如发展中国家,而与美国、英国之间的联系则相对不那么重要。同样反映重要性指标的网络脆弱性程度也呈现波动下降趋势同样说明了这一问题。出现这一结果的原因很可能是商务部统计的数据中大量的投资都流向了避税天堂,并通过这些离岸金融中心重新流向发达国家,而直接流向美国等发达国家的较少,这也说明我们应当对流向"避税天堂"的投资更加重视。

---

① 佩奇排名(PageRank)以 Google 的创始人拉里·佩奇(Larry Page)命名,主要反映了互联网中网页的相关关系和重要性,是网页排名的重要参考指标。本节借鉴这一指标来度量各国在投资网络中的重要性。

表 8-1　2002—2012 年中国双边投资的中心度指标（基于流量数据计算）

年份	中间中心度	接近中心度	度数中心度	本征值中心度	流入中心度	流出中心度	佩奇排名	网络脆弱程度
2002	0.001	0.381	0.460	0.065	0.420	0.040	0.066	204
2003	0.019	0.593	0.740	0.049	0.400	0.340	0.043	153
2004	0.017	0.575	0.720	0.116	0.460	0.260	0.066	162
2005	0.057	0.556	0.760	0.156	0.480	0.280	0.074	284
2006	0.010	0.551	0.653	0.334	0.429	0.224	0.045	160
2007	0.018	0.562	0.680	0.384	0.420	0.260	0.047	154
2008	0.037	0.481	0.580	0.035	0.400	0.180	0.047	163
2009	0.020	0.624	0.900	0.145	0.480	0.420	0.046	152
2010	0.034	0.658	0.980	0.405	0.460	0.520	0.042	139
2011	0.052	0.694	1.040	0.203	0.460	0.580	0.049	135
2012	0.045	0.735	1.080	0.417	0.440	0.640	0.049	129

表 8-2　2002—2012 年中国双边投资的中心度排名（基于流量数据计算）

年份	中间中心度	接近中心度	度数中心度	本征值中心度	流入中心度	流出中心度	佩奇排名	网络脆弱程度
2002	35	49	24	17	4.5	38.5	3	15
2003	14	16	13.5	19	8.5	16.5	8	39.5
2004	14	20.5	17	14	7.5	22.5	5	37.5
2005	8	16	6	6	3	11.5	4	2
2006	16	26	17.5	3	7.5	23.5	6	30
2007	12	21	15	3	6	20	5	39.5
2008	12	27	11	14	3.5	19.5	6	45
2009	10	19	13.5	15	11	19	6	45
2010	7	6.5	3.5	3	6.5	6	6	48
2011	4	2	3	6	3	2	5	49
2012	6	5	3.5	3	5.5	5	4	42

表 8-3　2002—2012 年中国双边投资的中心度指标（基于存量数据计算）

年份	中间中心度	接近中心度	度数中心度	本征值中心度	流入中心度	流出中心度	佩奇排名	网络脆弱程度
2002	0.005	0.500	0.480	0.106	0.400	0.080	0.074	204
2003	0.002	0.382	0.480	0.100	0.420	0.060	0.074	153
2004	0.006	0.521	0.540	0.092	0.400	0.140	0.065	162
2005	0.006	0.521	0.540	0.096	0.420	0.120	0.068	284
2006	0.012	0.538	0.640	0.110	0.460	0.180	0.074	160
2007	0.013	0.556	0.680	0.121	0.460	0.220	0.068	154
2008	0.014	0.562	0.720	0.167	0.480	0.240	0.066	163
2009	0.017	0.575	0.740	0.140	0.460	0.280	0.070	152
2010	0.020	0.617	0.900	0.151	0.500	0.400	0.071	139
2011	0.019	0.641	0.960	0.189	0.500	0.460	0.070	135
2012	0.023	0.676	1.020	0.199	0.500	0.520	0.068	129

表 8-4　2002—2012 年中国双边投资的中心度排名（基于存量数据计算）

年份	中间中心度	接近中心度	度数中心度	本征值中心度	流入中心度	流出中心度	佩奇排名	网络脆弱程度
2002	16	31.5	22.5	13	7	31	3	21
2003	26	41	22	13	7.5	34	3	6
2004	17	31.5	22.5	15	8.5	29.5	3	26.5
2005	20	33.5	22	14	8.5	34	3	29
2006	13	27.5	20.5	13	8	27	3	30
2007	11	27	19	13	9	27	3	29
2008	12	27	19	9	8	26	3	31
2009	11	27	20.5	14	9.5	26.5	3	39.5
2010	12	21.5	19.5	12	11	21.5	3	39
2011	12	19.5	18	10	10.5	19	3	41
2012	9	17	13	8	10.5	17	3	41

二、 中国引进外资与对外投资的趋势分析

特别地,根据我国近年来流入和流出中心度数据可以看出,我国的流入中心度整体较为稳定,并表现出小幅上升,表明中国的外商直接投资近年来较为稳定;而流出中心度近年来大幅上升,说明中国的对外直接投资增长迅速。这一现象印证了中国的双向直接投资已经逐渐实现了从"引进来"到"走出去"的转变,我国已经逐渐成为具有重大影响力的对外直接投资母国。这一转变也符合 IDP 等相关国际直接投资理论的预测。进一步从互动关系上来看,我们可以发现外商直接投资对对外直接投资有着显著的促进作用。

第四节　引进外资与对外投资互动关系

在前几节描述性分析的基础上,本节进一步建立简单的回归方程来探究引进外资与对外投资的互动关系。具体而言,本节选取 52 个国家的流入中心度(Indgree Centrality,IC)作为引进外资的代理指标,选取各国对应的流出中心度(Outdgree Centrality,OC)作为对外投资的代理指标,通过模型建立起引进外资与对外投资的互动关系,并通过对回归模型的估计得到本章所需要的结论。

由于本章使用的是时间跨度较长的动态面板数据,对外直接投与外资比例和对外直接投资指标之间可能存在较强内生性与自相关问题,使用传统的 OLS 可能会存在偏误。为了解决这一问题,本节分别采用面板固定效应、面板随机效应以及系统广义矩(GMM)的方法来对模型进行估计,以期望获得更加稳健的结果。

一、 引进投资是否促进对外投资

本节首先对引进外资是否促进了对外投资进行验证,具体而言,我们对式(8-2)进行回归估计:

$$OC_{it} = \alpha_0 + \alpha_1 IC_{it} + v_t + \varepsilon_{it} \tag{8-2}$$

详细的回归估计结果见表 8-5 和表 8-6:

表 8-5 外商直接投资对对外直接投资的影响(基于流量数据)

变量	面板固定效应	面板随机效应	差分 GMM	系统 GMM
	流出中心度	流出中心度	流出中心度	流出中心度
L.oc			−0.0330 (−0.43)	0.2571*** (3.31)
ic	0.5647*** (15.27)	0.6243*** (16.96)	0.9678*** (7.67)	1.2028*** (10.22)
N	560	560	456	508
R^2	0.315			

注:括号内为系数的 t 检验值; ***、** 和 * 分别表示1%、5%和10%的显著性水平,本章后文中的变量显著性结果和这里的表示方法相同,因此后文中不再赘述。

表 8-6 外商直接投资对对外直接投资的影响(基于存量数据)

变量	面板固定效应	面板随机效应	差分 GMM	系统 GMM
	流出中心度	流出中心度	流出中心度	流出中心度
L.oc			0.2181* (1.84)	0.7499*** (10.47)
ic	0.8225*** (25.34)	0.8603*** (26.60)	0.8190*** (5.52)	0.2853*** (2.95)
N	612	612	510	561
R^2	0.534			

表 8-5 基于流量数据的回归结果显示,反映外商直接投资的流入中心度指标(ic)显著地促进了反映对外直接投资的流出中心度指标(oc),这一结果在各种计量模型的结果下均表现稳健,即各类估计方法中 ic 的回归系数均能够通过1%的显著性检验。在考虑了自相关问题的 GMM 模型中,差分 GMM 显示一单位流入中心度的提高会预期提高流出中心度会提高 0.9678,而基于系统 GMM 的方法这一指标则更是高达 1.2028,表明引进外资对对外投资有着强烈的促进作用。

表 8-6 列示了以各国存量数据计算的流入中心度和流出中心度的回归结果,其结果与使用流量数据计算的结果较为类似,但流入中心度的系数要明显低于流量数据的系数,由于一国双向直接投资的存量数据反映了一国历史上参与国际合作的情况,双向直接投资可能会存在路径依赖,因此这一结果也与我们的预期相符。

二、 对外投资是否促进引进投资

本节接下来检验对外投资是否促进了引进外资,类似地,我们对式(8-3)进行回归估计:

$$IC_{it} = \alpha_0 + \alpha_1 OC_{it} + v_t + \varepsilon_{it} \tag{8-3}$$

详细的回归估计结果见表8-7和表8-8:

表8-7　对外直接投资对外商直接投资的影响(基于流量数据)

变量	面板固定效应 流入中心度	面板随机效应 流入中心度	差分GMM 流入中心度	系统GMM 流入中心度
L.ic			−0. 1378 ** (−2. 24)	−0. 1472 *** (−2. 80)
oc	0. 5569 *** (15. 27)	0. 5306 *** (18. 48)	0. 7300 *** (10. 77)	0. 6119 *** (15. 76)
N	560	560	456	508
R^2	0. 315			

表8-8　对外直接投资对外商直接投资的影响(基于存量数据)

变量	面板固定效应 流入中心度	面板随机效应 流入中心度	差分GMM 流入中心度	系统GMM 流入中心度
L.ic			0. 1804 (1. 54)	0. 6276 *** (9. 97)
oc	0. 6495 *** (25. 34)	0. 5918 *** (27. 00)	0. 6333 *** (4. 94)	0. 2942 *** (5. 35)
N	612	612	510	561
R^2	0. 534			

表8-7和表8-8的回归结果与表8-5和表8-6的结果非常类似,即反映对外直接投资的流出中心度指标(oc)显著地促进了反映外商直接投资的流入中心度指标(ic),这一结果在各种计量模型的结果下均表现稳健,即各类估计方法中oc的回归系数均能够通过1%的显著性检验。流量和存量的对比方面仍然是流量的系数要显著大于存量,与我们的预期相符。

进一步对比表8-7与表8-5的系数,我们发现相同估计模型中ic的系数要大于 oc 的系数,这表明引进外资对对外投资的促进作用要反过来更加明显。根据邓宁的跨国直接投资的阶段划分,一国通常会首先接受外商直接投资,之后随着国家 GDP 的不断增加和企业竞争力的增强,才会逐渐有对外直接投资的发生。本节的这些回归结果也验证的邓宁投资周期理论的正确性。

三、 格兰杰因果检验

前两部分的回归分析表明引进外资与对外直接投资之间存在非常明显且较为强烈的互动关系。为了进一步验证这一结论,本节更加关心引进外资与对外投资的因果性推断。由于本章的数据涉及 52 个国家的 12 年的面板数据,因此本节采用杜米特雷斯库和赫林(Dumitrescu 和 Hurlin,2012)[①]提出的面板格兰杰因果检验来进行实证,具体的结果见表 8-9:

表 8-9　引进外资与对外投资的格兰杰因果检验

变量	流入中心度是流出 中心度的格兰杰因果检验	流出中心度是流入 中心度的格兰杰因果检验
W-bar	2.7581	2.6750
Z-bar	8.8779	8.4584
P 值	0.0000	0.0000
Z-bar tilde	4.5717	4.3138
P 值	0.0000	0.0000

格兰杰因果检验的结果显示,ic 与 oc 互为格兰杰因果关系,这一结论再次从统计层面证明了引进外资和对外投资之间存在着显著的互动关系。

本章从全球的视角出发,用可视化的方法对全球的双边投资网络进行了描绘,并从网络中心性等多个维度对全球的双边投资网络特征进行了刻画。本章进一步使用多种指标特别考察了中国以及其他代表性国家近年来在国家投资网络中的地位。

---

① Dumitrescu E.I., C. Hurlin, "Testing for Granger Non-causality in Heterogeneous Panels", *Economic Modelling*, Vol.29, No.4, 2012, pp.1450-1460.使用由卢西亚诺·洛佩兹和西尔文·韦伯(Luciano Lopezs 和 Sylvain Weber)开发的 stata 外部包来进行面板格兰杰因果检验,具体的命令为 xtgcause。

　　研究结果表明,全球双边直接投资目前仍然以发达国家为主,但是近年来的流量数据表明中国等发展中国家以及部分避税岛国家在全球投资中的地位在逐渐提高;进一步观察中国的各种中心度指标,我们发现中国近年来的流出中心度显著提高,流出中心度整体保持稳定上升趋势,表明中国的双向直接投资已逐渐从"引进来"向"走出去"进行转变。此外,流入中心度指标和流出中心度指标的回归分析表明,从全球范围来看,引进外资和对外投资存在着显著的互动关系,且这种互动关系更多地体现在引进外资对对外投资的促进上。

第九章　引进外资对中国对外
直接投资的影响

　　中国的开放型经济已经进入引进外资和对外投资协同布局的新阶段,一个值得我们密切关注的问题便是引进外资和对外投资两者之间的影响关系。我国"十三五"规划明确提出:"将推动对外投资与国内产业发展彼此促进,'走出去'和'引进来'相辅相成,以充分利用两个市场的优势共同发展"。党的十九大报告也指出:"坚持引进来和走出去并重"。可见引进外资和对外直接投资的关系已经成为一个亟待解决的问题。遗憾的是虽然中国的外商直接投资与对外直接投资呈现相辅相成、齐头并进的趋势,但是学术界对中国外商直接投资以及中国对外直接投资的研究,却呈现一定程度的割裂。这表现为分别针对中国外商直接投资和中国对外直接投资的研究汗牛充栋,但是研究两者之间关系的文章却寥寥无几。①

　　面对中国企业蓬勃兴起的"走出去",我们是否还需要"引进来"?中国企业这种"走出去"对外投资能力的形成是否与中国一直以来大规模吸引外资有关。本章旨在利用规范的经济学方法研究中国对外资的"引进来"是否促进了中国内资企业"走出去"。本章合并了商务部《境外投资企业(机构)名录》和《中国工业企业数据库》,构建了一个包含企业详细信息和对外直接投资情况的数据集,考察外商直接投资对中国企业对外直接投资的影响。数据时间段为2004—2013 年,能够尽可能包含最新的企业对外直接投资信息。本章在考察外商直接投资对中国企业对外直接投资的影响时区分了直接影响和间接影响,并分别考

---

　　① 本章部分内容作为前期成果(阶段性成果)公开发表于:李磊、冼国明、包群:《"引进来"是否促进"走出去"?——外商投资对中国企业对外直接投资的影响》,《经济研究》2018 年第3 期。

虑了外资对内资企业的水平(行业内)溢出和垂直(行业间)溢出。结果显示:外资的水平溢出、前向溢出和后向溢出对中国内资企业的对外直接投资均产生了显著正向的影响,并且外资企业的后向溢出效应高于前向溢出效应。本章在研究过程中采用多种稳健性检验,包括删除投资到我国香港和澳门地区的样本,使用不同 TFP 估计方法,研究外资溢出对企业对外直接投资累计次数以及投资决定的影响,采用就业人数和外商资本金替代企业总产值计算外资溢出,采用"外商投资产业政策"作为外资溢出程度的工具变量,使用非线性工具变量法(NLIV)控制内生性等。研究结论均显示,不管是外资的水平溢出还是垂直溢出对企业对外直接投资的影响均显著为正,并且这一结论是稳健的。进一步细化的研究显示,外资溢出对向不同目的地以及具有不同投资动机的企业对外直接投资的影响存在差异。不管是外资水平溢出、前向溢出还是后向溢出,对企业向低收入国家或地区的投资均没有影响,对企业向中、高收入国家或地区的投资有显著正向影响。外资溢出对商贸服务型、研究开发型、垂直生产型对外直接投资的正向影响更为显著,这符合我国经济长期增长的利益诉求。最后,本章确认了外资除通过直接溢出效应促进本土企业对外直接投资外,还通过间接效应提高了企业生产率,本土企业生产率的提高使其能够跨越较高固定成本形成的进入壁垒,开展对外直接投资。

第一节　文献综述与机制分析

近年来,随着中国企业对外直接投资规模的快速增长,越来越多的研究开始关注中国企业'走出去'的动机与决定因素。研究视角大抵可分为宏观视角的影响机制(Buckley 等,2009[1]),以及微观企业视角诸如制度环境、资源寻求、企业生产率、出口以及融资约束等方面的影响机制(王永钦等,2014[2];田巍和余淼杰,2012[3];

---

[1]　Buckley P.J.,L.J.Clegg,A.R.Cross,et al.,"The Determinants of Chinese Outward Foreign Direct Investment",*Journal of International Business Studies*,Vol.40,No.2,2009,pp.353-354.

[2]　王永钦、杜巨澜、王凯:《中国对外直接投资区位选择的决定因素:制度、税负和资源禀赋》,《经济研究》2014 年第 12 期。

[3]　田巍、余淼杰:《企业生产率和企业"走出去"对外直接投资:基于企业层面数据的实证研究》,《经济学(季刊)》2012 年第 11 期。

Wei 等,2014①;王碧珺等,2015②)。早于中国企业"走出去"浪潮并与之相伴的是中国外商投资规模的持续快速增长。外商直接投资对我国经济增长、出口贸易发展以及技术进步和生产率提升等方面都起到了重要作用(姚树洁等,2016③;Bin 和 Jiangyong,2009④;Hale 和 Long ,2011⑤;Anwar 和 Sun,2014⑥;路江涌,2008⑦)。那么持续快速增长的外商投资对我国内资企业的对外直接投资是否也会产生影响?

引进外资与对外直接投资的关系近年来在国内外开始吸引一些学者的目光。基于投资发展路径理论并利用全球国家层面的面板数据,阿贝吉斯(Apergis,2009)⑧和潘文卿等(2015)⑨的研究显示出外商直接投资和对外直接投资具有显著的正向关系,东道国对外商直接投资的吸收能力越强,市场规模越大,那么越能够促进该国的对外直接投资。同时也有研究表明以合作投资方式进入的外资对东道国对外投资有正向溢出作用(Gu 和 Lu,2011⑩)。对中国相关问题的研究也开始出现,但受限于数据,相关研究文献还不多见并且结论存在矛盾之处。例如陈涛涛等(2011)⑪利用中国引进外资和对外投资的时间序列数

① Wei Y. ,N.Zheng, X. Liu, et al., "Expanding to Outward Foreign Direct Investment or Not? A Multi-dimensional Analysis of Entry Mode Transformation of Chinese Private Exporting Firms ", *International Business Review*, Vol.23, No.2, 2014, pp.356-370.

② 王碧珺、谭语嫣、余淼杰、黄益平:《融资约束是否抑制了中国民营企业对外直接投资》,《世界经济》2015 年第 12 期。

③ 姚树洁、冯根福、韦开蕾:《外商直接投资和经济增长的关系研究》,《经济研究》2006 年第 12 期。

④ Bin Xu., Jiangyong Lu., "Foreign Direct Investment, Processing Trade, and the Sophistication of China's Exports", *China Economic Review*, Vol.20, No.3, 2009, pp.0-439.

⑤ Hale G., C.Long, "Did Foreign Direct Investment Put an Upward Pressure on Wages in China?", *IMF Economic Review*, Vol.59, No.3, 2011, pp.404-430.

⑥ Anwar S., S.Sun, "Heterogeneity and Curvilinearity of FDI-related Productivity Spillovers in China's Manufacturing Sector", *Economic Modelling*, Vol.41, 2014, pp.23-32.

⑦ 路江涌:《外商直接投资对内资企业效率的影响和渠道》,《经济研究》2008 年第 6 期。

⑧ Apergis N., "Foreign Direct Investment Inward and Outward:Evidence from Panel Data, Developed and Developing Economies, and Open and Closed Economies", *The American Economist*, Vol.54, No.2, 2009, pp.21-27.

⑨ 潘文卿、陈晓、陈涛涛、顾凌骏:《吸引外资影响对外投资吗? ——基于全球层面数据的研究》,《经济学报》2015 年第 3 期。

⑩ Gu Q. , J.W.Lu, "Effects of Inward Investment on Outward Investment:The Venture Capital Industry Worldwide 1985-2007", *Journal of International Business Studies*, Vol.42, No.2, 2011, pp.263-284.

⑪ 陈涛涛、潘文卿、陈晓:《吸引外资对对外投资能力的影响研究》,《国际经济合作》2011 年第 5 期。

据的研究结果表明,外资流入并没有对中国的对外投资产生明显作用;但是陈涛涛和陈晓(2014)①利用中国产业案例的研究却发现中国汽车产业吸引外资对该行业对外投资能力的形成存在显著的积极影响。这种矛盾之处的可能原因在于时间序列数据样本量不足,所以结论可能并不稳健。姚树洁等(Yao 等,2016)②则使用中国 2003—2009 年与 172 个国家的双边投资面板数据展开研究,结论显示中国引进外资与对外直接投资之间呈现显著的正向关系,这表明中国对外直接投资至少有部分是由外商直接投资所引致。以上文献无疑为我们评价外商直接投资对中国企业对外直接投资的影响提供了经验证据。但是这些研究大多侧重于对特定行业或是国家样本进行分析。然而,跨国投资更多还是企业追求利润最大化的行为,从企业层面的分析能够获得更为直接和可信的证据。与此同时,还缺乏二者之间的理论传递机制分析,因此,我们接下来对二者之间可能存在的理论传递机制进行尝试性的归纳推理。

外商投资与对外投资之间联系的机制并没有现成理论体系,不过我们可以从投资发展路径理论和溢出效应理论对此进行研究(Dunning,1982③)。投资发展路径理论主要从宏观角度研究一个经济体从外资流入到对外投资的过程,而溢出效应理论则能够从行业和企业角度解释外商投资对其对外投资的影响。

投资发展路径理论认为一个经济体外资的流入与流出依赖于经济发展阶段。当经济体的经济发展逐渐由依赖劳动力、资源等优势发展到依赖资本、技术等优势时,该经济体的外资净流出(外资流出与外资流入之差)会经历由负转正的过程。特别是发展中国家,随着经济发展,对外直接投资类型会由劳动密集型对外直接投资向技术导向、商贸服务型对外直接投资转型。经济发展还能够改变一国要素禀赋和比较优势,促使企业开展跨国经营,而企业的对外直接投资又能反过来提升母国企业竞争力和国际经营的优势(Ozawa,1996④)。以上研究表明一国的对外投资与外资的流

---

① 陈涛涛、陈晓:《吸引外资对对外投资能力影响的机制研究——以中国汽车产业的发展为例》,《国际经济合作》2014 年第 8 期。

② Yao S.,J.Ou,P.Wang,J.Zhang,"Dynamic Relationship between China's Inward and Outward Foreign Direct investments",*China Economic Review*,Vol.40,2016,pp.54-70.

③ Dunning J.H.,*Explaining the International Direct Investment Position of Countries*;*Towards a Dynamic or Developmental Approach*,International Capital Movements,1982.

④ Ozawa T.,*The Macro-IDP,Meso-IDPs and the Technology Development Path*(*TDP*),Foreign Direct Investment and Governments:Catalysts for Economic Restructuring,1996,pp.142-173.

入密切相关。

虽然投资发展路径理论从宏观层面提出随着一国经济发展及外资流入,东道国企业能够获得跨国经营的能力,但是其并没有阐明这个过程产生的内在机制。溢出效应理论则提供了这样的一个可能的解释机制。外商投资给东道国企业带来了国际投资经验、先进技术、国际市场信息、具有国际视野的员工等。这种直接的溢出效应可以在行业内(水平)和行业间(垂直)两个维度对东道国企业产生影响。在行业内,溢出效应主要通过"示范效应"和"竞争效应"促使东道国企业对外投资。所谓"示范效应"是指,相较于东道国当地企业,跨国公司具有对外投资所需的跨国经营经验以及企业管理组织模式,这种示范效应能够降低本土企业跨国投资的经营成本和未来投资目的地国家的信息成本(Davies 等,2005[1];Rodrik,2006[2])。所谓"竞争效应"是指跨国公司对东道国企业的经营形成竞争,东道国同行业企业面临竞争压力,为了保持自身全球市场份额,也会利用对外直接投资扩大经营规模,占领新的市场,以应对相关跨国公司的竞争。外商投资带来的"示范效应"和"竞争效应"共同作用使内资企业主动或被动地参与跨国经营。

上述跨国公司对东道国企业的溢出效应主要产生于行业内,实际上溢出效应也可能发生在行业间,即发生于垂直的供应商企业之间。一方面,本地企业作为需求方或供应商进入跨国公司全球生产链,学习并改进其自身生产技术和管理方法,进而获取对外直接投资的能力(Caves,1974[3];Aitken 和 Harrison,1999[4])。另一方面,东道国企业作为跨国公司全球生产链的一部分,也会通过对外直接投资,在国外对跨国公司进行配套,进一步融入跨国公司的全球价值链。东道国企业作为全球生产网络的后来参与者,通过在东道国市场成为成熟跨国公司的供应商,获得了相关知识,提升了自身参与国际生产的能力。这种对外直接投资能力的形成通常是基于其与外国合作伙伴的供应关系,例如在

---

① Davies R.,H.Naughton,B.Blonigen,G.Waddell,"Spacey Parents:Spatial Autoregressive Patterns in Inbound FDI",*Social Science Electronic Publishing*,2005,pp.173-197.

② Rodrik D.,"What's so Special about China's Exports?",*China & World Economy*,Vol.14,No.5,2006,pp.1-19.

③ Caves R.E.,"Multinational Firms,Competition,and Productivity in Host-Country Markets",*Economica*(*New Series*),Vol.41,No.162,1974,pp.176-193.

④ Aitken B.J.,A E.Harrison,"Do Domestic Firms Benefit from Direct Foreign Investment? Evidence from Venezuela",*American Economic Review*,Vol.89,No.3,1999,pp.605-618.

其他国家设立子公司,以满足这些市场上跨国公司的需求,同时自身也成为成功的跨国企业(Hertenstein 等,2017①)。根据以上分析,外资企业通过行业内和行业间溢出,使内资企业获得跨国经营的能力,这种效应可以称为直接效应。

外商直接投资除了直接提供给内资企业对外直接投资的经验外,还通过间接渠道,即通过提升企业生产率而促使企业对外直接投资。外商投资企业通常具有更高水平的生产技术、投入更多的研发经费,从而会对东道国当地企业产生行业内的水平技术外溢和行业间的垂直技术外溢,进而提高企业的生产率(Hale 和 Long,2011②;Anwar 和 Sun,2014③;路江涌,2008④)。根据异质性企业贸易理论,进行对外直接投资的企业存在较高的固定成本,生产率最低的企业选择在国内生产和销售产品,生产率居中的企业会选择出口服务国际市场,只有行业内生产率最高的企业才可能进行对外直接投资(Helpman 等,2004⑤;Yeaple,2009⑥)。东道国企业通过水平和垂直溢出获得外资企业的技术后,提高了生产率,从而获得对外直接投资的能力。

不管是直接效应还是间接效应,有一个需要回答的问题是外商投资对企业对外直接投资的影响更多地发生在行业间还是行业内,在行业内更多的是前向溢出还是后向溢出?根据溢出效应理论,由于担心技术优势丧失以及人力资本流失,外商投资企业在东道国投资时,对位于同一行业的东道国企业存在一定防备心理,具有非常强的防止知识外溢动机(Aitken 和 Harrison,1999⑦)。相反,跨

---

① Hertenstein P., D. Sutherland, J. Anderson, "Internationalization within Networks: Exploring the Relationship Between Inward and Outward FDI in China's Auto Components Industry", *Asia Pacific Journal of Management*, Vol.34, No.1, 2017, pp.69-96.

② Hale G., C.Long, "Did Foreign Direct Investment Put an Upward Pressure on Wages in China?", *IMF Economic Review*, Vol.59, No.3, 2011, pp.404-430.

③ Anwar S., S.Sun, "Heterogeneity and Curvilinearity of FDI-related Productivity Spillovers in China's Manufacturing Sector", *Economic Modelling*, Vol.41, 2014, pp.23-32.

④ 路江涌:《外商直接投资对内资企业效率的影响和渠道》,《经济研究》2008 年第 6 期。

⑤ Helpman E., M.J.Melitz, S R.Yeaple, "Export Versus FDI With Heterogeneous Firms", *American Economic Review*, Vol.94, No.1, 2004, pp.300-316.

⑥ Yeaple S.R., "Firm Heterogeneity and the Structure of U.S.Multinational Activity", *Journal of International Economics*, Vol.78, No.2, 2009, pp.0-215.

⑦ Aitken B. J., A. E. Harrison, "Do Domestic Firms Benefit from Direct Foreign Investment? Evidence from Venezuela", *American Economic Review*, Vol.89, No.3, 1999, pp.605-618.

国公司更愿意将技术和管理经验传授给行业间的上下游企业（Kugler,2001①；Javorcik 和 Smarzynska,2004②；Gorodnichenko 等,2015③）。此外,多数学者的经验研究还发现外商投资向东道国企业的后向溢出效应较为明显（Javorcik 和 Smarzynska,2004④；Barrios 等,2011⑤；许和连等,2007⑥）。后向溢出较显著的原因是跨国公司希望能从东道国企业获得高质量中间品供给（Keller,2010⑦）。不过也有学者的研究结论发现智利生产性外商服务企业主要通过前向关联促进了制造业发展（Fernandes 和 Paunov,2012⑧）。可见,跨国公司的溢出效应更可能发生在行业间,而行业间的溢出效应更可能通过后向溢出的渠道产生。

总之,投资发展路径理论的分析发现,一国随着经济的发展,会从外资流入国转为对外投资国。我们根据溢出理论则提出"引进来"对"走出去"的影响会通过直接渠道和间接渠道产生。"引进来"对"走出去"的直接影响主要通过东道国企业获得外商投资带来的跨国投资经验及竞争与合作关系产生,这种传递既可能发生在行业内,也能发生在行业间。"引进来"对"走出去"的间接影响则体现在跨国公司带来的水平和垂直的技术溢出效应对东道国企业生产率的提升,东道国企业生产率的提升使其能够克服对外直接投资的高固定成本而"走

---

① Kugler M., *The Sectoral Diffusion of Spillovers from Foreign Direct Investment*, Southampton：University of Southampton,2011.

② Javorcik,B.Smarzynska, "Does Foreign Direct Investment Increase the Productivity of Domestic Firms? In Search of Spillovers Through Backward Linkages", *American Economic Review*, Vol.94, No.3, 2004, pp.605-627.

③ Gorodnichenko Y., J. Svejnar, K. Terrell, "Does Foreign Entry Spur Innovation?", *CEPR Discussion Paper*, No.DP10757,2015.

④ Javorcik,B.Smarzynska, "Does Foreign Direct Investment Increase the Productivity of Domestic Firms? In Search of Spillovers Through Backward Linkages", *American Economic Review*, Vol.94, No.3, 2004, pp.605-627.

⑤ Barrios S., Holger Görg, E.A.Strobl, "Spillovers Through Backward Linkages from Multinationals：Measurement Matters", *European Economic Review*, Vol.55, No.6,2011, pp.862-875.

⑥ 许和连、魏颖绮、赖明勇、王晨刚：《外商直接投资的后向链接溢出效应研究》,《管理世界》2007 年第 4 期。

⑦ Keller W., *International Trade, Foreign Direct Investment, and Technology Spillovers*, Handbook of the economics of innovation, Amsterdam：Elsevier North Holland,2010.

⑧ Fernandes A.M., C.Paunov, "Foreign Direct Investment in Services and Manufacturing Productivity：Evidence for Chile", *Journal of Development Economics*, Vol.97, No.2,2012, pp.0-321.

出去"。通过"引进来"带来的直接以及间接的溢出效应,东道国企业最终获得"走出去"的能力。

第二节　数据与计量模型

一、数据说明

本章的数据主要来源于 2004—2013 年的两个微观数据库。一个是商务部的《境外投资企业(机构)名录》(以下简称《投资名录》),该数据库提供了企业在商务部备案的对外投资基本信息。[①] 另一个是国家统计局的《中国工业企业数据库》,该数据库包括全部国有企业以及主营业务收入超过 500 万元以上的非国有企业。基于蔡宏斌和刘巧(Cai 和 Liu,2009)[②]以及田巍和余淼杰(2012)[③]的方法,本章对《中国工业企业数据库》进行如下处理:第一,剔除每年企业名称存在重复的数据;第二,剔除关键变量数值小于或等于 0 的样本;[④]第三,剔除从业人数小于 8 的样本。最后,剔除总资产小于流动资产或总固定资产的样本。除以上两个数据库,本章还使用了 2007 年和 2012 年的《中国投入产出表》。

本章还涉及上述两个微观数据库的合并。我们先将《投资名录》提供的企业对外直接投资信息,按照企业和年份加总成企业对外直接投资次数,然后利用企业名称、年份与《中国工业企业数据库》进行合并。合并后的数据需要进一步与《中国投入产出表》对应,本章将《中国投入产出表》的分类按照中国国民经济行业分类(GB 分类)二分位进行归类,然后再进行合并。

二、计量模型构建

为了研究外商投资对中国企业对外直接投资的影响,我们参考以往的文献,并结合样本数据的实际信息含量,构造了如下回归模型:

---

① 包括投资目的地,境内投资主体,境外投资企业,所在省份,经营范围以及投资核准日期。

② Cai H., Q. Liu, "Competition and Corporate Tax Avoidance: Evidence from Chinese Industrial Firms", *Economic Journal*, Vol.119, No.537, 2009, pp.764-795.

③ 田巍、余淼杰:《企业生产率和企业"走出去"对外直接投资:基于企业层面数据的实证研究》,《经济学(季刊)》2012 年第 11 期。

④ 具体包括工业总产值、工业增加值、固定资产、流动资产、实收资本。

$$ofdi_{i,t} = c + \alpha_1 fdi_{j,t} + \alpha_2 x_{i,t} + \varepsilon_{i,t} \tag{9-1}$$

式(9-1)中,下标 i 表示企业、j 表示行业、t 表示年份。$ofdi_{i,t}$ 表示内资企业对外直接投资的次数,$fdi_{j,t}$ 表示外资溢出程度,$x_{i,t}$ 代表控制变量,$\varepsilon_{i,t}$ 是误差项。模型(9-1)中主要关注的系数为 α_1,其为正说明"引进来"增加了中国企业"走出去"的概率。

为研究外商投资对中国企业对外直接投资的间接影响,即外商投资是否通过提高了内资企业的生产率促进了其对外直接投资,我们构建以下回归模型:

$$ofdi_{i,t} = c + \beta_1 fdi_{j,t} + \beta_2 fdi_{j,t} \times tfp_{i,t} + \beta_3 tfp_{i,t} + \beta_4 x_{i,t} + \varepsilon_{i,t} \tag{9-2}$$

式(9-2)中,$tfp_{i,t}$ 为企业的生产率,其他变量与模型(9-1)解释一致。模型(9-2)中引入了 $fdi_{j,t}$ 与 $tfp_{i,t}$ 的交叉项,其系数 β_2 为正说明"引进来"通过提高企业的生产率增加了中国企业"走出去"的概率。

本章在衡量企业对外直接投资时,使用了其对外直接投资的次数(如果企业没有投资,则投资次数为0)。由于商务部《投资名录》仅提供了企业每年对外直接投资在商务部备案的一些基本信息,包括企业名称、投资目的地、经营范围和日期等,而没有提供投资金额信息,因此本章只能利用这些信息计算企业的对外直接投资次数、累计次数以及企业是否投资。[1]

外商投资的溢出效应,本章参考以往文献构建以下三类溢出指标(Javorcik 和 Smarzynska,2004[2];Gorodnichenko 等,2015[3];包群等,2015[4]),分别是外商投资的水平溢出(Hor),外商投资的垂直溢出(Ver),其中垂直溢出又分为前向溢出(FL)和后向溢出(BL)。

水平溢出(Hor)的构建方式如下:

---

① 现有大部分的文献都是将《境外投资企业(机构)名录》处理成虚拟变量,研究影响企业对外直接投资决定(是否投资)的因素(葛顺奇和罗伟,2013),但是处理成虚拟变量不可避免地损失了投资数量的信息,因此我们这里主要采用投资次数的衡量方式,只是将企业的投资决定作为稳健性检验。

② Javorcik,B.Smarzynska,"Does Foreign Direct Investment Increase the Productivity of Domestic Firms? In Search of Spillovers Through Backward Linkages",*American Economic Review*,Vol.94,No.3,2004,pp.605-627.

③ Gorodnichenko Y., J. Svejnar, K. Terrell, "Does Foreign Entry Spur Innovation?", *CEPR Discussion Paper*, No.DP10757,2015.

④ 包群、叶宁华、王艳灵:《外资竞争、产业关联与中国本土企业的市场存活》,《经济研究》2015年第7期。

$$Hor\_o_{j,t} = ov_{j,t}^f / ov_{j,t} \qquad Hor\_c_{j,t} = \sum_i F\_cap_{i,j,t} / \sum_i cap_{i,j,t} \qquad (9-3)$$

式(9-3)中,$ov_{j,t}^f$表示j行业中的外资企业在t年的总产值,$ov_{j,t}$表示j行业在t年的总产值。为了分析结论的稳健性,我们还采用劳动人数和资本金计算水平溢出。其中采用劳动人数计算外资水平溢出Hor_l时,将总产值替换为劳动人数即可;用资本金计算时,由于《中国工业企业数据库》提供了每个企业的外商资本金,我们利用其计算外资企业的水平溢出(Hor_c)时,$F\_cap_{i,j,t}$表示j行业中i企业在t年的外商资本金,而$cap_{i,j,t}$表示j行业i企业在t年的实收资本总值。

前向溢出(FL)的构建方法如下:

$$FL_{j,t} = \sum_{k \neq j} input_{j,k,t} \times Hor_{k,t}, \quad 其中input_{j,k,t} = x_{j,k,t} / \sum_k x_{j,k,t} \qquad (9-4)$$

其中,$x_{j,k,t}$是投入产出表中j行业在t年向上游的k行业所购买的中间投入品,$\sum x_{j,k,t}$是投入产出表中j行业向所有上游行业购买的中间投入品的加总。因此$input_{j,k,t}$代表j行业购买的中间投入品中来自k行业的比重。本章分别利用产值、就业和资本金计算前向溢出,获得FL_o,FL_l,FL_c。

后向溢出(BL)的构建方式如下:

$$BL_{j,t} = \sum_{m \neq j} output_{j,m,t} \times Hor_{m,t}, \quad 其中output_{j,m,t} = y_{j,m,t} / \sum_m y_{j,m,t} \qquad (9-5)$$

其中,$y_{j,m,t}$是投入产出表中j行业在t年向下游的m行业提供的中间投入品,$\sum y_{j,m,t}$是投入产出表中j行业向所有下游行业提供的中间投入品的总和。因此$output_{j,m,t}$代表j行业提供给下游k行业的中间投入品占其提供的所有中间投入品的比重。本章同样利用产值、就业和资本金计算后向溢出,分别获得BL_o,BL_l,BL_c。[①] 本章利用投入产出表计算这个比重时没有将其他非工业部门包括在内。在计算2004—2009年的前向溢出和后向溢出指标时,本章采用的是国家统计局发布的2007年135个行业分类投入产出表,在计算2010—2013年的前向溢出和后向溢出指标时,本章采用的是2012年139个行业分类投入产出表。

计算外资的溢出效应时需要识别外资企业,本章参照Brandt等(2012)[②]的做法,将企业类型设定为5个虚拟变量:$soes$(取1为国有企业,反之为0),$coes$

---

① 水平溢出、前向溢出和后向溢出均为GB二分位。

② Brandt L., J. V. Biesebroeck, Y. Zhang, "Creative Accounting or Creative Destruction? Firm–level Productivity Growth in Chinese Manufacturing", *Journal of Development Economics*, Vol.97, No.2, 2012, pp.0–351.

（取 1 为集体企业，反之为 0），$private$（取 1 为私营企业，反之为 0），$hmtie$（取 1 为港澳台企业，反之为 0），$fies$（取 1 为外资企业，反之为 0）。

计量模型中的控制变量包括企业生产率（tfp）。根据异质性企业理论，企业生产率在对外直接投资中起到了重要作用。我们使用生产函数法计算企业生产率，并采用面板固定效应（FE 方法）进行估计。[1] 但面板固定效应对控制同步偏差和选择偏差的效果并不好，作为稳健性检验，我们也采用 Levinsohn 和 Petrin 的方法（LP 方法）计算了企业生产率（由于数据限制，采用 LP 方法时只能计算2004—2007 年的企业生产率）（Levinsohn 和 Petrin，2003[2]）。

参考葛顺奇和罗伟（2013）[3]、田巍和余淼杰（2012）[4]等文献，本章还选择以下控制变量。企业年龄（age），本章使用年份减去企业开业注册时间衡量。企业规模（$size$），本章以企业当年年末从业人数衡量。资本密集度（kl），本章用企业当年固定资产净值除以年末从业人数衡量。利润率（$profit$），本章用企业利润总额除以企业销售收入衡量。以上五个变量在模型中均以对数形式出现。出口（$export$），本章构造了出口的虚拟变量（企业当年有出口时为 1，否则为 0）。本章还加入代表集体企业和私营企业的虚拟变量，以控制不同所有制类型对内资企业对外直接投资的影响。[5] 考虑到不同行业可能受到不同因素的影响而对外直接投资，例如采矿业更可能向国外寻求资源，战略性新兴产业更可能向国外寻求技术。同时以上两个行业类别的企业也可能因为其战略地位受到国家"走出去"战略的支持。[6]

---

[1] 由于本章的数据时间区间为 2004—2013 年，然而 2008 年之后，《中国工业企业数据库》没有提供工业增加值和中间投入品，因此无法采用 LP 方法计算全要素生产率。我们在计算企业生产率的过程中使用了工业总产值，固定资产净值（2008 年、2009 年缺少了固定资产净值指标，我们采用固定资产合计减折旧进行替代）以及从业人数。

[2] Levinsohn J., A. Petrin, "Estimating Production Functions Using Inputs to Control for Unobservables", *Review of Economic Studies*, Vol.70, No.2, 2003, pp.317-341.

[3] 葛顺奇、罗伟：《中国制造业企业对外直接投资和母公司竞争优势》，《管理世界》2013 年第 6 期。

[4] 田巍、余淼杰：《企业生产率和企业"走出去"对外直接投资：基于企业层面数据的实证研究》，《经济学（季刊）》2012 年第 11 期。

[5] 本章研究的是外商投资对内资企业对外直接投资的影响，因此只加入了集体企业和私营企业的虚拟变量。

[6] 2011 年 9 月，商务部、国家发展改革委等部门出台《关于促进战略性新兴产业国际化发展的指导意见》。提出要利用全球创新资源，提升产业创新能力；开拓和利用国际市场，转变贸易发展方式；创新利用外资方式，促进对外投资发展。本章利用国家统计局《战略性新兴产业分类（2012）》构建该变量。

因此,模型中加入代表采矿业(*mining*)和战略性新兴产业(*strind*)的虚拟变量。考虑到进行对外直接投资企业的区域差异,本章构建了东部(*east*)、中部(*middle*)、西部(*west*)三个虚拟变量。① 最后本章加入了每一年的时间虚拟变量。②

第三节 外商投资对企业对外投资的直接影响

一、水平溢出

基于前述外商投资对企业对外投资影响的机制分析,外商投资可能通过水平溢出(行业内)和垂直溢出(行业间)影响企业的对外直接投资行为。本节首先用企业总产值计算外资的水平溢出并基于泊松(Poisson)模型估计其对企业对外直接投资次数的影响。表9-1列(1)包括外资水平溢出变量以及企业层面的控制变量,列(2)进一步加入了采矿业、战略性新兴产业、东部、中部以及时间虚拟变量,两列结果均显示外资水平溢出的系数显著为正。这同我们的理论预期是一致的,外资进入中国后,的确能够促进内资企业对外直接投资。这种促进作用的发生既有可能是因为内资企业学习到了外资的跨国投资经验,也有可能是因为外资进入中国后同内资企业产生的竞争效应。③ 列(3)计算了各变量的边际弹性,结果显示外资水平溢出每增加1%,会导致企业对外直接投资增加0.435%。以GB分类39电器机械及器材制造业为例,外资水平溢出从2009年的0.265增加到2013年的0.458,增加了72.83%,这会导致该行业企业对外直接投资次数增加31.49%。

---

① 东部地区包括北京、天津、河北、上海、江苏、浙江、福建、山东、广东和海南;中部地区包括山西、吉林、黑龙江、安徽、江西、河南、湖北、湖南、辽宁;西部地区包括四川、重庆、贵州、云南、西藏、陕西、甘肃、青海、宁夏、新疆、广西、内蒙古。
② 限于篇幅,本章没有提供变量的描述性统计,有需要的读者可以向笔者索取。
③ 企业的生产率、年龄、资本密集度、规模、出口和利润率对企业对外直接投资的影响显著为正,也与预期相符。限于篇幅,我们没有报告控制变量的结果,有需要的读者可以向笔者索取。

表 9-1 外资水平溢出(产值)对企业对外直接投资的影响

变量	（1）	（2）	（3）	（4）	（5）	（6）
Hor	3.023*** (0.152)	2.592*** (0.165)	0.435*** (0.028)	2.324*** (0.203)	2.171*** (0.415)	2.923*** (0.195)
控制变量组一	有	有	有	有	有	有
控制变量组二	无	有	有	有	有	有
时间虚拟变量	无	有	有	有	有	有
常数项	-14.502*** (0.190)	-16.885*** (0.305)		-16.661*** (0.339)	-17.019*** (0.548)	-17.962*** (0.276)
观测值	2070573	2070573	2070573	2070573	662201	2070573
Pseudo R²	0.167	0.177		0.159	0.219	0.260

注:括号中给出的是稳健标准误差。*、**、*** 代表 10%、5%、1% 的显著性水平。控制变量组一包括 *lntfp*、*lnage*、*lnkl*、*lnsize*、*export*、*lnprofit*、*coes*、*private*,控制变量组二包括 *mining*、*strind*、*east*、*middle*。下表同。

由于祖国大陆向香港和澳门地区的投资中,仍有一部分具有"制度投机"行为[1],但由于无法精确识别每个企业的投资动机,因此将那些投资到我国香港和澳门地区的样本删除后重新进行估计,结果参见表 9-1 列(4)。可见,外资水平溢出的系数仍然显著为正,这表明,外资的水平溢出对那些避税港、中国香港和澳门以外的地区的对外直接投资仍然具有显著的促进作用。我们在表 9-1 列(5)重新采用 LP 方法估计了企业 TFP,并使用 2004—2007 年数据进行计量分析。结果显示,不管是外资水平溢出还是企业 TFP 的系数均没有较明显变化,这表明 TFP 的估计方法并不会影响本节结论的稳健性。本节最后在表 9-1 列(6)估计了外资的水平溢出对企业对外直接投资累计次数的影响,结果显示外资的水平溢出对企业对外直接投资累计次数具有显著正向的影响。

以上我们研究了外商投资对企业对外直接投资次数的影响,但在关于企业对外直接投资的研究文献中,企业对外直接投资选择的问题也是一个重要的主题(葛顺奇和罗伟,2013[1];田巍和余淼杰,2012[2])。因此本节在表 9-2 列(1)进一步研究外资的水平溢出是否会影响企业的对外直接选择并使用 Probit 模型进

---

[1] 葛顺奇、罗伟:《中国制造业企业对外直接投资和母公司竞争优势》,《管理世界》2013 年第 6 期。

[2] 田巍、余淼杰:《企业生产率和企业"走出去"对外直接投资:基于企业层面数据的实证研究》,《经济学(季刊)》2012 年第 11 期。

行估计。结果显示外资的水平溢出也会影响企业的对外直接投资选择,外资的水平溢出越高,企业选择对外直接投资的概率越高。

表9-2　不同计量方法及外资溢出衡量方式(水平溢出)

变量	(1)	(2)	(3)	(4)
Hor	0.907*** (0.045)	2.432*** (0.489)	4.189*** (0.224)	6.650*** (0.481)
控制变量	有	有	有	有
时间虚拟变量	有	有	有	有
常数项	−6.436*** (0.087)	−17.299*** (0.339)	−16.980*** (0.306)	−17.010*** (0.317)
观测值	2070573	2055534	2070573	1649839
Pseudo R^2	0.159		0.179	0.176

注:列(1)使用 Probit 模型估计,列(2)使用非线性工具变量法估计,列(3)和列(4)使用 Poisson 模型估计。表9-4和表9-6同。

　　本节的研究是基于行业层面的外资水平溢出对企业对外直接投资的影响,这是一个较为宏观的因素对微观因素的回归,其双向因果关系是较弱的。① 但是由于数据限制,本节无法将所有影响企业对外直接投资的因素(例如东道国制度的因素)引入控制变量中,这可能产生遗漏变量导致的内生性。为解决可能存在的内生性问题,我们采用工具变量法解决。本节的外资溢出程度是在行业维度计算的,本节需要寻找一个工具变量,其影响行业层面外资溢出,同时其对企业对外直接投资又不会产生直接影响。具体地,本节采用一个制度变量,即商务部《外商投资产业指导目录》中对"外商投资产业政策"作为外资进入程度的工具变量。其依据在于:该指导目录显示了国家对位于不同行业外商投资的态度,其政策指导方向会作用于该行业的外商投资,进而会影响到该行业的外资溢出程度。同时出台的该指导目录针对的是外商投资企业,而非对外投资企业,因此该目录并不直接影响企业对外直接投资。本节根据《外商投资产业指导目录》构建了"外商投资产业政策"变量,设定数值0—3,分别表示"禁止""限制""允许"和"鼓励"四类,并利用 GB 编码与《中国工业企业数据库》合并。本节使

---

① 某个企业的对外直接投资不太可能对行业层面外资进入产生影响。

用非线性工具变量法(NLIV),并使用广义矩方法(GMM)估计带有内生变量的泊松模型,结果见表9-2列(2)所示。在控制了内生性之后,外资水平溢出对企业对外直接投资次数的影响仍然显著为正,这表明了本节结论的稳健性。

以上分析均采用企业总产值测度外资水平溢出。本节进一步采用就业人数和外商资本金替代企业总产值计算外资水平溢出①,结果见表9-2列(3)—列(4)。不管采用就业人数还是资本金计算外资水平溢出,其对企业对外直接投资均具有正向影响,本节的结论是比较稳健的,"引进来"通过水平溢出带来的"示范效应"和"竞争效应"促使内资企业对外直接投资。

二、 前向溢出

跨国公司进入中国后,内资企业通过与跨国公司发生交易往来,参与到跨国公司生产活动中。因此跨国公司对内资企业还可能产生垂直溢出。这种溢出效应可以通过前向关联和后向关联产生。本节首先计算了外资的前向溢出,并研究其对企业对外直接投资的影响,即上游外资企业通过向下游内资企业提供中间产品,产生的溢出效应。结果如表9-3所示。其中列(1)加入企业层面控制变量,列(2)进一步加入行业、区域与时间虚拟变量,结果显示,来自上游外资企业的前向溢出对企业对外直接投资产生了显著正向的影响。列(3)计算了外资前向溢出对企业对外直接投资次数影响的边际弹性,外资的前向溢出每增加1%,企业对外直接投资次数增加0.225%。笔者在列(4)中删除了投资到中国香港和澳门地区的样本,在列(5)重新使用LP方法估计了TFP,结果依然是稳健的。列(6)的结论则表明外资前向溢出对企业对外直接投资累计次数具有显著正向影响。

表9-3 外资前向溢出(产值)对企业对外直接投资的影响

变量	(1)	(2)	(3)	(4)	(5)	(6)
FL	1.792*** (0.150)	1.466*** (0.162)	0.225*** (0.025)	1.390*** (0.196)	1.088** (0.451)	1.619*** (0.160)
控制变量组一	有	有	有	有	有	有

① 《中国工业企业数据库》没有提供2008年、2009年外商资本金数据,因此无法计算这两年的外资溢出。

续表

变量	（1）	（2）	（3）	（4）	（5）	（6）
控制变量组二	无	有	有	有	有	有
时间虚拟变量	无	有	有	有	有	有
常数项	−14.820 *** (0.205)	−16.988 *** (0.311)		−16.783 *** (0.348)	−16.649 *** (0.548)	−18.201 *** (0.307)
观测值	2055286	2055286	2055286	2055286	662200	2055286
$Pseudo\ R^2$	0.164	0.174		0.157	0.215	0.256

本节在表9-4列（1）研究了外资前向溢出对企业对外直接投资选择的影响，结果显示外资前向溢出越大的行业，企业对外直接投资的可能性也越大。在列（2）控制了内生性之后，外资的前向溢出对企业对外直接投资的影响依然显著为正。本节在列（3）—列（4）中分别采用就业人数和外商资本金替代企业总产值计算外资的前向溢出，估计结果显示结论是较为稳健的。下游内资企业能够通过与上游外资企业的交易往来，获得对外直接投资的能力。

表9-4　不同计量方法及外资溢出衡量方式（前向溢出）

变量	（1）	（2）	（3）	（4）
FL	0.445 *** (0.043)	2.371 *** (0.482)	2.164 *** (0.212)	4.172 *** (0.477)
控制变量	有	有	有	有
时间虚拟变量	有	有	有	有
常数项	−6.482 *** (0.089)	−17.181 *** (0.335)	−16.995 *** (0.310)	−17.184 *** (0.323)
观测值	2055286	2055286	2055286	1634585
$Pseudo\ R^2$	0.156		0.174	0.176

三、 后向溢出

上游外资企业能够向下游内资企业产生溢出效应，但更多的情况是，上游内资企业向下游外资企业供应中间品，成为外资企业供应链的一环，从而获得后向溢出。本节计算了外资的后向溢出，研究其对企业对外直接投资的影响，即下游外资企业通过向上游内资企业采购中间产品，产生的溢出效应。结果如表9-5

所示。其中列(1)加入企业后向溢出变量及企业层面控制变量,列(2)进一步加入了行业、区域以及时间虚拟变量,结果显示外资后向溢出对企业对外直接投资的影响显著为正。列(3)提供了回归系数的边际弹性,外资企业的后向溢出每增加1%,内资企业对外直接投资次数增加 0.359%。同样,列(4)中删除了投资到中国香港和澳门地区的样本,列(5)中使用 LP 方法估计 TFP,结果依然稳健。列(6)的结论则表明外资后向溢出对企业对外直接投资累计次数具有显著正向影响。

表 9-5 外资后向溢出(产值)对企业对外直接投资的影响

变量	(1)	(2)	(3)	(4)	(5)	(6)
BL	3.033 *** (0.217)	2.576 *** (0.229)	0.359 *** (0.032)	2.386 *** (0.282)	2.720 *** (0.246)	2.247 *** (0.648)
控制变量组一	有	有	有	有	有	有
控制变量组二	无	有	有	有	有	有
时间虚拟变量	无	有	有	有	有	有
常数项	-14.932 *** (0.205)	-17.079 *** (0.312)		-16.860 *** (0.349)	-18.281 *** (0.306)	-16.874 *** (0.560)
观测值	2055286	2055286	2055286	2055286	2055286	662200
Pseudo R^2	0.165	0.175		0.158	0.258	0.217

与上文分析思路相似,表 9-6 列(1)研究了外资后向溢出对企业对外直接投资选择的影响,外资后向溢出越大的行业,企业对外直接投资的可能性也越大。列(2)控制了内生性,列(3)和列(4)采用就业人数和外商资本金替代企业总产值计算外资的后向溢出,估计结果均显示结论是稳健的。以上结果表明,外资的后向溢出同样促进了内资企业对外直接投资。相比前向溢出,外资企业的后向溢出效应更大。即外资企业向上游内资企业购买中间品,比外资企业向下游内资企业提供中间品,向内资企业产生了更多的技术溢出。这与多数学者对外商投资技术溢出的研究结论是一致的,因为跨国公司希望能从东道国企业获得高质量的中间品供给,因此会向上游的供应商提供更多技术溢出(Keller,2010①)。

① Keller W., *International Trade, Foreign Direct Investment, and Technology Spillovers*, Handbook of the Economics of Innovation, Amsterdam: Elsevier North Holland, 2010.

表9-6　不同计量方法及外资溢出衡量方式(后向溢出)

变量	(1)	(2)	(3)	(4)
BL	0.827*** (0.060)	6.336*** (0.724)	3.670*** (0.331)	6.554*** (0.770)
控制变量	有	有	有	有
时间虚拟变量	有	有	有	有
常数项	−6.519*** (0.089)	−17.676*** (0.359)	−17.051*** (0.311)	−17.190*** (0.325)
观测值	2055286	1962110	2055286	1634585
Pseudo R²	0.157		0.175	0.176

第四节　进一步分析及间接影响

一、不同投资目的地的影响

企业类型多样,不同企业对不同国家或地区的直接投资也具有不同的战略目的。例如,我国对高收入国家或地区的投资多为市场寻求型和技术寻求型投资;而对低收入国家或地区的投资可能主要为了寻求原材料和廉价的劳动力。由于企业针对不同目的地的投资动机存在差异,我们根据世界银行的标准将对外直接投资的目的地区分为低收入、中等收入和高收入三种,以研究外资溢出对企业不同目的地直接投资的影响。表9-7分别给出了外资水平溢出、前向溢出和后向溢出的影响。无论是哪一种溢出,对企业向低收入国家或地区的投资影响均不显著,对向中等收入和高收入国家或地区的投资均有显著正向的影响。这可能是因为向中、高收入国家或地区投资的企业比向低收入国家或地区投资的企业需要更高的企业所有权优势,因而无论是来自外资的跨国经验、技术和生产效率溢出,还是人员流动和信息溢出都对向发达国家或地区的投资更重要。

表9-7　外资水平溢出对不同目的地对外直接投资的影响

变量	(1) 低收入	(2) 中等收入	(3) 高收入
Hor	−1.473 (1.068)	1.993*** (0.392)	2.821*** (0.158)

续表

变量	（1）低收入	（2）中等收入	（3）高收入
FL	−1.056 (0.959)	1.431*** (0.338)	1.513*** (0.162)
BL	−0.277 (1.508)	2.454*** (0.510)	2.637*** (0.213)

注:表格中包括 9 个方程的结果,每一行代表一种外资溢出对不同目的地对外直接投资的影响。

二、 对不同投资动机企业的影响

企业对外直接投资的动机是非常复杂的,这可能导致外资的溢出效应对企业对外直接投资的影响是有差异的。我们将企业对外直接投资的动机分为商贸服务型对外直接投资、水平当地生产型对外直接投资、垂直当地生产型对外直接投资、研究开发型对外直接投资和资源开发型对外直接投资五类(蒋冠宏和蒋殿春,2014①;李磊等,2016②)。商贸服务型对外直接投资是为企业出口服务的,目的是扩大和开辟海外市场。企业水平当地生产型对外直接投资,将同种商品的生产扩展到国外,在东道国生产最终产品,存在转移生产的动机,一般受成本驱动的影响。企业垂直当地生产型对外直接投资将生产的不同阶段分散到不同地区,主要在东道国生产中间品并建立其全球价值链。研究开发型投资以获取先进的技术为目的,一般在发达国家或某些新兴发展中国家设立研发中心并开发新产品。资源寻求型对外直接投资则投资于油气和矿产资源丰富的国家以获得自然资源。对我国来说,资源寻求型对外直接投资承担了一定的国家战略行为,主要由国有企业进行。可见,对受成本驱动的水平当地生产型对外直接投资和受国家战略驱动的资源寻求型对外直接投资受外资溢出的影响可能较小。

水平溢出对不同投资动机类型企业对外直接投资次数的影响结果(见表9-8)表明,外资水平溢出对不同投资动机类型企业对外直接投资的影响存在差异。对垂直生产型、水平生产型、商贸服务型和研究开发型对外直接投资的影响显著为正,对资源寻求型对外直接投资的影响显著为负。而对水平生产型这种

---

① 蒋冠宏、蒋殿春:《中国企业对外直接投资的"出口效应"》,《经济研究》2014 年第 5 期。

② 李磊、白道欢、冼国明:《对外直接投资如何影响了母国就业?——基于中国微观企业数据的研究》,《经济研究》2016 年第 8 期。

将最终品生产基地转移到国外的对外直接投资影响虽然显著,但影响的程度远低于垂直生产型。外资垂直溢出对不同动机企业对外直接投资的影响与水平溢出类似,但又有一定差异。外商投资前向溢出对垂直生产型、商贸服务型和研究开发型对外直接投资的影响均显著为正,对水平生产型对外直接投资的影响不显著,对资源寻求型对外直接投资的影响显著为负。外商投资后向溢出对垂直生产型、水平生产型、商贸服务型和研究开发型对外直接投资的影响均显著为正,对资源寻求型对外直接投资的影响显著为负。根据估计结果,我们发现外商投资溢出的正向效应主要作用于商贸服务型、研究开发型、垂直生产型对外直接投资,对受成本驱动的水平生产型对外直接投资和受国家战略驱动的资源寻求型对外直接投资的影响较小。商贸服务型对外直接投资是为了促进出口,在国外建立分支机构,开辟海外市场。垂直生产型对外直接投资是中间品生产按照要素的密集度分散到不同的国家,以降低生产成本。研究开发型对外直接投资是为了开发新产品和新技术。这三种投资方式均是立足于国内生产的对外直接投资,是有利于我国经济长期增长的。可见,外资的溢出效应对不同投资动机的中国企业对外直接投资的差异性影响,符合我国经济长期增长的利益诉求。

表9-8　水平溢出对不同投资动机类型企业对外直接投资次数的影响

变量	（1）资源寻求	（2）垂直生产	（3）水平生产	（4）商贸服务	（5）研究开发
Hor	−9.985 *** (1.753)	4.541 *** (0.359)	1.101 ** (0.432)	2.911 *** (0.185)	4.487 *** (0.341)
FL	−4.253 *** (1.177)	2.884 *** (0.398)	0.029 (0.483)	1.701 *** (0.179)	2.467 *** (0.383)
BL	−3.524 ** (1.400)	4.200 *** (0.485)	1.070 (0.696)	2.797 *** (0.260)	3.738 *** (0.493)

注:表格中包括15个方程的结果,每一行代表一种外资溢出对不同投资动机对外直接投资的影响。

三、　外资溢出的间接效应对企业对外直接投资的影响

外资除了通过直接的溢出效应促进本土企业对外直接投资外,还通过提高企业的生产率间接影响企业的对外直接投资。本土企业生产率的提高使其能够克服高固定成本并对外直接投资。我们使用固定效应以及LP方法估计了企业

的生产率,并验证了企业的水平溢出、前向溢出和后向溢出对内资企业对外直接投资的间接影响。其中表 9-9 列(1)和列(2)研究了外资水平溢出的间接效应对企业对外直接投资的影响,引入外资水平溢出与企业生产率的交叉项后,外资的水平溢出项依然显著为正,但是固定效应估计的企业生产率与外资水平溢出的交叉项不显著,LP 方法估计的企业生产率与外资水平溢出的交叉项虽然显著为正,但是仅通过了 10% 的显著性检验。这表明外资水平溢出主要还是通过直接效应对企业对外直接投资发生作用。列(3)和列(4)研究了外资前向溢出的间接效应对企业对外直接投资的影响。列(5)和列(6)研究了外资后向溢出的间接效应对企业对外直接投资的影响。不管是外资前向溢出与企业生产率交叉项,还是外资后向溢出与企业生产率交叉项均是显著为正的。这表明外资的前向溢出和后向溢出还通过间接效应提升了企业的生产率,进而促进内资企业开展对外直接投资。同时,外资后向溢出的间接效应也是大于前向溢出的间接效应的。从以上分析可以看出,外资的水平溢出主要通过直接效应对企业对外直接投资发生作用,而外资的垂直溢出则能够通过间接效应对企业对外直接投资产生促进作用,这也证明我们在文献综述及机制分析中所说明的,由于外商投资企业在东道国投资时,防止技术优势损失的风险,对位于同一行业的东道国企业存在一定防备心理,反而更愿意将技术和管理经验传授给上下游的企业。特别是当东道国企业是跨国公司的供应商时,跨国公司为了获得高质量的中间品,会协助提升上游内资企业的生产率,间接促进内资企业的对外直接投资。

表 9-9　外资溢出的间接效应对企业对外直接投资的影响

变量	(1)	(2)	(3)	(4)	(5)	(6)
	水平溢出		前向溢出		后向溢出	
	FE 方法	LP 方法	FE 方法	LP 方法	FE 方法	LP 方法
$fdi \times lntfp$	0.021 (0.013)	0.132* (0.073)	0.099*** (0.018)	0.179** (0.085)	0.122*** (0.039)	0.329*** (0.101)
fdi	2.471*** (0.157)	1.346*** (0.367)	1.038*** (0.169)	0.008 (0.472)	2.078*** (0.230)	0.697 (0.435)
$lntfp$	0.246*** (0.013)	0.237*** (0.049)	0.410*** (0.025)	0.256*** (0.050)	0.352*** (0.020)	0.243*** (0.050)
控制变量	有	有	有	有	有	有
时间虚拟变量	有	有	有	有	有	有

变量	（1）	（2）	（3）	（4）	（5）	（6）
	水平溢出		前向溢出		后向溢出	
	FE 方法	LP 方法	FE 方法	LP 方法	FE 方法	LP 方法
常数项	−16.835*** (0.301)	−16.564*** (0.467)	−16.937*** (0.306)	−16.174*** (0.461)	−16.923*** (0.302)	−16.229*** (0.455)
观测值	2069895	661964	2055286	662200	2055286	662197
Pseudo R²	0.177	0.221	0.175	0.217	0.176	0.220

四、 稳健性检验

本节在研究外资溢出对企业不同目的地投资、不同动机投资的影响以及外资溢出的间接影响时也进行了一定的稳健性检验。[1] 与上文相似,采用就业人数和外商资本金替代企业总产值重新计算了外资的水平溢出、前向溢出和后向溢出,利用 LP 方法替换 FE 方法估计了企业 TFP,利用 Probit 模型研究企业投资选择的影响,利用非线性工具变量法控制内生性。对外资溢出的间接效应对企业对外直接投资的影响,我们利用了以上除非线性工具变量法以外的方法[2],还将投资到中国香港和澳门地区的样本删除,采用奥利和帕克斯(Olley 和 Pakes,1996)[3]方法估算企业生产率,结果均显示我们结论是稳健的。

在中国企业大力推进"走出去"的背景下,本章研究了中国企业"走出去"对外投资能力的形成与之前中国大规模吸引外资的关系。本章通过合并商务部《境外投资企业(机构)名录》和《中国工业企业数据库》构建了一个 2004—2013 年包含企业详细信息和对外直接投资情况的全新数据集,考察"引进来"对中国企业"走出去"的影响。结果显示:外资的水平溢出对中国内资企业的对外直接投资产生显著正向的影响。外资的水平溢出每增加1%,会导致企业对外直接投资增加 0.435%。外资企业进入中国之后,通过向上下游内资企业提供或购买中间产品,即通过前向关联和后向关联对国

---

[1] 限于篇幅,本章没有报告这些稳健性检验的结果,有兴趣的读者可以向笔者索要。

[2] 因为此处我们观测的是交叉项的系数。

[3] Olley G. S., A. Pakes, "The Dynamics of Productivity in the Telecommunications Equipment Industry", *Econometrica*, Vol.64, No.2, 1996, pp.1263−1298.

内企业产生影响。外资的前向溢出每增加1%,企业对外直接投资次数增加0.225%;外资企业的后向溢出每增加1%,企业对外直接投资次数增加0.359%;对比前向溢出和后向溢出,可以看出外资企业向上游内资企业的溢出,比外资企业向下游内资企业的溢出,更能提高内资企业对外直接投资的可能性。本章在研究过程中采用了多种稳健性检验,结果均表明,外资的溢出对企业对外直接投资的正向影响是比较稳健的。

此外,我们还发现外资溢出对企业对外直接投资的影响,会因不同投资目的地或不同投资动机而显示出差异性。不管是外资的水平溢出、前向溢出还是后向溢出,对企业向低收入国家或地区的投资均没有影响,对向中等收入以及高收入国家或地区的投资有显著正向的影响。外资溢出对商贸服务型、研究开发型、垂直生产型对外直接投资的正向影响更为明显。这三种对外直接投资均符合我国经济长期增长的利益诉求。最后,本章确认了外资既通过直接的溢出效应促进本土企业对外直接投资外,还通过提高企业的生产率间接影响了企业的对外直接投资,本土企业生产率的提高使其能够克服高固定成本并对外直接投资。

第十章　引进外资、对外投资与产业升级：基于全球价值链的视角

当前,随着全球化趋势的不断加深和全球产业格局的重大调整,发达国家高端制造回流和中低收入国家争夺中低端制造转移同时发生,对中国的产业政策构成了一定程度的挑战。中国长期处在全球价值链低端,在劳动力成本上升和国内环保标准提高的情况下,处在传统比较优势丧失、新的比较优势尚未形成的阶段。与此同时,中国的双向直接投资是经济结构转变和产业升级的重要推动力量(文东伟等,2009①)。外商直接投资的大量进入和对外直接投资的大量增长,对中国的产业结构和比较优势都产生了重要影响(江小涓,2002②)。在中国由单边引资大国转变为双向直接投资大国后,国内产业结构的升级与调整如何同时受到外商直接投资与对外直接投资的双重影响,不仅是新开放经济体系的焦点议题,也是"引进来"和"走出去"协调发展的重要内涵。特别是,中国作为全球价值链中的后发追赶国家,如何通过在全球价值链的生产活动实现"价值链升级",由此带动国内产业转型和升级,是当前中国进行国际经济合作以及制定相关政策时需要探索解决的重要战略性问题。

因此,本章将外商直接投资和对外直接投资作为一个有机整体,综合考虑其对中国产业升级和比较优势变化的作用。另外,本章将从全球化价值链视角出发,从多角度重新界定产业升级和比较优势的内涵,通过对中国近年来制造业企业的实证分析,考察企业在价值链上的位置移动、价值链中的参与度地位以及竞

---

① 文东伟、冼国明、马静:《FDI、产业结构变迁与中国的出口竞争力》,《管理世界》2009 年第 4 期。

② 江小涓:《中国出口增长与结构变化:外商投资企业的贡献》,《南开经济研究》2002 年第 2 期。

争优势变化的微观过程,进而揭示中国经济开放与国内产业变迁的联动机制。本章的结构安排如下:第一节介绍本章所使用模型方法和数据;第二节对中国双向直接投资和产业结构以及出口竞争力指标进行初步的描述性统计;第三节建立回归方程进一步验证双向直接投资对产业结构和竞争优势的影响;第四节进行机制分析,主要讨论双向直接投资对产业结构变迁的影响渠道;第五节是本章的结论。

第一节 指标构建、测度与数据来源

一、 全球价值链介绍

近二十年,全球化进程和全球信息技术(ICT)革命不断加深,全球的联系日益紧密。同时,各国政府以及各国际组织都在协调各方利益降低各种全球壁垒,例如,世界贸易组织近年来一直在积极降低全球的关税壁垒。欧盟、北美自贸区、东盟自贸区等区域性的组织在世界贸易组织的协调下纷纷出现,全球的关税水平从 1996 年的 5.14% 降至 2010 年的 3.03%。[①]

在这种背景下,胡默斯等(Hummels 等,2001)[②]首先注意到了在全球价值链分工的背景下,一国的出口价值包含了从其他国家进口的中间投入,为了测度一国出口所包含的进口中间投入或国外增加值,他们最先提出了垂直专业化分工(Vertical Specialization,VS)的概念和研究框架,从垂直专业化分工的角度分析一国在国际专业化生产分工中的地位。但该研究仅能反映一国出口中所使用的国内中间投入和进口中间投入,无法反映一国在国际生产分工中所创造的增加值。约翰逊和诺盖拉(Johnson 和 Noguera,2012)[③]改进了胡默斯等的分析框架,他们不是从中间投入的角度,而是从价值创造的角度,提出了增加值出口的概念(Value-Added Exports,VAE),从贸易的增加值含量角度分析一国在国际生产分

---

① 见 http://data.worldbank.org/data-catalog/world-development-indicators/。

② Hummels D., J. Ishii, K. M. Yi, "The Nature and Growth of Vertical Specialization in World Trade", *Journal of international Economics*, Vol.54, No.1, 2001, pp.75–96.

③ Johnson R.C., G.Noguera, "Accounting for Intermediates: Production Sharing and Trade in Value Added", *Journal of International Economics*, Vol.86, No.2, 2012, pp.224–236.

工中的地位。库夫曼等（Koopman 等，2014）[1]综合了胡默斯等和约翰逊、诺盖拉的分析框架，提出了更具有普遍性和适用性的研究方法，但其核心仍然是增加值贸易的概念。

随着研究方法和分析框架的不断完善，研究全球价值链分工的数据库也不断被开发出来。经济合作与发展组织和世界贸易组织运用胡默斯等和约翰逊、诺盖拉提供的分析框架，联合开发了增加值贸易（Trade in Value Added，TiVA）数据库，并于 2013 年 5 月发布。蒂默等（Timmer 等，2012）[2]、迪岑巴赫等（Dietzenbacher等，2013）[3]利用世界投入产出数据库项目，构建了世界投入产出表，并于 2013 年 11 月发布。以世界投入产出表为基础，蒂默等（Timmer 等，2014）[4]以一国总产出中所包含的国外增加值和国内增加值作为度量全球价值链分工的指标。

二、　数据来源与说明

本章所使用的数据主要包括用于测算基于全球价值链视角下我国产业升级的指标的数据和度量国内双向直接投资的数据等。

计算基于全球价值链的产业结构指标以及行业的出口竞争力的相关指标需要运用反映世界投入产出关系的数据。鉴于数据的时效性、连续性以及可得性的综合考量，本章最终采用了 2016 年发布的最新的版本世界投入产出表（World Input-Output Database，WIOD）数据。[5] 用该数据，我们可以清晰了解各国各行业竞争力、全球价值链的地位以及分工情况的现状以及历史变迁状况。本章所使用的全球价值链相关指标详细测算过程即方法见下一小节。

度量我国各行业的双向直接投资的数据主要来自国家统计局公布的《中国工业企业数据库》，该数据包含了全部制造业的企业层面的数据；商务部公布的

①　Koopman R.，Z.Wang，S.J.Wei，"Tracing Value-added and Double Counting in Gross Exports"，*American Economic Review*，Vol.104，No.2，2014，pp.459-494.

②　Timmer M.，A.A.Erumban，R.Gouma，et al.，"The World Input-output Database（WIOD）: Contents，Sources and Methods"，*Institue for International and Development Economics*，2012.

③　Dietzenbacher E.，Los B.，Stehrer R.，et al.，"The Construction of World Input-output Tables in the WIOD Project"，*Economic Systems Research*，Vol.25，No.1，2013，pp.71-98.

④　Timmer M.P.，A.A.Erumban，B.Los，et al.，"Slicing Up Global Value Chains"，*The Journal of Economic Perspectives*，Vol.28，No.2，2014，pp.99-118.

⑤　该数据可以在 http://www.wiod.org/下载。

《境外投资企业（机构）名录》，该数据集记录了全部中国企业对外直接投资的信息。本章首先将两数据库根据企业名称合并，然后根据我国 GB 的两分位行业以及时间进行加总，可以得到行业—时间维度的加总数据。为了实现两个数据库的合并，本章依据行业名称对以上两个数据库进行了匹配，具体的匹配结果如表 10-1 所示。

表 10-1　WIOD 行业（2016 年版）与工业企业数据库行业匹配

WIOD 行业分类	工业企业数据库中对二分位行业代码	行业中文名称
4	6 7 8 9 10 11	矿产及金属采选业
5	13 14 15 16	食品、饮料和烟草制业
6	17 18	纺织原料以及纺织制品业
7	20	木材、软木及其制品
8	22	造纸
9	23	印刷和出版业
10	25	焦炭、精炼石油及核燃料加工业
11	26 28	化学原料及制品
12	27	基础医药品和医药制剂的制造
13	29 30	橡胶及塑料制品
14	31	非金属矿物产品
15	32 33	基本金属制造业
16	34	金属制品业
17	40 41	计算机、电子产品和光学产品的制造
18	39	电力设备的制造
19	35 36	未另分类的机械和设备的制造
20	372	汽车、挂车和半挂车的制造
21	371 373—376 379	其他运输设备的制造
22	21 42	家具制造和其他制造业
24	44 45	电、煤气、蒸汽和空调的供应
25	4610	集水、水生产与水供应
26	4620 4690 43	污水处理、回收

资料来源：WIOD 数据库和中国工业企业数据库。

经过初步的行业整合和对接，本章得到了我国全部行业层面的外商直接投资和对外直接投资数据,进一步根据对接好的全球投入产出表我们可以计算基于全球价值链视角的国际分工指数地位数据以及我国外商直接投资和对外直接投资的数据。详细的指标构建将在下一小节进行介绍。

三、指标构建

随着全球化的不断加深,大量的产品已经从单一国家生产变为全球化的生产,传统贸易指标已不能有效反映一国贸易的真实情况,即"所见非所得",此时基于全球价值链视角层面度量产业升级的指标就变得更加重要。自全球价值链的理念被提出以来,有大量的学者从不同的角度对一国在全球价值链的产业地位和嵌入位置等进行了指标构建和分析,但是不同的指标之间可能会存在矛盾和分歧,因此仅仅采用单一指标度量我国在全球价值链中的分工可能存在偏误。为此,本章参考已有文献计算了多种度量全球价值链地位的指标,从全方位的视角来准确衡量我国近年来在价值链中的分工地位。

精确的指标衡量对实证分析有着至关重要的意义。本章以下简单阐述指标的构建。假设世界上存在 G 个国家,每个国家中均有 N 个行业,基于世界投入产出表的关联关系,有以下的恒等式成立:

$$X = AX + Y \tag{10-1}$$

其中,X 表示整个世界的总投入或总产出矩阵,A 为直接消耗系数矩阵,Y 为最终产品消费矩阵。将 X, A, Y 进一步展开,可以得到矩阵形式的表示,如式(10-2)所示:

$$
\begin{pmatrix} x_1 \\ x_2 \\ \vdots \\ x_G \end{pmatrix}
=
\begin{pmatrix}
A_{11} & A_{12} & \dots & A_{1G} \\
A_{21} & A_{22} & \dots & A_{2G} \\
\vdots & \vdots & \ddots & \vdots \\
A_{G1} & A_{G2} & \dots & A_{GG}
\end{pmatrix}
\begin{pmatrix} x_1 \\ x_2 \\ \vdots \\ x_G \end{pmatrix}
+
\begin{pmatrix} y_1 \\ y_2 \\ \vdots \\ y_G \end{pmatrix}
\tag{10-2}
$$

其中,A_{ij} 是描述 i 国对 j 国中间产品的投入产出关系的中间品直接消耗矩阵,即:

$$
A_{ij} =
\begin{pmatrix}
a_{ij11} & a_{ij12} & \cdots & a_{ij1N} \\
a_{ij21} & a_{ij22} & \cdots & a_{ij2N} \\
\vdots & \vdots & \ddots & \vdots \\
a_{ijN1} & a_{ijN2} & \cdots & a_{ijNN}
\end{pmatrix}
\tag{10-3}
$$

其中，a_{ijkt} 表示的是 j 国 t 行业使用 i 国 k 行业的中间产品的直接消耗系数。上述的方程实际上反映了全球的各国家之间提供和接受中间投入的均衡关系，即世界总产出等于世界中间产品需求与最终产品需求之和。将式（10-1）右端的 AX 移到左端，进一步整理，可以得到：

$$x = (I - A)y = By \qquad (10-4)$$

其中，B 为里昂惕夫（Leontif）逆矩阵，B 可以用矩阵表达为：

$$B = \begin{pmatrix} B_{11} & B_{12} & \cdots & B_{1G} \\ B_{21} & B_{22} & \cdots & B_{2G} \\ \vdots & \vdots & \ddots & \vdots \\ B_{G1} & B_{G2} & \cdots & B_{GG} \end{pmatrix}, \quad 其中 B_{ij} = \begin{pmatrix} b_{ij11} & b_{ij12} & \cdots & b_{ij1N} \\ b_{ij21} & b_{ij22} & \cdots & b_{ij2N} \\ \vdots & \vdots & \ddots & \vdots \\ b_{ijN1} & b_{ijN2} & \cdots & b_{ijNN} \end{pmatrix} \qquad (10-5)$$

式（10-5）中，B_{ij} 为 j 国对 i 国中间产品的完全消耗矩阵，b_{ijkt} 表示了 j 国 t 行业使用 i 国 k 行业的中间产品的完全消耗系数。

各国的每个行业在进行生产时会产生增加值，用 V 表示所有国家各行业的总产出的附加值份额，即增加值率矩阵，其表达形式为：

$$V = (V_1, V_2 \cdots, V_G) \qquad (10-6)$$

其中，V_i 是 i 国各行业增加值率组成的矩阵。以上是投入产出表的基本表述，在此基础上，参考已有文献，本章分别构建了以下 GVC 指标和 RCA 指标：

（1）GVC 指数。根据王直等（Wang 等，2013）[1]对出口总额的分解，基于全球价值链体系下的出口总额可以分解为国内增加值、外国增加值、国内增加返回值和重复计算值四大类。库夫曼等[2]首先对全球的双边贸易进行分解，将其分为两大类五小类，在并在此基础上提出了反映一国参与全球生产网络程度和国际分工地位的指标，即 GVC 参与指数和 GVC 地位指数，其中 GVC 参与指数（GVC_Part）为某国家的间接附加值出口与国外附加值的加总与总出口的比重。GVC 地位指数（GVC_Pos）表示一国间接附加值与出口的比值减去国外附加值与出口的比重的差异，详细的计算公式如下：

$$GVC\_Part = IV_{ir}/E_{ir} + FV_{ir}/E_{ir} \qquad (10-7)$$

---

① Wang Z., S J. Wei, K. Zhu, "Quantifying International Production Sharing at the Bilateral and Sector Levels", *NBER Working Papers*, No.19677, 2013.

② Koopman R., Z. Wang, S.J. Wei, "Tracing Value-added and Double Counting in Gross Exports", *American Economic Review*, Vol.104, No.2, 2014, pp.459-494.

$$GVC\_Pos = \ln(1 + IV_{ir}/E_{ir}) - \ln(1 + FV_{ir}/E_{ir}) \tag{10-8}$$

其中，GVC_Part 表示 r 国 i 产业参与全球生产网络的程度；IV_{ir}、FV_{ir} 和 E_{ir} 分别表示一国某行业的间接国内增加值、国外增加值和一国的总出口。指数值越大，说明一国参与全球生产网络的程度越高。如果一国总出口中的间接增加值出口高于国外增加值出口比率，则说明该国更多地为世界其他国家提供中间产品，处于全球价值链的上游环节，否则，处于下游环节。FV_r 和 IV_r 的具体计算公式如下：

$$FV_r = \sum_{s \neq r} V_s B_{sr} E_{r*} \tag{10-9}$$

$$IV_r = \sum_{s \neq t} V_r B_{rs} E_{st} \tag{10-10}$$

（2）RCA 指数。在衡量产业国际竞争力的度量指标方面，巴拉斯（Balassa，1964）[1]首先提出了显性比较优势（Revealed Comparative Advantage，RCA）。这一指标计算简便直观，也与现实经验基本相符。根据巴拉斯的定义，令 e 表示一国的总出口，i 表示行业，r 表示国家，则可以定义传统的显示比较优势（TRCA）为下式，其中，当一国某行业的 RCA 指数大于 1 时，表明该国该产业具有比较优势，即该产业具有国际竞争力；RCA 指数小于 1 时，表明该国该产业具有比较劣势。

$$TRCA_i^r = \frac{e_i^r}{\sum\limits_{i}^{n} e_i^r} \bigg/ \frac{\sum\limits_{r}^{G} e_i^r}{\sum\limits_{i}^{n} \sum\limits_{r}^{G} e_i^r} \tag{10-11}$$

巴拉斯提出的 RCA 指数得到了学者的广泛推广和应用，但是也遭到了不少人的争论和质疑，主要有以下两方面。

其一是巴拉斯的 RCA 指数的实证测量结果在分布上存在缺陷，且该指标缺乏理论基础，且与传统的李嘉图理论有所偏离（Bowen，1983[2]）。近年来，如达卢姆等（Dalum 等，1998）[3]以及普劳德曼和雷丁（Proudman 和 Redding，2000）[4]都

---

[1]　Balassa Bela., "The Purchasing Power Parity Doctrine: A Reappraisal", *Journal of Political Economy*, Vol.72, 1964, pp.584-596.

[2]　Bowen H.P., "On the Theoretical Interpretation of Indices of Trade Intensity and Revealed Comparative Advantage", *Review of World Economics*, Vol.119, No.3, 1983, pp.464-472.

[3]　Dalum B., K.Laursen, G.Villumsen, "Structural Change in OECD Export Specialisation Patterns: De-specialisation and 'Stickiness'", *International Review of Applied Economics*, Vol.12, No.3, 1998, pp.423-443.

[4]　Proudman J., S.Redding, "Evolving Patterns of International Trade", *Review of International Economics*, Vol.8, No.3, 2000, pp.373-396.

对该指标提出了改进建议,部分解决了指数分布的问题,但仍然没有给该指标找到理论基础。具体而言,传统李嘉图的比较优势理论更强调一种事前的优势,如一国生产某种商品更有效率,则会反映到出口中表现为更高的出口总量,而传统的 RCA 指数则反映的是事后的已经实现的贸易结果,是一种用结果推断原因的方法,这种方法可能会受到其他如距离、制度、需求偏好等可变因素的影响。随着贸易理论的发展,学者们也在为积极显示比较优势指数寻找理论基础。

近年来,基于这方面的改进主要基于科斯蒂诺等(Costinot 等,2012)[1]的相关研究。科斯蒂诺等设计了一个模型,将传统的贸易流进行分解,将比较优势定位在"出口国—行业"所体现的优势中来,这种比较优势是一种包含了技术、基础设施、环境等综合因素在内的一种"综合生产率",该方法剔除了"进口国—行业"和"进口国—出口"等因素的影响,因而测算的竞争力指数能够更加接近李嘉图比较优势的本质,从而更好地衡量一国的比较优势。

勒罗曼和奥雷菲斯(Leromain 和 Orefice,2014)[2]基于科斯蒂诺等的方法利用 BACI 数据测算了 1995—2010 年各国修正的 RCA 指数并将其与传统 RCA 指数进行了对比分析。其他方面,莫罗(Morrow,2010)[3]对李嘉图理论和 HO 理论进行了综合,验证了生产率技术差异与要素禀赋对比较优势均有影响。列夫琴科和张静(Levchenko 和 Zhang,2010)[4]进一步将 EK 模型拓展为多部门的李嘉图模型,同时发现比较优势随着时间的消逝在逐渐消失。

其二是在全球化生产下中间品贸易与重复计算问题(Vollrath,1991[5])。巴拉斯的理论假设时各国进行水平分工,同时一种商品的生产全部在一国内部完成,产业的边界以国家为界。进入 21 世纪以来,伴随着全球化进程的推进,学者

① Costinot A., D. Donaldson, I. Komunjer, "What Goods Do Countries Trade? A Quantitative Exploration of Ricardo's Ideas", *Review of Economic Studies*, Vol.79, No.2, 2012, pp.581–608.

② Leromain E., G. Orefice, E. Leromain, et al., "New Revealed Comparative Advantage Index: Dataset and Empirical Distribution", *International Economics*, Vol.186, No.1, 2014, pp.48–70.

③ Morrow P.M., "Ricardian–Heckscher–Ohlin Comparative Advantage: Theory and Evidence", *Ssrn Electronic Journal*, Vol.82, No.2, 2010, pp.137–151.

④ Levchenko A.A., J.Zhang, "The Evolution of Comparative Advantage: Measurement and Welfare Implications", *Working Papers*, Vol.78, 2010, pp.96–111.

⑤ Vollrath T.L., "A Theoretical Evaluation of Alternative Trade Intensity Measures of Revealed Comparative Advantage", *Review of World Economics* (*Weltwirtschaftliches Archiv*), Vol.127, No.2, 1991, pp.265–280.

们对全球价值链理论的研究也逐渐深入,这一假设在全球价值链时代已经受到了巨大的挑战,国际化分工已经成为当前时代一个重要特征(Hummels 等,2001[1])。在这种背景下,商品会多次进出一国的边界,从而带来贸易的重复计算等问题,用贸易总量来衡量国际贸易及比较优势等概念可能会存在偏误。约翰逊和诺盖拉[2]最早提出了出口增加值(VAX)的概念,同时发现出口增加值与出口总量之间的差异越来越大。王直等[3]推广了该模型并完善了基于增加值的RCA 的具体计算方法。库夫曼等[4]发展了全球价值链的理论,将出口总额进行详细分解并阐明了其中的重复计算问题,并利用 GTAP 数据测算发现在两种不同方法下计算的 RCA 可能得出完全相反的结论。王直等和库夫曼等都建议应当基于增加值来计算 RCA,本章基于全球价值链视角下的显示比较优势指数应当使用出口增加值来代替传统 RCA 中的出口值,即:

$$KRCA_i^r = \frac{vax\_f_i^{sr}}{\sum_i^n vax\_f_i^{sr}} / \frac{\sum_r^G vax\_f_i^{sr}}{\sum_i^n \sum_r^G vax\_f_i^{sr}} \qquad (10-12)$$

式(10-12)中的 vax_f_i 为前向的出口增加值。根据王直等和库夫曼等提出的全球价值链分析框架,前向的出口增加值定义为:

$$vax\_f_i^{sr} = V_i^s B^{ss} Y^{sr} + V_i^s B^{sr} Y^{rr} + V_i^s B^{sr} \sum_{t \neq s,r}^G Y^{rt} \qquad (10-13)$$

其中,Y^{sr} 为国家 s 到国家 r 最终产成品的出口,B^{sr} 为最终消费品需求矩阵,其中 $B=(I-A)^{-1}$,A 为投入产出表的中间投入品系数。V_i^s 为 s 国第 i 个行业的增加值系数,即 $V_i^s = [0, \cdots, v_i^s, \cdots, 0]$。

布拉克曼和查尔斯(Brakman 和 Charles,2015)[5]详细对比了基于增加

①　Hummels D., J. Ishii, K. M. Yi, "The Nature and Growth of Vertical Specialization in World Trade", *Journal of International Economics*, Vol.54, No.1, 2001, pp.75-96.

②　Johnson R.C., G.Noguera, "Accounting for Intermediates:Production Sharing and Trade in Value Added", *Journal of International Economics*, Vol.86, No.2, 2012, pp.224-236.

③　Wang Z., S.J.Wei, K.Zhu, "Quantifying International Production Sharing at the Bilateral and Sector Levels", *NBER Working Papers*, No.19677, 2013.

④　Koopman R., Z.Wang, S.J.Wei, "Tracing Value-added and Double Counting in Gross Exports", *American Economic Review*, Vol.104, No.2, 2014, pp.459-494.

⑤　Steven Brakman, V. M. Charles, "A Closer Look at Revealed Comparative Advantage:Gross-versus Value Added Trade Flows", *CESifo Working Paper*, No.5321, 2015.

值计算的 RCA 和基于出口总值计算的 RCA,发现两种指标测算的结果存在较大不同,并同时建议应当使用基于增加值的测算方法。实证方面,伴随着研究方法的不断进步与发展,国内许多学者也开始从实证角度测量我国的产业竞争力。李钢和刘吉超(2012)[①]、金碚等(2013)[②]都利用传统 RCA 方法计算了中国产业国际竞争力现状及演变趋势,发现近年来中国制造业产业国际竞争力有较大程度提升。戴翔(2015)[③]采用 KPWW 方法测算了中国制造业各行业的 RCA 指数,发现中国在全球制造业产业链布局中,比较优势仍集中在劳动密集型制造业领域。周大鹏(2014)[④]采用增加值贸易核算方法对我国产业国际竞争力进行了评估,发现中国产业国际竞争力整体水平不高,而且企业所有制差异会影响我国的产业国际竞争力。杨高举和黄先海(2014)[⑤]利用列夫琴科和张静[⑥]的方法对中国产业竞争力进行测度,发现中国的比较优势正从初级产业转向高技术产业。企业的对外投资数据方面,由于细分行业的投资数据难以获得,本章使用经匹配后的行业的总对外直接投资项目数来代表。

此外,在度量对外直接投资和外商直接投资水平的变量上,参照文东伟等(2009)[⑦]、钟昌标等(2015)[⑧]已有文献的做法,采用各行业的外资占比,即外商资本金占总实收资本的比例作为度量外资进入的指标。而对外直接投资则采用各行业累计的对外直接投资项目数量作为对外直接投资的代理指标。为了控制其他因素对结果的影响,参考已有文献的做法,本章还选取了以下指标作为控制变量,主要包括:行业出口密度($export$),用行业加总的总出口与总销售收入之比来衡量;行业资本密集度(kl),用行业加总的固定资产与劳动人数之比的对数来

---

① 李钢、刘吉超:《入世十年中国产业国际竞争力的实证分析》,《财贸经济》2012 年第 8 期。

② 金碚、李鹏飞、廖建辉:《中国产业国际竞争力现状及演变趋势——基于出口商品的分析》,《中国工业经济》2013 年第 5 期。

③ 戴翔:《中国制造业国际竞争力——基于贸易附加值的测算》,《中国工业经济》2015 年第 1 期。

④ 周大鹏:《中国产业国际竞争力的评估及企业所有制差异的影响研究——基于出口增加值核算方法的分析》,《世界经济研究》2014 年第 9 期。

⑤ 杨高举、黄先海:《中国会陷入比较优势陷阱吗?》,《管理世界》2014 年第 5 期。

⑥ Levchenko A.A., J.Zhang, "The Evolution of Comparative Advantage: Measurement and Welfare Implications", *Working Papers*, Vol.78, 2010, pp.96-111.

⑦ 文东伟、冼国明、马静:《FDI、产业结构变迁与中国的出口竞争力》,《管理世界》2009 年第 4 期。

⑧ 钟昌标、黄远浙、刘伟:《外资进入速度、企业异质性和企业生产率》,《世界经济》2015 年第 7 期。

衡量；行业人均产出(lfp)，用行业加总的总产出与劳动人数之比的对数来衡量；行业的平均工资($wage$)，用行业加总的工资总额与劳动人数之比衡量；行业的规模($scale$)，用行业加总的固定资产的对数来衡量。

第二节　描述性统计分析

一、现状分析

首先是对外直接投资趋势和外商直接投资的现状。从行业分布来看，我们发现中国的对外直接投资在各个行业均有分布，但是投资主要集中在几个少数行业，例如6(纺织制品业)、17(计算机、电子产品)、18(电力设备的制造)、19(未另分类的机械和设备的制造)。这些行业既有劳动密集型的传统优势行业，也有技术密集型的计算机、电力设备以及设备制造行业。外商直接投资的行业分布与对外直接投资的分布总体较为相似，在17、18行业的数量外商直接投资比例较高。进一步仔细观察，部分行业的外商直接投资和对外直接投资也存在差异，例如6(纺织制品业)的对外直接投资很高，而外商直接投资的数量较低，而8(造纸业)的外商直接投资水平较高、对外直接投资较低，这一现象可能与其行业的特征以及国家对这些行业出台的政策相关。

其次我们可以观察2013年的各行业的全球价值链指数。我们可以发现，GVC参与指数和GVC地位指数整体上呈现负相关。整体来看地位指数均为负数，表明我国的行业在全球分工中仍然主要处于价值链的下游，主要从事加工和装配环节的工序。不同行业之间的地位指数存在较大差异，例如，纺织业(行业6)的地位指数要高于其他行业，表明该行业在价值链中已经占据了较高的地位。

进一步，本章发现我国竞争力较强的行业仍然主要集中在纺织业和服装制造业等轻工业行业，高技术行业的竞争力优势不明显，服务业整体的国际竞争力较低。在各行业中，总体竞争力指数较高的是纺织业、计算机以及电力设备制造。正如裴长洪等所指出的，目前国内制造业的"高端环节和阶段"仍被发达国家垄断，我国目前所参与的是"最为劳动密集的生产环节和阶段"(裴长洪等，2011[1])。从

---

[1]　裴长洪、彭磊、郑文：《转变外贸发展方式的经验与理论分析——中国应对国际金融危机冲击的一种总结》，《中国社会科学》2011年第1期。

两种指标的对比来看,基于增加值计算 KRCA 指标分布较 KRCA 指标要更加平滑,同时部分行业的两种指标也存在一定差异。因此本章之后的实证分析中分别对两种比较优势指标进行了回归分析。①

二、 趋势分析

由于该指标涉及 14 年的 22 个行业的指标的动态变化,因此本章选取了对外直接投资和外商直接投资规模都较高的代表性的行业 17(计算机、电子产品)为代表进行分析。从变化趋势来看,我国计算机行业的价值链地位指数(GVC_Pos)呈现逐年上升的变化趋势,这表明我国的计算机行业在价值链分工中的地位正在逐渐提高,我国在该行业中已经逐渐向价值链的上游移动,并能够从中获取分配到更多的利润。而价值链参与指数(GVC_Part)则表现完全相反,整体呈现下降的趋势,特别是自 2007 年国际金融危机以来,下降的趋势逐渐加快,这一趋势直到 2013 年才有所企稳。参与指数的下降表明全球的分工更多的由国际合作转向国内生产,即所谓的价值链的破坏,这一现象也与已有文献研究结果较为一致。

从比较优势指数的变化趋势来看,计算机行业的比较优势指数近年来稳定提升,在 2013 年 TRCA 的数值达到了 2.468,表明中国的计算机行业在全球范围内具有显著的比较优势。基于价值链计算的 KRCA 指数同样呈现增长的趋势,但从绝对指标要低于 TRCA。结合前文中计算机行业的对外直接投资和外商直接投资的规模均比较高,我们可能会推测双向直接投资有助于我国的产业升级和比较优势的获取。本章在下一节中将转向更为严谨的回归分析。

本章所使用的主要变量的描述性统计如表 10-2 所示:

表 10-2 各变量描述性统计

变量名	样本量	均值	标准差	最小值	最大值
GVC_pos	308	-0.12	0.13	-0.79	-0.01
GVC_part	308	0.19	0.19	0.02	1.22
TRCA	308	1.00	0.83	0.02	3.53

① 限于篇幅,本节具体数据备索。

续表

变量名	样本量	均值	标准差	最小值	最大值
KRCA	308	1.23	0.66	0.20	3.50
FDI_ratio	308	0.16	0.10	0.00	0.47
invest	308	18.37	28.74	0.00	161.00
kl	286	4.99	0.81	3.37	7.75
lfp	286	5.92	0.78	4.28	8.25
export	286	0.14	0.14	0.00	0.65
wage	286	18.12	15.53	0.00	118.39
scale	308	19.60	1.23	14.42	22.60

第三节　回归分析

一、基准回归

1. 计量模型设定

上一节中的描述性统计分析初步阐明了国际双向直接投资对产业升级以及比较优势变化的趋势。本节将在此基础上建立回归方程进一步进行回归分析。具体的回归方程如下式：

$$GVC_{it} = \alpha_0 + \alpha_1 OFDI_{it} + \alpha_2 IFDI_{it} + \alpha_3 Control_{it} + v_i + v_t + \varepsilon_{it}$$

$$(10-14)$$

$$RCA_{it} = \alpha_0 + \alpha_1 OFDI_{it} + \alpha_2 IFDI_{it} + \alpha_3 Control_{it} + v_i + v_t + \varepsilon_{it}$$

$$(10-15)$$

其中，GVC 代表本章第一节中所分别构建的全球价值链参与指数中的地位指数、位置指数。RCA 指数为根据上文测算的两种比较优势指数。控制变量包括上节中的企业中行业出口密度，行业资本密集度，行业人均产出，行业的平均工资，行业的规模，以及行业和年份固定效应等。本节在对回归方程的估计中采用聚类标准误差的方法，可以最大限度地减少计量模型带来的误差。

2. 全球价值链指标回归结果

首先我们考察双向直接投资对全球价值链地位的影响。具体的回归结果见表10-3：

表 10-3　双向直接投资对全球价值链地位指数的影响

变量	（1） 价值链 地位指数	（2） 价值链 地位指数	（3） 价值链 地位指数	（4） 价值链 地位指数	（5） 价值链 地位指数	（6） 价值链 地位指数
FDI_ratio	−0.0631 （−0.34）	−0.0818 （−0.43）			−0.1001 （−0.60）	−0.1258 （−0.65）
OFDI			0.0009 ** （2.18）	0.0008 * （2.04）	0.0009 ** （2.18）	0.0008 * （2.03）
kl		−0.0174 （−0.65）		−0.0067 （−0.23）		−0.0110 （−0.41）
lfp		−0.0197 （−0.63）		−0.0213 （−0.69）		−0.0114 （−0.39）
export		0.1080 （1.07）		0.0833 （0.83）		0.1148 （1.16）
wage		−0.0009 （−0.95）		−0.0007 （−0.74）		−0.0007 （−0.76）
scale		−0.0038 （−0.56）		−0.0123 * （−1.74）		−0.0109 （−1.44）
常数项	−0.6015 *** （−46.70）	−0.3286 （−1.42）	−0.5898 *** （−34.96）	−0.1916 （−0.92）	−0.5914 *** （−37.13）	−0.2475 （−1.06）
年份固定效应	控制	控制	控制	控制	控制	控制
行业固定效应	控制	控制	控制	控制	控制	控制
N	308	286	308	286	308	286
R^2	0.871	0.879	0.883	0.888	0.884	0.889

注:括号内为系数的标准误差;***、**、*分别表示1%、5%、10%的显著性水平,本章后文中的变量显著性
　　结果和这里的表示方法相同,因此后文中不再赘述。

　　本节首先分别用外资比率和对外投资对价值链指标单独回归,随后加入其他的控制变量,最后将外商直接投资和对外直接投资整体对价值链地位指标进行回归。表 10-4 中的结果显示,外资比例的系数（FDI_ratio）在各回归式中均不显著,表明外资比例对我国价值链位置不会产生显著的影响。与之形成对比的是对外投资变量的系数在各个回归式中显著为正,且该正向效应的影响在对其他控制变量进行了控制以后仍然非常显著,这说明对外直接投资显著地提高了我国在全球价值链中的分工地位。综合来看,在本章的样本期间,我国的对外直接投资在促进产业升级方面发挥着更加重要的作用,表明积极推进我国企业"走出去"参与全球竞争会显著地提高我国企业在全球分工中的地

位。其他的控制变量均不显著,表明行业层面的控制变量对产业升级并无显著影响。

表 10-4 双向直接投资对全球价值链参与指数的影响

变量	（1）价值链参与指数	（2）价值链参与指数	（3）价值链参与指数	（4）价值链参与指数	（5）价值链参与指数	（6）价值链参与指数
FDI_ratio	0.0757 (0.34)	0.0931 (0.38)			0.1227 (0.63)	0.1485 (0.60)
OFDI			-0.0011^* (-1.91)	-0.0010^* (-1.80)	-0.0011^* (-1.94)	-0.0011^* (-1.82)
kl		0.0196 (0.56)		0.0065 (0.17)		0.0115 (0.32)
lfp		0.0236 (0.57)		0.0249 (0.69)		0.0133 (0.34)
export		-0.1459 (-1.02)		-0.1173 (-0.83)		-0.1544 (-1.11)
wage		0.0015 (0.92)		0.0013 (0.78)		0.0013 (0.79)
scale		0.0080 (0.78)		0.0186 (1.66)		0.0170 (1.39)
常数项	0.8816*** (45.54)	0.4770 (1.36)	0.8668*** (35.30)	0.3088 (1.01)	0.8687*** (36.02)	0.3748 (1.04)
年份固定效应	控制	控制	控制	控制	控制	控制
行业固定效应	控制	控制	控制	控制	控制	控制
N	308	286	308	286	308	286
R^2	0.867	0.874	0.876	0.881	0.877	0.882

表 10-4 列示了行业层面视角的中国的双向直接投资对全球价值链参与指数的影响。回归结果显示,我国的对外直接投资对全球价值链参与度产生了显著的负面影响,即中国的对外直接投资促进了全球价值链的破裂,将更多的全球生产转为了国内生产。这一现象的出现可能是由于中国的对外直接投资是自2007 年以来开始快速增长,此期间正好爆发国际金融危机,因此导致产生了对外直接投资对价值链参与的负向冲击。

3. 比较优势指数回归结果

表 10-5 和表 10-6 列示了双向直接投资对比较优势指数的影响。从表

10-5 的列(1)、列(2)、列(5)中可以看出,外商直接投资比率的系数均为正数,这一结果与已有文献的研究结论较为类似。但是随着我们加入更多的控制变量,外商直接投资比率的显著性水平逐渐下降。这表明外商直接投资对我国产业升级的作用更多的可能通过其他的机制进行传递,其直接影响较为有限。而反观对外直接投资的影响均显著为正,表明我国的对外直接投资显著地促进了我国比较优势的获取以及产业升级。表 10-6 中基于增加值计算的比较优势与传统的比较优势较为类似。综合的结果表明,我国的对外直接投资显著地促进了相关行业的比较优势的提升。

表 10-5　双向直接投资对传统比较优势指数(TRCA)的影响

变量	(1) TRCA 指数	(2) TRCA 指数	(3) TRCA 指数	(4) TRCA 指数	(5) TRCA 指数	(6) TRCA 指数
FDI_ratio	0.7364 (1.42)	0.1791 (0.21)			0.5800 (1.20)	−0.0348 (−0.04)
OFDI			0.0039** (2.76)	0.0040*** (3.08)	0.0037** (2.79)	0.0041*** (3.24)
kl		−0.0340 (−0.22)		−0.0016 (−0.01)		−0.0027 (−0.02)
lfp		0.0983 (0.46)		0.1356 (0.89)		0.1384 (0.68)
export		0.5772 (1.51)		0.6014* (1.89)		0.6101 (1.60)
wage		−0.0025 (−1.06)		−0.0019 (−0.81)		−0.0019 (−0.79)
scale		0.0110 (0.28)		−0.0239 (−0.70)		−0.0235 (−0.59)
常数项	0.1801** (2.38)	−0.3143 (−0.21)	0.2142*** (2.94)	0.0957 (0.08)	0.2231*** (2.94)	0.0803 (0.05)
年份固定效应	控制	控制	控制	控制	控制	控制
行业固定效应	控制	控制	控制	控制	控制	控制
N	308	286	308	286	308	286
R^2	0.942	0.944	0.947	0.950	0.948	0.950

表 10-6　双向直接投资对基于增加值计算的比较优势指数（KRCA）的影响

变量	（1）KRCA指数	（2）KRCA指数	（3）KRCA指数	（4）KRCA指数	（5）KRCA指数	（6）KRCA指数
FDI_ratio	0.0434 (0.10)	−0.4715 (−0.68)			−0.0531 (−0.12)	−0.5868 (−0.81)
invest			0.0023** (2.19)	0.0021* (2.03)	0.0023** (2.24)	0.0022** (2.41)
Kl		−0.0638 (−0.46)		−0.0271 (−0.20)		−0.0470 (−0.34)
Lfp		0.1147 (0.79)		0.0902 (0.85)		0.1363 (0.98)
export		0.5394 (1.31)		0.4103 (1.11)		0.5572 (1.34)
wage		−0.0040*** (−2.87)		−0.0036** (−2.61)		−0.0037** (−2.67)
scale		−0.0082 (−0.25)		−0.0332 (−0.95)		−0.0268 (−0.77)
常数项	0.6749*** (11.55)	0.6658 (0.65)	0.7022*** (12.59)	1.1391 (1.24)	0.7014*** (11.82)	0.8785 (0.86)
年份固定效应	控制	控制	控制	控制	控制	控制
行业固定效应	控制	控制	控制	控制	控制	控制
N	308	286	308	286	308	286
R^2	0.941	0.946	0.944	0.948	0.944	0.948

二、 扩展分析：其他价值链指标以及不同类型对外直接投资的影响

1. 不同类型对外直接投资的影响

本节将我国的对外直接投资分为贸易服务、当地生产加工、技术研发和矿产资源获取四种，并分别按照各类型的对外直接投资进行加总。在回归中按照类型进行加总，并进行类似前文的回归分析，得到的回归结果见表10-7。

表 10-7　不同类型对外直接投资的影响

变量	(1)	(2)	(3)	(4)	(5)	(6)	(7)	(8)
	价值链地位指数				TRCA 指数			
	贸易服务	当地生产	技术研发	矿产资源	贸易服务	当地生产	技术研发	矿产资源
FDI_ratio	−0.1360 (−0.71)	−0.0909 (−0.48)	−0.1116 (−0.57)	−0.1030 (−0.62)	−0.0691 (−0.08)	0.1364 (0.16)	−0.0119 (−0.01)	0.0982 (0.11)
invest	0.0012** (2.19)	0.0028 (1.64)	0.0028* (1.77)	−0.0054 (−0.57)	0.0057*** (3.22)	0.0130 (1.71)	0.0181*** (3.03)	−0.0208 (−1.40)
kl	−0.0113 (−0.43)	−0.0074 (−0.28)	−0.0197 (−0.73)	−0.0176 (−0.67)	−0.0059 (−0.04)	0.0129 (0.09)	−0.0490 (−0.31)	−0.0347 (−0.22)
lfp	−0.0090 (−0.31)	−0.0184 (−0.62)	−0.0134 (−0.43)	−0.0133 (−0.47)	0.1471 (0.71)	0.1043 (0.50)	0.1383 (0.69)	0.1226 (0.55)
export	0.1158 (1.16)	0.1378 (1.42)	0.0865 (0.84)	0.1093 (1.59)	0.6129 (1.07)	0.7175* (1.96)	0.4393 (1.07)	0.5823 (1.53)
wage	−0.0008 (−0.80)	−0.0006 (−0.69)	−0.0008 (−0.87)	−0.0007 (−1.12)	−0.0021 (−0.89)	−0.0013 (−0.59)	−0.0023 (−0.96)	−0.0019 (−0.84)
scale	−0.0104 (−1.40)	−0.0089 (−1.14)	−0.0068 (−0.98)	−0.0022 (−0.39)	−0.0194 (−0.50)	−0.0130 (−0.33)	−0.0081 (−0.20)	0.0171 (0.43)
常数项	−0.2648 (−1.16)	−0.2751 (−1.12)	−0.2827 (−1.20)	−0.3823** (−2.47)	−0.0217 (−0.02)	−0.0626 (−0.04)	−0.0196 (−0.01)	−0.5198 (−0.33)
年份固定效应	控制	控制	控制	控制	控制	控制	控制	控制
行业固定效应	控制	控制	控制	控制	控制	控制	控制	控制
N	286	286	286	286	286	286	286	286
R^2	0.890	0.885	0.883	0.880	0.950	0.947	0.948	0.945

　　整体的回归结果与本节的基准分析较为一致,外商直接投资的整体效应不显著,表明其对产业升级和比较优势并无显著作用。特别地,本节主要关注不同类型的对外直接投资对产业升级的影响。根据表 10-7 中的结果,贸易服务型以及研发型的对外直接投资对产业升级以及比较优势获取有着显著的促进作用。当地生产型对外直接投资的符号为正,但是显著性较差。而矿产资源类型对外直接投资的符号则为负数。由于矿产资源类型的对外直接投资大多处于战略目的,且进行对外直接投资的大多为国有企业,因此从短期看对外直接投资对产业升级的作用不明显。技术研发型的系数在四类投资中最大,也表明其研发类的对外直接投资对我国的产业升级起到了至关重要的作用。

2.其他的价值链测算指标

本章主要试图探究双向直接投资对我国产业升级以及产业竞争力的促进作用,这其中涉及对我国产业升级指标的评价。传统研究中国产业升级的指标主要通过中国三大产业的比重来度量,而近年来,随着学者们对全球价值链研究的日益深入,学者们也进一步开发了其他大量的指标进行全球价值链位置的测度,例如,刘斌等(2015)[①]主要考察中间出口品的国内增加值率(GVC_INT),该指标的具体含义为国内增加值出口中来源于第三国的中间品出口的部分(DVA_INT_REX)与来源于直接进口国的部分(DVA_INT)之比。如果该指标越大,说明该国某行业更多地从事中间品的出口,而不是最终产品的简单组装,因此这个行业的全球价值链的位置也就越高。具体的,DVA_INT_REX 和 DVA_INT 的计算公式如下:

$$DVA\_INT^{sr} = (V^s L^{ss})^T \#(A^{sr} B^{rr} Y^{rr}) \tag{10-16}$$

$$DVA\_INT\_REX^{sr} = (V^s L^{ss}) T \#(A^{sr} \sum_{t \neq s,r}^{G} B^{rt} Y^{tt}) + (V^s L^{ss}) T \#(A^{sr} B^{rr} \sum_{t \neq s,r}^{G} Y^{rt})$$

$$+ (V^s L^{ss}) T \#(A^{sr} \sum_{t \neq s,r}^{G} \sum_{u \neq s,t}^{G} B^{rt} Y^{tu}) \tag{10-17}$$

此外,安特拉斯等(Antràs 等,2012)[②]提出的生产步长来度量全球价值链的分工地位。根据他的思想,全球价值链的地位可以通过该行业的产品到最终消费产品之间的加权平均距离来计算,具体的计算公式如下:

$$GVC\_Length = \frac{(I-A)^{-2} Y}{(I-A)^{-1} Y} \tag{10-18}$$

回归结果如表 10-8 所示,以中间出口品度量的价值链指标 GVC_INT 与基准回归结果较为接近,外商直接投资比率的系数不显著,对外直接投资的系数为正数,即同样表明对外直接投资对我国产业升级的促进作用更加明显。而从 GVC_Length 角度来度量的结果则恰好相反,表明对外直接投资缩短了全球价值链的长度,这与本章描述性分析中对外投资造成了全球价值链的解体的结论一致。整体来看,各核心变量的显著性水平都不高,表明双向直接投资对这些指标的影响较为有限。由于全球价值链的指标都从不同的侧面度量了

---

① 刘斌、王杰、魏倩:《对外直接投资与价值链参与:分工地位与升级模式》,《数量经济技术经济研究》2015 年第 12 期。

② Antràs P., D. Chor, T. Fally, et al., "Measuring the Upstreamness of Production and Trade Flows", *American Economic Review*, Vol.102, No.3, 2012, pp.412-416.

我国产业升级的情况,然而这些指标的内在含义仍然存在一定的模糊性,各指标之间甚至可能存在冲突,对产业升级的准确定义仍然需要进一步的研究和探索。

表 10-8 不同价值链指标的回归结果

变量	（1）价值链指数（中间品出口度量）	（2）价值链指数（中间品出口度量）	（3）价值链指数（产品间距离度量）	（4）价值链指数（产品间距离度量）
FDI_ratio	−0.1850 (−1.16)	−0.0446 (−0.37)	0.1360 (0.20)	0.1537 (0.25)
invest	0.0008 (1.43)	0.0008 (1.51)	−0.0003 (−0.23)	−0.0002 (−0.22)
kl		0.0671** (2.52)		−0.0950 (−1.29)
lfp		0.0474 (1.29)		0.1713* (2.07)
export		0.0919 (0.50)		−0.3829* (−2.05)
wage		−0.0011** (−2.29)		−0.0011 (−0.69)
scale		0.0073 (0.61)		−0.0051 (−0.23)
常数项	0.5717*** (55.26)	−0.1139 (−0.30)	3.3090*** (82.40)	3.1119*** (4.31)
年份固定效应	控制	控制	控制	控制
行业固定效应	控制	控制	控制	控制
N	308	286	308	286
R^2	0.953	0.961	0.916	0.926

三、 稳健性分析

由于全球的经济受到 2007 年国际金融危机的冲击,全球价值系统可能存在一定重构,各国的比较优势在国际金融危机以后也发生了较大变化,同时也对各国的外商直接投资和对外直接投资造成了较大冲击。因此,为了得到更加稳健的结论,本节以 2007 年为时间节点,将样本分成两部分,分别对各子样本进行回归,结果如表 10-9 所示:

表 10-9 外商直接投资和对外直接投资对比较优势的影响

变量	国际金融危机前		国际金融危机后	
	价值链地位指数	TRCA 指数	价值链地位指数	TRCA 指数
FDI_ratio	−0.0780 （−0.87）	−0.1535 （−0.30）	0.0969 （1.04）	−0.1877 （−0.32）
invest	0.0011 * （2.02）	0.0094 *** （3.70）	0.0004 * （1.85）	−0.0014 （−1.33）
控制变量	是	是	是	是
常数项	−0.5107 ** （−2.44）	0.3488 （0.57）	−0.6047 *** （−5.97）	−1.3795 （−1.18）
N	154	154	132	132

回归结果表明，国际金融危机前的外商直接投资与对外直接投资的效应与本章基准回归保持一致。国际金融危机之后的样本中，对外直接投资对全球价值链地位的影响仍然显著，但对比较优势的提升则已经由正数变为负数。这表明国际金融危机以来，我国传统提升比较优势的渠道及其效应正在变弱，我国亟待寻找到新的获取比较优势的途径。

第四节 机制分析

本节主要从理论层面分析双向直接投资促进我国产业升级和获取比较优势的机制。根据本章的实证分析结果，在同时考虑外商直接投资和对外直接投资对产业结构的升级作用之后，发现对外直接投资对产业结构升级具有显著正向影响，对外直接投资提高了行业在价值链中的地位，提高了行业的比较优势；与此同时，在控制了其他变量可能产生的影响后，外商直接投资对产业升级的影响变得不显著。因此，我们更关心对外直接投资对提升行业竞争优势，从而促进产业结构升级的作用机制。本节试图通过优势发挥、优势获取和优势互补的角度加以分析。

首先，对外直接投资行为能够促使原本具有比较优势的产业更好发挥其优势，从而促进其蓬勃发展，促进了产业按照比较优势升级扩张，这一过程也就是优势发挥的过程；其次，对外直接投资能够帮助那些处于成长期的行业更加迅速地获取重要资源，成为新的主导产业和支柱产业，从而实现产业的更新换代，这一过程也就是优势获取的过程；最后，对外直接投资也是有一个优势互补的过程,能够促进本国资源和国外资源的整合,从而遵循国家产业变化的规律,更好地实现产业的升级和扩张。

一、 OFDI 促进产业升级的优势发挥渠道

传统的对外直接投资理论认为只有发达国家的对外直接投资才是优势发挥的过程,发展中国家的企业则不具备优势。本章认为发展中国家的企业仍然具备竞争优势,因此依然可以通过对外直接投资实现优势产业的扩张,从而促使产业升级按照技术和经济发展的规律演进。这种优势主要体现在以下方面:

1. 成本优势

经典的国际经济学认为企业的比较优势有两个来源,一是技术差异(李嘉图模型),二是资源禀赋差异(H-O 模型)。上述对企业竞争优势的论述,强调的主要是技术差异,然而资源禀赋差异带来的成本优势也构成了重要竞争优势,中国企业正是依靠着低廉的劳动力成为世界制造业的中心,即使和发达国家企业相比,中国企业不具有基于技术上的比较优势,也具有基于成本上的比较优势,这依然可以构成其在全球领域充分发挥其比较优势,从而进行对外直接投资行为的前提(Wells,1983[①];Zeng 和 Williamson,2003[②])。中国企业通过成本优势与对外直接投资获得的其他资源进行合理的对接,从而达成优势互补,更好地发挥其比较优势。

考虑到国有企业占据了"走出去"企业的相当大比例,我国企业还具有融资成本较低的成本优势。对外投资行为需要巨额的资金支持,这些资金是仅仅依靠内源融资所无法达到的,因此对外直接投资行为能否发生的关键,在于企业通过金融市场融资的能力,融资约束成为制约企业对外直接投资行为的重要因素。中国国有企业的一大优势在于其强大的融资能力,我国的银行业为主导的金融系统是偏向于国有企业的,政府也会因为产业政策给予国有企业财政支持,国有本身就具有庞大的规模和资金,再加上低廉的融资成本,这构成了他们进行对外直接投资的成本优势。

---

① Wells L.T.,*Third Word Multinationals—The Rise of Foreign Investment from Emerging Countries*,Cambridge,MIT Press,1983.

② Zeng M.,P.Williamson,"The Hidden Dragons",*Harvard Business Review*,Vol.81,No.10,2003,p.92.

2. 政策优势

和其他发达市场经济国家不同，中国政府可以通过产业政策对经济进行直接干预，扶持优势产业和支柱产业，鼓励企业的出口和对外投资行为，并进行相应的政策支持，这构成了中国企业对外直接投资的政策优势。中国政府有清晰的企业国际化战略和强大的执行能力，使它可以通过一系列的行政行为和财政行为，鼓励一批强大的民营企业进行对外投资，参与国际竞争，从而提升本国企业的竞争能力。加入世界贸易组织和实施"走出去"战略是中国国际化战略的两个里程碑式的事件，这都大大提高了中国企业对外投资的规模。

中国的国际化战略，是"引进来"和"走出去"相结合的，不但鼓励国内具有竞争能力的企业积极进行对外投资，还鼓励国外具有竞争能力的企业在华投资，国外企业的在华投资行为，也为中国企业的"走出去"提供了鼓励和刺激的作用。一方面，国外企业的在华投资，使先进的技术和管理手段外溢到国内企业当中，构成了他们的竞争优势，国外企业的在华投资，还帮助国内企业理解国际化经营，提升他们的国际化经验，了解国外的市场需求和政策法规，有利于他们更加有效地进行对外投资；另一方面，国外企业的在华投资对国内企业构成了竞争威胁，由于国外企业通常具有更强的竞争能力，这迫使国内企业开拓新的市场以规避竞争，或者具有更大的激励获取新资源，提升自身的竞争能力，从而对国内企业对外投资具有刺激作用。因此，不但"走出去"战略构成了中国企业对外投资的政策优势，"引进来"战略也是某种意义上的政策优势。

由于我国的产业政策的目的在于引导实现产业结构的升级，提升产业竞争力，遵循产业政策升级路线的政策倾斜促进了相应行业的"走出去"，使这些行业更具有对外直接投资的优势，而这些行业的对外直接投资又反过来促进了行业的升级，从而实现了我国产业政策的目标，因此政策优势也构成对外直接投资促进产业升级的机制来源。

3. 相对于其他发展中国家的优势

中国企业的对外投资行为，不但包括了对发达国家的对外投资，也包括了对发展中国家的对外投资，尤其是资源获取型的对外投资。而相对于发展中国家企业而言，中国企业是具有竞争优势的，因此当然也可以通过并购进行优势发挥。我国是一个中等收入的发展中国家，但同时也是一个经济大国，经济总量位居世界第二，近年来，随着我国改革开放政策的推进，我国企业积极发挥比较优势,参与国际贸易,产品附加值和技术水平有了长足的进步,我国政府对教育和研发投入的支持,也构成了我国企业竞争力提升的人力资本支持,相对于其他发展中国家,中国企业还享受着更加成熟的市场体制,更加健全的法律环境和契约环境,这些都构成了它们相对于其他发展中国家企业的竞争优势。

我们可以通过邓宁的"国际生产折衷理论"来解释中国企业对其他发展中国家的并购行为,从所有权优势上看,我国企业相对于其他发展中国家企业具有更大的竞争优势,这构成了我国企业对外直接投资的前提;从内部化优势上看,我国之所以不采取贸易等其他手段,而采取对外投资这一措施,是因为交易成本和市场的不完全,这对法律契约制度和市场体系不健全的发展中国家来说更加关键,因此只有通过企业内部的资源配置才能达到更有效的生产;从区位优势上看,我国企业对发展中国家的对外投资行为,主要锚定了它们丰富的自然资源和市场,这构成了对外投资行为的区位优势。

小岛清在总结了日本企业对外投资的规律和其与美国企业对外投资的差异之后,提出"边际产业扩张理论",认为对外直接投资往往发生在那些正在丧失比较优势的行业。根据边际产业扩张理论,当一个行业具有比较优势时,可以采取贸易的手段进行国际化经营,而随着比较优势的丧失,贸易的利得也在下降,此时就需要采取对外直接投资,去其他国家寻找新的比较优势,因此,对外投资往往发生在那些丧失了比较优势的国家和正在拥有该比较优势的国家之间。这种理论解释了日本以及东亚诸国之间的投资行为,也对我国现阶段的对外投资,尤其是对其他发展中国家的对外投资具有很强的解释力。因此对外投资构成了产业转移和产业结构升级的重要动力,能够让企业参与全球的产业变化之中,实现与其他国家的互利共赢。

二、 对外直接投资促进产业升级的优势获取渠道

上文分析了本身具有竞争优势的行业通过对外投资发挥其已有优势的作用机理,然而以中国为代表的新兴经济体进行对外投资的最为重要的原因,是通过对外投资获取其所没有的竞争优势,从而迅速成长,实现新兴产业的升级和经济的转型。企业通过对外投资进行优势获取主要体现在以下方面。

1. 效率提高

效率提高首先体现在对外投资所带来的逆向技术溢出上。同样作为一种国

家化经营活动,对外投资也和出口一样可以带来逆向的技术溢出。通过对外直接投资带来的逆向技术溢出效应,已经得到了大量实证研究的证明。如布兰斯特(Branstetter,2000)①发现对美国进行了对外直接投资的企业,其专利申请数量要大于没有进行对外直接投资的企业,波特雷和利希滕贝格(Potterie 和 Lichtenberg,2001)②发现对外直接投资可以提升本国的技术进步。国内研究方面,赵伟等(2006)③发现对外直接投资对我国生产率的促进作用,常玉春(2011)④发现企业境外的资本对企业技术创新具有促进作用,蒋冠宏和蒋殿春(2014)⑤通过企业层面的微观数据,发现对外直接投资可以显著提高进行对外投资企业的生产率水平。

效率提高其次体现在对外投资可以使企业获得专利和商标等不可转移资源。专利不但可以使企业获得关键技术,直接提高企业的生产率,还可以以此带动企业的研发,使企业在关键专利的基础之上进行次级创新,商标能够直接带给企业相应的声誉和市场影响力,这些资源都对提升企业的竞争力具有重要作用,然而依靠企业的自身成长,需要一个相当漫长的过场,对外直接投资,尤其是跨国并购,则提供了迅速获得上述资源的可能性。由于专利和商标的特殊性,很难进行契约化,通过转让协议等方式获得,并没有通过兼并相关企业获得更有效率,而发达国家经过反复的试错和投资所形成的专利和商标,发展中国家企业可以通过相对低廉的方式购得,避免了二次创作,是其发挥"后发优势",赶超发达国家竞争对手的关键。

效率提高最后体现在市场开拓和寻求上。通过对外投资加强国际化经营的一个直接好处,是挣脱了国内市场的约束,国际化经营不但可以规避在国内已经白热化的竞争,还因为市场扩大而直接带来了销售量和利润的提高。对外直接

①　Branstetter L.,"Is Foreign Direct Investment a Channel of Knowledge Spillovers? Evidence from Japan's FDI in the United States",*NBER Working Papers*,No.8015,2000,pp.23-35.

②　Potterie B.V.P.D.,F.Lichtenberg,"Does Foreign Direct Investment Transfer Technology across Borders?",*Review of Economics & Statistics*,Vol.83,No.3,2001,pp.490-497.

③　赵伟、古广东、何元庆:《外向 FDI 与中国技术进步:机理分析与尝试性实证》,《管理世界》2006 年第 7 期。

④　常玉春:《我国对外直接投资的逆向技术外溢——以国有大型企业为例的实证》,《经济管理》2011 年第 1 期。

⑤　蒋冠宏、蒋殿春:《中国工业企业对外直接投资与企业生产率进步》,《世界经济》2014 年第 9 期。

投资的市场寻求动机,在传统的"近邻集中"模型中,被看作对贸易的替代,因为对外直接投资节约了贸易成本,而带来了进入成本,随着研究的深化,学者们认为对外直接投资也可以带来对贸易的促进,从而进一步提升了企业的竞争力。考虑到当地政府的政策约束,企业在寻求海外市场时,选择并购比选择绿地投资更有效率,因为当地政府的反垄断措施和对本地企业的政策偏向,一般不愿意企业直接进行新建,这时候采取并购不失为一种规避的策略。

  2. 克服制度缺陷

  按照传统比较优势理论的逻辑,某种生产要素充裕的国家在密集使用该要素的行业内具有比较优势,如果制度也被看作一个生产要素,那么制度密集型产品就在制度要素充裕的国家具有了比较优势。列夫琴科(Levchenko,2004)[1]、纳恩(Nunn,2007)[2]等较早从契约执行效率层面细致研究契约制度与契约密集产品比较优势的关系;克莱策和巴尔丹(Kletzer 和 Bardhan,1987)[3]、贝克(Beck,2002)[4]从金融层面考察金融制度与"金融密集"产品比较优势的关系;科斯蒂诺(Costinot,2009)[5]、唐(Tang,2010)[6]则研究了劳动力市场制度对比较优势的影响。一国的制度环境可以成为企业比较优势的来源,其逻辑在于有些商品的生产比其他商品更加依赖于制度,例如,资产专用性程度较高的商品,由于契约的不完备性和人的机会主义倾向,必须依靠高效的契约执行效率才能保证交易及生产的有效运行,能够提供这种契约执行效率的国家,就能够以更低的交易成本进行生产,从而构成该商品生产的比较优势。

  中国是一个发展中国家,也是一个从计划经济体制转型成市场经济体制的

  ① Levchenko A.A.,"Institutional Quality and International Trade",*IMF Working Papers*,Vol.74,No.3,2004,pp.791-819.

  ② Nunn N.,"Relationship-Specificity,Incomplete Contracts,and the Pattern of Trade",*Scholarly Articles*,Vol.122,No.2,2007,pp.569-600.

  ③ Kletzer K.,P.Bardhan,"Credit Markets and Patterns of International Trade",*Journal of Development Economics*,Vol.27,No.1,1987,pp.57-70.

  ④ Beck T.,"Financial development and international trade:Is there a link?",*Journal of International Economics*,Vol.57,2002,pp.107-131.

  ⑤ Costinot A.,"On the Origins of Comparative Advantage",*Journal of International Economics*,Vol.77,No.2,2009,pp.0-264.

  ⑥ Tang H.,"Labor Market Institutions,Firm-specific Skills,and Trade Patterns",*Journal of International Economics*,Vol.87,No.2,2010,pp.337-351.

国家,市场体制、法律制度还有待完善,而对外投资就成了企业突破本国制度约束,在全球寻找更有效制度环境的手段。对产权保护的不利、契约执行效率的低下、不发达的要素市场和低效的市场中介等制度缺陷,都制约了企业竞争优势的发挥,对外直接投资可以看作对制度缺陷的逃离,通过对外直接投资去往一个制度更加高效、透明的地区,企业可以专注于研发和提高竞争优势的各种行为。

采取跨国并购的方式获取国外更加高效的制度服务,成为企业提升竞争优势的有效手段。企业依靠并购克服制度缺陷提升竞争优势,主要有以下两方面的措施:一是通过并购直接获得发达国家企业的先进技术、专利和商标,接受发达国家企业逆向的技术溢出,而上述战略资源只有在完善的制度环境下才能产生,因此是企业在本国单凭自己所无法得到的;二是通过并购进行国际活动,享受国外的制度服务,通过在国外建设研发中心等方式,进行技术的研发和创新。

3. 产业组织视角

以上分析都基于企业竞争优势的提高来自真实的效率提升和制度改善,然而基于产业组织理论,行业市场结构的改变也能够提高企业的市场势力,从而提高企业的竞争能力。跨国并购这一特殊的对外直接投资方式正是可以改变市场结构的行为。

行业内厂商数量的减少能够提高在位企业的价格影响力,从而提高他们的产量,利润以及竞争力,而并购恰好可以减少厂商数量,提高进行并购企业的规模。然而并购什么时候是有利可图的呢? 并购之后的新企业利润必须大于并购前两个企业利润的和,并购才产生剩余,在厂商的成本相同的情况下,并购并不能带来剩余(Salant 和 Reynolds,1983[①])。

尼瑞和莱希(Neary 和 Leahy,2004)[②]将上述问题引入了国际经济学,他构建了一个多国模型,由于不同国家有不同的比较优势,因此生产的成本并不相同,这种情况下,低成本企业并购国外高成本企业,并购是可以产生剩余的。由于古诺竞争是"策略替代"的,并购减少了厂商数量,也就提升了并购企业的产

---

① Salant S.W., S. R. J. Reynolds, "Losses from Horizontal Merger: The Effects of an Exogenous Change in Industry Structure on Cournot-Nash Equilibrium", *The Quarterly Journal of Economics*, Vol.98, No.2,1983,pp.185-199.

② Neary J.P., D. Leahy, "Revenue-constrained Strategic Trade and Industrial Policy", *Economics Letters*, Vol.82, No.3, 2004, pp.0-414.

量和利润。事实上,尼瑞和莱希的模型证明,并购行为不但提升了进行并购企业的产量和利润,还提升了所有在位企业的产量和利润,然而进行了并购的企业提升得更多,而这种企业恰好是本国生产成本最低的企业,因此也就是本国最具有比较优势的企业,从产业组织的视角出发,证明了在并购不带来任何企业效率提升的前提下,并购行为仍然提升了一国企业的比较优势。

三、 OFDI 促进产业升级的优势互补渠道

对新兴经济的新兴产业来说,对外直接投资优势获取的意义更为重要,但是能够获取并且合理整合新资源,也需要企业本身就具有一定的优势,因此新兴产业企业的对外投资行为,是已有优势和新优势的互补过程。对外投资究竟能否带来企业竞争优势的提升,一个关键因素在于新获得的优势能不能和已有优势合理整合,实现优势互补。这种优势互补的关系,在跨国并购这种特殊的对外投资方式上尤为重要,因此本部分研究企业如何通过跨国并购实现优势互补,并因此促进产业升级。

1. 优势的可移动性和不可移动性

按照传统的对外投资理论,企业在国内取得了竞争优势,于是希望把优势带到国际上,从而获取更多的利润,因此对外投资是在全球范围内发挥其优势的过程,然而企业的竞争优势有些是可以移动的,有些则是不可以移动的,例如,中国企业通过廉价劳动力获得的成本优势,或者通过庞大的市场规模获得的市场优势,以及政府补贴带来的政策优势,都是不可移动的。诺克和耶普尔(Nocke 和 Yeaple,2007)[①]认为,并购是一种具有可移动优势的企业去兼并国外具有不可移动优势企业的行为,从而可以在国外获得竞争优势,实现优势互补。例如,谷歌在搜索引擎技术上具有优势,在美国消费者使用习惯和偏好的了解上也具有优势,然而搜索引擎的技术优势是可以移动的,对美国消费者使用习惯和偏好的了解上的优势则是不可移动的,因此,谷歌在进入一个和美国消费者习惯差异很大的地区时,应该以自己搜索引擎技术的优势,与当地企业对当地消费者了解的优势进行互补,采取兼并当地企业才能达到这种优势的互补。

---

① Nocke V., S. Yeaple, "Cross - border Mergers and Acquisitions vs. Greenfield Foreign Direct Investment:The Role of Firm Heterogeneity", *Journal of International Economics*, Vol. 72, No. 2, 2007, pp.336-365.

2.品牌整合的优势互补

在品牌整合阶段，最大风险是品牌互斥和品牌浪费。品牌互斥风险是指两个品牌之间无法整合，并且互相贬损、互相伤害的现象；而品牌浪费风险指的是其中一个品牌的作用没有得到有效发挥，并购的意义也就不复存在了。正确规避品牌互斥和品牌浪费现象，需要采取相应的品牌策略。品牌整合策略大致可分为：优势品牌策略、联合品牌策略、多品牌策略和建立新品牌策略。只有根据自身品牌和新获得品牌的特点选择合适的品牌战略，才能化解品牌整合风险。

3.技术整合的优势互补

一般认为，技术的相似性是提高技术整合效率的前提，技术相似的企业，在合并之后面临着更少的信息不对称，而对相似技术的吸收效率也更高，然而技术的相似程度虽然提高了技术吸收的效率，但并不代表这样的技术整合具有很好的绩效，因为技术越相似的企业，技术的互补性也越低，通过并购所带来的学习效应和技术外溢效应也就越低，因此在考虑技术整合时，不但要考虑技术的相似性，也要考虑技术的互补性(刘美丽，2003①)。一般而言，技术相似的企业又具有一定的互补性，则技术整合的绩效会更强。

4.人力资本整合的优势互补和风险

人力资本不同于物质资本，也不同于专利、商标等无形资本，人力资本更难以被契约化，契约也更难以实施，人力资本的有效发挥只能依靠某种激励相容的机制设计才能达到，或者依靠人本身对企业的认同和信任。具体到兼并之后的人力资本整合上来，文化差异和制度差异对人力资本整合的影响也远远大于对技术和品牌的整合。大量实证研究证明，并购失败的原因中，文化原因甚至大于财务原因。

并购的不同阶段，人力资本整合具有不同的风险和成因，在前并购阶段，人力资本整合风险表现为对并购的消极抵抗，成因主要是对未来不确定性的恐慌；在后并购阶段，人力资本整合风险表现为冲突和离职，成因主要是并购之后所带来的差异，尤其是文化差异和制度差异；在并购完成之后的阶段，人力资本整合风险表现为对组织归属感的丧失和工作的消极，成因主要是文化差异和心理落差。这要求并购企业应该根据不同阶段的风险特点和成因制订不同的方法化解

---

① 刘美丽：《中国海外并购技术整合风险案例研究》，浙江大学 2003 年硕士学位论文。

人员的消极情绪,充分发挥其积极性。

在前文论证了引进外资和对外投资之间存在紧密的互动关系的基础之上,本章基于这一视角重新考察了引进外资与对外直接投资对我国产业升级的影响。通过对全球价值链地位以及我国比较优势指数的准确度量和定义,本章发现,对外直接投资显著地促进了我国的产业升级和比较优势获取;相较而言,外商直接投资的作用较弱,直接影响较为有限,其中原因可能在于外商直接投资对我国产业升级的作用更多的是通过其他机制(比如出口)进行传递。在此基础上,本章在理论层面详细地分析了对对外直接投资促进产业升级与比较优势提升的机制,表明对外直接投资可能通过优势发挥、优势获取、优势互补等过程来促进产业升级和比较优势的提升。

第五篇

引进外资与对外投资国内政策协调

本篇主要概述我国引进外资与对外投资的国家政策协调框架,并且详细考察我国双向直接投资的产业政策和财税政策措施,为未来统筹考虑双向直接投资两方面的内容,促进双向直接投资的协调发展提供基础。

第十一章　引进外资与对外投资：
国家政策协调框架

本章主要分析我国引进外资与对外投资的国家政策协调标准、管理体系与协调内容。具体分为五节：第一节概述我国双向直接投资政策协调的标准与准绳；第二节分析我国双向直接投资的国家政策和管理体系；第三节指出我国双向直接投资具体存在哪些不协调的问题；第四节和第五节分别从制度协调和功能协调两方面着重考察我国双向直接投资的国家政策内容。

第一节　我国双向直接投资政策协调的
标准与准绳

本节主要概述我国双向直接投资政策协调的总体目标与双向直接投资协调机制构建的基本原则，明晰新时期双向直接投资的总战略和路线图，从而更好地把"引进来"和"走出去"有机结合起来。

一、　双向投资政策协调的总体目标

1. 投资政策的总体目标

投资政策涉及吸引和留住外国投资者的投资激励和便利化措施，对外国投资的开放程度和对投资者行为的规制，以及保护和对待外国投资者的标准。具体到投资政策措施方面，倾向于在所有权限制、合资要求或便利化措施的适用性层面进行实施，例如，在国内投资政策方面，世界上约 80% 的国家至少在一个产业内禁止多数外商持股比例超过 50%（WIR，2016）[1]，同时通过合资要求的政策

---

[1]　UNCTAD，"Investor Nationality：Policy Challenges"，*World Investment Report* 2016，2016，p.126.

制定,使投资者与国内股东共享海外分支机构的所有权。

投资政策的总体目标是使投资服务于可持续发展、收益最大化并最大限度降低其带来的负面影响。为保证目标的实现,政策制定者需要不断地对有关投资政策工具进行评估,包括对投资政策的有效性和适用性的评估。同时,合理运用不同的政策工具也尤为重要,包括使用诸如税收政策、产业发展政策等替代或补充政策。总而言之,无论选择何种方式,政策制定者都必须在投资自由化与投资监管之间取得平衡,从而发挥投资对可持续发展的积极作用。这就要求政策制定者在明确投资政策目标的基础上,完善甄别投资信息的披露要求,规避滥用权力政策措施,合理简化审批程序,充分发挥信息共享与信息披露的协同效应,以促进高质量的国际双向直接投资。

2. 投资政策协调的总体目标

在经济全球化深入推进和国内经济步入"新常态"的背景下,我国下一步需要明晰新时期双向直接投资的总战略和路线图,要把"引进来"和"走出去"有机地结合起来,在更高层次、更广领域充分利用好国内外两种资源和两个市场。新时期的两大开放战略与思路必须符合建设创新型国家的战略、提升我国技术创新能力和经济可持续增长的总体目标。由此,评价双向直接投资的重心工作应该聚焦于这两大开放战略是否有利于优化产业结构、促进技术创新、维持出口增长、提升国际竞争力、促进就业增长以及可持续发展上。在双向直接投资中,应注重将"数量"增长与"质量"提升相结合,促进双向直接投资结构的不断优化,充分释放(逆向)技术溢出效应,以确保两大开放战略在我国实现总体目标中扮演更加积极的角色、发挥更大的作用。

此外,我国尽管正积极参与和融入新型国际分工体系,但长期以来,我国主要凭借劳动力要素嵌入全球价值链的低端环节,这种过度依赖劳动密集和资源消耗型产品参与国际分工的模式,无法跃升至全球价值链的中高端位置。因此,新时期的双向直接投资战略还必须服务于我国向全球价值链高端位置顺利攀升。通过协调双向直接投资两大开放战略,加快工业高端设计,培育挤进全球价值链高端环节的新生力量,实现全球价值链地位的再分配,以此进一步带动我国产业结构优化升级、技术创新、出口增长、国际竞争力提升、就业增长、经济可持续增长等总体目标的实现。

二、 双向投资协调机制构建的基本原则

1. 目标一致

双向直接投资必须致力于服务我国国民经济和社会发展总体目标。通过将"引进来"与"走出去"有效结合并形成良性互动,发挥它们在促进我国产业结构优化升级、技术创新、出口增长、国际竞争力提升、就业增长、经济可持续增长等方面的积极作用。

2. 政策统筹

我国当前制定双向直接投资政策的部门机构繁多,各部门出台的政策之间可能存在冲突,进而降低双向直接投资的效率。要求各部门在制定双向直接投资政策时,应以发挥国际投资的综合优势和总体效益为中心,进行统筹考虑与安排。

3. 激励兼容

为稳步促进"引进来"与"走出去"以及充分发挥两大开放战略对我国社会发展总体目标的积极作用,必须根据"激励兼容"的原则来协调双向直接投资政策。对能够明显促进我国社会发展的双向直接投资应该给予正向激励;而对我国社会发展可能产生负面效应的双向直接投资,则应给予负面激励。同时加强有关政府职能和管理体制的改革,理顺有关部门的职能分工,消除各职能部门不协调导致的效率低下和反向激励。

第二节　我国双向直接投资的国家政策和管理体系

为深入探讨双向直接投资政策的协调,本节概述我国当前双向直接投资的法律法规基础和机构设置安排,同时梳理并分析 2004 年以来我国各部门颁布的双向直接投资管理措施(合计 800 多条),包括法律规定、国务院通知、各部委规制、各项前置条件等。

一、 双向投资管理的法律法规

1.引进外资的法律法规

随着我国外商投资的不断发展,完善我国外商投资法律制度至关重要,对规范外资的进入、运营与管理,加强国家对外资监管无疑起到关键性作用。目前,我国与利用外资有关的法律法规主要包括准入方面的《鼓励外商投资产业目录(2019 年版)》《外商投资准入特别管理措施(负面清单)(2019 年版)》《自由贸易试验区外商投资准入特别管理措施(负面清单)(2019 年版)》;经营管理方面的《外资企业法》《中外合资经营企业法》《中外合作经营企业法》以及《中华人民共和国外商投资法》(2020 年 1 月 1 日起执行);国家监管方面的税收、外汇管理、审批等国家对外资企业的各类碎片化管理制度。

通过对相关政策的研究梳理,可以发现:第一,外资准入制度不断完善,但与《产业结构调整指导目录》以及《政府核准的投资项目目录》的衔接仍在进行中。自 2013 年上海自贸试验区首张外商投资负面清单到 2019 年全国版负面清单和自贸试验区版负面清单出台以来,我国外商投资负面清单从 190 条缩减到现在的全国版 40 条、自贸区版 37 条,市场准入不断扩大。并且在《外商投资准入特别管理措施(负面清单)(2018 年版)》出台的同时废止了《外商投资产业指导目录(2017 年修订)》中的外商投资准入负面清单,包括此条说明"五、鼓励外商投资产业目录与外商投资准入特别管理措施(外商投资准入负面清单)重合的条目,享受鼓励类政策,同时须遵循相关准入规定",而鼓励外商投资产业目录继续执行。之后,为进一步优化落实我国营商环境,国家发展改革委等部委出台《关于鼓励外商投资产业目录公开征求意见公告》,并于 2019 年 7 月 30 日正式实施《鼓励外商投资产业目录(2019 年版)》,其中全国目录 415 条,加上中西部地区鼓励目录总条目达到 1108 条,同时《外商投资产业指导目录(2017 年修订)》鼓励类和《中西部地区外商投资优势产业目录(2017 年修订)》废止,已然解决了之前各项准入政策"你中有我,我中有你"混淆不清的局面,外资准入制度逐渐明晰。但市场准入负面清单与《产业结构调整指导目录》的衔接仍在进一步规范中,尽管根据《国务院关于发布实施〈促进产业结构调整暂行规定〉的决定》关于"对淘汰类项目,禁止投资""对属于限制类的新建项目,禁止投资"的要求,在禁止准入类清单中直接引用,不再逐条列出。但随着新技术层出不穷,

《产业结构调整指导目录》新修订以及 2016 年国务院出台还未修订的《关于发布政府核准的投资项目目录（2016 年版）》与市场准入的衔接是否与时俱进，以及《产业结构调整指导目录》鼓励类新修订与《鼓励外商投资产业目录（2019 年版）》存在哪些领域的差异仍有待进一步观察，对各行业各门类也有待进行重新分析评估。

第二，统一的《中华人民共和国外商投资法》实施细则仍需进一步出台。尽管 2019 年 3 月 15 日第十三届全国人民代表大会第二次会议通过了《中华人民共和国外商投资法》，实施日期为 2020 年 1 月 1 日，但此次出台的外商投资法仅为概括性法案，包括总则、投资促进、投资保护、投资管理、法律责任、附则六个部分。自实施之日起，《中华人民共和国中外合资经营企业法》《中华人民共和国外资企业法》《中华人民共和国中外合作经营企业法》同时废止，但纵观这三部外商投资企业法不难发现，2016 年、2017 年、2019 年均不同程度对此三部法律修订了相应的实施细则，其中包括设立程序、组织形式与注册资本、出资方式与期限、用地及其费用、购买与销售、税务、外汇管理、财务会计、职工、工会、期限、终止与清算、附则等详细法律条文。尽管《中华人民共和国外商投资法》终将取代三部外商投资企业法，但法条繁多，并未真正形成统一的法律体系，并且与国内其他经济法律法规的适用性方面也没有实现清晰化和透明化，因此，《中华人民共和国外商投资法》实施细则的进一步出台急迫且必要。与此同时，本法附则中提到，施行前依照《中华人民共和国中外合资经营企业法》《中华人民共和国外资企业法》《中华人民共和国中外合作经营企业法》设立的外商投资企业，在本法施行后五年内可以继续保留原企业组织形式等，可见，统一的外商投资法仍处在法律制度完善的过渡期。

第三，近年来，在审查监管机制方面，2011 年国务院办公厅出台《关于建立外国投资者并购境内企业安全审查制度的通知》，2016 年商务部出台《关于做好外商投资企业设立及变更备案监督检查有关工作的通知》以及《公布港澳服务提供者在内地投资备案管理办法（试行）》，2018 年国家发展改革委等出台《关于完善市场约束机制》，2019 年国务院出台《关于在市场监管领域全面推行部门联合"双随机、一公开"监管的意见》，2019 年国家外汇管理局出台《关于印发〈跨国公司跨境资金集中运营管理规定〉的通知》；在甄别投资披露要求方面，2016 年国务院出台《关于在内地对香港、澳门服务提供者暂时调整有关行政审批和准入特别管理措施的决定》,2016 年外汇局出台《关于人民币合格境外机构投资者境内证券投资管理有关问题的通知》,2018 年人民银行和外汇局出台《关于人民币合格境外机构投资者境内证券投资管理有关问题的通知》,2018 年国家发展改革委等部委出台《国家发展改革委办公厅关于境内外资银行申请 2019 年度中长期外债规模的通知》以及《关于扩大境外投资者以分配利润直接投资暂不征收预提所得税政策适用范围的通知》;在合理简化审批程序方面,2015 年国务院出台《关于"先照后证"改革后加强事中事后监管的意见》,2017 年国务院出台《关于进一步削减工商登记前置审批事项的决定》,2018 年国务院出台《关于印发进一步深化"互联网+政务服务"推进政务服务"一网、一门、一次"改革实施方案的通知》以及《关于在全国推开"证照分离"改革的通知》,2018 年商务部等出台《关于实行外商投资企业商务备案与工商登记"单一窗口、单一表格"受理有关工作的通知》;在信息共享和信息披露方面,2017 年商务部出台《关于进一步加强外商投资信息报告制度和信息公示平台建设有关工作的通知》,2018 年商务部等部委出台《关于开展 2018 年外商投资企业投资经营信息联合报告的通知》,2019 年国家发展改革委等部委出台《关于印发全国投资项目在线审批监管平台投资审批管理事项统一名称和申请材料清单的通知》;在规避滥用权力方面,2015 年商务部出台《关于明确外商投资殡葬服务设施审批权限的通知》。

2. 对外投资的法律法规

随着资本参与全球市场资源配置的投资自由化要求不断提高,我国在对外投资的国内法规管理制定方面不断完善。

第一,我国对外投资相关法律法规相对吸引外资方面出台较少,且主要集中在对外投资企业的合规管理和审查方面,多以外汇局和发改委的政策为主,在合规管理方面,2014 年外汇局出台《关于境外上市外汇管理有关问题的通知》以及《关于境内居民通过特殊目的公司境外投融资及返程投资外汇管理有关问题的通知》,2015 年外汇局出台《关于进一步简化和改进直接投资外汇管理政策的通知》,2017 年国家发展改革委出台《〈企业境外投资管理办法〉(2017 年第 11 号令)》以及《关于发布〈民营企业境外投资经营行为规范〉的通知》,同年,国务院等出台《关于进一步引导和规范境外投资方向指导意见的通知》,外汇局出台《关于进一步推进外汇管理改革完善真实合规性审核的通知》,2018 年国家发展改革委等部委联合出台《关于引导对外投融资基金健康发展的意见》《关于发布企业境外投资管理办法配套格式文本（2018年版）的通知》《关于发布境外投资敏感行业目录（2018年版）的通知》《关于印发〈企业境外经营合规管理指引〉的通知》，2018年商务部等部委出台《关于印发〈对外投资备案（核准）报告暂行办法〉的通知》。

第二，在对外投资促进方面则以纲领性、指导性法规政策为主，多集中在制造业部门，尽管2017年国务院出台《关于进一步引导和规范境外投资方向指导意见的通知》以及2018年出台《关于发布境外投资敏感行业目录（2018年版）的通知》，但这些清单目录仍较为笼统，相较于吸引外资的产业指导目录来看，对外投资缺乏统一明确的细分行业对外投资指导目录，这也导致对外投资促进法规与《产业结构调整目录》以及《政府投资核准目录》的衔接性较差，需进一步明确细化对外投资活动的范围。在对外投资促进方面，2015年国务院出台《关于推进国际产能和装备制造合作的指导意见》《关于推进国内贸易流通现代化建设法治化营商环境的意见》《关于印发〈中国制造2025〉的通知》，2016年国务院出台了《关于印发"十三五"旅游业发展规划的通知》《关于印发"十三五"国家战略性新兴产业发展规划的通知》《关于印发全国农业现代化规划（2016—2020年）的通知》《〈国务院关于新形势下加快知识产权强国建设的若干意见〉重点任务分工方案的通知》，2017年国务院出台《关于加强和改进中外人文交流工作的若干意见》《关于推动国防科技工业军民融合深度发展的意见》《关于深化"互联网+先进制造业"发展工业互联网的指导意见》《关于积极推进供应链创新与应用的指导意见》《关于2017年深化经济体制改革重点工作意见的通知》，2017年国务院出台了《关于进一步引导和规范境外投资方向指导意见的通知》，2018年国务院出台《优化口岸营商环境促进跨境贸易便利化工作方案》《关于推动创新创业高质量发展打造"双创"升级版的意见》《国务院关于同意在北京等22个城市设立跨境电子商务综合试验区的批复》《国务院办公厅转发商务部等部门关于扩大进口促进对外贸易平衡发展意见的通知》《国务院关于同意深化服务贸易创新发展试点的批复》《中共中央、国务院关于支持海南全面深化改革开放的指导意见》，2018年商务部出台《关于做好国内企业在境外投资开办企业（金融企业除外）核准初审取消后相关工作的通知》。

第三，在投资风险保障、境外避税、反洗钱以及规避滥用权力等方面缺乏较为明确的对外投资法律法规。在对外投资保障方面,2017年外汇局出台《关于银行间债券市场境外机构投资者外汇风险管理有关问题的通知》,2018年保监会等部委出台《关于规范保险机构开展内保外贷业务有关事项的通知》,2018年商务部等部委出台《关于印发〈对外投资备案(核准)报告暂行办法〉的通知》;在信息共享和信息披露方面,2014年国家发展改革委出台《关于启用全国境外投资项目备案管理网络系统的通知》,2017年国家发展改革委等部委出台《关于加强对外经济合作领域信用体系建设的指导意见》以及《关于印发〈关于对对外经济合作领域严重失信主体开展联合惩戒的合作备忘录〉的通知》,2019年商务部等部委出台《关于印发〈对外直接投资统计制度〉的通知》。

二、 双向投资管理的机构设置

1.引进外资的管理部门

我国吸引外资的管理部门有两个:商务部和国家发展改革委。二者在项目审批方面有适当分工:外资产业指导目录的制定权在国家发展改革委;外资统计、跨国并购、安全审查职能集中在商务部;有关投资规则、区域合作中的投资条款、双边投资协定谈判的权力也归于商务部。

在"吸引外资"准入后的管理政策中,除了前端的国家发展改革委和商务部,后端还涉及几十个相关部门,包括环保、外汇、银行、劳动、医疗卫生、国土、电力、司法、水利、地震、教育、税务、海关、检疫检验、社会保障、工商、技术监督、外事、交通、旅游、科技、规划、建设、消防、工信、安监、国资、财政、统计等,以及一大批商协会、中介机构。

2.对外投资的管理部门

对外投资政策的制定和管理同样由上述两部委负责,国家发展改革委的"双向直接投资"管理在同一个司,商务部则分属于外资司和合作司,双向直接投资的统计和管理政策制定也分属两个司。

三、 双向投资管理的政策措施

1.引进外资管理措施的梳理

据梳理,2005年以来我国各部门颁发的引进外资管理措施,合计290条,具体包括法律规定、国务院通知、各部委规制、地方法规、各项前置条件等。从部门分类来看,颁发引进外资管理措施的部门较多,其中以国务院名义颁发的引进外资管理措施有 104 条,以商务部名义颁发的有 83 条,以国家发展改革委名义颁发的有 59 条,以国家外汇管理局名义颁发的有 22 条。从引进外资管理措施的类型来看,"具体型"占多数,有 156 条,而剩余的 134 条为"指导型"。从行业分类来看,针对综合类行业的引进外资管理措施最多,有 186 条;针对服务业的有 15 条,针对银行、证券业的有 14 条,针对工业、制造业的有 13 条,针对农业的有 6 条,针对房地产的有 5 条,针对养老服务的有 4 条,针对媒体的有 3 条,针对物流运输的有 3 条,针对船舶、电信、保险、融资租赁、化学品、焦炭稀土、油气开采、能源矿产等的各有 1 条。

据梳理,2013 年以来我国四大自由贸易试验区颁发的引进外资管理措施,合计 213 条。从部门分类来看,颁发自由贸易试验区相关的引进外资管理措施的部门也呈现多样化,其中各省市人民政府以及人大常委会颁发的管理措施有 53 条,国务院颁发的有 27 条,外汇管理局颁发的有 11 条,各自贸区管委会、国家发展改革委、商务部颁发的各有 8 条,交通部颁发的有 7 条,工商局颁发的有 6 条,工信部颁发的有 3 条。从管理措施类型来看,绝大多数为"具体型",有 127 条,所占比重高达 60%,剩余 86 条为"指导型"。从行业分类来看,针对综合类行业的管理措施最多,有 159 条,针对金融、银行、债券业的有 14 条,针对交通运输、文化产业的各有 5 条,针对建筑及建筑工程、产业的各有 4 条,针对电子商务、船舶、法律服务、产业的各有 3 条,针对电信、融资租赁、产业的各有 2 条,而针对采矿、房屋租赁、培训机构、加工贸易、旅游、物业服务、医疗、保税维修、重点产业、总部经济的各有 1 条。

2.对外投资管理措施的梳理

据整理,2004 年以来我国各部门颁发的对外投资管理措施,合计 218 条。从部门分类来看,颁发对外投资管理措施的部门呈现多样化特征,其中以国务院名义颁发的对外投资管理措施有 78 条,以商务部名义颁发的有 60 条,以国家发展改革委名义颁发的有 52 条,以国家外汇管理局名义颁发的有 15 条,以国资委名义颁发的有 4 条,以人民银行、财政部、人力资源和社会保障部名义颁发的各有 2 条,以税务局、证监会、银监会名义颁发的各有 1 条。从对外投资管理措施的类型来看,其中有 113 条为"具体型"管理措施,而剩余 105 条为"指导型"。从行业分类来看,针对综合类行业的对外投资管理措施最多,有 41 条;针对工业、制造业的有 9 条,针对服务业、服务外包的有 6 条,针对农业的有 6 条,针对医药医疗、中药材的有 3 条,针对战略性新兴产业的有 2 条,针对金融业、新能源汽车、半导体照明等的有 1 条。

据整理,2013 年以来与我国四大自由贸易试验区相关的对外投资管理措施,合计 88 条。从部门分类来看,颁发与自由贸易试验区相关的对外投资管理措施的部门也呈现多样化特征,其中由国务院颁发的对外投资管理措施有 23 条,由各省市人民政府和人大常委颁发的有 33 条,由外汇局颁发的有 7 条,由商务厅和各商委颁发的有 6 条,由国家发展改革委颁发的有 4 条,由自贸区管委会颁发的有 3 条,由财政部颁发的有 2 条,由海关、银监会、司法厅、科技部颁发的各有 1 条。从对外投资管理措施类型来看,大多数为“指导型”,有 51 条,剩余37 条为“具体型”。从行业分类来看,与我国四大自由贸易试验区相关的对外投资管理措施有 78 条针对综合类行业,占比高达89%,针对金融、银行监管业的有7 条,针对船舶业的有 2 条,针对保税维修业的有 1 条。

第三节　我国双向直接投资存在的不协调问题

本节分析我国引进外资和对外投资过程中存在的不协调表现,如产业布局、区域分布、投资方式构成、投资动机构成等方面存在明显不平衡,以及两大开放战略的政策体系自身存在的不协调问题,包括认识不协调、政府职能部门分割、管理政策不协调等。

一、　我国双向投资现状的不协调

1. 引进外资过程中的不协调

(1)来源地和全球外商直接投资输出地不协调,与重要国际贸易伙伴(投资与贸易)不协调

2021 年,发达国家外商直接投资流出量占全球流出量的四分之三,世界外商直接投资输出地前五位为美国、德国、日本、中国、英国。然而,2020 年,对华投资来源国家(地区)中,中国香港、新加坡、英属维尔京群岛、韩国、日本五大来源地的投资占比过高(2020 年来自这五个地区的实际投资金额占比高达84.1%);尽管吸引美国、英国、德国的实际投资金额位居前十五,但吸引这三国的外商直接投资仅占中国吸收外商直接投资总量的 1.5%、0.7%、0.9%,此外,2020 年《中国外资统计公报》指出,在对华实际投资金额中,83%来自亚洲十国/地区,3.8%来自欧盟主要国家,1.7%来自北美,大约 6.3%来自部分自由港地区。

（2）**地域分布不协调,中西部太少**

2020 年,我国实际使用外资金额的区位分布大约是东部、中部、西部分别占 85.4%、5.9%、5.4%。省份间分布十分不平衡,2020 年,江苏省、广东省两省并列第一,共占 31.4%,上海市、浙江省、北京市、山东省合计占 44.1%,西部除了四川省和重庆市,其他地区外资极少。中国引资开放战略仅体现在少部分省份的开放,而非全局性开放。

（3）**产业布局不协调,高技术服务业仍为主要瓶颈**

2002—2012 年,制造业累计实际使用外资 4906.6 亿美元,占同期外资总额的 55.5%;服务业累计实际使用外资 3368.7 亿美元,占 38%。制造业中,通信设备、计算机及其他电子设备制造业的外资占比近 20%,其次是电气机械及器材业、化学原料及化学制品业和交通运输设备业。2010—2014 年,服务业利用外资规模(2014 年占 57%)超过了制造业,但 85%以上集中在房地产、租赁与商务服务、零售和批发、金融业,其他服务业部门吸收的外资极少。2020 年,实际利用外资额行业占比排名依次是制造业,租赁和商务服务业,房地产业,科学研究和技术服务业,信息传输、软件和信息技术服务业,批发和零售业,金融业,这 7个行业的企业数占比达 86.5%,实际利用外资额占比为 90.8%。

（4）**跨国并购水平太低,与我国的过剩产能转移、经济结构调整、增长方式转变不协调**

跨国并购是国际投资的重要方式,2021 年,全国跨国并购净额占全球外商直接投资流量的比重达到 46.0%。但 2021 年,中国以跨国并购方式吸引的外资额占中国外商投资流入的比重仅为 2.4%。尽管 2020 年和 2021 年的跨国并购流入额分别达到了 192.2 亿美元和 43.1 亿美元,但总体规模偏低,与其他发展中国家相比,2021 年中国利用外商直接投资占发展中国家总额的 21.6%,但并购流入仅占发展中国家的 3.8%。

（5）**效率导向型投资与中国提升全球价值链的参与水平和高度目标不协调**

外资对华投资存在多种动机,我们的研究表明主要基于市场导向和效率导向;两种动机的投资均存在向上提升的巨大空间。外资企业提供的商品和服务应该是货真价实、无国际歧视的产品(例如轿车、医疗机械),效率导向的生产(例如苹果的系列产品)却处在产业链低端,应向产业链高端发展。

(6)**外资质量和水平难以提高**

近十年来,我国引资的优先目标是提高外商直接投资的质量和水平,之所以未能实现目标,与对高质量、高水平外资概念的认识和外资管理的错位密切相关。实质上,外资的质量和水平不是取决于投资准入时的特征(是否500强、总部、研发、欧美项目、大型项目、软件业、服务外包等),而是取决于外商在华投资后的经营行为。

2. 对外投资过程中的不协调

(1)**区位集中**

2019年年末,中国对外直接投资存量位列全球第三位,但区位分布高度集中;长期以来,亚洲地区是中国企业对外直接投资合作的重点区域。从投资流量看,2019年,中国流向亚洲地区的直接投资1108.4亿美元,占当年对全球直接投资流量的80.9%;从投资存量看,截至2019年年末,中国在亚洲地区累计投资14602.2亿美元,占中国对全球直接投资存量的66.4%。其中,香港特别行政区长期以来一直是中国内地企业境外投资最重要的目的地,2019年,中国内地企业对香港特别行政区的投资流量为905.5亿美元,占当年中国对外直接投资总额的66.1%,占当年中国企业对亚洲投资流量的81.7%。

(2)**产业分布不均衡**

与世界整体水平不同,中国对外投资的产业分布主要集中于第三产业,2019年流向第三产业的对外投资占对外直接投资总流量的比重达83.4%,2019年,中国对外直接投资主要流向租赁和商务服务业,制造业,金融业,批发和零售业,信息传输、软件和信息技术服务业等领域,流向上述五大行业的投资规模占当年对外直接投资的78.2%。具体地,租赁和商务服务业类对外直接投资流量占比达到30.6%,制造业类占比达到14.8%,批发和零售业类占比达到14.2%,金融业类占比达到14.6%,信息传输、软件和信息技术服务业类占比达4.0%。据联合国贸发会议针对2018年投资促进机构做的调查分析估计,发达经济体吸引外商直接投资最具潜力的行业为信息和通信、专业服务、金融保险,发展中和转型经济体则为农业、食品饮料、信息和通信,商业活动、金融业和制造业依然是世界前三位外商直接投资行业,累计占比接近70%,而租赁和商务服务业、采矿业,以及批发和零售业的占比则相对较小。

(3)境外投资企业跨国指数较低

国际化程度是反映跨国公司海外经营活动的经济强度和跨国经营深度、衡量其海外业务在公司整体业务地位的重要指标。以海外资产占总资产的比率、海外销售占总销售的比率以及海外雇员数量占总雇员数量的比率来看,2019—2021年,全球前100强非金融跨国公司的上述3类比率的均值分别为62.4%、60.5%、61.6%,根据公式:跨国指数=(海外营业收入/营业收入总额+海外资产/资产总额+海外员工/员工总数)/3×100%,计算得出其平均跨国指数为61.5%;2018—2020年,发展中国家和转型经济体前100强非金融跨国公司的上述3类比率的均值分别为49.2%、47.6%、47.2%,其平均跨国指数为48%。

而2021年,中国前100强跨国公司的平均跨国指数为20.0%,与其他国家相比,中国跨国公司国际化程度还有较大差距,其中,高于全球100强非金融跨国公司平均跨国指数的企业为宁波均胜电子股份有限公司(76.76%)、洛阳栾川钼业集团股份有限公司(73.96%)、上海韦尔半导体股份有限公司(62.02%);高于发展中和转型经济体前100强非金融跨国公司平均跨国指数的企业有联想控股股份有限公司(57.44%)、紫金矿业集团股份有限公司(51.06%)、万向集团公司(49.58%)、青山控股集团有限公司(48.96%)、浙江华友钴业股份有限公司(48.95%)。

中国500强企业是推动中国对外直接投资增长的重要动力。比较发现,中国的500强企业和世界500强企业在跨国水平、研发强度、市场分布、公司治理等方面存在重大差距,而这些指标是决定国际竞争力和对外投资的关键因素。根据FORTUNE GLOBAL 500网站显示,从数量上看,中国的500强跨国公司已经位居世界前列,2018年全球前500强中中国跨国公司占据111席,2019年增至119席,但要成为名副其实的跨国公司,尚需付出大量努力。

(4)投资动机单一,缺乏全球价值链导向

许多跨国公司都在构建和优化全球价值链布局,而中国跨国公司大都围绕单一的自然资源、技术、品牌、营销渠道和市场开拓,功能单一,不能很好地发挥整合效应、反向效应,以及关联效应。近年来,中国的通信行业国际产能合作虽取得了一些成绩,但仍处于自发、分散的状态,未形成产业链的有效协同配合。设备制造企业率先开展国际产能合作,其他企业的步伐则参差不齐,因此,很难有效地将产业链产品技术服务全面带出去。因缺乏统筹规划、合理分工,也导致恶性竞争等问题。有些企业在对外投资或并购后,由于对目标企业的经营、技术、市场及对国外相关法律政策和投资环境缺乏了解,如运营阶段的税收缴纳、劳工纠纷等属地化管理问题,钢铁行业废水、废气、废渣等污染治理等环保问题,以及投资企业从事境外投资所必备的既有专门生产技术和管理技能,又通晓国际商务惯例、国际营销知识和外语水平高的跨国经营高级管理人才储备不足,对投资企业失去控制。企业对后续经营、文化差异、公司整合等困难估计不足,失败率偏高。

(5)**绕道并购成为主要渠道**

中国企业对外投资45%是通过跨国并购实现的,我们通过剖析2012年、2013年我国全部850个并购案例发现:在并购渠道选择上,一是母公司直接并购,二是通过设立境外子公司、孙公司实施并购;并购交易额的74%是通过多个环节,在自由岛、东道国等地成立子公司、孙公司实施并购。借助绕道运作,有利于企业获得税收优惠、回避贸易壁垒、利用外汇开放、降低运营成本。

(6)**东道国非公平和歧视性待遇**

中国"走出去"的企业,在准入限制、安全审查、市场竞争、税收征收、争端解决等方面,经常受到东道国的各种歧视性非公平待遇。据美国2017年Annual Report to Congress显示,2013—2015年,向美国外资投资委员会(CFIUS)通报审查的外资交易数量共计387起,进入调查阶段的数量共计165起,其中,中国位列审查国家的第一位,共计74起,其次为加拿大49起、英国47起、日本41起、法国21起、德国14起。从行业分布来看,对中国投资项目的审查集中于制造业39起,占中国所有审查项目的比重高达53%,占所有国家制造业审查项目的22.9%,其次为金融、信息和服务业15起,采矿、电力和建筑业13起,批发和零售贸易业7起,分别占各自行业所有国家审查项目的比重为13.4%、19.7%、18.9%。如何使国际规则和母国政策相协调,切实保护我国"走出去"企业的正当权益,培育企业合规经营,履行社会责任,使企业目标与所在国家目标协调发展,是一个不容忽视的问题。

(7)**其他不协调问题**

此外,2013年我们调研了12家对外投资的典型企业,发现国内因素影响企业的对外投资,主要包括:审批流程过长、信息过早泄露、融资成本高;投资项目信息来源被动接收,缺乏对目标物的长期跟踪和信息的全面了解;过分依赖国外中介公司,包括律师、会计师、审计师、投行、咨询机构。

二、 我国双向投资政策认识的不协调

长期以来,人们一直存在认识上的偏差,把"外国跨国公司"和"中国跨国公司""吸引外资"与"对外投资"割裂开来;在"引进来"中强调"东道国"角色,在"走出去"中忽视"母国"角色,对外开放强调生产能力和产品输出,忽视国内市场需求和消费,导致许多政策上的错位。而针对对外投资,国内有关政策尚有不足,不成体系,甚至地方政府不限制就成为最大的鼓励,严重忽视母国角色的发挥。

我们一直以来重视吸引外资,制定大量吸引外资政策,突出东道国角色,各级地方政府也积极吸引外资,提供种类繁多的激励措施。随着引资政策的不断完善,我国的营商环境也不断改善。世界银行《2020 年营商环境报告》指出,中国排名从 2008 年第 86 位提升至 2019 年第 31 位,但营商环境改善更多的是在合同执行监管方面以及提高商业流程效率的改革,而在市场准入设立企业的监管方面仅位列亚洲地区的第 28 位,且对准入后产生的一系列问题尚未有更好的监管措施,如外资撤离舆论的频发以及外资带来的污染和垄断等问题。因此,在突出东道国吸引外资的角色中,对东道国事中事后监管角色的缺失也存在认识上的不足。

跨国公司是国际直接投资的主要载体,是推动全球经济发展、促进各国开放的重要力量。它由 10 万家母公司及其所属的上百万家分支机构组成,分布于各国、各行业中,500 强是跨国公司的代表和旗舰,也是世界研发投资、专利享有和技术贸易的主体。近二十年来,跨国公司对世界经济的影响力持续增强,其对外投资和国际运营是应对全球化发展、政策自由化变革、消费者需求变化、信息技术发展、跨国公司之间激烈竞争的结果和反应。有些跨国公司有明确的母国,有些是国籍不明确、高度全球化的公司,不能把任何一个国家的跨国公司简单叠加,使之成为该国的利益代表。跨国公司对外投资主要受竞争压力和利益驱动,而不是扮演着政治、外交、经济安全的角色。在对"外国跨国公司"的认识上,应把"外国跨国公司"与所属母国的经济和政治区别开来。国际比较研究表明,吸引外资对东道国有利,同样对母国的经济发展具有重要意义。韩国、日本、中国台湾都是外商直接投资流出量绝对大于流入量的国家和地区;跨国公司充分配置

资源,利用国内国际要素、两个市场,做大做强企业,也直接带动母国开放经济的发展。美国、新加坡是外商直接投资大进大出的国家,经济发展水平均位居世界前列,封闭的政策必将导致国家经济的落后。

的确,在一个民族主义日益高涨、国际自由贸易协定受质疑的时代,母国会通过制定政策措施(包括财政激励、与贸易和市场准入有关的补贴或措施、防范政治威胁、政府机构支持、保护海外投资条约、帮助解决东道国政府和遵守自由贸易协定等)来支持和促进企业海外投资,以获取知识和其他能力。由于母国政策措施的出台可能会从根本上改变企业的战略重点,因此,我们需要清楚地认识到母国政策措施的制定到底如何影响中国企业对外投资的数量、质量、地区、模式以及投资领域,同一项政策措施在不同国家产生的投资效果是否存在差异,以及这种差异可能会对投资产生何种影响。同时,政策的出台也要让企业清晰地认识到在海外投资之前,企业已经具备的组织能力是否会在制度条件的改变下产生变化、创造或者延续,要重视政策出台、执行相关的母国机构的约束和促进作用,以及政策透明度和一揽子政策的相互作用。

尽管强烈依赖母国政策可能会帮助一些中国企业的海外投资(Rugman 等,2016)[①],但需要清晰地认识到,母国不是在最初投资的市场发生动荡时庇护中国企业的政治角色。因为从公司层面看,已经处于受母国庇护的市场环境的国际化公司,可能会对自身进入其他外国市场环境的能力产生过度自信(Buckley 等,2016)[②],这种狂妄自大将导致后续投资的风险高于那些基于自身内在竞争能力进行国际化的公司。并且,中国投资者对风险的态度喜忧参半,较为复杂,最近一项研究调查了中国企业如何看待欧盟和非洲的风险,以及如何将这些风险转化为自己的国际化战略,结论发现,中国投资者对风险来源非常敏感,这些因素会影响他们在东道国的发展潜力(Buckley 等,2017)[③]。

---

① Rugman A.M., Q.T.K.Nguyen, Z.Wei, "Rethinking the Literature on the Performance of Chinese Multinational Enterprises", *Management and Organization Review*, Vol.12, No.2, 2016, pp.269-302.

② Buckley P.J., P. Yu, Q. Liu, et al., "The Institutional Influence on the Location Strategies of Multinational Enterprises from Emerging Economies: Evidence from China's Cross-border Mergers and Acquisitions", *Management and Organization Review*, Vol.12, No.3, 2016, pp.425-448.

③ Buckley P.J., L. Chen, L.J. Clegg, et al., "Risk Propensity in the Foreign Direct Investment Location Decision of Emerging Multinationals", *Journal of International Business Studies*, Vol.49, No.2, 2017, pp.153-171.

同样,母国也不是国家资本输出的政治角色。尽管母国政府与本土企业存在一种普遍的关系,且国家资本输出的影响更多地表现为中国私营企业和国有企业之间的从众效应(De Beule 等,2017)①,但必须要厘清企业海外投资的动机,厘清政策支持机构的类型,要清楚认识到双边或多边投资协定对减少国际投资固有的已知风险的能力。要让中国企业认清应该如何经历和应对对外投资的制度距离,以及他们偏离东道国标准的能力,甚至改变这些标准的能力。投资企业并非仅仅在特定的海外商业环境中实现更高的组织和生产效率,更重要的是母国机构以及母国政策如何激励中国跨国公司将不完善的外部市场内部化,以及更有效地惠及母国国内经济、环境、文化或社会发展。

三、 研究结论

上述不协调现象,与我国的双向直接投资管理政策密切相关,包括准入政策、管理政策、产业政策、跨国并购政策、安全审查政策、激励政策、境外投资审批和备案政策、外汇管理政策等。理顺国内有关政策、加强顶层制度设计,在法律法规、机构设置和具体协调措施层面建立完善统筹协调机制、矫正这些不协调现象,是十分迫切的问题。扭曲的外资政策不可能利于外资促进就业和经济增长目标,政府应通过支持实施透明、包容和有效的政策和监管措施,减少日常商业活动的不确定性,从而激励企业的投资、竞争和增长,促进高潜力的本土企业参与到主导全球消费品和服务生产的全球价值链中,将外国直接投资与当地拥有和管理的企业联系起来。

中国自由贸易试验区,是开放的高地,也是协调双向直接投资的实验田和窗口。中国自由贸易试验区不仅试行准入前国民待遇加负面清单的外资管理模式,而且扩大服务业市场开放,同时,也尝试改革境外投资管理方式,将自贸试验区建设成为企业"走出去"的窗口和综合服务平台。对一般境外投资项目和设立企业实行备案制,属省级管理权限的,由自贸试验区负责备案管理。并承诺加强境外投资事后管理和服务,完善境外资产和人员安全风险预警和应急保障体系。

---

① De Beule F., D. Somers, "The Impact of International R&D on Home-country R&D for Indian Multinationals", *Transnational Corporations*, Vol.24, No.1, 2017, pp.27-55.

第四节　我国双向直接投资的国家政策协调：制度协调

在实现双向直接投资的国家政策协调时,我们需重视国家政策在法律法规、机构设置和管理措施方面的总体制度协调。

一、 法律法规协调

1.引进外资方面

目前我国与利用外资有关的法律法规包括《中华人民共和国外资企业法》《中华人民共和国中外合资经营企业法》和《中华人民共和国中外合作经营企业法》以及 2019 年出台的《中华人民共和国外商投资法》(2020 年 1 月 1 日生效)。尽管新出台的《中华人民共和国外商投资法》中说明了"第三十一条　外商投资企业的组织形式、组织机构及其活动准则,适用《中华人民共和国公司法》《中华人民共和国合伙企业法》等法律的规定",但在附则中依然指出"本法施行前依照《中华人民共和国中外合资经营企业法》《中华人民共和国外资企业法》《中华人民共和国中外合作经营企业法》设立的外商投资企业,在本法施行后五年内可以继续保留原企业组织形式等。具体实施办法由国务院规定"。因此,尽快修订和出台《中华人民共和国外商投资法》实施细则,促进内外资法律法规统一已迫在眉睫。

下一步,在修订出台与《中华人民共和国公司法》等法律法规不重复、不冲突的统一的《外商投资法》法律文本和实施细则之后,进一步考虑不需要立法改变的行政改革,来保持外资政策稳定、透明和可预期。完善的法律法规制度不仅可以避免跨国公司进入过程中因某些规定的漏洞或者模糊而造成的麻烦,而且还可以避免跨国公司凭借其强大市场地位和丰富的管理经验"钻空子",危害我国民族企业,甚至破坏产业结构升级。有效的商业法规是生产力提高的重要驱动力,无效率的许可和规模限制会导致资源的不当配置,从而降低全要素生产率(Hsieh 和 Klenow,2009)[①],而取消这些限制,将会使全要素生产率提高大约

---

① Hsieh C. T., P J. Klenow, "Misallocation and Manufacturing TFP in China and India", *The Quarterly Journal of Economics*, Vol.124, No.4, 2009, pp.1403-1448.

40%—60%（Guner 等,2008①;Cirera 等,2017②;Neira,2019③）。

此外,为更有效地借力外商投资来提升我国企业的技术创新能力和促进经济发展,一方面,要完善知识产权保护法,加大实施力度,为跨国公司的研发创新活动提供良好的法律环境,保护跨国公司的合法权益,促使其研发并使用更多的先进技术和核心技术。要鼓励国内企业和跨国公司建立联合技术研发中心。对国内企业而言,技术研发中心是接触和学习跨国公司先进技术最直接、最有效的途径,从而可以显著提升自身的技术创新能力,以更好地承接全球价值链分工的高端环节。另一方面,要完善相应的就业法律和劳动法规。以就业法律法规为依据,衡量劳动力市场的刚性,包括就业难度、工作时间刚性、解雇的难度、性别歧视等。在就业保护立法更为严格的经济体中,僵化的就业立法保护会产生消极的分配后果(Kawaguchi 和 Murao,2014)④。我国目前鼓励外资进入中西部地区,且大多数学者认为外国直接投资会创造就业机会,引进新技术和新流程,对中小企业等实体经济会产生有益的附带影响,而在大多数地区,创业或工作是当地穷人摆脱贫困的重要途径,因此配合出台相应的以国际劳工组织核心、以国际劳工标准为参照的国家就业法律急迫且必要。

2. 对外投资方面

对外投资政策的有效执行离不开法律法规的保障。我国政府应尽快健全完善有关对外投资的法律和法规建设,为我国对外投资扫清制度障碍。例如,通过制定相应的法律法规完善我国对外投资的法律体系(如《中华人民共和国对外直接投资法》),维护对外投资企业的正当利益。对外投资法要结合国家、区域、国际投资法、双边及多边投资协定层面的标准进行平衡,涉及投资准入前国民待遇、国有企业与竞争中立、环境与劳工保护、争端解决机制、信息提供、技术援助和能力建设、财政金融和保险措施、与投资相关的贸易政策、促进技术转让和投

　　① Guner N., G.Ventura, Y.Xu, "Macroeconomic Implications of Size-dependent Policies", *Review of Economic Dynamics*, Vol.11, No.4, 2008, pp.721-744.

　　② Cirera X., R. N. Fattal Jaef, H. B. Maemir, "Taxing the Good? Distortions, Misallocation, and Productivity in Sub-Saharan Africa", *Policy Research Working Paper* 7949, World Bank, 2017.

　　③ Neira J., "Bankruptcy and Crosscountry Differences in Productivity", *Journal of Economic Behavior and Organization*, No.6, 2019, pp.1-47.

　　④ Kawaguchi D., T. Murao, "Labor-Market Institutions and Long-Term Effects of Youth Unemployment", *Journal of Money, Credit and Banking*, Vol.46, No.2, 2014, pp.95-116.

资保险等方面。此外,企业"走出去"具有一定的风险,为提高企业对外直接投资成功的概率,企业自身要树立风险意识,培养和储备专业人才;而对政府而言,要建立科学的风险评估体系和风险防控体系,尤其对那些大规模的资源类投资,要充分考虑其可能面临的风险。通过规范对外投资法律法规和完善风险防控体系,为我国企业积极主动参与全球价值链重塑和嵌入高端环节提供强有力的制度保障。

二、 机构设置协调

1. 引进外资方面

建议以对现有体制变动最小、渐进式的原则进行外资准入、运营、监管的机构设置协调改革,逐步协调中央与地方、相关部委之间的权责划分,整合协调各事业单位主管机关的责任分工,避免功能重叠而互耗资源。

一方面,减少不必要的程序,减少企业家与政府机构打交道的次数,减少腐败的滋生,告知企业如何获取符合法规和手续要求的必要信息,并逐渐引入统一、标准的申请表格,发布尽可能多的监管信息,强化商业监管透明度;另一方面,逐渐完善监管的执行方式,减少阻力,促使准入后管理部门改变"重事前审批备案、轻事后监管"的倾向,要加强法院和破产制度等法律机构对投资者的监管与保护,强调司法独立和劳动力市场的灵活性,地方司法管辖区发挥更大的作用,同时,要强调建立有效的替代性争端解决机制的重要性,包括有效的商事仲裁制度和调解,尽量减少法院的积压案件,从而提高整个法院系统的效率。

2. 对外投资方面

投资企业与投资项目是高度一体的,应尽量精简管理部门,建立部门间的协调机制。虽然国家机构设置在一个国家经济中既不是静态的,也不一定是同质的,但机构之间的权责相互混淆会成为影响企业对外投资的重要因素,一些关键机构并非独立于企业而存在,也可能从根本上影响企业的性质和投资优先事项。因此,精简管理部门,建设好部门之间的协调机制成为重中之重,相关各机构间应被视为一个统一系统,而不是具有个体和独立影响的离散实体,机构间互补性相互加强的共同作用大于单独机构的作用。

双向直接投资分属不同的机构更为常见,影响也更为突出。因为如仅关注引进外资或对外投资,部门间的目标难以一致,极易存在激励不兼容的现象,同时还难以找到实施政策统筹的上级机构,造成政策协调难以实现。这点在国际投资协定的签订时表现得更为明显,管理引进外资的部门,更加强调外资的管理权力和国内的经济安全,因而倾向于签署保守协议;而管理对外投资的部门,为促进和保护海外投资,则倾向于采纳高标准的投资协定,但因对等开放的特性,要求国内市场同等程度的开放,这将与管理引进外资的部门形成冲突。因此,要实现双向直接投资的协调,需要一致地看待"引进外资"和"对外投资",将它们置于统一部门管辖之下,或为不同管理部门建立紧密的协调机制。

三、 管理措施协调

1. 准入层面

(1)引进外资方面

公共选择理论发现更严格的准入监管与腐败程度的急剧上升密切相关,严格的监管会导致更低的竞争和更大的腐败,应执行较少的政府准入监管(Tullock,1967[1];Stigler,1971[2];Peltzman,1976[3]),烦琐的程序和高水平的最低资本进入与企业准入呈负相关,严格的监管规章制度与腐败相伴而生(Dreher等,2013)[4]。而较低的市场准入成本则鼓励企业的设立,提高企业的生产率,减少腐败(Barseghyan,2008[5];Djankov等,2010[6]),企业设立程序越简单,营商环境越好,就业机会就会越多(Helpman等,2008[7];Chang等,2009[8])。

---

[1]　Tullock G.,"The Welfare Cost of Tariffs,Monopoly and Theft",*Western Economic Journal*,Vol.5,1967,pp.224-232.

[2]　Stigler G. J.,"The Theory of Economic Regulation",*The Bell Journal of Economics and Management Science*,1971,pp.3-21.

[3]　Peltzman S.,"Toward a More General Theory of Regulation",*The Journal of Law and Economics*,Vol.19,No.2,1976,pp.211-240.

[4]　Dreher A.,M.Gassebner,"Greasing the Wheels? The Impact of Regulations and Corruption on Firm Entry",*Public Choice*,Vol.155,No.3-4,2013,pp.413-432.

[5]　Barseghyan L.,"Entry Costs and Cross-country Differences in Productivity and Output",*Journal of Economic Growth*,Vol.13,No.2,2008,pp.145-167.

[6]　Djankov S.,R.La Porta,F.Lopez-de-Silanes,et al.,"Disclosure by Politicians",*American Economic Journal:Applied Economics*,Vol.2,No.2,2010,pp.179-209.

[7]　Helpman E.,M.Melitz,Y.Rubinstein,"Estimating Trade Flows:Trading Partners and Trading Volumes",*Quarterly Journal of Economics*,Vol.123,No.2,2008,pp.441-487.

[8]　Chang R.,L.Kaltani,N.Loayza,"Openness Can Be Good for Growth:The Role of Policy Complementarities",*Journal of Development Economics*,Vol.90,No.1,2009,pp.33-49.

　　为提高引进外资效率进而更好地促进我国产业结构升级、技术创新等总体目标的实现,相关部门应进一步简化行政审批程序、优化审批流程,推行外商投资在线办事系统和格式化审批,通过提高服务效率来避免因"办事难,手续多"而阻碍外资企业进入我国市场。要强化相关部门的服务意识,提高相关人员的专业化水平;健全企业投诉机制,使企业与相关部门间可以有效地进行沟通交流,解决企业在审批中遇到的各种困难,依法维护境内外投资者的合法权益,消除外资进入的后顾之忧。同时要严格贯彻落实《外商投资准入特别管理措施(负面清单)(2021年版)》,进一步放宽制造业和服务业外资的准入。此外,还要加快推进自由贸易试验区建设,进一步完善"以准入后监管为主,准入前负面清单方式许可管理为辅"的体制,进一步降低许可审批,降低市场进入和交易成本,进而为吸引服务业外资提供更好的环境,在更大程度上嵌入全球价值链的服务端。

　　当前,中国取消最低资本金要求,从而降低审计公司出具验资报告的要求,使投资变得更加容易,此外,还降低上海企业雇主的社会保障缴费率,并加强电子报税和纳税系统。可见,信息技术发展是良好商业监管的一部分,也是提高外资准入效率的重要环节。世界贸易组织也突出单一窗口的重要性。研究发现,一个经济体的数字化得分只要提高10%,GDP就会增长0.75%(Sabbagh等,2013)①。我国也已经通过引入单一窗口获取营业执照、组织机构代码和税务登记等形式,使设立企业变得更加容易。然而,单一窗口也可能会受到各种制度和法规的限制,这些限制源于与技术标准、数据协调和信息共享相关的利益冲突(Macedo和Scorza,2013)②。实现一个电子窗口并不容易,这一复杂过程需要多方的广泛合作和协调,新的电子平台需经过几年的时间才能全面运行并被大多数交易者所使用,为实现单一窗口的长期利益,可分阶段完成,逐步进行系统升级和扩张。将单一窗口融入国际贸易过程和港口自动化程度的提高,可帮助国家打击腐败,尤其海关程序数字化更是打击腐败的有效手段,清关过程的延误也

---

　　① Sabbagh K.,R.Friedrich,B.El-Darwiche,et al.,"Digitization for Economic Growth and Job Creation:Regional and Industry Perspective",*The Global Information Technology Report*,2013,pp.35-42.

　　② Macedo L.C.L.,F.A.T.Scorza,"Guichê Único(Single Window)e as negociações da OMC sobre Facilitação do Comércio",*Organização Mundial do Comércio - Temas Contemporâneos*,Santos,Brazil:Leopoldianum,2013,p.164.

会对外资的进入产生较大的负面影响。

(2)对外投资方面

首先,要大力改革对外投资的审批管理体制,彻底跳出项目核准和备案的传统管理思路,通过下放权力、简化程序来提高效率和降低企业"走出去"的门槛。近年来更多的中国企业通过建立境外工业园区等方式选择"抱团出海"共同开拓海外市场,成为企业间优势互补、分散海外投资风险的新模式。同时,政府也在积极引导企业采取强强联合的方式,鼓励"抱团出海",实现海外协同发展,有效进行海外风险防控。

其次,要逐步完善对外投资项目和企业数字化建设流程,将商务部建立的"境外企业和对外投资联络服务平台"与国家发展改革委启用的"全国境外投资项目备案管理系统"实现信息数据共享,共同做好对外投资监管。要将信息技术数字化平台建设和金融贷款等部门有效结合起来,增加对外直接投资的可能性。尽管对有些行业部门的投资支持是出于中央政府的经济偏好,但这样做也是为了促进我国的外交政策和国家安全优先事项,并且这些资金对特定经济部门的好处要大于其他部门。例如,为支持国家战略经济目标,中国国家开发银行从2003年开始就为太阳能光伏企业的海外投资提供中长期资金支持。

最后,对外投资促进措施可能会促进本土企业对特定国家的对外直接投资,也可能会减少对其他国家的对外直接投资。这种对外直接投资的区位转移,可能对政策制定者必须考虑的本土企业的国际竞争力产生长期影响。因此,各级政府要更好地理解对外投资措施的出台是为了促进海外投资,还是为了满足政治目标和符合预期,从而进一步健全对外投资扶持政策,为企业更好地通过其海外投资拉动就业增长提供有力的支持与保障。同时,政府部门也要做好对外投资评估工作,逐步建立相应的评估手段,不仅评估投资企业是否享受对外投资政策措施,还应评估这些对外投资措施如何使投资企业创造新的能力或扩展现有的能力,确保他们利用这些投资措施提高自身的国际竞争力。

2.投资后监管层面

(1)引进外资方面

外资流入与东道国营商环境有直接关系,世界银行曾以营商环境距离前沿得分来衡量监管质量差异,平均差异差1个百分点,外资流入每年差异约2.5亿美元(World Bank,2013)①,尽管这种相关性并不意味着因果关系,但经验表明,企业投资更多反映的是整体投资环境,而不只是对国内中小企业的投资环境,尤其是,为国内企业提供良好监管环境的国家,往往也会对外国投资企业提供良好的监管环境。更好的商业监管与更高水平的外国直接投资有关(Corcoran 和 Gillanders,2015)②。营商环境排名越靠前,治理水平越高,腐败程度越低(World Bank,2012)③,假设排名前1/4的国家在营商环境方面有所改善,那么每年这些国家的经济增幅最多可以提高2个百分点(World Bank,2005)④。

好的监管并非意味着零监管。当前我国已较全面地融入经济全球化进程中,同时经济增长也步入"新常态",在此情形下,我国政府需要重点研究实施"负面清单"模式下的外资监管体系,将引进外资思路由"注重事前核准备案"向"事后跟踪监管"转变。进一步深化完善外商投资项目备案、核准管理制度改革,及时跟踪分析、评估改革效果并作调整,这样既能提高外资进入的便利化水平,又可以强化事中及事后对外资的监管。可借鉴世界银行发布的《营商环境报告》关于营商环境监管的指标体系进行完善评估,包括企业的准入成本、退出成本、合同执行成本、财产登记费用、信贷信息指数、就业指标、解决许可证、纳税、跨境贸易、投资者保护、电力、地方司法管辖权、税务审计、退税、税务申诉、企业管理人员的培训机会以及监管变化的沟通等。

此外,还要进一步完善和健全跨境资本流动监管体系,即不断加强监管部门间的信息共享和监管合作,增强对国际资本的监测和管控水平,进而有效防控外资风险。不断完善信用、信息共享系统,结合信贷部门的信息共享,提高金融部门抵御风险的能力,降低外资企业退出市场的可能。同时要加强对所有权披露、财务信息披露等监管措施,加强对投资者的法律保护以及法院或证券监管机构的执法能力。

---

① World Bank & International Finance Corporation,"Doing Business 2013:Smarter Regulations for Small and Medium-Size Enterprises",*The World Bank*,2013,p.49.

② Corcoran A.,R.Gillanders,"Foreign Direct Investment and the Ease of Doing Business",*Review of World Economics*,Vol.151,No.1,pp.103-126.

③ World Bank & International Finance Corporation,*Doing Business 2012:Doing Business in a More Transparent World*,*The World Bank*,2012,p.19.

④ World Bank & International Finance Corporation,*Doing Business in 2005:Removing Obstacles to Growth*,*The World Bank*,2005,p.3.

(2)对外投资方面

政府在为企业"走出去"提供便利的同时,还要彻底跳出对外投资项目核准和备案的传统管理思路,把工作重点放在加强指导协调服务上,完善对外投资项目的监管。通过加强对企业"走出去"各个环节的监管,确保海外投资操作的合法以及资金的安全,以此提升我国企业的国际竞争力和嵌入全球价值链高端环节的能力。具体而言,政府要完善国有企业和中小企业海外投资管理办法,结合不同东道国投资的特点进行区别管理;出台的相关管理办法应该要与国际法及国际惯例接轨,扩大其使用范围;此外,还要赋予政策一定的灵活性,针对不同东道国的投资特点予以调整。

3.税收优惠层面

(1)引进外资方面

高税率和烦琐的税法程序会对外商投资产生扭曲效应。例如,复杂的税收系统、较高的公司税税率与外商直接投资的数量和水平都呈负相关,税收复杂性降低10%相当于降低1%的有效企业税率(Lawless,2013)[1],较低的税务合规负担对小企业和新设企业的生产率有积极影响(Dabla-Norris 等,2017)[2]。当企业试图克服监管负担时,会滋生腐败种子,腐败成为外商直接投资流入的最大阻碍,其影响可与大幅提高外国公司税率的影响相媲美(Wei,2000)[3]。

长期以来,我国实行对外商投资税收优惠政策。这一政策在吸引外资、促进我国经济发展方面发挥了一定的作用,但该政策带来的负面效应日益凸显,比如它会引致大量低质量外资进入我国市场,更重要的是,它还严重削弱内资企业的竞争地位,进而破坏公平竞争的市场环境。于是2009年《中华人民共和国企业所得税法》统一了国内外企业的税收制度,明确企业所得税的应纳税所得额计算,从原先的外资企业平均实际税赋为15%左右提高到统一后的25%。但仍需看到,除标准的25%企业税之外,企业还需缴纳社会保障金和其他费用,这导致

---

① Lawless M.,"Do Complicated Tax Systems Prevent Foreign Direct Investment?",*Economica*,2013,p.80.

② Dabla-Norris E.,M.Florian,D.Cleary,M.Khwaja,"Tax Administration and Firm Performance:New Data and Evidence for Emerging Market and Developing Economies",IMF Working Paper,No.4,2017,pp.1-40.

③ Wei S.J.,"How Taxing is Corruption on International Investors?",*Review of Economics and Statistics*,Vol.82,No.1,2000,pp.1-11.

外资企业的税务负担比在很多国家要高,进一步改革和完善税收制度,减税降负是首要改革举措,我国需逐渐加快各项税法的立法工作,进一步规范税收减免优惠和提升税收减免政策的透明度,更加重视税收改革的事中事后监管(税务审计、退税、税务申诉等)。

为继续优化税收营商环境,不断提速"放管服"改革,税务机关在支付税款和缴税时间上取得长足的进步,支付税款流程从 2004 年的 37 次减少至 2017 年的 7 次,缴税时间从 832 小时减少至 142 小时,并且正在逐步推进国内统一规范的电子税务局建设,为纳税人办税提供便利,同时我国的营业税改革也促进了营商环境的极大改善。在支持吸引外资、扩大开放方面,2017 年国务院发布的《国务院关于促进外资增长若干措施的通知》指出,"对境外投资者从中国境内居民企业分配的利润,直接投资于鼓励类投资项目,凡符合规定条件的,实行递延纳税政策,暂不征收预提所得税",2018 年,进一步将境外投资者以分配利润直接投资暂不征收预提所得税优惠的适用范围扩大至所有非禁止外商投资的项目和领域等。但对这些规则如何执行,以及这一系列措施带来的影响,我们还需进一步的评估。

与此同时,还要不断调整税收优惠重点领域和方向。在税收优惠的结构上,可以考虑向高精尖技术企业倾斜、向环保产业倾斜、向能够更好地引进国外先进技术和管理经验的企业倾斜、向能够提供更多就业岗位的企业倾斜,以此更好地促进我国总体目标的实现。

(2)对外投资方面

当前,我国有关对外投资企业的税收政策基本上是分散在不同税法和相关规范性文件之中。随着众多中国企业将业务扩展至其价值链的上层和下层,它们正面临着更为复杂的税务合规问题,但同时也创造了进行有效税收筹划的机会。无论是针对投融资结构、内部现金流量管理需求,还是针对经营需要作出的税收筹划,都需要反映企业的目标和经营实质以降低税务风险。为提高对外投资企业税务管理的科学性,上海市商务委员会发布《对外投资税务合规管理指引(2017)》,为企业"走出去"的税务管理提供参考指南。但我国仍未形成一个独立的支持企业"走出去"的税法体系,不具有稳定性和系统性。今后需加快制定和出台独立地鼓励企业"走出去"的税收政策,同时可以考虑对一些重要地区和领域的对外投资给予税收优惠,同时要避免不同地区重复征税。例如,通过税收优惠形式鼓励和支持国内企业向发达经济体开展对外投资活动,以提升逆向技术吸收能力;通过税收优惠来引导和鼓励企业将资金投向技术水平和附加值较高的高科技领域,通过与国外先进企业联合开展研发投资,或直接通过并购具有技术和品牌领先优势的海外企业,借助逆向技术溢出效应促进我国技术进步和推动我国在全球价值链中地位的攀升。

第五节　我国双向直接投资的国家政策协调: 功能协调

双向直接投资的不协调除表现在法律法规、机构设置和管理措施等制度本身的不协调外,还表现在国家政策工具不能协调双向直接投资,实现开放战略的总体目标。例如在承认外资对经济总量贡献巨大的同时,自开放初期以来,有关外资对经济质量负面效应的争论从未间断:市场换技术失败、过度激励、污染转移、降低劳动条件与保护标准、社会责任标准、技术封锁与垄断、滥用知识产权保护措施、商业贿赂、利润转移、渠道控制与限制竞争、国家经济安全威胁等。更为重要的是,在全球价值链分工下,过度注重引资数量而不强调引资质量的措施使我国被锁定在国际分工低端。

因此,在实现双向直接投资的国家政策协调时,我们需强调国家政策在实现制造业升级、服务业水平提升、产业结构优化、技术水平和自主创新能力提升等总体目标时的功能协调。

一、　实现制造业升级的政策协调

1.引进外资方面

引进外资对制造业竞争力具有重要影响。传统跨国公司理论认为,跨国公司在技术水平、管理能力等各方面均优于东道国企业,其生产与销售活动可促进东道国相关产业发展,同时具有资本形成效应、就业创造效应、技术溢出效应等,对东道国发展具有带动作用。一般而言,跨国公司对东道国制造业竞争力的影响可以分为直接影响和间接影响两方面。直接影响即跨国公司通过建立企业或跨国并购,提升所在产业的技术水平和管理能力;间接影响包括其与当地企业的前后关联效应和水平溢出效应,即对东道国上下游企业建立联系,提供技术和管理支持,同时促进国内相同类型的企业加强技术投入,提高人力资本水平,从而提升行业的整体竞争能力。

2. 对外投资方面

近年来,随着我国对外投资的迅速发展,对外直接投资对国内产业竞争力的影响受到广泛关注。相关研究认为,对外直接投资对国内竞争力的影响有三个方面:首先,跨国公司通过对外投资,可以获得发达国家相关产业的核心技术、设备和人员,促进国内企业对相关技术的引进和吸收,提升国内企业的竞争力;其次,通过与海外企业建立研发联盟的共享机制,可以迅速获得市场信息、共享技术专利、降低投资成本,从而为新产品的开发和推广提供重要便利,促进企业扩大市场、拓宽产品销售渠道;最后,通过建立海外企业,跨国公司可以在全球市场中寻找改进技术、降低成本、扩大市场的最优方式,充分利用全球的分工与协作,从而达到资源配置的最优化,提升企业和所在行业的国际竞争力。

同时,应当认识到,双向直接投资对国内产业的竞争力均有可能产生负面影响。对引进外资而言,跨国公司在技术等方面的优势可能产生挤出效应,导致国内企业退出市场,甚至跨国公司的全球价值链布局可能导致国内企业的"低端锁定",不利于本国产业发展;对对外直接投资而言,国内企业对国外投资或并购公司的了解不足,缺乏进入国际市场和对国外企业的长期管理经验,导致不能发挥与国内企业的整合效应、关联效应。

为提升双向直接投资的质量和水平、推动我国两大开放战略协调发展,我们可以考虑组合运用如下政策工具:(1)简化审批程序、推动部门间协调管理,为提升产业的国际竞争力提供良好的政策和市场环境;(2)鼓励国内企业的跨国并购,并为国内企业"走出去"提供信息、人才、法律等方面的全面支持;(3)为科技型制造业企业提供更全面的优惠政策,从而提高企业吸收国外技术的能力;(4)鼓励制造业企业国际化过程中的全球价值链导向,打造具有国际竞争力的价值链体系。

二、 实现服务业水平提升的政策协调

1. 引进外资方面

服务业跨国公司对提高东道国市场的中间品种类、增加国内企业的专业化程度、提升企业创新能力和管理水平具有重要影响,并可以通过产业关联效应提

升国内服务业质量和水平。为促进服务业跨国公司对国内产业的影响,应加大服务业部门的开放力度。为此,要打破国内服务部门的行业垄断,放宽市场准入,引入公平的市场竞争机制;同时,需要加大对国内民营企业和外商投资企业的政策支持力度,实行相应的鼓励政策;再次,要加大国内基础设施建设力度,形成规模经济、推动服务业的开放型经济发展。

2. 对外投资方面

服务业的对外投资有利于为我国企业的国际化提供信息、人员、服务等方面的支持,为制造业企业创造便利条件,降低进入外国市场的成本。研究显示,海外活动越密集的服务业企业,其国内就业增长率越高,服务业的对外投资对国内就业增长有积极的影响,这种影响在批发和零售、建筑、运输、商业服务行业可能最为明显,由于这些行业的外国直接投资不能替代他们的国内业务,但又必须加强其在国内总部的行政和其他职能,因此,企业加强其国际网络有助于创造更强劲的国内就业需求。但海外子公司的 IT 人员替代国内人员的可能性较大,信息和通信技术行业的对外直接投资似乎与国内就业的减少有关,那些在国外获得领先技术或科学能力的本土公司想要确保构成企业发展关键能力的高技能员工留在公司可能并不容易。因此,政府应针对不同的服务行业出台具有差异化的对外投资促进政策。

三、 实现产业结构优化升级的政策协调

1. 引进外资方面

对资源密集型产业,要注重引进高加工化、高科技型、绿色和环保型的外资,提升资源利用效率和产品的国内附加值,加快由"中国制造"向"中国创造"转变;对劳动密集型产业,要适度提升引进外资的条件与门槛,注重引进能够对我国传统产业进行改造升级的外资项目;对第三产业及技术密集型产业,一方面要继续提升引进外资的技术层次;另一方面,要加大力度引导高质量外资进入服务业,加强外商投资对批发零售业、住宿餐饮业、交通运输、仓储和邮政业等"生活型"服务业的发展,充分发挥该类型服务业吸纳就业能力强的特点,同时还要加快金融保险、咨询物流、软件设计开发等"知识型"服务业的发展,更大程度地嵌入全球价值链的服务端。总而言之,下一阶段要积极加快研究和制定鼓励战略性新兴产业、节能环保产业、现代服务业、现代农业等与我国转变发展方式相适

应的产业引资政策。

2. 对外投资方面

我国对外投资在产业选择方面面临的主要问题是,产业分布过度集中、结构不合理并且产业连锁效应较弱。为借助对外投资促进我国产业结构升级、技术创新等经济发展总体目标的实现,我国政府在加大对外直接投资规模的同时,还要加大以产业升级为目的的宏观战略指导。一方面,就对外投资的产业选择而言,要不断加大与我国产业互补、相关联行业的对外投资;另一方面,从三次产业角度出发:要继续加大对关键能源产业的对外投资,以满足我国各产业发展所需的能源需求;要在第二产业中加大对发达经济体高新技术行业的对外投资,以更好地引进先进的技术与管理经验;要在第三产业中加大对具有高附加值的现代服务业的对外投资。

四、 实现技术水平和自主创新能力提升的政策协调

1. 引进外资方面

跨国公司具有较高技术水平,通过技术溢出效应,可以显著提升国内企业的创新能力,促进国内产业技术进步和转型升级。

2. 对外投资方面

为实现跨国公司对外投资的逆向技术溢出,应加强国内企业的技术提升,提高企业的吸收能力;加大对研发资本存量丰富的国家的投资力度,争取通过多样化的投资方式吸收利用国外的研发资源;同时应当注重加强国内的教育投入,提高人力资本水平,推动行业整体的技术水平提升,加强国际竞争力。政府方面需要引导、鼓励和支持优势企业开展境外技术交流与合作,构建国家制造业创新中心,进一步完善教育结构,助推制造业高端人才海外回流。

五、 实现地区平衡发展的政策协调

1. 引进外资方面

改革开放以来,我国东西部地区对外开放层次和经济发展阶段不同,产业结构也不一致。为促进产业结构在空间上的调整,可考虑通过协调区域合作的方式,积极引导外资从东部地区的劳动密集型产业转移至中西部地区,这样可以释放东部地区的空间和资源,进而积极承接更高端的国外资本,发展高技术产业、

新兴产业以及服务业，而西部地区则可以接受更多的资金、技术和先进管理经验，向实现工业化迈进一步。通过区域间的协作来分梯度利用外资，达到合理配置资源的目标，进而可同时实现产业结构在东部地区的高级化以及在西部的合理化，以此促进我国各地区企业更好地融入全球价值链的高端环节。此外，对中西部地区，我国政府还可以考虑实施相应的产业倾斜与地区政策倾斜，引导外资向中西部地区发展，要将外资资金利用到能够平衡东西部地区就业结构差异和协调区域经济平衡发展上。例如，我国可以在对中西部地区普遍实行优惠政策的基础上，像对东部那样在中西部设立经济特区、开发区等多种形式的经济区域，利用优惠政策吸引更多优质的外资。

2. 对外投资方面

当前我国"走出去"的企业绝大多数也都来自东部沿海地区，而来自中西部地区的企业所占比重较低。这种区域布局不仅会减缓中西部地区对外开放的进程，而且还不利于我国区域经济的协调发展，进而会阻碍产业结构升级等一系列经济发展总体目标的实现。需推进对外投资体制管理改革，在有关"走出去"优惠政策设定时可考虑向中西部地区给予适度的地域倾斜，以鼓励中西部地区企业到周边国家承揽工程和劳务合作项目；加强中西部地区与沿海地区的通关协作，扩大属地申报、口岸放行等改革试点，逐步实现一次申报、一次查验、一次放行，解决内陆地区区域通关难、通关成本高的问题。

六、 实现政策协调的保障措施

1. 法律保障

法规架构的完善，是推动效率进步的原动力，公开、透明、完善的法律框架会推动营造高品质、高效率的投资环境。首先，进一步完善《中华人民共和国外商投资法》等相关法律制度，将外商投资企业的事前准入、事中事后监管、知识产权、就业法律及其正外部性的存在性以法律形式予以明确，使外资企业保护及仲裁机制具备法律的认可和保障。

其次，考虑颁布对外投资法等制度，结合国际法以及双边和多边投资协定的文本规定，对异质性企业对外投资规模、行业、地区、模式、组织方式等加以说明，确保对外投资企业风险补偿机制顺利运行。

最后，进一步完善跨国公司资金运营管理办法，加强对外商投资企业境内运营和对外投资企业境外运营的监督管理,防止腐败、避税、洗钱等事件发生,从而改变外资企业以及对外投资企业对政府补偿机制的预期。

2. 技术保障

首先,建设数字化电子平台是各项政策沟通顺利运行的核心,各类单一窗口、数据协调和信息共享平台,尚处于技术探索阶段,建立更加科学、易操作并符合国情的数字化电子平台,提高政府控制风险管理技术,增强可预测性,为双向直接投资的顺利运行提供技术保障。为强化单一窗口的服务功能,简化作业流程,需重新整合且授权单一部门管理与服务,实现机关整合。申请、登记、审核、管理体现在单一窗口中,实现业务整合。

其次,加强对外资企业及其管理人员的培训机会,提供定期强制性培训,有助于提高注册效率。同时,定期培训海关关员和报关通商人员,降低跨境活动所需文件的处理时间,对运行中出现的问题应及时协调有关部门予以解决,按照从实践中来到实践中去的工作思路,不断完善数字化平台运行机制,为国家层面政策的推广奠定基础。

3. 制度保障

首先,制度创新一方面是制度本身的创新,是组织结构、制度构型的更新,另一方面是用制度的力量推动技术、经济、文化、教育等各方面的创新,抢占各领域具有核心竞争力的制高点。因此,需重构政府与社会的关系,不断完善社会管理的职能体系,重组社会管理的组织结构,健全社会管理的相关规范,加强制度实施的机制建设。在新常态下,以自贸区为试点的制度创新需建立自下而上的内生性制度体系,即在以企业为主体的社会力量的推动下,进一步建立贴近企业需求、降低企业供给成本的制度优势安排,使政策能够适应经济发展,真正满足企业需要,最大限度地促进产业转型升级,并从差异性的创新中先行先试,在不同方案的试验和竞争中筛选最优方案,在全国范围内推行软法性质的规范性文件。

其次,制度创新的目的是构建更有效的激励、约束和协调机制,改善经济绩效,降低制度成本,提高制度效率,优化资源配置。因此,制度创新的关键在于确定创新边界,解决人们日益增长的权力诉求与滞后的管理体制和管理方式间的矛盾,以政府职能转变的制度改革促进自由贸易区的制度改革。为提高效率,制定新的操作标准和相应的制度方案,短期内,以任务编组方式,由税务局、工商局等部委的行政人员进行支援,在商务部的协调下配合各项事务的开展,进一步强化单一窗口的功能,达成中央政策和地区政策的一致性;中期内,需要整合协调各事业单位主管机关的责任分工,设立双向直接投资管理专职单位,考虑业务整合与分工、避免功能重叠而互耗资源;长期内,行政机构与运营机构分离,政府提供行政监管和行政服务,评估外资企业发展和政策措施的可行性,而运营机构以政府特许的方式,负责招商、平台建设等,提高效率。

　　本章主要分析了我国双向直接投资的国家政策协调标准、管理体系与协调内容。新时期的双向直接投资战略应致力于优化产业结构、促进技术创新、维持出口增长、提升国际竞争力、促进就业增长以及可持续发展上,还必须服务于我国向全球价值链高端位置顺利攀升。商务部和国家发展改革委是我国双向直接投资的主管部门。我国关于双向直接投资的管理措施具体包括法律规定、国务院通知、各部委规制、地方法规、各项前置条件等。通过梳理我国关于双向直接投资方面的法律法规发现,在引进外资方面:第一,外资准入制度不断完善,但与《产业结构调整指导目录》以及《政府核准的投资项目目录》的衔接仍在进行中;第二,《中华人民共和国外商投资法》实施细则需进一步出台;第三,对外资监管方面的法律制度多以部门规章为主,且各部委间出台的政策交错复杂,均有行政效力却缺少有效的统一法律规定,在监管中可能存在的规避滥用权力方面还缺乏明确的法律法规出台。在对外投资方面:第一,相关法律法规主要集中在对外投资企业的合规管理和审查方面,但在审查和合规管理方面法律文本又较笼统,且各种法规文件出台较为分散,多以外汇局和国家发展改革委的政策为主,与此同时,主管部门权责划分仍不明确;第二,在对外投资促进方面则以纲领性、指导性法规政策为主,多集中在制造业部门;第三,在投资风险保障、境外避税、反洗钱以及规避滥用权力等方面缺乏较为明确的对外投资法律法规。
　　我国的双向直接投资还存在诸多不协调问题,引进外资方面主要表现为:来源地和与全球外商直接投资输出大国不协调,与重要国际贸易伙伴国(投资与贸易)不协调;地域分布不协调,中西部太少;产业布局不协调,高技术服务业仍为主要瓶颈;跨国并购水平太低,与我国的过剩产能转移、经济结构调整、增长方式转变不协调;效率导向型投资与中国提升全球价值链的参与水平和高度目标不协调;外资质量和水平难以提高。在对外投资方面主要表现为:区位集中,双向直接投资不平衡;产业分布不均衡;境外投资企业跨国指数较低;投资动机单一,缺乏全球价值链导向;绕道并购成为主要渠道;面临东道国非公平和歧视性待遇等其他不协调问题。为此,我国双向直接投资的国家政策协调既要注重制度协调,法律法规协调,机构设置协调和管理措施协调,又要兼顾功能协调,致力于实现制造业升级、服务业水平提升、产业结构优化、技术水平和自主创新能力提升、地区平衡发展以及实现政策间的协调。

第十二章 双向直接投资产业政策协调

本章主要通过回顾双向直接投资产业政策的发展历程,发现其中的问题和不足,进而提出新形势下调整双向直接投资产业政策的目标与基本原则,并指出我国双向直接投资产业政策协调发展的方向和政策工具。从经济发展的全局角度来统筹双向直接投资活动,实现二者间的政策协调统一,对我国"引进来"与"走出去"两大开放战略具有重要意义。

第一节 我国双向直接投资产业政策的发展历程

作为产业政策的重要组成部分,我国在改革开放中期便开始通过特定的外资政策来实现国内经济发展的目标。回顾双向直接投资产业政策发展历程,了解其中的问题和不足则是未来进一步调整我国双向直接投资产业政策的基础。

一、 我国引进外资产业政策的演化与不足之处

改革开放以来,我国的引资进程沿着"地区逐步放开—行业逐步放开—产业引导优惠—国民待遇以及引领全球化"的内在逻辑展开。这一内在演进过程内嵌着中国社会主义市场经济体制建设的需要,每一阶段都具有较为明显的改革与开放特征。

1.改革开放初外资产业引导政策的探索期(1978—1991年)

受限于当时的国际环境和历史条件,1949—1978年,外商投资企业罕见。改革开放之后,我国开始积极引进外资解决当时经济建设中缺少资金和技术等

现实问题,为配合这一目标,采取多方措施实施系列改革。

第一,1979年公布《中华人民共和国中外合资经营企业法》,标志着外资企业作为一类合法的经济组织形式得以确立。同时,为确立其合法地位,我国于1982年修订的《中华人民共和国宪法》,允许外商"依照中华人民共和国法律的规定在中国投资,同中国的企业或者其他经济组织进行各种形式的经济合作"。在机构方面,我国于1982年设立对外贸易部管理协调对外贸易和利用外资。不仅如此,为配合吸引外资,我国于1985年发布《中华人民共和国涉外经济合同法》、1986年发布《国务院关于鼓励外商投资的规定》和《国务院外资企业法》、1987年发布《指导吸引外商投资方向暂行规定》、1988年发布《中华人民共和国中外合作经营企业法》、1990年修订《中华人民共和国中外合资经营企业法》、1991年发布《中华人民共和国外商投资企业和外国企业所得税法》。以上法律法规为管理外资提供法律依据,同时也从制度层面保障外国投资者的权益,是我国吸引利用外资的制度保障。

第二,我国通过部分区域的依次开放积累开放经验,优化开放政策。具体而言,首先设立深圳、珠海、汕头和厦门4个经济特区,允许外国投资者在特区内直接投资。随后,不断扩大对外开放范围:1984年5月进一步开放14个沿海港口城市,同年9月在大连建立第一个国家级经济技术开发区;1985年开辟长江三角洲、珠江三角洲、闽东南三角地区和环渤海地区4个沿海经济开放区;1988年开辟海南为第5个经济特区;1990年开发上海浦东新区以及一批长江沿岸城市。至此,我国沿着经济特区—沿海开放城市—沿海经济开放区初步形成一个对外开放格局,这些区域成为经济发展的新增长点和引资的重点地区,但该阶段的开放仍只限于沿海。

第三,1983年《中华人民共和国中外合资经营企业法实施条例》允许设立合资企业的主要行业非常有限,同时对外商投资企业还有部分限制条件,比如进出口、人员培训、原材料使用等方面的要求。但1986年我国提出申请加入关税及贸易总协定,同时《国务院关于鼓励外商投资的规定》的出台对外资优惠政策进行了归纳,对外资的优惠政策不再有行业的限制,也不限于地区,标志着外资享受"超国民待遇"的起始。

总而言之,该阶段对外资的吸引与利用仍然处于试验阶段,外资政策也在不断探索和调整。经过该阶段的外资准入放开,虽有较大进步,但外国投资者大多仍然采取观望的态度,投资较少,实际利用外商投资的累计数额只有 233.5 亿美元,且多是中小型加工企业,对我国经济发展的推动作用较小。

2. 外资产业引导政策的发展期(1992—1999 年)

1992 年党的十四大提出,建立社会主义市场经济体制目标,标志着我国将坚定不移地采取改革开放发展市场经济的基本战略目标。为适应社会主义市场经济建设的目标,我国外资准入政策进行系列调整,减少对外资的限制性规定,我国的对外开放事业取得突飞猛进的发展。

第一,1992 年先是开辟沿长江经济开放区(芜湖、九江、岳阳、武汉和重庆 5 个城市),然后批准合肥、南昌、长沙、成都、郑州、太原、西安、兰州、银川、西宁、乌鲁木齐、贵阳、昆明、南宁、哈尔滨、长春、呼和浩特共 17 个省会为内陆开放城市,并继续开放内陆边境的沿边城市(从东北、西北到西南地区,有黑河、绥芬河、珲春、满洲里、二连浩特、伊宁、博乐、塔城、普兰、樟木、瑞丽、畹町、河口、凭祥、东兴等)。至此,仅 1992—1993 年,我国就实现了由限于沿海城市与开放区到沿江、省会、沿边等全方位、多层次、宽领域的区域对外开放格局。据统计,1992 年我国新签利用外资协议金额 685 亿美元,实际使用外资 188 亿美元;其中外商直接投资协议金额 575 亿美元,实际吸收外国直接投资 111.6 亿美元。1993 年实际使用外资激增到 398.6 亿美元,同比增长 1 倍以上,更是超过整个 20 世纪 80 年代中国利用外资总和。

第二,当对外开放的地区扩展到全国范围之后,发展较早的开放区为实现产业转型升级,引资的焦点开始从量转为追求质量。1995 年发布《指导外商投资方向暂行规定》和《外商投资产业指导目录》,其中,《外商投资产业指导目录》将引资项目分为鼓励、允许、限制和禁止 4 类。《外商投资产业指导目录》的发布标志着对不同产业采取差异化的引资思路,成为指导外商投资项目审批的基本依据,开启了利用《外商投资产业指导目录》作为基本政策依据的外商投资管理模式,同时也是我国对外商投资实施负面清单管理的最早的制度根源。1995 年《外商投资产业指导目录》中总共记录的产业条目总数为 329 条,其中鼓励类 186 条,限制类 112 条,禁止类 31 条(见图 12-1)。为对外商投资的产业做更具体的规定,引导外商投资方向,扩大对外开放,1997 年我国计委、国家经贸委和外经贸部颁布《外商投资产业指导目录(1997 年修订)》。自此,引进外资从最初以一般加工产业为主进一步扩展到基础产业和高新技术领域,资本和技术密集型的大型项目开始增加。与此同时,我国开始开放原来限制外资进入的服务贸易领域,外资开始进入零售、金融、货运和软件业等行业。继 1995 年《外商投资产业指导目录》颁布以来,我国实际利用外资快速增长,1995 年实际使用外资 484 亿美元,同比增长 11%;1997 年实际利用外资金额 640 亿美元,同比增长 15.7%,其中外商直接投资 453 亿美元,增长 8.5%。同时,外商投资到位率有所提高,投资结构进一步改善,基础设施和基础产业项目增加,中、西部地区招商引资比重加大。

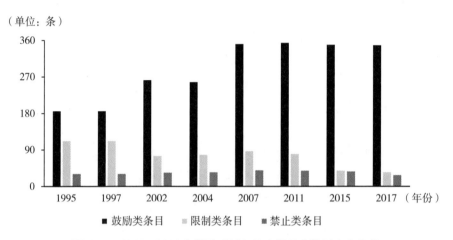

（单位：条）

图 12-1　1995—2017 年鼓励、限制、禁止类行业数量变化趋势

3. 加入世界贸易组织后外资产业引导政策调整期(2000—2007 年)

1999 年 11 月 15 日中美签署《关于中国加入世界贸易组织的双边协议》,标志着中美就我国加入全球最大贸易组织的双边谈判正式结束,扫除了我国加入世界贸易组织的最大障碍,自此我国开始为正式加入世界贸易组织进行系统的制度完善与政策调整,开启了科学有序吸引外资,提高利用外资的深度与广度的有序调整阶段。

第一,为尽快适应世界贸易组织规则,我国首先对与外资有关的《中华人民共和国外资企业经营法》《中华人民共和国外资企业法》《中华人民共和国中外合资经营企业法》三大法律分别于 2000 年(前两个法律)和 2001 年进行修订,删除与世界贸易组织规则不相适应的条款。如 2001 年修订的《中华人民共和国中外合资经营企业法》,删除关于合资企业生产计划应报主管部门备案的条款,同时将原规定合资企业所需原材料等仅限在中国购买,改为可在国内市场也可在国外市场购买。《中华人民共和国外资企业法》和《中华人民共和国外资企业法实施细则》的修订则取消对外商独资企业在设立条件、减资、设备出资、内销和出口比例等方面的限制。

第二，积极发挥产业准入政策的基础引导作用，2002年、2004年、2007年分别修订《外商投资产业指导目录》，逐步实现服务业全面开放。《外商投资产业指导目录（1997年修订）》有限度放开银行、保险、外贸、会计师事务所、律师事务所、零售商业等服务行业；《外商投资产业指导目录（2002年修订）》基本放开外资银行、保险、证券、基金、金融、商业、外贸、运输、旅游、法律服务、会计审计、音像制品、外商商业特许经营、直销经营等行业；《外商投资产业指导目录（2007年修订）》服务业基本全面放开，但仍有控股比例限制。

在该阶段，我国利用外资水平明显提高，自2002年之后，我国的外商直接投资年均流入额始终保持在高于500亿美元的水平上，并于2004年突破新纪录，总额高达1530亿美元，同比增长33个百分点，对外开放实现新突破。2007年进一步扩大服务业对外开放，加强对外商投资方向的引导。

4. 外资产业引导政策的主动进取阶段（2008年至今）

2008年国际金融危机深刻影响了全球经济发展，也改变了全球经济格局，美国等传统发达国家出现贸易保护主义倾向，中国则逆势而为迅速成为全球一体化、自由贸易的"捍卫者"，伴随这一过程，外资准入政策也发生了深入的改革完善。

第一，自1986年开始，我国给予外资企业"超国民待遇"，外资企业享受低于内资企业的税收等优惠条件。在改革开放早期，该政策为引资发挥了至关重要的作用。但外资的"超国民待遇"逐渐暴露一系列问题。直至2007年，我国决定修订《中华人民共和国企业所得税法》，将外资企业和内资企业所得税率统一调整到25%，外资企业的"超国民待遇"成为历史。"超国民待遇"的取消，标志着我国吸引外资从依靠优惠政策到更多依靠优化投资环境转变，符合国际上大多数国家外资政策的发展规律，也符合公平竞争的原则，同时也与我国经济发展水平相适应，能够保证我国吸引更优质、更有竞争力的外资。

第二，2011年、2015年以及2017年对《外商投资产业指导目录》分别进行修订，更多产业进一步对外开放。其中，《外商投资产业指导目录（2011年修订）》取消部分领域对外资的股比限制，鼓励类和限制类中有股比要求的条目比原来减少11条。同时将高端制造业作为鼓励外资的重点领域，促进外资使用新技术、新工艺、新材料、新设备,改造和提升传统产业;鼓励外商投资现代服务业,支持面向民生的服务业扩大利用外资,推进服务业开放进程。该阶段传统产业转型升级迈出新步伐,部分重大沿海钢铁基地和城市钢厂搬迁项目启动实施,新型干法水泥比重超过 90%,企业兼并重组积极推进,淘汰落后产能工作取得新成效。服务业发展有了新进展,在鼓励类中的比重进一步增加,各类生产性和生活性服务业发展迅速,服务业增加值增长 8.1%,超过预期目标 0.2 个百分点,继续成为吸纳就业的第一主体。《外商投资产业指导目录(2015 年修订)》大幅减少限制类条目,限制类条目从《外商投资产业指导目录(2011 年修订)》的 79 条减少到 38 条;鼓励类条目数基本不变,修改了 76 个条目,主要是调整指标和优化结构,促进外商投资使用新技术、新工艺、新材料、新设备,进一步提高利用外资质量。据《全球投资趋势监测报告》显示,2014 年我国首次成为世界最大的外资流入国,2015 年全年吸收外商投资继续增长,高达 1262.7 亿美元,同比增长5.6%。其中,服务业吸收外商投资 771.8 亿美元,同比增长 16.5%,占总量的61.1%。我国服务业吸收外资占比从 2001 年的 24%,提高至 2015 年的 61.1%;制造业利用新增外资的规模和比重持续下降,高技术制造业吸收外商投资占比近 1/4。《外商投资产业指导目录(2017 年修订)》中鼓励外商投资制造业项目高达 269 项,占全部目录条目的 77%,仅对汽车、船舶、飞机等关税较高、外商投资受限的行业等有限制,尽管有股本比例限制但大部分服务业已基本开放。《外商投资产业指导目录(2017 年修订)》一个重要特征就是对结构进行调整,明确提出《外商投资准入特别管理措施(负面清单)》。按照负面清单模式改革要求,《外商投资产业指导目录(2017 年修订)》将部分原鼓励类有股比要求的条目,以及限制类、禁止类整合为外商投资准入负面清单,作为对外资实行准入前国民待遇加负面清单管理模式的基本依据。负面清单之外的领域,原则上不得实行对外资准入的限制性措施,外商投资项目和企业设立实行备案管理。2017 年我国全年非金融类境外直接投资 1201 亿美元,实体经济振兴取得积极进展。制造强国建设迈出坚实步伐,"中国制造 2025"加快落实,制造业创新中心、工业强基、绿色制造、智能制造等重大工程稳步实施,机械装备、石化医药、冶金建材、新材料、轻纺等产业转型升级步伐加快。加快发展生产性服务业和生活性服务业,服务业向高效优质发展迈进,服务业增加值增长 8%,对经济增长的贡献率达到 58.8%,同比提高 1.3 个百分点。《外商投资准入特别管理措施(负面清单)(2018年版)》自2018年7月28日起施行,是对2017年的《外商投资准入特别管理措施(外商投资准入负面清单)》进行的修订。《外商投资准入特别管理措施(负面清单)(2018年版)》大幅度放宽市场准入,清单长度由63条减至48条,在银行、汽车、铁路干线网、电网、加油站等22个领域推出一系列重大开放措施,外商投资审批范围进一步缩小。《外商投资准入特别管理措施(负面清单)(2017年版)》同时废止,鼓励外商投资产业目录继续执行。2018年自由贸易试验区版负面清单,在全国版负面清单开放措施基础上,在更多领域试点取消或放宽外资准入限制。农业领域,将小麦、玉米新品种选育和种子生产外资股比由不超过49%放宽至不超过66%。采矿领域,取消石油、天然气勘探、开发限于合资、合作的限制,取消禁止投资放射性矿产冶炼加工与核燃料生产的规定。文化领域,取消演出经纪机构的外资股比限制,将文艺表演团体由禁止投资放宽至中方控股。增值电信领域,将上海自由贸易试验区原有28.8平方千米区域试点的开放措施推广到所有自由贸易试验区。2020年6月《外商投资准入特别管理措施(负面清单)(2020年版)》发布,本次修改按照只减不增的原则,进一步缩减外商投资准入负面清单,其中,全国外商投资准入负面清单由40条减至33条,加快服务业重点领域开放进程,同时放宽制造业、农业准入。

第三,2019年3月15日上午,十三届全国人大二次会议表决通过《中华人民共和国外商投资法》,该法律自2020年1月1日起施行。作为我国外商投资领域的基础性法律,外商投资法对外商投资的准入、促进、保护、管理等作出统一规定,是对我国外商投资法律制度的完善和创新。此外,该法还明确规定我国对外资实行准入前国民待遇加负面清单管理制度,大幅度减少准入限制,为进一步提升营商环境、吸引更多外资参与我国经济建设提供制度性保障。

综上所述,可以得出:其一,历年《外商投资产业指导目录》的修订是以扩大开放为导向,我国产业对外资的限制是逐步放开,呈现出由制造业向服务业、由劳动密集型向资本密集型和技术密集型产业转移的态势。其二,我国对外资实行从逐案审批到准入前国民待遇加负面清单的管理制度,大大简化了外资进入和运营的流程,营造出更有利的投资环境。对禁止和限制外国投资者投资的领域,将以清单方式明确列出,清单之外充分开放,中外投资者将享有同等待遇。这是我国外商投资管理体制的根本性变革,将提高投资环境的开放度、透明度和可预期性,为推动形成全面开放新格局提供更加有力的法律保障。

外资自由化加速了全球资本在我国流动,外资企业与本土企业交流更加频繁,深刻影响着中国企业的要素禀赋、技术升级模式和价值链位置,对中国制造加速向科技、创新、绿色、智能和高端转型具有重要作用。虽然我国在引资方面取得一定的新进展、新突破,但也存在一些突出的困难和问题。

首先,新引进的产业化重大项目不多。总体上看,引进项目投资规模偏小,项目质量不高,有影响力、有集聚带动作用的大项目较少。特别在工业上,在钒钛、新能源新材料领域的沿链、强链、补短板的大项目不多。

其次,大项目引进较为困难。远离中心的城市难以受到中心城市的带动和辐射,城市产业和功能配套偏弱、交通运输条件相对较差、工业企业用电成本高、政策的支持力度对投资企业的吸引力不足等问题较为突出,加之相关政策收紧以及我国用地、用工成本增加,工业大项目引进难度增加,甚至还存在撤资现象。

最后,要素保障水平和营商环境还需进一步改善。基础设施建设相对滞后,产业配套能力不强,特别是工业园区标准化厂房保障供应不足,工业项目用电成本较高。对已有企业的关注度不高,鼓励支持本土企业做大做强、加快发展的措施办法较少。

二、 我国对外投资产业政策的演化与不足之处

相比引进外资政策,我国企业"走出去"政策起步较晚,发展缓慢。目前涉及对外投资产业指导,一是境外投资产业指导目录,二是境外投资方向的指导意见及负面清单。

1.境外投资产业指导目录

随着国内产业规模和实力的不断扩大,"出口导向型"的发展模式积累了大量的外汇储备,为我国企业"走出去"提供了必要的支持。2006年我国的外汇储备总额超过万亿美元,首次超过日本,位居全球第一,在此背景下,我国的对外直接投资开始起步、增长迅速。2000年中国对外直接投资流量为6.16亿美元,2005年,首次突破百亿美元达122亿美元。然而,长期困扰我国经济发展的结构不合理、发展方式粗放、自主创新能力不强等问题并未得到根本解决。以资源为代价的粗放型增长模式大量消耗了国内的资源,资源短缺的现象越来越明显。

鉴于此,国家发展改革委、商务部、外交部、财政部、海关总署、国家税务总局、国家外汇管理局联合发布《境外投资产业指导目录(2006)》,按照投资体制

改革和产业政策的要求,制定的境外投资产业指导政策。该目录详细规定了对外直接投资的鼓励和禁止目录,其中鼓励类48条,涉及农业5条、采矿业9条、制造业19条、服务业7条,禁止类8条。其主要目标是资源寻求型,为国内经济增长提供日益短缺的资源。如表12-1所示,《境外投资产业指导目录(2006)》的鼓励类行业中"能够获得国内短缺以及国民经济发展所急需的资源或原材料"放在首要位置,这与《产业结构调整指导目录(2005年本)》的鼓励类行业类别中包含钢铁、有色金属、建材等领域相一致。其次,"走出去"的目的是主动寻求技术,通过对外直接投资的逆向技术溢出效应弥补国内产业技术短板。而在具体的政策工具选择上,则结合当时的制度环境,对符合条件的项目给予包括直接财政补助、银行贷款财政贴息、政策性贷款扶助、用汇支持,以及在核准、咨询、信息交流、领事保护、人员流动等方面的优先支持。

随着《境外投资产业指导目录(2006)》的实施,中国对外直接投资迅速增长,2007年中国对外直接投资256亿美元,同比增加25%。其中,流向交通运输业和采矿业分别约40亿美元,占比15%左右,采矿业主要流向石油天然气开采、有色金属开采和黑色金属矿采选,而当年制造业占比仅为8%。由于国有企业在获得政府支持方面有独特的优势,因此"走出去"以国有企业为主。

2. 境外投资方向的指导意见及负面清单

在2008年国际金融危机之后的十年里,国内的经济环境发生了重大变化:一方面,国内经济增长模式由"粗放型"向"集约型"转变,部分行业出现产能过剩问题,如钢铁、水泥、电解铝、平板玻璃、造船等行业。我国面临着如何调整产业结构和实现产业升级的重要问题。2015年国务院公布"中国制造2025"计划,重点发展领域包括新一代信息技术创新产业、机器人、航空航天、海洋工程、轨道交通装备、新能源汽车等行业,以推动由"中国制造"向"中国智造"的转变。另一方面,2013年"一带一路"倡议提出;2014年"丝路基金"开始运营;2015年,亚洲基础设施投资银行成立。"一带一路"旨在促进亚洲区域的建设互联互通化和经济一体化进程,并且加强中国及其他亚洲国家和地区的合作,这为企业对外直接投资提供了政策和资金便利。在上述背景下,2016年我国对外直接投资首次超过当年外商直接投资的金额,成为世界第二大对外直接投资国。但我国对外直接投资创下历史高点的背后也隐藏着一些问题,从行业结构来看,一方面,中国在科技、媒体、通信(Technology,Media,Telecom,TMT)等行业出海大刀阔斧地收购海外的优质资产。德勤的报告显示,2012—2016 年,中国科技、媒体、通信行业的海外投资增长迅速,并购数量的年复合增长率高达 27%,且交易金额也在五年内翻了约六倍之多。另一方面,房地产、酒店、影城、娱乐业、体育俱乐部等行业的海外并购骤增,造成资本外逃、债务负担严重等问题。2020 年,中国流向房地产业的对外直接投资为 51.9 亿美元。

根据国内外经济形势的变化,为进一步引导和规范企业境外投资方向,促进企业合理有序开展境外投资活动,防范和应对境外投资风险,推动境外投资持续健康发展,2017 年 8 月国务院办公厅转发国家发展改革委、商务部、人民银行、外交部《关于进一步引导和规范境外投资方向的指导意见》。该意见明确将境外投资分为鼓励、限制和禁止类。之后,国家发展改革委发布《境外投资敏感行业目录(2018 年版)》,包含武器装备的研制生产维修、跨境水资源开发利用、新闻媒体以及《关于进一步引导和规范境外投资方向的指导意见》中需要限制企业境外投资的行业。

对比表 12-1 可知,与《境外投资产业指导目录(2006)》相比,我国企业"走出去"的主要目标发生了变化。

表 12-1　《境外投资产业指导目录》和《关于进一步引导和规范境外投资方向的指导意见》对照

	《境外投资产业指导目录》(2006)	《关于进一步引导和规范境外投资方向的指导意见》(2017)
鼓励类	(1)能够获得国内短缺以及国民经济发展所急需的资源或原材料; (2)能够带动国内具有比较优势的产品、设备和技术等出口和劳务输出; (3)能够明显提高我国技术研究开发能力,以及能够利用国际领先技术、先进管理经验和专业人才	(1)支持境内有能力、有条件的企业积极稳妥开展境外投资活动,推进"一带一路"建设,深化国际产能合作,带动国内优势产能、优质装备,适用技术输出,提升我国技术研发和生产制造能力,弥补我国能源资源短缺,推动我国相关产业提质升级; (2)稳步开展带动优势产能、优质装备和技术标准输出的境外投资; (3)加强与境外高新技术和先进制造业企业的投资合作,鼓励在境外设立研发中心; (4)在审慎评估经济效益的基础上稳妥参与境外油气、矿产等能源资源勘探和开发; (5)着力扩大农业对外合作,开展农林牧副渔等领域互利共赢的投资合作; (6)有序推进商贸、文化、物流等服务领域境外投资,支持符合条件的金融机构在境外建立分支机构和服务网络,依法合规开展业务

	《境外投资产业指导目录》（2006）	《关于进一步引导和规范境外投资方向的指导意见》（2017）
限制类	无	（1）房地产、酒店、影城、娱乐业、体育俱乐部等境外投资； （2）在境外设立无具体实业项目的股权投资基金或投资平台； （3）使用不符合投资目的国技术标准要求的落后生产设备开展境外投资；不符合投资目的国环保、能耗、安全标准的境外投资
禁止类	（1）危害国家安全和损害社会公共利益的； （2）运用我国禁止出口的特有工艺或者技术； （3）我国法律禁止经营的领域； （4）投资对象国或地区法律禁止投资的产业，我国缔结或参加的国际条约规定禁止投资的其他产业； （5）法律、行政法规规定的其他情形	（1）涉及未经国家批准的军事工业核心技术和产品输出的境外投资； （2）运用我国禁止出口的技术、工艺、产品的境外投资； （3）赌博业、色情业等境外投资； （4）我国缔结或参加的国际条约规定禁止的境外投资； （5）其他危害或可能危害国家利益和国家安全的境外投资

首先，《关于进一步引导和规范境外投资方向的指导意见》规定"走出去"的目标是获取经济转型所需的技术和知识，促进国内产业升级，增强中国企业的国际竞争力。而该阶段内，中国制造业和科技、媒体、通信行业在国际市场并购上升的主要原因也在于收购国外技术以满足国内需求，以及为寻求新的增长点、开拓国外市场。

其次，《关于进一步引导和规范境外投资方向的指导意见》中不仅强调通过直接投资带动优势行业的出口，且更强调深化产能合作。国际产能合作，不仅是将产品卖到国外，而且是把产业整体输出以在东道国建立更完整的工业体系、制造能力。2015年国务院发布《国务院关于推进国际产能和装备制造合作的指导意见》，将钢铁、有色、建材、铁路、电力、化工、轻纺、汽车、通信工程、机械、航空航天、船舶和海洋工程等作为重点行业，在这些行业，我国在国际上具有比较优势，促进这些行业的对外直接投资有助于国内产业结构升级。

再次，《关于进一步引导和规范境外投资方向的指导意见》强调资源寻求类对外直接投资应以审慎评估经济效益为基础，一方面，钢铁、有色金属、建材等领域的部分品种已出现严重产能过剩，对一般加工能力不宜再进行鼓励，这与《产业结构调整指导目录（2011年本）》相一致。另一方面，以国有企业为主的资源类对外直接投资出现经营业绩不佳等现象。中国石油大学于2010年发布的一份报告显示，受管理制度及国际投资环境等因素的影响，我国三大石油公司在海外的亏损项目达到2/3。因此，我国对资源类对外直接投资的政策发生转变。

最后，《关于进一步引导和规范境外投资方向的指导意见》增加了限制对外直接投资的行业，主要集中在房地产、酒店、影城、娱乐业、体育俱乐部等部门。这一规定旨在针对2016年前我国在这些行业大举收购造成的资本外逃和企业负债过高等问题。

在具体措施上，对鼓励开展的境外投资，仍通过政策资金扶持、贷款贴息、保费补助、用汇便利以及出入境管理等方面给予扶助和优先，对限制开展的境外投资则主要通过劝勉、指导和提示的方式引导企业审慎参与，而对禁止开展的境外投资则予以严格管控。境外投资主管部门不得备案、转报禁止类项目，并责成金融监管部门督促相关机构严格排查。

随着《关于进一步引导和规范境外投资方向的指导意见》的实行，我国的对外投资活动也继续保持着快速发展的态势，同时结构呈现一定的优化。2020年中国全行业对外直接投资1537.1亿美元，同比增长12.3%。对外直接投资行业结构优化。制造业对外直接投资比重显著增加。2020年，租赁和商务服务业、制造业、批发和零售业、金融业，占比分别为25.2%、16.8%、15.0%和12.8%。2019年，流向第三产业的对外直接投资1142.3亿美元，同比下降5.9%，占83.4%。同时，对"一带一路"地区的对外直接投资显著增加。2021年我国企业对"一带一路"沿线国家和地区实现非金融类直接投资203.0亿美元，同比增长14.1%，在"一带一路"沿线国家和地区对外承包工程完成营业额896.8亿美元。

然而，随着我国对外投资的快速发展，相关的问题也在不断涌现，集中表现在如下两个方面。

一是战略性新兴产业在发达国家的收购受阻。西方国家对外资并购审查存在明显收紧的趋势。2017年前后，欧美等发达国家借口国家安全纷纷加强对来自中国的高新技术行业的收购审查。2018年7月，英国也宣布收紧外国并购监管的计划，扩大政府否决交易的范围。美国2018年对美国外资投资委员会进行改革，新公布的《外国投资风险审查现代化法》加强了国家安全因素、扩大美国外资投资委员会的管辖范围和对新兴和基础技术的评估，其中涉及《中国制造

2025》以及人工智能、机器人、航空航天和 5G 技术等前沿领域的,已限制外资对其关键技术展开收购。继 2017 年修改《对外经济法(AWG)》和《对外经济法实施条例》,延长审查时间,强化申报义务,使外资并购的调查程序更为严格后。德国政府于 2018 年 12 月通过新的《对外经济法实施条例(AWV)》修正草案,进一步强化了来自欧盟以外的投资者并购德国企业的审查。这标志着在一些与核心安全和公共秩序相关的敏感领域,德国政府收紧了并购审查,主要针对非欧盟企业。2018 年 12 月,欧盟议会国际贸易委员会批准了针对外国直接投资监管建议,并计划于 2019 年四五月间实施。中国企业通过收购发达国家企业获取核心资产和知识的途径面临更大的挑战。受此影响,咨询公司荣鼎集团(Rhodium Group)发布的报告指出,2018 年,中国对美直接投资为 48 亿美元,较 2017 年的 290 亿美元下降 84%,较 2016 年的 460 亿美元下降 90%;而对欧洲对外直接投资为 173 亿欧元,较 2016 年 370 亿欧元的峰值下降 50%以上。

二是我国对外直接投资中的国有企业问题成为焦点。《境外投资产业指导目录(2006)》和《关于进一步引导和规范境外投资方向的指导意见》对鼓励类对外直接投资都采取资金、政策等方面的支持,考虑到国有企业与政府联系紧密,更容易得到政府的优惠措施,因此,西方国家对来自我国国有企业的对外投资的忧虑进一步加深,主要的担忧在于国有企业补贴、非公平竞争、透明度等问题。东道国官员不信任我国国有企业的投资动机,并将他们视为母国不公平的金融优惠、补贴和税收优惠等国家支持的接受者。这增加了国有企业对外直接投资的难度。

第二节　双向直接投资产业政策调整的必要性

从 20 世纪 90 年代初期开始,为解决我国工业体系中建设资金不足和技术能力缺失等问题,我国通过给予外资企业优惠政策支持以实现外资开放,吸引外资进入高速增长时期。外资不仅成为我国经济中不可或缺的成分,而且在弥补产业短板、促进技术转移与扩散、带动国内相关产业链建立与成长等方面发挥了重要作用。然而,自 2008 年国际金融危机以来,世界经济的发展趋势与科技进步的格局正逐步发生着改变,以往以"市场换技术"为主要战略导向和以单纯的"超国民待遇"为具体措施的外资产业政策面临着转向与调整。此外,逐渐成长起来的中国企业也开始走出国门,开启国际化进程,但这方面的产业政策空白,亟待补充。总体而言,目前我国双向直接投资产业政策有其调整的必要性。

一、 国际直接投资规则调整的客观压力

当前,新的国际直接投资规则逐渐成为国际贸易与投资合作的基础。总体来看,最新的国际直接投资规则不仅继承了原先投资规则对高标准投资自由化的诉求,继续秉承宽泛的投资定义并要求以准入前国民待遇加负面清单模式开放市场,要求东道国为外资企业提供不低于本国企业和第三国企业的公平市场待遇,而且投资规则也逐渐由"边境"规则向"边境内"规则转移,进一步拓展到竞争中立、政府采购、环境标准、市场经济地位以及知识产权等新的领域,试图从制度层面规范东道国的市场环境,建立以公平市场竞争原则为基础的投资秩序。在此情况下,我国原有的以正面清单为具体架构的外资市场准入与管理政策、以企业所有制身份为基础的产业优惠与扶持政策显然都不符合新规则的要求。而要在新规则下融入国际生产与合作体系,减少投资与贸易活动中的争端与摩擦,就需要结合新国际直接投资规则发展的趋势对我国原有的产业政策进行系统性的调整。

二、 应对逆全球化与保护主义回潮的现实选择

自2008年国际金融危机爆发以来,全球经济,特别是以欧美为代表的发达经济体陷入衰退,国民财富的缩水、经济下行和就业压力的骤增不仅使相关国家在对外投资能力上出现大幅的下滑,而且也使这些国家的对外经济政策由支持开放自由贸易转向保护主义。尤为重要的是,在对金融产业膨胀和产业空心化所造成的负面影响反思之后,发达国家纷纷重拾制造业发展战略,并通过各类优惠政策推动制造业回流以重塑其在制造业领域的竞争优势。在此逆全球化与保护主义思潮的影响下,我国产品出口与引资活动均受到不小的冲击,而以往单纯以优惠措施为工具的产业政策无论在实施空间还是在政策效果方面都会大打折扣。为继续维持我国在新形势下对高层次外资的吸引力,也需对现有的外资产业政策进行相应的调整。

三、　新科技革命浪潮下抢占产业制高点的必要举措

当前,世界正处在新一轮科技革命和产业变革浪潮的开端,以新能源、新材料、新工艺以及信息与数字技术所引领的科技创新活动正不断地创造着新的产业门类、新的业态和组织模式以及与以往截然不同的生产方式,这些变革不仅为发展中国家带来了跨越式发展的历史机遇,同时也使其在未来的产业竞争中面临着更紧迫的压力,并引起产业政策调整的内在要求。

首先,新科技革命浪潮所带来的产业升级换代正在颠覆以往的国际分工格局——以往发达国家凭借早期工业化优势所获得的产业竞争优势正随着新兴产业的不断涌现而渐趋消弭,新科技革命浪潮所带来的产品和技术代际更迭速度的加快使很多原本在相关技术领域处于空白地位的发展中国家可以通过跨越某些特定的技术阶段来加快技术追赶的步伐,使其在产业高度和产业竞争力方面实现"弯道超车"的可能。特别是对诸如数字经济等具有典型的要素内生性和规模经济特征的新兴产业而言,迅速建立产业优势无疑是在新一轮产业国际竞争中取得先机的关键。而在这一节点上,适当的产业扶持政策无疑成为迅速建立产业优势、抢占产业制高点的有效助力。

其次,在跨国公司全球生产网络不断深化发展的推动下,国际分工形式正由传统的以产品和产业分工为基础的水平式分工模式转化为以产业链为核心的垂直式分工模式,且在新技术革命的推动下,全球价值链和供应链也呈现出加速重构的趋势。一国在全球价值链中的地位将在很大程度上决定该国参与国际分工体系所能获得的利益。在此背景下,能否实现产业链意义上的升级调整是决定未来一国在国际分工体系中利益获取的关键。因此,我国以往所建立的以横向产业门类划分的产业政策亟须根据目前的价值链分工趋势进行重新的规划与调整。

四、　国内经济转型与发展的内在要求

除上述国际性的背景特征之外,我国目前经济转型时期所出现的一些趋势和矛盾也对相关的产业政策调整形成了内在的压力。

首先,禀赋条件的变化使我国引资的目标与侧重发生转变。过去我国经济取得的高速增长成就很大程度上来自剩余劳动力转移所带来的人口红利。这一优势使我国得以在资金和技术均比较缺乏的情况下以低廉的劳动力成本优势吸

引了大量的外资并由此接入国际生产体系。然而,伴随着剩余劳动力转移的基本完成,我国的人口红利也在逐渐消失,这不仅侵蚀了我国以往在国际市场上赖以生存的低成本优势,也带来了现实的产业结构升级压力——如果我国无法顺利实现产业结构升级,并顺利实现由低成本优势向技术优势的过渡,则可能因低成本的劳动密集型产业的外移而造成国内产业空心化的风险。在此情况下,以往以降低外资企业生产成本为核心的外资产业政策显然不足以满足新时期产业结构升级的要求,寻求新禀赋条件下区位优势的来源,并据此重新设定产业政策的目标与侧重是当务之急。

其次,资本要素领域的深层次矛盾也需要通过产业政策的调整来加以缓解。从国际直接投资的"缺口理论"来看,引进外资是发展中国家弥补资金和技术缺口的一个有效途径。而在我国经济发展初期,外资的大幅引进的确在上述两方面弥补了我国的不足。然而,伴随着我国经济发展水平的提升和国民财富的迅速积累,我国实际上已经从一个资金相对短缺的欠发达国家逐渐转变成资金规模较为丰裕的中等收入经济体,但伴随着社会财富的增加和资金规模的扩张,我国的技术创新与产业化能力却未能跟上财富增长的步伐,由此使资金向具有现实生产和价值创造能力的"资本"转化的途径受阻。这不仅制约我国经济内生性增长机制的实现,而且也导致大量的社会财富在金融领域的"空转",使我国经济在长期内有"脱实就虚"的潜在趋势。在此情况下,引进外资的侧重点显然也不宜放在单纯的外资规模方面,而应当更加侧重其对国内技术高级化和产业化的带动。

最后,产业政策调整也是保证未来经济可持续增长的需要。尽管我国在过去一段时间内保持超高速的增长,并在世界范围内创造了"中国奇迹",但这种高速增长更多地源自要素投入的增加而非整体生产率的进步,并使我国过去一段时期内的经济增长具有典型的粗放型特征。这种粗放式的增长不仅制约着未来经济增长的潜能,而且也带来沉重的资源和环境压力,使经济增长的速度难以为继。要确保我国经济在未来仍能够保持可持续增长的潜力,并使人民群众能够从经济增长中获得更多的福利,亟须创新增长方式以追求高质量发展。而在此过程中,转变以往产业政策的散乱特征,消除引资活动中的恶性竞争与重复建设,提升引资活动的总体质量和效率则是实现这种经济增长方式转变的重要途径之一。

第三节 新形势下双向直接投资产业政策
目标与原则

随着国际经贸规则的演进、科技进步格局的发展和我国经济发展形势的变化,新形势下我国双向直接投资产业政策目标与原则也应作出相应的调整和变革。

一、 新形势下双向直接投资产业政策的总体目标

随着我国禀赋结构、竞争能力与经济发展形势的变化,我国在利用外资方面的动机和目标也发生了相应的变化,外资已不仅仅是我国获取资金、技术,或弥补产业短板的渠道,而是在经济结构的调整和升级中承担着重要作用。此外,随着我国企业技术能力和竞争能力的增强,我国企业的对外投资活动也得到迅速发展,但我国在对外投资的管理和引导方面却没有成熟的经验,政策体系也缺乏明确的着眼点。鉴于此,在新形势下构建双向直接投资产业政策,需重新审视产业政策的目标体系,并在统一的目标体系下统筹考虑。

1.经济结构调整与增长质量提升

我国经济发展进入新常态,调整经济结构,提升经济增长的质量和效益成为未来发展的关键。在此背景下,国际资本流动所承担的促进经济规模增长的目标也应让位于经济结构调整与增长方式转变的目标,双向直接投资的规模将不再是主要的着眼点,而增进利用外资的质量、促进外资企业与国内企业的结构升级,提升利用外资乃至对外投资活动的总体经济效益是新时期双向直接投资产业政策的关键。

2.抢占未来产业制高点

新技术革命的风起云涌使世界范围内的技术格局与国际分工体系都处于大调整的前夜,且使新兴发展中国家面临着颠覆产业分工格局、重塑国际分工地位的历史性机遇。而在此过程中,处于技术进步前沿的跨国公司显然是一支不可忽视的力量。以适当的产业政策鼓励和吸引跨国公司对华进行技术转移与扩散,并促进国内具备海外竞争能力的跨国企业走出国门,充分利用世界范围内的各类资源提升自身的技术能力与竞争能力,是把握技术进步脉搏、提升技术创新

能力、在新兴产业领域建立竞争优势、抢占产业发展先机的重要途径。因此在产业政策的调整与改革过程中,也应将鼓励新兴产业发展,促进技术转移与创新作为贯彻始终的重要目标。

3. 带动国内产业链的"闭环化"发展与完善

参与国际分工,融入跨国公司主导的产业链体系固然是我国通过扩大开放带动国内经济发展的一条捷径,但在垂直一体化的国际分工格局下,单纯依靠外部要素与资源的"片段化"融入,也使我国难以从根本上获得产业链的主导与控制权。产业链关键环节的缺失,削弱了我国在参与国际分工中的谈判能力,在现行的贸易与分工格局中利益被极大地压缩,同时也使我国看似完备的工业体系缺乏稳固的基础。特别是在目前保护主义回潮,发达国家对我国的技术输出管控与封锁日益严重的背景下,企业固然不必"事必躬亲"地将所有生产环节纳入自身的生产体系中,但却不能不未雨绸缪,拥有完整的生产与供应能力。建立相对完整的产业链体系,塑造产业链在国内的"闭环化"能力并保持产业链的可控性不仅是关系到经济结构调整和产业升级目标能否顺利实现的基础,而且也是关系到开放条件下维持产业安全和经济独立性的关键,更是增强国内企业在国际分工中的谈判力、增加国际分工利得的必要条件。鉴于此,在新形势下的双向直接投资产业政策设计中,也应当尤其重视国际资本对国内产业链和配套产业体系的补充、引导和带动能力,以跨国企业为龙头实现完整的产业生态体系的构建与发展。

二、 双向投资产业政策的基本原则

从目前国际经贸规则发展趋势与我国自身经济发展形势来看,新形势下我国双向直接投资产业政策调整应当遵循如下基本原则。

1. 开放与制度兼容性原则

我国经济领域取得的成功离不开对外开放和对国际化生产分工体系的主动融入,因此在未来经济发展过程中,对外开放仍是我国应当继续坚持的改革方向。而在开放条件下,产业政策的制定也需综合考虑世界范围内经济制度和政策的调整趋势以及国际贸易与投资规则的最新演变,充分实现在制度方面与国际领域的兼容,注意同国际通行制度体系的接轨。

从目前国际投资规则的主要发展方向来看,以负面清单为基础的外资准入管理体制和以公平竞争为基础的国民待遇原则是外资产业政策调整的主流。因此在开放条件下,要实现外资产业政策与国际主流投资规则的兼容,也应当在政策调整中着重贯彻负面清单以及公平竞争与透明度原则。

2."负面清单"原则

改革开放初,我国对外资管理实行的是以"正面清单"为核心的管理原则,但在新形势下,该原则不仅与国际经贸活动中降低资本准入门槛,扩大产业开放的趋势存在一定矛盾,而且也无法跟上因技术飞速发展而带来的产业门类与业态创新步伐。因此无论是出于被动性的适应国际投资规则演变的要求还是主动性的对接产业创新浪潮的要求,都需要我们将外资的管理原则从"法无规定不可行"的正面清单模式转向"法无禁止即可行"的负面清单模式。当前,"负面清单"已在全国层面推行,但仍需要指出的是,这种转变并非简单地将原有的正面清单"负面化",而是需要从管理理念、审批体制以及监管体制等方面作出一系列的根本性调整,外资产业政策的核心也将从原来的"准入前监管"向"准入后监管"转变。

3.公平竞争与透明度原则

公平竞争与透明度原则是新一代国际贸易与投资规则的重要原则,其核心目标是通过实现不同类型企业在待遇方面的平等化以及各类政策的公开化与制度化来确保实现公平的市场环境。在未来的双向直接投资产业政策设计中,贯彻公平竞争原则,消除已有的各类歧视性政策,并提升政策的公开化与制度化水平是实现产业政策国际兼容性的关键。

4.区位优势原则

开放经济条件下,资本要素的流动和全球生产网络的构建使经济活动的民族属性逐渐淡化,而区位优势的重要性则开始凸显。在现实的经济管理活动中,我们实际上不可能也不必要对企业的"民族归属"进行区分。与此相反,区位优势不仅关系到能否吸引国际范围内高端生产能力,同时也关系到能否将高层次的产业和生产活动留在国内;"在哪生产"也成为较"由谁生产"更为重要的问题。因此,区位优势的培育实际上是开放经济条件下能否有效汇聚国际高端资源,并在实质上确定我国国际分工地位和产业结构层级的关键。为此,在经济全球化背景下,我们显然需要以一个更广博的全球视角来看待产业政策的目标主体,将包括跨国公司和众多国内企业在内的各类企业一体视之,并将产业政策的中心转移到区位优势的构建方面,以区位优势实现全球范围内优质资源的注入与驻留,进而实现我国经济整体产业技术格局的提升。

5. 产业扶持与地区倾斜原则

产业政策的核心目标在于在特定产业建立竞争优势或实现区域性的均衡发展,因此,在遵循公平竞争和透明度原则的同时,也需要在产业政策的设计中贯彻特定的产业扶持和地区倾斜原则。

首先,随着我国禀赋条件的变化和企业技术能力的增强,我国经济已进入产业转型和升级的关键期,亟须在具有更高技术层级的领域建立起产业竞争优势,而在这些领域中,发达国家的企业经过多年深耕已建立起完整的产业链体系和严密的技术保护与控制体系,作为一个后发者,要在这些领域实现渗透乃至赶超,需面临较之单纯的技术壁垒更为复杂的障碍,而要克服这些困难,显然需要通过产业扶持的方式给予相关企业一定的外部支持。与此同时,通过双向直接投资产业政策塑造对在位企业的区位吸引力,引导其对我国进行深层次的产业和技术转移也是在开放经济条件下突破结构升级瓶颈的重要途径。

其次,在新技术革命蓬勃发展的背景下,大量新的产业和新的业态不断涌现。在这些领域中,发达国家并不具备传统的竞争优势,并与很多新兴发展中国家被拉回至同一起跑线,由此为新兴发展中国家实现"弯道超车",抢占产业制高点,并在未来的国际竞争中获取有利地位创造了条件。在这些产业中,往往因为要素的内生性(如数字经济)或技术标准的外部性而存在着明显的规模经济效果与先行者优势,而通过产业扶持政策在这些领域率先建立起产业规模或规范技术标准则会使企业在相当程度上获得有利的竞争地位。这是产业政策在近年来得到越来越多国家关注的原因所在,也是产业政策在制定和设计过程中应当着重把握的重要原则。

最后,作为一个幅员辽阔的大国,我国地区间在资源禀赋与经济发展水平上存在巨大差异。如果放任这些地区以"自由市场竞争"规则来谋求自我发展,则可能会使发达地区凭借资源、人才以及基础设施等方面的优势汇聚更多的高端产业和技术创新活动,进而强化"强者恒强"的马太效应,不利于经济整体的健康发展。因此,在产业政策的设计中,应当在确保基本的公平原则,保证各类企业政策待遇统一的同时,贯彻一定的地区倾斜原则,增进地区的平衡发展和促进整体产业结构的升级调整。

6.产业链升级导向原则

当前,世界范围内的国际分工格局已经从传统的以产业门类划分的横向分工转向以产业链为核心的纵向分工,而技术含量和价值创造能力在产业链不同环节的差异甚至要远高于其在不同产业间的差异。在这种情况下,单纯的产业划分实际上并不能科学地体现一国的产业结构高度和竞争能力——传统的劳动密集型产品可能包含着具有很高技术含量和附加值的生产环节(如服装行业的面料研发、设计等);而所谓的技术密集型产品也可能包含着附加值与技术含量低下的环节(如电子信息产业的加工组装环节等)。相比之下,产业链层级的高级化显然比单纯的产品结构转变更加符合产业升级本身的内涵和目标。

我国此前所建立的外资产业政策大多仍基于产品横向分类的基础。在纵向分工的背景下,这种不恰当的产业分类可能会导致产业政策无法实现引资质量的根本性提升和我国产业结构高级化目标的实现,大量打着高科技企业旗号的跨国公司在享受产业政策带来的各类优惠措施的同时,在华从事着技术含量最低的工作。为化解这一矛盾,在未来的产业政策设计中,应当注意摒弃以往以行业门类划分产业类别的偏颇做法,将产业政策的着眼点转向产业链层面,以期鼓励各类领域中高端产业链环节的对华转移和入驻,进而在适应国际产业分工格局变化的基础上实现我国产业结构升级的根本目标。

7."有为"与"无为"兼顾原则

产业政策实际上是依靠行政力量对纯粹市场活动的一种纠正和补充,用以实现单纯的市场经济难以实现的发展目标。但需要指出的是,这种以政府干预为主要特征的产业政策并不能完全取代市场本身。产业政策和市场原则各有其适用的领域和优势,需要妥善把握其中的界限,贯彻政府的"有为"与"无为"兼顾原则,以最大限度地实现两种手段的扬长避短和相辅相成。

首先,从"有为"的角度来看,政府在技术创新活动中的优势主要在于可以动员和集中全社会的资源和力量,具有更强的风险承受能力,并可以克服一些具有公共物品属性的技术活动因"正外部性"而导致的供给短缺。因此,在一些通用性的基础研究领域、具有明确技术路径的重大科研攻关项目以及具有较高不确定性的高风险研究项目方面,应当充分发挥政府集中力量办大事的优势,积极推动相关研究工作的开展和相关研究成果的扩散,进而实现对社会整体创新活动的引导和带动。

其次,从"无为"的角度来看,与市场需求距离较远是政府相对企业而言的弱点所在,因此政府往往无法准确把握技术创新的具体方向与路径选择,特别是在应用性较强的产品创新领域,这一情况尤为突出。而如果在这些领域盲目地施加产业引导政策来试图"引导"企业寻找技术突破的路径,甚或直接指挥企业从事具体的研发创新活动,则很可能因为技术路径的选择失误而延缓产业技术进步的进程,或因为创新活动无法实现与市场的有效对接而导致创新活动无法获得有效回报。而在这些领域,企业则因为掌握更充分的市场信息资源而具有比政府更大的优势,而数量众多的企业在多元化的技术创新路径选择与试错过程中,也可以凭借市场机制优胜劣汰的作用,而寻找到最适合市场需求和技术发展方向的创新路径。

因此,在产业政策的设计和制定中,应当将主要着力点放在宏观的产业发展与升级方向上,并将政府的角色定位于协调者、服务者和公共产品(如基础设施、基础技术研究)提供者方面;尽量避免直接规定具体的技术路线和路径,特别是在直接面向市场的产品领域,在规范市场秩序的基础上将创新活动的主导权交给更具效率的市场和企业,通过大量企业的试错和市场的选择遴选出具体的技术方向,以提升创新活动的整体效率和成功率。

8.引进外资与对外投资协调联动原则

从以往的产业政策来看,双向直接投资相关内容一直彼此独立,甚至存在一定的目标冲突,难以形成完整的合力。因此在未来的产业政策设计中,也需统筹考虑双向直接投资两方面的内容,注重二者之间的协调联动。从具体操作层面来看,这种双向直接投资协调联动的原则可分为三个层面:一是政策目标的协调性,即需要在统一的产业政策目标设定之下来具体设计相关的双向直接投资政策,从根本上确保二者在方向上的一致性;二是政策工具的协调性,即应当将二者纳入共同的政策工具箱当中,通过统一的政策设计来确保双向直接投资的激励相容,避免在政策工具的应用中出现矛盾和扭曲;三是产业领域选择方面的协调,作为产业政策设计的核心,在双向直接投资的产业领域选择方面也应当保持相互协调,针对我国产业政策的统一目标体系和现阶段国内外具体的经济发展形势,妥善选择各自的产业领域。具体而言,针对促进我国企业全球价值链构建与完善的总体目标,引进外资在产业领域的选择上应当以"补短板"为原则,着重引进我国现行产业体系中存在缺失和不足的高端产业链环节,并通过合理的激励措施在相关领域促进以外资龙头企业为核心的国内产业链集群,最终培育出我国独立的产业链体系;而在对外投资领域的产业选择上应当采取"输补结合"的原则,一方面,对不符合我国现阶段禀赋特征和发展要求的产业通过对外投资实现产业疏解,在保证我国企业对相关价值链控制力的情况下为国内产业升级腾换空间;另一方面,对我国产业链体系中缺失的部分也可以通过对外投资活动妥善地利用国际资源加以补足,确保价值链完善与升级目标的实现。

第四节　引进外资的产业政策体系

一、引进外资的产业政策目标

结合当前国内外政治经济形势的最新变化与新时期外资产业政策的总体目标,我国引进外资的产业政策目标应进行相应调整,从以往定位于弥补资金和技术缺口向提升我国产业链层级与国际分工地位,融入甚至掌控全球高端产业价值链转变。具体而言,引进外资的产业政策应当着重如下三个目标。

1. 对高端产业和新兴产业的切入

作为一个后发国家,我国曾借助外资在资金、技术以及管理经验等方面的优势迅速弥补了我国工业化的不足,有效提升了我国相关产业,特别是制造业领域的技术能力,并带动我国制造业融入全球价值链和分工体系。目前,我国已具备完备的工业基础,国内企业也初步具备一定的国际竞争力,因此在新时期,引进外资的目标也应迈上新台阶:一方面,应着重于我国尚具有技术短板的高端产业领域,进一步形成对我国产业优势的补充并拉开与国内企业的竞争空间,避免对国内企业形成恶性竞争;另一方面,应针对当前新科技革命催生的新兴产业提早布局,通过对相关产业的引进抢占产业的制高点,迅速实现规模经济来确立先发优势,为优化我国在未来国际分工体系中的地位创造契机。

2. 补充传统产业链的短板

在以价值链为基础的垂直分工体系下,产业结构升级的目标除了体现为向高端产业和新兴产业迈进之外,传统产业价值链结构的提升也是其中的重要一环。我国以往的引资活动尽管对很多弱势产业形成了有效补充,但囿于当时的禀赋条件,很多生产经营活动都集中在加工组装等相对低端的价值链领域。目前,随着我国整体禀赋结构的改善与技术能力的提升,我国在一些低端的价值链环节已具备完全意义上的自主生产与供应能力,但在一些高端价值链环节,国内企业的能力仍有欠缺,致使很多产业链体系无法实现有效的"闭环化"发展。为应对这一情况,可以考虑在未来的引资活动中,将部分传统行业的高端价值链环节作为引资的重点目标之一,有效吸引外资向产业链的更高层级攀升,以补充和完善我国现行的产业链体系。

3. 催生国内供应链体系与产业集群发展

作为产业政策的终极目标,有效地将外资所带来的技术与产业升级内化为我国自身产业竞争力的一部分是其中的关键。在以往的外资政策中,我国曾利用一些具有"非市场化"特征的政策,如国有化限制、强制的技术转移等来提升外资对国内产业发展的带动作用,而在新时期下,此类政策的实施空间将变得越发有限,在我国工业基础日趋完善,配套能力不断增强的情况下,鼓励和引导外资企业与国内企业建立深入的供应链关联体系,充分发挥跨国公司的"种子"效应,带动国内企业实现技术提升并融入全球高端价值链则是将外资企业的技术优势内化为我国整体国际竞争力的核心途径,也应当成为未来引进外资的产业政策的重要目标。

二、 与引进外资相关的产业政策工具

从成熟的市场经济国家的发展经验来看,产业政策作为一国宏观经济管理与引导政策的重要一环,正受到越来越多国家的关注。尽管在市场经济原则下,这些产业政策极少完全针对外资企业设立,而是作为所有企业共同享有的一类统一的政策待遇而存在,但这也并不排斥在统一的框架下利用必要的政策工具对企业的投资和经营活动进行必要的引导和扶持。具体而言,目前被主流市场经济国家所接受和采用的产业政策工具主要涵盖如下四个方面。

1. 税收优惠

税收优惠是使用最广泛的一类产业政策工具。即便是在英美等发达市场经济国家,也有很多针对不同产业、地区以及中小型企业和创新型企业的税收优惠措施,其主要目的是进行必要的产业引导和地区倾斜,保护中小型企业的生存能力和创新能力。如美国国内收入法(LRC)中的部分条款允许减免利息和某些研究开发费用相关的税负;英国对在境内经营企业的研究开发活动也有研发抵扣

税收政策,符合条件的中小型企业甚至可以享受高达150%的税收减免额。因此,在我国引进外资的产业政策当中,仍可以考虑在内外资并轨和公平待遇原则下,针对具体的产业门类、投资地域、企业规模以及企业的创新活动等实施必要的税收优惠,实现对外资企业投资活动的有效激励和引导。

2. 资金扶助

由于产业政策的实施领域主要是针对一国尚未形成有效的竞争优势或生产经营活动具有很大的外部性特征的产业领域,因此单纯依靠企业自身的投资活动通常难以克服投资中产生的巨大前期成本和不确定性。在这种情况下,为企业的投资活动提供必要的资金补助也就成为产业政策的另一种重要工具。从发达国家的经验来看,产业政策的相关补贴通常不对企业的所有制性质进行区分,而更多的是根据企业的投资领域和企业规模划分不同的标准,典型如英国对在"受援助地区"进行投资活动的企业给予一定的财政资金支持,而一些大型的研究开发项目也可申请特殊项目援助。相关的资金扶助政策可以具体划分为两类:一是政府建立的产业基金和政策性信贷,提供给符合条件的企业;二是依靠成熟的金融市场为企业的投资活动提供多层次的资金保障。对我国这样一个发展中国家而言,尽管来华投资的企业通常不会具有资金缺口,但一个统一的资金扶助体系仍可以成为引导外资流向的有力工具。

3. 信息提供

此外,一些旨在改善企业与东道国之间信息不对称、减小企业在海外投资中的各类信息障碍的举措也因其会降低经济活动中的扭曲而被很多国家广泛采用,如德国的"投资促进署"就专门负责介绍和宣传德国不同产业和不同地区的投资优势,并附带提供各类行业的专门信息和市场分析,为投资者提供多层次的信息咨询服务,成为境外投资者到德国投资的首选联络对象;日本的贸易振兴机构(JETRO)在近年来也被赋予招商引资的责任,为外资企业进入日本提供综合指导窗口与信息咨询服务,通过召开会议、接待商务旅行、承办国际学术研讨以及举办展览会等多种方式促进外资的引进。此类信息扶持政策致力于消除经济中的各类信息障碍,营造良好的营商环境,可以对外商投资起到很好的引导作用,同时因其并不涉及直接的财税或资金扶助,完全符合通行的市场经济规则,且不会引发国内的激励扭曲和资源错配等负面影响,可以成为我国产业政策工具选择的良好借鉴。

4. 配套建设

从更广义的视角着眼,当前很多发达国家的产业政策并不单纯地聚焦于对个别产业的激励和扶持,而是从相关要素的培育和软硬件环境的建设方面入手,打造适合目标产业发展的良好运营环境。典型如德国《国家工业战略 2030》的五大具体措施中,首要的就是"为工业界创造更好的生产条件",其中包括提供价格可接受的新型能源,确保社会保障支出稳定等软硬件环境建设措施;而诸如日本和法国的相关产业政策中,也包含与外资引进相关的人才引进政策,其中日本政府曾于 2013 年降低高级人才申请永居签证的门槛,以期吸引更多的外国优秀人才留在日本;法国内政部和外交部也于同年宣布简化外国人才签证申请手续,并将外来投资者列为主要目标群体。作为一个后发的发展中国家,我国很多产业配套环境,特别是人力资本引进和软性制度环境方面与发达国家仍存在一定差距。在低成本优势日渐丧失的情况下,完善软硬件配套环境建设也就成为重要的工具选择。

三、 引进外资产业政策的主要方向

结合上述与引进外资相关的产业政策目标和可行的工具选择,未来我国引进外资产业政策可以考虑从如下方向进行探索。

1. 重点产业领域

随着我国禀赋结构的调整和经济发展目标的转变,我国引进外资的重点产业领域也应进行相应的调整。契合国际国内产业发展的最新趋势,我国未来引进外资的产业重点如下。

(1)深度优化资源利用的行业

目前,我国虽然具有相对完整的资源加工能力,但整体的技术层次还较低,一些具有较高技术含量的资源型和原材料产品(如部分钢材、石油化工产品等)在质量上尚难以满足高端产业的需要,影响整体产业结构的高级化和产业链的闭环化;同时加工效率的低下也造成大量的资源浪费和环境破坏。因此,在部分资源加工产业,如特种钢材冶炼、稀有金属冶炼与提取、精细化石油化工产业等,可考虑引进高水平跨国公司和行业巨头,以弥补我国产业短板并为产业结构升级奠定基础。

（2）中高端制造业

从我国目前的禀赋结构和技术能力在世界上所处的地位来看，我国劳动密集型产业所需的低成本优势正逐渐丧失，而尖端技术密集型产业所需要的创新能力以及产业链的配套供应能力相较发达国家仍处于弱势，因此中高端制造业应是我国未来产业定位的主体。为此，可考虑在未来将引资政策的着眼点放置在中高端制造业领域，在诸如关键基础零部件和基础制造装备、重大智能制造装备等位居产业链上游，发挥"工业母机"作用的专业化设备生产制造业；在轨道交通及船舶与海洋工程装备等高端交通设施制造业以及节能环保装备制造业、通信基础设施制造业等领域着力引进高水平跨国企业进驻。

（3）战略新兴产业

新科技革命浪潮提供的颠覆性技术革新将很多国家拉回到同一起跑线，从而为我国在部分领域实现对发达国家的赶超提供了历史机遇。鉴于此，在未来的产业政策中，应当提早进行前瞻性的布局，以获得必要的先行者优势和规模经济优势。总体而言，对我国实现产业结构跨越式发展具有重要意义的战略新兴产业主要包括：人工智能及以之为基础的智能产品和智能装备产业、新能源汽车、交通设备以及与之配套的动力电池、燃料电池、新型能源的发生与储运等产业；生物工程与生物医药产业；新材料的开发与生产行业等。在这些行业中均可考虑加大高端外资企业的引资力度，以抢占新一轮国际分工体系的产业制高点。

（4）数字化和信息化产业

数字技术是新一轮科技革命的核心内容，也极大地颠覆和改变了原有的产业经营业态和国际分工格局。特别是一些具有"零交易成本"特性的数字技术使原有不可贸易的产业和产品具备了可贸易性，并由此催生一批新兴产业。而在数字经济中，关键要素（数据）的内生化特征使其具有明显的规模经济特征和"赢者通吃"的竞争效应，因此应当成为新一轮产业政策所关注的焦点。在数字经济领域，我国部分企业已取得一定的国际领先地位，在未来可考虑进一步利用由此形成的规模经济与产业集群优势，着力推进数字存储与处理、与新业态相关的交易与服务平台，以及影视、娱乐、教育等可数字化的产业等领域的外资引进，进一步强化我国在数字经济时代的竞争优势。

（5）高端生产和生活服务业

服务业正逐渐成为未来国际贸易和投资活动的主要领域，并可能从产业链的上下游两端决定一国整体的产业技术高度。而受我国以往外资准入政策所限,我国服务业开放程度要大幅落后于制造业,成为制约我国工业部门乃至经济整体结构升级的一大桎梏。为此,在新一轮开放进程中,可考虑将扩大服务业的引资纳入新的产业政策框架,着力引进包括研发、咨询、金融、法律、财务等对制造业产业链建设具有基础性作用的生产性服务业和以数字技术和信息技术作为内核的现代高端服务业;同时可以考虑进一步放松部分消费领域,如教育、医疗等方面的外资准入限制,吸引高水平的外国教育与医疗机构进入,并提供更高端的服务,在培育和塑造多层次的服务供应体系的同时,带动我国服务业整体竞争力的提升。

2. 鼓励高端价值链活动

由于以产业链为基础的纵向分工已成为决定一国产业高度和开放过程中利益获取的关键,因此在未来产业政策中,鼓励高端价值链活动是提升引资质量和效益、促进引资结构升级,并带动国内相关配套产业链体系发展的重要环节。

从产业链的分级来看,高端环节基本上集中在研发、核心部件构建和管理等上游领域。因此,要引导外资向高端价值链活动的转移,可以从促进研发创新活动和鼓励总部经济两方面入手。

(1)促进研发创新活动的转移

作为国际技术进步与产业发展的前沿,跨国公司是创新活动的主体,因此鼓励跨国公司在华开展研发活动是促进跨国公司技术转移乃至我国产业结构升级的重要举措。目前,随着我国基础设施、技术能力和人力资本等关键要素的改善,跨国公司来华设立研发机构已成为趋势,如何因势利导,抓住机遇,促进跨国公司在华设立更多的研发机构是产业政策调整应当关注的重要方面。

首先,应在已出台的相关政策基础上,进一步加大政策扶植力度。在我国目前的外商投资鼓励办法中,生产性企业、出口性企业以及高技术产业可享受一定的税收减免优惠,而外资企业设立的独立研发机构却不在鼓励范围内。因此在未来的发展中,可考虑将外商投资研发中心列为招商引资活动中的鼓励类项目,与生产性、出口性企业和高新技术企业一样享受相应的鼓励优惠政策。

其次,应当对跨国公司在华研究与开发机构的特殊性予以承认,在法律地位、国际交流和研究设备用汇、研究设备进口等方面给予支持和优惠。对在华设立研发中心的外商投资项目,可以实行减税、利息补贴支持,以及加速折旧和提供政府采购合同等方式予以引导和鼓励,对研发活动需要的进口原材料、样品、试剂等作为研发基础材料或研究对象,可以考虑予以免征或减征进口关税及进口环节税;对外商投资研发中心进口的设备、试验样品和检测件等可简化通关手续,以减少外商投资研发成本。

最后,应着力创造有利于研发活动的科研环境。跨国公司大多倾向于在科研政策宽松、服务设施完善、创新技术产品的市场销售潜力巨大的东道国进行技术开发,特别是东道国的科研环境和配套设施是跨国公司关注的焦点。为促进跨国公司的研发投资,我国应改善外商投资研发中心所需的基础设施环境,尤其是加强通信设施和信息服务设施建设;大力发展与研发活动密切相关的配套服务产业,如中介机构和金融机构等,为外资企业开展研发活动提供良好的保障。同时要减少内外交流和人才流动的限制。此外,还应当允许外商投资研发中心参与政府支持的研发项目,并设立专门基金用于支持研发中心从事研发活动。

(2)促进总部经济的发展

总部作为跨国公司的中枢机构,承担着对跨国公司全球生产体系的管理和控制职能,而围绕总部活动,往往会形成包括技术创新、金融、财务、法律、咨询等一系列具有较高技术含量和经济效益的产业生态体系。因此,在提升引资的产业链地位过程中,采取合适的措施实现对跨国企业总部的吸引,并围绕其发展总部经济体系也是重要的举措。

首先,作为鼓励总部经济发展的前提,需设置合适的总部经济认定标准。在目前以垂直分工为主导的产业分工体系下,可以适当淡化总部经济的行业归属,而将认证重点放在其实际承担的职能方面,以营业收入、注册资本和纳税规模等实际经营活动指标作为认定总部经济的标准;同时为应对新技术革命背景下愈来愈多的"轻资产"化企业,可以考虑将专利、技术等无形资产纳入认证体系中,避免单纯以规模作为认定标准而将大量具有成长潜力的企业拒之门外的情况。此外,针对全国地区发展不平衡的现实,可从国家层面对总部经济发展规划进行统筹,针对不同地区的经济发展水平和区域特点制定个性化的总部经济发展规划,形成梯次性的引资格局,避免区域间的恶性竞争和盲目引进。

其次,作为鼓励总部经济的具体措施,可以综合利用财税、金融、土地和其他配套政策等工具建立综合性的支持体系,包括对总部经济的建立予以一定的财政补贴和优惠性的政策贷款;结合其具体的经济贡献(如就业、营收以及研发创新等)给予税收减免;对总部建立所需要的境外中间产品进口实行一定的关税减免与抵扣;给予总部用地一定的优惠待遇;放松对境外高层管理人员的入境和居留限制,并享受本地居民在教育、医疗等方面的公共服务等。但应注意的是,为避免陷入所有制歧视的窠臼,所有的优惠与扶持政策均应在统一的总部认定标准下对所有类型的企业统一执行,而非仅仅沦为外资企业才能享受的"超国民待遇"。

最后,在政策调整中应着重通过合理的激励机制激发总部经济的实际经营活动及其对周边产业的辐射与带动能力,如将相关优惠与扶持政策的获取与企业的业绩或本地化程度挂钩,鼓励总部与本地其他企业的合作,对跨国企业主动的技术转移和扩散活动予以一定的奖励和补贴等,避免使扶持总部经济的相关政策沦为形式上的"避税港"。

(3)增强跨国公司的产业生态引领

跨国公司的投资活动除了可以直接弥补产业短板,带动产业结构升级之外,更为重要的是可以通过相关的技术转移与扩散提升国内企业的技术能力和综合配套能力,并围绕跨国公司形成一整套以国内企业为基础的产业生态体系。特别是对那些我国暂时处于弱势地位的高技术产业而言,围绕跨国龙头企业培育周边产业生态链条,逐步提升技术自主能力并最终实现对完整产业体系的覆盖是实现技术赶超的重要途径。鉴于此,在外资产业政策体系当中,除了要强化对高层次和高质量跨国公司的区位吸引力之外,以必要的措施和政策工具激励跨国公司的技术转移与溢出,推动其余国内企业建立深层次的产业合作关系,建立完整的产业配套体系也是重要的内容。

首先,应注意增强国内企业自身的技术基础与配套能力,这是与跨国企业开展广泛的生产与技术合作的前提。为此可考虑通过设立专项基金、提供政策信贷或予以税收抵扣和减免等方式,对国内企业引进高层次的国外设备、技术或专利给予必要的扶持,并将国内企业的消化吸收投入与研发投入一并纳入技术创新的鼓励与扶持体系中,以增强国内企业与国际技术前沿的衔接能力。

其次,可通过市场化的方式鼓励跨国公司与国内企业进行深层次的合作,特别是建立在产业链基础上的纵向合作联系。这种合作并不触及跨国公司在自身产品领域的核心竞争力,威胁其市场地位,反而可能会通过提升合作伙伴的技术能力和效率带来跨国公司生产成本的控制,因此也更易于为跨国公司所接受,并更容易产生主动性的技术转移和扩散。为此,可考虑以跨国公司产品的"国有化率"为基础设立相应的鼓励和引导政策,并通过建立政府信息平台、提供必要的信用担保等方式,消除跨国公司与国内企业合作过程中的信息壁垒,以此在二者之间建立起相对稳固的经济合作关系。

最后,对那些我国已经具有一定技术基础的领域,还可考虑通过建立国内企业与跨国公司之间的战略联盟来积极参与广泛的国际经济技术合作,如推动部分具备国际竞争力的国内企业与国外企业组建技术联盟,共同实施相关的技术标准以及核心技术的研发;采取合理的税收激励措施鼓励中外合资企业共同设立研发机构等,积极融入全球性的技术创新活动中,并在未来的技术标准制定、产业技术方向等方面不断扩大自身的影响力和话语权。

需要指出的是,在更高标准的资本开放规则下,以市场准入限制或各类政策性壁垒逼迫跨国公司被动进行技术转让将受到越来越多的限制,甚至会成为引发贸易争端和摩擦的导火索,因此在推动跨国公司技术转移与扩散、打造自身产业生态体系的过程中,应注意改变以往以行业准入门槛、股权门槛等使跨国公司被动技术转移的简单方式,而应着重通过相关激励机制的设计和国内企业技术配套能力的强化来吸引跨国企业进行主动意义上的技术转移和扩散,实现国内企业与跨国公司的利益双赢。

3.打造公平的市场竞争体系

公平的市场竞争秩序是新国际贸易与投资规则的重要原则,也是我国经济体制改革的重要目标。因此在相关产业政策设计中,贯彻市场经济原则,打造公平的市场竞争体系,对我国融入主流的国际经济贸易体系,缓解我国经济中存在的各种体制性矛盾,进一步提升经济运行的质量和效率均具有重要的意义。

(1)强化知识产权保护

尽管在知识产权保护方面已经形成较完备的法律体系,但由于起步较晚,我国在知识产权标准设定以及具体的立法和执法过程中仍存在一定的问题。特别是国际经贸摩擦不断升级的背景下,原有知识产权保护体制方面的缺陷不仅容易成为国际对华攻击的借口,限制和阻碍我国进一步获取高新技术的渠道,同时也不利于我国在经贸规则方面与国际接轨,深层次融入国际技术创新活动中。鉴于此,我们需要进一步完善我国的知识产权保护体系。

首先,应进一步完善知识产权保护的立法和相关制度,并将尊重知识产权的观念贯彻到产业政策的设置中。必要情况下可征求国内企业和外企的意见,提高立法透明度,对当前出现的关于技术含量较高的计算机软件以及当前数字网络领域中的著作权保护问题,可考虑通过修改专利法等方式予以明确界定,使知识产权保护工作切实做到有法可依。

其次,应加快建立健全适合我国国情的知识产权保护标准。作为处于转型经济时期的发展中国家,我国的技术发展还处于引进和模仿为主的阶段,过于严格的知识产权保护体系虽然有利于消除跨国企业投资过程中对技术扩散的担忧,但同时也会导致国内企业的技术模仿和创新成本增加,遏制技术的溢出与扩散效果,从而丧失政策本来的意义。为此,我们需在遵守国际通行的知识产权基本准则的情况下,根据我国所处发展阶段的特点来制定适合我国国情的知识产权保护标准和原则。

最后,对知识产权保护的执法环节也应进一步予以规范。一方面,要加强宣传力度,提高企业和公众的知识产权保护意识,使各级政府及群众切实意识到知识产权保护对经济发展和技术进步的重要意义,打破执法过程中存在的地方保护主义;另一方面,也应加强不同部门的沟通,协调行政、司法以及民事三种机制,确保知识产权保护的法律法规能够得到真正的贯彻执行。

(2)完善要素市场改革

因要素市场发育不完善导致的资本价格虚高与劳动力价格偏低是造成我国禀赋优势错失并阻碍我国产业高端化的重要原因。因此,通过完善要素市场建设,缓解要素价格的扭曲也是提升我国企业创新活力的重要一环。

第一,应进一步深化金融体制改革。资本市场发育不健全,一方面,需要进一步深化金融领域的市场化建设,打造公平的金融市场环境;另一方面,则要进一步推进多层次的融资体制建设,打破民间资本进入金融市场的体制性障碍,构建起包括银行、证券、保险、信托等在内的综合性的投融资体制。

第二,要进一步完善劳动力市场建设。劳动力价格持续低估的原因在于我国尚未形成一个统一的劳动力市场,致使劳动力市场存在地区之间、城乡之间、行业之间乃至不同所有制的经济单位之间广泛的分割现象。因此,要从根本上消除劳动力市场的价格扭曲,首先需要培育和建设统一的劳动力市场。一方面,应通过深化户籍体制改革打破劳动力流动的城乡与区域界限;另一方面,则需要通过一系列的配套改革逐步统一与户籍相关联的教育、医疗和社会保障资源分配,弱化户籍在取得相关公共产品和服务方面的价值,为最终以身份管理取代户籍管理奠定基础,以消除劳动力市场分割的根源。同时,还需进一步完善有关劳动者权益维护的法律法规,强化工会的作用,并积极规范和发展就业服务机构,改变劳动者与资方在谈判过程中的弱势地位,为提升劳动者的报酬提供必要的法律和现实保障。此外,还应进一步消除劳动力流动的障碍,促进相关人员,特别是技术创新相关人员实现有效流动,进一步提升人力资本的配置效率并扩大技术创新的效果。

第五节　促进对外投资的产业政策体系

随着我国企业实力的增强,部分具备一定技术基础和国际竞争力的企业开启国际化进程,开始通过对外投资拓展市场,并尝试在全球范围内进行产业链布局,由此我国对外投资规模迅速增长。但由于近年来经济活动出现新变化,我国的对外投资活动尚缺乏相应的管理与引导,其目标也并不明确。作为双向国际资本流动的组成部分之一,对外投资活动也应纳入产业政策范畴,并从经济发展的全局角度来统筹双向直接投资活动,实现二者间的政策在目标上的协调统一。

一、　对外投资的产业政策目标

结合我国双向直接投资产业政策的总体目标,与对外投资相关的产业政策的具体目标可以集中在如下四个方面。

1. 引导落后与剩余产能转移

在产业结构的转型升级时期,我国经济发展所形成的一批低端产业和落后产能已逐渐失去比较优势,迫切需要寻找更具优势的区域进行重新布局,为国内的产业结构升级调整创造必要的空间。而在此过程中,对外直接投资活动可以在保持产业链的相对控制情况下实现产能的转移,并能有效将国内产业链体系延伸至国外,提高国际经济合作的广度和深度,因此,促进国内部分劳动、资源密集型产业和产能过剩领域的对外投资应当成为未来对外投资产业政策所关注的目标之一。

2. 产业链的延伸与完善

从产业链分工布局的角度来看,尽管我国已建立比较完备的工业体系,但部分行业囿于技术能力和前期基础不足,产业链条的构建仍不完整,特别是研发和核心部件制造等高端产业链领域仍需依赖外部供给。而要解决此问题,建立闭环化的产业链体系,除了可通过引进高层次外资进入之外,鼓励国内企业"走出去",借助国际范围内高层次的人力资本和要素的支持,开展研发创新和尖端制造活动也是有效的途径,应当成为未来对外投资产业政策的主要目标方向。

3. 扩张国际市场与影响力

对一些在国内发展相对成熟的企业而言,将企业的市场影响力从国内拓展到国际是进一步开拓其发展空间、提升企业国际地位的必由之路。特别是对以信息产业为代表的新兴产业,未来竞争将主要集中在标准的制定与掌控方面,而市场地位的扩张则是保证企业在相关标准的制定甚至掌控方面具有一定话语权的基础。鉴于此,未来的产业政策也应着重鼓励和引导一批在国内发展相对成熟、具备一定国际竞争力的企业走出国门,支持其中的龙头企业积极开拓国际市场,并在产品的技术走向和标准制定方面发挥自身的影响力,提高对整个产业技术格局与产业链体系的掌控能力。

二、 与对外投资相关的产业政策工具

结合国际范围内的发展经验来看,对企业开展对外投资活动给予一定的政策性扶持和帮助是包括发达国家在内的很多国家的通行做法,而在具体政策工具的选择方面,则大体涵盖如下四个方面。

1. 税收豁免

税收豁免是最为常见的对外投资政策工具。通常,双重征税问题是企业对外投资活动面临的重要障碍,因此许多国家会通过签署避免双重征税协定,或给予部分领域的对外投资企业以某种形式的国内税收减免等方式为企业的对外投资活动提供支持。

2. 金融与保险支持

企业对外投资活动一般会面临较严重的资金压力,同时,海外投资活动所面临的各类风险也会较之国内经营的情况更高,并成为制约企业开展海外投资活动的一大阻力。为解决这一问题,很多国家会为符合条件的企业对外投资活动提供政策性资金支持和保险服务,并以之作为引导和促进企业海外投资活动的重要政策工具。

3. 汇兑与人员流动便利

在我国目前的金融体制中,资本项目尚未实现完全意义上的可自由兑换,对外汇的使用仍存在严格的限制。这也使在对外投资活动中,给予一定的换汇便利成为一项具有我国特色的政策激励工具。通过对不同产业的换汇条件进行具体设定,可以在很大程度上达到引导和管理企业对外投资的目的。与此同时,由于企业的跨国投资活动必然涉及管理层与员工等经营管理人员的跨境流动,对人员出入境提供特定的便利和支持也会在一定程度上对企业的跨国投资活动起到引导作用。

4. 信息支持与外交引导

此外,很多国家设立的投资促进机构及其提供的信息支持也可以在引导和鼓励企业对外投资中发挥基础性作用。通过提供相关的信息、咨询服务,以及通过外交渠道开展各类商务推介和交流活动,可有效帮助国内企业寻找合适的投资项目,并对投资的目的地和产业发展前景形成更深刻的认识,从而提升对外投资中的信息透明度,提升决策效率并有效规避投资中的风险。

三、 对外投资政策的主要方向

结合上述政策目标,我国未来对外投资的产业政策设计思路与主要方向可概括为如下四个方面。

1. 产业、区位与主体选择

从我国目前的对外投资活动来看,由于海外投资中存在的信息不对称等原因,很多国内企业在选择投资地点和投资项目的过程中存在盲目性和跟风动机。特别是在 2008 年国际金融危机后发达国家目标资产价格大幅贬损的背景下,更容易激发国内企业盲目投资的冲动,致使同一市场短期涌入大量企业。大量的重复投资加剧了企业间的恶性竞争,导致企业为抢占市场而开展低价竞争或为争夺目标资产而竞相抬高收购价格等乱局,甚至造成市场秩序混乱、企业亏损倒闭等恶果。针对这些现象,政府应进一步对本土企业境外投资的产业政策导向与规划进行深入分析研究,对国内企业跨国经营活动的产业布局和区域布局施加必要的引导,规范其海外投资活动。

(1)产业选择

从对外投资活动产业选择来看,大体上可着重考虑如下五类产业。

一是国内处于落后和过剩地位的劳动密集型和资源密集型产业,可考虑鼓励其向更符合优势的地区进行转移。

二是国内较成熟、具备一定的国际竞争能力和完整产业链体系的产业,如电子通信设备制造、中高端装备制造、交通设备制造以及建筑服务等,鼓励其通过开拓海外市场提升国际影响力,参与和主导未来行业标准和技术方向的制定。

三是国内产业链体系不完整的行业和高技术行业,可考虑在具备更高层次的人力资源和研发要素的国家和地区开展研发、设计与尖端部件制造活动,充分利用国际资源补足产业链短板,提升产业链体系的自主能力和掌控能力。

四是战略资源型产业,如能源、矿产等,可进一步强化我国在相关领域的传统投资优势,扩大与东道国的投资及合作开发活动,并进一步在当地开展资源和能源的精加工,确保产业链体系的前端供给,建立稳定的资源能源海外供给保障体系。

五是以金融、通信和咨询等为代表的现代生产性服务业配合制造业"走出去"进程,形成完整的全球供应链体系。

(2)区位选择

在投资的区位选择方面,目前我国的对外投资大部分集中在中国香港和亚洲周边地区以及自由港地区,对欧美发达国家的投资相对有限,借助对外投资弥补国内资源和技术短板的积极效应无法得到有效发挥。在未来,应将投资的区位导向重点从亚洲地区逐步向欧美发达国家以及非洲、拉美等资源型国家转移。一方面,可参考"安哥拉模式"在扩大对非洲、拉美等欠发达地区投资的同时提升相关地区的基础设施水平,不仅有利于我国企业对当地资源的利用和开发,而且可有效减轻东道国对我国企业的抵触;另一方面,可抓住2008年国际金融危机后发达国家经济复苏乏力、众多优质资产价格被低估的历史机遇,引导我国企业对发达国家企业,特别是掌握我国企业发展所急需的关键技术的企业的投资,并在投资区域引导过程中结合各国经济社会发展的具体状况进行适当的鼓励和扶持。

2. 以产业转移带动产业结构优化的具体措施

随着禀赋条件的变化,我国经济已进入产业结构转型的关键期。一方面,大量低技术、低效益的落后产业和过剩产能需妥善安置化解;另一方面,又亟须通过提升技术和创新能力推动产业高级化进程。而在此过程中,对外投资作为产业转移的重要载体无疑可以发挥更基础性的作用,因此需要在产业结构优化的目标下进行有效的引导。

(1)放松低端产业的投资限制

在过去的发展过程中,我国因禀赋条件的限制而积累了大量劳动和资源密集型产业,然而随着人口红利的逐渐消失,这些产业在我国已逐渐丧失以往的低成本区位优势,同时其低效益的特征也不符合我国当前经济增长方式转型的要求,因此,可考虑以对外投资的方式,在保持对产业链控制权的情况下将一些劳动和资源密集型环节转移到海外更具区位优势的国家和地区,为我国产业结构的升级腾挪出必要的空间。

首先,可考虑放松对劳动和低端密集型产业的对外投资限制,下放相关产业的对外投资审批权限,简化审批流程,为企业进行产能转移提供更大的自由度。

其次,针对低技术产业普遍缺乏海外投资经验和国际竞争力的情况,可考虑由政府或商业协会出面,在海外合适的地点建立工业园区,组织国内企业组团出海,以集群优势化解海外投资风险。

最后,低端产业的海外转移往往会遭遇更大的阻力,为化解阻力,可鼓励企业以合资或合作的方式开展海外经营活动,通过带动东道国的就业、技术进步和经济增长来实现企业与东道国发展目标的激励相容。

(2)鼓励企业开展海外研发创新活动

目前,我国企业在技术基础和创新发展能力方面已取得一定的进步,并初步具备向海外推广的能力。为进一步跟踪国际技术发展的潮流,充分利用国际各方面的优秀资源,并扩大我国在相关技术领域中的影响和领导力,可考虑在有条件的情况下推动具备一定技术优势的企业走出国门,积极开展海外研发创新活动。

首先,可从制度层面进一步放松对国内企业海外投资的壁垒,简化审批流程,并对企业,特别是科技创新型企业在海外开展研发活动或设立研发中心的过程中所产生的换汇、资金流动以及人才流动等予以一定的放宽和支持。

其次,在海外合适的地点建立产业园区,鼓励国内企业以产业集群和联盟的方式在海外开展相关的研发和创新活动,克服单一企业本身在资金和技术能力方面的不足,实现优势互补和协同效应的增强。

最后,鼓励企业与东道国当地企业,特别是发达国家的企业进行广泛的技术交流与合作,充分利用发达国家在技术设备、基础设施、人力资本和技术基础等方面的优势弥补自身的不足,提升自身的技术创新能力。

此外,可进一步帮助企业借助海外投资过程实现技术和标准的推广,以此增强在未来全球技术竞争中的主导权。

3. 完善对外投资相关的支持体制

除了直接的管理与引导政策之外,完善对外投资支持体制是解决企业海外投资中诸多障碍、推动企业海外投资发展的根本所在。

(1)融资支持体制

建立一套政策性的融资支持体制,为企业海外投资活动提供必要的资金扶持是其中的一个重要内容。在我国发展海外投资的产业政策中,应将建立海外投资活动的融资支持体制提上日程。

首先,应完善政策性融资支持。建立政策性金融机构对企业的海外投资活动提供资金是目前世界各国扶持海外投资活动中的普遍做法。目前,我国已有政策性银行的制度框架,但缺乏针对海外投资活动的明确支持,可考虑在已有框架下,设立针对海外投资活动的政策性贷款项目,并放松对相关贷款申请的体制性限制和规模、信用能力等方面的条件,为资金瓶颈更严重的民营和中小型企业的海外投资活动提供融资支持。此外,还可以依靠各级地方政府财政设立相应的海外投资发展基金,并结合本地经济特征与发展目标设立个性化的申请条件,引导符合地区经济发展与结构转型目标的海外投资活动的开展。

其次,应拓展海外投资企业的投融资渠道。由于政府财政资源的有限,仅仅依靠增加政府投入来解决国内企业的海外投资资金瓶颈显然不够。要真正解决我国企业投资能力不足的问题还需开拓多元化的筹资渠道,为企业的海外投资活动提供尽可能充裕的融资支持。一方面,应大力拓展海外投资企业的间接融资渠道,鼓励和促进银行涉足离岸金融服务,拓宽离岸业务的经营范围,为开展境外投资活动的企业提供更为便捷的融资渠道选择和金融服务,并通过推动银行业务的拓展和创新为一些具备投资潜力,但资金瓶颈更强烈的中小高科技企业提供诸如知识产权抵押担保等安全便捷的融资产品;另一方面,要着力发展多层次的资本市场,在完善主板和中小企业板市场的基础上,及时推出创业板市场,并改造和完善场外市场,从而建立多层次的资本市场体系,解决企业海外投资中的资金瓶颈。

最后,应着手创建海外投资担保体系。海外投资企业在融资特别是间接融资过程中面临的突出问题是企业的跨国经营活动存在较大的风险和不确定性。而发展担保基金和担保机构是解决这一问题的有效途径。总体而言,可考虑通过建立信用担保机构、互助担保机构以及商业性担保机构等方式培育多层次的海外投资担保体系。尤其是在我国目前担保体系不健全的情况下,以政府主导的信用担保和企业之间的互助担保会对企业融资起到显著的作用。

(2)税收支持体制

从我国目前的税制来看,仍然存在很多与企业海外投资活动相抵触的问题,并成为制约企业海外投资活动的重要障碍之一。比如我国目前限制企业境内外盈亏冲抵的规定虽避免了用应征税款弥补企业境外亏损的情况,保障了国家税收,但却并未顾及企业在全球化经营中的真实盈亏情况,加大了企业对外投资的成本;而"分国不分项"限额抵免法需要分别计算在不同国家缴纳的税额与抵免限额,企业无法享受东道国低税率的好处,同时当境外税率高于我国时,税负无法得到全部抵免,无法从根本上解决企业海外投资中的双重征税问题。此外,双边税收协定覆盖不全面,认证规则不统一,饶让抵免条款缺失等问题都对我国企业海外投资活动形成制约。为此,在建立我国海外投资支持体制时,需要建立与之配套的税收支持体制。

首先,要完善我国企业境外所得税制度。一方面,可考虑将分国限额抵免改为综合限额抵免。即允许纳税人汇总境外所得和境外已纳税收,按照不高于我国实际税负的原则予以抵免。这样不仅国内企业境外投资的实际税负会有所减轻,同时也不会侵蚀境内的企业所得税税基,并极大地简化征管工作。另一方面,可考虑取消企业境外亏损与境内盈利相互冲抵的限制,在资本中性原则下允许企业在全球计算冲抵企业海外投资中产生的亏损,在不削减国内税基的情况下鼓励企业进行境外投资。

其次,要进一步通过外交活动完善双边税收协定,消除我国资本输出的税收盲区,并完善税收协定的相关条款,承认来源国的税收优惠政策并给予饶让抵免,让税收优惠真正落实到投资者身上。

最后,考虑制定必要的税收优惠与减免政策,如对跨国经营创业型中小企业可采取加速折旧、放宽费用列支标准、设备投资抵免、再投资退税等多种税收优惠形式;对技术开发的中小企业进行财政补贴等,以减轻企业海外直接投资的成本压力。

（3）信息支持体制

信息的获取和及时分享是有效引导国内企业海外投资的行为,并促使其对可能发生的投资风险进行有效的规避。考虑到投资信息所具有的公共物品性质以及政府在相关信息搜集方面的优势,可考虑由政府主导建立和完善对外经济合作信息系统与信息交换平台,建立与跨国经营有关的案例资料库、涉税资料库、项目资料库以及风险评估体系,为企业的海外投资活动提供更多的信息援助并及时评估和更新投资对象国的国家风险,减少企业盲目投资。

4. 构建对外投资安全保障体系

海外投资是具有较高风险的经营活动,而其中的风险不仅成为企业开展海外投资的障碍,而且也可能威胁到国家经济安全。因此,在完善对外投资的产业政策时,也需将对外投资安全保障体系纳入相关范畴。

（1）探索合理的对外投资安全审查制度

为保证对外投资中的国家安全和产业安全,我国目前在对外投资监管方面仍对部分敏感行业和地区维持"核准制"的审查机制。但在对外投资管理程序简化、"备案制"大势所趋的情况下,这种部分"核准制"可能会与体制改革的大方向存在冲突,且也无法适应产业创新发展的形势,因此需积极探索与"备案制"相适应的对外投资安全审查制度。为此,可通过对出口产品和技术的监管和控制达到间接保证对外投资中的国家与产业安全的目的。

（2）推广政策性保险体系

建立综合性的海外投资保险体系,化解企业海外投资中的风险,也是目前世界各国投资促进体系中的重要内容。为帮助企业规避对外投资中的国际化运营风险,需进一步加强政策性保险体系的建设,以政策性银行为核心设计针对海外投资活动政治风险的海外投资保险制度;同时,还可考虑通过建立政策性金融机构或引导现有金融保险机构,针对企业海外运营过程中可能的风险创设新型的保险工具,建立多元化、多层次的保险体系。

（3）完善知识产权海外维权体系

为防范对外投资中可能发生的技术外泄和知识产权侵权风险,可在现有的政策基础上进一步完善知识产权海外维权体系,加强与国际知识产权保护规则的对接,同时完善知识产权纠纷的仲裁与解决机制,为企业对外投资中维护知识产权提供必要的支持。

　　我国对外资的准入沿着"地区逐步放开—行业逐步放开—产业引导优惠—国民待遇以及引领全球化"的内在逻辑展开。相对引进外资政策,我国企业"走出去"政策起步较晚,发展缓慢。目前涉及对外投资产业指导,一是境外投资产业指导目录,二是境外投资方向的指导意见及负面清单。我国新形势下双向直接投资产业政策的总体目标为促进经济结构调整与增长质量提升,抢占未来产业制高点,带动国内产业链的"闭环化"发展与完善。其中,引进外资的产业政策的具体目标为适时对高端产业和新兴产业切入,补充传统产业链的短板,催生国内供应链体系与产业集群发展;对外投资的产业政策具体目标为引导落后与剩余产能转移,促进产业链的延伸与完善,扩张国际市场与影响力。目前被主流市场经济国家所接受和采用的产业政策工具主要包括:在引进外资方面提供税收优惠、资金扶助、信息扶持与配套建设;在对外投资方面提供税收豁免、金融与保险支持、汇兑与人员流动便利措施、信息支持与外交引导。针对我国实际情况,未来我国双向直接投资的产业政策努力的主要方向为:在引进外资方面,突出重点产业领域,鼓励高端价值链活动,打造公平的市场竞争体系;在对外投资方面,注重产业、区位与主体选择,探索以产业转移带动产业结构优化的具体措施,完善对外投资相关的支持体制,构建对外投资安全保障体系。

第十三章　双向直接投资财税政策协调

作为我国对外开放的两大战略,"引进来"和"走出去"的协调实施对提升我国参与经济全球化程度和国际竞争力水平、促进产业结构优化升级、推动技术创新、推动我国经济社会发展等发挥着重要作用。自改革开放以来,特别是加入世界贸易组织以来,我国注重吸引外资,主动嵌入由发达国家跨国公司主导的全球价值链体系,推动我国经济高速增长。2001 年我国把"走出去"战略正式写入《国民经济和社会发展第十个五年计划纲要》,国内企业开始参与国际分工,我国对外直接投资迅速增长。

依托于政府的制度保障和政策支持,"引进来"和"走出去"两大战略已取得瞩目成就,其中财政税收政策是贯彻两大战略必不可少的措施之一。在现行财政和税收制度框架下,我国通过出台一系列财政支持政策、投资优惠政策,签署国际税收协定等措施,吸引外资企业来华投资;同时通过完善政府性基金政策、财政补贴政策、实施政策性金融支持、加强财政监督等途径,并基于企业所得税、增值税、消费税和个人所得税等税种制定差异化的税收优惠政策,以加强国际税收合作,从而鼓励国内企业对外直接投资。财税政策为两大战略的推进贡献着积极力量,但也暴露出诸多问题,可能制约政策的成效。

与此同时,在我国参与国际化竞争的过程中,国际税收环境一直是另一个不可忽视的因素。近年来,国际税收环境的变化频频为我国两大战略带来新的挑战,世界各国税制改革的深化、全球减税大潮的兴起、国际税收竞争的加剧等都亟须我国对现行财政税收政策进一步的调整。

可见,如何调整我国财税政策以适应国际环境的新变化、如何引导国内企业适应国际竞争的新格局、如何完善财税制度环境以吸引外资,是当前我国财税体制面临的一个重要议题。鉴于此,本章基于国内财税政策和国际财税环境变化两个视角,立足于"引进来"和"走出去"两大战略的协调实施,归纳和总结财政税收政策的内容、作用机制、政策效果及存在的问题,并分析国际财税环境的变化以及我国如何应对。在研究结论的基础上,本章为进一步通过财税政策推动我国"引进来"和"走出去"两大战略的协调实施提供政策建议。

第一节 我国吸引外资企业的财政税收政策分析

改革开放 40 多年来,我国制定了一系列吸引外资企业的财政税收政策,在吸引外资、促进我国经济持续增长等方面作出重要贡献。本节基于"引进来"的战略背景,分析相关财税政策的内容、效果及存在的问题。

一、 吸引外资企业的财税支持政策内涵

经过改革开放四十多年的发展,我国经济发展的内生动力已非常强劲,但这并不意味着外资企业对我国经济发展已不再重要。如今外资企业对我国经济的发展依然发挥着重要作用,表现外资企业是我国全面深化经济改革的重要推动力量,外资企业可以帮助释放我国国内市场的经济活力,我国企业的研发投资依然需要外资的参与等方面。可见,我国必须坚持制定实施财税支持政策来吸引外资。

开放的产业政策、公平的竞争环境、有效的知识产权保护体系、充足的高端人才供给是我国当下所要着重建设的也是吸引外资企业的重要因素。近年来我国政府不断加大对外资企业的财税支持力度,通过释放政策红利来吸引外资企业进入。吸引外资企业的财税政策内涵表现为政府通过投资优惠、奖励补贴以及对特殊地区和行业实施特殊政策扶持手段等吸引外资企业在华投资,在政策层面上让外资企业在华"畅通无阻",同时又有利可图,而外资企业也成为我国经济发展的重要推动力量,以此让我国与来华投资的外资企业形成互利共赢。

二、 吸引外资企业的财政支持政策：内容、效果及问题

1.吸引外资企业的财政支持政策分类概述

在我国经济转型过程中,外资是推动我国经济从旧动能向新动能转换的重要力量,通过加速引进外资能更好地服务于我国经济转型和结构优化升级。我国目前吸引外资的财政支持政策主要分为三类:优惠、奖励补贴以及针对特殊地区和特殊企业的相应政策,具体政策涉及政府职能改革、降低投资准入门槛、实施优惠政策、加强人才引进等方面,体现了多层次、全方位的特点,引资与引智相结合,旨在更好地发挥外资对我国实体经济的促进作用。

（1）外资企业享受的优惠政策

外资企业享受的优惠政策主要分为土地优惠政策和税收优惠政策两方面,除此之外,特殊企业和对特殊地区的投资也享受一些其他的优惠政策。

土地优惠政策是指外资企业用地可以依法享受土地使用金的减免,按照一定比例的返还,或者得到地方政府在资金上的补助。作为外资企业享受的最为重要的优惠政策,税收优惠政策是指依据相关法律法规规定对外资企业给予鼓励和照顾,免除外资企业应缴纳的部分税款或者全部税款,或者按照缴纳税款的一定比例以返还的形式予以免除。

（2）外资企业享受的奖励补贴政策

为刺激外资企业在华投资,我国政府为外资企业提供各种形式的财政奖励和补贴,保持对外资企业的吸引力,保证外资企业的基本运营发展,为市场经济注入新的活力。

①中央政府的奖补政策

2016 年 9 月,财政部印发《普惠金融发展专项资金管理办法》,明确 PPP 奖补、创业担保贷款贴息及奖补等的资金标准与流程。

普惠金融发展专项资金是指中央财政用于支持普惠金融发展的专项转移支付资金,包括县域金融机构涉农贷款增量奖励、农村金融机构定向费用补贴、创业担保贷款贴息及奖补、政府和社会资本合作(PPP)项目以奖代补四个使用方向。

②地方政府的奖补政策

以四川省为例,2016 年四川省财政厅、人民银行成都分行、省发展改革委、省经济和信息化委等单位联合印发《四川省财政金融互动奖补资金管理办法》

和《四川省鼓励直接融资财政奖补资金管理办法》,对奖补对象、奖补标准、申报程序、资金拨付、管理监督等方面作出明确规定。为充分调动基层经办机构和经办人员的积极性,管理办法强调奖补资金的使用要重点向一线倾斜。

（3）外资企业在特殊行业与特殊地区享受的优惠政策

我国对某些特殊地区、特殊行业的外资企业给予特殊财政支持政策。例如,沿海经济开放区、高新技术产业开发区的外资企业、产品出口企业和先进技术企业、再投资企业等。

2.吸引外资企业的财政支持政策细则

不同条件下的外资企业享受差异化的优惠和奖励补贴政策,这些差异化的政策对外资企业的生存和发展起着不可或缺的作用。

（1）外资企业享受的土地优惠政策细则

①企业受让土地使用权,在统一价格的基础上,根据项目的投资规模、科技含量、税收预期等情况,由高新技术产业开发区管委会研究,实行弹性地价。

②生产型工业企业投资额在1000万元以上,可向高新技术产业开发区申请租用短期土地使用权(高新技术产业开发区以外无此类优惠),其标准为:租用年限5年以下(不含5年)的,租用费为600元/亩·年;租用年限5年以上的,租用费为1000元/亩·年。一次性签订合同,租用年限最长不得超过15年,租用费用一次性付清。

③外商投资建设和经营交通基础设施项目,可以充分利用该设施的优势,依法经营项目一定范围内的服务设施,在同等条件下,优先受让交通基础设施沿线的土地使用权进行开发经营,并在出让地价上享受优惠。

④对外商以合作形式投资到公用基础设施建设项目的资金,可以同等金额的土地使用权予以补偿,土地出让价可按现行地价减免15%。

⑤外商一次性投资400万美元以上的项目用地,按政府指导价本市级留成部分优惠50%,一次性付款的再优惠5%。

⑥对内资企业投资额在1000万元以上的项目用地,与外商投资企业享受同等待遇。

（2）外资企业享受的奖补优惠政策细则

①中央政府的奖励补贴政策细则

PPP项目以奖代补政策面向中央财政PPP示范项目和转型为PPP项目的

地方融资平台公司存量项目。对中央财政 PPP 示范项目中的新建项目,财政部将在项目完成采购确定社会资本合作方后,按照项目投资规模给予一定奖励,具体为:投资规模 3 亿元以下的项目奖励 300 万元;3 亿元(含 3 亿元)至 10 亿元的项目奖励 500 万元;10 亿元以上(含 10 亿元)的项目奖励 800 万元。

对符合条件、规范实施的转型为 PPP 项目的地方融资平台公司存量项目,财政部将在择优评选后,按照项目转型实际化解存量地方政府债务(政府负有直接偿债责任的一类债务)规模的 2% 给予奖励。中央财政 PPP 示范项目中的存量项目优先享受奖励资金支持。享受以奖代补政策支持的地方融资平台公司存量项目,通过转型为 PPP 模式化解的项目债务应属于清理甄别认定的截至 2014 年年末的存量政府债务。

不享受以奖代补政策支持的项目范围包括:不符合示范项目要求被调出示范项目名单的项目;采用建设移交(Build Transfer,BT)方式的项目;通过保底承诺、回购安排、明股实债、融资租赁等方式进行变相融资的项目;合同变更成本高、融资结构调整成本高、原债权人不同意转换、不能化解政府债务风险、不能降低项目债务成本、不能实现物有所值的地方融资平台公司存量转型项目。

此外,已经在其他中央财政专项资金中获得奖励性资金支持的 PPP 项目,不再纳入以奖代补政策奖励范围。

②地方政府的奖励补贴政策细则(以四川省为例)

A. 支持债权融资

a. 支持对象:成功发行企业债、公司债、银行间市场债务融资工具、中小企业私募债、在成都(川藏)股权交易中心发行私募债等债券融资工具的非金融企业;提供相关融资服务的中介机构。

b. 支持方式:贴息、补贴。

c. 支持标准:对成功发行债券融资工具的企业,债券存续期内按照融资金额给予分档分段贴息,融资金额在 1 亿元(含)以内的部分,贴息比例为实际付息额的 10%;融资金额在 1 亿元以上、5 亿元(含)以下的部分,贴息比例为实际付息额的 8%;融资金额在 5 亿元以上、10 亿元(含)以下的部分,贴息比例为实际付息额的 5%;融资金额在 10 亿元以上的部分,贴息比例为实际付息额的 1%。每年累计贴息不超过 500 万元,贴息期限不超过 3 年。对上述融资用于省基础设施和公共服务领域重点项目的企业,贴息比例分档对应提高 2 个百分点;对中小微企业通过债券融资工具实现融资给予一次性费用补助 20 万元。

对于上述企业债券融资提供承销服务的承销机构,按其当年实际承销额的 0.03% 给予激励补助。对为上述企业债券融资提供信用增进的服务机构,按其风险损失额的 30% 给予风险分担补助,单家服务机构年度补助额不超过 500 万元。

B. 支持股权融资

a. 支持对象:通过境内主板、中小板、创业板和境外资本市场、全国中小企业股份转让系统(以下简称"新三板")和成都(川藏)股权交易中心成功进行股权融资,且总部和主营业务均在四川省的企业;成都(川藏)股权交易中心;提供相关融资服务的中介机构。

b. 支持方式:补贴。

c. 支持标准:对在境内主板、中小板、创业板和境外资本市场上市融资的企业给予一次性费用补助 80 万元;对在新三板、成都(川藏)股权交易中心交易板挂牌的企业给予一次性费用补助 50 万元。

对为四川省省内企业提供股权转让和融资服务的成都(川藏)股权交易中心,综合考虑其年度挂牌展示、融资额度等相关因素测算安排激励补助。对为企业在境内主板、中小板、创业板和境外资本市场上市融资及在新三板、成都(川藏)股权交易中心交易板挂牌提供服务的保荐或推荐机构,综合考虑其辅导企业数量、服务质量、融资额度等相关因素,按服务企业户均 10 万元的标准给予差异化补助。

C. 支持资产证券化融资

a. 支持对象:对符合条件的国家重大基础设施项目贷款、涉农贷款、中小企业贷款、节能减排贷款、战略性新兴产业贷款、文化创意产业贷款、保障性安居工程贷款、汽车贷款等多元化基础资产实施信贷资产证券化的地方法人金融机构;对企业应收款、租赁债权、信贷资产、信托受益权等财产权利和基础设施、商业物业等不动产财产或不动产收益权等基础资产实施实体资产证券化的企业;为资产证券化提供服务的专项计划管理人。

b. 支持方式:补贴。

c. 支持标准:对实施资产证券化的原始权益人,按其融资规模的 0.5% 给予一次性激励补助,最高不超过 500 万元。对资产证券化的专项计划管理人,按其资产证券化实现融资规模的 0.05% 给予一次性补助,最高不超过 50 万元。

（3）**外资企业享受的投资优惠政策细则**

根据《中华人民共和国外商投资企业和外国企业所得税法》及其《实施细则》规定,外国投资者从外商投资企业取得的利润,免征所得税。下列利息所得免征所得税:

①国际金融组织贷款给中国政府和中国国家银行的利息。

②外国银行按照优惠利率贷款给中国国家银行的利息,包括外国银行按国际银行同业间拆放利率,贷款给中国国家银行和国务院批准对外经营外汇业务的信托投资公司,所取得利息。

③中国公司、企业和事业单位购进技术设备和商品,由对方国家银行提供卖方信贷,中方按不高于其卖方信贷利率延期付款所付给卖方转收和利息。

④外国公司、企业和其他经济组织在 1995 年年底以前,同中国公司、企业签订信贷合同或贸易合同,提供贷款、垫付款和延期付款所取得的利息,在合同有效期内,可以减按 10% 的税率缴纳所得税。其中,由中方用产品返销还款付息或提供资金条件优惠,利率低的,经申请批准可以免征所得税。

⑤为科学研究、开发能源、开展交通事业、农林牧业生产以及开发重要技术提供专用技术所取得的特许权使用费,经国务院税务主管部门批准,可以减按 10% 的税率征收所得税,其中技术先进或者条件优惠的,可以免征所得税。

（4）**针对特殊地区与特殊行业外资企业的优惠政策细则**

①沿海经济开放区

根据《中华人民共和国外商投资企业和外国企业所得税法》规定,对设在沿海经济开放区和经济技术开发区所在城市老市区的生产性外商投资企业,减按 24% 的税率征收企业所得税。其中,属于技术密集、知识密集型项目,或者外商投资在 3000 万美元以上,回收投资时间长的项目,或者属于能源、交通、港口建设项目的,报经国家税务总局批准后,可减按 15% 的税率征收企业所得税。

②高新技术产业开发区

根据《中华人民共和国外商投资企业和外国企业所得税法》规定,对设在高新技术产业开发区的被认定为高新技术企业的外商投资企业,减按 15% 的税率征收企业所得税。其中,被认定为高新技术企业的生产性外商投资企业,实际经营期在十年以上的,可以从获利年度起第一年和第二年免征企业所得税,第三年至第五年减半征收企业所得税。

③产品出口企业和先进技术企业税收优惠

根据《中华人民共和国外商投资企业和外国企业所得税法》相关规定,对外商投资兴办的产品出口企业,在按照税法规定减免企业所得税期满后,凡当年企业出口产品产值达到当年企业产品产值 70%以上的,可以减半征收企业所得税。其中属于已经按 15%的税率缴纳企业所得税的,可以减按 10%的税率征收企业所得税。对产品出口企业免征地方所得税。

对外商投资兴办的先进技术企业,在按照税法规定减免企业所得税期满后,仍为先进技术企业的,可延长三年减半征收企业所得税。减半后的税率低于10%的,按 10%的税率征收企业所得税,对先进技术企业,免征地方所得税。

3.吸引外资企业的财政支持政策实施效果

如今外资企业依然是推动我国经济发展不可或缺的力量,财政支持政策给予在华外资企业较大优惠力度。这是一个互惠互利的过程,外资企业在进入我国以后必然面临着众多的挑战。国家通过政策扶持的方式让来华投资的外资企业能够在本土生存,一方面维持市场竞争的公平原则,另一方面维持市场的多元化发展方向。老牌在华的外资企业同样是享受政策的对象,国家通过政策让这部分企业在我国能"待得住""活得好",参与社会主义市场经济的重要主体,让其成为社会主义市场经济中的重要组成部分。

从目前的政策实施效果来看,受财政支持政策影响,大部分外资企业在政策扶持下焕发出活力,经营成本大大降低,融入我国市场的速度加快,而无法适应我国市场的外资企业则被"看不见的手"所淘汰。

4.财政支持政策存在的主要问题

财政支持政策在我国引资战略中发挥了巨大的贡献,但随着国内发展阶段以及国际形势的变化,相关财政政策也存在诸多问题。

(1)平台构建和基础建设不完善

外资流入的数量变化也在一定程度上反映了我国平台构建和基础建设的完善程度,平台构建和基础建设不完善使外资增速缓慢。从吸引外资的具体数量来看,随着改革开放和"一带一路"倡议的不断深入实施,我国实际利用外资总额总体上是趋于增长的,但就其增长幅度而言,2010 年以来,实际外资利用额增长幅度急剧放缓,在 2009 年、2012 年、2013 年和 2016 年四个年份出现了负增长,年平均增长率增速缓慢(见图13-1)。

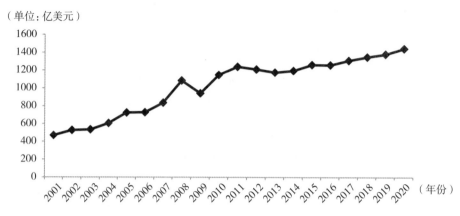

（单位：亿美元）

图13-1　2001—2020年中国实际使用外商直接投资趋势

资料来源:《中国统计年鉴2021》,http://www.stats.gov.cn/tjsj/ndsj/2018/indexch.htm。

（2）政策优惠覆盖产业范围狭窄

财政政策奖励对象主要为制造业、生产性服务业,导致外资产业分布不均。从实际外资利用的具体行业来看,主要集中在制造业、批发零售业以及租赁和商务服务业,其他行业分布较少;而从产业分布的情况来看,外资项目及金额主要集中在第二产业和第三产业(见表13-1)。

由此可见,无论是投资项目还是投资金额,无论是具体行业还是整个产业,政策覆盖都不均衡,且政策侧重的产业主要是利润率较高、利润回归周期短、即能够在相对较短的时间内带来较大利润回馈的产业。

表13-1　2020年中国外商直接投资额行业分布

行　业	设立企业(个)	实际使用金额(万美元)
农、林、牧、渔业	493	57567
采矿业	46	66394
制造业	3732	3099695
电力、燃气及水的生产和供应业	260	311375
建筑业	602	181887
交通运输、仓储和邮政业	592	499859
信息传输、计算机服务和软件业	3521	1643102

行　　业	设立企业(个)	实际使用金额(万美元)
批发和零售业	10812	1184445
住宿和餐饮业	804	82415
金融业	356	648240
房地产业	1190	2033057
租赁和商务服务业	7513	2656159
科学研究、技术服务和地质勘察业	6252	1793997
水利、环境和公共设施管理业	223	56758
居民服务和其他服务业	447	30766
教育	210	28061
卫生、社会保障和社会福利业	109	23547
文化、体育和娱乐业	1407	39602
公共管理和社会组织	1	——
总计	38570	14436926

资料来源:《中国统计年鉴2021》。

(3)政策实施未充分考虑区域差异

不同地区外资分布不均衡,结构调整仍存在改良空间。尽管政策已明确倾向于引导外资向西部等欠发达地区转移,但政策效果具有时滞性。目前来看,无论外资项目数量还是外资金额,都呈现出地区分布不均衡的状况(见表13-2)。

表13-2　2016—2017年分地区外商投资企业年底注册登记情况

地区	企业数(户)		投资总额(亿美元)		注册资本(亿美元)	
	2016年	2017年	2016年	2017年	2016年	2017年
全　　国	505151	539345	51240	68992	31243	37107
北　　京	30401	31442	4274	4864	2755	3124
天　　津	13339	13938	2226	2548	1485	1763
河　　北	7286	7956	848	958	427	467
山　　西	3699	3437	422	497	229	262
内蒙古	3362	3453	411	460	197	207
辽　　宁	16949	16883	2133	3159	1318	1754

地区	企业数（户）		投资总额（亿美元）		注册资本（亿美元）	
	2016 年	2017 年	2016 年	2017 年	2016 年	2017 年
吉　林	3853	4044	356	389	121	142
黑龙江	4227	4444	283	337	149	200
上　海	79410	84007	7342	7982	5087	5473
江　苏	55938	58577	8799	9658	4718	5226
浙　江	34442	37422	3199	3734	1921	2286
安　徽	5549	6135	673	866	346	489
福　建	28351	28264	2263	2607	1321	1503
江　西	6918	6059	777	808	551	566
山　东	28527	29512	2519	3042	1476	1820
河　南	8058	7827	822	1045	449	555
湖　北	8976	10962	993	1151	544	611
湖　南	6677	7733	580	1634	309	684
广　东	119688	135869	7816	17622	5086	6432
广　西	4485	4872	437	562	230	299
海　南	2660	2442	760	761	607	610
重　庆	5555	5739	881	946	549	602
四　川	10370	11462	942	1128	553	658
贵　州	1511	1671	237	313	131	167
云　南	4087	4366	330	374	187	214
西　藏	236	252	23	30	17	21
陕　西	5953	5629	561	800	310	473
甘　肃	2079	2061	75	202	32	160
青　海	440	470	75	77	29	30
宁　夏	651	738	87	304	53	229
新　疆	1474	1679	97	133	56	81

资料来源:《中国统计年鉴 2018》。

　　将上表中 2017 年外商投资总额的数据,按照各省份所在地区分为东北、华北、华中、东南、西南、西北六个部分,外商投资总额分布如图 13-2 所示。

　　外资主要集中于以上海市、江苏省、广东省为首的东南沿海地区(占总投资

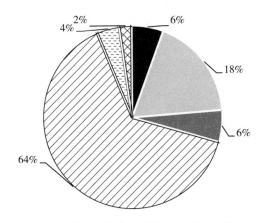

图 13-2　2017 年中国外商投资总额分布比例

额比重 60%以上），该地区经济发达、交通便利、相关政策扶持力度较大，便于外资进入。其他区域的外商投资率相对较低，华北地区位于第二位，但仅占 18%。其余四个地区外商投资额占比更少，部分西部偏远地区由于交通不便、气候恶劣等原因，缺少引资的必要条件。目前我国政府已致力于引导外资落户于中西部欠发达地区，但欠发达地区的外资水平较东部地区仍有较大差距。

三、 吸引外资企业的税收政策：内容、效果及问题

20 世纪 80 年代，我国开始建立流转税和所得税优惠相结合的全面性税收优惠政策，通过强力的税收优惠政策吸引外资。随着我国改革开放的不断深化，我国对外资企业的税收政策也在不断调整。本部分从企业所得税、个人所得税和国际税收合作三个视角，总结我国为引资所采取的税收优惠政策或其他税收活动，并探讨其产生的影响及目前存在的问题。

1. 企业所得税的政策内容、效果及问题

（1）企业所得税在吸引外资方面的税收优惠政策变迁

改革开放以前，由于我国对外开放程度不高，外资企业数量较少，当时并没有专门适用外资企业的税收政策，外资企业统一适用的是我国在 1950 年颁布的《工商业税暂行条例》。而随着我国经济的不断发展和对外开放的需求不断加大，对有效税收政策的需求越来越迫切。

表 13-3　企业所得税在引进外资方面的税收优惠政策变迁

时间	相关政策文件	颁发机构	主要内容
1950 年 1 月	《工商业税暂行条例》	政务院	对工商业税的征税范围、税率、征税方式等作出规定,但并没有专门适用外资企业的相关政策
1979 年 7 月	《中华人民共和国中外合资经营企业法》	全国人大	对中外合资经营企业的组织形式、设立条件、营业期限、经营活动等作出规定
1980 年 9 月	《中华人民共和国中外合资经营企业所得税法》	全国人大	针对合营企业,对纳税义务人、纳税环节、纳税期限、税率、课税对象等作出规定,其中税率规定为 30%,另按应纳所得税额附征 10% 的地方所得税,对符合条件的合营企业给予了"两免三减半"等税收优惠
1981 年 12 月	《中华人民共和国外国企业所得税法》	全国人大	针对外国企业,对纳税义务人、纳税环节、纳税期限、税率、课税对象等作出规定,其中,对外资企业的应纳税所得适用超额累进税率,同时对符合条件的外资企业给予了税率等方面的税收优惠
1991 年 4 月	《中华人民共和国外商投资企业和外国企业所得税法》	全国人大	对外资企业的企业所得税优惠政策更加全面详细,除税率优惠外,对特定地区、特定行业符合条件的外资企业,也同时给予了税基等方面的优惠政策
2008 年 1 月	《中华人民共和国企业所得税法》	全国人大	取消了外资企业的"超国民待遇",将内外资企业所得税率统一为 25%,同时进行了居民企业与非居民企业的划分,将非居民企业税率定为 20%

　　随着改革开放的实施,以及 1979 年《中华人民共和国中外合资经营企业法》的颁布,我国外资企业数量不断增加。为适应我国经济发展的新变化,20 世纪在 80 年代初又相继颁布《中华人民共和国中外合资经营企业所得税法》和《中华人民共和国外国企业所得税法》,对外资企业的应纳税所得适用超额累进税率,同时对符合条件的外资企业给予税率等方面的税收优惠,此举标志着我国针对外资企业的税收制度正式确立。到 20 世纪 90 年代,我国经济发展对外资的需求进一步上升,税收优惠政策成为吸引外资的重要手段。1991 年,我国又颁布《中华人民共和国外商投资企业和外国企业所得税法》,对外资企业的企业所得税优惠政策更加全面详细,除税率优惠外,对特定地区、特定行业符合条件的外资企业,也同时给予税基等方面的优惠政策,导致我国内资企业和外资企业的税负差距拉大,赋予了外资企业"超国民待遇"。到 2008 年 1 月 1 日,我国将

《中华人民共和国外商投资企业和外国企业所得税法》和《中华人民共和国企业所得税暂行条例》统一为《中华人民共和国企业所得税法》,取消外资企业的"超国民待遇",然而此举并非意味着我国引资力度有所下降,而是体现出我国引资政策导向由以往关注外资数量、实行普惠政策向更注重外资质量效益、优惠政策更加注重导向性转变。随着我国税制改革的进一步推进和对外开放程度的日益增强,在税制领域推动引资进程的手段也更加多样化。

（2）企业所得税在吸引外资方面的税收优惠政策内容

我国关于吸引外资的税收优惠政策主要体现在企业所得税方面。首先,在税率上,我国现行的企业所得税法将企业划分为居民企业和非居民企业,其中居民企业适用税率为25%,非居民企业则为20%,在适用税率上给予符合条件的外资企业一定的优惠。其次,在应纳税额上,我国税法规定非居民企业在中国境内设立机构、场所,取得发生在中国境外但与该机构、场所有实际联系的应税所得,可以从其当期应纳税额中抵免,抵免限额为该项所得依照本法规定计算的应纳税额;超过抵免限额的部分,可以在以后五个年度内,用每年度抵免限额抵免当年应抵税额后的余额进行抵补。

2017年8月8日,国务院印发《关于促进外资增长若干措施的通知》,通过进一步放宽外资准入限制、研究制定财政税务方面的鼓励政策、创造更具有吸引力的投资环境等方式促进外资增长,提高外资利用质量。其中,税收方面的政策主要有:第一,推动境外投资者不断提高在华投资规模,对境外投资者从中国境内居民企业分配的利润直接投资于鼓励类投资项目,凡符合规定条件的,实行递延纳税政策,鼓励境外投资者将来自中国境内所得再投资于符合规定的投资项目;第二,发挥外资对优化服务贸易结构的积极作用。将服务外包示范城市符合条件的技术先进型服务企业所得税优惠政策推广到全国,引导外资更多投向高技术、高附加值服务业,推动我国经济转型和第三产业的发展,加速实现我国引进外资由关注量到重视质的转变;第三,鼓励跨国公司在华投资设立地区总部,支持各地依法依规出台吸引跨国公司地区总部的政策措施。2018年9月,财政部、税务总局、国家发展改革委、商务部联合发布《关于扩大境外投资者以分配利润直接投资暂不征收预提所得税政策适用范围的通知》,对境外投资者从中国境内居民企业分配的利润,用于境内直接投资暂不征收预提所得税政策的适用范围,由外商投资鼓励类项目扩大至所有非禁止外商投资的项目和领域。

此外,为进一步推动上述政策的实施,国务院还提出促进外资增长的三项税收优惠新政,包括:第一,增加不分国别(地区)、不分项的综合抵免方法,并适当扩大抵免层级,由三层扩大至五层,进一步促进利用外资与对外投资相结合;第二,对境外投资者从中国境内居民企业分配的利润,直接投资于鼓励类投资项目,凡符合规定条件的,实行递延纳税政策,暂不征收10%的预提所得税;第三,对中国境内经认定的技术先进型服务企业,减按15%的税率征收企业所得税,符合规定的职工教育经费支出部分可以在税前扣除,进一步推动我国第三产业结构优化升级。

(3)企业所得税优惠政策的实施效果

通过税率优惠、税收抵免优惠、纳税递延优惠等相结合的与时俱进的税收优惠政策,积极合理地吸收外资,更加有效地补足我国建设资金不够充足的短板,引进先进的技术和经营管理方式,并带来更加现代化的投资和运营理念,引入更加国际化的规则标准。

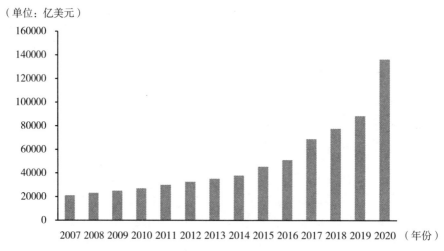

（单位：亿美元）

图 13-3 2007—2020 年我国外商投资企业年底注册登记投资总额

资料来源:WIND 中国宏观经济数据库。

图 13-3 统计了 2007—2020 年我国外商投资企业年底注册登记投资总额,在 2007 年至 2020 年,我国外商投资企业年底注册登记投资总额保持了强劲的上升势头,由 2007 年的 21088 亿美元上升至 2017 年的 68992 亿美元,增幅达

227.16%,尤其是近年来随着我国不断加大对符合条件的外资企业的税收优惠力度,外商投资企业年底注册登记投资总额仅 2017 年一年就增长了 17752 亿美元,增幅达 34.64%。

我国对外资企业的税收优惠政策吸引了大量资金来华投资,有效地补充了我国建设资金的不足,在加速我国开放型经济发展的同时,也促进我国的技术进步,推动产业结构的优化升级以及高新技术产业的发展。图 13-4 比较了我国科学研究、技术服务和地质勘察业外商投资总额与农、林、牧、渔业外商投资总额的增长状况。可以看出,2005—2019 年,我国科学研究、技术服务和地质勘察业外商投资总额持续高速增长,由 2005 年的 256.9 亿美元增长至 2019 年的9908.73 亿美元,增长近 38 倍,远超同期农、林、牧、渔业外商投资总额的增长速度。

（单位：亿美元）

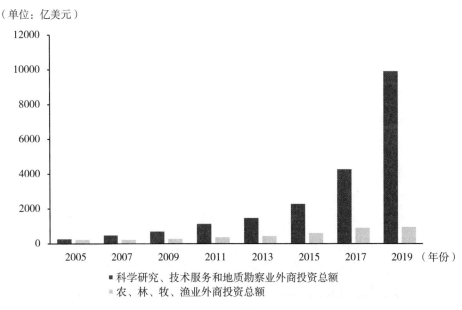

　　■科学研究、技术服务和地质勘察业外商投资总额
　　 农、林、牧、渔业外商投资总额

图 13-4　2005—2019 年我国部分行业外商投资企业年底注册登记投资总额
资料来源:WIND 中国宏观经济数据库。

在 2017 年之后新出台的优惠政策中,我国进一步引导外资投向高技术、高附加值服务业,对中国境内经认定的技术先进型服务企业,减按 15% 的税率征收企业所得税,体现出当前我国的税收优惠政策越来越重视外资的质量效益。

（4）企业所得税优惠政策存在的主要问题

随着我国税制改革的不断推进，我国企业所得税也与时俱进，趋于科学合理，但一些较为突出的问题仍然存在。

一是对产业导向不够重视，在内外资企业所得税合并以后，税收优惠政策转变为"以产业优惠为主，区域优惠为辅"的新的税收优惠格局。但目前企业所得税法中对特定产业的优惠政策不够明晰，在《中华人民共和国企业所得税法》中，仅笼统地规定"企业从事农、林、牧、渔业项目的所得可以免征、减征企业所得税"[1]，"国家需要重点扶持的高新技术企业减按15%的税率征收企业所得税"[2]，税收优惠政策对产业升级的导向作用并没有充分发挥出来。

二是缺乏企业所得税方面的区域协调政策，配套法律法规缺位导致税收法定原则落实不彻底，部分官员受政绩考核等因素的推动，通过税收竞争的方式争夺外资，不仅造成税收流失，也对地区经济发展和财政收支的稳定产生一定的负面影响，加剧了地区之间的发展不平衡。

三是外资企业滥用国际税收协定导致我国企业所得税税收优惠政策效果难以全部发挥。出于避免国际重复征税等因素的考虑，我国与众多国家签订了双边及多边税收协定，这些税收协定中规定的税收优惠政策往往比国内对外资企业的政策优惠力度更强，而由于我国在国际税收征管方面的水平与先进国家仍有较大差距，导致外资企业滥用国际税收协定的现象较为普遍，减弱了企业所得税法中优惠政策的效果。

2. 个人所得税的政策内容、效果及问题

（1）个人所得税在吸引外资方面的优惠政策内容

为吸引外资及优秀的外籍人员助力我国经济建设，《中华人民共和国个人所得税法》对外籍人员在多方面给予个人所得税上的优惠。例如外籍人员以非现金形式或实报实销形式取得的住房补贴、伙食补贴、搬迁费等，按合理标准取得的境内、外出差补贴，取得的探亲费、语言训练费、子女教育费等经当地税务机关审核批准为合理的部分，从外资企业取得的股息、红利所得，按规定都可暂免征收个人所得税。[3] 同时，为吸引外籍高层次人才来华，对符合相关条件的外籍

---

[1] 《中华人民共和国企业所得税法》第四章第二十七条。
[2] 《中华人民共和国企业所得税法》第四章第二十八条。
[3] 《关于个人所得税若干政策问题的通知》。

专家如来华文教专家、联合国援华项目专家等取得的工资、薪金所得也规定了免征政策。①

自 2019 年 1 月 1 日开始我国正式实行新个人所得税法，与修改前的个人所得税法相比，对外籍人员的优惠政策基本保留，但在非居民个人的税收优惠、居民个人和非居民个人的界定等方面进行了调整。例如，将居民个人和非居民个人在起征点方面的差异化政策（居民个人为 3500 元，非居民个人为 4800 元）改为统一按照 5000 元的标准进行费用扣除，且不涉及减除专项扣除、专项附加扣除和依法确定的其他扣除。② 居民个人和非居民个人的界定方面，由"在中国境内无住所又不居住或者无住所而在境内居住不满一年的个人，从中国境内取得的所得，依照本法规定缴纳个人所得税"改为"在中国境内无住所又不居住，或者无住所而一个纳税年度内在中国境内居住累计不满一百八十三天的个人，为非居民个人"。③

（2）个人所得税优惠政策的实施效果及主要问题

对外籍人员实行税收优惠政策，不仅有利于吸引外籍优秀人才来华工作，同时也有利于减轻外商来华投资的负担，为我国经济发展提供优秀的人才、技术和资金支持。尽管新个税法取消了非居民个人在费用扣除方面的"超国民待遇"，但名义上并未减少对外籍人员的税收优惠力度，还为内外资企业和人才的竞争提供了更加公平的市场环境。事实上，即使新的个税法将居民个人和非居民个人的起征点统一至 5000 元标准的这一做法可能会影响外籍人员来华工作的积极性，但受影响的也主要是作为简单劳动力的外籍来华人员。因此，这一政策修改反而有利于提高外籍来华人员的整体质量，优化外籍来华工作人员结构。

然而，目前我国在个人所得税的税收优惠政策方面仍有不足之处：一是对外籍人员的税收优惠缺乏有层次的差异化政策。目前，我国对外资和人才的引进已由注重数量转变为侧重质量，因此，对高层次外籍人才给予更优惠的税收政策，才更符合我国目前经济发展的需要，然而目前我国个税法中对外籍人员的税收优惠还未很好地落实这一点。二是在对外籍人员的税收征管方面存在问题，外籍人员往往流动性较大、报酬支付难以进行有效监督，而目前我国税务机关管

---

① 《关于外国来华工作人员缴纳个人所得税问题的通知》。
② 《中华人民共和国个人所得税法》第六条。
③ 《中华人民共和国个人所得税法》第一条。

理手段较为落后,跨部门监管机制不健全,信息沟通不够顺畅,造成大量的税源流失。同时,由于政策宣传力度不足,纳税申报审核流程不够明确,也使外籍人员纳税申报等涉税活动存在障碍。

3. 国际税收合作的政策内容、效果及问题

(1)国际税收合作政策内容

改革开放以来,我国逐渐形成了比较完善的双边国际税收协定网络,为我国吸引外资提供了制度化、规范化的保障。截至 2018 年 11 月,我国已经和 25 个国际组织和区域税收组织建立了合作关系,与 110 个国家和地区签署了双边税收协定或安排;推出服务"一带一路"建设 10 项税收措施,拓展国别税收咨询等 8 个方面服务举措,发布 81 份"一带一路"沿线国家和地区投资税收指南等。

与此同时,为进一步增强与其他国家的税收合作,为我国引资提供良好的国内和国际环境,我国也积极参与新国际税收治理体系的构建:2014 年,我国在 G20 层面承诺将实施金融账户涉税信息自动交换标准(CRS),并于 2018 年 9 月 1 日进行第一次 CRS 金融信息交换,进一步提升税收透明度,打击跨境逃税等不法行为;2015 年,国家税务总局以经济合作与发展组织合作伙伴身份全程参与 BEPS① 行动计划,共同研究 BEPS 的指导原则,完善国际税收规则,推动税收征管合作;2017 年,国家税务总局在杭州市主办金砖国家税务局局长会议,加强税收征管能力建设并向发展中国家提供能力建设援助。此外,我国还成功举办第十届税收征管论坛(FTA)大会,以联合国国际税收合作专家委员会委员身份参与《联合国税收协定范本》修订,在国际税收规则体系重塑中持续发挥重要作用。

(2)国际税收合作政策对吸引外资的影响效果

通过双边和多边税收协定的签订以及对反有害税收竞争等国际税收互助合作活动的广泛参与,我国国际税收合作和征管能力有效提升,且有力促进了引资规模的扩大,在消除双重征税、稳定税收待遇、防止偷漏税、实行无差别待遇、建立有效争端解决机制等方面也发挥了重要作用。

图 13-5 反映了 2007—2021 年我国实际利用外商直接投资金额,尽管在个别年份,受国内投资环境、国际经济形势等因素的影响,实际利用外商直接投资

---

① BEPS:税基侵蚀和利润转移,是指跨国企业利用国际税收规则存在的不足,以及各国税制差异和征管漏洞,最大限度地减少其全球总体的税负,甚至达到双重不征税的效果,造成对各国税基的侵蚀。

额略有下降,但总体仍然呈明显的上升态势,由 2007 年的 748 亿美元上升至
2021 年的 1735 亿美元,增幅达 131.95%。

（单位：亿美元）

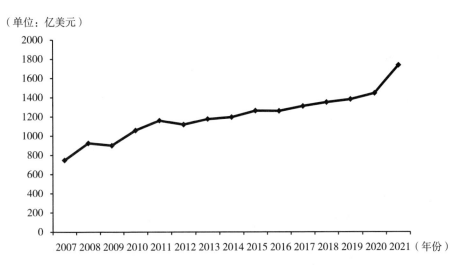

图 13-5　2007—2021 年我国实际利用外商直接投资额

资料来源：WIND 中国宏观经济数据库。

（3）国际税收合作政策存在的问题

当前,我国在税收协定和国际税收合作方面,仍然有许多不足:一是税收协
定网络不够完善,截至目前,我国与欧洲、亚洲国家签订的税收协定较多,而与非
洲、美洲国家的税收协定较少,有待进一步扩展。

表 13-4　我国签订的双边税收协定一览表（部分）

国家或地区	签署日期	国家或地区	签署日期
日本	1983 年 9 月 6 日	新西兰	1986 年 9 月 16 日
美国	1984 年 4 月 30 日	泰国	1986 年 10 月 27 日
马来西亚	1985 年 11 月 23 日	意大利	1986 年 10 月 31 日
挪威	1986 年 2 月 25 日	捷克斯洛伐克（适用于斯洛伐克）	1987 年 6 月 11 日
加拿大	1986 年 5 月 12 日	波兰	1988 年 6 月 7 日
瑞典	1986 年 5 月 16 日	澳大利亚	1988 年 11 月 17 日
奥地利	1991 年 4 月 10 日	南斯拉夫（适用于波斯尼亚和黑塞哥维那）	1988 年 12 月 2 日
巴西	1991 年 8 月 5 日	保加利亚	1989 年 11 月 6 日

国家或地区	签署日期	国家或地区	签署日期
蒙古国	1991 年 8 月 26 日	巴基斯坦	1989 年 11 月 15 日
匈牙利	1992 年 6 月 17 日	科威特	1989 年 12 月 25 日

资料来源：国家税务总局，http://www.chinatax.gov.cn/n810341/n810770/。

二是部分税收协定和条款过于陈旧，表 13-4 列出了部分与我国签订双边税收协定的国家或地区及协定签署日期，从中可以看出，我国与许多国家或地区的双边税收协定是在 20 世纪八九十年代甚至更早签订的，随着各国税收实践的进行、税制改革的发展以及经济形势的转变，这些早期签订的税收协定已经越来越无法适应如今国家间资本流动和国际税收征管的需要。

三是由于税收协定执行不够规范，与国内税法衔接存在问题，具体的解释文件不足，无法满足当前税收协定的管理实践需要，导致目前我国外资企业滥用双边及多边税收协定的情况仍比较严重。

第二节　我国鼓励企业"走出去"的财政税收政策分析

1997 年，江泽民同志提出要在吸引外资的同时积极促进对外投资，要将"引进来"和"走出去"更好地结合起来。2000 年年初，为提高对外开放水平，我国正式将企业"走出去"作为国家对外经济发展战略，将它上升到"关系我国发展全局和前途的重大战略之举"的高度。2013 年，国家主席习近平在出访时历史性地提出"一带一路"倡议，更是为我国企业对外直接投资提供了新的历史机遇。财政税收政策是国家进行宏观调控的一项重要手段，对国家经济发展战略目标的实现具有不可估量的引导作用。本节主要分析我国鼓励企业"走出去"的财政税收政策内容、效果及存在的问题。

一、鼓励企业"走出去"的财政支持政策分析

现阶段，我国出台了许多鼓励企业"走出去"的财政支持政策，主要包括政府性基金、财政补贴政策、财政性金融支持政策以及财政监督与信息服务。

1.政府性基金的政策内容、效果和问题

（1）政府性基金的政策内容及效果

政府性基金是以政府主导成立的基金,其目的在于通过成立创业投资基金或私募股权基金等,鼓励国内企业对外投资。政府性基金主要用于对外援助项目,为到发展中国家进行资源合作开发和开展生产性合资项目的企业提供资金支持。目前我国支持企业"走出去"的政府性基金主要包括中央对外贸易发展基金、面向非洲国家设立的投资专项资金和非洲人力资源开发基金、援外合资合作项目基金等。

中央对外贸易发展基金是国务院为规范和促进全国对外贸易发展而设立的专项资金;面向非洲国家设立的基金主要用于支持和鼓励有实力、有信誉的中国企业到非洲国家投资,开展互利互惠合作、培训和管理技术人才等活动;援外合资合作项目基金用于支持中国企业与受援国企业开展合资合作项目以及以生产性为主的中小型项目,我国政府对外援助主要有无偿援助、无息援助和优惠贷款三种形式。截至2021年,我国已向非洲、亚洲、东欧、拉丁美洲和南太平洋地区的160多个国家和地区提供了援助,包括经济技术援助、免除到期债务、项目援助和提供奖学金等。其中,无偿援助主要用于帮助东道国建设中小型社会福利性项目,例如,截至2012年7月中国为非洲国家援建了100多所学校、30多所医院、30个抗疟中心和20个农业技术示范中心。①

（2）政府性基金存在的主要问题

各项政府性基金在运作过程中存在以下问题:一是基金使用效果不明显。基金由不同的部门管理,各部门政策规则不统一,许多企业对这些政策不了解,导致基金的使用效果并不能充分发挥。二是基金设置门槛较高。只有有实力、信誉等级良好的大型企业才能申请投资专项资金到非洲国家投资,而很多中小型企业虽急需资金支持却遭遇资金瓶颈。三是基金支持范围有限。援外合资合作项目基金只支持以生产性为主的中小型合资合作项目,中央对外贸易发展基金重点支持机电产品出口,投资专项资金和非洲人力资源开发基金仅面向非洲国家等。此外,我国虽然有对外援助,但较少考虑经济因素,没有很好地把企业

____

① 参见中共中央文献研究室编:《十七大以来重要文献选编(下)》,中央文献出版社2013年版,第1060页。

"走出去"和对外援助结合起来。

2. 财政补贴的政策内容、效果及问题

(1)财政补贴的政策内容及效果

目前我国已构建了一套比较系统的财政补贴制度,该财政补贴制度框架下典型的三种政策措施有:对外经济技术合作专项资金、资源开发类境外投资前期费用补贴以及中小企业国际市场开拓资金。

对外经济技术合作专项资金对具有比较优势的企业从事境外领域重点合作业务等采取的支持方式有资本金投入、贷款贴息和补助;资源开发类境外投资前期费用补贴用于鼓励有条件的大型和重点企业到国外进行资源勘探、开发、技术合作和对外并购,增强资源保障能力;中小企业国际市场开拓资金的设立顺应了近年来中小型民营企业加快"走出去"步伐的潮流,目的是支撑中小企业更有保障地参与国际市场竞争。原则上,支持金额不得超过项目所需金额的50%,但对中西部地区和东北老工业基地的中小企业的支持比例可提高到70%,这也充分体现了我国大力协调区域平衡发展的政策导向,有利于扶持这些地区的企业更好地"走出去"。

此外,现有补贴制度如纺织业专项资金、境外经济贸易合作区建设专款、境外加工贸易项目专项资金均以行业为导向,有助于促进特定行业技术创新、转变经济增长方式,以及支持有实力的相关企业到国外投资设厂,实现原产地多元化。

(2)财政补贴存在的主要问题

一是与一些发达国家相比,我国对企业"走出去"的财政补贴力度偏小。例如,就我国对外经济技术合作专项资金直接补助费用比例而言,原则上不可超过申请企业实际支付费用的50%。而一些发达国家财政补贴力度较大,该补贴比例能够达到70%以上,如日本政府设立了对外直接投资调研费用75%的补贴制度;新加坡对"走出去"企业实行国际化路线计划,企业可申请70%的顾问费用①。

二是财政补贴范围较窄。例如,"走出去"企业在境外开展经济合作业务,承保的主要险种包括工程一切险(所有项目)、雇主责任险(所有项目)、出口信用保险(卖方信贷项目)、海外投资险(投资项目)、人员意外险、施工设备险、第三方责任险等。2013年新修订的给予资助的险种中仅包括资源回运运费、企业投保海外投资保险保费、特定国家及特定国家的特定地区安保费等,尚有许多

---

① 资料来源:新加坡中华总商会,http://enterpriseone.sccci.org.sg。

险种没有包括进来。另外,从目前的资助体系来看,我国对"走出去"企业的技术援助较少,与发达国家相比水平较低。

三是政策导向有待加强。现阶段我国企业的对外投资缺乏长远发展的战略目标,同时由于政府的宏观指导与统筹协调不到位,一定程度上造成对外投资分布的地区不平衡和行业不平衡问题。我国对外直接投资在区域和行业上呈现高度集中的特征,如图 13-6 和图 13-7 所示。

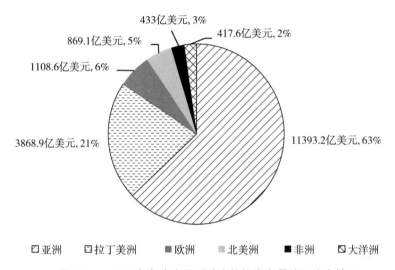

433亿美元,3%　417.6亿美元,2%
869.1亿美元,5%
1108.6亿美元,6%
3868.9亿美元,21%
11393.2亿美元,63%

亚洲　拉丁美洲　欧洲　北美洲　非洲　大洋洲

图 13-6　2017 年年末中国对外直接投资存量地区分布情况

资料来源:根据《2017 年度中国对外直接投资统计公报》整理。

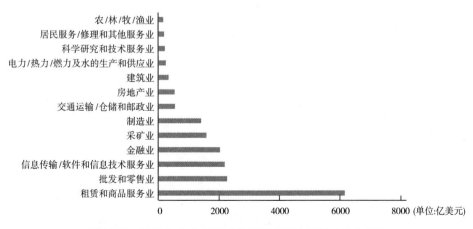

图 13-7　2017 年年末中国对外直接投资存量行业分布情况

资料来源:根据《2017 年度中国对外直接投资统计公报》整理。

3. 政策性金融支持的政策内容、效果和问题

(1)政策性金融支持的政策内容及效果

目前,我国已构建一套基础的政策性金融支持体系,主要包括设立政策性出口信用机构以及与"一带一路"建设相关的金融支持措施。

a. 设立政策性出口信用机构

1994年,为顺应我国对外贸易发展和金融体制改革的需要,我国成立专门从事进出口政策性金融业务的中国进出口银行。中国进出口银行致力于为具有国际竞争力的企业提供政策性金融支持,以更好地开展境外投资并购、对外承包工程和项目开发工作,带动优势产能和优势装备出海,促进中国技术、标准、品牌、服务国际化,推动我国企业"走出去"迈向更高水平。

随着2001年中央对企业"走出去"战略的提出和具体落实,中国进出口银行对企业对外投资的扶持力度也逐渐加大,2001年进出口银行为解决企业承揽对外承包工程项目产生的开立保函资金困难问题开通了绿色通道,近年来其提供的保函业务①在支持企业"走出去"、参与国际经济技术合作与竞争方面发挥着重要作用;2003年和2004年,国家发展改革委与中国进出口银行共同建立中国企业的海外投资信贷支持体制,由中国进出口银行每年专门安排享受出口信贷优惠利率的境外投资专项贷款,用于鼓励我国境外投资重点项目。

近年来,中国进出口银行的出口信贷规模不断扩大。据统计,出口卖方信贷放款由2008年的1300.40亿元上升至2016年的2348.02亿元;出口买方信贷放款由2008年的182.71亿元上升至2016年的816.68亿元。② 此外,中国进出口银行为中国广核集团收购马来西亚埃德拉公司项目、乌兹别克斯坦电信全国网项目等多项重大项目提供了信贷支持,进一步提升了我国企业的国际声誉和海外市场竞争力。

b. 设立中国出口信用保险公司

2001年12月,经国务院批准,中国出口信用保险公司正式挂牌成立。中国出口信用保险公司负责办理出口信用保险业务,为我国对外投资提供政策性信用保险业务,同时为境外投资重点项目提供风险评估、风险控制及投资保险等境

---

① 保函是进出口银行一项重要政策性金融业务,通过为企业提供信用增级、风险缓释服务,促进贸易、投资活动开展,撬动更多的商业资金流向外向型实体经济。

② 资料来源:《中国进出口银行年度报告(2016年)》,http://www.eximbank.gov.cn/。

外投资风险保障服务。

2005 年,国家发展改革委和中国出口信用保险公司共同建立境外投资重点项目风险保障机制,鼓励和支持具有比较优势的各类企业开展对外直接投资,规避各项投资风险;自 2009 年以来,中央财政开始为中小外贸企业安排融资担保专项资金;商务部和中国出口信用保险公司也提出"着力推进信用保险项下融资业务发展"。由此可见,我国财政政策在推动企业"走出去"的过程中发挥着显著的风险缓释作用。

(2)"一带一路"相关政策性金融支持

为解决"一带一路"建设过程中的融资难问题,2014 年 11 月,习近平主席在"加强互联互通伙伴关系"东道主伙伴对话会上宣布,中国将拿出 400 亿美元来设立"丝路基金",主要为在"一带一路"沿线国家和地区进行基础公共设施的建设、矿产开发、高新技术研究、设计咨询以及金融领域合作等工程项目解决融资问题。该项基金在 2017 年 5 月获得中国增资 1000 亿元人民币,截至 2021 年,已签约 19 个项目,承诺投资 70 亿美元,支持项目涉及总金额达 800 亿美元。

a. 设立丝路基金和筹建亚洲基础设施投资银行

2014 年 10 月 24 日,亚洲基础设施投资银行(以下简称"亚投行")迎来 21 个首批创始成员的签约仪式,主要包括中国、印度、新加坡等"一带一路"沿线国家和地区。亚投行的法定初始资本规模达到 1000 亿美元,我国作为最大的股东出资 500 亿美元。亚投行虽然以开发银行的机构设置和宗旨进行运作,但其实际上是一个具有政府特性的区域组织,重点任务是改善亚洲国家的公共基础设施,这其中也包括大部分的"一带一路"沿线国家和地区。实际上,设立亚投行是推进"一带一路"倡议的战略手段之一。

虽然丝路基金与亚投行更多是以金融手段推动"一带一路"倡议的发展,但其筹备和组建离不开财政资金的支持,尤其亚投行是政府间性质的机构,其资本构成来自各成员的财政收入,而中国是资金主要来源国,其牵头建设亚投行的最主要目的是加大沿线国家的基础设施建设投资,进一步实现"一带一路"倡议。

亚投行以贷款为主要投资方式,是一个政府间的开发性机构,丝路基金则以股权投资为主要投资方式,且运作更灵活,服务更多样化,投资对象更多元化。二者互为补充,共同为"一带一路"建设提供源源不断的资金支持。我国未来很有可能设立新的金融机构,用新的金融工具解决"一带一路"建设中资金供给能力不足的难题,这些新的金融机构、金融工具也将会和丝路基金、亚投行合作和融合,发挥出更大的作用。

b. 出台新《外经贸发展专项资金管理办法》

作为政府助力"一带一路"的一项措施,我国设立对外经贸发展专项资金已有多年,但其管理一直不甚规范。为进一步完善我国对外经贸财税支持政策,2014 年 4 月 9 日财政部和商务部根据现实情况对之前出台的《外经贸发展专项资金管理办法》及相关规定进行了修改和完善,引入新的管理办法。考虑到"一带一路"沿线国家和地区大多集中在中亚、东亚、东欧,且提出"一带一路"倡议后极大地提高了我国企业对这些国家和地区的投资热情,因此该办法规定优先支持对拉美、非洲、中东、东欧、东南亚、中亚等新兴市场的拓展,且重点支持高新技术产业、先进制造业、国际资源开发、基础设施投资等领域的国际合作。

c. 合理运用 PPP 模式

基础设施互通是"一带一路"建设初期的重点内容,也是其他项目实现互联互通的基础。然而由于"一带一路"沿线国家和地区大多为经济不发达的国家,基础设施匮乏且自然环境较恶劣,因此需要大量的公共设施建设工程项目,但这些项目涉及的资金都非常庞大,单靠企业进行投资比较困难,虽然有亚投行、丝路基金、金砖国家开发银行以及上海合作组织开发银行可作为融资来源,但上述融资渠道能提供的融资规模同样有限,远远满足不了庞大的资金需求。因此,须提高各类民间主体的积极性,激发投资潜力,要充分发挥社会资本的优势,将社会资本引入到"一带一路"沿线国家和地区的基础设施建设中,实现政府与社会部门利益最大化,进一步促进我国与"一带一路"沿线国家和地区的合作共赢。

目前,我国积极运用 PPP 模式,促进政府和私人部门的资本融合,推行有关 PPP 项目的若干政策,有利于扩大"一带一路"国家国际公共产品和服务供给。政府大力推行 PPP 模式,充分发挥财政支出的杠杆效应,将 PPP 项目运用到我国与沿线国家的基础设施建设等领域中,有利于提高各地区社会资本的开放水平,从而为释放社会资本潜力创造更大的市场空间。

d. 地方财政政策助力"一带一路"

毋庸置疑,"一带一路"对全国各省都是一个千载难逢的发展机会,所以各省政府都纷纷根据自身的特点,因地制宜地制定政策。地方财政政策是地方政府借"一带一路"的东风谋求发展机会所运用的最有效的政策。受到广泛好评的是江苏省连云港市,当地财政部门在"一带一路"倡议刚提出时就对连云港市现有的关于对外贸易和对外直接投资的财政政策进行了梳理,并对下一步如何行动进行系统研究,专门就财政政策如何支持连云港市在"一带一路"中发挥重要作用进行探讨。

无独有偶,重庆市政府也积极参与其中,表示将投入一万多亿资金进行公共设施等领域的对外直接投资;山东省政府提出利用政府和社会资本合作的模式进行投资,还采用财政补贴、财政贴息等政策鼓励山东省企业与"一带一路"沿线国家和地区开展贸易和投资,从而提高山东省的经济实力和企业的国际形象;天津市是我国最早投资非洲建设经贸合作区的省级行政区,2017年苏伊士合作区对接"苏伊士运河走廊"国家战略,天津市财政支持扩展6平方千米新区,可容纳200家企业入驻,吸引投资30亿美元,销售额100亿美元,提供超过4万个就业机会,并最终形成非洲"一带一路"贸易畅通的"桥头堡"。

(2)政策性金融支持存在的主要问题

一是出口信用机构不统一。虽然目前两家机构共同搭建起我国进出口政策性金融支持平台,但两家分设的弊端也开始显现,在资源调配和业务开展方面都遭遇瓶颈。随着社会资金的增加和商业信贷的发展,中国进出口银行的对外直接投资信贷资金供给功能将进一步弱化,具有被边缘化的倾向。

二是机构功能和业务范围缺乏多样性。目前我国的政策性进出口信用机构的经营范围主要集中于政策性业务,这不利于调动信用机构承保业务的积极性,不利于形成与商业性信用机构有效的竞争机制,从而不利于提高我国对外投资的信贷、保险及担保等经营管理水平。同时,虽然亚投行和丝路基金为"一带一路"的发展提供资金支持,但这两个机构都属于大型机构,它们的投资对象多数是大中型企业或项目,并不能普惠"一带一路"沿线国家和地区的建设,因此仅仅依靠亚投行和丝路基金支持企业参与"一带一路"建设,并非长远之计。必须加快金融创新的步伐,利用政策性金融措施多方位、多角度地对"一带一路"建设提供资金支持,才能保证企业在"一带一路"建设中有所作为。

三是缺乏明确的立法保护。作为一个进出口大国,中国目前尚未建立政策性进出口信用机构法律体系,这与我国对外贸易快速发展的现实情况不符,在企业"走出去"的实践中容易造成各种误解与矛盾,同时很难在特殊时期保障国家利益以及政策的贯彻与执行。

4.财政监管的政策内容、效果和问题

(1)财政监管的政策内容及效果

财政监管是财政管理及调控的先决条件,在国家对优势企业"走出去"进行针对性的财政补贴时,有效的财政监管与信息服务能够使资金更快到位、更有效运转、更充分利用。同时,财政监督政策的实施能够有效遏制非理性的对外投资行为,为企业"走出去"创造健康良好的投资环境,减少海外投资的管理风险。

2017年5月28日,财政部发布《财政部关于坚决制止地方以政府购买服务名义违法违规融资的通知》,强调坚决厘清现行财政监管体系,对政府融资管理程序进行规范设计,逐步进行政府融资行为、专项建设基金和政府投资基金、平台公司融资行为等的排查和整改,为企业"走出去"创造良好的融资环境;2017年6月12日,财政部发布《财政部关于印发〈国有企业境外投资财务管理办法〉的通知》,明确境外投资财务运作和监管内容,制定境外投资经营行为规范,有利于加强国有企业境外投资财务管理,防范境外投资财务风险,提高投资效益;2017年11月,《关于加强对外经济合作领域信用体系建设的指导意见》等文件面向对外投资、对外承包工程和对外劳务合作、对外贸易等主体,从五个方面提出推进对外经济合作信用记录建设的建议,同时对失信企业在信贷担保、保险费率、招投标采购等方面采取限制性措施,强化失信联合惩戒的效果,有助于加强对外经济合作领域信用体系建设,提高"走出去"企业的诚信意识。

此外,中介机构监督也是市场经济下财政监督的主要形式。近年来国家也出台一系列导向性政策鼓励会计师事务所、律师事务所以及证券、保险等机构的发展,致力于培育大批素质高、作风正的财政监督专业人员。在各类中介机构的信息服务和投资引导下,企业自身加强投资管理,增强风险意识,努力维护国家与自身形象,是逐步成为国际化企业的必由之路。

(2)财政监督存在的主要问题

目前,我国在财政监督和信息服务方面还缺乏相应的法律法规作为政策保障,虽然各部门已联合出台一些政策性文件,但并未上升至立法层面,这导致相关政策的执行力度不强,对外投资资金的不当利用时有发生,企业在"走出去"的过程中风险意识、诚信意识和质量意识依然有待提高。

同时,中介服务体系和中间组织不健全也为我国企业"走出去"带来信息获取和传递的障碍和不便。由于政策扶持力度不足,我国中介服务体系在企业海外投资领域成长较慢,有国际影响力的会计师事务所、律师事务所较少,商会协会等中间组织以及使领馆职能有待改进,企业海外发展不易获取有效咨询与投资引导等服务,境外商业谈判与经贸合作受到阻滞。此外,信息沟通平台发展缓慢以及配套风险评估、咨询等中介服务不足,导致信息分散、滞后等问题大量存在,政府与使领馆对外援助与商业保障力度不够,容易降低企业"走出去"的信心与热情。

二、 鼓励企业"走出去"的税收政策分析

为鼓励我国企业"走出去",我国政府相继出台相关政策,并施行相关举措予以辅助:提供税收优惠、签订税收协定、加强税收征管等。本部分基于税收优惠、税收协定和税收征管三个角度,研究我国税收政策的现状以及对"走出去"企业的影响效果,并在此基础上分析我国现行税收政策方面存在的问题。

1. 税收优惠的政策内容、效果及问题

(1)企业所得税的税收优惠政策内容

我国《企业所得税法》采用地域管辖权和居民管辖权相结合的双重管辖权标准(即"属地兼属人"原则)。为避免重复征税和纳税人恶意税收筹划进行避税,我国税法规定,居民企业对来自境外的应税所得已在境外缴纳的所得税税额,可以从当期应纳税额中抵免。如果企业当期已在境外缴纳的所得税税额超过其抵免限额,根据我国税法相关规定,超额部分可在接下来的五个年度内进行抵补。在初始阶段,我国税法要求企业分别计算来自不同国家和地区的抵免限额,具体计算公式如下:

某国(地区)所得税抵免限额 = 企业境内外所得应纳税总额×来源于某国(地区)的应纳税所得额÷境内外应纳税所得总额

2017 年 12 月,财政部、税务总局联合印发《关于完善企业境外所得税收抵免政策问题的通知》,在原来单一的"分国(地区)不分项"抵免方法的基础上增加了"不分国(地区)不分项"的综合抵免法,允许企业根据情况自行选择使用何种方法,但一旦选定,在五年之内不得更改。

具体而言,我国税法明确了直接抵免、间接抵免和饶让抵免三种境外所得税

抵免情况。上述居民企业的境外所得税抵免属于直接抵免。间接抵免是指居民企业从其控制的外国企业处取得的来自我国境外的股息、红利等收益,外国企业已经在境外实际缴纳的所得税税额中属于该项收益的部分,也可从当期应纳所得税额中抵免。饶让抵免则是指居民企业取得境外所得,按照所得来源国(地区)税收法律享受免税或减税待遇,该免税或减税数额可作为企业实际缴纳的境外所得税额用于办理税收饶让抵免。居民企业境外所得税涉及的三种抵免方式的适用主体及具体政策规定如表 13-5 所示。

表 13-5　居民企业境外所得税抵免的三种方式

抵免方式	适用主体	政策规定
直接抵免	取得特定类型境外所得,并已在境外实际缴纳企业所得税性质税款的居民企业	企业已在境外缴纳的所得税税额,未超过按我国税法规定计算的抵免限额的部分,可以从当期应纳税额中抵免;超过抵免限额的部分,可以在以后五个年度内,用每年度抵免限额抵免当年应抵税额后的余额进行抵补
间接抵免	取得境外股息、红利等权益性投资收益且满足相关要求的居民企业	居民企业从其直接或者间接控制的外国企业分得的来源于中国境外的股息、红利等权益性投资收益,外国企业在境外实际缴纳的所得税税额中属于该项所得负担的部分,可以作为该居民企业的可抵免境外所得税税额,在抵免限额内抵免
饶让抵免	取得境外所得且符合特定条件的居民企业	居民企业取得境外所得,按照所得来源国(地区)税收法律享受了免税或减税待遇,该免税或减税数额可作为企业实际缴纳的境外所得税额用于办理税收饶让抵免 (1)税收协定规定定率饶让抵免的,饶让抵免税额为按该定率计算的应纳境外所得税额超过实际缴纳的境外所得税额的数额; (2)税收协定规定列举一国税收优惠额给予饶让抵免的,饶让抵免税额为按所得来源国家(地区)税收法律规定税率计算的应纳所得税额超过实际缴纳税额的数额,即实际税收优惠额

资料来源:《中华人民共和国企业所得税法》。

(2)增值税和消费税的税收优惠政策内容

在增值税方面,为鼓励企业"走出去",我国对适用增值税退(免)税政策的出口货物劳务给予一定的税收优惠——实行增值税免抵退税或免退税办法。按照我国现行税收政策,对出口企业(包括生产企业、外贸企业及其他单位)出口货物,对外提供加工修理修配劳务以及企业对外援助、对外承包、境外投资的出口货物,实行免征和退还增值税政策。同时,出口货物若包含在我国消费税应税商品范畴,则免征消费税或退还前一环节对其已征的消费税。我国出口货物劳务退(免)税政策如表13-6所示。

表13-6　我国出口货物劳务退(免)税政策

适用对象	增值税政策	消费税政策
生产企业出口的自产货物、视同自产货物	免征增值税,相应的进项税额抵减应纳增值税额(不包括适用增值税即征即退、先征后退政策的应纳增值税额),未抵减完的部分予以退还	如果属于消费税应税消费品,免征消费税;如果属于购进出口视同自产的货物,退还前一环节对其已征的消费税
生产企业对外提供的加工修理修配劳务		
列名生产企业出口的非自产货物		
外贸企业或其他企业出口的货物、劳务	免征增值税,相应的进项税额予以退还	如果出口货物属于消费税应税消费品,退还前一环节对其已征的消费税
企业出口的对外援助相关货物	实行增值税退(免)税政策	属于自产的消费税应税消费品,适用免征消费税政策;属于购进的消费税应税消费品,退还前一环节对其已征的消费税
企业对外承包的出口货物		
企业境外投资的出口货物		
融资租赁出口货物(租赁期限在5年(含)以上且向海关报关后实际离境)	试行增值税出口退税政策	试行消费税出口退税政策
融资租赁海洋工程结构物(国内生产企业生产且租赁期限在5年(含)以上)	试行增值税出口退税政策	试行消费税出口退税政策

注:生产企业是指具有生产能力(包括加工修理修配能力)的单位或个体工商户;外贸企业是指不具有生产能力的出口企业。

资料来源:国家税务总局《"走出去"税收指引》。

除了对出口货物劳务实行退(免)税政策,为适应经济新常态,我国还大力发展跨境服务贸易,为扩大开放、拓展发展空间提供重要推力。截至2017年9月,我国对企业向境外单位提供的完全在境外消费的研发服务、信息系统服务、转让技术、软件服务等多项应税服务实行零税率,对企业提供的跨境建筑、工程类服务、技术类服务、电信服务等多种跨境服务实行免征增值税,具体政策如表 13-7 所示。对满足条件的跨境应税服务,特别是高新技术类服务实行税收优惠,不仅有助于扩大服务出口的规模和范围,更有利于提高我国服务的国际竞争力。

表 13-7　我国跨境应税服务税收优惠政策

增值税政策	适用服务类型	备　注
零税率	国际运输服务、航天运输服务 向境外单位提供的完全在境外消费的研发服务、信息系统服务、转让技术、软件服务、合同能源管理服务、设计服务、广播影视节目(作品)的制作和发行服务、电路设计及测试服务、业务流程管理服务、离岸服务外包业务以及财政部和国家税务总局规定的其他服务	完全在境外消费是指: (1)服务的实际接受方在境外,且与境内的货物和不动产无关; (2)无形资产完全在境外使用,且与境内的货物和不动产无关; (3)财政部和国家税务总局规定的其他情形
免征增值税	工程项目在境外的建筑、工程类服务	(1)工程项目在境外的建筑服务; (2)工程项目在境外的工程监理服务; (3)工程、矿产资源在境外的工程勘察勘探服务
免征增值税	跨境文化类服务	(1)会议展览地点在境外的会议展览服务;(2)在境外提供的广播影视节目(作品)的播映服务;(3)在境外提供的文化体育服务、教育医疗服务、旅游服务;(4)向境外单位提供的完全在境外消费且广告投放地在境外的广告服务
免征增值税	跨境技术类服务	向境外单位提供的完全在境外消费的(1)知识产权服务;(2)鉴证咨询服务;(3)专业技术服务;(4)无形资产(技术除外)
免征增值税	跨境物流辅助、邮政等服务	(1)存储地点在境外的仓储服务;(2)为出口货物提供的邮政服务、收派服务;(3)向境外单位销售的完全在境外消费的物流辅助服务(仓储服务、收派服务除外)
免征增值税	特定类型跨境金融服务	(1)为境外单位之间的货币资金融通及其他金融业务提供的直接收费金融服务,且该服务与境内的货物、无形资产和不动产无关;(2)境内保险公司向境外保险公司提供的完全在境外消费的再保险服务;(3)为出口货物提供的保险服务

续表

增值税政策	适用服务类型	备　注
免征增值税	特定类型国际运输服务	(1)以无运输工具承运方式提供国际运输服务;(2)以水路运输方式提供国际运输服务但未取得《国际船舶运输经营许可证》;(3)以公路运输方式提供国际运输服务但未取得《道路运输经营许可证》或《国际汽车运输行车许可证》,或《道路运输经营许可证》的经营范围未包括"国际运输";(4)以航空运输方式提供国际运输服务但未取得《公共航空运输企业经营许可证》,或者其经营范围未包括"国际航空客货邮运输业务";(5)以航空运输方式提供国际运输服务但未持有《通用航空经营许可证》,或者其经营范围未包括"公务飞行";(6)符合零税率政策但适用简易计税方法或声明放弃适用零税率选择免税
免征增值税	跨境电信服务	向境外单位提供的完全在境外消费的电信服务
免征增值税	其他跨境服务	(1)向境外单位提供的完全在境外消费的商务辅助服务;(2)标的物在境外使用的有形动产租赁服务

资料来源:国家税务总局《"走出去"税收指引》。

(3)税收优惠政策的效果

总的来说,以企业所得税、增值税为代表的税收优惠对鼓励我国企业"走出去"起到了重要作用。以湖南省为例,2017年湖南省国税共为"走出去"企业办理享受税收优惠59笔,减免税额达1.8亿元,在一定程度上减轻了"走出去"企业的税收负担,鼓励企业的对外投资。

另外,在对一系列跨境提供应税服务实行零税率或免税政策的激励下,我国对外直接投资的产业结构也在发生变化。2017年年末我国对外直接投资存量中,第三产业占比79.8%,同比上涨3.5个百分点,金额为14439.3亿美元,同比增长39.37%;第二产业占比19.5%,同比下降3.2个百分点,金额为3533.2亿美元,同比增长14.60%;第一产业占比0.7%,同比下降0.3个百分点,金额为117.9亿美元,同比减少9.66%。总体来看,在我国税收优惠政策的引导下,我国对外直接投资的规模逐渐扩大,投资方向逐渐偏向第三产业,对外投资的产业结构不断优化。我国2016年年末和2017年年末对外直接投资存量产业结构情况如图13-8所示。

（单位：亿美元）

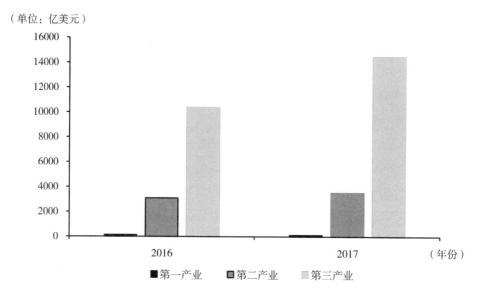

图 13-8　2016 年年末和 2017 年年末中国对外直接投资存量产业结构情况

资料来源：《2016 年度中国对外直接投资统计公报》《2017 年度中国对外直接投资统计公报》。

（4）税收优惠存在的主要问题

一是税收优惠形式单一。按照我国税法规定，"走出去"企业的税收优惠主要通过直接减免税额实现，虽然短期内效果明显，但不利于我国企业"走出去"的业务领域扩大和技术创新。相比之下，美国等国家实行延迟纳税制度，对本国企业未汇回国内的境外所得不予征税，以此鼓励本国企业继续加大对境外的投资；日本等国家实行亏损准备金扣除制度，在满足条件的前提下，可以将一定比例的投资额计入准备金，一旦发生亏损则从中直接获得补偿。因此，适当丰富对"走出去"企业的税收优惠形式不仅有助于提升投资质量，还可以提高投资效率。

二是税收优惠政策缺乏导向性。税收政策作为一国政府实施宏观调控的重要方法，应当结合国家发展的时代背景，对我国"走出去"战略重点发展项目或援外项目给予一定的政策倾斜。然而就目前来看，在"一带一路"倡议大背景下，我国针对投资于不同地区和产业的"走出去"企业所制定的税收政策并不存在明显差异，这就导致我国"走出去"企业投资的地区结构和产业结构并不能很好地顺应国家战略的发展方向，不利于经济发展目标的快速实现。

2. 税收协定的政策内容、效果及问题

(1)税收协定的政策内容及效果

对"走出去"的企业来说,最关心的问题之一就是重复征税问题。为解决这一担忧,最大限度地保护企业和国家的税收权益,我国政府与许多国家(地区)签订了税收协定①。截至 2018 年 12 月,我国共签署了 110 个税收协定(其中包括与中国香港、中国澳门签署的税收安排以及与中国台湾签署的税收协议),具体国家(地区)洲际分布如表 13-8 所示。

表 13-8　我国已签署税收协定的国家(地区)洲际分布

洲际	国家(地区)
亚洲	日本、马来西亚、新加坡、泰国、巴基斯坦、科威特、蒙古国、阿拉伯联合酋长国、韩国、印度、以色列、越南、土耳其、亚美尼亚、乌兹别克斯坦、孟加拉国、老挝、菲律宾、卡塔尔、尼泊尔、哈萨克斯坦、印度尼西亚、阿曼、伊朗、巴林、吉尔吉斯斯坦、斯里兰卡、文莱、阿塞拜疆、格鲁吉亚、沙特阿拉伯、塔吉克斯坦、土库曼斯坦、叙利亚、柬埔寨、中国澳门、中国香港、中国台湾
欧洲	法国、英国、比利时、德国、挪威、丹麦、芬兰、瑞典、意大利、荷兰、捷克斯洛伐克(适用于斯洛伐克)、波兰、前南斯拉夫(适用于波黑)、保加利亚、瑞士、塞浦路斯、西班牙、罗马尼亚、奥地利、匈牙利、马耳他、卢森堡、俄罗斯、克罗地亚、白俄罗斯、斯洛文尼亚、乌克兰、冰岛、立陶宛、拉脱维亚、原南斯拉夫联盟(适用于塞尔维亚和黑山)、马其顿、葡萄牙、爱沙尼亚、爱尔兰、摩尔多瓦、希腊、阿尔巴尼亚、捷克
非洲	毛里求斯、苏丹、埃及、塞舌尔、南非、尼日利亚、突尼斯、摩洛哥、阿尔及利亚、埃塞俄比亚、赞比亚、乌干达、博茨瓦纳、津巴布韦、肯尼亚、加蓬、刚果(布)、安哥拉
美洲	美国、加拿大、牙买加、巴巴多斯、古巴、特立尼达和多巴哥、墨西哥、巴西、委内瑞拉、厄瓜多尔、智利、阿根廷
大洋洲	新西兰、澳大利亚、巴布亚新几内亚

资料来源:国家税务总局,http://www.chinatax.gov.cn/n810341/n810770/index.html。

税收协定的签署有利于协调国家(地区)之间的税收管辖关系,能够有效防止企业偷税、逃税情况的发生。同时,签订税收协定能够在一定程度上避免双重征税问题,使我国企业在对方国家享受"国民待遇"甚至优于"国民待遇"。例如,对在税收协定缔约国(地区)取得股息所得的我国居民(或在缔约国设立的常设机构)来说,缔约国基于税收协定对股息收入一般按照 5%—10% 的税率征收个人所得税或企业所得税,这一税率低于缔约国国内税法所规定的税率。特别地,如果满

① 税收协定又称避免双重征税协定,是两个或两个以上主权国家(或税收管辖区),为协调相互之间的税收管辖关系和处理有关税务问题,通过谈判缔结的书面协议。

足税收协议中规定的特殊条件,我国居民的股息所得在科威特、阿联酋、沙特阿拉伯、英国、格鲁吉亚等缔约国甚至可以享受免税待遇。涉及股息免税待遇的缔约国的税收协定税率及适用条件如表 13-9 所示。

表 13-9　涉及股息免税待遇的缔约国的税收协定税率及适用条件

国家名称	税种	协定税率	适用条件
瑞士	个人所得税	10%	—
	企业所得税	0%	(1)政府、政府机构;(2)税收协定缔约对方政府直接或间接全部拥有资本的其他实体
		5%	持股 25%以上,合伙企业除外
英国	个人所得税	10%	—
	企业所得税	0%	(1)政府、政府机构;(2)税收协定缔约对方政府直接或间接全部拥有资本的其他实体
		5%	持股 25%以上,合伙企业除外
阿联酋	个人所得税	7%	—
	企业所得税	0%	(1)政府、政府机构;(2)税收协定缔约对方政府直接或间接全部拥有资本的其他实体;(3)税收协定缔约对方政府直接或间接拥有至少 20%股份的缔约对方居民公司
		7%	其他
科威特	个人所得税	5%	—
	企业所得税	0%	(1)政府、政府机构;(2)税收协定缔约对方政府直接或间接拥有至少 20%股份的缔约对方居民公司;(3)税收协定缔约对方政府直接或间接全部拥有资本的其他实体
		5%	其他
格鲁吉亚	个人所得税	0%	直接或间接持股 50%以上,并在分配股息的公司投资超过 200 万欧元
		5%	直接或间接持股 10%以上,并在分配股息的公司投资超过 10 万欧元
		10%	其他
	企业所得税	0%	直接或间接持股 50%以上,并在分配股息的公司投资超过 200 万欧元
		5%	直接或间接持股 10%以上,并在分配股息的公司投资超过 10 万欧元

续表

国家名称	税种	协定税率	适用条件
沙特阿拉伯	个人所得税	5%	—
	企业所得税	0%	（1）政府、政府机构；（2）税收协定缔约对方政府直接或间接全部拥有资本的其他实体
		5%	其他

资料来源：国家税务总局《"走出去"税收指引》。

　　此外，税收协定一般还就营业利润、利息收入、技术服务费、转让不动产等多项内容作出规定。不难看出，税收协定的签订不仅有助于保护我国税收的完整性和规范性，更能在合法的前提下减轻纳税人的税收负担，从而激励企业"走出去"，为我国可持续发展奠定坚实的经济基础。

　　（2）税收协定存在的主要问题

　　税收协定的签订，既为保护我国"走出去"企业的合法权益提供有力保障，又可以使我国企业在缔约国享受非歧视性待遇并获得一定的税收优惠。但是，我国目前与世界上其他国家和地区谈签税收协定还存在着一些问题，主要体现在以下三个方面。

　　①覆盖范围相对较小

　　截至2018年12月，我国已与110个国家和地区签署了税收协定，但还不及全世界国家和地区的半数。特别地，在"一带一路"倡议大背景下，我国目前还未与阿富汗、巴勒斯坦、伊拉克、不丹、东帝汶、黎巴嫩、约旦、马尔代夫、缅甸、也门等"一带一路"沿线国家和地区进行税收协定的签署。这就导致我国企业在以上国家进行投资时无法享受到税收优惠，面对国际税收问题也难以进行维权，从而直接影响"走出去"企业在这些国家投资的动力。

　　②税收饶让效果较差

　　为加强国家间合作，我国在与其他国家签订税收协定时通常加入税收饶让条款①，目的是使我国企业在缔约国进行投资时可享受一定程度税收优惠，从而促进投资。然而根据我国税法，企业只能抵免在境外已缴纳的所得税额，但最终

---

　　①　税收饶让，亦称"饶让抵免"，是税收协定的重要条款之一，即对"走出去"企业在东道国享受的税收优惠待遇，凡在我国对外签订的税收协定中有双方均承担税收饶让义务条款的，可视同以缴纳外国税款予以抵免。

企业缴税总量仍按照我国现行税率计算出的结果,税收饶让条款给予"走出去"企业在缔约国的税收优惠并不能得到体现,从而影响企业"走出去"的积极性。

③国际重复征税仍然存在

以"一带一路"沿线国家和地区为例,在64个沿线国家和地区中,我国仅与54个国家和地区签订了税收协定。其中,有33个国家和地区的税收协定中并没有税收饶让抵免政策的相关规定,还有5个国家可以从中国单方面享受饶让抵免,只有16个国家和地区规定了实行双向税收饶让,具体"一带一路"沿线国家和地区规定税收饶让情况分布如表13-10所示。税收饶让条款覆盖面过窄,且存在单方面税收饶让,这使我国"走出去"企业难以享受到税收优惠,甚至面临无法饶让、双重征税的困境。

表13-10 我国与"一带一路"沿线国家和地区规定税收饶让情况分布

具体情况	国 家
未与我国签署税收协定	阿富汗、巴勒斯坦、伊拉克、不丹、东帝汶、黎巴嫩、约旦、马尔代夫、缅甸、也门
已与我国签署税收协定,但未规定税收饶让抵免	印度尼西亚、菲律宾、老挝、尼泊尔、孟加拉国、哈萨克斯坦、土库曼斯坦、吉尔吉斯斯坦、乌兹别克斯坦、塔吉克斯坦、伊朗、格鲁吉亚、亚美尼亚、阿塞拜疆、土耳其、以色列、沙特阿拉伯、巴林、卡塔尔、阿尔巴尼亚、克罗地亚、捷克、爱沙尼亚、拉脱维亚、立陶宛、罗马尼亚、斯洛文尼亚、俄罗斯、白俄罗斯、乌克兰、摩尔多瓦、蒙古国、埃及
已与我国签署税收协定,规定税收饶让单向抵免(对方国家从中国单向享受饶让抵免)	阿拉伯联合酋长国、波兰、新加坡、匈牙利、叙利亚
已与我国签署税收协定,规定税收饶让双向抵免	阿曼、泰国、巴基斯坦、斯里兰卡、保加利亚、文莱、印度、斯洛伐克、塞尔维亚、科威特、马来西亚、马其顿、波黑、黑山、越南、柬埔寨

3.税收征管的政策内容、效果及问题

(1)税收征管的政策内容及效果

在2010年和2015年,国家税务总局先后发布《国家税务总局关于进一步做好"走出去"企业税收服务与管理工作的意见》和《国家税务总局关于落实"一带一路"倡议要求做好税收服务与管理工作的通知》,对"走出去"企业的税收征管服务工作提出了以下几个要点:一是完善征管措施,掌握基础信息。要求税务机关建立企业信息档案,对"走出去"企业进行登记,掌握并及时更新企业境外投资基本情况,加强管理,防范税收风险。二是建设国别税收信息中心,积极对投资东道国的税收信息开展收集、分析和研究工作,探索跨国(境)税收风险,分国家、分地区进行税收风险预警。三是发挥好"走出去"企业税收专题培训、"一带一路"税收服务网页、12366纳税服务热线以及注册会计师事务所等中介机构的作用,多渠道加强税收宣传工作。

特别地,随着近几年来"一带一路"建设的不断深入,我国企业"走出去"的步伐明显加快。为更好地保障国家税收安全,降低纳税人"走出去"的税收风险,国家税务总局在2017年10月发布《"走出去"税收指引》,从税收政策、税收协定、管理规定和服务举措等四个方面对涉及"走出去"企业的税收体制进行简单总结。伴随着各种文件的发布,我国"走出去"的税收体制也在逐渐适应发展的需要而日趋完善,"走出去"企业的税收风险也在逐渐降低。

(2)税收征管存在的主要问题

虽然不断的改革已取得一定成效,但我国距离成熟的"走出去"税收征管体制还存在着诸多问题,主要体现在三个方面:

①征管体制不够系统

在我国的税法体系中,与企业对外投资相关的税收规定分布过于分散,未形成一套清晰的、完整的征管体制,从而导致"走出去"企业难以快速且精准地找到和学习适用的相关税收规定,增加企业成本。

②税收政策缺乏宣传

涉及企业"走出去"的税收政策内容繁多且复杂,我国税务机关向企业提供的政策信息不够及时、充分、简洁和系统,导致许多"走出去"企业对相关税收政策、税收协定、维权渠道、纳税流程等缺乏了解,从而很可能错失本可享受的税收优惠。

③税收征管存在难度

我国对外投资企业不能及时和完全掌握我国与其他国家和地区签订的税收协定,除了会导致部分企业错失一定的税收优惠以外,还会导致很大一部分企业无法按时保质保量地完成涉外纳税申报工作,从而使税务机关无法完整录入"走出去"企业的纳税申报资料,不利于征管数据库的建立,进而难以开展对"走出去"企业的纳税监管工作。

第三节　国际财税环境变化的影响
及应对措施

本节主要分析全球税制改革的趋势及其影响,并且深入考察美国税制改革的内容以及对中国经济产生的影响,最后针对全球税制改革提出中国应采取的应对措施。

一、　全球税制改革的趋势及影响

1. 全球企业税收负担变化趋势分析

近年来,全球的企业税收负担都呈现明显的下降趋势。经济合作与发展组织发布的 2018 年度税收政策回顾报告显示,通过持续的减税政策,使经济合作与发展组织 35 个国家的企业所得税平均名义税率从 2000 年的 32% 下降到 2016 年的 25%。

在全世界减税浪潮中,美国特朗普时期实行的减税政策力度最大,影响显著。其具体政策包括:降低公司所得税税率,由原来的 35% 降至 15%;个人所得税税率由原先的 7 档减至 3 档,最高档下调至 35%;标准扣除额翻倍,已婚人士进行合并申报可获得 2.4 万美元扣除额,有子女或其他附属成员的家庭可获得税收优惠;废除遗产税、替代性最低税等税种。美国的一系列税改措施对企业能产生足够强的刺激,提高了居民个人实际消费能力。

特朗普减税政策实施的成效是较为明显的,政策实施后,美国企业的税后利润在 2018 年第一季度和第二季度分别增加了 282 亿美元和 265 亿美元,居民可支配收入在 2018 年前三个季度分别增加了 159 亿、190 亿、175 亿美元。得益于减税,美国企业的海外资金大量回流,美企从海外汇回美国的资金在 2018 年第一、第二季度分别为 2949 亿、1695 亿美元,超过过去三年总和。①

事实上,在美国的税改政策公布前,欧洲各国已在进行大规模的税制改革。英国实行"专利盒"制度,企业从专利或包含专利的产品中取得的收入可以减免税收,英国政府承诺至 2020 年将公司所得税税率由 20% 降至 17%。随着公司

---

① 资料来源:长江证券研究所根据司尔亚司数据信息有限公司(CEIC)全球数据库数据整理。

所得税率的不断降低,英国制造业企业的投资回报率从 2015 年第三季度 9.1%的低点逐渐上升,至 2017 年年底到达顶点 16%,在 2018 年第一季度仍维持在 15%,不到三年的时间里提高了近 6 个百分点。① 此外,荷兰政府从 2018 年开始逐步扩大 20% 的低税率适用企业范围。意大利则将公司所得税税率由 27.5% 降低至 24%。除企业所得税外,各国也在个人所得税方面推行减税政策,以提高居民实际购买能力。

日本是过去 10 年里减税力度最大的国家,日本政府一直致力于降低有效企业税率,以提高日本对国际资本的吸引力。日本整体有效名义税率在 10 年的时间里从 37% 下降到 29.97%。日本于 2017 年 12 月正式确定了 2018 年度税制修订大纲,旨在促进劳动方式改革、提高职工工资水平,新税改主要集中在法人税、个人所得税等方面。

作为发展中国家的印度也进行了相当程度的减税。2017 年年初,印度政府宣布调整个人所得税税率,年收入在 25 万—50 万卢比的税率从 10% 降为 5%,并计划 2018—2019 年度将大公司的公司所得税降为 25%。同年 3 月,印度商品服务税(Goods and Service Tax,GST)委员会向政府内阁提交的四项 GST 法案被批准,7 月起正式实施,GST 税收制度能够在一定程度上减轻税收负担,推动印度税制一体化建设。

目前全球经济处于后危机时代,不少国家都面临着经济下行压力,而此前的货币政策如降低利率、降低存款准备金率等力度有限,因此减税成为重要的手段之一。全球性减税浪潮的到来无疑将对我国双向直接投资战略产生重大影响。

2. 各国减税政策特点

(1)减税政策的路径选择

全球各国减税的政策路径主要为降低企业所得税和个人所得税税率,同时减少个人所得税级次、扩大扣除范围、提高扣除标准,并以相关政策扶持中小企业、鼓励企业创新。其原因不难理解,个人所得税减免能够使作出相应承诺的选举人获得更多的选票;企业所得税减免则能增加资本的税后收益,从而吸引国外资本。为保证财政收入的稳定、缓解财政赤字,各国在对企业和公司所得税采取新的税收优惠时,也在清理一些已过时的税收优惠,扩大税基。大部分西方国家

---

① 资料来源:海通证券研究所整理。

对增值税这类流转税的减税则不多,甚至在某种程度上提高了流转税的税负水平。

(2)减税政策的目标设定

各国的减税目标设定具有相当一致性,即通过刺激消费和投资,促进经济增长并增加就业。对个人所得税减税的目的是增加中产阶级的消费,在需求方施加激励以刺激经济。对公司和企业所得税减税的目的则是鼓励企业投资,吸引国外资本流入和海外资本回流。例如,特朗普减税政策为鼓励私人投资,允许企业依照"传递税率"纳税;为鼓励资本回流美国,对美国本土公司在海外持有的几万亿美元现金采取一次性征税。此外,对公司所得税的减税也在促使企业的自主创新,为当前和未来创造更充足的就业岗位,从而实现振兴制造业,防止制造业空心化和经济脱实向虚,全面提高居民的可支配收入和实际消费能力。

(3)全球税收竞争的加剧

美国大规模减税政策的目的是吸引海外资本,提高制造业竞争力。它直接体现了特朗普"美国优先"的政策思想,是一种逆全球化导向政策。美国一系列减税计划的实施,引发世界各大经济体争相减税,通过制造"税收洼地",吸引资本、人才流入,这些有形或无形的要素是现代社会经济发展的核心和关键,也成为税收竞争的主要目标。各国对流动性生产要素课税的竞争日益激烈,大规模降低公司所得税税率和个人所得税边际税率、提供利润回流税收优惠和淡化遗产税等措施并行,使全球进入流动性税基的税收竞争循环,带来更加频繁的资本跨国运动,这对众多新兴市场国家和发展中国家的经济发展带来了新的挑战。

二、 美国税制改革内容及影响

1.美国税制改革的政策内容

为刺激经济发展并增加财政收入,2017年年底,美国总统特朗普签署了美国国会通过的《减税与就业法案》,新法案于2018年1月1日开始施行。这是美国历史上最大规模的减税法案。美国政府希望通过减税,吸引海外资金重新流入美国,本国资金回流,以提高美国企业在国际市场上的竞争,通过推动再工业化,重振美国经济,挽救美国下行的经济形势。美国出台的这一系列减税政策主要集中在企业所得税、个人所得税、国际税收三方面。

（1）企业所得税改革

一是将联邦公司所得税税率从 35% 降至 15%。2015 年,美国税收基金会对全球 173 个国家和地区的企业所得税进行比较研究,结果显示,全球公司所得税平均税率为 23% 左右,经济合作与发展组织成员平均税率为 25%,美国联邦公司所得税税率为 35%,最高边际税率高达 39%。过高的税率不仅加重企业税负,影响企业在全球中的竞争力,也导致许多美国公司纷纷转向世界其他国家,特别是低税国进行投资,从而影响美国的就业。二是调整企业所得税税基。一般来说,资本化支出是不能按费用化支出直接进行扣除的,要通过计提折旧的方式。为刺激经济增长,美国税改法案规定,允许制造业企业的资本性投资费用化。自 2017 年 9 月 27 日,除不动产之外的投资,可以直接在企业所得税前全额扣除,5 年后扣除比例逐年降低。这有利于企业扩大投资,创造更多就业机会。三是废除公司最低替代税制度。四是对独资企业、合伙企业和 S 型公司等小企业实行所得减征 20% 的优惠政策。五是规范税式支出,减少税收优惠。为弥补所得税税率下降带来的损失,税改法案提出,除了研发支出抵免外,国内特定生产经营活动的税前扣除优惠和其他税收抵免取消,以此来拓宽税基。

（2）国际税收政策调整

税收倒置（Tax Inversion）是跨国公司通过海外兼并、重组等手段进行避税的一种战略安排。为避免美国高昂的公司所得税税率,许多企业通过"税收倒置"的方式进行避税。所以,为吸引美国企业回归本土,美国税改规定:一是实行属地征税制度,即未来美国企业的海外利润只需在利润来源地交税,无须向美国政府交税,美国原先实行的是全球征税原则,这一改变有利于实现地区税制的公平化。另外,对本国企业控股比例超过 10% 的海外企业的股息红利所得免税。二是对美国公司留存海外的利润一次性征税,其中现金利润的税率为 15.5%,非流动性资产的税率为 8%。三是对美国企业向海外关联企业支付的有关费用,2018 年税率为 5%,2019 年至 2025 年税率为 10%,2026 年以后税率为 12.5%。四是对企业的海外无形资产收入以低税率征税。[①]

总体上,美国税制改革的内容是:通过降低联邦公司所得税税率来减轻企业

---

① 资料来源:财政部条法司制度解读——美国《减税和就业法案》,http://tfs.mof.gov.cn/zhengcejiedu/201802/t20180209_2810875.htm。

税负;对汇回美国的海外留存利润按低税率征税,以及对海外利润按属地原则征税,以此来减轻跨国企业税负;通过提高个人所得税税前扣除限额来减轻个人负担。

2. 美国税制改革对中国经济的影响

就美国税改而言,从宏观方面来看,大幅下降法定税率会带来一定程度的国际税收竞争。目前英国、印度、韩国等国都开始制订本国的减税方案,形成竞争减税潮趋势。如果在华外国企业母国的税赋环境和营商环境优于中国,相关企业则有可能撤离中国。从微观角度来看,美国企业所得税税率的急剧下降可能会对投资美国的中国企业在未来外国收入的汇回过程产生不利影响。就目前中国企业所得税 25%的法定税率和海外税收抵免政策来看,当美国企业所得税率下降后,意味着在抵免限额不变的情况下,可抵免的境外所得税税额下降。

此外,相较于中国中西部地区,美国税制改革对中国外向型经济条件下的东部发达城市的影响更大。一是由于东部城市有很多外资企业。海外利润返还政策将促进部分外资企业的资金返还,加速企业分红,以及利润汇出行为。二是东部的城市"走出去"企业的数量和规模处于全国前列,减税政策使一些地方企业有可能加快在美国的投资,使短期资本外流的压力加大。由于美国的税制改革,一些对税收更为敏感的公司,如化工、石油、钢铁、基础设施等技术和资本密集型企业,在美国税率降低后,很可能会返回美国投资,这一税制改革对全球投资布局,对新医药、生物工程、新能源等新型生产体系建设都是巨大的吸引力。

美国减税对中国经济的影响主要表现在上述资本流动上,对中国财税体制的改革影响较弱,这是因为中国的税收结构决定税改空间相对有限,据中国统计年鉴,在 2016 年和 2017 年,我国企业所得税占中国总税收收入的比例分别为22.1%和22.2%。与企业税收关联的流转税占总税收收入的比例分别为40%和39%①,所有与企业相关的税收占中国总税收收入的60%以上。但美国实施减税政策后,中国部分产品的生产成本可能高于美国,这将对中国税改造成压力,倒逼中国加快税收改革。

3. 美国税制改革对中国双向直接投资战略的影响

美国税改将使中国面临资本外流的压力,会使美国的在华资本逐渐撤离并

----

① 资料来源:2017 年中国统计数据年鉴。

回归美国本土。同时,全球其他地区的资本也会在美国的减税政策和技术优势的吸引下,开始转向美国投资建厂。且特朗普政府为吸引美国企业撤回海外资产而将遣返税降至15.5%,这一系列措施会进一步加快美国在中国的资金回笼。对一些税负沉重的企业来说,美国的减税政策计划极具诱惑力。另外,美国税改对处于创业初期的小企业的影响是巨大的,因为低税率可以大大降低其成本,增加企业利润,更有利于企业创业初期的发展。尤其是对其中的创新型企业而言,更是如此。综上所述,美国税改不利于中国的"引进来"战略的实施。此外,由于掌握高精尖技术、先进的管理制度以及全球型高端人才,美国原本就是一个极具吸引力的东道国,减税后,其吸引力会进一步提升。我国"走出去"战略可能会迎来新的发展机遇。

三、 针对全球税制改革中国应采取的措施

1.优化营商环境

当前我国传统的禀赋优势正在消失,加之全球减税浪潮的到来,我国正面临着内外双重压力的考验。值此关键之际,我国应通过建立新的比较优势点寻求突破。近年来,我国一直强调营商环境的改善,通过提升国家法治化水平、大力推进市场开放等措施建立公平竞争的市场环境,尤其在税收方面推行税收法定原则,推动税收法治化进程,致力于提供更公平有效的市场秩序,大幅改善外资企业投资环境,以此改变以往依靠各种税收优惠政策吸引外资的传统方式,通过营商环境的提升来激励外资流入,保障引入外资的数量、质量及可持续性。面对来自其他市场的竞争,只有优化国内市场环境,进一步扩大对外开放程度,才能吸引优良外资进入中国市场,在国际市场竞争中立于不败之地。随着市场环境的逐步改善,加之中国经济中高速发展所带来的较高资本回报率的良好经济基本面,将会形成外资"进得来、留得住"的良好局面,形成新的经济动能。

2.清费立税以完善财税体制

我国目前必须加快清费立税进程,切实减轻企业税费压力,进一步推动以减轻企业税负为主线的税制改革。面对全球减税给我国可能带来的某些影响,我国应该在确定自身实际情况的前提下,逐步加快相关税制改革的进程。出台新一轮"减税降费"的升级版方案,2003年以来,我国已实施一系列结构性财税体制改革,未来对企业所得税的改革会更直接,更具市场导向性。

我国应加快税制改革的步伐,将以间接税为主改为以直接税为主的税制结构。未来应继续完善我国增值税体系,逐步优化结构和简并税率,在当前所得税制无法达到根本性转变的条件下,充分发挥增值税的效率优势,积极研究现行增值税的课税时间地点,比如,从生产地到消费地等相关问题,将来要进一步简并增值税税率和征收率,将期末留抵进项、出口货物和服务等的退税问题妥善处理,还要处理当前一些无法完全转嫁增值税的问题。将来,可通过逐步降低间接税比重,进一步建立直接税体系。

3. 深入税改研究,规划各类税收

全球各国的税制改革政策错综复杂,且政策推行过程难免有改革不彻底、征管效率低以及推行工作不到位等情况存在,以印度 GST 改革为例,印度 GST 税改后,由于新规要求较高且征管系统不稳定,实际征管过程中出现高额处罚、合同毁约等混乱局面,而且具体税率、税收征纳以及税收抵扣等方面还较复杂,加之当地政府机关的办公效率较低,GST 税改的实践效果并不明朗。这就要求那些想要进入国际市场的企业提前仔细研究相应国家税改的各项具体内容,对各项税收进行完整的规划,充分降低税务风险。另外,还应对企业相关人员进行适当的培训和教育,安排税务或财务人员专门负责企业的税务合规工作。同时我国税务机关需要进一步研究各国税改制度,更深层次解读税改方案,为中资企业走出国门打开国际市场提供帮助。

第四节　鼓励双向直接投资的财政税收政策建议

基于上文分析,本节依据中国双向直接投资战略目前的实施现状及存在的问题,针对性地提出如下政策建议。

一、吸引企业来华投资的财税政策建议

目前,我国财税政策在吸引来华投资方面存在若干问题。财政政策方面体现为:平台构建和基础设施不完善、财政政策鼓励的产业范围狭窄、政策实施未充分考虑区域差异;上述问题导致我国外资增速慢、政策支持未能考虑第三产业和创新型行业,不利于我国经济结构优化、财政政策未能充分考虑经济落后地

区,外资分布的不均衡不利于改善我国地区经济的协调发展。税收政策方面表现为:产业导向作用未得到发挥、现行税制缺乏利于区域协调的税收政策、外资企业滥用国际税收协定抑制我国税收优惠政策的实施效果,同时个人所得税也缺乏差异化的政策引导。

1. 扩大财政政策支持范围并采取差异化政策

扩大财政政策支持范围,基于投资项目和投资资金两个维度,吸引外资企业由制造业、批发零售业及租赁和商务服务业转向生产性服务业,由第一产业和第二产业转向第三产业,缓解当前外资企业在产业、行业、部门、地区等层面分布不均衡的状况,推动我国产业结构升级。

近年来,外资企业在我国的地区分布不均衡状况凸显。政府应采取差异化财政政策,既要鼓励外资企业自由选择,同时也要对在我国欠发达地区投资的外资企业加大财政补贴力度,以吸引外资企业在中国中西部地区投资,并在长期发挥外资调节区域差距的作用。

2. 优化纳税服务体系以营造良好的税收政策环境

近年来,随着我国金税三期工程、"互联网+税务"行动进一步开展,我国企业在办理涉税实务过程中所产生的成本不断下降,但是与国际平均水平相比仍有较大差距。为此,我国应进一步深化"放管服"改革,推进电子税务局建设,简化涉税文书报表、简并优化纳税流程。

此外,为吸引优质外资来华,我国还可以提供更加个性化、专业化的纳税服务,完善税务部门与跨国公司的沟通机制,为外资企业来华营造良好的纳税环境。同时,税务部门还可以定期组织税收协定专题培训及政策宣讲会,使外资企业更加清晰地了解我国相关税收优惠政策,提升税收协定政策的普及度和企业享受税收协定待遇的积极性。

3. 明确税收优惠重点,体现政策导向

我国内外资企业所得税合并后,"以产业优惠为主,区域优惠为辅"的新税收优惠格局形成,但相应的税收优惠政策不够细致,应细化外资企业享受免税、减税等税收优惠的行业以及具体投资项目,并鼓励引进国家重点扶持的高新技术类企业,发挥税收政策对产业升级的积极作用。

在企业所得税方面,进一步明确产业导向,对生态农业、高新技术产业、环保产业等国家大力鼓励发展的产业,从税基、税率、抵扣政策等方面以立法的形式

予以明确的税收优惠,推动我国引资结构从增量扩张向优化升级转变;同时,体现区域政策导向,将区域税收优惠政策重心由沿海经济发达地区向中西部地区转移。在个人所得税方面,研究制定针对高层次外籍人才、特定领域外籍人才的税收优惠政策,吸引国家急需的外籍人才来华工作。

4. 完善税收协定政策,规范外资企业纳税行为

基于避免国际重复征税、提供外资企业的公平竞争环境,完善我国与众多国家的双边或多边税收协定,严格界定外资企业享受税收优惠和使用税收协定的边界,在保证外资企业合理利益的同时,发挥当前税收优惠政策的积极效果。

为满足国际经济新形势和国际经济合作模式的需要,定期对我国税收协定网络进行回顾总结,对较为陈旧的税收协定进行更新,研究制定符合目前外资企业需求的税收优惠激励条款。积极参与国际税收规则的制定,建立常态化国际税收合作交流机制,提高我国在国际上的税收话语权,同时注意国际税收协定与我国国内税法的衔接,降低税收风险,减少税收争议。

根据不断变化的国际税收环境,借鉴国际经验和国际税收协定范本等相关文件,制定符合我国国情的相关税收优惠政策和税收征管条款,通过发布规范性文件、指导性案例等灵活多样的方式进行规定和引导。加强对税务人员税收业务及纳税服务的教育培训,加强政府各部门间合作,整合信息服务平台,强化税务稽查,不断提高税收征管水平。

5. 制定差异化个税政策并优化税收征管体系

对来华投资的外籍人员,应制定实施差异化的个人所得税优惠政策,无差异的税收优惠并不利于激励不同收入层次的外籍人员的投资热情,也不利于我国由"重数量"向"重质量"转变的吸引人才战略。同时完善税收征管体系,优化税收征管手段,提升税收征管能力,解决监管体制不健全、信息沟通不畅、偷税漏税、纳税流程不够便利等问题,成为吸引高层次外籍人才的制度优势。

二、 鼓励企业对外投资的财税政策建议

目前,我国财税政策在鼓励企业对外投资方面存在若干问题。财政政策方面表现为:政府性基金使用效率不高,设置门槛较高,适用范围有限;财政补贴力度小,范围狭窄,政策导向性不足;政策性金融支持的信用机构不统一,机构职能和业务范围缺乏多样性;财政监管中的中介服务体系和中间组织不健全。税收

政策方面表现为:税收优惠形式单一,缺乏政策导向性;税收协定的覆盖范围小,税收饶让效果差;针对对外投资的税收征管体制不健全。

1.鼓励企业对外投资的财政政策建议

(1)完善财政金融扶持体系,解决资金需求问题

由于"一带一路"沿线国家和地区大多为经济不发达的国家,基础设施匮乏,因此需要大量的公共设施建设工程项目,但这些项目涉及的资金都非常庞大,单靠企业进行投资比较困难,同时政府的作用远远满足不了庞大的资金需求。因此,必须要提高各类民间主体的积极性,激发投资潜力,推动投资主体多元化,完善配套的财政金融扶持体系,形成国有企业和民营企业相互补充、共同发展格局,推进民营企业更好地"走出去""走进去""走上去"。

国有企业作为"领头羊",要运用市场机制带动中小民营企业快速高效地"走出去"。为缓解民营企业海外发展的资金瓶颈,要充分发挥政府公共投资和国企投资对民间资本的引导和带动作用,鼓励民间资本参与企业海外拓展,将民间资本引入"一带一路"沿线国家和地区的基础设施建设中去。要完善"一带一路"的财政金融服务体系,通过政府牵头、金融机构跟进、民间资本参与的方式,在丝路基金和亚投行内创新信贷机制,提供专项扶持资金,推进银行海外拓展与企业"走出去"互动。

此外,我国积极运用PPP模式,促进政府部门和私人部门的资本融合,有利于扩大"一带一路"国家国际公共产品和服务供给。在PPP模式具体实践过程中,需要注意好以下方面:政府部门制定和完善相关法律法规,更好地保障私人部门的权益,设立相关的风险分担机制,调节好社会各参与方的利益诉求。政府要处理好与私人部门的角色定位,适当简政放权。为各社会主体营造良好的竞争环境,尽可能地保证规范公平,拓宽我国与沿线国家基础设施合作建设的融资渠道,更好地发挥PPP模式的作用。

(2)提升财政补贴力度并扩大补贴范围

相对发达国家,我国鼓励企业"走出去"的财政补贴力度较小。诸多高新技术合作项目并不能得到充分的补偿和补贴,增加了企业"走出去"的成本,缺乏激励。且目前财政支持范围狭窄,对亟须国家补贴的境外资源开发项目、高新技术项目等援助较少,既不能有效激励企业"走出去",更不利于企业技术研发能力和核心竞争力的提升。

(3)明确财政政策导向,全力支持企业"走出去"

财政支持政策是否有效关键在于能否合理地运用好财政政策工具,发挥政策工具的导向作用。在财政贴息方面,各级政府要加大对"走出去"企业的贴息力度,尤其是要增加与"一带一路"沿线国家和地区有经贸合作往来企业的贷款贴息,主要可以通过扩大申请贴息的企业产业范围、加宽贴息的时间许可范围等形式。

在财政优惠政策方面,如以承包对外工程业务的形式参与到"一带一路"建设的企业所需要的建设资金往往较多,政府部门应当对这类企业给予重点扶持,加大优惠政策的倾斜力度,必要时对承接对外承包工程的企业在筹集项目资金所支付的利息给予全额补贴;特别是对中小企业和民营企业在沿线国家的投资更是要加大支持力度。

在财政扶持领域方面,对推进我国"一带一路"进程有贡献的企业要加大财政资金的扶持力度。如对高新技术产业和急需转型升级的传统企业给予更多的资金支持,在推动新兴技术产业迅速崛起的同时,转移传统产业的过剩产能,从而在保证财政资金使用效率的同时,推动我国在建设"一带一路"进程中取得更大的成果。同时,完善政府性基金的引导政策,降低政府性基金门槛。目前政府性基金门槛较高,只有一定规模和信用的大型企业才有资格申请投资专项资金到非洲等地区进行投资,中小企业则不能。提升国内企业对政府性基金的了解程度,使符合条件的企业能够享受政策优惠,降低信息流动不充分导致的效率损失。

(4)统一出口信用机构并扩展职能和业务范围多样性

中国当前存在两家进出口政策性金融支持平台,分设的弊端凸显。应加强两家机构的信息沟通和业务往来,提升资源调配能力。同时建立健全与商业性信用机构有效的竞争机制,提升我国对外投资的信贷、保险及担保等经营管理水平。尽可能为对外投资企业提供金融方面的支持,发挥政策机构的作用,根据实际情况,给予对外投资企业财政税收方面的优惠。

(5)加强财政资金的监管,提高资金的使用效率

为更好地助力我国参与"一带一路"建设,除了要加大对企业海外发展项目的财政资金支持力度,还要对资金的使用进行监督管理。各级财政部门要联合进出口银行、商务部门建立信息共享机制,对企业所获得的专项基金进行联网检查,对扶持性的补助资金要及时跟踪查效,要加强对企业经营行为的年度检查,保证财政专项扶持资金的使用效益。对年检不合格的企业,要暂停发放财政补助,并监督其进行整顿改造。另外,各级政府及财政部门还要制定相应的配套政策,加大对财政资金的监管力度,对企业参与"一带一路"的专项扶持资金做到专款专用,切实保障财政资金的使用效益。

（6）优化财政政策环境

我国改革开放四十多年来,对外贸易不断增长,贸易摩擦同样一直伴随其中,发生最多的案件是有关于反补贴调查的,政府应设立专门解决这一问题的专项基金帮助企业应对这一问题。当企业遭受国外对我的反补贴调查时,除了要聘请律师进行案情的梳理和辩护,还要组织其他相关部门共同应对。当国外处理该案件的官员到达国内,要按照外事标准进行接待,所以总体费用相对比较庞大,给开展国际业务的企业带来沉重的负担,因此,若设立专项基金用于解决这一问题,为企业分担了"走出去"过程中的一项重大难题,会大大提高企业对外贸易的积极性。同时,还可对除了反补贴调查之外的反倾销、贸易壁垒等国际贸易中常见的纠纷有特殊贡献的企业,给予一定比例的奖励。

2. 鼓励企业对外投资的税收政策建议

（1）丰富税收优惠政策手段

我国目前鼓励企业"走出去"的税收优惠依赖直接减免税额,应借鉴发达国家的延迟纳税制度,对本国企业未汇回国内的境外所得不予征税,以此鼓励本国企业继续加大对境外的投资;借鉴亏损准备金扣除制度,在满足条件的前提下,可以将一定比例的投资额计入准备金,一旦发生亏损则从中直接获得补偿。不仅有助于提升投资质量,还可以提高投资效率。

（2）加强政策的区域导向性和行业导向性

结合国家发展时代背景,对我国"走出去"战略重点发展项目或援外项目给予一定的政策倾斜。针对投资于不同地区和产业的"走出去"企业制定差异化的税收政策,基于地区结构和产业结构目标,引导具有比较优势的企业对外投资,顺应国家战略的发展方向,助推经济发展目标实现。

针对目前我国税收优惠存在的问题,我国应主动加强与其他国家（特别是"一带一路"沿线国家和地区）之间的政策沟通,尤其是在税收政策方面。税收政策是企业对外投资的重要参考和纳税依据,能直接影响企业的对外投资成本。

在目前我国对外投资的大背景下,我国的对外投资税收政策也需要明确导向。

对外投资税收政策应具有区域导向性。由于不同国家的投资环境大不相同,出于保护我国"走出去"企业的利益和我国政府税收的权益考虑,可以按照政局是否稳定、市场体系是否成熟健全、税收政策与我国是否存在明显差异、基础设施是否完善等条件对不同国家进行风险评级,并按照不同风险等级对不同国家制定不同的税收优惠政策。具体来说,对风险评级较高的国家,可以适当延长其纳税递延时间或降低所得税税率,给予形式丰富、力度较高的税收优惠;而对风险评级较低的国家,可以给予其一定的税收优惠,但要严格制定税收政策,明确相关规定,防止我国对外投资企业和我国政府的利益受到损害。

对外投资税收政策应具有行业导向性。我国并不是鼓励所有行业的企业"走出去",而是重点鼓励诸如基础设施、钢铁、电力电信、信息技术等传统优势行业或新兴行业"走出去"。为实现这个战略目标,我国应针对不同行业制定有差异的税收政策,体现一定的倾斜性和导向性。例如,对上述我国重点鼓励"走出去"的行业,可以通过设定低税率、扩大抵扣范围等措施给予激励,提高重点推动行业企业对外投资热情。

(3)完善"一带一路"的相关税收协定

我国对"一带一路"沿线国家和地区的税收法律法规政策的了解不够到位,从而导致面临国际税收纠纷时,缺乏足够有效信息,对居民身份、常设机构、所得来源地等判定存在困难,进一步导致签订的税收协定执行力度不够,国家税务机关无法有效维护我国"走出去"企业的利益,国际重复征税问题依然广泛存在,我国企业"走出去"的热情也随之衰减。针对目前我国税收协定存在的问题,除了要加强与"一带一路"沿线国家和地区在政策方面进行足够的沟通和交流,还应格外关注在"政策沟通"的基础上,通过对税收协定覆盖范围、激励效果以及国际仲裁机制进一步完善和改革,最终实现"贸易畅通""民心相通"。

应扩展税收协定覆盖范围。对目前仍未与我国签订税收协定的国家,要加快脚步,促成国际合作;对已经与我国签订税收协定的国家,要时刻关注条款内容的时效性,判断是否存在不符合当前两国国情或国际形势的内容,若存在则须及时沟通、修正。

应加大税收协定激励效果。在谈签或修正税收协定的过程中,应通过设定免抵税范围、签订税收饶让条款等方式给予对外投资企业一定的税收优惠。企业在国际投资项目中能够获得更多的收益,其对外投资的积极性自然得到明显提升。

应完善税收争端仲裁机制。面对国际投资过程中可能出现的税务纠纷问题,我国应积极与合作国家探索双边甚至多边税收合作机制,这样既可以营造一个安全、踏实的投资氛围,又可以为我国对外投资的企业提供有力保障,让企业"走出去"没有后顾之忧。另外,还要注重提高仲裁效率,虽然可能会因此加大人力成本和沟通成本,但如果可以有效保证企业利益不受损失,那么对今后的投资、国际贸易往来都有着巨大的推动作用,有利于实现"贸易畅通""民心相通"。

三、 关于协调我国双向投资战略的财税政策建议

双向直接投资战略的协调实施,对促进国际国内要素的有序自由流动、提升资源配置效率、培育参与和引领国际经济合作竞争新优势、构建开放型经济新体制至关重要。本部分梳理目前两大战略协调中存在的一些问题,并给出政策建议。

1. 双向直接投资战略协调存在的问题

(1)引进外资企业和对外投资发展不均衡

自 2016 年开始,我国由对外直接投资净流入国转为净流出国,但与引进外资相比,中国企业"走出去"的规模偏小,距离"高质量'引进来'和大规模'走出去'"的目标存在差距。仅以外商直接投资为例,中国连续多年成为仅次于美国的全球第二大外商直接投资流入国,无论从总量还是人均角度,均远高于其他发展中国家。而在外商直接投资流出方面,尽管总体规模不小,但人均水平与其他发展中国家差别明显,以对外直接投资流出额占 GDP 的比重来衡量,中国则低于诸多发达国家。从这个角度讲,中国企业"走出去"的发展明显滞后于"引进来"。

健全的开放经济体是由投资的流入和流出所组成的循环机制所构建起来的。一旦资本流入长期高于资本流出,则容易导致国内对外来企业的过度依赖,很难有效融入国际分工体系。在经济全球化背景下,各个国家之间的竞争主要表现为跨国公司之间的竞争和全球资源配置能力的竞争,中国两大战略的失衡并不利于提升中国的核心竞争力。

(2) 引进外资企业的投资质量有待提高

我国引进外资企业,很大目的在于引进国外的先进技术和管理经验。为此,国家出台诸多优惠政策。理论上,外资企业国际化程度高,管理理念和制度相对更具国际竞争力,且技术水平先进,这些优势可以节约国内关于新技术研发和应用的时间和成本,缩短国内企业学习和使用先进管理技术的周期,帮助我国企业与国际接轨。

为此,国家实施财税优惠政策,吸引外资进入。从实施效果来看,并未达到预期目标。外资企业成熟技术的"溢出效应"并未带动我国技术创新能力的显著提升。实践显示,优惠享受政策不仅没有促进上述有利结果,甚至在一定程度上降低了外资企业来华使用先进技术的动力,而其所享的优惠财税政策对国内企业形成了挤出效应。加之各地区在引进外资时,盲目出台优惠政策,多为重数量而轻质量,引进的项目良莠不齐,对地区经济转型升级也显示出不利影响。

(3) 相关政策分散且部门与政策协调难度大

尽管我国在引进外资和对外投资方面相继出台了税收、外汇等方面的政策且战略目标明确,但相关政策分散、无序、缺乏统一性,同类审批涉及多个部门。外商企业和对外投资企业在投资过程中,需要进行多个部门的审批,各个部门之间常存在意见不一致或沟通不及时的状况,抑制了企业的合理预期。国内企业通常各自为政,缺乏整体性,国际竞争力不高。

(4) 地方政府轻"走出去"而重"引进来"

由于 GDP 为主的评价机制,地方政府更注重吸引外资企业投资,拉动当地就业和经济发展,也给予外资企业更多的财政税收政策优惠。相比之下,地方政府容易忽视地方企业对外投资的状况,忽视地方企业对外投资行为潜在的"反哺"效果,即"走出去"的企业同样可能拉动当地经济发展、技术创新、投资机会等,因此,这类企业较少享受到对外投资过程中的财税配套支持政策。

(5) "走出去"企业享受政策的公平性有待提高

我国在鼓励企业对外投资时,更倾向于大规模的中央企业、国有企业和大型私企,地方企业在"走出去"过程中享受到的政策支持较少,且面临相对较多的法律、保险和财税方面的困难。这种失衡状态,不利于与目标国家资源禀赋匹配的企业"走出去",长期来讲,制约中国企业"走出去"战略水平的提升。

(6)尚未形成鼓励企业"走出去"和"引进来"的内在联动机制

鼓励企业"走出去"和吸引企业"走进来",二者之间存在内在的紧密联系。外资企业流动具有所有权优势,本国不可流动的资源具有区位优势,二者互补能够提升资源配置效率。但目前未有成熟的协调机制,在国内资源和国外企业之间形成匹配,在本国企业"走出去"与目标国家的资源状况之间形成匹配,从而导致双向效率损失。

2.关于双向直接投资战略协调的政策建议

在坚持引进外资的政策和鼓励对外投资的政策的前提下,基于现行财政税收体制框架,继续加大财政税收政策的支持力度。更为关键的是,建立引导企业"走出去"和吸引企业"走进来"的内在联动机制。

(1)国家统筹增设协调部门以实现两大战略目标一致

国家统一规划,增设专业协调部门。明确具体相关部门职责,帮助解决两大战略的政策决策问题和实施过程中暴露的不协调问题。同时,以立法形式保证各部门执行有效,加强两大战略的关联度。"引进来"和"走出去"战略所需审批事项均进行统一审批,精简流程,保证信息及时有效,集中反映存在的问题,形成两大战略互补、互动的优势。

(2)制度筛选符合国情地情的内外资企业并实施有效激励

在国内不同地区引进外资企业时,需要结合国家战略背景以及地方资源优势和劣势,保证所引进的企业与当地资源形势互补,提升资源配置的效率。加强对外资企业的审查,监督其运作中的规范管理,并减少其享受的特权和优惠。积极引导外资企业的投资方向,推动产业结构升级转型。而针对"走出去"的企业,也应结合目标国家的资源状况制定条件,避免出现完全的政策导向。应鼓励优势富余产能企业"走出去",鼓励高端行业合作。有选择性地"引进来"、有针对性地"走出去"、借助于引进来"走出去"、通过"走出去"进一步"引进来"。

(3)建立完善促进对外直接投资的政策体系

面对国际经济和经贸规则的发展趋势,中国需要适应外资流动的规则。加快建设企业境外经营管理的体制,基于国家的中长期规划,明确重点国别、重点产业、重点行业,细化对外投资方案,并对对外投资企业提供风险承担、信息共享、融资支持等方面的保障。

(4)加大鼓励地方企业"走出去"的财税政策支持力度

地方政府在吸引外资企业走进来的同时,也要重视地方企业"走出去"。鼓励经济效益好尤其属于新兴产业和新兴行业的中小企业"走出去",并提供相应的财税补贴和其他政策支持,同时为其提供金融、财税等方面的便利化服务。

(5)培养跨国经营管理的财税人才

两大战略的实施在一定程度上受限于跨国经营管理人才的稀缺,这一问题在贸易摩擦等国际问题挑战背景下尤为突出。企业在对外投资过程中是否能够享受合理公正的税收优惠,是否能合理处理国际财税环境中的税收摩擦,都需要专业的人才储备。培养跨国经营管理的财税人才也是保证两大战略长期协调发展不可或缺的条件。

在现行财政制度和税收制度框架下,我国采取出台一系列财政支持政策、投资优惠政策、签署国际税收协定等措施,吸引外商投资企业来华投资;同时通过完善政府性基金政策、财政补贴政策、实施政策性金融支持、加强财政监督等途径,并立足于企业所得税、增值税、消费税和个人所得税等税种制定差异化的税收优惠政策,以加强国际税收合作,从而鼓励国内企业对外直接投资。财税政策为两大战略的推进贡献着积极力量,但也暴露出诸多问题,可能制约政策的成效。近年来,世界各国税制改革的深化,全球减税大潮的兴起,国际税收竞争的加剧也为我国两大战略带来新的挑战。面对全球税制改革的影响,我国应该优化营商环境,清费立税以完善财税体制,深入税改研究,规划各类税收。同时,为了进一步通过财税政策推动我国"引进来"和"走出去"两大战略的协调实施,国家应该统筹增设协调部门以实现两大战略目标一致,通过制度筛选符合国情地情的内外资企业并实施有效激励,建立完善促进对外直接投资的政策体系,加大鼓励地方企业"走出去"的财税政策支持力度,培养跨国经营管理的财税人才。

第六篇

引进外资和对外投资的国际协调

6

随着经济全球化的发展，我国公共和私营部门越来越多地受到国际投资规则的影响，引进外资和对外投资的协调机制和政策已不可能独立于国际投资体制之外。所谓国际投资体制，是指包括国民待遇、最惠国待遇、公正和公平待遇、资本自由转移、争端解决、市场准入等投资促进和保护条款的一系列国际投资规则。国际投资体制具有对等开放的特性，旨在明确缔约方的权利和义务，规范缔约方的监管和治理，促进国际投资的自由流动。

当前，国际投资体制倾向于采用高标准的市场准入和负面清单管理模式，并纳入公平竞争、劳工标准、环境保护标准、知识产权、透明度等新议题，对政府的约束已经突破国际层面，日益深入国家内部。因此，在研究引进外资和对外投资的协调机制和政策时，必须立足于国际投资体制的发展趋势，认识到参与国际投资体制建设不仅有利于我国引进外资和对外投资的发展，而且有利于我国监管方式和治理体系的改革。

本篇将梳理国际投资体制的发展趋势，探讨其对我国引进外资和对外投资的影响；并以我国参与国际投资体制的实践为基础，总结其中的经验和教训；最后就如何利用国际投资体制协调我国引进外资和对外投资提出政策建议。

第十四章　国际投资体制的概况

现行国际投资体制的主体由众多国际投资协定构成。除此之外,各国对行业准入政策和对外投资政策的改革和重塑也将进一步推动国际投资体制的发展。

第一节　国际投资协定

国际投资协定包括双边投资协定、避免双重税收协定和其他与投资相关的双边或区域协议(如自由贸易协定、经济合作协定等)。国际投资协定具有降低投资风险、促进投资便利等重要作用。

一、　国际投资协定的宗旨和目标

与传统国际投资协定只强调投资促进和投资保护不同,以《跨太平洋伙伴关系协定》《全面与进步跨太平洋伙伴关系协定》和《综合性经济贸易协议》为代表的新一代国际投资协定将可持续发展作为宗旨和目标,同时强调缔约方为实现合法的公共政策目标所享有的固有的规制权。

1. 强调可持续发展

国际法具有碎片化的特点,不同国际法的体系和价值倾向不同。[①] 比如,国际投资法旨在保护投资者权益、促进资本流动;而国际环境法旨在应对环境问题、改善环境状况。可持续发展理念强调经济发展、社会发展和环境保护的相互协调,化解了国际法各部门间的价值冲突,日益成为全球发展的指导方针。可持

[①]　古祖雪:《现代国际法的多样化、碎片化与有序化》,《法学研究》2007 年第 1 期。

续发展原则作为联合国贸易和发展会议投资政策的核心原则,在新一代国际投资协定中发挥着越来越重要的作用。①

《跨太平洋伙伴关系协定》和《全面与进步跨太平洋伙伴关系协定》的序言指出,其旨在缔结一项全面的区域性协定,促进经济一体化,实现贸易和投资自由化,带来经济增长和社会效益,为工人和企业创造新的机会,提高生活水平,使消费者获益,减少贫困和促进可持续增长。《综合性经济贸易协议》的序言强调,缔约方重申促进可持续发展的承诺,以促进经济、社会和环境方面的可持续发展的方式发展国际贸易,鼓励在其领土内运作或受其管辖的企业遵守国际公认的企业社会责任准则和原则(包括《经济合作与发展组织跨国公司指南》),并追求负责任商业行为的最佳做法。

2. 强调国家规制权

缔结人权条约、环境条约和投资条约,意味着缔约方不仅需要承担在相关协定项下保护人权和保护环境的责任,而且需要承担在投资协定项下保护投资者利益的责任,而种种责任往往存在冲突。② 如果此类冲突使人权、环境或投资条约无法得以有效实施,那么缔约方需要承担国际法律责任。为了化解国际投资与劳工保护、环境保护等公共政策目标的冲突,新一代国际投资协定明确强调国家在公共政策方面所享有的规制权,从而有助于增强国际投资协定的兼容性。

《跨太平洋伙伴关系协定》和《全面与进步跨太平洋伙伴关系协定》的序言强调,缔约方政府享有固有的规制权,以保持缔约方在以下事项上的灵活性,包括制定立法和监管优先事项、维护公共福利、保护合法的公共福利目标(例如公共健康、安全、环境、保护有生命的或者无生命的可用竭自然资源、金融体系的完整性和稳定性、公共道德)。《综合性经济贸易协议》的序言指出,该协定保留了缔约方在其领土内进行管理的权利以及缔约方实现合法政策目标(例如公共卫生、安全、环境、公共道德以及促进和保护文化多样性)的灵活性。《中国—澳大利亚自由贸易协定》也声明,该协定维护两国政府为实现各自国家政策目标、保障公共福利而保留灵活性的权利。

---

① United Nations Conference on Trade and Development, *World Investment Report* 2012: *Towards a New Generation of Investment Policies*, UNCTAD Periodic Report, 2012, p.102.

② 刘笋:《国际法的人本化趋势与国际投资法的革新》,《法学研究》2011 年第 4 期。

二、　双边投资协定

双边投资协定是两国缔结的以促进、鼓励、保护或保证国际私人直接投资为目的,并约定双方权利与义务的协议,构成了当前全球国际投资协定中绝大部分,也是协调国家之间直接投资流动的最普遍的机制。随着经济全球化不断深入,双边投资协定经历了三个明显的发展阶段。

第一阶段(1945—1989 年)是双边投资协定在发达国家和发展中国家之间签署,旨在保护发达国家跨国公司在发展中国家的投资。这段时间签订的协议确定了绝大多数双边投资条约的基本模式,包括保证投资的国民待遇和最惠国待遇、公正和公平待遇、符合习惯国际法的待遇,保证即时、适当和有效的征用补偿,投资款项自由转移的权利,以及关于投资者与国家之间和国家与国家之间的争端解决的规定等。

第二阶段(1990—2007 年)是全球双边投资协定数量快速扩张。柏林墙的倒塌和苏联的解体引发地缘政治的重大转变,国际形势从政治对峙经济分割转变为政治合作和经济一体化,发展中经济体采取开放政策并为吸引更多的外商投资而积极竞争。在这一阶段,双边投资协定以平均每周三个的速度快速增长,从 20 世纪 80 年代末的 381 个迅速在 2000 年年底达到 2607 个。

第三阶段(2008 年至今)是双边投资协定的重新定位阶段。随着国家被诉风险上升、国际金融危机的爆发和经济发展模式的转变,各个经济体开始反思双边投资协定的成本与收益。一些经济体开始着手改革,包括修订范本、重新谈判;少数经济体暂停谈判,甚至终止协定。

三、　区域和跨区域协定中的投资条款

自 20 世纪 60 年代开始陆续建立了一些区域经济一体化组织和跨区域经济一体化组织,主要包括欧洲联盟、北美自由贸易区、亚太经济合作组织、南方共同市场。最近,《全面与进步跨太平洋伙伴关系协定》和《日本—欧盟经济伙伴关系协定》引起广泛瞩目。据世界贸易组织统计,全球还有 214 个区域贸易协定,这些区域贸易协定是以促进贸易一体化为初衷的,但在部分协定中已开始包含一些新的超出双边投资协定范围的与投资有关的条款。例如在最近的《全面与进步跨太平洋伙伴关系协定》和《日本—欧盟经济伙伴关系协定》中均包含多个

与投资相关的内容,如知识产权保护、劳工标准、环境标准、促进竞争政策、国有企业条款、经济立法、市场透明、中小企业发展、金融监管、反贪等。

四、 多边投资协议

多边投资协议是在全球经济一体化的背景下不断演进的,迄今为止,全球范围内已经达成了八个具有实质性的与投资相关内容的多边和地区投资协定,它们分别是四个经济合作与发展组织协议:《资本流动自由化通则》《经常项目无形账户运营法令》《国民待遇文件》《跨国公司行为准则》;乌拉圭回合和世界贸易组织达成的与投资直接相关的协议:《服务贸易总协定》《与贸易有关的投资措施协议》;《北美自由贸易协定》和《能源宪章条约》。曾经备受瞩目的由世界贸易组织主导的多边投资协议谈判最终因为发达国家和发展中国家在一些核心议题上难以达成一致而宣告终止。

在经济一体化的不同阶段,多边投资协议的重点议题有所变化。随着更多发展中国家纳入经济一体化进程中,多边投资协议涉及更广泛领域的政策议程,包括:(1)针对国家垄断行为的竞争政策;(2)有关投资鼓励和业绩要求的条款;(3)消除非关税壁垒(如从政府采购法规衍生出来的技术性壁垒)。具体而言,包括国民待遇、最惠国待遇、关于特定部门的规定、业绩要求、公司行为等。

第二节　行业准入政策

外国投资准入制度实体性规则是东道国允许外国投资进入本国市场的范围和程度的具体规定,包括外资被许可进入的行业及进入该行业所要满足的特定条件。[1] 其中,准入模式体现的是东道国对本国规制权与准入自由化的平衡选择,具体各行业的实体性规定则表明国家的经济战略与行业政策布局。

一、 准入模式发展趋向自由化

外资市场准入制度体现了一国市场的对外开放程度,对外国投资者能否在东道国从事生产经营、开办企业具有重要影响。与此同时,外商市场准入制度趋

---

[1]　李科珍:《我国外资准入制度的现状、问题及其重构》,《北方法学》2011 年第 1 期。

向自由化对国际投资环境的改善也具有重要作用。而外资准入机制中的负面清单制度既对法律空白领域进行更清晰的界定,又有利于增加市场透明度、促进企业公平竞争、贸易发展便利化。

1. 国际投资条约准入模式

联合国贸易和发展会议将国际投资协定中出现的准入模式分为五类。第一种是投资控制模式(Investment Control Model),这类条约会通过一项条款明确保留东道国的自由裁量权,鼓励缔约方在二者之间促进有利的投资条件,同时将准确地进入和设立条件留给东道国的法律法规。① 此类条款意味着东道国在批准双边投资协定后,没有义务修改国内关于准入的法律;同时,在投资条约生效以后,东道国保留修改关于准入法律的自由。② 这一模式受到诸多发展中国家和欧洲国家传统国际投资条约的偏爱。第二种是有选择的自由化模式(Selective Liberalization Model),这类条约提供有限的准入和设立的权利,这种开放指向投资协定缔约国所提供的正面清单中列明的产业。③ 第三种是区域工业化项目(Regional Industrialization Programme Model),这类创建公共国际公司的条约在两个或更多国家之间建立了一个特殊目的的跨国商业制度,通常涉及具体的工业一体化计划。④ 第四种遵照互相国民待遇模式(Mutual National Treatment Model),在区域经济一体化组织的框架内完全自由化,但准入权只提供给来自成员的投资者,并且最惠国待遇并不适用于来自非成员的投资者。⑤ 第五种是

---

① 例如德国2005年双边投资协定范本第2条第1款——"关于认可成员法律规章"条款。这类条款通常表述为:"每个缔约国应该尽可能促进他国投资者的投资,并且根据自身立法允许投资准入。"

② Dolzer R., C.Schreuer, *Principles of International Investment Law*, Oxford University Press, 2012, p.89.

③ 这类模式适合不希望全面自由化但倾向于遵循受控制的和针对具体行业自由化的主体。最为典型的代表就是《服务贸易总协定》第16条,东道国在确定其市场准入承诺的范围上拥有相当大的自由裁量权,并且可以明确保留对供应方式进行限制的权利,并没有一般义务消除有关服务提供公司进入和建立的所有障碍。

④ 例如较早期的安第斯多国企业,这些是来自两个或多个成员的投资者在成员建立的公司,在所有成员的国民待遇基础上享有准入权。这种方法是区域经济一体化群体的典型,并且通常不在这种情况之外适用。

⑤ 《欧洲共同体条约》和经济合作与发展组织的两项自由化准则是最典型、最重要、影响最大的例子。这种模式虽然也是区域经济一体化群体所特有的,但与第三者不同的地方在于为来自其他成员的所有投资者提供了进入和建立的一般权利。

非歧视待遇原则基础上的自由化模式（Combined National Treatment/Most-favoured-nation Treatment），进一步放开准入和设立，限制来自列明有保留的负面清单，并且这类模式通常在两种待遇之间选择更优。这一模式起源于美国的国际投资条约实践，在其推动下影响日趋深远，晚近欧盟的双边投资条约实践业已改变欧洲国家传统做法选择了这一模式来制定其准入条款。

但需要指出的是，这些模式都是理想模型，各国在国际投资协定实践中都要经过具体协商再作出调整，以平衡自由化和监管要求。在实践中也有条约结合了五种基本模型中的不止一种元素形成混合方案，以更加符合特定东道国的区位情况或者政策需求。① 以往的实践中，第三种模式与第四种模式由于建立在区域经济一体化组织基础之上，应用较少，但随着近来各国对区域和次区域经济合作的重视与加强，国际双边投资协定进展缓慢，而囊括投资规定的区域贸易协定势头强劲，因而第四种准入模式会和其他模式结合以发挥更为重要的协调作用，2018 年签署的《美国—墨西哥—加拿大协定》体现出对等原则含义的相关规定视为重要佐证。

从国际法的角度出发，对外国投资进入本国市场的规制涉及的是国家主权，其基础是国家对其领土的控制，并有权在领土范围内排除外国人的进入，这是一项绝对权，通常只能被国际协定限制，在此基础上产生了作为国际法通常规则的例外的一块领域——投资者拥有了进入和设立的正面权利（Positive Rights），但是国家仍享有广泛的自决权（Discretion）以决定是否或者何种程度允许外国投资者进入本国经济和市场。因而，早期的国际投资协定，并不承诺各国具有打开国内市场的义务，在 2000 年前后，完全控制模式的应用也是最为广泛的，这类条款并不涉及对外国投资者准入待遇的直接承诺，准入和设立完全由国家控制，这有利于东道国保持对本国行业政策规制的灵活性，由于欧洲国家当时基本上都选择这一模式来制定其准入投资条款，所以常有学者称之为"欧式准入模式"。与之相对应的"美式准入模式"就是结合了国民待遇原则和最惠国待遇原则基础上的自由化模式，美国 2012 年双边投资协定范本和《北美自由贸易协

---

① 例如方案 1 可与方案 2 或者方案 3 结合以制定部门自由化或区域工业发展方案的投资筛选政策，这在阿拉伯区域协定和早期的东盟协议中可以看到。方案 4 和方案 2 或者方案 3 的结合，体现在欧洲共同体的发展进程中。方案 5 和方案 1 初看并不相融，但南方共同市场试图通过与非缔约国投资者使用方案 1，与缔约国投资者使用方案 5 达成调解。

定》创设并引领了这一模式,晚近诸如《跨太平洋伙伴关系协定》和《全面与进步跨太平洋伙伴关系协定》在美国的影响下也遵循了非歧视待遇基础上的准入规定。

最显著的准入模式变化体现在欧洲。2017 年欧盟与加拿大签订的《综合性经济贸易协议》并未采取欧洲国家之前广泛采用的简化版投资协定,而是积极借鉴美式投资协定,并在其基础上进行重大调整。[①] 该协定投资章节作为欧盟成立之后签订的第一个国际投资协定,具有划时代的意义,这既是欧盟经贸政策统一的标志性起点,也是对过去固有投资保护协定模式的深刻变革。与传统欧洲国家签订的投资协定相比,《综合性经济贸易协议》的正面义务分为投资设立规定和非歧视待遇,设置更加清晰。[②] 同时,《综合性经济贸易协议》还将国民待遇原则有关外资进入本国市场的部分放在了投资设立项下,将"市场准入"单独成条,与其他四项共同构成《综合性经济贸易协议》投资协定部分的正面义务。[③] 从定义本身来看,市场准入更偏向于外资进入东道国设立新企业时的限制,而国民待遇则更强调对外资的公平待遇。

需注意的是,国家以非歧视待遇原则为基础,在双边或多边协定中构建对外资进入本国市场阶段的自由化承诺,是基于国家主权的自愿让渡,尽管已有不少条约遵循这一实践,但这并不意味着对国际法的突破。在当前阶段,投资准入自由化还未成为国际习惯法,现行大量的国际投资协定仍有较大一部分并未承诺给予外资准入自由化待遇,也有大量国家的国内法也对外资的进入的范围及条件设定诸多限制,也就是说当前国际投资准入自由化实践并不是国家的广泛一致行为,也未得到普遍的法律确信。因而,准入阶段的自由化并不能说是新的国际习惯法,而只能认定为当前及近期未来的发展趋势,晚近投资准入自由化发展的最大特点就是建立在非歧视原则基础上。

---

① 孙英哲:《国际投资协定规则发展趋势研究——以 CETA 投资章节为视角》,《经济问题》2008 年第 4 期。

② 《综合性经济贸易协议》投资章节的 E 节详细说明了负面清单制度,其对应的正面义务分布在 B 节和 C 节,包括市场准入、业绩要求、国民待遇、最惠国待遇、高级管理人员与董事会五项。

③ 杨荣珍、贾瑞哲:《欧加 CETA 投资协定负面清单制度及对中国的启示》,《国际经贸探索》2018 年第 12 期。

2. 国民待遇延伸至准入阶段

国际投资协定中的待遇性条约是东道国授予外资准入权的重要途径之一①,这类双边投资协定通常会规定外资在本国市场可享有不低于本国国民的待遇,这个待遇也有可能是超国民待遇。大多数国际投资协定将这一待遇的阶段设定为投资者进入东道国市场之后,但是晚近,有准入前承诺的协定在不断增多,尤以准入前国民待遇为突出变化。

准入前国民待遇的实践源自美国②,典型的美式准入模式形成自美国 2012 年双边投资协定范本和《北美自由贸易协定》,这些协定在文本中将国民待遇和最惠国义务适用于"投资的设立(Establishment)、收购(Acquisition)和扩张(Expansion)"这些投资活动节点,确立了外资在准入阶段面临相似情形时(in Like Circumstances)将享有不低于本国国民可享有的待遇。《美国—墨西哥—加拿大协定》较之于《北美自由贸易协定》,对"相似情形"有了更确切的说明,要求对"类似情况"的判断要综合考量所有情况,并且特别指出了要辨明有关待遇是否区分合法的公共福利目标,但准入模式的基本规定并没有发生变化。

传统上,欧洲大多数国家在给予外资国民待遇时普遍采用准入后国民待遇模式,对外国投资者在东道国内投资开业的法律权利注重东道国的控制力。③在取得统一制定对外投资政策职权初期,欧盟委员会也认为"一个范本适合所有情况"(One Size Fits All)的做法并不可行,故而没有拟定投资保护协定范本的意向。然而在《综合性经济贸易协议》中,欧盟将"准入前国民待遇加负面清单"纳入了投资协定框架,既填补了以往只有"准入后"国民待遇条款的空白,又更替了一直实行的正面清单和负面清单相结合的市场准入限制政策,并且明确规定了缔约方在市场准入方面的义务。此次的创新还在于将业绩要求、高管条款纳入投资协定的框架。虽然这些是欧盟传统双边投资协定中所不具备的新特征,但已经是成熟的美式范本的一贯特点。事实上,无论是美式范本还是欧式范本,负面清单制度已成为世界范围内高标准投资条款的框架范式。

---

① Dolzer R. , C.Schreuer, *Principles of International Investment Law*, Oxford University Press, 2012, p.90.

② 最早出现于美国与一些国家签订的友好通商航海条约之中。

③ Subedi S. P. , *International Investment Law: Reconciling Policy and Principle*, Bloomsbury Publishing, 2016, p.77.

与欧盟签订国际条约以改变传统外国投资准入模式的路径不同,中国首先从国内基础性立法角度放开对外商的准入限制。2013 年在自由贸易试验区试点实行准入前国民待遇加负面清单管理模式,2018 年在全国范围内推行《特别措施管理目录》,经验成熟后于 2019 年通过《外商投资法》,第四条明确了在国家层面实行此项管理制度。在国际层面,中国也承诺以准入前国民待遇加负面清单模式为前提,和美国、欧盟以及澳大利亚等经济体就投资条约的签订进一步谈判。对世界各国尤其是发展中家而言,首先修改国内法外资准入规定,既为将来签订国际条约提供国内法支持,也有利于保证本国的规制权利、稳步推进经济战略与产业政策。

准入前国民待遇成为外资准入模式发展的趋势,大大提升了法律层面的投资准入自由化。但是如联合国贸易和发展会议的报告所述,在国际投资协定中,国民待遇原则可以说是最难实现的待遇标准,因为它触及了经济上和政治上的敏感问题。事实上,至今尚未出现无条件的国民待遇,尤其是在投资准入问题上。[①] 国民待遇从准入后延伸至准入前的做法,对许多国家来说是一次"革命",会产生对本国国家主权与经济自决权的担忧,这就导致了有关国民待遇例外情况的类型与程度的讨论。几种被普遍接受的、国民待遇的例外情况存在于公共健康、安全和道德以及国家安全等方面,尽管这些情况并不会在所有的协定中都出现。由此,为处理这些例外情况,除了对条约进行一般性保留的做法外,准入前国民待遇的模式通常会结合负面清单,即基于国民待遇视为普遍权利的同时,将希望不适用国民待遇的产业制成列表禁止或限制外资进入。

3.负面清单制度

所谓的负面清单,是指凡是针对外资的与国民待遇、最惠国待遇不符的管理措施,或业绩要求、高管要求等方面的管理措施,均以清单方式列明,这样的清单即为负面清单。[②] 与正面清单管理模式相比,负面清单带来的最大变化,是对法无禁止的"空白地带"(或称为法律的沉默空间)的清晰界定。[③] 负面清单模式有利于减少市场主体在法律空白领域的风险,即使这些空白领域产生于负面清

---

① 商舒:《中国(上海)自由贸易试验区外资准入的负面清单》,《法学》2014 年第 1 期。

② Dimopoulos A., *EU Foreign Investment Law*, Oxford University Press, 2011, pp.146-148.

③ 王利明:《负面清单管理模式与私法自治》,《中国法学》2014 年第 5 期。

单制定出来之后,通常的立法技术也会为这些领域留有空间。① 在国际司法实践中,"国际法不禁止即为允许"是最常援引的一个论断。国家主张其行为的合法性往往不是依据国际法的积极授权,而是依赖于国际法上不存在相反规定。② 国际投资法语境下的"负面清单"体现的是"法无禁止即可为"的法律理念,遵循的是"除非法律禁止的,否则就是法律允许的"解释逻辑。③ 这里的"法"是指宪法、法律、行政法规、地方性法规、部门规章、地方规章、自治条例、单行条例等。负面清单制度对法规透明度、承诺水平以及自由化程度等方面的要求更高,但其本质是"法律保留"的思想④,根本作用就是使缔约各方在扩大开放的同时保留一定程度的自由裁量权,以避免外国投资对本国国家安全、公共利益和自然资源等方面形成的威胁。也就是说,推动投资准入自由化虽然是负面清单的效果之一,但这并不是其本质职责所在,该制度设立的根本目的是保障东道国对外资进入的规制权,以保障本国的经济部署和产业战略。

"负面清单"有国际法意义上的"负面清单"与国内法意义上的"负面清单"之分。⑤ 前者通常是自由贸易协定中用于列明服务和投资承诺的一种方式⑥,通常被称为"保留和例外"(Reservations and Exceptions)或者"不符措施"(Non-conforming Measure Schedule)。

如美国、日本、韩国、墨西哥等国多在对外谈判签订的协定附件中列出本国对外资开放的管制措施,该清单的具体内容取决于协定缔约国的谈判结果。负面清单制度涉及的条目有:列举措施所在的行业、子行业、行业分类、所对应的正面义务、维持不符措施的政府层级、不符措施的法律依据、措施描述、过渡期等。其中,行业主要包括两类:一类是关系国家基础行业、具有公共服务性质、影响国

---

① Vandevelde K. J., *Bilateral Investment Treaties: History, Policy and Interpretation*, Oxford University Press, 2010, p.282.
② 龚柏华:《"法无禁止即可为"的法理与上海自贸区"负面清单"模式》,《东方法学》1999 年第 6 期。
③ 陈安:《国际投资法学》,北京大学出版社 1999 年版,第 423 页。
④ 樊正兰、张宝明:《负面清单的国际比较及实证研究》,《上海经济研究》2014 年第 12 期。
⑤ 陶立峰:《对标国际最高标准的自贸区负面清单实现路径——兼评 2018 年版自贸区负面清单的改进》,《法学论坛》2018 年第 5 期。
⑥ [澳]沃尔特·古德:《贸易政策术语词典》,张伟华等译,上海人民出版社 2013 年版,第 348 页。

家安全的产业;另一类是具有战略意义的产业,包括具有竞争优势的产业和幼稚产业。① 国内法层面的负面清单主要是指某一国家列明外国投资准入特别管理措施的一种方法②,该清单的具体内容取决于该国立法机构。

从世界范围看,美国、英国、加拿大、澳大利亚等国并无这种国内法意义上的外国投资负面清单,即使是采用国内法意义上的外国投资负面清单的国家,也仅有极少数国家(如菲律宾、印度尼西亚等)采取的是同上海自贸区负面清单一样的方式,即单独制定针对外国投资准入管理措施的列表。我国的表述为"特别管理措施",仅有菲律宾的外商投资法将之表述为"负面清单"。

国际法层面,一国如不遵守对其有约束力的国际投资协定下的负面清单义务,必须承担国家责任③,为此,一国在编制该国国内法意义上负面清单时必须优先考虑国际法意义上的负面清单。而国际法意义上的负面清单在不断实践中有可能演化成被各国普遍接受的新的投资规则范式,其重要指引作用不言而喻。

然而根据国家主权原则,一国有权按照本国情况,选择在国际法层面或者国内法层面制定本国对外资开放的负面清单。作为一种预设性的保留,例外安排的实际效果也有赖于缔约国国内立法的配合。④ 因此,成熟和完备的国内法制将最终决定缔约国能否既通过准入阶段的国民待遇帮助本国投资者击破他国的投资准入壁垒,又通过高水平的负面清单制定为本国的外资政策发展预留足够空间。⑤

二、 具体行业投资措施的晚近重要变化

联合国贸易和发展会议将国家投资政策或措施按对投资的影响分为两类:一类为投资自由化或者投资促进措施;另一类为投资限制或者规制措施。在各

---

① 樊正兰、张宝明:《负面清单的国际比较及实证研究》,《上海经济研究》2014 年第 12 期。

② 申海平:《菲律宾外国投资"负面清单"发展之启示》,《法学》2014 年第 9 期。

③ 陶立峰:《对标国际最高标准的自贸区负面清单实现路径——兼评 2018 年版自贸区负面清单的改进》,《法学论坛》2018 年第 5 期。

④ 李庆灵:《刍议 IIA 中的外资国民待遇义务承担方式之选择》,《国际经贸探索》2013 年第 3 期。

⑤ 韩冰:《准入前国民待遇与负面清单模式:中美 BIT 对中国外资管理体制的影响》,《国际经济评论》2014 年第 6 期。

国产业政策中仍多采取投资自由化政策,但2017年以来投资限制措施出现增加,可见各国产业政策的自由化多为相对而言的,多数国家的产业政策呈现自由与限制并存的特征。

1.自由化投资措施

联合国贸易和发展会议的数据显示,晚近自由化和投资促进措施的数量基本保持在各年投资政策总数的3/4以上,各国采取的绝大部分投资措施是为了减少外资在本国受到的限制以吸引外资进入本国市场。但值得注意的是,2017年以来,投资限制或规制措施的占比急剧上升。

晚近国际投资总体政策仍然是倾向于投资自由化与投资促进。不少国家都在晚近的政策文件中重申外资对促进本国经济增长、增加就业及推动产业发展等方面的作用,表明将继续加大开放的力度,吸引外资。自由化投资措施晚近的主要发展如下:

第一,从主体角度来看,晚近发展中国家(尤其是印度和中国)实行的自由化措施较多,发达国家的新措施少于前者。一方面,这是由于发展中国家的很多产业发展本身起步较晚,无论是发展中国家还是发达国家都会在本国产业起步初期持审慎开放的态度,在产业发展稳定或者外资对产业的影响确定可控之后,才会减少对外资进入的限制。另一方面,也是由于发达国家实行投资自由化早于发展中国家,产业开发的深度也强于发展中国家,所以留给发达国家的开放空间自然小于发展中国家。

第二,从措施指向的行业来看,准入环节自由化措施存在明显的行业集中性。自2010年以来,B类采矿和采石①、H类运输与存储②、J类信息和通信③以

---

① 矿产能源开发和勘探行业的开放措施在一些能源储量较多的国家实行。有的国家解除完全禁止外资进入的状态:马拉维(2016年);有的增加允许外资持股上限:俄罗斯联邦(2011年)、印度(2016年);有的以私有化项目对外资开放:意大利(2014年)、墨西哥(2014年)、伊拉克(2014年);有的降低许可证获取要求:科特迪瓦(2014年)、赞比亚(2016年)、埃及(2017年)。

② 交通运输业的开放主要集中在铁路运输与航空运输。私有化:意大利(2014年),2015年以来法国、希腊和葡萄牙也相继有具体项目;放宽股比限制:印度(2012年)、澳大利亚(2014年)、巴西(2016年)、印度(2016年);开放之前限制的部门:越南(2014年)、希腊(2015年)、中国(2013年、2018年)。

③ 信息通信行业的股比限制放开发生在:韩国(2013年)、墨西哥(2013年、2014年)、印度(2013年、2014年)、日本(2015年)、俄罗斯(2016年);私有化项目发生在:欧盟(2014年);《国际服务贸易协定》也于2014年提出开放通信服务领域。

及 K 类金融和保险①,是各国相继放开外资准入门槛措施最为集中的行业;也有一些发生在 F 类建筑业②、G 类批发和零售业③以及 L 类房地产业④。⑤ 可以看到,自由化措施最为集中的前四类,都是之前受行业政策管制严格的部门,相较于其他部门开放程度较低,涉及自然资源、基础设施建设和金融行业,这些都是传统意义上的战略型产业,向来受到国家重点关注与限制。晚近这些行业的开放,也是因为各国在近些年的发展下,产业实力增加,产业安全有了基本保障,对外资进入的担忧降低。但是这并不意味着完全的大力推进外资进入本国市场,这些产业的开放,都是极其精细、准确的子部门甚至一类投资准入的调整,并没有出现大刀阔斧的改革。

第三,从具体的措施来看,除了前文所述通过国际投资协定或者修改国内法改变对外资的基本准入模式外,更多的开放都是通过各国国内具体针对的各行业措施实现的,这些措施通常分布在各国的整体行业政策、针对具体行业临时政策以及部门法律法规等。具体的措施中,提升外资持股比例限制是最常见的做法。也有国家(尤其是欧洲发达国家)通过推行私有化政策以纳入外资,在这些国有企业的私有化进程中,往往适用内外资一致的标准,这使外国有实力的相关企业有渠道参与市场竞争,虽然会面临一些东道国对本国市场竞争环境的担忧,但这些外资企业往往可以通过作出一定承诺最终获得东道国国有企业出售的股份。除上述两个最主要的措施之外,也有一些国家取消了外资企业存在方式的限制,有些国家放宽了产业许可证获取方面的要求。这些措施通常和各国的经济发展战略和产业政策规划紧密相关;而且晚近的调整趋向精细,模糊性的规

---

① 不少国家采取措施放宽银行类金融机构、证券公司、证券投资基金管理公司、期货公司、保险机构、保险中介机构外资准入限制。持股限制:中国(2018 年);私有化:瑞典(2013 年)、印度(2014 年);许可条件的开放与优化:印度(2013 年);开放特定部门:中国(2013 年)、印度(2014 年)、菲律宾(2014 年)和印度尼西亚(2015 年)。

② 除了传统建筑业的一些开放措施,由于受到区域性发展战略与国际合作的影响,沿线的相关国家在基础设施建设方面对外资进入限制减少。

③ 印度是近几年零售业开放最为典型的国家,2011 年以来不断有新的自由化措施出台。

④ 对房地产的外资限制减少,美国通过减少税收的途径(2016),阿根廷则放宽了对外国个人和法律实体获取和租赁农村土地的某些限制(2016),中国在近几年也有放宽外国投资者在房地产市场投资的限制。

⑤ 行业分类依据联合国《全部经济活动国际标准产业分类索引》第 4 版。具体措施资料主要整理自联合国贸易和发展会议投资监测系列报告与相关国家部委官方网站。

定明显变少。

第四,值得一提的是,推行特别经济区也成为部分国家推行准入自由化的一个重要窗口。中国的几个自由贸易试验区,先行试点负面清单制度,以推广产业开放经验。印度的特别经济区内的待开发产业,就明确被列入外资投资进入受鼓励的行业。法国鼓励技术创新产业,在传统经济园区的基础上,推出"竞争力集群"项目,使之成为经济发展战略的重要组成部分。虽然各国对特别经济区的定位并不完全一致,但其在吸引外资进入特定行业方面如各国所期待的那样发挥了重要作用。

2. 限制性投资措施

2017 年以来,投资限制或规制措施的数量急剧增多。根据联合国贸易和发展会议的投资政策监测报告(截至 2018 年 10 月),这类措施的占比在 2018 年激增至 30%,达到了自 2010 年以来的最高水平。

第一,这些投资措施的限制作用主要有两种实现途径。一是以立法的形式明确加以排除或者施加具体准入条件,与自由化措施不同,各国对外资进入的限制并没有集中的行业,均是依照本国的产业发展规划与需求做具体的规定。① 二是依靠本国审查程序机制发挥作用,这是晚近投资限制措施发展的重要趋势,一方面,不少晚近的外资并购在审查环节频频受困,面临东道国针对个别投资项目的限制性行政决定;另一方面,越来越多的国家加强了本国的审查机制建设,有些通过立法实现从无到有的机制建设,有些扩大了所有权结构的审查范围。

第二,从限制的出发点而言,新增加的投资限制或者管制主要反映了对国家安全、公共利益和自然资源的担忧。各国对涉及国家安全的产业界定广泛,如2013 年,加拿大拒绝了受埃及国家控制的企业进入本国市场,理由是出于对国家安全的担忧;2017 年德国撤回了一家中国公司收购半导体制造商爱思强(AIXTRON)的初步无异议证书;美利坚合众国禁止中国公司基于国家安全考虑收购爱思强(AIXTRON)的美国子公司;2018 年,新西兰政府也拒绝同意海航集团收购 UDC 金融公司,认为无法确定中国集团的所有权结构,这会影响新西兰

---

① 印度尼西亚对电子支付服务公司实行外国所有权限制;此外,南非和坦桑尼亚联合共和国引入了一些与自然资源有关的投资限制;澳大利亚和新西兰加强了某些部门的投资审查程序。

的国家金融安全。对公共利益的理解,以英国为例,英国对外国投资者在自然资源相关行业内开展跨国并购要求获取特定批准,例如,外国投资者对英国和威尔士许可的自来水公司的收购受到反垄断委员会的强制性管辖;对其他受监管的公用事业公司的收购,如电力、天然气、通信或铁路,均受到《企业法》收购制度的约束。2015年尼加拉瓜基于环境保护理由,拒绝批准加拿大B2GOLD公司进入其金矿行业的项目以免临近水源面临污染。自然资源除了能源、矿产行业的限制,还会涉及对土地资源的利用。新西兰阻止外国投资者大规模购买当地农场的土地,拟议的土地购买涉及敏感的国家资产,即使这并没有给新西兰带来实质性好处。2016年澳大利亚禁止向外国竞标者租用新南威尔士配电网,因为这有悖于国家利益。

第三,准入形势还受到了其他领域政策的负面影响,主要是近几年美国方面的贸易保护主义政策引发了人们对投资保护主义抬头的担忧。2018年10月,美国、墨西哥和加拿大达成《美国—墨西哥—加拿大协定》,该协定被视为美国对外经贸关系新范本,旨在以双边层面的互惠关系取代多边层面的最惠国待遇。[1] 即使在区域层面上,美国也致力于推动待遇差异化的缔约模式。以文化行业贸易规则为例:在北美地区,美国和加拿大之间适用文化例外规则,美国和墨西哥之间则适用文化贸易自由化规则。由此,美国正以互惠对待为基础的方法重新确定与不同缔约方之间的权利与义务安排。在国内层面,强化国内法对国际法的约束功能。通过赋予"美国人民"以最高地位,美国认为国内宪法是国际法权力的来源,因此国际法应服从于美国国内法的核心规则。美国恢复使用301调查并实施单边惩罚措施,无疑是在公然违反世贸组织协定及其国内行政承诺,使具有贸易保护主义色彩的国内法凌驾于国际法之上,进一步破坏了世贸组织争端解决机制的权威性。[2]

3. 自由化措施与限制性措施

各国产业政策的自由化是相对而言的,所有准入环节的自由化措施都存在限制,即使是对准入自由持有最开放态度的美国,也不存在对外资进入完全不设有限制的行业。上文所提及的限制外资的行业,也会存在开放的部分,例如晚近

---

[1] 孙南翔:《美国经贸单边主义:形式、动因与法律应对》,《环球法律评论》2019年第1期。
[2] 孙南翔:《美国经贸单边主义:形式、动因与法律应对》,《环球法律评论》2019年第1期。

印度在国防产业这样敏感的部门取消了部分禁止措施。[1] 究其根本而言,一国的开放与限制,都是在各国国家主权和经济自决权范围内的事项[2],各国完全有权限作出调整。典型行业如晚近的信息技术产业,大数据和人工智能的加速发展与重大突破使各国纷纷调整本国新兴战略产业政策,例如,中国鼓励外商投资高端制造、智能制造、绿色制造,通过外资进入以改造提升传统产业。但另外,各国更注重整体产业保护和安全的维护,这些产业的外资进入会受到范围及条件方面的明确限制,相较于传统产业,外商在这些行业的投资也要承担更多的信息报告等义务。

自由化和限制性措施受到各国经济战略和产业布局影响,处于不断的动态调整之中。在世界经济中,由于各经济体的特点和发展的需求不同,产业的重要性和敏感性各异[3],具体的行业措施其实都受国际市场环境与本国行业政策深刻影响。同一个行业的准入政策,即使在一个国家,既受到国际经济环境的影响,也受到本国战略规划和行业政策变化的影响。当产业需要外资资本、技术或者管理等带动发展时,会对外资的管制有所放松,产业发展饱和之后又会对外资的态度有所收紧;国家也会随着国际市场的变化,出于对本国企业竞争力的担忧,在产业政策调整过程中将原本对外资开放的措施逐步取消。[4] 关注行业政策,除了对外商投资的实践可进行有效引导与帮助外,而且对掌握一国经贸动态有很大效用。与准入模式相比,具体行业政策的针对性强,且其规范更为灵活、精细。

第三节 对外投资政策

对外投资,又称境外投资或海外投资(Overseas Investment),是国内资本再

---

[1] 2013 年印度在国防行业开始采取若干自由化措施。2014 年提升允许外资进入的部分项目占股上限由 26% 至 49%,但是超过 49% 则需要安全委员会批准,尤其是当具体的投资涉及印度先进技术时。在 2015 年,其放宽了国防工业对外资进入的条件。

[2] Dolzer R., C.Schreuer, *Principles of International Investment Law*, Oxford University Press, 2012, p.90.

[3] 郝红梅:《负面清单管理模式的国际经验比较与发展趋势》,《对外经贸实务》2016 年第 2 期。

[4] A.Berger A., "Hesitant Embrace: China's Recent Approach to International Investment Rule-making", *The Journal of World Investment & Trade*, Vol.16, No.5-6, 2015, p.843.

生产过程在国际范围的延伸,是生产资本国际运动的重要形式。[1]

为促进对外投资活动良性发展,投资者母国制定了一系列法律规范。由于各国经济发展水平、参与对外投资活动的程度等存在不同,各国政府制定的对外投资法律规范存在差异。资本充盈的发达国家,普遍采取自由放松甚至是促进性的对外投资制度;而那些资本尚且不足、开放程度不高的发展中国家,则多采取严格限制的对外投资制度。此外,一国在不同经济发展阶段所制定的对外投资制度也因时而异。新兴经济体的崛起改变了国际对外投资发展格局,这些国家需要借助对外投资打开国际市场,进行资源配置,其对外投资制度从早期偏向保守逐渐转向开放自由。而长期积极进行对外投资活动的资本主义国家也有意识地取消了投资促进制度,为防范可能产生的风险,甚至增加了一些补充限制。在国际层面,各国就促进对外投资活动加强了合作,除了在传统国际组织框架下深化交流,各国还建立了新的投资合作平台,主要是国际金融平台,为投资者提供融资、信息和技术支持。

投资管理、投资促进和投资保障是对外投资法律制度的重要方面。其中,投资管理实际涉及多种法律制度,公司法、证券法、税法、反垄断法、进出口管制法,甚至是环境保护法都对对外投资活动提出了相应的要求。投资保障制度又称海外投资保险制度,投资者母国对私人投资者对外投资可能遇到的政治风险提供法律保证,一旦所担保的风险事故发生,投资者可以依照协议在专门机构取得补偿,增强对外投资者投资信心。[2]

一、　对外投资管理制度

投资者母国对本国对外投资或多或少存在一定管理和监督,完全实现投资自由化的国家是不存在的。[3] 基于各国经济运行情况和行政管理观念等的差异,有的国家选择制定审核备案制度和外汇管制制度直接干涉投资的准出,有的国家则采用一种间接管理或者事后管理的方式,即通过反垄断法、税法、环境法等其他方面的法律法规予以间接调整,或者加强投资运营阶段监管等。下文将

---

[1]　王传丽:《国际经济法》,中国政法大学出版社 2012 年版,第 222 页。

[2]　王传丽:《国际经济法》,中国政法大学出版社 2012 年版,第 222 页。

[3]　梁开银、卢荆享:《论中国海外投资监管立法的完善》,《河北法学》1999 年第 4 期。

重点介绍审核备案制度和外汇管理制度这两种直接管理制度的晚近发展和存在问题。

1. 审核备案制度

20 世纪 90 年代以前,对外投资活动受到投资者母国较为严格的限制。① 随着投资自由化趋势的不断发展,各国开始逐步取消或者弱化这样一种行政管理。目前,多数发达国家取消了投资审核备案制度,如英国、德国、新加坡等。这些国家没有规定对外投资的鼓励或限制的项目种类,也没有划定政府审核项目的范围;企业的对外投资金额、对外投资项目地等,一切全由企业和投资东道国的法律法规决定。少部分发达国家同多数发展中国家虽保留一定审核备案程序,但需要进行严格审核的对外投资项目范围在逐步缩小。如印度于 1991 年实行投资自由化政策,2003 年 3 月对对外投资"自动路线"(Automatic Route)进行了重大修改,调高了不再需要经过印度储蓄银行特别批准的投资上限。中国对外投资审查制度也经历了一个从审批制到核准制,从"核准为主"到"备案为主"的变化过程。审批制、核准制与备案制这三种制度都属于前置性的管理手段。② 相较于审批制而言,核准制审核的内容不再触及企业运作和经济效益,更多地关注资源、生态、公共利益等方面。③ 备案制则仅涉及形式审核,符合相关要求的投资者到主管部门备案即可。中国的改革大大简化了行政审批流程,减少了政府对市场的干预。

2. 外汇管理制度

外汇管制始于第一次世界大战爆发期间,成为解决国际收支平衡问题的重要工具。其后为适应国际局势与各国政治、经济等发生的变化,各国的外汇管制政策也进行了相应调整,其中不乏限制与对立措施。为维护国际间有序的外汇安排,消除妨碍世界经贸发展的外汇管制,1944 年联合国货币金融会议通过了《国际货币基金协定》,大部分会员国积极履行了协定中规定的义务,避免限制经常性支付。协定允许会员国对国际资本转移采取必要的管制,主要为应对短

---

① 史晓丽、祁欢:《国际投资法》,中国政法大学出版社 2009 年版,第 19、第 20 页。

② 对备案制的性质存在一定争议,普遍认为投资领域的备案具有特殊含义,仍属于一种行政许可,而不单纯是一种事后告知程序。

③ 秦凤华:《加快实施企业投资项目核准制和备案制——访国家发改委投资司司长杨庆蔚》,《中国投资》2004 年第 10 期。

期资本流动波动造成的不利影响。随着全球资本流动的加速和新金融工具的出现,外汇管制的效用大大减弱;而浮动汇率的采用以及金融管理技术的提高降低了取消资本控制产生风险的可能性。[①] 在这一背景下,发达国家基于金融自由化和资本自由往来的原则,致力于推动资本流动自由化发展。目前,发达国家基本实现了资本项目下的外汇自由兑换,实现了内外资同等待遇,资本自由流动。[②]

　　发展中国家过去普遍存在外汇资金短缺的问题,为了不影响母国国际收支平衡,严格控制外汇流出。随着金融自由化的不断推进,发展中国家也放松了外汇管制。有的发展中国家改革较为迅速,如泰国、马来西亚。有的发展中国家则采取一种渐进式改革路径,如印度、中国等。印度于1995年正式宣布接受《国际货币基金协定》第8条的成员义务,实现经常项目自由兑换,其资本项目自由化则受1997年亚洲金融危机影响进展缓慢。2006年印度重组了"资本项目可自由兑换委员会",其报告规划了印度实现资本项目自由化的路线图,旨在2011年实现自由化。尽管时至今日,印度仍未达成完全自由化目标,改革还在持续推进。中国外汇管理制度也经历了一个逐步放宽的过程,从注重控制外汇流出到均衡外汇流入流出。总体上看,我国对经常性国际支付和转移不予限制,这也是履行国际货币基金组织成员一般义务的表现;对资本项目下的外汇管制则不断宽松。2015年2月国家外汇管理局发布《关于进一步简化和改进直接投资外汇管理政策的通知》,规定自2015年6月1日起,取消境内企业境外直接投资的外汇登记核准,改为"银行办理、外管监督"的模式。外汇管理局通过对银行事前培训指导和事后监管,及时掌握对外投资活动的用汇情况,不再直接对对外投资项目的外汇风险和外汇资金来源等进行审查。

　　尽管各国外汇管制总体呈现放松态势,在应对特殊危机时,各国仍保留了相应的限制措施。这些特殊危机主要有世界性的经济金融危机、恐怖活动、战乱以及短期经济过热等。1994年墨西哥比索危机以及1997年亚洲金融危机的历史经验表明,完全放松资本管制可能使经济金融脆弱的国家在危机中遭受更大损失。随着全球化加速发展,与之相伴的蔓延效应将使金融危机迅速扩散,波及面

---

① 李钢:《国际对外投资政策与实践》,中国商务出版社2003年版,第26页。

② 刘远志:《促进海外投资的外汇管理制度研究》,《甘肃政法学院学报》2014年第2期。

更广。① 即使是宣布资本项目完全自由化的国家也保留了例外和合理限制。如在欧元区危机期间,塞浦路斯和希腊被迫引入资本管制以防止无法控制的资本外流。在晚近达成的贸易投资协定中特别规定了这种临时保障措施,如《综合性经济贸易协议》第28.4条、第28.5条,《美国—墨西哥—加拿大协定》第32.4条,等等。针对短期经济过热,有的国家采取调整需要报批的金额标准来限制外汇流出。2015年中国伴随着"一带一路"和"走出去"热潮,出现了非理性投资,加之人民币兑美元汇率不断波动,外汇管理部门政策收紧。要求单笔购汇、付汇、本外币支出达等值500万美元的交易,需事先向外汇局报批,对流出额度5000万美元及以上的对外投资项目进行真实性、合规性审核。不过这些限制措施大多为临时性的,在经济局势恢复稳定的时期将被取消。如冰岛取消了为应对2008年国际金融危机而实施的几乎所有管制措施,逐步提高直至取消对外投资允许上限;乌克兰也采取措施缓解以前对资本外逃的一些限制;阿根廷、奥地利、芬兰、匈牙利等国放松了对投资海外房地产的限制。

除了在外汇流出阶段进行管理外,加强事后监督是各国外汇制度改革的一大趋势。如中国商务部和外汇管理局在2003年开始实施境外投资联合年检制度,要求投资者提交境外投资企业的资产负债、经营等情况。

总体而言,放松外汇管制、加强事后监督是普遍趋势。在应对特殊危机时采取临时性措施很有必要,然而要审慎对待这种行政管理权力,政府过度介入资本市场不利于激发市场主体活力,也给外汇制度稳定性带来一丝不确定因素,各国政府还应当考虑临时性措施的退出机制。

二、 对外投资促进政策

对外促进政策对鼓励中小企业出口,减少企业出口交易的商业和政治风险,缓解国际贸易融资困难,促进资本自由汇出等方面具有重要作用。金融支持制度、信息与技术援助制度、对外投资保障制度作为对外促进政策的重要组成部分在贸易促进、投资促进方面具有积极影响。

1. 金融支持制度

私人投资者进行对外投资,往往面临融资问题,为了鼓励和促进私人对外投

---

① 王元龙:《关于金融安全的若干理论问题》,《国际金融研究》2004年第5期。

资,各资本输出国通常都建立了相应的金融支持政策,帮助投资者克服在对外投资过程中面临的融资困难。资本输出国政府对私人对外投资者的金融支持主要体现在以下两个方面。

（1）设立专门的金融机构

各主要资本输出国大都设立了特别的金融机构,通常是政策性金融机构或开发性金融机构,通过债权融资、股权融资、投资基金投资等方式为本国的私人对外投资者提供金融支持。各资本输出国在金融机构的设置上,主要有政策性银行或开发银行,如日本的国际协力银行、法国外贸银行、巴西国家开发银行、韩国产业银行、中国进出口银行、中国国家开发银行;由政府出资设立的政府公司,如比利时国际投资公司、英联邦开发公司、美国私人海外投资公司;以及以政策性银行或开发银行为母公司设立的专门从事海外私人投资相关金融业务的子公司,如德国投资与发展有限责任公司、中非发展基金。

（2）建立国际金融合作平台

资本输出国本国政府在国内采取的金融支持政策,对海外投资的促进终究有其局限性,其融资途径和融资规模都相对受限。因此,各资本输出国通常会积极开展国际合作,寻求建立国际金融合作平台,以拓宽海外私人投资者的融资途径,扩大融资规模。国际复兴开发银行是 189 个国家共有的全球开发合作机构。作为世界最大的开发银行,国际复兴开发银行通过向中等收入国家和资信良好的低收入国家提供贷款、担保、风险管理产品和咨询服务,并通过协调各国应对地区性和全球性挑战,致力于减少贫困和建立共同繁荣。同为世界银行集团成员的国际金融公司是目前最大的专注于发展中国家私营部门的全球性开发金融机构,除此之外,国际上传统的区域性国际金融机构主要有欧洲复兴开发银行、欧洲投资银行、亚洲开发银行、非洲开发银行、美洲开发银行等。值得注意的是,晚近许多发展中国家越来越重视国际金融合作平台的建立,如金砖国家于 2015 年成立了金砖国家新开发银行,中国倡议设立的亚洲基础设施投资银行于 2016 年正式成立并投入运营。国际金融合作平台为不同国家间的金融合作创造了机会,能够为投资者充分调动资源,提供多元化的融资解决方案,广泛地满足投资者的融资需求。

2. 信息与技术援助制度

由于各国投资环境存在差异,而企业自身的力量是有限的,为促进投资活动发展,特别是对外直接投资活动的发展,母国为投资者提供了信息与技术服务。

(1)主要机构职能的专业性、综合性增强

投资者母国提供信息与技术服务的机关和组织往往有多个,如行政机关或国内特别机关及驻外使领馆所设的经济、商业情报中心等。① 在对外投资活动发展早期,这些机关组织通常是因为承担了部分对外经贸职能而附带性地为投资者提供信息技术支持。其所提供的投资信息较为粗浅,如一般性投资环境、市场及潜在投资伙伴的信息以及在运营阶段出现问题时如何解决等信息;所提供的技术服务也比较有限,如派遣技术人员为企业开展技术培训讲座等。随着投资量增加、投资范围扩大,为促进本国投资者进行良好投资,获得更大收益,投资者母国政府提供更丰富、更深入的服务,并设立了综合性服务组织,或者在原有管理机关职能基础上整合了多项服务职能。在提供信息服务的同时,还可以提供相关技术和金融支持。比如新加坡国际企业发展局的职能就具有全面性、综合性,为企业到国外投资提供全方位的帮助。他们利用一个 3C 的辅助框架,即培养实力(Competency)、拓展网络(Connections)、提供融资(Capital),协助企业缩短学习时间并找到适当的合作伙伴。此外,美国的海外私人投资公司也为美国投资者提供多层次服务与援助。在信息交流方面,海外私人投资公司尽可能地向申请人提供可靠的财务、技术和商业信息,同时注重商业秘密和隐私保护,以符合《信息自由法案》的相关要求。

(2)跨国、跨主体、跨行业合作加强

信息和技术援助依赖各方合作。国际组织一直是提供信息和技术服务的重要力量。20 世纪 50 年代后,联合国开发计划署成为向世界上低收入国家提供多边技术与投资援助的最大渠道。② 世界银行集团则主要通过资金支持促进私人投资发展。此外,国际货币基金组织也提供金融领域广泛的技术援助,涵盖银行监管、货币运营、外汇以及中央银行业务管理等领域,近年工作重点放在了协助各国打造稳固的国内金融框架上,降低资本流动自由化带来的风险。2018 年国际货币基金组织对哥斯达黎加、巴拉圭、斐济和乌干达进行金融部门稳定性审查,详细提出了技术援助路线图。在投资相关条约中,各缔约国也讨论了信息合

---

① 姚梅镇:《国际投资法》,武汉大学出版社 2011 年版,第 196 页。
② 姚梅镇:《国际投资法》,武汉大学出版社 2011 年版,第 196 页。

作问题。如《跨大西洋贸易与投资伙伴协议》谈判中重点讨论了投资监管合作，要求互相协商，交换信息。① 国内政府服务机构和民间商业组织合作也不断加强。如德国为促进本国投资者对外投资，形成了"一主管三支柱"的对外经济促进模式，由联邦经济和能源部作为主管部门，驻外使领馆、海外商会和德国联邦外贸与投资署具体落实促进政策。各类工商会联盟为企业合作提供沟通平台。在技术支持方面，产业与科研结合有助于推动对外投资发展。日本政府采取"官、产、学相结合"的方式，鼓励政府、企业与高校之间的合作，开展联合研究与开发活动，收效甚大。

（3）大数据为科学决策提供技术支持

随着数据化时代的到来，社会生活各个领域集聚了海量有价值的数据，对这些数据进行有效利用，将有助于企业科学规划投资，提升竞争力。为配合"一带一路"建设，2015年中国专门建设国家信息中心"一带一路"大数据中心，建立"一带一路"大数据决策服务机制，并持续发布大数据年度报告，通过数据分析，预测未来投资发展潜力领域。此外，世界银行于2018年4月启动非洲数字经济倡议，强调数字经济作为增长行动力的作用，该项倡议是一项基础性的数字技术建设工程，不仅涉及投资领域，还包括金融和政府服务等方面。

3. 对外投资保障制度

为了有效保护本国私人投资者的对外投资，各资本输出国大多建立了本国的对外投资保障制度，其最主要的形式即政治风险保险制度。政治风险保险为私人对外投资者提供了承保战争、政治暴乱、征收、货币禁兑、政府违约等政治风险的保险，一旦发生投资者投保的政治风险，投资者可以直接向保险人申请理赔，保险人赔付后可以行使代位求偿权向东道国政府索赔。

政治风险保险制度自美国于1948年首创后，经历了七十多年的发展，政治风险承保的险种逐渐增多，同时关于代位求偿权的实现，世界各国形成了以美国、日本、德国为代表的三代代位求偿权的实现模式，分别是双边模式、单边模式和折中模式。不论是双边模式、单边模式，还是折中模式，实现代位求偿权的不同方式之间并不互相排斥，资本输出国并不因实行双边模式而丧失以外交保护权为依据向东道国行使代位求偿权的权利，也不因实行单边模式而丧失以签订

---

① 《跨大西洋贸易与投资伙伴协议》谈判于2013年启动，于2019年4月15日废止。

的双边投资保证协定为依据向东道国行使代位求偿权的权利。① 这三种模式的区别只在于,主权国家是否希望确保自身在向东道国求偿时,都能以双边投资保护协定为法律依据,减少或避免外交保护手段的运用。如果是,则选择双边模式,否则,采用单边模式,若对是否需要确保通过双边投资保证协定实现代位求偿权没有必然要求,则选择折中模式。这三种模式在本质上都是主权国家确保政治风险保险代位求偿权得以实现的方式,只是侧重点有所不同。

自美国首创政治风险保险制度以来,不仅是诸如日本、英国、德国、澳大利亚等发达国家,越来越多发展中国家也逐渐建立并发展起来了本国的政治风险保险制度。如2011年,俄罗斯颁布了关于对外投资者商业风险和政治风险保险的条例,并设立俄罗斯出口信贷和投资保险署管理相关事宜。2013年,缅甸签署协议正式加入多边投资担保机构,自此多边投资担保机构其他成员的私人投资者投向缅甸的投资项目将成为多边投资担保机构能够承保的合格投资。之所以世界各国纷纷建立并发展政治风险保险制度,主要是基于政治风险保险制度独特的制度优势,主要体现在以下两个方面。

(1)促进对外投资

总体而言,各国投资者对政治风险保险的需求仍保持上升趋势,这与世界投资环境仍然存在诸多不稳定因素直接相关,如中东和北非政局的持续不稳定、拉丁美洲各国政府的高调征收行为、资源丰富经济体的政府违约行为频发、以及各国对资本的限制和金融监管的增加等,投资者将政治风险列为投资发展中国家的主要障碍。政治风险保险可以让投资者在遇到这些政治风险而遭受损害时,通过向政治风险保险机构索赔而弥补绝大部分损害。如2012年,美国海外私人投资公司向在马里共和国经营的美国巴马科国际学校支付了140万美元的政治风险保险赔款,以弥补该学校因为马里政治局势迅速恶化而被要求强制撤离遭受的损失。中国信保自成立以来,累计处理理赔追偿案件3万余宗,为企业追回欠款超过17亿美元,向5000多家企业支付赔款近50亿美元,填补了私人投资者在对外投资中遭受的政治风险损失,为中国企业"走出去"保驾护航。最重要的是,政治风险保险的存在,消除了投资者对政治风险损害的担忧,使一些在没

---

① 梁开银:《论海外投资保险代位权及其实现——兼论我国海外投资保险立法模式之选择》,《法商研究》2006年第3期。

有政治风险保险的情况下投资者可能不会考虑投资的项目成功建立。如中国信保承保的埃及玻纤生产线项目,该项目保险金额1.87亿美元。项目建设初期恰逢"阿拉伯之春"动荡时期,中国信保为该项目提供海外风险保障,促使投资者坚定信心。政治风险保险制度为企业有效应对政治风险提供了途径,消除了对外投资者对东道国政治风险的担忧,对促进资本输出国企业对外投资起到了积极的作用。

(2)以保险政策促进东道国经济发展

政治风险保险制度的本质是一种风险缓和工具,它与传统的风险缓和工具相比,存在一个重要的不同,即在于它能通过自身承保政策的制定,促进东道国社会经济的发展。政治风险保险提供者通常会在保险政策的制定中引入风险预防激励机制[1],即通过制定一定的承保条件或收取更低的保费,激励投资者积极采取有利于减少当地贫困、促进就业和保护环境的发展策略,使投资者的投资项目能为东道国带来福利,从而减少投资项目被东道国采取征收或其他干预措施的可能性。

当一项外国投资不能对东道国产生有利的影响,甚至对东道国及其民众会产生不利影响的时候,那么这项外国投资就很可能面临东道国政府采取的包括征收在内的干预或限制措施,因此,投资者在制订经营计划时,应当将有利于东道国经济发展,造福当地民众作为经营策略的组成部分。如美国海外私人投资公司会对每个申请投保的项目进行东道国影响评估,这一评估主要从以下五个方面进行:投资的发展影响范围、就业机会的创造和人力资源能力的建设、对东道国宏观经济或金融方面的促进、对知识和技术引入的示范效应、以及为社区和环境带来的福利。在这五个方面的评估结果更为良好的投资项目可以优先获得美国海外私人投资公司对该项目的政治风险承保。美国海外私人投资公司这一评估机制体现了美国对海外私人投资应该有利于东道国发展的宗旨,积极引导私人投资者改善投资东道国的经济状况和社会环境,促进东道国经济的可持续发展,同时也有利于降低公司自身承保的风险,维持公司的持续经营。不仅如此,绝大部分的政治风险保险对合格投资的要求都是新的投资,这样要求的原因

---

[1]　Ashton B.Inniss, "Rethinking Political Risk Insurance: Incentives for Investor Risk Mitigation", *Southwestern Law School*, No.16, 2010, p.489.

也体现在,对新的投资,政治风险保险提供者可以要求投资者制订投资计划、设计投资项目的同时就采取能够为东道国社会经济带来福利的措施。

政治风险保险比一般意义上的保险发挥作用的空间更大,这一点体现在通过政治风险保险政策的制定,可以对私人投资者的海外投资起到积极的引导作用,敦促海外私人投资者承担企业的社会责任,改善投资东道国的经济与社会环境,实现投资者与东道国之间的良性互动。

第四节　新一代国际投资协定中的东道国规制权

根据国际法,国家规制权具有主权的基本属性,它本身并不需要国际贸易协定和投资协定的授权。世界贸易组织上诉机构在中国出版物和音像制品案中就指出,理论上,规制权(Right to Regulate)是成员方政府所享有的固有权力,并不是世界贸易组织协定这样的国际协定所赋予的权力。这也被一些国际投资仲裁实践所明确认可,强调主权国家为保护人民的共同利益,享有管理其事务和通过法律的固有权力,有权采取具有社会或公共福利目的的措施。

由于特殊的历史、经济、社会和法律背景,传统国际投资协定本身旨在促进与保护投资①,限制任意性政府权力的滥用,对涉及与投资相关的东道国环境保护、劳工、人权等公共福祉的事项关注甚少。② 此外,传统国际投资协定实体规则的原则性和模糊性导致仲裁庭享有较大的条约解释空间,因而实践中出现了一些仲裁庭过度保护投资者利益的现象。这些制度缺陷不适当地限制了东道国国内政策的制定和实施,甚至对东道国的规制权产生了"寒蝉效应"。

自 2008 年以来,国际投资仲裁案件不断增多,国际金融危机爆发频繁及国际社会向可持续发展模式转变,这些情势促使主要国家重新审视传统国际投资

---

　　① 发达国家与发展中国家签订的传统双边投资协定,虽然标榜保护双方的投资,但是事实并非如此。由于发展中国家资本的匮乏性,其签订投资协定的主要动力与目的在于吸引外资,其国内公司不太可能投资发达国家。资本主要由发达国家流向发展中国家。资本的这种单向流动性决定了发达国家主导下的传统双边投资协定的价值倾向。其主要目的在于,促进投资自由化和保护发达国家海外资本的安全,防范政治风险。

　　② 以环境保护问题为例,根据经济合作与发展组织所做的调查,涉及环境问题的国际投资协定仅占国际投资协定总数的 8.2%。

政策在东道国单方承担义务方面的制度缺陷及其所造成的失衡。① 为合理平衡
投资保护和东道国公共利益的保护,以《跨太平洋伙伴关系协定》《全面与进步
跨太平洋伙伴关系协定》《综合性经济贸易协议》和《中国—澳大利亚自由贸易
协定》投资章节为代表的新一代国际投资协定对此作出了反思与回应,形成了
新的制度安排。这些新的制度安排强化了东道国规制权,以防范东道国规制权
卷入国际投资争端的风险。

国际投资协定强化东道国规制权的措施,主要包括投资协定序言、例外功能
条款(例外条款和间接征收例外)、公平公正待遇条款和缔约方联合解释机制,
等等。

一、 多层次的例外条款强化东道国规制权

国际投资协定是缔约方自愿限制主权权力,相互承诺对缔约方投资者和涵
盖投资提供协定项下的保护,对缔约方具有当然的拘束力。但是,这种承诺和保
护并不意味着缔约方需要减损甚至舍弃其他的公共政策目标,因为维护公共利
益是现代主权国家的一项基本义务,具有不可剥夺性。国际投资协定不得排除、
妨碍国家实现公共利益和国家正常的管理行为。例外条款作为保障国家规制权
行使的安全阀,其功能在于实现利益平衡,允许缔约方在一定条件下背离国际投
资协定项下所承担的投资保护义务,保障和强化东道国的规制权。

与传统双边投资协定相比,新一代国际投资协定日益重视通过设置多层次
的例外功能条款保障国家规制权。② 在设置国家安全例外条款和间接征收例外
条款的同时,一些投资协定如《综合性经济贸易协议》还引入了一般例外条款。
在传统双边投资协定项下,国家规制权作为一种习惯法状态存在着,而新一代国
际投资协定通过例外条款将其体现出来,彰显了国家规制权。

1. 一般例外条款的制度价值和制度优势

公共政策目标是东道国对其公民所承担的一项不可剥夺的义务,是具有比

---

① United Nations Conference on Trade and Development, *World Investment Report* 2015; *Reforming International Investment Governance*, UNCTAD Periodic Report, 2015, pp.121-124.

② 根据联合国贸易和发展会议《世界投资报告 2017》的统计,早期只有7%的双边投资协定
包含有公共政策例外条款,而在 2011 年至 2016 年国际社会缔结的投资协定中,43%的投资协定都
包括公共政策例外条款。

投资自由化目标更重要的价值追求。当两者出现冲突时,投资自由化目标不能超越公共政策目标。所以,一般例外条款所确定的公共政策目标与投资保护目标之间存在着等级划分,一般例外条款所确认的目标具有适用的优先性。它为东道国提供了适当的政策空间,允许缔约方在符合相应条件的情况下,可以为了追求公共政策价值目标而不受投资保护义务的约束。这是一般例外条款的制度价值所在。

国家规制权一般例外的制度优势在于:国际投资协定通过一般例外条款明确肯定了东道国为实现国内公共政策目标和维护国家正常的管理行为的权利。由于一般例外条款具有法律拘束力,如果东道国的行为符合一般例外条款,就意味着东道国不违反国际投资协定项下的义务。与投资协定没有引入一般例外条款的情形下只能由仲裁庭自行判断相比,一般例外制度在一定程度上限制了仲裁庭的自由裁量权。①

正是由于一般例外条款的制度价值和制度优势,新一代国际投资协定日益重视引入一般例外条款强化国家规制权。

2. 国家安全例外条款的"自裁决性"

传统双边投资协定对国家安全例外鲜有规定。为保障国家安全利益,新一代国际投资协定日益重视引入国家安全例外条款,强化国家规制权。② 新一代国际投资协定通常设置专门的国家安全例外条款详细规定国家安全例外问题,如《综合性经济贸易协议》规定,本协定的任何规定不应解释为:a.要求缔约方提供或允许获取其认为如披露即损害国家基本安全利益的信息;b.阻碍缔约方采取其认为保护国家基本安全利益必需的措施;c.阻碍缔约方采取为维护国际和平与安全而履行其国际义务的任何措施。《跨太平洋伙伴关系协定》《全面与进步跨太平洋伙伴关系协定》亦有类似的措辞。可见,国际投资协定通常以"东道国认为必需的"这样的用语,赋予国家安全例外条款自裁决性质,允许缔约方在投资准入后为维护国家安全利益,单方面采取其认为必需的措施,这为东道国保留了极大的政策空间。但是"必需的措施"应该是东道国基于国家安全情势,作

---

① Amelia Keene, "The Incorporation and Interpretation of WTO-style Environmental Exceptions in International Investment Agreements", *World Investment & Trade*, Vol.18, No.1, 2017, pp.62-89.

② United Nations Conference on Trade and Development, *World Investment Report* 2015: *Reforming International Investment Governance*, UNCTAD Periodic Report, 2015, p.141.

出的一种客观性评价,而不是自己的主观推测。处于同等情势下的国家也会作出所采取的措施对维护国家安全是必需的这样的判断。国家安全例外使其具有了压倒一切的可能性,从而明确排除东道国行为的不法性,免除东道国所承担的国际法义务。

当然,东道国可以采取其认为必需的措施维护国家根本安全,这并不意味着东道国的自行判断是无限制的,可以为所欲为。根据国际法,国家必须善意履行条约义务。这样,尽管缔约国可以根据其自己的判断采取必要措施以维护国家安全,但这些措施也必须是善意的,而不应是专断的或歧视性的。判断是否善意,通常要考虑两个因素:(1)国家是否以诚实和公平对待的方式行事;(2)援引安全例外条款是否有合理的根据。①

鉴于国家安全问题逐渐扩展至经济领域,为防范东道国对安全例外条款的滥用,侵害外国投资者的利益,有必要在国际投资协定中设置程序性机制,如东道国与非争端缔约方的磋商、听证程序,使受到影响的企业参与决策过程中。否则,这种自行判断机制为东道国保留了过于宽泛的自由裁量权,这将破坏投资协定本身的确定性和可预见性,不利于形成可持续的国际投资环境。此外,从主要的国际投资协定及范本的规定来看,外国投资者因国家安全例外而遭受的损失,东道国是否应该负有赔偿义务,即国家安全例外条款能否免除东道国的赔偿责任? 投资协定对此并没有明确规定。为有效保护私有产权和防范投资者所面临的风险,投资协定可借鉴《国家对国际不法行为的责任条款草案》第 27 条的规定,援引国家安全例外解除东道国行为的不法性的情况,不妨碍对该行为所造成的任何实际损失的赔偿问题。

3. 间接征收例外

国际投资协定的目的之一就在于防范东道国政府的征收行为,保护外国投资的安全。国际投资协定一般都有保护外国投资不被直接征收和间接征收的相关规定。晚近以来,国际社会关于直接征收的界定及条件形成了基本的共识,但是关于间接征收与正当的国家管理行为之间的界限问题却引发了较大的争论,传统双边投资协定对间接征收的认定方法鲜有详细的规定。对此,在总结《北

---

① 余劲松:《国际投资条约仲裁中投资者与东道国权益保护平衡问题研究》,《中国法学》2011 年第 2 期。

美自由贸易协定》仲裁实践经验的基础上,美国双边投资协定范本对二者界限认定标准作出了规定。《跨太平洋伙伴关系协定》《全面与进步跨太平洋伙伴关系协定》和《综合性经济贸易协议》基本采取美国双边投资协定范本的立法模式,一方面在间接征收条款中确认正当的国家规制措施的例外,另一方面规定了两者之间界限的判断标准和认定方法。三者对间接征收与正当的国家规制措施的例外规定确认了仲裁实践所确立的区分标准,但是对实践经验的采纳程度不同。总体而言,这种立法模式旨在明确国家规制权与间接征收的关系,通过细化间接征收的认定标准,强调在调查案件事实基础上的个案分析,综合考量政府行为的经济影响、政府行为的性质、对投资者明显合理的投资期待的干预程度、政府规制措施的持续时间等因素,引入比例测试分析法,以此来判断何种情况下,东道国为维护公共利益行使的规制措施是正当的、合法的、不应赔偿的,这将为仲裁庭解释和适用条约提供指引,从而更加有效地平衡投资者和东道国的利益。

二、 明确公平公正待遇,限制过度保护投资者利益

鉴于公平公正待遇的模糊性和原则性及国际投资仲裁实践的扩张性解释对东道国规制权的挑战,为提高该条款适用的明确性和可预见性,新一代国际投资协定主要通过两种立法模式(国际习惯法最低待遇标准立法模式和封闭式清单立法模式)明确公平公正待遇的内容,界定规制权行使的范围、规制权不当行使违反公平公正待遇的程度。

1.传统国际投资协定

传统国际投资协定中规定的公平公正待遇具有原则性、模糊性的特征,这种模糊性规定对东道国规制权的限制主要表现在以下两个方面。

(1)公平公正待遇的模糊性及扩张性解释对东道国规制权的限制

由于公平公正待遇的模糊性,使其可以灵活解释,达到保护外国投资者及其投资的目的。[①] 具体而言,在国际投资仲裁实践中,由于公平公正待遇缺乏具体的含义,仲裁庭没有足够的条约解释性指引,其往往依赖投资协定序言所宣示的投资保护的宗旨和目标来解释公平公正待遇条款,这使公平公正待遇特别容易

---

① 余劲松:《国际投资法》,法律出版社 2007 年版,第 230 页。

出现扩张性解释。这种对公平公正待遇概念的宽泛性、开放性解释方式,尤其是在依赖投资者合理期待的情况下,其结果可能是一些仲裁庭过分偏袒投资者的利益,造成了投资者利益和东道国在公共利益方面合法规制的失衡。[1]

(2)公平公正待遇缺乏明确性和一致性对东道国规制权的"寒蝉效应"

根据国际投资仲裁实践,东道国承担的公平公正待遇义务主要包括以下几个要素:稳定性及投资者的合理期待、透明度、正当程序、善意原则、免受胁迫与骚扰。[2] 但是在一个没有约束力的先例系统中,由于涉及不同的、独立的临时仲裁庭,对不同的事实和不同的条约适用含糊不清的措辞标准,很难期望在理解公平公正待遇标准及其具体要素方面达成共识、形成一致性。[3] 由于各国际仲裁庭对公平公正待遇标准的解释不同,这使东道国在国内履行公平公正待遇义务时缺乏明确性、可预测性,东道国往往不敢对外资采取或者实施应有的管理措施,从而形成了规制权的"寒蝉效应"[4],限制了国家为公共利益改变与投资相关的政策或者引入新的政策的能力。[5]

东道国违反公平公正待遇已经成为国际投资争端中被投资者援引最多的条款。根据联合国贸易和发展会议的数据统计,从 1987 年到 2017 年 7 月 31 日,已知国际投资争端达到 871 件。[6] 而在大约 80% 的国际投资争端案件中,投资者声称东道国违反了公平公正待遇。在国家承担责任的仲裁裁决中,国际投资仲裁庭经常认定东道国违反了公平公正待遇条款。[7] 目前的仲裁实践表明,所

---

① United Nations Conference on Trade and Development, *Fair and Equitable Treatment: A Sequel* (2012), UNCTAD Periodic Report, 2012, p.11.

② [德]鲁道夫·多尔查、[奥]克里斯托弗·朔伊尔:《国际投资法原则》,祁欢、施进译,中国政法大学出版社 2014 年版,第 151、第 169 页;余劲松、梁丹妮:《公平公正待遇的最新发展动向及我国的对策》,《法学家》2007 年第 6 期。

③ United Nations Conference on Trade and Development, *Fair and Equitable Treatment: A Sequel* (2012), UNCTAD Periodic Report, 2012, p.12.

④ United Nations Conference on Trade and Development, *Fair and Equitable Treatment: A Sequel* (2012), UNCTAD Periodic Report, 2012, p.12;徐崇利:《公平与公正待遇标准:国际投资法中的"帝王条款"?》,《现代法学》2008 年第 5 期。

⑤ United Nations Conference on Trade and Development, *World Investment Report* 2015: *Reforming International Investment Governance*, UNCTAD Periodic Report, 2015, p.137.

⑥ United Nations Conference on Trade and Development, *Special Update on Investor-State Dispute Settlement: Facts and Figures*, UNCTAD Periodic Report, 2017, p.2.

⑦ United Nations Conference on Trade and Development, *Special Update on Investor-State Dispute Settlement: Facts and Figures*, UNCTAD Periodic Report, 2017, p.1.

有类型的政府行为(立法、行政和司法)都可能被认定违反了公平公正待遇义务。①

虽然公平公正待遇具有原则性、模糊性,但是根据诸多投资协定和投资仲裁实践,公平公正待遇的内容包括以下两个相关方面:(1)东道国的行为是否满足良好治理原则,如正当程序、决策中没有专断、合理期待等;(2)责任门槛,即东道国违反公平公正待遇义务行为的严重程度。② 不同的立法模式对这两方面的关注会有所不同,以下部分就新一代投资协定中公平公正待遇条款两种不同的立法模式能否保障、强化国家规制权进行具体分析。

2. 国际习惯法最低待遇标准立法模式

《跨太平洋伙伴关系协定》和《全面与进步跨太平洋伙伴关系协定》沿袭了《北美自由贸易协定》、美国双边投资协定范本关于公平公正待遇的立法模式,将公平公正待遇与国际习惯法最低待遇标准相联系,认为公平公正待遇等同于国际习惯法最低待遇标准。公平公正待遇不要求东道国给予涵盖投资国际习惯法最低待遇标准之外的待遇,也不会产生额外的实质性权利。公平公正待遇包括根据世界主要法律体系所体现的正当程序原则在刑事、民事或行政裁决程序中不得拒绝司法的义务。违反本协定的其他条款或其他国际协定不构成对最低待遇标准的违反。

如前所述,仲裁庭审查东道国政府的行为是否符合公平公正待遇,主要关注两个方面:东道国的行为是否满足良好治理原则和东道国违反公平公正待遇义务行为的严重程度(责任门槛)。与国际习惯法最低待遇标准相联系的公平公正待遇立法模式意在提高公平公正待遇的适用门槛。

追本溯源,根据内尔(Neer)案,东道国的行为只有当达到令人震惊或愤慨的程度,才能被认定违反了国际习惯法外国人最低待遇标准。自20世纪20年代以来,对被视为恶劣行为的理解可能会有所发展。同样,确定什么是过分的、明显的或公然的涉及一定程度的主观性。尽管如此,在公平公正待遇条款中提到外国人的最低待遇标准,缔约方传达了一个明确的信息,即只有非常严重的行

---

① United Nations Conference on Trade and Development, *Fair and Equitable Treatment:A Sequel* (2012),UNCTAD Periodic Report,2012,p.12.

② United Nations Conference on Trade and Development, *Fair and Equitable Treatment:A Sequel* (2012),UNCTAD Periodic Report,2012,p.12.

政失当行为才能被视为违反了国际投资协定。①

将公平公正待遇与最低待遇标准相联系，其目的在于防止仲裁庭对公平公正待遇的扩大解释，并通过参照违反外国人最低待遇标准的严重不当行为（拒绝司法）举例来进一步为仲裁庭提供指引。② 这种方法的优势在于提高了国家责任门槛（对外国投资者的极端或粗暴的虐待），只有东道国非常严重的不当行为才可能被视为违反了公平公正待遇，这有助于国家保持根据不断变化的目标调整政策的能力。③ 从国际投资仲裁实践来看，根据联合国贸易和发展会议的统计，与国际习惯法最低待遇标准相联系的公平公正待遇立法模式，申请人的胜诉率要远低于传统双边投资协定中公平公正待遇立法模式申请人的胜诉率。④ 然而，这种立法模式的缺陷也非常明显。缔约国通常通过协定附件的形式对国际习惯法进行界定，并要求仲裁庭据此进行解释国际习惯法。但是，由于国际习惯法具有极大的不确定性，缺乏明确的内容、范围模糊⑤，参照这一概念可能会给东道国和投资者带来新的重大的不确定性。⑥ 可见，国际习惯法最低待遇标准立法模式不能较为明确地划定规制权行使的界限、范围。

3. 封闭式清单立法模式

（1）设置封闭式清单界定公平公正待遇的内容强化东道国规制权

与《跨太平洋伙伴关系协定》和《全面与进步跨太平洋伙伴关系协定》的国际习惯法最低待遇标准立法模式不同，《综合性经济贸易协议》主要通过设置封

---

① United Nations Conference on Trade and Development, *Fair and Equitable Treatment: A Sequel* (2012), UNCTAD Periodic Report, 2012, p.13.

② United Nations Conference on Trade and Development, *Fair and Equitable Treatment: A Sequel* (2012), UNCTAD Periodic Report, 2012, p.28.

③ United Nations Conference on Trade and Development, *World Investment Report 2015: Reforming International Investment Governance*, UNCTAD Periodic Report, 2015, pp.137-138.

④ United Nations Conference on Trade and Development, *Fair and Equitable Treatment: A Sequel* (2012), UNCTAD Periodic Report, 2012, pp.60-61.

⑤ John H., Jackson, *Sovereignty, the WTO and Changing Fundamentals of International Law*, Cambridge University Press, 2006, pp.39-42.; United Nations Conference on Trade and Development, *Fair and Equitable Treatment: A Sequel* (2012), UNCTAD Periodic Report, 2012, p.28; United Nations Conference on Trade and Development, *World Investment Report 2015: Reforming International Investment Governance*, UNCTAD Periodic Report, 2015, p.138.

⑥ United Nations Conference on Trade and Development, *World Investment Report 2015: Reforming International Investment Governance*, UNCTAD Periodic Report, 2015, p.138.

闭式清单的方式,界定违反公平公正待遇的行为模式和违反这些行为的严重程度,使公平公正待遇的内容更加细化、充实和明确,这有助于增强法律的确定性和可预见性。具体而言,根据《综合性经济贸易协议》的规定,如果缔约方有以下一项或者数项措施,即表明缔约方违反了公平公正待遇条款。这些措施包括:在刑事、民事或行政诉讼中拒绝司法;在司法和行政诉讼中根本违反正当程序,包括根本违反透明度的行为;明显地专断;以明显不正当的理由如性别、种族或者宗教信仰有针对性的歧视;以强迫、胁迫和骚扰等方式虐待投资者。

《综合性经济贸易协议》关于公平公正待遇义务内容的限制性列举吸收了仲裁实践判例法所确认的合理做法,通过封闭式清单的方式一方面界定东道国良好治理原则的内涵,另一方面采用"根本性的"(Fundamental)、"明显地"(Manifestly)或其他限定词强调东道国违反公平公正待遇义务的高责任门槛,即只有东道国的规制权达到严重损害投资者利益的程度时,东道国的规制行为才可能被认定违反了公平公正待遇义务。

同时,《综合性经济贸易协议》设置了兜底性条款,规定缔约方应该定期或者应缔约一方的请求,审查公平公正待遇义务的内容。根据专门委员会条款设立的服务和投资委员会可以就此提出建议,并提交给《综合性经济贸易协议》联合委员会作出决定,从而赋予了联合委员会对公平公正待遇的解释权。

(2)明确投资者"合理期待"的内涵强化东道国规制权

近年来,投资者合理期待是否受损,已成为判断东道国政府是否违反公平与公正待遇标准之越来越受重视的一大中心因素。[1] 在国际投资争端仲裁案件中,投资者的合理期待最初只是作为与透明度相关的考虑因素,但是近来已发展为公平公正待遇标准的重要内容。[2] 使用公平公正待遇标准保护投资者的"合理期待"是仲裁实践产生的一个特别具有挑战性的问题。考虑到"合理期待"这一概念影响广泛,人们担心公平公正条款可能会限制各国改变投资相关政策或引入新政策(包括用于公共物品的政策)的能力[3],这对东道国的政策改变产生

---

[1] 徐崇利:《公平与公正待遇标准:国际投资法中的"帝王条款"?》,《现代法学》2008 年第 5 期。

[2] 余劲松、梁丹妮:《公平公正待遇的最新发展动向及我国的对策》,《法学家》2007 年第 6 期。

[3] United Nations Conference on Trade and Development, *World Investment Report* 2015: *Reforming International Investment Governance*, UNCTAD Periodic Report, 2015, p.137.

了极大的约束性。

综上所述，与国际习惯法最低待遇标准立法模式相比，封闭式清单立法模式既强调东道国的行为须满足良好治理原则，又关注责任门槛。通过这两方面在很大程度上澄清了公平公正待遇的含义，厘清了东道国规制权行使的界限，这有助于强化东道国规制权。同时，它也为今后仲裁庭解释和适用公平公正待遇提供了指南，有助于限制仲裁庭的自由裁量权。

三、 缔约方联合解释机制强化东道国规制权

晚近的国际投资仲裁实践表明，国际仲裁庭"法官造法"现象在一定程度上减损了国际投资协定的确定性和可预见性，造成了对缔约国规制权的不当限制，这与"国家造法"原则、缔约方的缔约目的是相悖的。国际投资协定的解释和适用是保障国家规制权的重要环节，新一代国际投资协定为限制国际投资仲裁庭的自由裁量权，弥补仲裁庭解释权扩大的制度性缺陷，引入了缔约国联合解释机制强化国家规制权。

1.缔约方联合解释的正当性

以国际投资争端解决中心为代表的投资仲裁机制使私人投资者可以根据国际投资协定的规定，直接将其与东道国的投资争端提交国际仲裁，使国际投资争端在国际层面上加以解决，实现了国际投资争端解决的非政治化。但是，投资仲裁机制也给东道国带来了巨大的国家主权和公共利益风险。

因为在实质上，国际投资仲裁机制赋予仲裁庭对国家行使公共权力可能产生的投资者与国家间的争端拥有一般管辖权。从而赋予私人身份的仲裁员有权作出本质上属于政府行为的决定，仲裁庭判断东道国政府是否有违反投资协议的行为，评估政府决策的公正性，对东道国政府行为的合法性作出裁定，确定产权的适当范围和内容，在企业和社会之间分配风险和成本。

尽管这一授权意味着赋予投资仲裁庭解释国际投资协定一定的自由裁量权，然而，投资仲裁庭的解释权力并不是绝对的，首先，它受条约解释原则的限制；其次，仲裁庭与投资协定的缔约国分享了条约的解释权。在国际法上，国家是国际条约的立法者。尽管国家已经赋予仲裁庭裁决投资者的诉讼事宜，但是国家对其协定仍然保留了一定程度的解释权。根据一般国际公法，国家可以就条约澄清其真实意图和发布权威性声明。正如常设国际法院所言，对法律规则

作出权威性解释的权利只属于有权修改或废止的人或机构。这一观点被国际法委员会、国际法院和仲裁庭所重申。换言之,尽管仲裁庭有权解释和适用国际投资协议、裁决争议,但是缔约国仍然有权通过权威性解释澄清条约的用语和含义。可见,因为国际投资协定是成员方缔结的关于相互间权利义务的意思表示一致的约定,是"国家造法"的结果。国家作为立法者享有条约的解释权。因此,缔约国对国际投资协定的解释权是缔约国所享有的权利,具有国际合法性和正当性。

2. 专门性解释机构的设置

为避免国际仲裁庭"法官造法"现象对"国家造法"的侵蚀,弥补仲裁庭解释权扩大的制度性缺陷,新一代国际投资协定缔约实践采取较为一致的做法,即由缔约国代表共同组成一个联合委员会,负责解释国际投资协定。

《跨太平洋伙伴关系协定》和《全面与进步跨太平洋伙伴关系协定》规定,委员会根据其职能对协定条文解释作出的决定,对仲裁庭具有拘束力,仲裁庭作出的任何决定或裁决都必须与该解释决定相一致。《中国—加拿大投资协定》规定,缔约双方可采取双方共同决定的任何行动,包括发布对本协定有约束力的解释。

《中国—澳大利亚自由贸易协定》投资章节对涉及公共利益问题所设置的缔约国联合解释机制颇具特色,规定了较为详细的诉前中止及缔约双方磋商解释程序。明确将东道国采取的非歧视的和出于公共健康、安全、环境、公共道德或公共秩序等合法公共利益目标的措施排除在投资者的申诉对象范畴之外。如果投资者认为东道国的一项或者一系列措施严重损害了投资者的利益,东道国在收到投资者的磋商请求之日起 30 日内,可向投资者及非争端缔约方提供说明其立场理由的通知(公共利益通知),声明其认为被诉措施属于上述合法公共利益目标措施。在公共利益通知发送后,东道国与非争端缔约方应在 90 日内进行磋商。在该 90 日内,争端解决程序自动中止。如果东道国与非争端缔约方通过磋商,双方认为某项措施属于上述合法公共利益目标措施的范畴,那么该决定应对仲裁庭具有约束力,仲裁庭作出的决定或裁决必须符合该决定。同时,为保证仲裁的公平性,仲裁庭不得因东道国未发送公共利益通知,或东道国与非争端缔约方未就所涉措施是否属于上述措施作出决定,而对其作出不利推定。

缔约方的联合解释机制并不会妨碍仲裁庭对投资协定的解释。根据美国条约实践在联合委员会解释条约方面的经验,联合委员会一般只对可能对缔约方政策造成重大影响的问题行使解释权,而纯粹的法律解释和政治影响不大的解释仍应交由仲裁庭来解决。① 通过缔约方的联合解释机制有助于增强国际投资协定与国内民主责任的联系,维护公共利益。该解释机制具有成本低、不需要条约的批准程序等优点,有助于指引投资仲裁庭对国际投资协定的解释。因此,缔约方联合解释机制可以在改革现行国际投资体制中发挥重要的补充作用,以加强其对可持续发展的贡献。②

第五节　国际投资体制发展的新趋势

随着国际金融危机的出现,20 世纪 90 年代前后竞相签署大量国际投资协定的趋势逐渐放缓。各国开始思考国际投资协定是否确如预想那样促进了跨国投资,其带来的利益是否足以弥补国际被诉风险带来的损失等问题,并以基于对签署协定的反思对国际投资协定进行重新定位。这使国际投资体制发展出现了很多新的趋势。

一、　现有国际投资协议体系存在的问题

在应对世界经济的发展和全球价值链网络下复杂的国际直接投资流动方面,目前的国际投资体系存在以下突出问题③。

1. 碎片化。目前几乎所有国家都签署了一项或者多项投资协定,国际投资协议体系已发展成为一个由 3300 个双边、多边以及区域协定组成的庞大体系。尽管各类协议的基本框架在很大程度上是相似的,但在保护和开放的程度、涉及的非常规议题等方面仍然存在很大的差异。这就给这些协议的实施和管理造成很大的困难。

2. 复杂性。国际投资并不像国际贸易和国际金融那样,拥有一致的制度安

---

① 王朝恩、王璐:《国际投资法前沿问题与中国投资条约的完善——"中国与 ICSID"国际投资法与仲裁高级研讨会综述》,《西安交通大学学报(社会科学版)》2013 年第 3 期。

② United Nations Conference on Trade and Development, *Interpretation of IIAS: What States Can Do*, UNCTAD Periodic Report, 2011, p.15.

③ 詹晓宁、欧阳永福:《国际投资体制改革及中国的对策》,《国际经济合作》2014 年第 7 期。

排和全球性的协调机构,国际投资体制包含双边以及地区和多边投资协议,这些协议所包含的条款和内容既有相同的,也有不同的甚至相互冲突的。而且,国际投资体制还涉及日益增多的议题,不仅包括国民待遇、最惠国待遇、征收和补偿等传统议题,也包括国有企业、知识产权、环境和劳工标准等新议题。对这些新议题,不同的参与方由于自身利益的缘故而持有不同的立场,因而很难就所有的议题达成一致。

3. 争端增多,且难以有效解决。根据联合国贸易和发展会议的统计,截至2013 年,投资者与国家争端解决案件已经提高到 568 起。而且,国际争端仲裁程序在许多方面显现出系统性缺陷,如正当性、透明度、国际规划、仲裁决断一致性、错判、仲裁人的独立性、公正性和资金风险等,这些缺陷妨碍了争端仲裁程序的有效执行。

4. 高风险。如何平衡外国投资者和东道国的权利和利益,是任何国际投资协议都需要考虑的关键问题。在法律层面,投资者与政府之间的利益冲突是根据国际投资协议和东道国国内立法的相互关系来处理的。近年来,随着越来越多的外国投资者诉诸国际仲裁,反映了某些国际投资协议的条款内容含糊不清、模棱两可,从而增加了仲裁庭可能对其进行广义解释的风险。这也证明了国际投资协议不能有效保护公共利益,也就是说,东道国所签订的众多协议,可能使其面临无法灵活有效管理外国投资以实现公共利益的风险。

5. 开放标准低。现存的绝大多数协定是 20 世纪 90 年代至 2007 年发展中经济体为吸引发达经济体对外直接投资而签署的。当时,发展中经济体的经济实力相对发达经济体处于弱势地位,国内法制建设不够完善,对国际投资规则也不够了解,因而在签署协定的过程中往往非常被动。因为被动,所以更加谨慎,在签署协定时,发展中经济体放大了市场开放对国内经济和国内法制的冲击,拒绝接受在协定中承诺高标准开放。扩张时期签署的国际投资协定中只有极少数协定赋予投资者准入前国民待遇,要求签约方以正面或负面清单的形式在具体领域作出承诺。随着发展中国家在国际贸易和投资中的重要性逐渐提升,其防范经济冲击的能力、国内法制的成熟度及其对国际投资规则的熟悉,都使发展中经济体在签署国际投资协定时能够更为主动,为了更好地实现经济发展,发展中经济体有必要也有能力签署开放标准更高的国际投资协定。

二、 新的国际投资规则

随着全球价值链的深入发展,以及国际贸易与投资格局的重大变化,要求国际投资体制作出调整,制定新的规则。目前国际投资体制已经出现四个方面的演变趋势,即强调更高标准的投资自由化、采取保障措施规制国际投资协定所赋予的权利的应用、防范东道国在健康等领域形成以吸引外资为目的的"逐底竞争"、引入传统的非投资议题。

1. 强调更高标准的投资自由化

新的国际投资规则更强调高标准的投资自由化,其核心是要求签约方的市场以准入前国民待遇加负面清单管理模式实行开放。2012年美国修订了美国双边投资协定范本,同年,欧盟和美国共同发表的《关于国际投资共同原则的声明》都强调了这一投资自由化的标准。并且,美、欧已经在其主导的《跨太平洋伙伴关系协定》和《跨大西洋贸易与投资伙伴协定》等区域一体化协议中力推这一高标准的投资自由化内容。此外,越来越多的国家开始接受美国双边投资协定范本,根据我国商务部2013年的统计,已有超过77个国家接受准入前国民待遇加负面清单管理模式。截至2009年,已有26个以上的自由贸易区协定中的与投资有关的条款包含准入前国民待遇,参与这些协定的成员不仅包括美国、欧盟、日本、韩国、新加坡等发达经济体,而且也有泰国、马来西亚、印度尼西亚、菲律宾、越南、墨西哥、智利、秘鲁等发展中经济体。

因此,虽然纵观所有时期的国际投资协定,涵盖准入前国民待遇的国际投资协定非常少(见表14-1)[①],但在国际金融危机后新签订的协定中,高标准投资自由化受到欢迎,特别是在《跨太平洋伙伴关系协定》成为全球国际投资规则制定焦点的2013年和2014年,涵盖准入前国民待遇的协定占比甚至超过了50%,随着美国的退出,这一增长趋势有所缓解,但占比仍远高于危机前。根据联合国贸易和发展会议的分析,2010年以来新签署的国际投资协定中,30%以上均涵盖准入前国民待遇,而此前,这一比例不足10%。

---

① 在联合国贸易和发展会议解析完成的2569个国际投资协定中,同时涵盖准入前和准入后国民待遇条款的协定仅164个,占比6.4%。

表 14-1   1950—2016 年国际投资协定涵盖国民待遇和最惠国待遇的情况

时期	协定数目	准入前国民待遇	占比（%）	准入前最惠国待遇	占比（%）
合计	2569	164	6.4	189	7.4
（1950,2000]	1709	73	4.3	86	5.0
（2000,2008]	627	38	6.1	41	6.5
（2008,2010]	90	8	8.9	8	8.9
（2010,2016]	143	45	31.5	54	37.8

资料来源：联合国贸易和发展会议国际投资协定数据库。

类似的情况在最惠国待遇条款方面体现得更为明显。所有时期的国际投资协定中，仅 7.4%涵盖准入前最惠国待遇，而 2010 年后新签署的协定中，37.8%涵盖了准入前最惠国待遇。

在承诺方式上，绝大多数国际投资协定事实上并未要求签署方列出具体的承诺表，占全部协定的 87.8%。在涵盖承诺表的协定中，多数协定均采取负面清单的方式，占比达到 78.7%。从近期的趋势看，采取负面清单承诺方式的新增协定占比已经从危机前的 10%以下，增长至危机后的 30%左右。此外，采取正面清单和负面清单混合承诺模式的新增协定占比也趋于增长，从危机前不足 0.5%，增长至危机后的 8.4%。相对而言，单纯采取正面清单承诺方式的新增协定占比趋于下滑，从 2008—2010 年的 3.3%降至 2011—2016 年的 0.7%（见表 14-2）。

表 14-2   1950—2016 年不同时期签署的国际投资协定所规定的承诺方式

时期	协定数目	负面清单	混合清单	负面清单占比（%）	混合清单占比（%）
合计	2569	247	20	9.6	0.8
（1950,2000]	1709	151	4	8.8	0.2
（2000,2008]	627	42	3	6.7	0.5
（2008,2010]	90	12	1	13.3	1.1
（2010,2016]	143	42	12	29.4	8.4

资料来源：联合国贸易和发展会议国际投资协定数据库。

除国民待遇、最惠国待遇和承诺方式外,国际投资协定在禁止业绩要求①及高管和董事会承诺方面的考虑,也体现了国际投资协定推动投资自由化的倾向。2011 年以来新签订的协定中,37.1% 的协定对"业绩要求"作出了明确规定,25.9% 的新签协定涵盖"高管和董事会"条款,而这两个数值在国际金融危机前均不足 10%(见表 14-3)。

表 14-3　1950—2016 年国际投资协定涵盖业绩要求及高官和董事会条款的情况

时期	协定数目	明确的业绩要求条款	占比(%)	明确的高管和董事会条款	占比(%)
合计	2569	210	8.2	189	7.4
(1950,2000]	1709	97	5.7	117	6.8
(2000,2008]	627	48	7.7	27	4.3
(2008,2010]	90	12	13.3	8	8.9
(2010,2016]	143	53	37.1	37	25.9

资料来源:联合国贸易和发展会议国际投资协定数据库。

综合来看,根据涵盖国民待遇条款、承诺方式、业绩要求及高管和董事会条款的情况,可以将国际投资协定划分为投资自由化程度由高到低的 9 种标准:

标准 1:准入前国民待遇,负面清单承诺方式,高于《与贸易有关的投资措施协议》的禁止业绩要求及高管和董事会承诺;

标准 2:准入前国民待遇,负面清单承诺方式,但没有明确的禁止业绩要求和(或)高管条款;

标准 3:准入前国民待遇,采取混合清单承诺方式或没有设定承诺表,但有高于《与贸易有关的投资措施协议》的禁止业绩要求及高管和董事会承诺;

标准 4:准入前国民待遇,采取混合清单承诺方式或没有设定承诺表,也没有明确的禁止业绩要求和(或)高管条款;

标准 5:准入前国民待遇,正面清单承诺方式,高于《与贸易有关的投资措施协议》的禁止业绩要求及高管和董事会承诺;

---

①　所谓业绩要求是指东道国规定的,外国投资获准进入东道国或进入后取得特定优惠的前提条件。新的国际投资规则多限制东道国采取与世界贸易组织《与贸易有关的投资措施协议》不一致的措施。一些高标准的投资协定还会额外禁止东道国对外资企业的业绩要求,如美式双边投资协定主张全面禁止业绩要求,认为这不利于国际投资的自由化。

标准6:准入前国民待遇,正面清单承诺方式,无明确的禁止业绩要求和(或)高管条款;

标准7:无准入前国民待遇,但实行负面清单管理模式,高于《与贸易有关的投资措施协议》的禁止业绩要求及高管和董事会承诺;

标准8:无准入前国民待遇,也非负面清单管理模式,但承诺高于《与贸易有关的投资措施协议》的禁止业绩要求及高管和董事会承诺;

标准9:无准入前国民待遇,也没有明确的禁止业绩要求和(或)高管条款;

可以发现,在2010年以来新签署的投资协定中,未涵盖投资自由化标准的协定占比显著下滑,而提供高标准投资自由化承诺的协定占比跨越式提升。

2.防范国际投资协定所赋予权利的滥用

新型国际投资协定在强化国际投资协定在投资自由化方面的作用,使投资协定更具实质性影响力的同时,也倾向于采取各种措施防止协定被滥用。世界各国在过去六十多年的国际投资协定规则制定的历程中,得到的重要经验之一便是,"国际投资协定有副作用并且可能存在不可预见的风险……国际投资协定是具有法律约束力的文书,而非'无害'的政治声明……宽泛而模糊的国际投资协定条款使投资者能够调整核心的国内政策决定,如环境、能源和健康等领域的政策"。

第一,明确涵盖投资的定义。在涵盖投资的定义方面,新签署协定中的34.3%对涵盖投资应该具有的特征作出了明确要求,例如一定资金或其他资源投入,对利润的预期和对风险的分担等,部分协定要求投资应"存续一定的时间"(《综合性经济贸易协议》),或者建立"持续的经济关系"(《尼日利亚—土耳其双边投资协定》)。同时,有41.3%的国际投资协定从涵盖投资中明确排除了投资组合、主权债务担保、产生与商业合同的金钱请求权等投资形式。另外,编制涵盖投资详尽列表的投资协定也较国际金融危机前有所增长,从2000—2008年的1.3%增长至2010年后的4.9%(见表14-4)。

表14-4　1950—2016年国际投资协定限定投资和投资者的情况

时期	协定数目	排除特定投资	占比(%)	列出涵盖投资的封闭清单	占比(%)
合计	2569	99	3.9	44	1.7
(1950,2000]	1709	14	0.8	29	1.7
(2000,2008]	627	13	2.1	8	1.3

时期	协定数目	排除特定投资	占比（%）	列出涵盖投资的封闭清单	占比（%）
（2008,2010]	90	13	14.4	0	0
（2010,2016]	143	59	41.3	7	4.9

资料来源：联合国贸易和发展会议国际投资协定数据库。

第二，排除特定类型投资者利用国际投资协定。为了防范未签署协定的第三方或境内投资者通过在协定一方境内设立"中介公司"获取协定所提供的待遇，新签署的国际投资协定倾向于对涵盖投资做更明确的限定。一种做法是要求投资者必须在母国开展实质性商业活动，这一比例已经从 2000—2008 年的 16.4% 增长至 2011—2016 年的 42.7%。另一种做法是在国际投资协定中纳入"拒绝授惠"条款，以允许缔约方拒绝将权益给予"中介公司"和来自东道国无正常经济联系或东道国实行经济禁运的国家的投资。2011—2016 年新签署的协定中的 61.5% 涵盖"拒绝授惠"条款，而在国际金融危机之前，这一比例只有 5% 左右（见表 14-5）。

表 14-5 1950—2016 年国际投资协定涵盖实质性经营和拒绝授惠条款的情况

时期	协定数量	实质性经营	占比（%）	拒绝授惠	占比（%）
合计	2569	406	15.8	213	8.3
（1950,2000]	1709	220	12.9	69	4.0
（2000,2008]	627	103	16.4	37	5.9
（2008,2010]	90	22	24.4	19	21.1
（2010,2016]	143	61	42.7	88	61.5

资料来源：联合国贸易和发展会议国际投资协定数据库。

第三，用法律上更规范的术语限定传统的权利条款。公平公正待遇标准，其作用在于保护投资者不受政府不正当行为的损害。在实践中，由于其开放性及未明确定义的特点，传统国际投资协定均纳入的公平公正标准已经成为全能条款，投资者利用该条款去挑战任何其认为不公平的政府行为。这也就是几乎所有投资者与国家争端解决案件均包含对东道国政府违反公平公正条约的指控的原因。这种现象自国际金融危机后得到扭转，在 2010 年后签署的协定中，

52.4%的协定所涵盖公平公正条款使用国际习惯法、最低待遇标准或国际法原则加以限制。与此同时,在2010—2016年新签署的协定中,还有21.7%的协定以关于国家义务的开放式列表的形式明确阐述公平公正标准(见表14-6)。

表 14-6　1950—2016 年国际投资协定涵盖公平公正条款的类型

时期	协定数目	合格公平公正条款	占比(%)	开放列表形式	占比(%)
合计	2569	451	17.6	103	4.0
(1950,2000]	1709	239	14.0	44	2.6
(2000,2008]	627	118	18.8	19	3.0
(2008,2010]	90	19	21.1	9	10.0
(2010,2016]	143	75	52.4	31	21.7

资料来源:联合国贸易和发展会议国际投资协定数据库。

征收条款是国际投资协定中缓和投资者所面临风险的关键因素,它并不剥夺国家征收财产的权利,但为国家行使该权利设置了限制条件。通常,征收条款涵盖征收的"直接"与"间接"形式,其中后者指产生"等同于"直接征收效果的行动或系列行动。过去,国际投资协定并未包含任何区分构成间接征收的国家行为与无须进行赔偿的国家监管性的标准,而近期新签署的国际投资协定对征收条款做了更细致的规定。在2010—2016年新签署的协定中,37.8%列出了界定间接征收的标准,42.0%从征收条款中排除一般监管例外,还有32.2%排除了遵循世界贸易组织规则的强制性许可(见表14-7)。

表 14-7　1950—2016 年国际投资协定涵盖征收条款的情况

时期	协定数目	界定间接征收标准	占比(%)	排除一般监管例外	占比(%)	排除遵循世界贸易组织规则的强制性许可	占比(%)
合计	2569	149	5.8	97	3.8	87	3.4
(1950,2000]	1709	45	2.6	3	0.2	16	0.9
(2000,2008]	627	31	4.9	16	2.6	13	2.1
(2008,2010]	90	19	21.1	18	20.0	12	13.3
(2010,2016]	143	54	37.8	60	42.0	46	32.2

资料来源:联合国贸易和发展会议国际投资协定数据库。

3. 防范东道国在健康、环境和劳工方面"逐底竞争"

为了防范东道国在吸引外国直接投资时在健康、环境和劳工方面"逐底竞争",国际投资协定的另一个重要趋势是增加了对可持续增长和包容性增长问题的关注。在2010—2016年签署的国际投资协定中,58.7%的协定在前言中提及可持续发展,人权、劳工和健康等社会议题以及环保议题(见表14-8)。

表14-8 1950—2016年国际投资协定前言涵盖可持续增长议题的情况

时期	协定数目	可持续发展	占比(%)	人权、劳工、健康和企业社会责任问题	占比(%)	环境议题	占比(%)
合计	2569	76	3.0	219	8.5	138	5.4
(1950,2000]	1709	3	0.2	71	4.2	16	0.9
(2000,2008]	627	7	1.1	83	13.2	57	9.1
(2008,2010]	90	10	11.1	7	7.8	12	13.3
(2010,2016]	143	56	39.2	58	40.6	53	37.1

资料来源:联合国贸易和发展会议国际投资协定数据库。

国际投资协定对可持续和包容性议题的考量,使越来越多的经济体在缔结协定时将不降低环境和劳工标准作为正式条款纳入协定,规定缔约方"应确保"(而非"应尽力确保")不放弃或减损其在环境、劳工方面的义务或其他法律规定。美国2012年双边投资协定范本规定,缔约方应确保,不得以豁免执行、减少执行、不有效执行国内环境和劳工法律的方式,削弱或降低法律所提供的环境和劳工保护标准,以鼓励外资的进入。2010—2016年,涵盖不降低标准条款的协定占全部新签署协定的46.2%,而在国际金融危机之前,这一比例不足5%(见表14-9)。

表14-9 1950—2016年涵盖不降低标准条款的情况

时期	协定数目	涵盖不降低标准条款	占比(%)
合计	2569	115	4.5
(1950,2000]	1709	4	0.2
(2000,2008]	627	31	4.9
(2008,2010]	90	14	15.6
(2010,2016]	143	66	46.2

资料来源:联合国贸易和发展会议国际投资协定数据库。

4. 引入非传统的投资议题

新的国际投资规则还包含更宽泛的与投资相关的议题,其中比较典型的有:

竞争中立和国有企业管制规则。欧盟和美国认为东道国政府给予国有企业的优惠,将造成外资企业处于不公平的竞争地位,因而在2012年联合发布的《国际投资共同原则的声明》中明确强调,国有企业和私营企业应该享有同等的竞争环境。同年美国修订的双边投资协定范本也强调竞争中立规则,该规则规定投资协定中对缔约方的约束在适用于政府的同时,也适用于被授予政府职权的国有企业及其他人,并专门增添了对"被授予政府职权的国有企业及其他人"的解释。

透明度。要求东道国政府在颁布普遍适用的规则之前,必须在官方刊物上对外公布草案,并对规则的目的和理由进行解释,同时要求东道国政府明确规定征询公众意见的最低期限和公布回应公众意见的最终文本等事项。①

标准制定。这一规则主要被美式双边投资协定采用,该规则要求东道国政府机构允许外国投资者参与东道国的标准、技术规范和合规评估程序的制订和修订,并给予外国投资者国民待遇,同时也应建议东道国的非政府标准化机构同样给予外资企业参与标准制定的权力。②

知识产权。知识产权保护并未以单列条款的形式进入投资协定,然而对知识产权的保护却已成为新国际投资协定的重要议题,这是因为知识产权被视为投资的一种。高标准的知识产权保护体现在三个维度。第一,新的国际投资协定放弃了以往对知识产权采取"穷尽列表"定义的做法,采用了开放式的定义模式,知识产权的覆盖范围得到了极大的扩展。第二,投资保护的高标准也将增强对知识产权的保护。第三,投资协定中通过制定例外规定,增强对知识产权的保护。

现有国际投资体制主要包括国民待遇、最惠国待遇、公正和公平待遇、资本自由转移、争端解决、市场准入等投资促进和保护条款的一系列国际投

---

① 黄洁:《美国双边投资新规则及其对中国的启示——以2012年BIT范本为视角》,《环球法律评论》2013年第4期。

② 黄洁:《美国双边投资新规则及其对中国的启示——以2012年BIT范本为视角》,《环球法律评论》2013年第4期。

资规则体系。其中双边投资协定、避免双重税收协定以及其他双边和区域间与投资相关的协议是国际投资体制的主要构建部分。本章第二节主要介绍了外资行业准入政策。外国投资准入制度实体性规则是东道国允许外国投资进入本国市场的范围和程度的具体规定,包括外资被许可进入的行业及进入该行业所要满足的特定条件。第三节进一步介绍了对外投资政策。目前各国经济发展水平、参与对外投资活动的程度等存在不同,各国政府制定的对外投资法律规范存在差异。在国内层面,对外投资促进政策主要包括通过设立专门的金融机构向私人对外投资者提供金融支持,并通过政治风险保险制度为对外投资者提供保障。在国际层面,各国就促进对外投资活动除了在传统国际组织框架下深化交流,还建立了新的投资合作平台,主要是国际金融平台,为投资者提供融资、信息和技术支持。本章第四节则介绍了新一代国际投资协议的东道国规制权。新一代国际投资协定中的东道国规制权将可持续发展理念作为国际投资协定的宗旨和目标。在国际投资协定中明确强调国家规制权,设置多层次的例外功能条款,明确公平公正待遇的内容,通过缔约方联合解释机制强化国家规制权的措施使投资保护标准与国家规制权间的界限更加清晰。国际投资协定实体条款的明确化、精细化,将有助于为仲裁庭对相关问题的解释提供依据和指引,在一定程度上限制了仲裁庭的自由裁量权,这同时也有助于实现投资者利益保护和合法的国家规制权间的平衡,纠正传统国际投资协定的原则性、模糊性所产生的利益保护失衡,应对国际投资体制的合法性危机,促进国际投资的可持续发展。最后,本章进一步讨论了国际投资体制的新趋势。现有的国际投资协议体系存在碎片化、复杂性、争端增多且难以有效解决、高风险、开放标准低等问题。仲裁机制、国内救济、替代性争端解决方法以及其他正在构建的争端解决机制将长期并存,政治手段和法治手段同时在争端解决中发挥作用。最新的国际投资规则更强调高标准的投资自由化,其核心是要求签约方的市场以准入前国民待遇加负面清单管理模式实行开放。新的国际投资规则同时还纳入诸如公平竞争、劳工标准、环境保护标准、知识产权、透明度等新议题,其对政府行为的约束已不仅限于国际之间,而是日益深入各国内部并约束国内政策的制定和实施,防范国际投资协定所赋予的权利被滥用。

第十五章 高标准国际投资协定对双向直接投资的促进作用

在已签署的投资协定与高标准投资协定存在差距的情况下,中国是否有必要升级已签署的投资协定或者签署新的高标准投资协定,取决于"高标准"是否对引进外资和对外投资存在促进作用。

作为投资政策工具,国际投资协定具有特殊性。一方面,不同于国内投资政策,国际投资协定承诺长期的法律稳定性和可预测性,约束东道国政府有损投资者合法期望的行为;另一方面,不同于多边体制,国际投资协定的缔约方在协定的谈判和签署中拥有更大的灵活性,可以根据本国的承受能力调整协定的内容与标准。

国际投资协定的主体由双边投资协定构成,因此理论分析也主要围绕双边投资协定展开。具体而言,双边投资协定对外商直接投资的作用机制包括承诺机制和信号机制。承诺机制认为,通过在协定中明确东道国政府的义务、加深来源国政府的参与以及引入强约束力的实施机制,缔约方政府向投资者作出了有效保护其投资的承诺;在协定的约束下,东道国政府违反承诺的成本提高,投资者面临的风险降低,进而有助于促进外商直接投资。信号机制强调协定的溢出效应,即协定不仅是向缔约方投资者发出的承诺,还是向第三方投资者传递的信号;缔结协定不仅能够吸引缔约方投资者的投资,还能够促进第三方投资者的投资。随着全球化的加速推进,越来越多的国际经贸协定同时涵盖贸易与投资议题,但其中的投资条款仍是双边投资协定的形式。因此,上述两个作用机制同样适用于对国际投资协定的分析。

综合分析已有研究可以发现,多数关注国际投资协定对外商直接投资作用的研究仅从是否签署协定的角度进行探讨,未对协定内容和保护标准进行细分,同时将分析范围局限于双边投资协定;少数考虑协定内容和保护标准的研究,或是只关注少数条款,或是没有深入探讨协定的综合影响。此外,已有研究大多局限于发达国家对发展中国家投资或者发展中国家引资,无法全面揭示国际投资协定对双向直接投资的影响。本章旨在利用国家层面数据评估国际投资协定对跨境并购的影响,明确高标准国际投资协定对中国引进外资和对外投资是否具有促进作用。

第一节　分析框架

令 b_{ijt} 表示 t 年国家 i 和国家 j 签署国际投资协定的情况, m_{ijt} 表示 t 年 i 国企业并购 j 国企业的情况。b_{ijt} 对 m_{ijt} 的因果影响可以写作 $m_{ijt} = \varphi(b_{ijt}, z_{ijt}) + \varepsilon_{ijt}$,其中, z_{ijt} 表示所有干扰因素的集合, ε_{ijt} 表示随机误差项且满足 $E[\varepsilon_{ijt} | b_{ijt}, z_{ijt}] = 0$ 。为了简化分析,进一步假设 $\varphi(b_{ijt}, z_{ijt})$ 满足拟线性形式,即:

$$m_{ijt} = \varphi(b_{ijt}\beta + z_{ijt}\gamma) + \varepsilon_{ijt} \tag{15-1}$$

式(15-1)中的 β 和 γ 体现了协定签署情况和其他控制变量(控制干扰因素)对跨境并购的影响。对国际投资协定的特定因素 b_k 而言,其对跨境并购的边际影响为 $\varphi'\beta_k$,其中 φ' 为函数 $\varphi(\cdot)$ 的导函数。

本章使用三类数据对式(15-1)进行估算,包括测度跨境并购的数据、衡量协定签署情况的数据,以及构建控制变量的数据。

测度跨境并购的方法有两种,一种是 t 年 i 国企业并购 j 国企业的数量(跨境并购数量) M_{ijt}^n ,另一种是 t 年 i 国企业并购 j 国企业的金额(跨境并购金额) M_{ijt}^v 。前者相对后者的优势在于不依赖并购金额的披露,后者相对前者的优势在于包含并购项目规模差异的信息。本章以跨境并购金额作为跨境并购的主要测度指标,并通过将其替换为跨境并购数量进行稳健性检验。对 M_{ijt}^n 和 M_{ijt}^v ,本章分别使用两国境内并购数量和并购金额进行处理,以消除市场规模的影响,具体计算公式如下:

$$m_{ijt}^l = \sqrt{\frac{M_{ijt}^l}{M_{ijt}^l + D_{it}^l} \times \frac{M_{ijt}^l}{M_{ijt}^l + D_{jt}^l}} \quad l = n, v \tag{15-2}$$

为了降低母国(i国)企业并购过少和东道国(j国)企业被并购过少所造成的估计误差,对t年的数据,本章只保留境内并购和跨境并购的总数在t年至2017年均不小于20起的母国,以及被境内并购和被跨境并购的总数在t年至2017年均不小于20起的东道国。跨境并购交易数据来自毕威迪全球并购交易分析库Zephyr。① 收集数据之时,Zephyr数据库2018年的并购交易数据尚不完整,且2000年之前的并购交易数据不全面,因此本章最终选择2000—2017年的数据作为分析样本。

因为m^l存在大量的零值,且在$m^l \neq 0$时,m^l的分布具有对数正态分布的特征,所以本章对m^l实施反双曲正弦转换。对变量y而言,反双曲正弦转换的一般公式为$\Theta^{-1} \sinh^{-1}(\Theta y) = \Theta^{-1}\ln(\Theta y + (\Theta^2 y^2 + 1)^{1/2})$。鉴于$m^l$的值过小,为了避免后续实证分析的系数估计值过小,本章令$\Theta = 10^6$并删除Θ^{-1},具体计算公式如下:

$$\bar{m}_{ijt}^l = \ln(10^6 \times m_{ijt}^l + \sqrt{10^{12} \times (m_{ijt}^l)^2 + 1}) \qquad (15-3)$$

衡量协定签署情况时,本章同时考虑双边投资协定和含投资条款的条约。对含投资条款的条约,只要国家i和国家j在t年均为某一生效的含投资条款的条约的成员,就认为两国存在已生效的协定,即$B_{ijt} = 1$。双边投资协定和含投资条款的条约的数据来自联合国贸易和发展会议的国际投资协定数据库。本章利用国际投资协定数据转换协定签署情况数据时,将国家集团作为缔约方所签署的协定视为国家集团成员各自作为缔约方所签署的协定,同时,将加入成员视为该协定的缔约国,将退出成员视为该协定的非缔约国。

本章从准入前国民待遇(q^{pnt})、国民待遇(q^{nt})、最惠国待遇(q^{mfn})、公平公正待遇(q^{fe})和投资者国家争端解决机制(q^{isds})等维度描述国际投资协定的异质性,如果协定文本包含上述某一条款,则相应变量取值为1,否则取值为0,数据来自联合国贸易和发展会议的国际投资协定数据库。

本章从东道国(j国)是否与第三国签署国际投资协定(b_{jt})、所签署协定的标准(q_{jt})、是否与第三国签署包含最惠国待遇的国际投资协定(q_{ijt}^{mfn})等方面

---

① Zephyr是国际并购研究领域知名的并购分析库,每天在线向用户发布全球并购、首发、计划首发、机构投资者收购、管理层收购、股票回购、杠杆收购、反向收购、风险投资、合资等交易的最新信息,目前收录了全球各行业150万笔并购记录,每年新增约15万笔,数据可追溯至1997年。

控制第三方协定的间接影响。

综上所述,本章将计量方程细化为如下形式:

$$\bar{m}_{ijt}^{l} = \varphi(\alpha + \xi_{ijt}^{D} \cdot b_{ijt} + \xi_{jt}^{I} \cdot b_{jt} + \delta \cdot q_{ijt}^{mfn} \cdot \xi_{jt}^{I} \cdot b_{jt} + z_{ijt}\gamma) + \varepsilon_{ijt}$$

$$(15\text{-}4)$$

式(15-4)中, $\xi_{ijt}^{D} = \beta_D + \beta_D^{ma}q_{ijt}^{ma} + \beta_D^{nt}q_{ijt}^{nt} + \beta_D^{fe}q_{ijt}^{fe} + \beta_D^{isds}q_{ijt}^{isds}$ 体现了东道国(j 国)与母国(i 国)所签署的国际投资协定对跨境并购的直接影响; $\xi_{jt}^{I} = \beta_I + \beta_I^{ma}q_{jt}^{ma} + \beta_I^{nt}q_{jt}^{nt} + \beta_I^{fe}q_{jt}^{fe} + \beta_I^{isds}q_{jt}^{isds}$ 反映了东道国(j 国)与第三国所签署的国际投资协定对跨境并购的间接影响。

为了控制同时影响国际投资协定签署和跨境并购交易产生的因素,本章借鉴伯格斯特兰和埃格(2013)的研究,选择了相应的控制变量。[1]

第二节　国际投资协定与跨境并购

本章首先探讨国际投资协定对跨境并购的影响。表15-1的第一列估计了在只控制时间固定效应的情况下,两国签署国际投资协定对跨境并购的影响。结果显示,签署国际投资协定可以显著促进跨境并购。一些促进两国间跨境并购的因素,可能同时决定两国是否签署国际投资协定,因此第一列的估计结果可能包含虚假因果关系。在表15-1的第二列,本章借鉴伯格斯特兰和埃格(2013)的方法,加入控制变量集:两国是否紧邻、是否有共同语言、是否有共同法律体系、是否同为世界贸易组织成员、地理距离、贸易规模、合计国内生产总值、国内生产总值相似度、政府稳定性指数、政治风险指数、技术劳动力相似度、资本份额差异、资本低技术笔直差异等。考虑到国际投资协定可能通过其中某些因素间接影响跨境并购,本章对时变控制变量均采用滞后一期值。表15-1的第三列进一步控制了"母国—东道国"双边固定效应。国际投资协定虚拟变量的估计系数在第二列显著小于0,在第三列不显著,表明签署国际投资协定并不会促进跨境并购,本章结论与主流研究基本一致。

---

① Bergstrand J. H., P. Egger," What Determines BITs?", *Journal of International Economics*, Vol.90, No.1, 2013, pp.107-122.

表 15-1　国际直接投资协定对跨境并购的影响

控制变量	因变量:跨境并购强度($\bar{m}_{ijk}^{v}$)					
	（1）	（2）	（3）	（4）	（5）	（6）
IIA	0.580*** (5.08)	-0.744*** (-7.65)	0.086 (0.49)	0.060 (0.53)	-0.794*** (-8.12)	0.037 (0.21)
IIA#MA				1.605*** (10.28)	0.503*** (4.08)	0.262** (2.11)
ADJ		1.218*** (3.94)			1.256*** (4.11)	
LANG		2.499*** (8.83)			2.470*** (8.69)	
Dist		-0.772*** (-11.74)			-0.669*** (-9.91)	
LEG_pretrans		0.249** (2.23)			0.270** (2.43)	
TrdInt		0.214*** (5.57)			0.209*** (5.50)	
L.GDPSum		1.371*** (20.17)	2.254*** (6.62)		1.363*** (20.17)	2.235*** (6.56)
L.GDPSim		0.659*** (8.39)	1.150*** (3.47)		0.693*** (8.86)	1.019*** (3.04)
L.PolStab		0.652*** (4.24)	0.056 (0.44)		0.657*** (4.28)	0.063 (0.49)
L.IExpRisk		1.155*** (8.46)	0.084 (0.54)		1.143*** (8.37)	0.113 (0.74)
L.simi_skill		0.224*** (3.49)	0.443* (1.81)		0.197*** (3.07)	0.477* (1.94)
L.diff_capShare		-0.021 (-0.43)	-0.069 (-1.01)		-0.017 (-0.33)	-0.067 (-0.99)
L.diff_cap_low		-0.029 (-0.63)	-0.175** (-1.97)		-0.016 (-0.36)	-0.145 (-1.63)
L.WTO		0.531*** (5.37)	-0.066 (-0.53)		0.407*** (4.02)	-0.055 (-0.44)
N	38870	31757	31757	38870	31757	31757
adj.R-sq	0.012	0.283	0.496	0.037	0.285	0.496

注:括号内的数值为 t 统计量,基于以母国—东道国国家对为聚类因子的聚类标准误差计算;*、** 和 ***
　　分别表示 10%、5%和 1%的显著性水平;表格省略了常数项的估计结果。

但是,尚不能断言所有的国际投资协定对跨境并购都不存在显著影响。在表15-1的列(4)—列(6),本章加入国际投资协定和准入前国民待遇的交互项,考察了准入前国民待遇条款的影响。结果显示,交互项的估计系数均显著大于0,表明涵盖特定条款,特别是准入前国民待遇条款的国际投资协定能够显著促进跨境并购。与预期一致,签署涵盖准入前国民待遇条款的国际投资协定(以下简写为PIIA,相应地,将不涵盖准入前国民待遇条款的国际投资协定简写为NIIA)相当于对投资者作出更多的市场准入承诺。本章进一步对比发现,PIIA可以促使跨境并购显著提升约30%,而NIIA不会对跨境并购产生显著影响。

本章接下来进行稳健性检验。首先考察估计结果对遗漏变量问题的稳健性。本章在表15-1的列(3)和列(6)的基础上分别加入母国—年份固定效应和东道国—年份固定效应,以此控制母国和东道国的所有趋势性因素的干扰。表15-2的列(1)和列(2)显示,国际投资协定的估计系数均不显著,而交互项的估计系数显著大于零,签署PIIA能够促使跨境并购增加30%左右,与基准结果一致。

表 15-2 稳健性检验

控制变量	(1) $\bar{m}_{ijk}^{v}$	(2) $\bar{m}_{ijk}^{v}$	(3) $\bar{m}_{ijk}^{v}$	(4) $\bar{m}_{ijk}^{v}$	(5) $\bar{m}_{ijk}^{v}$	(6) $\bar{m}_{ijk}^{v}$	(7) $\bar{m}_{ijk}^{n}$	(8) $\bar{m}_{ijk}^{n}$
IIA	−0.085 (−0.49)	−0.230 (−1.32)			−0.056 (−0.59)	−0.137 (−1.43)	−0.106 (−0.58)	−0.242 (−1.27)
IIA#MA		0.521*** (3.79)				0.291*** (4.17)		0.487*** (3.36)
L.IIA			−0.134 (−0.89)	−0.241 (−1.54)				
L. IIA # L. MA				0.433*** (3.33)				
N	31757	31757	34111	34111	31757	31757	31757	31757
adj.R-sq	0.506	0.506	0.506	0.506	0.592	0.592	0.584	0.585

注:括号内的数值为t统计量,基于以母国—东道国国家对为聚类因子的聚类标准误差计算;*、** 和*** 分别表示10%、5%和1%的显著性水平;所有回归均加入了控制变量集、母国东道国双边固定效应、母国年份虚拟变量、东道国年份虚拟变量。

其次考察估计结果对逆向因果问题的稳健性。鉴于国际投资协定的签署可能受跨境并购的影响,并且国际投资协定的作用往往存在滞后性,本章使用前一年的协定签署情况代替当期值(即使用协定签署情况的滞后一期),并用时变控制变量的滞后两期代替滞后一期。表15-2的列(3)和列(4)显示,稳健性检验的估计结果与基准结果一致。

最后考察估计结果对测量误差问题的稳健性。鉴于部分跨境并购并未报告并购金额,本章在表15-2的列(5)和列(6)中使用跨境并购金额的水平值作为被解释变量;此外,在表15-2的列(7)和列(8)中使用跨境并购数量占比代替跨境并购金额占比作为被解释变量。得到的结果与基准结果一致,国际投资协定在总体上对跨境并购无显著影响,只有在涵盖准入前国民待遇条款时,才对跨境并购产生显著的促进作用。

第三节　准入前国民待遇和其他协定
条款间的关系

一、　其他协定条款对跨境并购的影响

除准入前国民待遇外,国际投资协定还包括旨在促进国际投资的其他条款,本章上述实证分析并未考虑这一情况,因此所得出的因果关系可能混杂了其他条款的作用。为了验证准入前国民待遇对国际投资协定的特殊意义,文章接下来将讨论典型的国际投资协定条款——国民待遇、最惠国待遇、公平公正待遇、资金转移、保护伞条款和投资者国家争端解决机制——的影响。

准入前国民待遇是国民待遇的一种,因此上述实证分析所发现的准入前国民待遇对跨境并购的正向影响,可能源于国民待遇本身,并不必然需要准入前国民待遇。也就是说,准入后国民待遇和准入前国民待遇可能在促进跨境并购方面存在相同的效应。为了验证这一假设,本章估计如下方程:

$$\bar{m}_{ijt}^{v} = \alpha + \beta_1 B_{ijt} + \beta_2 B_{ijt} N_{ijt} + \beta_3 B_{ijt} N_{ijt} N_{ijt}^{p} + z_{ijt}\gamma + \eta_{ij} + \eta_{it} + \eta_{jt} + \varepsilon_{ijt}$$

$$(15-5)$$

式(15-5)中,β_1表示签署不涵盖国民待遇的国际投资协定对跨境并购的影响;$\beta_1 + \beta_2$表示签署涵盖准入后国民待遇的国际投资协定对跨境并购的影响;$\beta_1 + \beta_2 + \beta_3$表示签署涵盖准入前国民待遇的国际投资协定对跨境并购的影响,即β_3体现了国际投资协定从准入后国民待遇升级至准入前国民待遇对跨境

并购的影响。表 15-3 的列（1）显示，β_2 的估计值不显著，β_3 的估计值显著大于零，说明准入后国民待遇不能增强国际投资协定对跨境并购的促进作用，而准入前国民待遇能够增强国际投资协定对跨境并购的促进作用。

表 15-3　其他协定条款的影响

控制变量	（1）NT	（2）PayTrans	（3）Abs	（4）Umb	（5）MFN	（6）ISDS
IIA	0.318 (0.80)	0.712 (1.14)	0.234 (0.75)	-0.245 (-1.31)	-0.002 (-0.00)	-0.208 (-0.58)
IIA#NT	-0.595 (-1.52)					
IIA#NT#MA	0.529*** (3.83)					
IIA#MA		0.522*** (3.79)	0.526*** (3.82)	0.521*** (3.80)	0.522*** (3.79)	0.522*** (3.76)
IIA#O		-0.944 (-1.46)	-0.483 (-1.34)	0.089 (0.29)	-0.235 (-0.50)	-0.023 (-0.07)
N	31757	31757	31757	31757	31757	31757
adj.R-sq	0.506	0.506	0.506	0.506	0.506	0.506

注：“IIA#O”表示签订协定虚拟变量与协定是否涵盖特定条款虚拟变量的交互项，“O”的具体指代由各列第二行给出。括号内的数值为 t 统计量，基于以母国—东道国国家对为聚类因子的聚类标准误差计算；*、** 和 *** 分别表示 10%、5% 和 1% 的显著性水平；所有回归均加入了控制变量集、母国东道国双边固定效应、母国年份虚拟变量、东道国年份虚拟变量。

为了考察最惠国待遇、公平公正待遇、资金转移、保护伞条款和投资者国家争端解决机制对跨境并购的影响，本章估计如下方程：

$$\bar{m}^v_{ijt} = \alpha + \beta_1 B_{ijt} + \beta_2 B_{ijt} Q_{ijt} + \beta_3 B_{ijt} N^p_{ijt} + z_{ijt}\gamma + \eta_{ij} + \eta_{it} + \eta_{jt} + \varepsilon_{ijt}$$

$$(15-6)$$

式（15-6）中，Q_{ijt} 分别代表国际投资协定涵盖资金转移、公平公正待遇、保护伞条款、最惠国待遇和投资者国家争端解决机制等条款，相应的估计结果列于表 15-3 的列（2）—列（6）。结果显示，在控制准入前国民待遇的情况下，资金转移、公平公正待遇、保护伞条款、最惠国待遇和投资者国家争端解决机制均无法提升国际投资协定对跨境并购的促进作用；在控制资金转移、公平公正待遇、保护伞条款、最惠国待遇和投资者国家争端解决机制等条款的情况下，准入前国民待遇仍然能够增强国际投资协定对跨境并购的促进作用。

二、 准入前国民待遇和其他协定条款的协同作用

资金转移、公平公正待遇、保护伞条款、最惠国待遇和投资者国家争端解决机制等条款虽然不能直接促进跨境并购,但是能否通过加强准入前国民待遇的作用从而间接促进跨境并购呢? 通过国际直接投资协定的文本可知,在法理上,准入前国民待遇会受到其他协定条款的影响。例如,投资者国家争端解决机制在国际法层面给予投资者起诉东道国的权利,因而可以强化准入前国民待遇对跨境投资的促进作用。由于现已签署的 PIIA 几乎都涵盖公平公正待遇、资金转移、最惠国待遇和投资者国家争端解决机制等条款,难以识别准入前国民待遇和这些条款的协同作用,因此本章只考虑准入前国民待遇与保护伞条款和拒绝授惠条款之间的关系。保护伞条款能够扩大国际投资协定的使用范围,拒绝授惠条款能够限制国际投资协定的使用范围。本章预期准入前国民待遇与保护伞条款之间存在正向协同作用,与拒绝授惠条款之间存在负向协同作用。具体估计方程如下:

$$\bar{m}_{ijt}^{l} = \alpha + \beta_1 B_{ijt} + \beta_2 B_{ijt} N_{ijt}^p \bar{Q}_{ijt} + \beta_3 B_{ijt} N_{ijt}^p Q_{ijt} + z_{ijt}\gamma + \eta_{ij} + \eta_{it} + \eta_{jt} + \varepsilon_{ijt}$$

$$(15-7)$$

式(15-7)中,如果协定涵盖保护伞条款,则 $Q_{ijt} = 1$,否则 $Q_{ijt} = 0$;如果协定涵盖拒绝授惠条款,则 $\bar{Q}_{ijt} = 1$,否则 $\bar{Q}_{ijt} = 0$。

表 15-4 的列(1)显示,无论协定是否涵盖保护伞条款,PIIA 均能够显著促进跨境并购;在协定涵盖保护伞条款时,PIIA 对跨境并购的促进作用略强,但在统计上并不显著。结果表明,保护伞条款虽然能够在一定程度上扩大 PIIA 对跨境并购的促进作用,但是效果有限。表 15-4 的列(2)显示,只有在协定涵盖拒绝授惠条款时,PIIA 才能够显著促进跨境并购,说明拒绝授惠条款提升了 PIIA 对跨境并购的促进作用。这一结论与本章预期相反,其中的原因可能在于,PIIA 在要求缔约方必须作出实质性让步的同时,为了防止协定的滥用设置了拒绝授惠条款。诸如《全面与进步跨太平洋伙伴关系协定》《日本—欧盟经济伙伴关系协定》《美国—墨西哥—加拿大协定》等高标准国际投资协定均涵盖拒绝授惠条款也印证了这一可能。本章结论表明,为了防止跨国投资者"择约适用"行为而设置的拒绝授惠条款不会抑制 PIIA 对跨境并购的促进作用。

表 15-4　准入前国民待遇条款与其他协定条款的协同作用

控制变量	（1） Umb	（2） Umb	（3） DoB	（4） DoB
IIA	-0.215 (-1.23)	-0.222 (-1.18)	-0.226 (-1.30)	-0.131 (-0.63)
IIA#MA	0.453** (2.86)	0.455** (2.86)	0.112 (0.14)	-0.002 (-0.00)
IIA#MA#O	0.691*** (3.47)	0.688*** (3.42)	0.536*** (3.93)	0.611*** (4.12)
IIA#O		0.041 (0.13)		-0.278 (-1.10)
N	31757	31757	31757	31757
adj.R-sq	0.506	0.506	0.506	0.506

注:括号内的数值为 t 统计量,基于以母国—东道国国家对为聚类因子的聚类标准误差计算;*、**和***
　　分别表示 10%、5%和 1%的显著性水平;所有回归均加入了控制变量集、母国东道国双边固定效应、母
　　国年份虚拟变量、东道国年份虚拟变量。

作为稳健性检验,本章在表 15-4 的列(1)和列(2)的基础上分别加入国际
投资协定与保护伞条款的交互项和国际投资协定与拒绝授惠条款的交互项,表
15-4 的列(3)和列(4)显示,所得结果与基准结果一致。

三、 准入前国民待遇和最惠国待遇的溢出效应

根据最惠国待遇的规定,在甲国和乙国签署涵盖准入前国民待遇的国际投
资协定的情况下,第三国只要和甲国签署涵盖最惠国待遇的国际投资协定,无论
该协定是否涵盖准入前国民待遇,第三国的投资者都可以借由本国和甲国的最
惠国待遇以及甲乙两国的准入前国民待遇在甲国享受准入前国民待遇。也就是
说,准入前国民待遇条款的效果可以通过最惠国待遇条款进行扩散,产生溢出效
应。本章采用如下估计方程验证这一假说:

$$\bar{m}_{ijt}^v = \alpha + \beta_1 B_{ijt} + \beta_2 B_{ijt} N_{ijt}^{mfn} + \beta_3 B_{ijt} N_{ijt}^{mfn} N_{jt}^p + z_{ijt}\gamma + \eta_{ij} + \eta_{it} + \eta_{jt} + \varepsilon_{ijt}$$

$$(15-8)$$

式(15-8)中,如果东道国(j 国)和其他国家签署了涵盖准入前国民待遇条
款的国际投资协定,则 $N_{jt}^p = 1$,否则 $N_{jt}^p = 0$; β_3 体现了准入前国民待遇条款通过
最惠国待遇条款对跨境并购产生的溢出效应。

本章使用未签署 PIIA 的样本,考察东道国和其他国家所签署的 PIIA 通过最惠国待遇条款产生的溢出效应。表 15-5 的列(1)只考虑东道国和其他国家签署 PIIA 的情况,列(2)进一步考虑东道国和其他国家签署同时涵盖拒绝授惠条款和准入前国民待遇条款的情况,以上结果表明 PIIA 对跨境并购的促进效应不会通过最惠国待遇条款向第三国扩散。

表 15-5 最惠国待遇和准入前国民待遇条款的溢出效应

控制变量	(1)	(2)
IIA	0.047 (0.09)	0.047 (0.09)
IIA#MFN	−0.206 (−0.34)	−0.206 (−0.34)
IIA#MFN#MA_o	−0.100 (−0.38)	
IIA#MFN#MA_o1		−0.184 (−0.57)
IIA#MFN#MA_o2		−0.086 (−0.33)
N	24784	24784
adj.R-sq	0.478	0.478

注:标准"MA_o"表示东道国是否和其他国家签署涵盖准入前国民待遇的协定,"MA_o1"表示东道国是否和其他国家签署涵盖准入前国民待遇但无拒绝授惠条款的协定,"MA_o2"表示东道国是否和其他国家签署涵盖准入前国民待遇且有拒绝授惠条款的协定;括号内的数值为 t 统计量,基于以母国—东道国国家对为聚类因子的聚类标准误差计算;*、** 和 *** 分别表示估计值在 10%、5% 和 1% 的置信水平下显著;所有回归均加入了控制变量集、母国东道国双边固定效应、母国年份虚拟变量、东道国年份虚拟变量。

高标准国际投资协定是否对引进外资和对外投资存在促进作用,关系到中国是否有必要升级已签署的投资协定或者签署新的高标准投资协定等重要问题。本章旨在利用国家层面数据评估国际投资协定对跨境并购的影响,明确高标准国际投资协定对中国引进外资和对外投资是否具有促进作用。

本章研究发现,国际投资协定整体上并不会促进跨境并购,但是涵盖准入前国民待遇条款的国际投资协定能够显著促进跨境并购,并且其他条款

(例如资金转移、公平公正待遇、保护伞条款、最惠国待遇和投资者国家争端解决机制等)均无法达到准入前国民待遇条款的作用。值得注意的是,准入前国民待遇条款与拒绝授惠条款具有协同效应,与最惠国待遇条款不存在溢出效应。

第十六章 中国参与国际投资体制的
历程和战略选择

本章先梳理中国参与国际投资体制的历程,总结其中的问题,探讨相应的对策;然后以国际投资体制的重点问题为基础,对中国应当采取的战略选择提出了一些建议。

第一节 中国参与国际投资体制的历程

中国对国际投资体制的参与由三个方面构成。第一,作为世界贸易组织成员签署的相关协议,包括《与贸易有关的投资措施协议》《与贸易有关的知识产权协定》《服务贸易总协定》和《补贴与反补贴措施协议》;第二,与26个国家或地区签署的19个自由贸易协定中的相关协议;第三,与130个国家或地区签署的145个双边投资协定。

以比重最大的双边投资协定为例,可以发现中国参与国际投资体制的历程大致分为以下三个阶段。

第一,改革开放初期(1979—1991年)。此阶段的双边投资协定主要以中国作为资本输入国,注重保护中国作为东道国的权益,注重避免外资可能带来的国家安全风险,同时承诺给予外资公正公平待遇和最惠国待遇,但限定投资者只能将与征收补偿款额有关的争议提交国际仲裁庭解决。

第二,社会主义市场经济体制改革目标确立后(1992—2000年)。此阶段的双边投资协定承诺给予外资国民待遇和更多的投资保护,允许投资者将所有与东道国之间的投资纠纷提交国际仲裁庭解决。

第三,加入世界贸易组织后(2001年及之后)。为了进一步引进外资并保护对外投资,此阶段的双边投资协定逐步接受更高标准的内容,包括采取国际投资保护措施、制定最低待遇标准、放宽资金转移限制、禁止业绩要求、全面接受国际仲裁等。

在深化改革、扩大开放的过程中,中国虽然不断提高所签署的投资协议的数量和标准,但对国际投资体制的参与仍然无法满足引进外资和对外投资的需求,其中主要存在着以下三个问题。

第一,区域投资协定和双边投资协定的结构失衡。双边投资协定具有碎片化和复杂性的特点,在深入参与全球价值链的情况下,中国对双边投资协定的过分依赖将增加价值链运营成本,降低在全球价值链中的竞争力。

第二,准入后国民待遇和正面清单管理的模式落后。签订于 2001 年之前的双边投资协定占总数的 70%,这些协定对待国际投资体制的态度相对保守,开放的标准整体偏低,所遗留的准入后国民待遇和正面清单管理的模式落后于国际投资体制的发展趋势。

第三,协议或协定的文本不精确。在所签署协议或协定的标准整体偏低时,该问题并不突出;但随着后续高标准协议或协定的签署和生效,该问题可能导致协定被滥用,加大了中国面临国际诉讼的风险。比如,中国在改革开放初期所签署的多数投资协定未对最惠国待遇进行限制,即最惠国待遇"不应包括缔约一方依照关税同盟、自由贸易区、经济联盟、避免双重征税协定或为了方便边境贸易而给予第三国投资者的投资的任何优惠待遇",只是笼统规定"缔约任何一方在其境内给予缔约另一方国民和公司就投资财产、收益及与投资有关的业务活动的待遇,不应低于给予第三国国民和公司的待遇"。这意味着在后续高标准协议或协定生效之后,之前低标准协议或协定的缔约方可以凭借模糊的最惠国待遇条款索求高标准的待遇,甚至可以在被拒绝之后通过争端解决机制起诉中国。

为了应对以上种种问题,中国近年来采取了如下举措。

第一,推进综合性经贸合作协定。在中国已经签署的 19 个自由贸易协定中,大多数都涵盖投资协议;尚未涵盖投资协议的自由贸易协定也正在以升级的方式进行补充;正在谈判和正在研究的自由贸易协定中,投资协议往往是最重要的谈判议程之一。推进综合性经贸合作协定为中国参与国际投资体制创造了便利。

第二,接受高标准国际投资规则。早在中美双边投资协定的谈判中,中国就已经涉及准入前国民待遇和负面清单管理的模式。2013 年签署的《中国—瑞士自由贸易协定》首次包含了知识产权的内容。2017 年启动的中韩自由贸易协定第二阶段谈判首次使用了负面清单的方式进行服务贸易和投资谈判。接轨高标准国际投资规则为中国参与国际投资体制打开了局面。

第三,深化外资管理体制改革。2013 年,《中国(上海)自由贸易试验区总体方案》首次提出探索建立外商投资准入负面清单管理模式。2017 年 7 月 28 日,中国外商投资准入负面清单监管体系正式执行。2019 年,全国外资准入负面清单条目已减至 40 条,自贸试验区外资准入负面清单条目已减至 37 条。深化外资管理体制改革为中国参与国际投资体制扫除了障碍。

第二节　中国参与国际投资体制的重点问题

在参与国际投资体制的过程中,中国不可避免地面临着各种规则制定问题。如何妥善地处理这些问题,关系到中国能否更好地参与和利用国际投资体制从而增进国家利益。本章将从投资待遇和政治风险保证的角度进行分析。

一、投资待遇问题

投资待遇包括公平公正待遇、国民待遇和最惠国待遇。

1. 公平公正待遇

公平公正待遇是国际投资条约中最为常见的投资待遇,也是国际投资仲裁中应用最为广泛的投资待遇。

目前,中国在各种国际投资协定中对公平公正待遇的规定方式主要有以下五种:第一,笼统的公平公正待遇。中国早期签订的双边投资协定大多采用此种方式。第二,以国内待遇为依据的公平公正待遇。中国签订的双边投资协定中近半数采用此种方式,例如,1999 年《中国—巴林双边投资协定》第三条规定:"缔约任何一方的投资者在缔约另一方的领土内的投资和与投资有关的活动应享受平等待遇并受到保护"。第三,以国际法原则为依据的公平公正待遇。例如,2012 年《中国—日本—韩国投资协定》第五条规定:"'公平公正待遇'与'充分保护及保障'的概念不要求在依据公认的国际法规则给予的任何合理及适当标准的待遇之外的待遇"。第四,以习惯国际法最低待遇标准为依据的公平公正待遇。例如,2008 年《中国—墨西哥双边投资协定》第五条规定:"一、任一缔约方应根据国际法给予缔约另一方投资者的投资包括公平和公正待遇以及完全的保护和安全的待遇。二、本条规定将给予外国人的国际法最低待遇标准作为给予缔约另一方投资者的最低待遇标准。公平和公正待遇以及完全保护和安全不要求给予由国家实践和法律确信所确立之国际法要求给予外国人的最低待遇标准之外或额外的待遇。违反本协定的其他条款或其他国际协定的条款,不构成对本条的违反"。第五,精细界定的公平公正待遇。例如,2017 年《中国香港和东盟投资协定》第五条规定:"一、缔约一方应确保给予另一方投资者及其涵盖投资公正与公平待遇,并提供充分保护与安全。(a)公平公正待遇要求缔约双方依照正当法律程序,在任何法律和行政程序中不得拒绝司法……"。

可见,中国对公平公正待遇缺乏统一的认识。公平公正待遇表述不一,除了国际条约实践的影响,更多的原因是中国过多地遵循缔约他方的表述习惯或满足缔约他方的利益诉求。例如,由于日本与其他国家所签订的双边投资协定中未规定公平公正待遇条款,1988 年《中国—日本双边投资协定》中也就未规定该条款;2008 年《中国—墨西哥双边投资协定》中的公平公正待遇条款也几乎照搬了《北美自由贸易协定》的表述。

然而,公平公正待遇的宽泛含义增加了该待遇被滥用的可能,增加了中国被国际投资者索赔的风险。作为世界上第一大资本输入国和第二大资本输出国,中国在签订国际投资协定时应当慎重考虑公平公正待遇条款的设置,既要起到保护作用,又不能陷入被动地位。对此,中国可以采用明确义务内容与责任门槛相结合的方式,精细界定公平公正待遇,使该待遇的解释具有更大的明确性和可预测性,满足中国吸引外资和对外投资的现实需要。

2. 国民待遇

不同于公平公正待遇,国民待遇以东道国国民所享有的待遇为参照对象,是一种相对待遇标准。国民待遇有利于消除对外国投资者的歧视,促进外国直接投资,但同时可能侵犯东道国的国家主权,因此难以充分实现。[1] 具体来说,国

---

[1]　盛斌、纪然:《国际投资协议中国民待遇原则与清单管理模式的比较研究及对中国的启示》,《国际商务研究》2015 年第 1 期。

民待遇要求东道国给予外国投资者的待遇不低于同等情况下给予本国投资者的待遇,这意味着削弱东道国管理经济的能力,进而可能影响东道国管控社会的能力(因为外国公司可能影响东道国的居民权利甚至国家安全)。国民待遇是一把"双刃剑",没有任何一个国家承诺毫无保留的国民待遇。

国民待遇在中国的发展大致经历了三个阶段——从拒绝给予外商投资国民待遇,到逐步给予外商投资有限的准入后国民待遇,再到准入后国民待遇和有限的准入前国民待遇相结合。[①] 目前,中国在各种国际投资协定中对国民待遇的规定方式主要有以下三种:第一,缔约一方应"尽可能"给予缔约另一方投资者国民待遇;在此种方式下东道国不需要承担给予对方投资者国民待遇的强制义务,例如,1986 年《中国—英国双边投资协定》的第三条。第二,简单规定缔约一方应给予缔约另一方投资者不低于其给予本国投资者的待遇,并且不进行任何限制;在此种方式下东道国需要承担给予对方投资者完全国民待遇的义务,中国签订的国际投资协定大多采用此种方式。第三,基本上与第二种类似,但附加"不损害其法律法规的前提";此种方式保护了国家经济主权,反映了对国民待遇的谨慎态度,常见于 2000 年之后签订的国际投资协定。

随着市场经济体制的基本确立和总体经济实力的极大增强,中国总体上已经具备了给予国民待遇的条件。[②] 但是,在签订国际投资协定时中国应当保留足够的政策空间,维护中国作为东道国的合理规制权,降低中国被诉至国际投资争端解决机构的风险。中国应当通过明确国民待遇的例外、限定准入前国民待遇的适用范围等方式,力求在吸引外资和维护外资规制权之间寻求合理的平衡。

3. 最惠国待遇

最惠国待遇将诸多分散缔结的国际投资协定连接起来,以确保根据某一投资协定提供的待遇不低于相同缔约方在相同领域内根据其他投资协定所提供的待遇。[③]

目前,中国在大多数的国际投资协定中对最惠国待遇的规定都比较详细和明确,不仅有专门的最惠国待遇条款,而且规定了条款的限制和例外,并且逐渐

---

① 张倩雯、王鹏:《双边投资协定国民待遇条款的中国实践:历史经验与未来演进》,《国际商务(对外经济贸易大学学报)》2018 年第 5 期。

② 单文华:《市场经济与外商投资企业的国民待遇研究》,《中国法学》1994 年第 5 期。

③ 徐崇利:《从实体到程序:最惠国待遇适用范围之争》,《法商研究》2007 年第 2 期。

将最惠国待遇的规定扩大到准入前。例如,2008年《中国—新西兰自由贸易协定》第139条规定,各方在准入、扩大、管理、经营、运营、维护和适用、收益或处置方面,应当给予另一方投资者、投资者的投资及与投资相关的活动,不低于其在同等条件下给予任何第三国投资者的投资及相关活动的待遇;对该协定生效之日前签署或生效的自由贸易协定或多边国际协定,双方有权保留采取或维持任何措施,给予相关协定成员第三国差别待遇的权利,以及为实现更广泛经济一体化或进一步贸易自由化而采取的任何措施;特别指出在渔业和海事两方面给予第三国差别待遇的权利。除此之外,《中国—澳大利亚自由贸易协定》《中国—韩国自由贸易协定》和《中国—日本—韩国投资协定》中的最惠国待遇条款都采用了相类似的规定方式。

总体上,中国对最惠国待遇条款的表述和适用持有较为谨慎的态度,对最惠国待遇条款的影响也进行了深入的研究和评估,同时注意到并积极回应了近年来在国际仲裁案件中出现的新问题。这些做法改善了改革开放以来中国在国际投资领域的被动地位,有利于最惠国待遇在吸引外资和对外投资方面发挥应有的作用。

二、 政治风险保证问题

政治风险保证包括征收风险保证、资本转移风险保证。

1. 征收风险保证

东道国以其公共利益为由所实施的征收行为会剥夺或限制外国投资者的财产所有权,给外国投资者造成财产损失。征收风险保证条款的存在不仅具有形式意义,而且具有现实意义,能够成为外国投资者有效应对东道国征收风险的有力工具。征收风险保证条款通常包括:不实行征收的承诺条款、征收的合法要件条款、征收的补偿条款以及征收的附件或附录等,其中,间接征收问题和征收补偿问题一直是国际投资领域的核心问题。

在中国所签署的国际投资协定中,间接征收的定义条款、认定条款和例外条款均存在一定程度的模糊和混乱,不利于中国在间接征收频发的国际环境中进行风险防范。

对间接征收定义条款,有必要明确区分直接征收和间接征收。借鉴总结已有的实践,可以将间接征收定义为:"缔约一方采取的一项或一系列措施,虽未实施正式的所有权转移或完全没收,但效果等同于直接征收,即使投资者的投资陷于实质上无法产生收益或不能产生回报之境地。"

对间接征收认定条款,有必要明确影响要素的内容和含义。借鉴总结已有的实践,可以将认定规则完善为:"关于缔约一方的一项或一系列措施在具体的事实情况下是否构成间接征收的认定,需以事实为依据进行个案调查,调查应考虑以下因素及其他因素:第一,该措施或系列措施的经济影响,这种影响应该达到实质性剥夺投资的根本性权利的程度,尽管仅凭该措施或系列措施对投资经济价值具有不良影响的事实本身并不能证明间接征收已经发生;第二,该措施或系列措施对投资的确定合理预期的干扰程度,这种投资期待是基于缔约一方的法律框架和缔约一方对另一方投资者的具体承诺产生的,这种干预应当达到使投资期待落空的程度;第三,政府措施的持续时间;第四,该措施或系列措施的特征和目的,包括该措施的手段与目的是否成比例。"

对间接征收例外条款,有必要详细解释和界定哪些管制措施可以从间接征收行为中排除。此外,间接征收例外并不意味着国家应当被赋予随意损害投资的自由并将这种措施冠以"公共利益"头衔,为了防止滥用间接征收例外,必须对间接征收例外的情形予以适当的限制,建议将严重偏离比例原则明确写入极少数例外情况。

在中国所签署的国际投资协定中,征收补偿的数额和评估方法存在表述不一的问题。

关于征收补偿的数额,中国所签署的国际投资协定中存在"补偿应相当于征收前一刻投资的价值""适当价值""真正价值""实际价值""市场价值"等表述。2000 年之后出现了"公平市场价值"的表述,但这一表述并不代表中国已经完全接受了"赫尔规则",因为"赫尔规则"下的"公平市场价值"要求给予投资者"充分补偿",这与中国一贯坚持的"适当补偿"标准不符。中国应当在坚持"适当补偿"标准的同时,务实灵活地运用"公平市场价值"。因为征收补偿标准之争虽然关系到征收补偿数额的多少,然而起决定性作用的是征收补偿评估方法的区别。

关于征收补偿的评估方法,中国所签署的国际投资协定中鲜有提及,部分协定规定"根据普遍承认的估价原则"进行计算,但是国际上并不存在普遍承认的估价原则,各国往往选择最能实现其自身利益的方法评估公平市场价值。中国应当坚持以"账面价值"方法作为基本的评估方法,同时积极应对现金流量折现法的挑战。"账面价值"方法契合中国一贯坚持的"适当补偿"标准,所得出的补偿数额具有确定性且不会畸高。而适用于持续经营企业的现金流量折现法,将预期利润计算在内,对企业无形资产的未来价值进行评估,具有很大的臆测性,给东道国造成极大的财政负担。因此中国基于保护自身利益的需要,必须要积极应对仲裁庭将被征收企业认定为持续经营企业而运用现金流量折现法评估补偿额的巨大风险,以赢得在征收补偿博弈中的主动性。

2. 资本转移风险保证

资本转移风险保证条款用以保证境外投资者的原本利润和其他合法收益等可以自由兑换成外币,自由转移至投资者本国。

一方面,资本是否能够自由转移是投资者进行投资决策时所必须考虑的重要因素,尽管降低投资门槛将刺激投资者的投资愿望,但投资者最终决定是否投资还取决于日后能否顺利撤出投资,只有在"进得去,出得来"的前提下,投资者才敢于投资。[1] 如果东道国采取各种限制措施阻止投资者与投资有关的款项进行自由转移,极可能导致投资失败,严重损害投资者利益。另一方面,东道国有权对其货币和外汇储备进行管理,且货币的突然短期流入及流出可能导致一国金融市场动荡。[2] 因此基于平衡东道国利益的考虑,资本转移条款需要施加适当的限制。由此看出,资本转移风险保证条款同征收风险保证条款一样,需要妥善处理投资者和东道国的利益平衡问题,使其既能有效保障投资者资本转移自由又能维护东道国金融秩序的稳定。综合国际投资协定来看,资本转移风险保证条款的核心不外乎两个方面:其一是东道国对投资者资本转移自由的承诺;其二是资本转移自由的例外规定。

中国在资本转移风险保证问题上的实践是一个从限制到逐步开放的过程。[3] 在资本自由转移方面,中国应当持有更加谨慎的态度。中国国内法对投资资本流入存在诸多限制,投资转移尚不能达到完全自由的程度,如果国内法和

---

① 梁咏:《中国投资者海外投资法律保障与风险防范》,法律出版社 2010 年版,第 253 页。

② [德]鲁道夫·多尔查、[奥]克里斯托弗·朔伊尔编:《国际投资法原则》,祁欢、施进译,中国政法大学出版社 2014 年版,第 121 页。

③ 王朝恩、钱晓萍:《双边投资条约投资转移条款比较及中国的对策》,《亚太经济》2014 年第 4 期。

国际法之间存在较大差异,那么可能会导致中国违反条约义务。在资本转移限制方面,虽然列明资本转移的限制事项是国际投资协定的发展趋势,有利于增强投资者对资本转移限制问题的可预见性,但是中国应当保留"遵守东道国法律法规"的限制以避免穷尽式列举方式的滞后性和不完善性,同时满足中国预防投资风险的需要。"遵守东道国法律法规"要求资本转移必须遵守东道国国内法(诸如外汇监管、纳税方面的法律规定),意味着并非将限制转移局限在所列举的事项之中,如果投资方违反了转移的最基本的总体规定,那么依然可以采取限制转移的措施,这是对东道国最基本的司法主权和核心权益尊重的体现,也是需要明确的资本转移自由的前提性要求。与此同时,中国应当科学合理地设置"临时背离措施"条款。虽然该条款有一定的模糊性,在国际收支失衡的判断上很容易产生矛盾,但是规定"临时背离"措施确为双边投资协定中资本转移条款的发展趋势。

第三节 中国参与国际投资体制的战略选择

理论研究和实证分析均已表明,高标准的国际投资规则不仅代表了发达国家的利益,也在很大程度上响应了世界各国对经济全球化和贸易投资自由化的诉求。接受高标准的国际投资规则,不仅有助于中国吸引外资、提升外资的规模和质量,而且有利于中国对外投资、参与全球价值链。构建引进外资与对外投资两大开放战略的协调机制,中国应当以国际投资体制的发展趋势和自身的发展阶段为依据,实事求是地进行战略选择。

一、 支持国际投资体制改革

大量的双边投资协定导致国际投资体制具有严重的碎片化特点;各个协定之间存在的重复、冲突、疏漏等问题同时增加了国际投资体制的复杂性。随着全球经济一体化的发展和全球价值链分工的深入,建立一套统一的、全面的、具有约束力的多边投资规则日益成为世界各国的共同需求。

然而,多边投资规则涉及利益广、触及矛盾多,达成共识的难度很大。经济合作与发展组织的《多边投资协定》和世界贸易组织的《多边投资框架》皆因各国在众多实质性问题上存在严重分歧而先后搁浅。

虽然较大范围的多边投资协定在短期内难以落实,但是中国仍然应当给予重视、加强研究,并通过多边机制和国际平台支持国际投资体制改革,推动形成稳定、透明、开放和可预测的国际投资环境。

二、 推进双边投资协定更新

2013 年以来,中国在参与国际投资体制方面的突破之一是在全国范围内实施准入前国民待遇和负面清单管理的模式。但是,充分发挥该模式作用的前提是将其纳入国际投资协定的条款,使其摆脱国内法规条例的制约。这就要求中国尽快更新早期签订的众多低标准的双边投资协定。其中有以下两方面原因。

第一,准入前国民待遇和负面清单管理的模式如果不被纳入国际投资协定的条款,就无法对"走出去"形成直接的促进作用。对尚未赋予外资准入前国民待遇的东道国,中国企业不会因中国的政策而对等地享有该权益;对已经赋予外资准入前国民待遇的东道国,中国企业对该权益的享有完全依赖于东道国法律,一旦权益受到侵犯,中国企业和中国政府都无从援引有效的国际法进行法律申诉。此类情况削弱了准入前国民待遇和负面清单管理模式对"走出去"的促进作用。

第二,准入前国民待遇和负面清单管理的模式如果无法摆脱国内法规条例的制约,就无法对"引进来"发挥完善的保护作用。外商投资于负面清单之外的特定领域,可能仍然需要满足某些法规条例所要求的额外条件,导致法理上开放的领域在实操中被限制甚至被禁止。比如,在演出经纪领域,2019 年版的《负面清单》已经取消了对外资的股比限制,但是最新修订的《营业性演出管理条例实施细则》仍然保留了对外资的特殊规定。类似冲突削弱了准入前国民待遇和负面清单管理模式对"引进来"的保护作用。

三、 展示知识产权合作决心

知识产权是中美经贸摩擦的核心,同时是中欧经贸谈判的关键,事实上也是继市场准入之后中国融入高标准国际投资体制的主要障碍。随着技术创新竞争实力的大幅提高和知识产权法律体系的逐渐完善,吸引外资企业在中国市场开展技术活动和保护中国企业在国际市场进行技术交流日益成为中国最为迫切的需求,在知识产权合作议题上的长期保守态度已经无法满足中国当前的发展需要。

以吸引外国先进技术、保护本国创新产出为目标,中国应当向国际社会表达积极开展知识产权合作的决心。具体方式包括:第一,在国际投资协定中涵盖更高标准的知识产权条款;第二,在非约束性国际合作平台中尝试更高水平的知识产权合作;第三,以数字经济为抓手推进知识产权合作的实质性工作。

四、 打造国际经贸合作标杆

2020 年 11 月 15 日,中国与东盟十国及日本、韩国、澳大利亚、新西兰签署了《区域全面经济伙伴关系协定》,标志着全球最大的自由贸易区成功启动。《区域全面经济伙伴关系协定》现有 15 个成员的总人口、经济体量、贸易总额均占全球总量的 1/3,这将有力支持自由贸易和多边贸易体制,稳定区域产业链供应链,助推区域和世界经济恢复发展。对中国而言,《区域全面经济伙伴关系协定》的签署是继加入世界贸易组织后又一重大开放成果,有助于对标国际高水平经贸规则,加快制度型开放,推动建设更高水平开放型经济新体制。

《区域全面经济伙伴关系协定》包括 20 个章节,涵盖货物、服务、投资等全面的市场准入承诺,是一份全面、现代、高质量、互惠的自贸协定。货物贸易整体自由化水平达到 90% 以上,服务贸易承诺显著高于原有的“10+1”自贸协定水平,投资采用负面清单模式作出市场开放承诺,规则领域纳入了较高水平的贸易便利化、知识产权、电子商务、竞争政策、政府采购等内容。《区域全面经济伙伴关系协定》还充分考虑了成员间经济规模和发展水平差异,专门设置了中小企业和经济技术合作等章节,以帮助发展中成员、特别是最不发达成员充分共享协定成果。

《区域全面经济伙伴关系协定》投资章节主要包括投资自由化、投资保护、投资促进和投资便利化等四个方面的内容,涵盖公平公正待遇、征收、外汇转移、损失补偿等投资保护条款,以及争端预防和外商投诉的协调解决等投资便利化条款。《区域全面经济伙伴关系协定》投资章节是对多个“10+1”投资协定的全面整合和提升,将为缔约方投资者创造一个更加稳定、开放、透明和便利的投资环境。

在投资章节中,中方投资负面清单反映了中国改革的最新进展,这也是中国首次在自贸协定项下以负面清单形式对投资领域进行承诺,对完善国内准入前国民待遇加负面清单外商投资管理制度,锁定国内压缩外商投资负面清单改革成果,实现扩大外商投资市场准入具有重要意义。

中国目前主要通过世界贸易组织相关协议、自由贸易协定相关协议和双边投资协定等三种形式参与国际投资体制,面临着区域投资协定和双边投资协定结构失衡、准入后国民待遇和正面清单管理模式落后以及协议或协定文本不精确等问题。为了解决以上问题,中国需要进一步推进综合性经贸合作协定、接受高标准国际投资规则以及深化外资管理体制改革。

立足于国际投资体制的发展趋势和自身的发展阶段,构建引进外资与对外投资两大开放战略的协调机制,中国应当采取的战略选择包括:支持国际投资体制改革、推进双边投资协定更新、展示知识产权合作决心以及打造国际经贸合作标杆。

参 考 文 献

1. [澳]沃尔特·古德:《贸易政策术语词典》,张伟华等译,上海人民出版社 2013 年版。

2. [德]鲁道夫·多尔查、[奥]克里斯托弗·朔伊尔:《国际投资法原则》,祁欢、施进译,中国政法大学出版社 2014 年版。

3. 白光裕、庄芮:《全球价值链与国际投资关系研究——中国的视角》,《国际贸易》2015 年第 6 期。

4. 包群、叶宁华、王艳灵:《外资竞争、产业关联与中国本土企业的市场存活》,《经济研究》2015 年第 7 期。

5. 常玉春:《我国对外直接投资的逆向技术外溢——以国有大型企业为例的实证》,《经济管理》2011 年第 1 期。

6. 陈安:《国际投资法学》,北京大学出版社 1999 年版。

7. 陈菲琼、钟芳芳、陈珧:《中国对外直接投资与技术创新研究》,《浙江大学学报(人文社会科学版)》2013 年第 4 期。

8. 陈丰龙、徐康宁:《经济转型是否促进 FDI 技术溢出:来自 23 个国家的证据》,《世界经济》2014 年第 3 期。

9. 陈琳、林珏:《外商直接投资对中国制造业企业的溢出效应:基于企业所有制结构的视角》,《管理世界》2009 年第 9 期。

10. 陈涛涛、陈晓:《吸引外资对对外投资能力影响的机制研究——以中国汽车产业的发展为例》,《国际经济合作》2014 年第 8 期。

11. 陈涛涛、潘文卿、陈晓:《吸引外资对对外投资能力的影响研究》,《国际经济合作》2011 年第 5 期。

12. 戴翔:《中国制造业国际竞争力——基于贸易附加值的测算》,《中国工业经济》2015 年第 1 期。

13. 单文华:《市场经济与外商投资企业的国民待遇研究》,《中国法学》1994 年第 5 期。

14. 杜威剑、李梦洁：《外资进入、外资并购与企业的研发创新——基于微观层面的实证研究》，《世界经济研究》2016年第6期。

15. 段文奇、刘宝全、季建华：《国际贸易网络拓扑结构的演化》，《系统工程理论与实践》2008年第10期。

16. 樊纲、王小鲁、朱恒鹏：《中国市场化指数：各地区市场化相对进程2009年报告》，经济科学出版社2010年版。

17. 樊正兰、张宝明：《负面清单的国际比较及实证研究》，《上海经济研究》2014年第12期。

18. 范黎波、马聪聪、周英超：《中国企业跨国并购学习效应的实证研究——经验学习和替代学习的视角》，《财贸经济》2016年第10期。

19. 葛顺奇、罗伟：《跨国公司进入与中国制造业产业结构——基于全球价值链视角的研究》，《经济研究》2015年第11期。

20. 葛顺奇、罗伟：《中国制造业企业对外直接投资和母公司竞争优势》，《管理世界》2013年第6期。

21. 龚柏华：《"法无禁止即可为"的法理与上海自贸区"负面清单"模式》，《东方法学》1999年第6期。

22. 古祖雪：《现代国际法的多样化、碎片化与有序化》，《法学研究》2007年第1期。

23. 韩冰：《准入前国民待遇与负面清单模式：中美BIT对中国外资管理体制的影响》，《国际经济评论》2014年第6期。

24. 韩剑：《垂直型和水平型对外直接投资的生产率门槛——基于中国企业层面微观数据的研究》，《中国经济问题》2015年第3期。

25. 郝红梅：《负面清单管理模式的国际经验比较与发展趋势》，《对外经贸实务》2016年第2期。

26. 胡平、刘志华、王炳清：《贸易网络综合演化模型的研究》，《复杂系统与复杂性科学》2012年第9期。

27. 黄枫、吴纯杰：《市场势力测度与影响因素分析——基于我国化学药品制造业研究》，《经济学（季刊）》2013年第2期。

28. 黄洁：《美国双边投资新规则及其对中国的启示——以2012年BIT范本为视角》，《环球法律评论》2013年第4期。

29. 黄玖立、冼国明：《金融发展、FDI与中国地区的制造业出口》，《管理世界》2010年第7期。

30. 江小涓：《中国出口增长与结构变化：外商投资企业的贡献》，《南开经济研究》2002年第2期。

31. 蒋殿春、张宇:《经济转型与外商直接投资技术溢出效应》,《经济研究》2008 年第 7 期。

32. 蒋冠宏、蒋殿春、蒋昕桐:《我国技术研发型外向 FDI 的"生产率效应"——来自工业企业的证据》,《管理世界》2013 年第 9 期。

33. 蒋冠宏、蒋殿春:《中国工业企业对外直接投资与企业生产率进步》,《世界经济》2014 年第 9 期。

34. 蒋冠宏、蒋殿春:《中国企业对外直接投资的"出口效应"》,《经济研究》2014 年第 5 期。

35. 金碚、李鹏飞、廖建辉:《中国产业国际竞争力现状及演变趋势——基于出口商品的分析》,《中国工业经济》2013 年第 5 期。

36. 李钢、刘吉超:《入世十年中国产业国际竞争力的实证分析》,《财贸经济》2012 年第 8 期。

37. 李钢:《国际对外投资政策与实践》,中国商务出版社 2003 年版。

38. 李科珍:《我国外资准入制度的现状、问题及其重构》,《北方法学》2011 年第 1 期。

39. 李坤望、蒋为、宋立刚:《中国出口产品品质变动之谜:基于市场进入的微观解释》,《中国社会科学》2014 年第 3 期。

40. 李磊、白道欢、冼国明:《对外直接投资如何影响了母国就业? ——基于中国微观企业数据的研究》,《经济研究》2016 年第 8 期。

41. 李庆灵:《刍议 IIA 中的外资国民待遇义务承担方式之选择》,《国际经贸探索》2013 年第 3 期。

42. 李文贵、余明桂:《民营化企业的股权结构与企业创新》,《管理世界》2015 年第 4 期。

43. 梁开银、卢荆享:《论中国海外投资监管立法的完善》,《河北法学》1999 年第 4 期。

44. 梁开银:《论海外投资保险代位权及其实现——兼论我国海外投资保险立法模式之选择》,《法商研究》2006 年第 3 期。

45. 梁咏:《中国投资者海外投资法律保障与风险防范》,法律出版社 2010 年版。

46. 刘斌、王杰、魏倩:《对外直接投资与价值链参与:分工地位与升级模式》,《数量经济技术经济研究》2015 年第 12 期。

47. 刘美丽:《中国海外并购技术整合风险案例研究》,浙江大学 2003 年硕士学位论文。

48. 刘啟仁、黄建忠:《异质出口倾向、学习效应与低加成率陷阱》,《经济研究》2015

年第 12 期。

49. 刘笋：《国际法的人本化趋势与国际投资法的革新》，《法学研究》2011 年第 4 期。

50. 刘修岩、易博杰、邵军：《示范还是挤出？FDI 对中国本土制造业企业出口溢出的实证研究》，《世界经济文汇》2011 年第 5 期。

51. 刘远志：《促进海外投资的外汇管理制度研究》，《甘肃政法学院学报》2014 年第 2 期。

52. 龙小宁、王俊：《中国专利激增的动因及其质量效应》，《世界经济》2015 年第 6 期。

53. 鲁万波、常永瑞、王叶涛：《中国对外直接投资、研发技术溢出与技术进步》，《科研管理》2015 年第 3 期。

54. 鲁晓东、连玉君：《中国工业企业全要素生产率估计：1999—2007》，《经济学（季刊）》2012 年第 11 期。

55. 陆铭、陈钊：《分割市场的经济增长——为什么经济开放可能加剧地方保护？》，《经济研究》2009 年第 3 期。

56. 路江涌：《外商直接投资对内资企业效率的影响和渠道》，《经济研究》2008 年第 6 期。

57. 罗长远、陈琳：《FDI 是否能够缓解中国企业的融资约束》，《世界经济》2011 年第 4 期。

58. 马述忠、任婉婉、吴国杰：《一国农产品贸易网络特征及其对全球价值链分工的影响——基于社会网络分析视角》，《管理世界》2016 年第 3 期。

59. 毛其淋、许家云：《中国对外直接投资如何影响了企业加成率：事实与机制》，《世界经济》2016 年第 6 期。

60. 毛其淋、许家云：《中国企业对外直接投资是否促进了企业创新》，《世界经济》2014 年第 8 期。

61. 明秀南、阎虹戎、冼国明：《对外直接投资对企业创新的影响分析》，《南方经济》2019 年第 8 期。

62. 潘文卿、陈晓、陈涛涛、顾凌骏：《吸引外资影响对外投资吗？——基于全球层面数据的研究》，《经济学报》2015 年第 3 期。

63. 裴长洪、彭磊、郑文：《转变外贸发展方式的经验与理论分析——中国应对国际金融危机冲击的一种总结》，《中国社会科学》2011 年第 1 期。

64. 裴长洪、郑文：《中国开放型经济新体制的基本目标和主要特征》，《经济学动态》2014 年第 4 期。

65. 秦凤华：《加快实施企业投资项目核准制和备案制——访国家发改委投资司司长

杨庆蔚》,《中国投资》2004 年第 10 期。

66. 任曙明、张静:《补贴、寻租成本与加成率——基于中国装备制造企业的实证研究》,《管理世界》2013 年第 10 期。

67. 商舒:《中国(上海)自由贸易试验区外资准入的负面清单》,《法学》2014 年第 1 期。

68. 申海平:《菲律宾外国投资"负面清单"发展之启示》,《法学》2014 年第 9 期。

69. 盛斌、纪然:《国际投资协议中国民待遇原则与清单管理模式的比较研究及对中国的启示》,《国际商务研究》2015 年第 1 期。

70. 盛丹、王永进:《中国企业低价出口之谜——基于企业加成率的视角》,《管理世界》2012 年第 5 期。

71. 盛丹:《国有企业改制、竞争程度与社会福利——基于企业成本加成率的考察》,《经济学(季刊)》2013 年第 4 期。

72. 盛丹:《外资进入是否提高了劳动者的讨价还价能力》,《世界经济》2013 年第 10 期。

73. 史晓丽、祁欢:《国际投资法》,中国政法大学出版社 2009 年版。

74. 苏莉、冼国明:《中国企业跨国并购促进生产率进步了吗?》,《中国经济问题》2017 年第 1 期。

75. 孙辉煌、韩振国:《不完全竞争、R&D 投入与成本加成变动——基于中国工业行业的实证研究》,《科学学研究》2010 年第 7 期。

76. 孙南翔:《美国经贸单边主义:形式、动因与法律应对》,《环球法律评论》2019 年第 1 期。

77. 孙英哲:《国际投资协定规则发展趋势研究——以 CETA 投资章节为视角》,《经济问题》2008 年第 4 期。

78. 陶立峰:《对标国际最高标准的自贸区负面清单实现路径——兼评 2018 年版自贸区负面清单的改进》,《法学论坛》2018 年第 5 期。

79. 田巍、余淼杰:《企业生产率和企业"走出去"对外直接投资:基于企业层面数据的实证研究》,《经济学(季刊)》2012 年第 11 期。

80. 田巍、余淼杰:《中间品贸易自由化和企业研发:基于中国数据的经验分析》,《世界经济》2014 年第 6 期。

81. 王碧珺、谭语嫣、余淼杰、黄益平:《融资约束是否抑制了中国民营企业对外直接投资》,《世界经济》2015 年第 12 期。

82. 王朝恩、钱晓萍:《双边投资条约投资转移条款比较及中国的对策》,《亚太经济》2014 年第 4 期。

83. 王朝恩、王璐:《国际投资法前沿问题与中国投资条约的完善——"中国与 ICSID"

国际投资法与仲裁高级研讨会综述》,《西安交通大学学报(社会科学版)》2013 年第 3 期。

84. 王传丽:《国际经济法》,中国政法大学出版社 2012 年版。

85. 王利明:《负面清单管理模式与私法自治》,《中国法学》2014 年第 5 期。

86. 王英、刘思峰:《国际技术外溢渠道的实证研究》,《数量经济技术经济研究》2008 年第 4 期。

87. 王永进、盛丹、李坤望:《中国企业成长中的规模分布——基于大企业的研究》,《中国社会科学》2017 年第 3 期。

88. 王永钦、杜巨澜、王凯:《中国对外直接投资区位选择的决定因素:制度、税负和资源禀赋》,《经济研究》2014 年第 12 期。

89. 王元龙:《关于金融安全的若干理论问题》,《国际金融研究》2004 年第 5 期。

90. 韦倩、王安、王杰:《中国沿海地区的崛起:市场的力量》,《经济研究》2014 年第 8 期。

91. 魏军波、黎峰:《全球价值链分工下的属权出口产品质量——基于增加值的视角》,《世界经济与政治论坛》2017 年第 5 期。

92. 温忠麟、张雷、侯杰泰、刘红云:《中介效应检验程序及其应用》,《心理学报》2004 年第 5 期。

93. 文东伟、冼国明、马静:《FDI、产业结构变迁与中国的出口竞争力》,《管理世界》2009 年第 4 期。

94. 冼国明、严兵:《FDI 对中国创新能力的溢出效应》,《世界经济》2005 年第 10 期。

95. 徐崇利:《从实体到程序:最惠国待遇适用范围之争》,《法商研究》2007 年第 2 期。

96. 徐崇利:《公平与公正待遇标准:国际投资法中的"帝王条款"?》,《现代法学》2008 年第 5 期。

97. 许和连、魏颖绮、赖明勇、王晨刚:《外商直接投资的后向链接溢出效应研究》,《管理世界》2007 年第 4 期。

98. 杨高举、黄先海:《中国会陷入比较优势陷阱吗?》,《管理世界》2014 年第 5 期。

99. 杨红丽、陈钊:《外商直接投资水平溢出的间接机制:基于上游供应商的研究》,《世界经济》2015 年第 3 期。

100. 杨荣珍、贾瑞哲:《欧加 CETA 投资协定负面清单制度及对中国的启示》,《国际经贸探索》2018 年第 12 期。

101. 杨汝岱:《中国制造业企业全要素生产率研究》,《经济研究》2015 年第 2 期。

102. 姚梅镇:《国际投资法》,武汉大学出版社 2011 年版。

103. 姚树洁、冯根福、韦开蕾:《外商直接投资和经济增长的关系研究》,《经济研究》

2006 年第 12 期。

104. 尹志锋、叶静怡、黄阳华、秦雪征:《知识产权保护与企业创新:传导机制及其检验》,《世界经济》2013 年第 12 期。

105. 余劲松、梁丹妮:《公平公正待遇的最新发展动向及我国的对策》,《法学家》2007 年第 6 期。

106. 余劲松:《国际投资法》,法律出版社 2007 年版。

107. 余劲松:《国际投资条约仲裁中投资者与东道国权益保护平衡问题研究》,《中国法学》2011 年第 2 期。

108. 袁东、李霖洁、余淼杰:《外向型对外直接投资与母公司生产率——对母公司特征和子公司进入策略的考察》,《南开经济研究》2015 年第 3 期。

109. 詹晓宁、欧阳永福:《国际投资体制改革及中国的对策》,《国际经济合作》2014 年第 7 期。

110. 张杰、张培丽、黄泰岩:《市场分割推动了中国企业出口吗?》,《经济研究》2010 年第 8 期。

111. 张杰、陈志远、刘元春:《中国出口国内附加值的测算与变化机制》,《经济研究》2013 年第 1 期。

112. 张倩雯、王鹏:《双边投资协定国民待遇条款的中国实践:历史经验与未来演进》,《国际商务(对外经济贸易大学学报)》2018 年第 5 期。

113. 赵伟、古广东、何元庆:《外向 FDI 与中国技术进步:机理分析与尝试性实证》,《管理世界》2006 年第 7 期。

114. 钟昌标、黄远浙、刘伟:《外资进入速度、企业异质性和企业生产率》,《世界经济》2015 年第 7 期。

115. 周大鹏:《中国产业国际竞争力的评估及企业所有制差异的影响研究——基于出口增加值核算方法的分析》,《世界经济研究》2014 年第 9 期。

116. 周茂、陆毅、陈丽丽:《企业生产率与企业对外直接投资进入模式选择——来自中国企业的证据》,《管理世界》2015 年第 11 期。

117. Ackerberg D. A. , K. Caves , G. Frazer , "Identification Properties of Recent Production Function Estimators", *Econometrica* , Vol.83 , No.6 , 2015.

118. Ackerberg D. , C. L. Benkard , S. Berry , et al. , *Econometric Tools for Analyzing Market Outcomes* , Handbook of Econometrics , Amsterdam and Boston : Elsevier , North-Holland , 2007.

119. Aggarwal R. , I. Erel , M. Ferreira , et al. , "Does Governance Travel Around the World? Evidence from Institutional Investors" , *Journal of Financial Economics* , Vol.100 , No.1 , 2011.

120. Aggarwal R. , I. Erel , R. Stulz , et al. , "Differences in Governance Practices Between US

and Foreign Firms:Measurement,Causes,and Consequences",*The Review of Financial Studies*, Vol.22,No.8,2009.

121. Ahn J.,A.K.Khandelwal,S.J.Wei,"The Role of Intermediaries in Facilitating Trade", *Journal of International Economics*,Vol.84,No.1,2011.

122. Ai C.,E.C.Norton,"Interaction Terms in Logit and Probit Models",*Economics Letters*, Vol.80,No.1,2003.

123. Aitken B. J., A. E. Harrison, " Do Domestic Firms Benefit from Direct Foreign Investment? Evidence from Venezuela",*American Economic Review*,Vol.89,No.3,1999.

124. Akerman A.,A.L.Seim,"The Global Arms Trade Network 1950－2007",*Journal of Comparative Economics*,Vol.42,No.3,2014.

125. Amelia Keene, "The Incorporation and Interpretation of WTO－Style Environmental Exceptions in International Investment Agreements", *World Investment & Trade*, Vol. 18, No.1,2017.

126. Amighini A.,S.Gorgoni,"The International Reorganisation of Auto Production",*The World Economy*,Vol.37,No.7,2014.

127. Amiti M., J. Konings, "Trade Liberalization, Intermediate Inputs, and Productivity: Evidence from Indonesia",*American Economic Review*,Vol.97,No.5,2007.

128. Antràs P.,"Incomplete Contracts and the Product Cycle",*American Economic Review*, Vol.95,No.4,2005.

129. Antràs P.,D.Chor,T.Fally,et al.,"Measuring the Upstreamness of Production and Trade Flows",*American Economic Review*,Vol.102,No.3,2012.

130. Antràs P., E. Rossi － Hansberg, " Organizations and Trade ", *Annual Review of Economics*,Vol.1,No.1,2009.

131. Anwar S., S. Sun, "Heterogeneity and Curvilinearity of FDI－related Productivity Spillovers in China's Manufacturing Sector",*Economic Modelling*,Vol.41,2014.

132. Apergis N., "Foreign Direct Investment Inward and Outward:Evidence from Panel Data,Developed and Developing Economies,and Open and Closed Economies",*The American Economist*,Vol.54,No.2,2009.

133. Arnold J.M.,B.S.Javorcik,"Gifted Kids or Pushy Parents? Foreign Direct Investment and Plant Productivity in Indonesia",*Journal of International Economics*,Vol.79,No.1,2009.

134. Ashton B.Inniss,"Rethinking Political Risk Insurance:Incentives for Investor Risk Mitigation",*Southwestern Law School*,No.16,2010.

135. Atalay E.,A.Hortaçsu,C.Syverson,"Vertical Integration and Input Flows",*American*

Economic Review, Vol.104, No.4, 2014.

136. Balassa Bela., "The Purchasing Power Parity Doctrine: A Reappraisal", *Journal of Political Economy*, Vol.72, 1964.

137. Barrios S., Holger Görg, E. A. Strobl, "Spillovers through Backward Linkages from Multinationals: Measurement Matters", *European Economic Review*, Vol.55, No.6, 2011.

138. Barseghyan L., "Entry Costs and Cross – country Differences in Productivity and Output", *Journal of Economic Growth*, Vol.13, No.2, 2008.

139. Bartelsman E., J. Haltiwanger, S. Scarpetta, "Cross – Country Differences in Productivity: the Role of Allocation and Selection", *American Economic Review*, Vol. 103, No.1, 2013.

140. Bas M., V. Strauss – Kahn, "Trade Liberalization and Export Prices: The Case of China", *Working Paper*, 2012.

141. Beck T., "Financial Development and International Trade: Is There a Link?", *Journal of International Economics*, Vol.57, 2002.

142. Bellone F., P. Musso, L. Nesta, et al., "Endogenous Markups, Firm Productivity and International Trade: Testing Some Micro-Level Implications of the Melitz–Ottaviano Model", *Working Paper*, 2008.

143. Bena J., K. Li, "Corporate Innovations and Mergers and Acquisitions", *Journal of Finance*, Vol.69, No.5, 2014.

144. Bender S., N. Bloom, D. Card, et al., "Management Practices, Workforce Selection, and Productivity", *Journal of Labor Economics*, Vol.36, No.S1, 2018.

145. Berger A., "Hesitant Embrace: China's Recent Approach to International Investment Rule-making", *The Journal of World Investment & Trade*, Vol.16, No.5-6, 2015.

146. Bernard A. B., J. Eaton, J. B. Jensen, et al., "Plants and Productivity in International Trade", *American Economic Review*, Vol.93, No.4, 2003.

147. Bertrand M., S. Mullainathan, "Enjoying the Quiet Life? Corporate Governance and Managerial Preferences", *Journal of Political Economy*, Vol.111, No.5, 2003, pp.1043-1075.

148. Bilir K., E. Morales, "Innovation in the Global Firm", *NBER Working Papers*, No.22160, 2016.

149. Bilir L.K., E. Morales, "Innovation in the Global Firm", *Journal of Political Economy*, Vol.128, No.4, 2020.

150. Bin X. U., L. U. Jiangyong, "Foreign Direct Investment, Processing Trade, and the Sophistication of China's Exports", *China Economic Review*, Vol.20, No.3, 2009.

151. Bitzer J., M. Kerekes, "Does Foreign Direct Investment Transfer Technology across Borders? New Evidence", *Economics Letters*, Vol.100, No.3, 2008.

152. Blomström M., A. Kokko, "Multinational Corporations and Spillovers", *Journal of Economic Surveys*, Vol.12, No.3, 1998.

153. Blonigen B.A., J.R.Pierce, "Evidence for the Effects of Mergers on Market Power and Efficiency", *NBER Working Papers*, No.w22750, 2016.

154. Bloom N., B.Eifert, A.Mahajan, et al., "Does Management Matter? Evidence from India", *The Quarterly Journal of Economics*, Vol.128, No.1, 2013.

155. Bloom N., C.Propper, S.Seiler, et al., "The Impact of Competition on Management Quality:Evidence from Public Hospitals", *The Review of Economic Studies*, Vol.82, No.2, 2015.

156. Boucly Q., D.Sraer, D.Thesmar, "Growth LBOs", *Journal of Financial Economics*, Vol.102, No.2, 2011.

157. Bowen H.P., "On the Theoretical Interpretation of Indices of Trade Intensity and Revealed Comparative Advantage", *Review of World Economics*, Vol.119, No.3, 1983.

158. Braguinsky S., A.Ohyama, T.Okazaki, et al., "Acquisitions, Productivity, and Profitability:Evidence from the Japanese Cotton Spinning Industry", *American Economic Review*, Vol.105, No.7, 2015.

159. Brandt L., H.Li, "Bank Discrimination in Transition Economies:Ideology, Information, or Incentives?", *Journal of Comparative Economics*, Vol.31, No.3, 2003.

160. Brandt L., J.V.Biesebroeck, Y.Zhang, "Creative Accounting or Creative Destruction? Firm-level Productivity Growth in Chinese Manufacturing", *Journal of Development Economics*, Vol.97, No.2, 2012.

161. Brandt L., J.Van Biesebroeck, L.Wang, et al., "WTO Accession and Performance of Chinese Manufacturing Firms", *American Economic Review*, Vol.107, No.9, 2017.

162. Brandt L., J.Van Biesebroeck, Y.Zhang, "Creative Accounting or Creative Destruction? Firm-Level Productivity Growth in Chinese Manufacturing", *Journal of Development Economics*, Vol.97, No.2, 2012.

163. Branstetter L., "Is Foreign Direct Investment a Channel of Knowledge Spillovers? Evidence from Japan's FDI in the United States", *Journal of International Economics*, Vol.68, No.2, 2006.

164. Branstetter L., R.Fisman, C.F.Foley, et al., "Does Intellectual Property Rights Reform Spur Industrial Development?", *Journal of International Economics*, Vol.83, No.1, 2011.

165. Bruno V., D.L.Pottelsberghe, L.F.Potterie, "Does Foreign Direct Investment Transfer

Technology across Borders?", *Review of Economics & Statistics*, Vol.83, No.3, 2001.

166. Buckley P. J., L. J. Clegg, A. R. Cross, et al., "The Determinants of Chinese Outward Foreign Direct Investment", *Journal of International Business Studies*, Vol.40, No.2, 2009.

167. Buckley P. J., L. Chen, L. J. Clegg, et al., "Risk Propensity in the Foreign Direct Investment Location Decision of Emerging Multinationals", *Journal of International Business Studies*, Vol.49, No.2, 2017.

168. Buckley P. J., P. Yu, Q. Liu, et al., "The Institutional Influence on the Location Strategies of Multinational Enterprises from Emerging Economies: Evidence from China's Cross – border Mergers and Acquisitions", *Management and Organization Review*, Vol. 12, No.3, 2016.

169. Bustos P., "Trade Liberalization, Exports, and Technology Upgrading: Evidence on the Impact of MERCOSUR on Argentinian Firms", *Economics Working Papers*, Vol.101, No.1, 2011.

170. Cai H., Q. Liu, "Competition and Corporate Tax Avoidance: Evidence from Chinese Industrial Firms", *Economic Journal*, Vol.119, No.537, 2009.

171. Caliendo L., F. Parro, E. Rossi–Hansberg, et al., "The Impact of Regional and Sectoral Productivity Changes on the US Economy", *The Review of Economic Studies*, Vol.85, No.4, 2018.

172. Caselli M., A. Chatterjee, A. Woodland, "Multi – Product Exporters, Variable Markups and Exchange Rate Fluctuations", *Canadian Journal of Economics/Revue canadienne d'économique*, Vol.50, No.4, 2017.

173. Caves R. E., "Multinational Firms, Competition, and Productivity in Host – Country Markets", *Economica (New Series)*, Vol.41, No.162, 1974.

174. Chang R., L. Kaltani, N. Loayza, "Openness Can Be Good for Growth: The Role of Policy Complementarities", *Journal of Development Economics*, Vol.90, No.1, 2009.

175. Chen W., "The Effect of Investor Origin on Firm Performance: Domestic and Foreign Direct Investment in the United States", *Journal of International Economics*, Vol.83, No.2, 2011.

176. Cirera X., R.N. FattalJaef, H.B. Maemir, "Taxing the Good? Distortions, Misallocation, and Productivity in Sub – Saharan Africa", *Policy Research Working Paper* 7949, World Bank, 2017.

177. Corcoran A., R. Gillanders, "Foreign Direct Investment and the Ease of Doing Business", *Review of World Economics*, Vol.151, No.1, 2015.

178. Costinot A., "On the Origins of Comparative Advantage", *Journal of International Economics*, Vol.77, No.2, 2009.

179. Costinot A., D. Donaldson, I. Komunjer, "What Goods Do Countries Trade? A

Quantitative Exploration of Ricardo´s Ideas", *Review of Economic Studies*, Vol.79, No.2, 2012.

180. Costinot A., L. Oldenski, J. Rauch, "Adaptation and the Boundary of Multinational Firms", *The Review of Economics and Statistics*, Vol.93, No.1, 2011.

181. Cramer C., "Can Africa Industrialize By Processing Primary Commodities? The Case of Mozambican Cashew Nuts", *World Development*, Vol.27, No.7, 1999.

182. Criscuolo C., J. E. Haskel, M. J. Slaughter, "Global Engagement and the Innovation Activities of Firms", *International Journal of Industrial Organization*, Vol.28, No.2, 2010.

183. Dabla–Norris E., M. Florian, D. Cleary, M. Khwaja, "Tax Administration and Firm Performance: New Data and Evidence for Emerging Market and Developing Economies", *IMF Working Paper*, No.4, 2017.

184. Dalum B., K. Laursen, G. Villumsen, "Structural Change in OECD Export Specialisation Patterns: De-specialisation and Stickiness", *International Review of Applied Economics*, Vol.12, No.3, 1998.

185. Damijan J.P., M.Knell, B.Majcen, et al., "Technology Transfer through FDI in Top-10 Transition Countries: How Important Are Direct Effects, Horizontal and Vertical Spillovers?", William Davidson Institute at the University of Michigan, No.549, 2003.

186. Davies R., H. Naughton, B. Blonigen, G. Waddell, "Spacey Parents: Spatial Autoregressive Patterns in Inbound FDI", *Social Science Electronic Publishing*, 2005.

187. Davis G.F., J.A.Cobb, "Resource Dependence Theory: Past and Future", *Stanford´s Organization Theory Renaissance*, Vol.28, 2010.

188. De Beule F., D.Somers, "The Impact of International R&D on Home-country R&D for Indian Multinationals", *Transnational Corporations*, Vol.24, No.1, 2017.

189. De Loecker J., F. Warzynski, "Markups and Firm–Level Export Status", *American Economic Review*, Vol.102, No.6, 2012.

190. De Loecker J., "Detecting Learning By Exporting", *American Economic Journal: Microeconomics*, Vol.5, No.3, 2013.

191. De Loecker J., F. Warzynski, "Markups and Firm–Level Export Status", *American Economic Review*, Vol.102, No.6, 2012.

192. De Loecker J., P.K.Goldberg, A.K.Khandelwal, et al., "Prices, Markups, and Trade Reform", *Econometrica*, Vol.84, No.2, 2016.

193. Desai M A., C.F.Foley, J.R.Hines, "Domestic Effects of the Foreign Activities of US Multinationals", *American Economic Journal: Economic Policy*, Vol.1, No.1, 2009.

194. Dietzenbacher E., Los B., Stehrer R., et al., "The Construction of World Input-output

Tables in the WIOD Project", *Economic Systems Research*, Vol.25, No.1, 2013.

195. Dimopoulos A., *EU Foreign Investment Law*, Oxford University Press, 2011.

196. Djankov S., D.Georgieva, R.Ramalho, "Business Regulations and Poverty", *Economics Letters*, 2018.

197. Djankov S., R.La Porta, F.Lopez-de-Silanes, et al., "Disclosure by Politicians", *American Economic Journal: Applied Economics*, Vol.2, No.2, 2010.

198. Dolzer R., C.Schreuer, *Principles of International Investment Law*, Oxford University Press, 2012.

199. Domowitz I., R.G.Hubbard, B.C.Petersen, "Market Structure and Cyclical Fluctuations in US Manufacturing", *The Review of Economics and Statistics*, Vol.70, No.1, 1988.

200. Dreher A., M.Gassebner, "Greasing the Wheels? The Impact of Regulations and Corruption on Firm Entry", *Public Choice*, Vol.155, No.3-4, 2013.

201. Dries L., J.F.Swinnen, "Foreign Direct Investment, Vertical Integration, and Local Suppliers: Evidence from the Polish Dairy Sector", *World Development*, Vol.32, No.9, 2004.

202. Driffield N.L., J.H.Love, "Does The Motivation for Foreign Direct Investment Affect Productivity Spillovers to the Domestic Sector?", *Applied Economics Quarterly*, Vol.52, No.1, 2006.

203. Du L., A.Harrison, G.Jefferson, "FDI Spillovers and Industrial Policy: the Role of Tariffs and Tax Holidays", *World Development*, Vol.64, 2014.

204. Dumitrescu E.I., C.Hurlin, "Testing for Granger Non-causality in Heterogeneous Panels", *Economic Modelling*, Vol.29, No.4, 2012.

205. Dunning J.H., *Explaining the International Direct Investment Position of Countries: Towards a Dynamic or Developmental Approach*, International Capital Movements, 1982.

206. Dunning J., R.Narula, "Foreign Direct Investment and Governments: Catalysts for Economic Restructuring", *NewYork: Routledge*, 2003.

207. Fagiolo G., J.Reyes, S.Schiavo, "The Evolution of the World Trade Web: A Weighted-network Analysis", *Journal of Evolutionary Economics*, Vol.20, No.4, 2010.

208. Fajgelbaum P., G.M.Grossman, E.Helpman, "Income Distribution, Product Quality, and International Trade", *Journal of Political Economy*, Vol.119, No.4, 2011.

209. Fan H., Y.A.Li, S.R.Yeaple, "Trade Liberalization, Quality, and Export Prices", *Review of Economics and Statistics*, Vol.97, No.5, 2015.

210. Feenstra R.C., Z.Li, M.Yu, "Exports and Credit Constraints Under Incomplete Information: Theory and Evidence from China", *Review of Economics and Statistics*, Vol.96,

No.4,2014.

211. Fernandes A.M., C.Paunov, "Foreign Direct Investment in Services and Manufacturing Productivity:Evidence for Chile", *Journal of Development Economics*, Vol.97, No.2, 2012.

212. Fort T. C., "Technology and Production Fragmentation: Domestic Versus Foreign Sourcing", *The Review of Economic Studies*, Vol.84, No.2, 2017.

213. Freedman L.S., B.I.Graubard, A.Schatzkin, "Statistical Validation of Intermediate Endpoints for Chronic Diseases", *Statistics in Medicine*, Vol.11, No.2, 1992.

214. Fried H.O., C.K.Lovell, S.S.Schmidt, et al., "Accounting for Environmental Effects and Statistical Noise in Data Envelopment Analysis", *Journal of Productivity Analysis*, Vol.117, No.1, 2002.

215. Garlaschelli D., M.I.Loffredo, "Structure and Evolution of the World Trade Network", *Physica A:Statistical Mechanics and its Applications*, Vol.355, No.1, 2005.

216. Ge Y., H.Lai, S.C.Zhu, "Multinational Price Premium", *Journal of Development Economics*, Vol, No.115, 2015.

217. Girma S., H.Görg, "Evaluating the Foreign Ownership Wage Premium Using A Difference-In-Differences Matching Approach", *Journal of International Economics*, Vol.72, No.1, 2007.

218. Gorodnichenko Y., J.Svejnar, K.Terrell, "Does Foreign Entry Spur Innovation?", *CEPR Discussion Paper*, No.DP10757, 2015.

219. Griliches Z., "Issues in Assessing the Contribution of Research and Development to Productivity Growth", *Bell Journal of Economics*, Vol.10, No.1, 1979.

220. Grossman G.M., E.Helpman, "Trade, Knowledge Spillovers, and Growth", *European Economic Review*, Vol.35, No.2-3, 1991.

221. Gu Q., J.W.Lu, "Effects of Inward Investment on Outward Investment: The Venture Capital Industry Worldwide 1985-2007", *Journal of International Business Studies*, Vol.42, No.2, 2011.

222. Guadalupe M., O.Kuzmina, C.Thomas, "Innovation and Foreign Ownership", *American Economic Review*, Vol.102, No.7, 2012.

223. Guner N., G.Ventura, Y.Xu, "Macroeconomic Implications of Size-dependent Policies", *Review of Economic Dynamics*, Vol.11, No.4, 2008.

224. Hale G., C.Long, "Did Foreign Direct Investment Put an Upward Pressure on Wages in China?", *IMF Economic Review*, Vol.59, No.3, 2011.

225. Hale G., C.Long, "Firm Ownership and FDI Spillovers in China", Stanford Center for

International Development, 2006.

226. Hall B.H., "The Financing of Research and Development", *Oxford Review of Economic Policy*, Vol.18, No.1, 2002.

227. Hall B.H., G.Thoma, S.Torrisi, "The Market Value of Patents and R&D: Evidence from European Firms", *Academy of Management Proceedings*, Vol.2007, No.1, 2007.

228. Halpern L., M.Koren, A.Szeidl, "Imported Inputs and Productivity", *American Economic Review*, Vol.105, No.12, 2015.

229. Harding T., B.S.Javorcik, "Foreign Direct Investment and Export Upgrading", *Review of Economics and Statistics*, Vol.94, No.4, 2012.

230. Heckman J.J., H.Ichimura, P.E.Todd, "Matching as an Econometric Evaluation Estimator: Evidence from Evaluating a Job Training Programme", *Review of Economic Studies*, Vol.64, No.4, 1997.

231. Helpman E., "A Simple Theory of International Trade with Multinational Corporations", *Journal of Political Economy*, Vol.92, No.3, 1984.

232. Helpman E., M.J.Melitz, S.R.Yeaple, "Export Versus FDI With Heterogeneous Firms", *American Economic Review*, Vol.94, No.1, 2004.

233. Helpman E., M.Melitz, Y.Rubinstein, "Estimating Trade Flows: Trading Partners and Trading Volumes", *Quarterly Journal of Economics*, Vol.123, No.2, 2008.

234. Hertenstein P., D.Sutherland, J.Anderson, "Internationalization within Networks: Exploring the Relationship Between Inward and Outward FDI in China's Auto Components Industry", *Asia Pacific Journal of Management*, Vol.34, No.1, 2017.

235. Holmes T.J., E.R.McGrattan, E C.Prescott, "Quid Pro Quo: Technology Capital Transfers for Market Access in China", *The Review of Economic Studies*, Vol.82, No.3, 2015.

236. Hsieh C.T., P.J.Klenow, "Misallocation and Manufacturing TFP in China and India", *The Quarterly Journal of Economics*, Vol.124, No.4, 2009.

237. Huber P.J., "Robust Estimation of a Location Parameter", *Annals of Mathematical Statistics*, 1964.

238. Hummels D., J.Ishii, K.M.Yi, "The Nature and Growth of Vertical Specialization in World Trade", *Journal of International Economics*, Vol.54, No.1, 2001.

239. Imai K., M.Ratkovic, "Covariate Balancing Propensity Score", *Journal of the Royal Statistical Society: Series B(Statistical Methodology)*, Vol.76, No.1, 2014.

240. Javorcik B.S., "Does Foreign Direct Investment Increase the Productivity of Domestic Firms? in Search of Spillovers Through Backward Linkages", *American Economic Review*,

Vol.94,No.3,2004.

241. Javorcik B.,S.Poelhekke,"Former Foreign Affiliates:Cast Out and Outperformed?", *Journal of the European Economic Association*,Vol.15,No.3,2017.

242. Javorcik,B.Smarzynska,"Does Foreign Direct Investment Increase the Productivity of Domestic Firms? In Search of Spillovers Through Backward Linkages", *American Economic Review*,Vol.94,No.3,2004.

243. John H.Jackson, *Sovereignty,the WTO and Changing Fundamentals of International Law*,Cambridge University Press,2006.

244. Johnson R.C., G.Noguera, "Accounting for Intermediates:Production Sharing and Trade in Value Added", *Journal of International Economics*,Vol.86,No.2,2012.

245. Jones C.I., P.M.Romer, "The New Kaldor Facts:Ideas,Institutions,Population,and Human Capital", *American Economic Journal:Macroeconomics*,Vol.2,No.1,2010.

246. Kawaguchi D.,T.Murao,"Labor-Market Institutions and Long-Term Effects of Youth Unemployment", *Journal of Money,Credit and Banking*,Vol.46,No.2,2014.

247. Kee H.L.,"Local Intermediate Inputs and the Shared Supplier Spillovers of Foreign Direct Investment", *Journal of Development Economics*,Vol.112,2015.

248. Kee H.L., H.Tang, "Domestic Value Added in Exports:Theory and Firm Evidence from China", *American Economic Review*,Vol.106,No.6,2016.

249. Keller W., *International Trade,Foreign Direct Investment,and Technology Spillovers*, Handbook of the economics of innovation,Amsterdam:Elsevier North Holland,2010.

250. Keller W., S.R.Yeaple, "The Gravity of Knowledge", *American Economic Review*, Vol.103,No.4,2013.

251. Kleibergen F., R.Paap, "Generalized Reduced Rank Tests Using the Singular Value Decomposition", *Journal of Econometrics*,Vol.133,No.1,2006.

252. Kletzer K.,P.Bardhan,"Credit Markets and Patterns of International Trade", *Journal of Development Economics*,Vol.27,No.1,1987.

253. König M.D., J.Lorenz, F.Zilibotti, "Innovation vs Imitation and the Evolution of ProductivityDistributions", *Theoretical Economics*,Vol.11,No.3,2016.

254. Konings J., H.Vandenbussche, "Antidumping Protection and Markups of Domestic Firms", *Journal of International Economics*,Vol.65,No.1,2005.

255. Konings J.,P.V.Cayseele,F.Warzynski,"The Effects of Privatization and Competitive Pressure on Firms' Price-Cost Margins:Micro Evidence from Emerging Economies", *Review of Economics and Statistics*,Vol.87,No.1,2005.

256. Koopman R. , Z. Wang, S. J. Wei, "Estimating Domestic Content in Exports When Processing Trade is Pervasive", *Journal of Development Economics*, Vol.99, No.1, 2012.

257. Koopman R. , Z. Wang, S.J.Wei, "Tracing Value-added and Double Counting in Gross Exports", *American Economic Review*, Vol.104, No.2, 2014.

258. Kugler M. , E. Verhoogen, "Prices, Plant Size, and Product Quality", *The Review of Economic Studies*, Vol.79, No.1, 2011.

259. Kugler M. , *The Sectoral Diffusion of Spillovers from Foreign Direct Investment*, Southampton: University of Southampton, 2011.

260. Kugler, Maurice, Eric Verhoogen, "Prices, Plant Size, and Product Quality", *The Review of Economic Studies*, Vol.79, No.1, 2012.

261. Lamorgese A. R. , A. Linarello, P. Warzynski, "Free Trade Agreements and Firm - Product Markups in Chilean Manufacturing", *Working Papers*, 2014.

262. Lawless M. , "Do Complicated Tax Systems Prevent Foreign Direct Investment?", *Economica*, 2013.

263. Lerner J. , M.Sorensen, P.Strömberg, "Private Equity and Long-Run Investment: The Case of Innovation", *Journal of Finance*, Vol.66, No.2, 2011.

264. Leromain E. , G.Orefice, E.Leromain, et al. , "New Revealed Comparative Advantage Index: Dataset and Empirical Distribution", *International Economics*, Vol.186, No.1, 2014.

265. Levchenko A. A. , "Institutional Quality and International Trade", *IMF Working Papers*, Vol.74, No.3, 2004.

266. Levchenko A. A. , J. Zhang, "The Evolution of Comparative Advantage: Measurement and Welfare Implications", *Working Papers*, Vol.78, 2010.

267. Levinsohn J. , A.Petrin, "Estimating Production Functions Using Inputs to Control for Unobservables", *Review of Economic Studies*, Vol.70, No.2, 2003.

268. Li X. , Y.Y.Jin, G.Chen, "Complexity and Synchronization of the World Trade Web", *Physica A: Statistical Mechanics and its Applications*, Vol.328, No.1, 2003.

269. Li, H.C. , W.C.Lee, B.T.Ko, "What Determines Misallocation in Innovation? A Study of Regional Innovation in China", *Journal of Macroeconomics*, Vol.52, 2017.

270. Lileeva A. , "Global Links: the Benefits to Domestically-Controlled Plants from Inward Direct Investment - the Role of Vertical Linkages", *Canadian Journal of Economics*, Vol.43, 2010.

271. Lin P. , Z. Liu, Y. Zhang, "Do Chinese Domestic Firms Benefit from FDI Inflow?: Evidence of Horizontal and Vertical Spillovers", *China Economic Review*, Vol.20, No.4, 2009.

272. Linder S. B., *An Essay on Trade and Transformation*, Stockholm: Almqvist & Wiksell, 1961.

273. Lu Y., Z. Tao, L. Zhu, " Identifying FDI Spillovers ", *Journal of International Economics*, Vol.107, 2017.

274. Macedo L.C.L., F.A.T.Scorza, "Guichê Único (Single Window) e as negociações da OMC sobreFacilitação do Comércio", *Organização Mundial do Comércio-TemasContemporâneos*, Santos, Brazil: Leopoldianum, 2013.

275. Markusen J. R., " Multinational Firms and the Theory of International Trade ", *Cambridge: MIT Press*, 1984.

276. Martin S., " Industrial Organization: A European Perspective ", *New York: Oxford University Press*, 2001.

277. Mayer T., M.J.Melitz, G I.Ottaviano, "Market Size, Competition, and the Product Mix of Exporters", *American Economic Review*, Vol.104, No.2, 2014.

278. Melitz M. J., G. I. Ottaviano, " Market Size, Trade, and Productivity ", *Review of Economic Studies*, Vol.75, No.1, 2008.

279. Milelli C., A.Sindzingre, "Chinese Outward Foreign Direct Investment in Developed and Developing Countries: Converging Characteristics", *Working Papers*, 2013.

280. Morrow P. M., " Ricardian – Heckscher – Ohlin Comparative Advantage: Theory and evidence", *Ssrn Electronic Journal*, Vol.82, No.2, 2010.

281. Neary J.P., D.Leahy, "Revenue-constrained Strategic Trade and Industrial Policy", *Economics Letters*, Vol.82, No.3, 2004.

282. Neira J., " Bankruptcy and Crosscountry Differences in Productivity ", *Journal of Economic Behavior and Organization*, No.6, 2019.

283. Nocke V., S.Yeaple, "An Assignment Theory of Foreign Direct Investment", *Review of Economic Studies*, Vol.75, No.2, 2008.

284. Nocke V., S. Yeaple, " Cross Border Mergers and Acquisitions Greenfield Foreign Direct Investment: The Role of Firm Heterogeneity", *Journal of International Economics*, Vol.72, No.2, 2007.

285. Nocke V., S.Yeaple, "Cross-Border Mergers and Acquisitions vs Greenfield Foreign Direct Investment: the Role of Firm Heterogeneity", *Journal of International Economics*, Vol.72, No.2, 2007.

286. Nunn N., "Relationship-Specificity, Incomplete Contracts, and the Pattern of Trade", *Scholarly Articles*, Vol.122, No.2, 2007.

287. Oldenski L., "Export Versus FDI and the Communication of Complex Information", *Journal of International Economics*, Vol.87, No.2, 2012.

288. Olley G. S., A. Pakes, "The Dynamics of Productivity in the Telecommunications Equipment Industry", *Econometrica*, Vol.64, No.6, 1996.

289. Ozawa T., *The Macro-IDP, Meso-IDPs and the Technology Development Path (TDP)*, Foreign Direct Investment and Governments: Catalysts for Economic Restructuring. 1996.

290. Peltzman S., "Toward a More General Theory of Regulation", *The Journal of Law and Economics*, Vol.19, No.2, 1976.

291. Petrin A., J. Levinsohn, "Measuring Aggregate Productivity Growth Using Plant-Level Data", *the Rand Journal of Economics*, Vol.43, No.4, 2012.

292. Piperopoulos P., J. Wu, C. Wang, "Outward FDI, Location Choices and Innovation Performance of Emerging Market Enterprises", *Research Policy*, Vol.47, No.1, 2018.

293. Potterie B. V. P. D., F. Lichtenberg, "Does foreign direct investment transfer technology across borders?", *Review of Economics and Statistics*, Vol.83, No.3, 2001.

294. Pradhan J. P., N. Singh, "Outward FDI and Knowledge Flows: A Study of the Indian Automotive Sector", *Institutions and Economies*, 2017.

295. Proudman J., S. Redding, "Evolving Patterns of International Trade", *Review of International Economics*, Vol.8, No.3, 2000.

296. Puhani P.A., "The Treatment Effect, the Cross Difference, and the Interaction Term in Nonlinear 'Difference-in-Differences' Models", *Economics Letters*, Vol.115, No.1, 2012.

297. Rajan R., L. Zingales, "Financial Development and Growth", *American Economic Review*, Vol.88, No.3, 1998.

298. Ramondo N., A. Rodríguez-Clare, "Trade, Multinational Production, and the Gains from Openness", *Journal of Political Economy*, Vol.121, No.2, 2013.

299. Ramondo N., V. Rappoport, K. J. Ruhl, "Intrafirm Trade and Vertical Fragmentation in US Multinational Corporations", *Journal of International Economics*, Vol.98, 2016.

300. Rodrik D., "What's so Special about China's Exports?", *China & World Economy*, Vol.14, No.5, 2006.

301. Rosenbaum P. R., D. B. Rubin, "The Central Role of the Propensity Score in Observational Studies for Causal Effects", *Biometrika*, Vol.70, No.1, 1983.

302. Rosenbaum P. R., D. B. Rubin, "Constructing a Control Group Using Multivariate Matched Sampling Methods That Incorporate the Propensity Score", *The American Statistician*, Vol.39, No.1, 1985.

303. Rugman A.M.,Q.T K.Nguyen,Z.Wei,"Rethinking the Literature on the Performance of Chinese Multinational Enterprises", *Management and Organization Review*, Vol. 12, No.2,2006.

304. Sabbagh K.,R.Friedrich,B.El－Darwiche,et al.,"Digitization for Economic Growth and Job Creation:Regional and Industry Perspective", *The Global Information Technology Report*,2013.

305. Salant S. W.,S.R J.Reynolds,"Losses from Horizontal Merger:The Effects of an Exogenous Change in Industry Structure on Cournot－Nash Equilibrium", *The Quarterly Journal of Economics*,Vol.98,No.2,1983.

306. Sembenelli A.,G. Siotis,"Foreign Direct Investment and Mark － Up Dynamics: Evidence from Spanish Firms", *Journal of International Economics*,Vol.76,No.1,2008.

307. Shleifer A.,R.W.Vishny,"Value Maximization and the Acquisition Process", *Journal of Economic Perspectives*,Vol.2,No.1,1988.

308. Smith J. A.,P. E. Todd,"Does Matching Overcome LaLonde's Critique of Non Experimental Estimators?", *Journal of Econometrics*,Vol.125,No.1－2,2005.

309. Sobel M. E.,"Direct and Indirect Effects in Linear Structural Equation Models", *Sociological Methods & Research*,Vol.16,No.1,1987.

310. Steven Brakman,V.M.Charles,"A Closer Look at Revealed Comparative Advantage: Gross－versus Value Added Trade Flows", *CESifo Working Paper*,No.5321,2015.

311. Stiebale J.,"Cross－Border M&As and Innovative Activity of Acquiring and Target Firms", *Journal of International Economics*,Vol.99,2016.

312. Stiebale J.,D. Vencappa,"Acquisitions,Markups,Efficiency,and Product Quality: Evidence from India", *Journal of International Economics*,Vol.112,2018.

313. Stiebale J.,F. Reize,"The Impact of FDI Through Mergers and Acquisitions on Innovation in Target Firms", *International Journal of Industrial Organization*, Vol. 29, No.2,2011.

314. Stigler G.J.,"The Theory of Economic Regulation", *The Bell Journal of Economics and Management Science*,1971.

315. Subedi S. P., *International Investment Law:Reconciling Policy and Principle*, Bloomsbury Publishing,2016.

316. Syverson C.,"What Determines Productivity?", *Journal of Economic Literature*, Vol.49,No.2,2011.

317. Tang H.,"Labor Market Institutions,Firm－specific Skills,and Trade Patterns",

Journal of International Economics, Vol.87, No.2, 2010.

318. Timmer M.P., A. A. Erumban, B. Los, et al., "Slicing Up Global Value Chains", *The Journal of Economic Perspectives*, Vol.28, No.2, 2014.

319. Timmer M., A. A. Erumban, R. Gouma, et al., "The World Input – output Database (WIOD): Contents, Sources and Methods", *Institue for International and Development Economics*, 2012.

320. Tullock G., "The Welfare Cost of Tariffs, Monopoly and Theft", *Western Economic Journal*, Vol.5, 1967.

321. UNCTAD, "Investor Nationality: Policy Challenges", *World Investment Report 2016*, 2016.

322. United Nations Conference on Trade and Development, *Fair and Equitable Treatment: A Sequel*(2012), UNCTAD Periodic Report, 2012.

323. United Nations Conference on Trade and Development, *Interpretation of IIAS: What States Can Do*, UNCTAD Periodic Report, 2011.

324. United Nations Conference on Trade and Development, *Special Update on Investor – State Dispute Settlement: Facts and Figures*, UNCTAD Periodic Report, 2017.

325. United Nations Conference on Trade and Development, *World Investment Report 2012: Towards a New Generation of Investment Policies*, UNCTAD Periodic Report, 2012.

326. United Nations Conference on Trade and Development, *World Investment Report 2015: Reforming International Investment Governance*, UNCTAD Periodic Report, 2015.

327. Upward R., Z. Wang, J. Zheng, "Weighing China's Export Basket: the Domestic Content and Technology Intensity of Chinese Exports", *Journal of Comparative Economics*, Vol.41, No.2, 2013.

328. Vandevelde K. J., *Bilateral Investment Treaties: History, Policy and Interpretation*, Oxford University Press, 2010.

329. Vollrath T.L., "A Theoretical Evaluation of Alternative Trade Intensity Measures of Revealed Comparative Advantage", *Review of World Economics*, Vol.127, No.2, 1991.

330. Wang J., X. Wang, "Benefits of Foreign Ownership: Evidence from Foreign Direct Investment in China", *Journal of International Economics*, Vol.97, No.2, 2015.

331. Wang Z., S. J. Wei, K. Zhu, "Quantifying International Production Sharing at the Bilateral and Sector Levels", *NBER Working Papers*, No.19677, 2013.

332. Wei S. J., "How Taxing is Corruption on International Investors?", *Review of Economics and Statistics*, Vol.82, No.1, 2000.

333. Wei S. J., Z. Xie, X. Zhang, "From 'Made in China' to 'Innovated in China':Necessity,Prospect,and Challenges",*Journal of Economic Perspectives*,Vol.31,No.1,2017.

334. Wei S.,Z.Xie,X.Zhang,"Made in China to Innovated in China:Necessity,Prospect,and Challenges",*Journal of Economic Perspectives*,Vol.31,No.1,2017.

335. Wei Y.,N.Zheng,X.Liu,et al.,"Expanding to Outward Foreign Direct Investment or Not? A Multi-dimensional Analysis of Entry Mode Transformation of Chinese Private Exporting Firms",*International Business Review*,Vol.23,No.2,2014.

336. Wells L. T. J.,"Third Wold Multinationals :The Rise of Foreign Investment from Developing Countries",*Cambridge:MIT Press*,1983.

337. Wells L.T.,*Third Word Multinationals-The Rise of Foreign Investment from Emerging Countries*,Cambridge,MA/London:MIT Press,1983.

338. Winkelmann R.,"Econometric Analysis of Count Data",*Springer*,2000.

339. Winkelmann R.,*Econometric Analysis of Count Data*,Springer Science & Business Media,2008.

340. Wooldridge J.M.,"On Estimating Firm-Level Production Functions Using Proxy Variables to Control for Unobservables",*Economics Letters*,Vol.104,No.3,2009.

341. World Bank & International Finance Corporation,"Doing Business 2013:Smarter Regulations for Small and Medium-Size Enterprises",*The World Bank*,2013.

342. World Bank & International Finance Corporation,*Doing Business* 2012:*Doing Business in a More Transparent World*,The World Bank,2012.

343. World Bank & International Finance Corporation,*Doing Business in* 2005:*Removing Obstacles to Growth*,The World Bank,2005.

344. Yang S.F.,K.M.Chen,T.H.Huang,"Outward Foreign Direct Investment and Technical Efficiency:Evidence from Taiwan´s Manufacturing Firms",*Journal of International Economics*,Vol.27,No.27,2013.

345. Yao S.,J.Ou,P.Wang,J.Zhang,"Dynamic Relationship between China's Inward and Outward Foreign Direct Investments",*China Economic Review*,Vol.40,2016.

346. Yasar M., C. J. Morrison Paul, "Foreign Technology Transfer and Productivity:Evidence from A Matched Sample",*Journal of Business & Economic Statistics*, Vol. 26, No.1,2008.

347. Yeaple S.R.,"Firm Heterogeneity and the Structure of U.S.Multinational Activity",*Journal of International Economics*,Vol.78,No.2,2009.

348. Yu M.,"Processing Trade,Tariff Reductions and Firm Productivity:Evidence from

Chinese Firms", *The Economic Journal*, Vol.125, No.585, 2015.

349. Zeng M., P.Williamson, "The Hidden Dragons", *Harvard Business Review*, Vol.81, No. 10, 2003.